Negotiation

工商管理经典译丛·市场营销系列
Business Administration Classics·*Marketing*

商务谈判

〔**第6版**〕
Sixth Edition

罗伊·列维奇（Roy J. Lewicki）
布鲁斯·巴里（Bruce Barry） / 著
戴维·桑德斯（David M. Saunders）

王 健 等 / 译

中国人民大学出版社
·北京·

图书在版编目（CIP）数据

商务谈判：第6版/列维奇，巴里，桑德斯著；王健等译．—北京：中国人民大学出版社，2015.10
（工商管理经典译丛．市场营销系列）
ISBN 978-7-300-22006-2

Ⅰ.①商…　Ⅱ.①列…　②巴…　③桑…　④王…　Ⅲ.①商务谈判　Ⅳ.①F715.4

中国版本图书馆CIP数据核字（2015）第239505号

工商管理经典译丛・市场营销系列
商务谈判（第6版）
罗伊・列维奇　布鲁斯・巴里　戴维・桑德斯　著
王健　等译
Shangwu Tanpan

出版发行	中国人民大学出版社		
社　　址	北京中关村大街31号	**邮政编码**	100080
电　　话	010－62511242（总编室）		010－62511770（质管部）
	010－82501766（邮购部）		010－62514148（门市部）
	010－62515195（发行公司）		010－62515275（盗版举报）
网　　址	http://www.crup.com.cn		
	http://www.ttrnet.com（人大教研网）		
经　　销	新华书店		
印　　刷	涿州市星河印刷有限公司		
规　　格	185 mm×260 mm　16开本	**版　　次**	2015年11月第1版
印　　张	32.75 插页1	**印　　次**	2020年2月第4次印刷
字　　数	724 000	**定　　价**	65.00元

《工商管理经典译丛·市场营销系列》
出 版 说 明

随着我国市场经济的不断深化，市场营销在企业中的地位日益突出，高素质的市场营销人才也成为企业的迫切需要。中国人民大学出版社早在1998年就开始组织策划了《工商管理经典译丛·市场营销系列》丛书，这是国内第一套引进版市场营销类丛书，一经推出，便受到国内营销学界和企业界的普遍欢迎。

本丛书力图站在当代营销学教育的前沿，总结国际上营销学的最新理论和实践发展的成果，所选图书均为美国营销学界有影响的专家学者所著，被美国乃至世界各国（地区）的高校师生和企业界人士所广泛使用。在内容上，涵盖了营销管理的各个重要领域，既注意与国内营销学相关课程配套，又兼顾企业营销的实际需要。

市场营销学是实践性很强的应用学科，随着我国企业营销实践的日渐深入和营销学教育的快速发展，本丛书也不断更新版本，增加新的内容，形成了今天呈现在读者面前的这一较为完善的体系。今后，随着营销学的发展和实践的积累，本丛书还将进行补充和更新。

在本丛书选择和论证过程中，我们得到了国内营销学界著名专家学者的大力支持和帮助，原我社策划编辑闻洁女士在早期的总体策划中付出了大量的心血，谨在此致以崇高的敬意和衷心的感谢。最后，还要特别感谢为本丛书提供版权的培生教育出版集团、约翰威立公司、麦格劳-希尔教育出版公司、圣智学习出版公司等国际著名出版公司。

希望本丛书对推动我国营销人才的培养和企业营销能力的提升继续发挥应有的作用。

中国人民大学出版社

译者序

今天，列维奇的《商务谈判》的翻译终于大功告成了。本书的翻译工作断断续续将近两年，多亏出版社耐心等待，我们几经审稿和无数次的讨论，翻译工作的确是历经千辛万苦，最后终于定稿完成，值得庆幸。回忆15年前，我从众多的英文原版书中看到了列维奇主编的这本谈判教材，当时，该书体系还是支离破碎，现在已经逐渐形成了完整的体系。此间，在海外学术界，谈判领域的研究可谓盛况空前，研究成果多如牛毛，列维奇教授把这些浩瀚的谈判研究成果汇集成体系，其学术和实践价值越来越彰显出来。在翻译过程中，我多次与诸位翻译者强调，谈判研究虽然近些年来在海外很热，成果颇丰，但是国内的谈判研究仍然没有起步，还是以经验为主来阐述谈判的过程和内容，还没有触及谈判的思维模式和谈判过程的各种影响因素的研究，因此，很多国外谈判理论研究所涉及的概念在国内中文的语境中还没有固定的对等词。当然，这也给本书的翻译带来了很多困难。我们在翻译中尽量把相关的概念以固定的中文词汇译出，以弥补谈判学本身在国内的空白。

《商务谈判》一书的特点可以概括如下：(1) 该书构建了完整的谈判理论体系，特别是该书确立了很多有关谈判的概念和概念模型。例如，该书开篇即论述了谈判的本质，把分配式谈判和整合式谈判作为谈判的基本思维方式和理论基础，阐述了谈判的各种战略选择。(2) 该书内容全面，汇集了近30年来有关谈判的大量研究文献，特别是针对谈判的各种情境和影响因素进行了阐释。例如，谈判力、影响力、感知、认知、情感、个体差异等影响因素，另外对代理谈判、跨文化、联盟、伦理等谈判情境也进行了深入分析。此书是谈判研究和教学领域集大成者。(3) 该书理论与实践相结合，既总结了大量谈判实践经验和谈判规律，又提出了各种可选择的方案。实践、理论与战略三位一体，使得该书对实践的指导性很强。由此，我们判断，该书是高校师生在谈判方面必备的教学和研究的教材和参考书，也是所有谈判实践者应该仔细阅读和反省谈判经历的重要指南。

此书翻译告成，首先应该感谢为此书翻译做贡献的各位同仁，包括张金亮（对外经济贸易大学），董微（福建农林大学），温珺（南京理工大学），董鹂馥、杨伶俐（对外经济贸易大学），张丽娟（北京城市学院），徐磊（安徽财经大学），金纯羽、张和、胡晓涵、韩天禄、崔丽、张野、杨汀、施琳琳、王旭、孙秉珂、曹瑾瑜等（对外经济贸易大学）。

同时，我们特别感谢中国人民大学出版社的石岩编辑。感谢大家齐心协力，贡献智慧和汗水。本书的翻译虽精心审校，但难免存在各种错误和疏漏，敬请读者批评指正。

王健
对外经济贸易大学教授
国际商务研究中心主任

前　言

欢迎选用《商务谈判（第6版）》!

熟悉第5版的读者可能会发现本书的主要结构没有发生大的变化。大家已经注意到，我们在第5版中做了显著的改动，将本书第4版的13章增加到第5版的20章。我们将书中内容较多的章节拆分，一些章节涵盖了两三个独立的主题，我们将其分解为更小的章节，以便能够更专注地聚焦于某个主题。该重组主要是基于两个原因：一方面，许多相关的研究一直不断地进行，这就要求我们以更大的篇幅来介绍；另一方面，从使用本教材的教师的反馈得知，许多教师只是使用某一章节的部分内容（如，使用了“团队”部分的内容，但没有讲授“联盟”，或者在一个学期中的不同教学周讲述这一章节）。在本版第1章的结尾部分，我们介绍了全书的章节结构。

在本版中，章节重组是最为显著的改动。此外，熟悉之前版本的读者还会注意到以下一些变化：

1. 本书的全部内容都进行了修订和更新。作者们对每一章都进行检查，并采纳使用过以前版本的教师所提供的反馈意见。我们将一些章节的内容重新组织，以便更为有效地将内容呈现给读者。

2. 为了继续增强本书的可读性，我们还对很多的专题故事和卡通画进行了更新，为谈判的动态发展提供更为生动的描述。

3. 我们对书中图的格式等做了进一步改进，以使它们更为有趣和易懂。

4. 在每章的开头部分，增加了学习目标。

5. 由于本教材的内容有所更新，我们相应地提供一本与本教材配套的读物：《商务谈判：阅读、练习和案例（第6版）》，由罗伊·列维奇（Roy J. Lewicki）、布鲁斯·巴里（Bruce Barry）和戴维·桑德斯（David Saunders）主编，2010年出版。教材和读物可以配套使用，也可以单独使用。本教材的简明版《商务谈判精要（第6版）》，同样由罗伊·列维奇、布鲁斯·巴里和戴维·桑德斯主编，于2010年出版，也可以与上述读物一起使用。我们建议教师与麦格劳-希尔教育出版公司（McGraw-Hill/Irwin）在当地的代理人联系来获取题库（或者致电800－634－3963，或者访问网站www.mhhe.com）。

(6) 教学资源，包括一套题库、章节梗概、幻灯片，以及针对新入职的教师教授谈判技巧的各种丰富的资源和材料，都随本书进行了更新。教师们可以与麦格劳-希尔教育出版公司在当地的代理人联系。

本书的顺利出版，与大家的帮助密不可分。在此，我们特别感谢：

● 谈判和争端解决领域的许多同行，正是有了他们在研究上的不懈努力，才促成了这个领域的发展；另外，他们还给予我们对于本书之前版本的反馈意见，这对于我们改进本版内容十分有益。

● 约翰·明顿（John Minton）：他帮助我们为本书的第2版、第3版和第4版构建体系，于2007年秋天逝世。

● 史蒂夫·斯滕内尔（Steve Stenner）在编辑工作方面提供了大力帮助，特别是在文字编辑、许可、参考文献方面，以及对题库和幻灯片的改进。另外，罗伊·列维奇还要感谢柯蒂斯·贾特（Curtis Gutter）在落实教学资源和材料方面所提供的研究支持。布鲁斯·巴里要感谢他的研究助理阿曼达·卡里科（Amanda Carrico），她对本版的修订提供了非常大的帮助。

● 麦格劳-希尔公司的员工们，特别是我们现在的编辑劳拉·斯皮尔（Laura Spell），以及前任编辑赖安·布兰肯希普（Ryan Blankenship）、约翰·威美斯特（John Weimeister）、约翰·比尔纳（John Biernat）、科特·斯特兰德（Kurt Strand）以及凯伦·约翰逊（Karen Johnson），编辑助理简·贝克（Jane Beck）、艾莉森·克莱兰（Allison Cleland）和特里娜·豪格（Trina Hauger），他们几乎能将任何问题解决。项目经理乔迪·道林（Jodi Dowling），他孜孜不倦地工作，能够将我们提出的令人困惑的指示和冗长枯燥的文字变为现在这本兼具可读性和实用性的教材。

● 我们的家人，他们一直为我们提供充足的时间、灵感和机会，让我们能够不断地去学习有效的谈判方式，并拓展所需的人际关系支持。

罗伊·列维奇

布鲁斯·巴里

戴维·桑德斯

目 录

第1章 谈判的本质

学习目标

1. 理解谈判的定义、谈判过程的关键要素以及谈判的种类；
2. 探究人们如何运用谈判来处理问题，实现各自的目标；
3. 从更广泛的角度理解谈判如何在解决冲突中发挥作用；
4. 了解本书的整体结构以及各章的主要内容。

"就这样吧！我受够了！这辆车彻底废了！"章阳尖叫着，用手重重打在他那辆有10年历史的三厢车的方向盘上。这辆车又无法发动了，章阳又要上课迟到了！他在这门管理学课程上表现不佳，已经不能再旷课了。章阳意识到必须要处理一下车的问题了，这辆车在过去的三个月里频繁出现各种机械故障，因此，他决定用这辆车换一辆二手车，希望这能帮他顺利毕业。这天下课以后，他搭车到附近的购物区，那里有几个汽车修理厂，还有二手车停车场。章阳对车几乎是一无所知，但他认为没必要知道那些，他所需要的就是一辆靠得住的交通工具，能帮他撑过未来的18个月。

一家国际航空公司濒临破产。对于恐怖主义的担忧、大量新的特价航班的出现，以及燃油成本的日益上涨，都将航空公司置于巨大的经济压力之下。该公司要从飞行员工会争取到削减8亿美元的工资和福利，这已经是两年之内的第三轮削减，目的是避免破产。由于被飞行员工会的首席谈判代表拒绝，这家公司想直接与民航飞行员协会的官员讨论削减事宜。如果飞行员工会不同意让步，那么其他的工会，如乘务员工会、机械师工会等，也不太可能同意让步，破产将不可避免。

珍妮特与乔斯琳是室友，她们在一个大城市工作，合住一套单卧室公寓。珍妮特在一家不错的公司有一份稳定的会计工作，但她认为该回到学校攻读MBA学位。她在大城大学报名参加了MBA的夜校课程，现在已经开始上课。乔斯琳在一家广告公司工作，正处于事业的快速上升期。她的工作不仅要经常出差，而且需要花大量时间与客户应酬。现在的问题是，珍妮特不在夜校时，就要在公寓里看书学习，需要安静的环境完成她的工作。然而，当乔斯琳在公寓时，通常花很多时间通电话、带朋友来家里聚餐，要么准备出门吃晚饭，要么很晚（而且很吵）才回来。珍妮特对于乔斯琳的这种打扰自己生活的行为忍无可忍，准备与乔斯琳当面谈谈。

数以千计的示威者抗议政府的一场将提名现任领导人连任的政治会议。警察禁止示威者在会场附近游行示威，并指定了一个抗议地点，位于一处濒临坍塌的城市快速路下，距离会场有半英里之远。作为反击，游行组织者要求政府允许在一个主要的城市公园举办集会活动，而当地政府试图阻止示威游行，因为该公园刚刚花费巨资做了环境美化，政府担心大量示威者进入会对公园造成破坏。双方都试图通过谈判解决问题，但也希望能通过复杂的法律程序，使法庭做出支持己方的判决。

艾什莉·约翰逊是一名非常优秀的应聘者，毕业于一所排名前25位的商学院。她很高兴，因为现在她已经顺利通过了一家大型日用消费品公司的第二轮面试，公司要她来总部面试，并安排她在一家四星级酒店入住，这家酒店以其高品质设施和优质服务而举世闻名。由于航班延误，她很晚才抵达酒店，转天她7点30分起床，准备参加8点钟与公司高级面试官的早餐会。她走进淋浴间，拧开水龙头，水龙头居然掉到了她的手上！喷头里一点儿水都没有。显然，维修工正在对故障进行修理，关闭了水源，维修还没完成。艾什莉慌张起来，不知道应该怎样处理这一突发事件，而且要在30分钟之后的早餐会上保持良好的状态。

这些事件听起来是不是很熟悉？这些都是谈判的例子，包括即将发生的谈判，正在发生（进行中）的谈判，以及在过去已经发生的却对现在产生影响的谈判，这些案例都是我们在本书中将要处理的问题。

人们无时无刻不在进行谈判。友人们讨论去哪里吃晚餐，孩子们谈判决定看哪个电视节目，商务人士通过谈判决定购买原材料并销售他们的产品，律师们在出庭前通过谈判解决法律纠纷，警察与恐怖分子谈判以求释放人质，国家间谈判为自由贸易开放市场。谈判并不只有资深外交官、高级销售员或热烈的游说者才会用到，相反，它是每个人几乎每天都会做的事情。尽管谈判所要获得的利益并不像和平协议或大公司并购那样大，但是每个人都需要谈判，有时候人们为了一些重要的事情进行谈判，如一份新的工作，有时候只是为了不太重要的事情，如谁来洗碗。

谈判的发生通常基于以下几个原因：(1) 决定如何对有限的资源进行分享或划分，如土地、财产或时间；(2) 做任何一方都无法单独完成的事情；(3) 解决各方之间的问题或争议。有时候人们并未进行谈判，是因为他们没有意识到谈判的必要性，他们选择了谈判之外的其他方式，结果也许未能达到他们的目标、得到他们需要的，或者他们想象的那样顺利地解决问题。还有些人虽然意识到了谈判的必要性，但是表现欠佳，其原因是他们没能正确理解谈判过程，而且缺乏谈判技巧。我们希望你通过阅读本书，可以更全面地做好识别谈判情境的准备，更好地理解谈判是如何发挥作用的，以及了解如何计划、实施和成功地进行谈判，最为重要的是，要能够使你的谈判收益最大化。

1.1　本书的写作风格和研究方法

在我们对谈判这一复杂过程进行详细分析之前，需要说明一下我们将如何切入主题。首先，我们将简要地给出谈判的定义。谈判是“两方或多方进行讨论以达到各自不同利益的决策形式”（Pruitt，1981，p. xi）。另外，在本书中我们特别注意术语的选用。对大多数人来说，“讨价还价”（bargaining）与“谈判”（negotiation）是一个意思，但是本书中在使用这两个词时会做特别的区分。我们用“讨价还价”来描述竞争的、非赢即输的情境，如在旧货交易上砍价；我们用“谈判”表示双赢的情境，如在一场复杂的冲突中，双方试图找到一种彼此都能接受的解决方案。

其次，很多人认为谈判的核心是为达成协议而互相让步的过程。实际情况是，互相让步的过程的确非常重要，但谈判是一项非常复杂的社会活动，许多影响谈判结果的重要因素并不出现在谈判过程中，它们或者出现在谈判之前，或者影响谈判所在的情境。在本书的前几章中，我们将探讨谈判的原因、谈判作为解决冲突工具的本质，以及人们想达成协议时互相让步这一主要过程。在随后的章节中，我们将探究谈判的关键问题、谈判涉及的人员、谈判过程的差异，以及谈判情境如何增加谈判的复杂性。在本章末尾，我们将以一个全面的视角对全书进行概述。

再次，我们对于谈判的见解主要有三个来源：（1）我们自己作为谈判者的亲身经历以及发生在世界各地人们日常生活中的大量的谈判活动。（2）媒体对于每天发生的实际谈判活动的报道，如电视、广播、报纸、杂志以及互联网。我们从媒体报道中摘出案例以强化本书的重点、见解以及启示。（3）在谈判领域多个方面进行的丰富的社会科学研究。这些研究已经开展了 50 多年，涉及经济学、心理学、政治学、沟通、劳动关系、法律、社会学以及人类学，每门学科都是从不同的角度对谈判进行研究。如同盲人摸象的故事，每门学科都有自己的理论和对于谈判要素的研究方法，其对于谈判的研究会侧重于某些方面而忽略其他方面，因此，对同一项谈判活动和谈判结果可能会从几个截然不同的角度进行分析。[1] 单独来看，每种角度都有局限性；综合起来看，我们就会获得丰富全面的动态观点。我们将所有这些研究的习惯做法纳入我们的谈判研究方法中。如果需要引用某位作者的主要理论或研究成果，我们会采取标准的社会科学研究流程，即在正文中标明引用作者的姓名和著作的出版日期，并在本书末尾的参考文献中标明完整的文献信息。如果我们还有其他的引用来源，或者需要做些评论，将在每章末尾以注释的形式标出。

本章我们首先介绍几个谈判的案例，包括未来的、现在的以及过去的。为加深读者对于谈判基础的理解，我们将讲述一对夫妻的故事——乔与休·卡特，以及他们生活中不太寻常的一天。在这一天里，他们将面临关于许多重要和不重要事件谈判的挑战。通过这个案例，我们要强调以下三个重要内容：

1. 谈判的定义以及谈判情境的基本特点。

2. 对于“相互依赖”关系的理解，即人与人之间、团体之间的一种相互关系，这种关系通常使他们需要进行谈判。

3. 定义冲突的动态性并探讨冲突的管理过程，并以此为基础探讨人们看待并应对谈判的不同角度。

1.2 乔与休·卡特

吃早餐时，休·卡特向她的丈夫乔问起今年夏天要去哪里度假。她想报名参加由大学校友会组织的旅游。然而，乔不愿意花两周的时间跟一大堆他几乎不认识的人进行这种有组织的旅游，相反，他想远离人群、喧闹，计划租一艘帆船沿新英格兰海岸游览。卡特一家并没有就此事发生争执，但显然他们这次遇到了一个实实在在的问题。他们的一些朋友会采取各自度假的方式来解决此类问题，但卡特夫妇都是全职工作，希望这次能够全家一起度假。

除此之外，他们还不确定孩子们——特蕾西和泰德是否愿意一同前往。特蕾西很想去参加体操训练营，泰德则想待在家里，在社区做些工作，这样既可以为参加足球队做好准备，又可以用挣来的钱买一辆小型摩托车。4个人同时参加野营和旅游度假是一笔不小的开销，夫妇俩无力承担，但谁留下来照看孩子呢？

开车上班的路上，乔还在思考这个问题，最让他头疼的是，似乎找不到什么好方法来有效地解决这一矛盾。对于有些家庭矛盾，他们能够想出折中的办法，而这一次大家所期望的是如此不同，因此一个简单的妥协是很难解决问题的。有时候他们会用掷硬币或轮流的方法来做决定，比如选择去哪家餐厅吃饭（乔和泰德喜欢牛排餐馆，休和特蕾西更喜欢中餐），但这次的花费不小，而且度假的时间对于每个人来说都非常宝贵，简单地用掷硬币等方式就显得太不明智了，况且掷硬币的方式很可能使一方有受挫感，一场纷争有可能就爆发了，最后的结果可能是没有一个人满意。

穿过停车场时，乔碰见了公司的采购经理艾德·莱恩。乔在一家名为Micro-Watt的小型电动机制造厂担任工程设计部负责人。艾德提醒乔，他们必须解决一个由其部门的工程师造成的问题：工程师没有通过公司的采购部而直接与供应商进行联系。乔知道采购部当然希望所有部门都通过他们与供应商取得联系，但他也知道，工程设计部的工程师因为要做设计所以必须尽快得到技术方面的信息，而如果通过采购部进行联系，就太耽误时间了。艾德·莱恩知道乔对此事的看法，而乔认为如果他们俩能坐下来好好商量，或许能够找到解决问题的方法，并且他们都知道公司的高层管理者希望中层经理能够自己去解决彼此之间的分歧，如果这个问题被上级知道了，他们俩的日子都不好过。

刚到办公室不久，乔就接到了一位汽车经销商的电话。乔之前一直跟他讨论买新车的事情，那位经销商曾经问过休是否要试驾一下。乔看中了一款豪华型进口轿车，但他不太确定休是否喜欢他的选择，他觉得休可能会说车太贵了而且太不省油。虽然乔对经销商的最后报价很满意，但休认为经销商或许还能在价格上做些让步，因此他把休的想法告诉了经销商，希望借此给经销商施加一些压力，使他再降点价。

乔刚挂掉电话，电话就再次响起，这次是休打来的。休是当地一家银行信贷部的高级职员，她打电话向乔发泄自己对工作单位某些程序的不满。这家老式的家族式银行的设备自动化程度太低，而且官僚主义严重，对客户的需求反应太慢，为这样的单位工作令休感到十分沮丧。别的银行一般在三个小时之内就可以审批贷款，而她所在的银行需要一周的时间。由于这种低效率和官僚化的手续，休已经丢掉了两笔大的贷款单子，但每当她与银行高层管理者讨论这个问题时，都会遭到反对，接着便是一番有关银行“传统价值观”重要性的说教。

乔的大半个下午都在开 MicroWatt 年度预算会议。他讨厌这个会议，财务部门武断地把每个部门的预算削减了30%，然后所有的部门经理都不得不展开无休止的争论，为自己的新项目争取资金。乔已经学会如何与一些自己不怎么喜欢的人共事，但财务部门的人是最傲慢武断的，令人难以忍受。他不明白为什么公司高层意识不到这些人的行为会给工程设计部的研发工作带来多大危害。乔一直认为自己是比较通情达理的，但这些人的行为使他不得不与他们划清界限，斗争到底。

晚上，休和乔参加了他们所在镇的自然资源保护委员会会议，这个组织的任务之一就是保护镇上的小溪、湿地以及其他自然资源。休是该委员会的成员，她和乔都强烈认为应该对资源进行合理的保护和管理。当晚会议的议题是一家房地产开发公司提出的申请，即抽干一处湿地并填掉一条小溪来建造一个新的地区购物中心。所有的预测结果显示，该购物中心的建成将会扩大就业、吸引资金，并能大幅度地增加该镇的财政收入。新的购物中心可以给该社区带来生意，人们再也不用像现在这样开车15英里去购物。然而，反对者——由当地环境保护者和商人组成的联盟，却担心这将会严重威胁到市中心商业区，并会对自然湿地和野生动物产生严重影响。激烈的讨论持续了三个小时，委员会同意下周继续举行听证。

在开车回家的路上，乔和休谈论了各自的一天，他们都觉得生活有点儿奇怪，有时候进展很顺利，有时候又过于复杂。入睡的时候，他们各自还在思考对当天发生的事情可以采取哪些不同的处理方式，而且很庆幸他们能够如此开诚布公地交流问题。然而，他们仍然不知道如何处理度假的事情……

1.3　谈判情境的特点

乔和休的故事告诉我们，很多问题都可以通过谈判来解决。我们当中的任何人都有可能在几天或几周之内遇到以上情形中的一种甚至几种。按照我们之前的定义，谈判是两方或多方进行讨论以达到各自不同利益的决策形式。因此，我们在本章后面部分将会指出，谈判是人们解决冲突的一种机制。无论是争战国家之间的和平协议，还是买卖双方、劳资双方的商务谈判，或是一位面试者想搞清楚怎样在一场关键面试前洗上个热水澡。谈判学领域中有广泛著述的学者们认为，所有的谈判情境都具有以下几个共同的特点（参见 Lewicki，1992；Rubin and Brown，1975）：

1. 谈判主体为两方或多方，即两个或两个以上的个人、团体或组织。尽管人们也可以与自己进行谈判（如考虑周末是学习、打网球还是踢足球），但我们认为谈判是个人之间、团体之间或组织之间进行的一种活动。[2]在卡特一家的故事中，乔分别与他的妻子、采购部经理、汽车经销商进行谈判，而休也分别与她的丈夫、银行高级管理层，以及环境保护委员会等进行谈判，而两个人接下来还都面临着与孩子们就度假问题进行谈判。

2. 谈判各方之间在各自需求上存在冲突，即其中一方的所需并不一定为另一方所需，因此各方必须寻找一种能解决此冲突的方法。乔和休所面临的谈判涉及度假、对孩子的照看、预算、汽车、公司流程、社区发放建筑许可以及保护自然资源，等等。

3. 谈判各方通过选择决定谈判。也就是说，人们选择谈判原因在于他们认为这样比不谈判或简单接受对方提供的结果要好。谈判从很大程度上讲是一个自愿的过程。这一策略是人们自愿选择的，极少数情况下是被迫进行的。有时候人们需要进行谈判，而另一些时候最好不要进行谈判（专栏 1.1 列举了不应进行谈判的情况）。我们认为，西方文化中的大多数人并没有充分地进行谈判，如认为价格或某种情形是不可谈判的，因此根本就没想过要去讨价还价。

专栏 1.1

一些不应选择谈判的情形

有时候，人们需要尽量避免进行谈判并保持自己的立场。如：

当你会有重大损失时：如果你将失去所有，那么就选择除谈判以外的其他方式。

当你很“畅销”时：当你的设备满负荷运转时，不要做出让步，提高你的售价。

当面对不当要求时：如果对方所要求的是你不能提供的，而且是违法的、不道德的或道义上不恰当的，如行贿或受贿，如果你不顾品行或声誉在此时妥协，那么从长远来看，你就会落入失败的境地。

当你不在意某事时：如果此事不能给你带来有益的回报，那么就不要谈判。你将失去所有，并一无所获。

当你没有时间时：如果你时间很紧迫，那就不要进行谈判，因为时间方面的压力会使你容易犯错误、妥协得太快，并且无法意识到自己的让步所带来的严重后果。迫于压力进行的谈判，其结果会差于正常情况下的谈判。

当对方不守信用时：如果你发现谈判对方露出不守信用的迹象时，停止谈判。如果对方不能让人信任，那么与他们签订的协议也会同样如此。在这种情况下，谈判是没有任何价值的。因此，你要做的就是坚定自己的立场，不轻信他们。

当选择等待可以改善你目前的处境时：可能你马上就会拥有新的技术，或是你的财务状况将会得到改善，而届时会有新的机会出现在你面前。如果胜算大的话，就坚守阵地，等待时机。

当你还没有做好充分的准备时：如果你还没有准备好，那就在回家的路上好好考虑你可能遇到的问题、回应以及让步条件。事先做好调查研究并对谈判进行演练，这样谈判就会取得好的结果。如果你还没做好充分的准备，那就直接说“不”。

资料来源：J. C. Levinson，M. S. A. Smith，and O. R. Wilson，*Guerrilla Negotiating：Unconventional Weapons and Tactics to Get What You Want*（New York：John Wiley，1999），pp. 22 - 23. This material is used by permission of John Wiley & Sons，Inc.

4. 人们在进行谈判时，总是期望能互相让步，这也是谈判定义中最基本的内容。我们都希望对方能够对最初的开价、请求或要求进行修改。尽管谈判初期人们都奋力地为自己的要求辩护，并迫使对方先行妥协，但最终的结果是，为了达成协议，双方都将对最初的开价做出修正。这种修正可能就是趋向双方各自立场的中间位置，即妥协。真正富有创造性的谈判不一定需要妥协，相反，双方可能开创一种能够达到所有人目标的解决方案。当然，如果各方并不认为需要谈判，他们就没有必要修改开价并相互让步（见专栏 1.2）。

专栏 1.2

New York Deli 餐馆的宣传语

“对于那些想在三明治上讨价还价的人来说，我们将非常乐意提高价格，这样我们就可以给他们打折了。”

5. 各方愿意通过谈判来寻求达成协议，而非选择公然对抗、一方主导而另一方屈从、永远断绝联系，或者诉诸更高权力机构来解决问题。谈判通常发生于以下情况：当没有固定或既成的冲突解决方式或规则时，或者各方选择绕过这些规则时，他们就愿意通过改进各自的主张来解决冲突。各机构和组织都会采取一些政策和程序来对此进行应对和管理。租赁光盘的商店会有针对光盘延迟归还行为的惩罚措施，通常情况下，人们会老老实实地支付罚款，然而，如果顾客觉得自己有充分的理由解释为什么光盘会延期归还，那么他们就有可能会对罚款的金额进行讨价还价。类似地，对于某一个有可能协商解决的问题，律师也会倾向于为他的客户进行协商解决或者辩诉交易，而非在法庭上冒险，同样，法院也更愿意通过协商来彻底解决某些争端，并进行一些惩罚措施即可。在前面所讲的卡特一家的故事里，乔采取了谈判的手段，而不是让他的妻子来决定度假的问题；向汽车经销商施加压力迫其降价，而不是直接接受经销商的报价；与财务部门就削减预算带来的影响进行争辩，而非一声不响地接受安排。休不甘心接受现状，试图通过谈判的方式改变银行审查贷款的程序，并力图通过影响购物中心的建设计划来使环境保护者和商业人士都满意，而非放任他人来决定如何解决或者坐观此事诉诸法庭。

6. 成功的谈判既包括有形因素的管理（如价格或协议条款），也包括无形因素的解决。无形因素是指在谈判过程中可能直接或间接影响谈判者的潜在的心理动机，如：(1) 要赢、将对方击败，或者避免输给对方；(2) 要看起来好、有能力，或强硬；(3) 要在谈判中坚守重要的原则或惯例；(4) 要看起来公正、可敬，或者要维护个人声誉；(5) 要在谈判结束后与对方维持良好的关系，主要是保持信任、减少不确定性（Saorin-Iborra，2006）。无形因素通常根植于个人价值和情感中。无形因素能够对谈判过程和谈判结果产生巨大影响，由于它们会在有形因素的解决过程中影响谈判各方对于是非或恰当与否的判断，因此，几乎不可能忽略无形因素的存在。例如，乔可能不想让艾德·莱恩对采购问题感到气愤，因为在接下来的预算谈判中，他还需要艾德的支持，乔同样也不想在期待他给予支持的部门工程师面前丢面子，因此，对于乔来说，重要的无形因素就是要维持与艾德·莱恩的关系，并且在工程师面前表现得胸有成竹和强硬。

当谈判者无法知晓他们该如何影响谈判过程，以及何时能够在有形因素方面占据谈判的主导地位时，无形因素就成为谈判中的一个主要问题。例如，专栏 1.3 介绍了求胜心理会为谈判者带来什么问题。

专栏 1.3

求胜心理何时会压倒理性决策

有时候，谈判者迫切想要获胜的心理会压倒理性。马尔霍特拉（Malhotra）、库（Ku）和默纳汉（Murnighan）三人列举了强生和 Boston Scientific 之间为收购医疗器械制造商 Guidant 而展开的大战。Guidant 当时正在召回 23 000 台心脏起搏器，并告知另外 27 000 名已经植入该心脏起搏器的患者向医生进行咨询。由这两个买家发起的竞价之战使得最终收购价定为 272 亿美元，比强生最初的报价还高 18 亿美元。在召回事件之后，Guidant 的股价从每股 23 美元跌至每股 17 美元。《财富》杂志随后将该收购案称为“无疑是史上倒数第二差”，排在倒数第一名的是美国在线（AOL）对时代华纳（Time Warner）的收购。

是什么因素激化了这种竞争性的动态行为，并最终导致不明智的决定？三人得出如下几个关键因素：

● 竞争关系。当各方之间是强烈的竞争关系时，他们就更倾向于暂停理性的决策过程。

● 时间方面的压力。人为设定的最后期限，或拍卖中存在的时间压力，都将谈判者推向快速（通常都是错误的）决策。

● 聚光灯。如果行为者的行为受到观众的关注和评价，那么他就更有可能坚持自己的计划，并将投资进一步升级，而这样做只是为了使自己在观众眼里显得强大和强势（见第 11 章）。

● 律师在场。律师在法律纠纷中通常会有更为明确的赢或输的意识，因此，当争端的解决方案显而易见时，律师就有可能施加压力迫使客户想要去赢。

三人还提供了一些重要的建议，以减少或消除这些竞争性压力带来的负面影响，目的是使谈判者做出更理性的决策。

资料来源：D. H. Malhotra，G. Ku，and J. K. Murnighan，"When Winning is Everything，" *Harvard Business Review*，May 2008，pp. 78 - 86.

1.4 相互依赖关系

谈判情境最关键的一个特点就是，谈判各方是彼此需要的，这样才能达到他们要达到的目标或谈判结果。这就是说，要想达到各自的目标，他们就必须彼此合作，或者说，由于谈判的结果可能会优于独自行动的结果，因此他们选择共同行动。当谈判各方需要依靠对方才能达到各自期待的结果时，他们就是"相互依赖"的。

人与人之间的关系可以有如下三种类型：独立关系、完全依赖关系，或者相互依赖关系。独立各方能够在没有他人帮助的情况下达到自己的目标，相互之间是相对分离的、冷漠的、无关联的。完全依赖的谈判者要满足自己的需求，就必须依靠他人。由于他们需要对方的帮助或合作，依赖方必须接受并容忍对方的一时冲动或任何个性。例如，如果雇员在工资和薪金方面完全依赖于某位雇主，那么这位雇员就必须按照雇主的要求进行工作并且接受所给的工资，否则，只能失去这份工作。对于存在相互依赖关系的谈判各方来说，最显著的特点是各自目标的密切关联性——各方都需要依靠对方才能实现自己的目标。例如，在一个项目管理团队中，个人是无法单独完成一个复杂项目的，通常情况下时间紧迫，单个人也没有能力独自完成。对于要完成任务的整个团队而言，其中的每一个人都需要依靠团队其他成员所贡献的时间、知识以及资源，并使他们的行动统一步伐。这里需要注意的是，各方的谈判目标相互依赖，并不意味着他们的需要完全相同。项目团队的每个成员都有不同的需求，但是他们又必须共同行动才能使每个人都达到目标。这种既趋同又冲突的目标关系，在很多相互依赖的关系群体中都存在（专栏1.4讲述了一位著名的职业运动员代理人眼中的相互依赖关系，以及无形因素的重要性）。

专栏1.4

观点

我担任运动员的代理人大约25年了，甚至比他们中一些人的年龄还长。在这段时间里，我与这个行业的许多管理人员建立了深厚的感情——友谊、合作的关系。几十年来，我们彼此之间达成了数十笔交易。这其中有争论、有竞争，有时也会有误解，然而最后，正如婚姻一样，我们仍然一起相处、共同前进、共同成长。这种基于长期信任和尊重的相互关系是极其珍贵的。

然而，这种信任必须要去努力争取，我是在23年前做第一笔生意时悟到这一点的。我整个职业生涯的一个基本前提是，我要与同一群人反反复复地打交道。这意味着我不仅要时刻考虑我目前正在经营的生意，还要考虑到与对方长期的生意，这就意味着我需要把对方看成一个潜在的合作者，而不是要去战胜的敌人。

如果不是团队所有者，我也不会有这样一个职业。如果人们不想盈利，就不会有这样一个行业。我认为每一个运动员都应该得到他应得的报酬，但这只是等式的一边，等式的另一边取决于团队所有者是否认为其投资能够为他带来收益。

这也并不是一决胜负，最终大家都会走向合作。我们每个人都会关心对方的成功与健康状况。我需要也希望专业的体育运动能够经受考验并繁荣兴盛，而各个体育联盟也需要我们能够稳定地提供高质量的运动员。各方都能够对对方有所帮助，因此，各方之间都是彼此依赖的。

在任何一个双方有反复生意往来的行业中，或者任一谈判中，保证你与对方的关系能够完好无损地发展下去，通常都需要保持一种平衡。这并不是建议你一定要将自己的利益屈从于对方，但有时候正是出于自己最佳长期利益的考虑，你必须在谈判桌上做出让步，特别是当对方所犯的错误对你有利的时候。

没有人愿意被别人利用。人非圣贤，我们都有可能犯错误。无论花多少心思准备，仍然不可能在谈判中对每个因素都考虑周全。谈判过程中，有时候谈判者会发现自己在计算或理解时出现了错误，并要求对错误之处进行修改。也可能在谈判中已经对交易条件达成一致意见，而这时谈判对方发现了一处错误，请求你将他免除该条款的束缚。你不必非要这么做，你也可以坚持让他签订这个条款，然而，你需要问问自己，是否值得这样做？我在这场谈判中的所得是否值得我失去对方以后再跟我合作的意愿？在大多数情况下，长期的合作关系远比短期的收益更有价值。有时候，对方可能犯了错误却没有意识到。有时候对方的总经理或所有者在计算时犯下了一个严重的错误或疏忽，而我能够轻易地利用这一点来击败对方。

然而，我并没有这样做。对方暴露了他的软肋，而我并没有落井下石，我甚至会指出他的错误。我这样做是因为，如果我趁机敲他一笔，他最后还是会发现的。尽管我可能会在这笔生意中大发横财，但是我可能因此抹杀了我们之间的合作关系，而非常有可能的是，以后再也不可能跟对方有生意往来了。还有一种可能性是，这次失误可能会使对方丢掉工作，而肯定会另有人接替他的职位，然而，这个新对手有可能更难对付，或者想要为他前任的事情报复我。

资料来源：Leigh Steinberg，*Winning with Integrity*（New York：Random House，1998），pp. 217 - 18. Used with permission.

相互依赖关系的不同类型对谈判的影响

谈判各方目标的相互依赖性，以及他们所处情境的不同，对于谈判过程和谈判结果有很大的影响。如果他们的目标是相互联系的，并且只有一方能够实现目标，如赛跑中只能有一个冠军，这就是竞争性情境，也即“零和”或“分配”情境，谈判各方相互联系，彼此目标的实现具有负的相关性（Deutsch，1962，p. 276）。这种情境还表现在谈判各方想要对有限的或稀缺的资源进行分割，如一笔钱或固定的一个时间段。如果一方实现了自己的目标，那么另一方目标的实现就会受阻。相反，如果谈判各方的目标是相互联系的，一方目标的实现能够促进另一方目标的实现，那就是互利型情境，也称为“非零和”或“融合”情境，这时双方在目标实现上存在正相关。例如，某人是位出色的作曲家，而另一位是优秀的作词家，他们合作就能谱出优美的轰动百老汇的音乐剧——单独的曲调和歌词是很好的，如果合在一起，就会更加精彩。在这种情形中，一方目标的实现并不一定会阻碍另一方，事实上还可能极大地促进另一方目标的实现。在后面的“价值申明与价值创造”部分和第2章、第3章中，我们将针对相互依赖关系的不同类型，讨论相应的策略。

替代方案影响相互依赖关系

在本节开头我们注意到，谈判方选择共同行动是因为这样的结果可能会优于不合作的结果，因此，我们对于相互依赖关系的判断，在很大程度上需要考虑共同行动的替代方案。罗杰·费希尔（Roger Fisher）、威廉·尤里（William Ury）和布鲁斯·巴顿（Bruce Patton）（1991）在他们的畅销书《谈判力》（*Getting to Yes*：*Negotiating Agreement without Giving In*）中强调，“在谈判中是否应当同意某个条款，完全取决于你所拥有的替代方案的吸引力大小”（p. 105）。他们将这种替代方案称为“最佳替代方案”（best alternative to a negotiated agreement，BATNA），并建议在谈判中每位谈判者都要了解双方的最佳替代方案。最佳替代方案的价值往往与当前谈判中可获取的解决方案相关。通过 BATNA 可以与其他人建立起独立的、依赖的或者相互依赖的关系。例如，还有一个月就将毕业的学生，目前只有一个工作机会，而且工资远远低于他的预期，那么他只有两个选择：要么接受这份工作，要么失业。他不可能让用人单位给他更高的薪水。另一位同学有两个工作机会，那么他就可以在这两份工作之间进行选择，他不仅可以做出选择，而且能够用这两个工作机会来使两位雇主展开竞争（要求雇主 A 将工资提高到雇主 B 以上），这样就可以使谈判结果得到改善。请记住，每个可能的相互依赖关系都有替代方案，谈判者通常可以说“不”，然后走开，尽管这个替代方案可能没有那么好。我们将在第 2、3、4、7 章中继续讨论 BATNA 的作用和使用方法。

1.5 相互调整

当谈判各方是相互依赖关系时，他们就需要找出解决分歧的方法。他们可以影响彼此的谈判结果和决定，同时，他们自己的结果和决定又能为对方所影响。[3]这种相互调整的关系会随着双方的相互影响而贯穿于谈判的整个过程。[4]因此，我们要意识到，谈判是一个随时间不断变化的过程，相互调整则是谈判情境不断变化的一个关键原因。[5]

让我们重新回到休·卡特在当地银行中的工作处境。休宁可辞去现在的工作到另一个城市的星际银行工作，也不愿意继续忍受贷款批复的延迟，因为这意味着她将失去贷款的单子并且拿不到奖金。她的上司马克斯觉得休很适合这个职位，也打算让她继续做这份工作，现在马克斯和休正在就休的薪水问题进行协商。招聘广告上把这份工作的薪水描述的比其他公司更加诱人。休与丈夫乔讨论了这个问题，随后又查看了她所在州银行贷款职员薪水方面的数据，她认定如果薪水低于 50 000 美元，就不会接受这份工作，但她认为可能会得到比这高得多的薪水。星际银行在本地区是非常受欢迎的雇主，拥有大批应聘者。休决定先不说明自己所能接受的最低薪水，她猜想银行支付的薪水不会比她要求的更多，那么她提出的这个最低薪水肯定会很快被接受，而且她知道，如果马克斯准备支付的薪水比 50 000 美元低得多，要提出比 50 000 美元更高的薪水就会十分困难。休也考虑过将她心目中的理想薪水（65 000 美元）告诉马克斯，但是她担心马克斯会因此把她看成自以为是或者无礼的人。如果真是这样，那么马克斯就有可能拒绝雇用她，或者即使在薪水问题上同意了，也会认为休太过高估自己的价值和能力了。

让我们来进一步看看事情的来龙去脉。休对于薪水的想法，部分取决于该地区同一职位的薪水，但也要取决于她对于马克斯如何应对自己做法的预期。休意识到，自己的做法会对马克斯产生影响；同样地，马克斯以后对于她的态度会受到她现在的做法的影响。因此，休正在估计自己的行为对她造成的间接影响。进一步来说，她也知道马克斯对所有这些都很敏感，会将休提出的任何要求视为初步的而非最终的报价。为了避免这一预期看法，休可能会试着提出一个比她可接受的最低薪水要高，但又比理想薪水低的数字。休正面临抉择，不仅得考虑自己的行为将会如何影响马克斯，还要考虑马克斯如何回应自己。此外，休也知道马克斯认为她会这样做，并据此来做出她的决定。

读者可能会怀疑人们是否真的会注意到谈判中的这些细微差别和复杂性。当然，谈判者大多数情况下都不会这么做，否则在思考各种情况的可能性时就会一团糟，然而，这种思考方式的确可以帮助谈判者对谈判的走势做出预测，随着对方的变化，谈判出现了某种形式的相互调整，最后趋向合意。高效的谈判者需要了解人们如何在自己的行为和对方反应的基础上对谈判进行调整和再调整，并了解谈判中可能出现的转变。

人们可能会认为，对于谈判双方相互调整的最佳战略的假设前提是：所掌握的对方信息越多越好。不过有这种可能，那就是信息太多会导致困惑（Beisecker, Walker and Bart，1989；Raven and Rubin，1973）。例如，假设休知道她所在州和地区的办事员、主管以及管理人员的平均工资水平，这些信息是否有助于她做决定，还是会扰乱她的想法？事实上，即使了解了所有这些信息，休仍然有可能不知道自己该要求多少薪水，顶多知道一个薪水底线。这种情形在谈判中十分普遍。谈判双方都对解决方案设定了一个可以接受的界限（他们愿意接受多高或多低），然而，在这个范围内，任何一方都不能确定最合适的方案定在何处，因此，他们需要交换信息并尝试着相互影响，最终使问题得以解决。谈判双方必须通力合作，将彼此的需求都考虑进去，而最好的结果是能够使双方的收益都达到最优化。[6]

相互调整与做出让步

谈判方通常一开始就会表明自己的立场和最期望的解决方案，希望对方能够接受，但不会相信这种接受是干脆痛快的（在我们对于谈判的定义中，最重要的一点就是期待能够有互相让步）。如果对方不乐意接受这个开价，那么谈判者就要开始为自己的这一开价辩护，并对对方的建议进行批判。各方在反驳时都会建议对方对开价进行修改，也可能包含对自己所提方案的调整。当一方同意对自己的方案进行调整时，让步过程就产生了（Pruitt，1981）。让步限制了达成协议或解决方式的选择范围。当一方做出让步时，谈判空间（与可接受结果的差距）就会进一步缩小。例如，休希望的起薪是65 000美元，但她将这一要求降低到了60 000美元，因此，她就不可能得到60 000美元以上的工资。在进一步退让将工资降到60 000美元以下之前，休可能会想了解一下银行方面是否愿意在薪资方面做些改善。

相互调整中的两个困境

如何运用让步向对方作提示，以及如何从对方的让步中读出信号，并不是容易的事，特别是在谈判双方缺乏信任的情况下。哈罗德·凯利（Harold Kelley，1966）提出了谈判者面临的两大困境，可以帮助我们理解其原因。第一个困境是诚实困境，即该向对方吐露多少实情（其中的道德因素我们将在第9章中阐述）。一方面，将自己的真实处境一五一十地告诉对方，可能会使对方有机会利用它；另一方面，如果丝毫不告诉对方你的需求和想法，则会使谈判陷入僵局。那么究竟应该告诉对方多少真相呢？如果休告诉马克斯她能够接受50 000美元的工资，但最好是起薪60 000美元，那么很有可能马克斯就会以50 000美元的薪水雇用休，而把原本可能要付给她的更多的钱用到其他地方。[7]然而，如果休不告诉马克斯自己的任何关于薪资方面的期望值，那么马克斯就很难了解休期望的以及能够接受的薪资水平，那么他可能会根据该职位前任的工资来提出薪资，看看休接下来会如何反应。

凯利提出的第二个困境是信任困境，即谈判者应该在多大程度上相信对方所说的话呢？如果对于对方所说的，你全都相信，那么对方可能会利用你；如果你丝毫不相信，那么双方在谈判中将很难达成一致。对于对方所说的话究竟应该相信多少，取决于很多因素，包括对方的声誉、以前对方对待你的方式，以及对当前环境下对方承受压力的清晰了解。如果马克斯告诉休，未经公司上层批准，他能够开出的最高薪水是52 000美元，休到底该不该相信他？由此可见，分享信息和辨认信息并不像人们想象的那样容易。

通过提供信息和做出让步来寻求最优的解决方案，这在很大程度上是以相信自己被诚实公平对待为前提的。谈判中有两种方法可以帮助建立这种信任：对谈判结果的感知以及对谈判过程的感知。通过影响谈判甲方对于乙方所提方案的看法，乙方可以帮助甲方提升信任感，这就是谈判结果感知。如果马克斯能使休相信，尽管工资低一些，但她有可能得到升职的机会，那么休也许会欣然接受较低的薪水。谈判过程的信任感知则可以通过树立开价和让步过程中的公平与互惠的形象来加以改善（见专栏1.5）。如果一方提出的若干方案都被对方否定，而对方又没有提出任何方案，那么前者就会感觉受到了不合理对待（做法不妥），并可能终止谈判。在一方做让步时，如果对方也回应一个让步，那么前者就会更加信任对方。事实上，人们普遍认为在谈判过程中让步是必然的。我们在培训研讨班上对来自50多个国家的谈判者进行询问，看看在他们的文化中是否认为谈判中会出现让步，所有人的回答都是肯定的。这种相互让步的模式并不仅仅是谈判的一个特点，同时，它也是大多数相互依赖关系中合作解决问题的重要方式。[8]对谈判的满意度不仅取决于实际的谈判结果，而且取决于谈判协议的达成过程。剔除甚至是刻意减少这种相互让步的过程（一些法律和劳工管理方面的谈判策略就试图这样做[9]），实际上是缩短了该过程，其可能的结果是破坏了相互信任的基础，并降低了达成令双方都满意的谈判结果的可能性。

专栏1.5

增进理解的重要性

了解你的谈判对手的观点对于谈判取胜非常重要。如果你对于谈判结果的预期是基于错误的信息，那么谈判对手可能就不会认真地对待你。以下面的故事为例：

在一场招聘面试结束之时，面试官问踌躇满志的MBA学生：“你期望的起薪是多少？”

MBA应聘者回答：“我期望的起薪是年薪大约150 000美元，还要取决于贵公司的福利待遇。”

面试官说：“嗯，福利待遇包括五周假期、14天带薪休假、全额的医疗和牙科治疗补贴，按你工资的50%计算退休金，以及公司每两年租给你一辆新车，比如红色保时捷，怎么样？”

MBA应聘者挺起胸，回答说：“哇！你不会是在开玩笑吧？”

“我当然是在开玩笑”，面试官回答说，“但这是你先开始的。”

1.6 价值申明与价值创造

在前面部分，我们将相互依赖关系分为两种类型：零和与非零和。零和或分配式情境是指只有一个赢家或者一方想在有限的资源中获得更大的比例，如一定量的原材料、资金、时间等。相反，非零和、整合的或共赢情境则是谈判中的多方都可以达到自己的目标。

相互依赖关系的不同类型决定了谈判者所用策略的不同。分配式情境迫使谈判者必须要在竞争中取胜、击败对方，或者尽最大努力在固定的资源中赢得最大份额。要达到这些目标，谈判者通常采取非赢即输的战术策略。这种谈判方式叫做分配式谈判，谈判者意识到在这种情形下只能有一个赢家，并且努力想要成为那个赢家。此种谈判方式的目的就是价值申明，即采取一切必要措施来赢得胜利、获得最大份额，或者争得尽可能大的比例（Lax and Sebenius，1986）。例如，在旧货交易时购买一辆旧汽车或冰箱。在第 2 章中我们将全面阐述分配式谈判的战略战术，即价值申明的过程，此过程中涉及的道德策略将在第 9 章中进行讨论。

与分配式情境不同，整合式情境中谈判者采取双赢的战略战术。这种谈判方式叫做整合式谈判，谈判者寻求双方都能做到且达到各自目标的解决方案。此种谈判方式的目的是价值创造，即寻求使各方都能实现目标的方法，其途径有可能是发掘更多的资源，或者是找到特别的方法分享并合作使用现有资源。例如策划一场婚礼，使得新娘、新郎以及双方的亲属都能够既开心又满意，同时宾客也能够度过一段美好的时光。我们将在第 3 章中全面阐述整合式谈判的战略战术。

如果能把所有的谈判问题都归结为这两种类型，并据此讨论针对每种问题应当采取的战略战术，那就会比较简单。然而，现实中大多数的谈判都是价值申明和价值创造的结合体，这意味着：

1. 谈判者必须对谈判的具体情况作出判断，在分配式战略和整合式战略之间，究竟哪种方式占的比例更大。一般来讲，采取分配式谈判更为合适的情况是：当谈判是对于有限资源和时间的争夺，或与对方很可能是竞争关系，或者在未来不存在与对方有联系的可能。除此之外的情况都应当采取整合式战略。

2. 谈判者应当兼具使用两种战略方式的能力。谈判者不仅要能够识别出何种情况下更适合用何种战略，还必须能够在使用这两种方式时具备同样的能力。不存在绝对最优的、首选的或者正确的谈判方式，谈判策略的选择要求能够与谈判环境相适应，这在我们之后讲述关于“冲突”的部分时会详细解释。更为重要的是，如果大部分的谈判问题都是既包含价值申明，又包含价值创造，那么谈判者就必须能够在运用两种方式时都做到从容不迫。

3. 谈判者对于谈判情形的判断，往往会偏向于把问题看成比实际情况更具分配式或竞争性。准确判断谈判各方相互依赖关系的性质，对于谈判的成功具有十分关键的作用。然而，大部分谈判者并不能够对谈判情形进行准确的判断。在谈判时人们会带有各种成见，以前的经历、个人性格、情绪、习惯以及对于如何进行谈判的看法，这些都会对随后的谈判产生深刻影响。此外，研究还发现，人们在看待和判断相互依赖关系时，会有一些惯常的偏见。[10]我们在第 5 章中会更全面地讨论这些偏见，在这里要强调的是其中最为突出的偏见，即把相互依赖关系看得比实际情况更具分配性或竞争性，这会导致人们把谈判问题假定为更具零和性，并在解决问题时过度使用分配式战略，其结果是，在谈判结束时，谈判者往往发现了许多未主张的价值，这是因为他们没有能够识别出价值创造的机会。

谈判者一般都会把问题看得更具分配性和竞争性，并且未能充分运用整合式策略和价值创造过程，这说明现实中的很多谈判没能产生最优的结果。相互依赖关系中成功合作的最关键一点就是能够达到协同与配合，即“整合的结果大于各项相加之和”。有很多这方面的例子，如在商务领域有许多研究与开发方面的合资项目，目的是将不同产业、不同学科或专长的专家聚集在一起，以超越各自公司自身所能，发挥他们最大的创新潜力。在新技术领域，如医药、交通、计算机等，也有许多例子。光缆领域是由光纤领域的研究专家和电线、电缆制造方面的专家主导的，这些领域在以前没有任何交集或接触。新医疗器械和医疗技术方面也有很多项目，都是由生物学家和工程师合作主导的。在这些情况下，相互依赖关系就在各方之间形成，而这些企业的创建者则成功地运用了本书所介绍的谈判技巧，提高了成功进行价值创造的可能性。

价值创造可以采取不同的方式，而此过程的核心是发掘谈判者之间的差异（Lax and Sebenius，1986）。谈判者之间的关键区别有以下几点：

1. 利益点的差异。很少有谈判者能够在谈判中对所有事项赋予同样的重视程度。例如，在讨论薪酬福利待遇时，企业可能更愿意在提供奖金方面妥协，而不是工资，这是因为奖金具有灵活性，而工资是一项长期的费用支出。广告公司可能很乐意在广告创意上做出妥协，但在广告投放方面十分保守。在不同的利益点之间寻找共通性，是解决价值创造困惑的关键之处。

2. 对未来的不同判断。在对同一事物现在价值和未来价值的评估上，人们会持不同的观点。如一块沼泽地对于你辛辛苦苦挣得的收入来讲，究竟是不是一项好的投资？有人会把它想象成未来的住所和游泳池，而有些人则会料想成深受虫害侵袭的严重问题。房地产开发商努力工作就是为了证明：那些现在低估其价值的房产，在将来会有升值的潜力。

3. 在风险承受力方面的差异。人们所能承受的最大风险是不同的。一户年轻的、供养三个孩子的单收入家庭所能承受的风险要比步入中年、没有孩子需要抚养的双收入家庭小一些。现金流存在问题的公司比现金充裕的公司在业务拓展方面承受的风险也要小。

4. 在时间偏好方面的差异。通常情况下，不同的谈判者受时间影响的方式也不同。有些谈判者可能期待即时的收益，而另一些谈判者则乐意将收益推迟至未来时段。有的人希望立刻解决问题，而另一些人则不需要对现状做任何改变。在时间偏好方面的差异能够在谈判中起到价值创造的作用。例如，汽车销售员希望在周末前达成交易以便获得公司的特别奖励，而潜在买主则希望在六个月之内的某个时间买车。

概括起来说，虽然通常情况下价值是在谋求共同利益时创造出来的，但是利益的差异也可以构成价值创造的基础。谈判的核心是通过寻找各方利益的共同点以及差异，来实现价值创造，并在此基础上签订强大而持久的协议。但是，在这种情况下，利益的差异可能看起来是不可克服的，而且是达成协议的障碍。因此，谈判者还必须学会如何有效地管理冲突，这样才能既寻求共同利益最大化，又能照顾到各方的差异。在接下来的部分，我们着重探讨冲突的管理。

1.7 冲突

在相互依赖各方关系中可能出现冲突。冲突可能源于双方在需求方面的强烈分歧或者彼此之间的误解。当双方都想要达到同一个目标且都希望获得一样的结果，或者双方希望获得的结果截然不同时，冲突就产生了。不论冲突发生的原因是什么，谈判都可以在有效解决冲突方面发挥重要作用。在本节中，我们将对冲突进行定义，讨论冲突的不同层次，冲突的积极作用和消极影响，并讨论有效管理冲突的策略。

冲突的定义

冲突可以定义为“在利益、观点等方面的截然不同或对立”，它包括“人们感觉到存在利益分歧，或者认为各方当前的期望不能同时实现”（Pruitt and Rubin，1986，p. 4）。冲突来源于“相互依赖的各方认为彼此目标是不相容的，并且会影响对方达成自己的目标”（Hocker and Wilmot，1985）。

冲突的不同层次

理解冲突的一种方法就是对其进行层次上的区分。通常冲突分为如下四个层次：

1. 自我冲突或内心冲突。这种冲突存在于个人，可能来自于相互冲突的观点、想法、情感、价值、倾向或动机。我们非常想吃冰激凌，但是又知道这会发胖。我们对上司不满，但是又不敢表达出来，因为我们可能会因违抗上司而被解雇。内心冲突的动态机制通常是由心理学的子学科进行研究，如认知心理学、人格理论、临床心理学或精神病学（参见 Bazerman，Tenbrunsel and Wade-Benzoni，1998）。尽管我们有时会涉及谈判者内在的心理动态（如第 5 章和第 15 章），但本书将不涉及自我冲突这一方面。

2. 人际冲突。冲突的第二个主要层次存在于人与人之间。人际冲突出现在同事之间、夫妻之间、兄弟姐妹之间、舍友或邻居之间等。本书大部分的谈判理论正是基于人际谈判方面的研究，并将直接研究人际冲突的管理与解决。

3. 组织内冲突。冲突的第三个主要层次存在于一个组织内部，如一个团队、工作小组、家庭成员、班级、生活圈子以及部落等。我们之所以研究组织内冲突，是因为它会影响组织做决定的能力，并对组织有效运作、解决分歧以及有效实现目标产生影响。我们将在第 11、12、13 章讨论组织内冲突的不同形式。

4. 组织间冲突。这是冲突的最后一个层次，发生在组织之间、民族之间、交战的国家间、世仇家族之间，或是分裂的、分崩离析的社会团体间。这个层次的冲突非常复杂，因为参与人数众多，而且相互间交往方式具有多样化，处在这个层次的谈判也是最为复杂的。我们在本书中会讨论组织间冲突的本质，并在第 11 章和

第13章详细阐述。

冲突的积极作用与消极影响

大多数人最开始都会认为冲突是不好的，或是起负面作用的。这种观点包括两个方面：第一，冲突表明某些事出现了差错或出现了有待解决的问题；第二，冲突会产生极具破坏力的后果。多伊奇等人（Deutsch et al.，1973）[11]详细研究了导致冲突这种破坏性形象的几种因素：

1. 竞争性、非赢即输的目标。各方之所以竞争，是因为他们认为彼此是相互依赖的，他们各自的目标是相对立的，而且不能同时实现。[12]竞争性目标导致人们采取竞争性的过程来实现这些目标。

2. 误解与偏见。冲突进一步激化的结果就是人们的观念开始扭曲——人们固执地以自己对冲突的看法来看待事物，要么支持，要么对立，而且人们的思想开始死板并带有偏见——认可赞同他们立场的人，彻底排斥与他们对立的人。

3. 情绪化。当人们变得焦虑、恼怒、烦恼、生气或者沮丧时，其对于冲突的处理就会开始情绪化。情绪战胜了理性的思考，而且当冲突升级时，人们会变得更加恼怒。

4. 沟通的减少。有效的沟通与冲突成反比关系。彼此意见相左，沟通就更少；反之，意见一致，则会沟通更多。即使有沟通，常常也是要击败、诋毁对方，揭穿对方观点的错误，或者为自己之前的观点增加砝码。

5. 问题不够清晰。冲突的核心问题由于没能很好地界定而变得不够清晰。交流中存在大量抽象、笼统的表述情况。冲突变成了一个漩涡，将所有无辜的事情和局外人卷入进来。人们不能够清楚地知道冲突从何而起、真正原因以及如何应对。

6. 僵化的承诺。人们会僵持于自己所处的立场。当对方向他们提出挑战时，他们坚守自己的观点而不愿意退让，害怕丢面子或者看起来愚蠢。思维过程变得僵化，看待问题的方式过于简单，把问题的复杂性和多面性仅仅看成是非此即彼。

7. 放大彼此差异，减少相似点。当人们局限于自己的主张而使冲突问题变得模糊时，他们就会将对方及其立场视为完全对立的。那些将他们区别和对立起来的因素变得更为重要，而彼此之间的相似点却被看得过少并极力贬低。这种扭曲导致人们认为彼此之间的关系更加疏远（与事实相比），因此他们就不那么尽力地去寻找彼此的共同点。

8. 冲突的升级。随着冲突的不断发展，各方都越来越固守于自己的观点，不愿意接受和容忍对方，更加心存戒备且不乐意交流，更加情绪化。结果，为了在这场冲突中取胜，他们继续坚守自己的立场，想通过增加投入来获胜，在压力中仍坚守自己的立场。各方都相信通过施加更大的压力（如资源、承诺、热情、精力等），就能够迫使对方屈服。然而，那些最具破坏性的冲突事件表明，事实远非如此。冲突不断升级，各方都想取胜，结果就是冲突进一步加深，双方都无法解决分歧，甚至无法再继续合作下去。

上面讲的是通常情况下升级的、两极分化的，以及难以应付的冲突过程（第17章也会讲到）。然而，冲突也可能会有许多积极因素（Coser，1956；Deutsch，1973）。

表 1—1 列举了几种情形。冲突不是简单地只具有破坏性或者有益的，二者兼而有之。我们的目标不是消除冲突，而是学会管理冲突，来控制其中的破坏性因素并利用有益因素。谈判就是一种有效管理冲突的策略。

表 1—1　冲突的有利之处

对冲突进行讨论使组织内成员更能意识到问题所在，并提高处理问题的能力。了解他人的困惑和渴望改变的想法，能够成为促进解决深层问题的动力。
冲突将会给组织带来变革和适应。程序、任务、预算分配等组织内的一般做法都将受到挑战。冲突把人们的注意力集中到这些可能影响并困扰组织成员的问题上。
冲突可以增进关系、鼓舞士气。组织内的成员意识到他们之间的关系很好，能够经受住冲突的考验；他们无须回避那些困扰和问题，可以通过讨论和解决问题来缓解紧张局面。
冲突促进人们对自己和他人的关注。通过冲突，人们将会了解使他们恼怒、困扰和恐惧的原因是什么，并且对他们而言什么才是重要的。意识到我们想要争取的是什么，使我们更加深刻地了解自己；意识到对手为何事而忧，也有助于我们了解他们。
冲突有利于个人发展。通过冲突，主管了解了自己的行为方式是如何对下属产生影响的，而员工也知道了为了提升自己，他们需要增长哪些技术和人际交往的技能。
冲突促进心理上的发展。冲突帮助人们在自我评价时能够更准确、更贴近实际。通过冲突，人们变得不那么以自我为中心，而是能从他人的视角看待问题。他们不仅要能够忍耐敌对和困扰，而且要努力改善这种情况。
冲突具有激励作用且充满乐趣。人们在冲突中受到激励并具有参与感，这可能是通向一种和谐氛围的开端。它使员工从全新的视角来欣赏他们之间这种错综复杂的关系。

资料来源：Reprinted with the permission of Lexington Books，an imprint of The Rowman and Littlefield Publishing Group from *Working Together to Get Things Done*：*Managing for Organizational Productivity* by Dean Tjosvold. Copyright © 1986 by Lexington Books.

影响冲突管理难易程度的因素

表 1—2 向大家展示了冲突判断模式，其中包括分析冲突时用到的几个维度。该模式对于任何冲突都适用，并能以此判断争端解决的难易程度。如果某一冲突具备更多的“难以解决”栏中的因素，那么其解决起来就比较困难；如果该冲突的特点主要属于“易于解决”一栏，那么就会比较容易得到解决。

表 1—2　冲突判断模式

维度	观点	
	难以解决	易于解决
问题所在	原则性问题：价值观、道德观或是问题的关键部分	可细分的问题：容易将其细分为若干部分
资金的多少：赢或输的资金的数量	资金量大：后果严重	资金量小：后果轻微或不重要
各方关系的相互依赖性：一方的结果对另一方的影响程度	零和：一方赢，另一方则输	积和：双方都认为能够取得比现状更好的结果，而不是对现状结果简单地进行分配

续前表

维度	观点	
	难以解决	易于解决
交往的连续性：以后是否还会继续共事？	单次交易：以前没有交往过，以后也不会再有	长期关系：期望以后继续交往
各方的格局：他们在一个团队内部是否紧密团结、有组织的	无组织的：不紧密团结，领导力弱	有组织的：紧密团结，领导力强
第三方介入：其他人能否参与进来帮助解决争端？	没有中立第三方	能够找到可信赖、掌握权力、有威望的第三方
主观上对冲突的评价：平衡的（利弊均等）或失衡的（利弊不均）	失衡的：一方感觉利益受损因而想要报复，而另一方得利因而想要保持控制权	平衡的：双方都得到同等的利益和损失；双方都认为这是个平局

资料来源：Reprinted from "Managing Conflict" by L. Greenhalgh, *Sloan Management Review*, Summer 1986, pp. 45 - 51, by permission of the publisher.

1.8 对冲突进行有效的管理

目前学术界推荐了许多冲突管理的模式，并且权衡谈判者运用这些方法的倾向。[13]每种方法都采取了相似的二维模型，但对五个关键点采取了不同的名称和描述。我们选用迪安·普鲁伊特（Dean Pruitt）、杰弗里·鲁宾（Jeffrey Rubin）和S. H. 金（S. H. Kim）（1994）提出的框架。

这种二维模型我们称之为双重关注模型（如图1—1所示）。该模型假定冲突中的个体有两种独立的关注维度：对于自己利益的关注（图中横轴表示），对于他人利益的关注（图中纵轴表示）。这些关注可以表示为从无（表示极低的考量）到高（表示极高的考量）之间的任何一点。纵轴通常表示合作程度，而横轴则表示独断程度。谈判者越关注自己的谈判结果，则他们越有可能采取图中右边的策略，而他们越不关注自己的谈判结果，则越有可能采取图中左边的策略。类似地，谈判者越强烈地允许、鼓励甚至帮助谈判对方取得其谈判结果，则谈判者越有可能采取图中上方的策略，而谈判者越不关心谈判对手的谈判结果，则他们越有可能采取图中下方的策略。

理论上讲，在这个二维空间里，基于对己方利益和他方利益关注程度的不同，我们可以找到无数的点，但是通常认为有以下五种主要的冲突管理策略：

1. 争夺（也叫做竞争或者占优）策略，位于图的右下角。采取该行为的人对自己的利益非常关注，而无视他人利益能否实现。正如普鲁伊特和鲁宾（1986）所说，"采取该种策略的一方，不仅坚持自己的主张，而且试图说服他人屈从于自己"（p. 25）。威胁、惩罚、胁迫和单方的行动都属于争夺策略。

2. 退让（也叫做通融或助长）策略，位于图的左上角。采取该种策略的人，

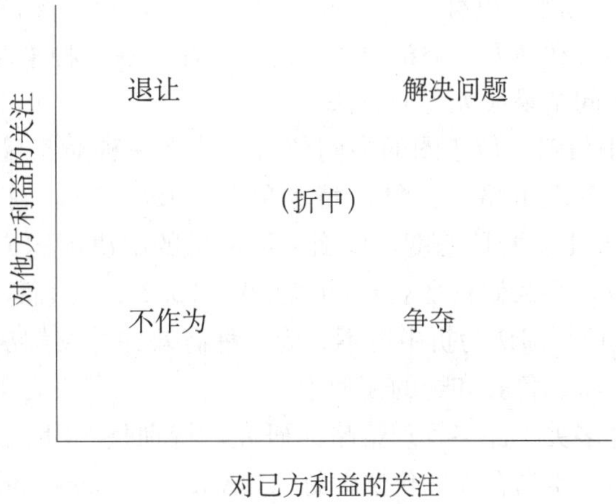

图1—1　双重关注模型

资料来源：Reprinted from *Social Conflict*：*Escalation*，*Stalemate and Settlement*（2nd ed.）by J. Rubin，D. Pruitt and S. H. Kim by permission of the publisher. Copyright © 1994 by The McGraw-Hill Companies.

并不关心是否实现了自己的目标，却非常关心对方的利益所得。这包括降低自己的期望以使对方获胜并实现对方的目标。对一些人来说，退让可能是很奇怪的策略，但它确实在某些情形下又有其特定的优势。

3. 不作为（也称逃避）策略，位于图形的左下角。采取该种策略的人既不关注自己的利益，也不关注谈判对方的利益。不作为策略通常等同于退缩或消极的听之任之，行动者倾向于选择退却、沉默或者不采取任何行动。

“我的让步演说很简单。你赢了。”

4. 解决问题（也称为合作或整合）策略，位于图的右上角。采取该策略的人对于己方利益和他方利益都给予高度的关注。在这种策略中，双方积极寻求能够从冲突中使共同结果最大化的方法。

5. 折中策略，位于图的中间位置，这是一种对于己方利益和他方利益都适度关注的冲突管理策略。普鲁伊特和鲁宾（1986）认为折中不是一种可行的策略，"折中策略产生于两种态度，要么采取慵懒的解决问题方式，半心半意地尝试满足双方的利益，要么就只是双方同时屈从"（p. 29）。然而，采用这种模型的其他学者（参见注释12）却认为折中也不失为一种有效的冲突解决策略，因此我们也将折中加进普鲁伊特、鲁宾和金的模型中。

早期许多关于冲突管理策略的研究，特别是20世纪六七十年代，都具有强烈的反对冲突、崇尚合作的价值偏好（Lewicki，Weiss and Lewin，1992）。尽管各种模型都提出了这五种冲突管理的策略方法，但解决问题策略被认为是首选。这些研究强调解决问题策略的优点，提倡并阐述如何将之应用到几乎所有的谈判情况。近期的很多研究尽管仍然强烈推荐解决问题策略，却更为谨慎地认为，每种冲突管理策略都具有优势和不足之处，因此对于不同类型的相互依赖关系和不同的冲突环境，应选择最适合的策略（见表1—3）。

表1—3　人际冲突处理方式及适用情形

冲突处理方式	适用的情形	不适用的情形
整合	1. 问题复杂 2. 需要统一观点以更好地解决问题 3. 方案的成功需要其他方的努力 4. 解决问题的时间充裕 5. 任何一方都不能独自解决问题 6. 为解决共同问题，需要各方贡献自己的资源	1. 任务或要解决的问题过于简单 2. 需要立即作出决定 3. 其他方对谈判结果不关心 4. 其他方不具备解决问题的能力
协助	1. 采取协助策略的人，认为自己可能是错的 2. 冲突中的问题对于对方更为重要 3. 一方为了未来能从对方获取某些利益，而愿意在当前的冲突中放弃一些利益 4. 一方处于弱势地位 5. 维护良好的关系非常重要	1. 冲突中的问题对自己来说非常重要 2. 你认为自己是对的 3. 对方错了或是不道德的
强硬	1. 冲突中的问题微不足道 2. 需要即刻做出决定 3. 实施了不受欢迎的行为 4. 有必要击败武断自负的对方 5. 对方做出的决策对自己不利并带来损失 6. 对方缺乏专业知识，因此无法做出专业性决定 7. 冲突中的问题对自己十分重要	1. 冲突问题非常复杂 2. 冲突问题对于自己并不重要 3. 冲突双方势均力敌 4. 不需要立即做出决定 5. 对方具有很高的能力

续前表

冲突处理方式	适用的情形	不适用的情形
逃避	1. 冲突问题微不足道 2. 与对方对峙所带来的潜在不利影响超过了解决问题带来的收益 3. 需要冷静期	1. 冲突问题对自己来说很重要 2. 你有责任做出决定 3. 冲突各方不愿意耽搁，问题必须解决 4. 需要当机立断
折中	1. 冲突各方的目标是相互排斥的 2. 冲突各方势均力敌 3. 无法达成一致意见 4. 整合或强硬方式都没成功 5. 需要对当前的复杂问题找出临时性的解决方案	1. 冲突中的一方更为强势 2. 冲突问题非常复杂，必须采取解决问题的策略

资料来源：Modified and reproduced by special permission of the publisher，Consulting Psychologists Press，Inc.，Palo Alto，CA 94303 from *Rahim Organizational Conflict Inventories*：*Professional Manual* by M. A. Rahim，Copyright © 1990 by Consulting Psychologists Press，Inc. All rights reserved. Further reproduction is prohibited without the publisher's written consent.

1.9　本书各章概况

本书分为七个部分，共 20 章，如表 1—4 所示。第一部分是谈判的基本原则，除了本章以外还包括 3 章，介绍了谈判的基本过程。第二部分是谈判的主要过程，包括 5 章，通过介绍谈判的几个关键过程来解释如何开展谈判。第三部分是谈判的背景，包括 4 章，将谈判置于更为广阔的社会背景下，谈判中的各方发挥不同的作用。第四部分包括 2 章，介绍了由于谈判者性别和性格的差异导致谈判方式的不同。第五部分只有 1 章，讨论一个有趣的问题，即抛弃我们原有的西方视角，从其他国家或文化背景的角度看，谈判过程有怎样的变化。第六部分有 3 章，我们探讨谈判者如何打破谈判僵局或者解决谈判方式的不协调——自己解决或者在第三方的帮助下。最后是第七部分，以 10 个总结性评论收尾，涵盖了本书的精华。

表 1—4　　本书各章内容概要

第一部分　谈判的基本原则 1. 谈判的本质 2. 分配式谈判的战略与战术 3. 整合式谈判的战略与战术 4. 谈判：战略与规划
第二部分　谈判的主要过程 5. 感知、认知与情感 6. 沟通 7. 发现并利用谈判力 8. 影响力 9. 谈判中的道德伦理

续前表

第三部分　谈判的背景 10. 谈判中的各种关系 11. 代理人、委托人、观众 12. 联盟 13. 多方谈判与团队谈判
第四部分　谈判中的个体差异 14. 个体差异Ⅰ：性别与谈判 15. 个体差异Ⅱ：个性与能力
第五部分　不同文化之间的谈判 16. 国际谈判及跨文化谈判
第六部分　解决差异 17. 处理谈判僵局 18. 处理棘手谈判 19. 第三方介入处理谈判中的困境
第七部分　结语 20. 谈判的最佳实践

我们将在接下来的两章（第2章和第3章）介绍谈判的两种主要策略：分配式和整合式。第2章对竞争性（非赢即输）的分配式谈判过程的战略和战术进行了描述和评价，对最常使用的分配式谈判战术进行了综述，并讨论了其应用的结果。该章最后一部分探讨如何结束谈判，这是很多谈判者在谈判准备过程中都会忽视的。

第3章介绍合作性（双赢）的整合式谈判常用的基本战略和战术。整合式谈判与分配式谈判具有显著的区别：分配式谈判的主要特征是不信任和质疑，以击败对方为策略目标；整合式谈判通常的特点是信任和坦诚，其策略目标是参与各方达成最佳的可行解决方案。整合式谈判通常就是解决问题的过程。

第4章继续介绍谈判的基本原则，即谈判者应当采取何种策略和计划才能实现既定目标。该章首先阐述了策略的本质和作用，我们提出了策略选择模型，并指出如何识别影响谈判计划的关键因素。随后，我们进一步详细介绍了有效计划谈判过程的关键要素。谈判的计划和准备阶段是最为重要的步骤，但是很多谈判者忽视甚至完全忽略了这两个阶段。有效的谈判计划要求：(1) 对于谈判过程全面了解，以便谈判者能对即将发生的事情和事情将如何进展有个大致了解；(2) 对谈判目标和期望值有清晰的构想；(3) 研究和收集能够对既定目标提供支持和维护的信息和论点；(4) 了解谈判对手及其目标，并能运用这些信息设计谈判策略以实现谈判的有效解决。本章还包括谈判者在做谈判计划时可能用到的一系列诊断性问题。

第二部分讲述谈判的主要过程，包括5章。第5章介绍了感知、认知和情感如何影响我们对于信息的接收，对问题、谈判其他各方以及谈判动态发展的处理。感知、认知和情感是所有社会情境的基本构件，我们看待和分析对方、情境以及我们自己的利益和处境的方式，将引导我们的社会行为。了解人类如何对信息进行认知和处理，对于我们了解谈判者的行为具有十分重要的作用。更为重要的是，在与他人互动时，我们也正在经历和表达情感，谈判当然也不例外。该章探讨了情感和情绪对于影响谈判动态发展的作用。

从谈判的本质来看，它是一种人际交往方式。沟通的过程，不论是口头的，还是非口头的，对于实现谈判目标和解决冲突都非常关键。第6章介绍了谈判者之间沟通各自利益、立场和目标的过程，以及这种沟通反过来对谈判对手和整个谈判过程的作用。该章首先讨论了信息编码、发送、接收和解码的基本机制，接下来深入分析谈判中沟通的内容，以及人们如何在谈判中进行沟通。该章最后讨论了如何在谈判中对沟通进行改善。

第7章主要讨论谈判力。我们用“谈判力”这个词表示谈判者发挥自身优势或提高获胜概率的能力。所有的谈判者都需要谈判力，他们都想知道如何对谈判对手施压、如何说服对手从我方角度考虑问题、如何引导对手给出合意条件，以及如何战胜对手或者改变对手的想法。该章首先定义了谈判力的本质，并讨论如何在谈判中灵活运用谈判力。该章主要集中介绍能使谈判者具备施压能力的谈判力来源。

第8章探讨谈判者在实际操作中如何施加影响，即采取何种策略以产生预期的态度或行为转变。在谈判过程中，谈判者经常需要使对方相信他们已经给出了很好的对价，他们的出价是合理的，或者他们不能做出更多的让步了。谈判者可能还希望改变对方关于其自身目标重要性的理解，使对方认为他们的让步并非想象的那样有价值。谈判者会将自己表现为受欢迎的人，应该受到得体的待遇。他们所做的这些，其实都是为了利用这些信息以及信息发送者和接受者的人品，试图改变对方的立场、观念和观点。

第9章我们讨论谈判过程中的行为是否存在或应该存在道德标准。我们认为，每场谈判都会遇到行为道德这类关键性问题。有效的谈判意味着谈判者必须意识到何时应考虑道德问题，以及在处理该类问题时应当考虑哪些因素。在本章中，我们将区分谈判中存在的几种主要的道德维度，为制定符合道德的谈判决策提供框架思路。在这个过程中，我们会重点介绍本领域有突出贡献的研究成果。

第三部分各章介绍谈判的背景，研究更广范围的社会环境对于谈判过程的影响。背景影响谈判的一个主要途径就是：人们之间的相互关系存在过去、现在和将来三种状态。在第10章中，我们将着重讨论关系的过去和将来对于当前谈判的影响。分析过程包括两部分：首先，研究谈判者之间关系的过去、现在和将来如何影响谈判过程；然后，我们分析三个主题，即名誉、信任和公平，它们对于处在某种关系中的有效谈判具有非常关键的作用。

第11章主要介绍以下两种情况下谈判如何发生变化：（1）谈判人员从简单的一对一变为多方参与；（2）谈判者扮演代理人角色，即他们不一定代表自己的问题和利益，而是代表其他可能在场或不在场的人的利益，这种情境叫做代理关系。当谈判者从为自身利益辩护转为代表他人利益时，谈判如何变化？这就是我们的研究内容。我们还将讨论当谈判者由双方变为多方时，谈判者采用何种类型的影响策略以及策略的实施。最后，我们还将总结委托人与代理人之间如何相互影响。

第12章主要涉及多方（多于两方）谈判的情形下，各方之间如何结成联盟以达到他们的目标。我们会介绍什么是联盟及其不同形式、联盟形成和发展的原因及机制、联盟的本质，以及权力和杠杆在联盟中的作用，最后为建立和维护联盟提出一些实践建议。

在第13章中，我们将多方谈判的分析延展为具体两种情形：情形一，多方与一方谈判，并试图达成团队内的一致意见，这是在多方谈判中团队决策的过程；情形二，几个人组成谈判中的一方，即谈判中的各方是团队对团队，而不是个人对个人。

第四部分的两章讨论个体差异对于谈判方法的影响。一些人是更为优秀的谈判手，那么究竟是什么特征使得人们在谈判中表现迥异？第14章专门讨论个体差异中最受学者关注的因素：性别差异。在该章中，我们首先要区分性别（sex）与社会性别（gender），再介绍谈判中的相关研究，分别从理论和实证角度讨论性别差异产生的原因。在过去几年中该领域产生了一些新的研究成果，使我们更为清晰地了解谈判中性别差异带来的潜在心理影响。

第15章我们继续探究个体差异中的其他因素，如个性与能力。首先大致介绍了早期关于个体差异的研究，随后我们着重介绍更多的近期关于个体差异与谈判的研究，主要分为两大类：（1）对谈判产生影响的个性维度划分；（2）谈判中天生能力的作用，包括认知能力以及现在较新的领域，即情商。该章最后是关于谈判中个体差异的行为研究，解释了为什么优秀的谈判人员与普通的谈判手表现迥异。

第五部分涉及谈判中的文化因素，虽然只有一章，却是非常重要的内容：跨国谈判与跨文化谈判。现在人们旅行更为频繁且路途更远，而商务在地域上也更为国际化。对于大多数人和组织来说，国际谈判已经习以为常，而不是像原来那样偶尔才会发生。由于人们跨越国界和文化边界，因此，谈判的复杂性也显著增加。第16章讨论了国际谈判的特点，包括环境背景（宏观政治因素）和直接背景（微观战略因素）。接下来我们转入国际谈判中研究最多的因素——文化的作用，涵盖国家、地区及组织三个层面。随后分别从管理和研究角度介绍文化对于谈判的影响，并讨论对于国际谈判人员来说，采取何种文化应对策略是最合适的。

谈判会因多种原因破裂或陷入僵局，因此，第六部分介绍如何应对谈判中的失败情形。第17章主要针对谈判陷入破裂或僵局的情形，当事人容易变得愤怒而失去理智，因而丧失正确的判断能力，谈判各方之间的有效沟通受阻，充满对彼此的怨恨情绪。该章首先分析了棘手和难以达成的这类谈判的特点，以及谈判僵局的性质和难以应对的原因。随后介绍导致谈判陷入僵局的谈判人员的失误表现，最后讨论谈判者解决困境以及使谈判重回正轨可采用的策略。

第18章我们转入新的情形，讨论谈判各方因对情势的诊断不同、各有不同的谈判技巧，或有不同的谈判策略偏好而采用不同的方式来引导他们的谈判。该章主要讨论希望以合作方式谈判的一方却遭遇不愿意合作且试图达成零和协议的另一方（即所谓的棘手难缠的对手）的情形，并提出应对建议。谈判者若想将零和谈判者转变为整合式的谈判者，是具有一定挑战性的。我们首先讨论如何管理社会契约和影子谈判，然后讨论如何应对另一方刁难的分配式谈判策略，以及面对更强大对手时可供选择的方法。最后，讨论对于难缠的谈判对手的应对策略，以及如何应对最后通牒和高难度对话。

第19章讨论第三方介入帮助解决争端的情形。第三方帮助他人解决争端，或者在他人无法做出决定时给予帮助，这种做法由来已久。第三方介入的情形可能是：谈判双方已经尝试了各种选择，仍然无法取得进展；或双方的不信任和怀疑度很高；或在不信任和曲解导致的抵触下，双方无法采取更深入的步骤。该章主要介绍第三方的典型角色以及他们如何解决冲突。首先讨论第三方介入谈判的不同类型，其中会特别关注三种正式的第三方干预作用：仲裁、调解及过程咨询。然后讨论非正式的第三方，通过建立和保持替代性争端解决系统对第三方介入过程的制度化进行检验，并以此作为本章的结论。

第七部分即第20章，是全书的最后一章，我们将在一个宽广的层次上思考谈判。谈判是日常生活中不可或缺的一部分，我们周围时刻存在谈判的可能性。一些人可能是天生的谈判人员，但谈判实际上是包含分析和沟通的一种技术，每个人都可以学习。在该章中，我们将在更广阔的视角下回顾我们之前讲述的谈判内容，并为谈判者提供10个最佳实践，以期进一步提高他们的谈判技巧。

本章小结

本章为全书后面各章详尽探究谈判过程提供了基本原理的铺垫。我们首先列举了很多日常生活中和每天发生在世界各地的案例。通过这些例子，我们介绍了日常谈判的各种类型，并讨论了本书如何将这些内容呈现出来。接着，我们详细讲述了发生在乔和休一家的故事，并指出谈判如何涉及生活的方方面面，我们还通过这则案例来定义谈判情境中的几个关键因素。

通过对谈判进行定义和案例导入，我们介绍了谈判过程的四个关键因素：管理相互依赖关系、相互调整、价值申明或价值创造，以及冲突管理，这四个因素都密切关系到对谈判的正确理解。对相互依赖关系的管理，是指谈判各方为了达成各自的目标，必须要了解相互之间的依赖关系。相互调整是指谈判各方首先为自己设定目标并随对方目标进行调整，以期达到使各方都满意的谈判结果。价值申明或价值创造指的是谈判各方对于稀缺资源如何处理的过程，是分享还是单方取胜，或者使双方的获利都能有所增加。最后一部分是冲突管理，旨在帮助谈判者理解冲突对于谈判的利弊影响，并介绍使冲突的益处最大化、弊端最小化的基本策略。

这四个过程对于任何谈判来讲都是核心内容，它们构成了我们所有关于谈判研究的基础。在本章的最后，我们介绍了全书的总体结构和各章安排。

关键术语

相互依赖关系（interdependent relations）：谈判主体之间可能出现的一种关系。在该种关系中，谈判各方需要依靠对方才能达到各自期待的结果。

独立关系（independent relations）：谈判主体之间可能出现的一种关系。在该种关系中，谈判双方在不需要他人帮助的情况下就能够达到自己所期待的结果，相互之间是相对分离的、冷漠的、无关联的。

完全依赖关系（dependent relations）：谈判主体之间可能出现的一种关系。在该种关系中，谈判中的一方要满足自己的需求，就必须要依靠他人。由于他们都需要彼此的帮助或合作，因此依赖的一方必须能够接受并容忍谈判对方的一时冲动或任何个性。

竞争型情境（competitive situation）：也叫做零和式或分配式情境，它是相互依赖关系导致的一种情境。通常在这种情境下，谈判者之间的利益是相互冲突的，而且只有一方能够实现其目标，因此，谈判一方的所得即另一方的所失。这种情境还表现在谈判各方想要对有限的或稀缺的资源进行分割，如果一方实现了自己的目标，那么另一方目标的实现就会受阻。

互利型情境（mutual gains）：相互依赖关系导致的一种情境。谈判方各自的目标是相互联系的，一方目标的实现，并不一定会阻碍另一方，事实上还有可能极大地促进另一方目标的实现。互利型情境可以分为两种类型：共同利益和互补利益。

替代方案（alternative）：谈判者在谈判之前和谈判过程中，手中都可能会有不止一个方案。除了进行中的谈判之外，其他的方案都叫做替代方案。替代方案的出现，对于谈判者在谈判中的表现具有重要的影响。

最佳替代方案（best alternative to a negotiated agreement，BATNA）：谈判方在谈判时所拥有的除谈判对方方案之外的其他方案中最优的那一个。谈判双方都可能有选择权，谈判者需要将其最佳替代方案与谈判对手方案的价值进行比较。在谈判中运用最佳替代方案，是谈判者提升自身谈判能力的一种重要方法。

相互调整（mutual adjustment）：通常在相互依赖关系的谈判情况下，谈判各方会出现相互调整的过程。在谈判过程中，由于存在相互依赖关系，谈判各方可以影响彼此的谈判结果和决定，同时，他们自己的结果和决定又能被对方影响。这种相互调整的关系会随着双方的相互影响而贯穿于谈判整个过程。谈判是一个不断变化的过程，而相互调整则是谈判过程中不断变化的一个关键原因。

诚实困境（dilemma of honesty）：谈判过程中各方都面临的一种进退两难的处境。谈判方困惑于该向对方吐露多少实情，其原因在于：一方面，将自己的真实处境一五一十地告诉对方，可能会被对方利用；另一方面，如果丝毫不告诉对方你的需求和想法，则会使谈判陷入僵局。

信任困境（dilemma of trust）：谈判过程中各方都面临的一种进退两难的处境。谈判者困惑于应该在多大程度上信任对方，其原因在于：如果相信谈判对方所说的全部内容，那么就会被对方利用；如果丝毫不相信，那么谈判又很难达成一致意见。

价值申明（value claim）：谈判者意识到在当前情形下只能有一个赢家，并且努力想要成为那个赢家。此种谈判方式的目的就是采取一切必要措施来赢得胜利、获得最大份额，或者争得尽可能大的比例（实际上价值申明是双方都要做的），这种过程可能会导致谈判双方的分配式结果。

价值创造（value creation）：双赢谈判中的一个过程。谈判者寻求双方都能做到且达到各自目标的解决方案。此种谈判方式的目的是寻求使各方都能实现目标的方法，或者是发掘更多的资源，或者是找到特别的方法能分享并合作使用现有资源，使得双方的利益扩大，这种过程可能会导致谈判双方的共赢结果。

冲突（conflict）：这是谈判中经常会碰到的情况，谈判各方在需求、利益、观点等方面存在强烈的不一致、分歧或误解，包括利益的分歧、认为不能同时实现各方的期望。冲突的原因在于：存在相互依赖关系的谈判各方认为彼此的目标是不相容的，并且会对自己目标的实现产生影响。冲突可能出现的情况是：谈判双方都想要达到同一个目标，而且都希望获得一样的结果，或者双方希望获得的结果截然不同。不论冲突发生的原因是什么，谈判可以在有效解决冲突方面发挥重要作用。冲突不仅具有消极影响，有时也会产生积极作用。

争夺（contending）：谈判方应对冲突的一种策略，也称为竞争或者占优策略。采取该行为的谈判者对自己的利益非常关注，而无视谈判对方的利益能否实现。威胁、惩罚、胁迫和单方行动都属于争夺策略。

退让（yielding）：谈判方应对冲突的一种策略，也称为通融或助长策略。采取该策略的一方，并不关心是否实现了自己的目标，却非常关心谈判对方的利益所得，这包括降低自己的期望以“使对方获胜”并实现对方的目标。

不作为（inaction）：谈判方应对冲突的一种策略，也称为逃避策略。采取该策略的谈判方表现出既不关注自己的利益，也不关注谈判对方的利益。不作为策略一般等同于退缩或消极的听之任之，谈判一方选择退却或沉默。

解决问题（problem solving）：谈判方应对冲突的一种策略，也称为合作或整合策略，采取该策略的谈判方对于己方利益和谈判对方的利益都给予高度关注。在这种策略中，双方积极寻求能够从冲突中得到最大化共同结果。

折中（compromising）：谈判方应对冲突的一种策略，采用该策略的谈判者对于自己的利益和谈判对方的利益都给予适度的关注。

注释

[1] E.g., Hochberg and Kressel, 1996; Oliver, Balakrishnan, and Barry, 1994; Olekalns, Smith, and Walsh, 1996; Weiss, 1997.

[2] See Bazerman, Tenbrunsel, and Wade-Benzoni on the challenge of negotiating with yourself.

[3] Goffman, 1969; Pruitt and Rubin, 1986; Raven and Rubin, 1973; Ritov, 1996.

[4] Alexander, Schul, and Babakus, 1991; Donohue and Roberto, 1996; Eyuboglu and Buja, 1993; Pinkley and Northcraft, 1994.

[5] Gray, 1994; Kolb, 1985; Kolb and Putnam, 1997.

[6] Fisher, Ury, and Patton, 1991; Follett, 1940; Nash, 1950; Sebenius, 1992; Sen, 1970; Walton and McKersie, 1965.

[7] We are not suggesting that Max should do this; rather, because the long-term relationship is important in this situation, Max should ensure that both parties' needs are met (see Chapter 3 for an expanded discussion of this point).

[8] Kimmel, Pruitt, Magenau, Konar-Goldband, and Carnevale, 1980; Putnam and Jones, 1982; Weingart, Thompson, Bazerman, and Carroll, 1990.

[9] Raiffa, 1982; Selekman, Fuller, Kennedy, and Baitsel, 1964.

[10] Bazerman, Magliozzi, and Neale, 1985; Neale and Bazerman, 1985; Neale and Northcraft, 1991; Pinkley, 1992; Thompson, 1990b.

[11] Folger, Poole, and Stutman, 1993; Hocker and Wilmot, 1985.

[12] As mentioned earlier, however, the goals may not actually be in opposition, and the parties need not compete. Perception is more determinant than reality.

[13] Filley, 1975; Hall, 1969; Rahim, 1983, 1992; Thomas, 1992; Thomas and Kilmann, 1974.

第2章 分配式谈判的战略与战术

学习目标

1. 了解构成分配式谈判情境的基本要素以及分配式谈判的战略与战术；
2. 分析在分配式谈判情境下结束谈判的各种选择；
3. 了解分配式谈判中表明谈判立场的重要性以及让步的作用；
4. 学习恰当使用承诺作为沟通的一种战术。

18 个月前，杰克逊决定搬到工作单位附近居住。决定搬家后，他开始在市场上出售自己的公寓，但是一直没人购买。直到 14 个月之后，终于有人表示要买他的公寓了。经过一段简短的谈判，杰克逊定下了他的售价。由于他一直都没在单位附近找到合适的房源，所以他只好把交房的时间推迟到 6 个月以后，以利用这段时间找到一处合适的新房，但是买主芭芭拉并不想等那么长的时间。推迟交房会给芭芭拉带来很多不便，而且芭芭拉很难找到一家能够提前半年锁定贷款利率的银行为其提供购房贷款。于是杰克逊只好调整了他的售价，以使芭芭拉能同意延期交房。显然，如果杰克逊能够早些交房，芭芭拉会更加高兴。

杰克逊单位附近正在出售的公寓很少，并且杰克逊对这些房子都不太满意。他开玩笑地说，除非有新房子上市出售，否则直至秋叶纷飞，他都只能睡在镇上的帐篷里。两个月后，终于出现了一套符合他要求的房子。房子的卖主索菲亚要价 145 000美元，这比杰克逊希望支付的最低价要高出 10 000 美元，而比他能承受的最高价格低 5 000 美元。杰克逊很清楚他买公寓花费越多，他的其他愿望就越难实现，比如添置新窗帘和新的家具以及雇请搬家公司。

上述这个例子描述了一个典型的分配式谈判情境（distributive bargaining situation）的基本要素。分配式谈判（distributive bargaining）又称作竞争型谈判（competitive bargaining）或者单赢谈判（win-lose bargaining）。在一个分配式谈判的情境里，一方谈判者的目标通常是根本的，并且直接与另一方的目标相冲突。因为资源是固定的、有限的，而谈判双方又都希望通过谈判使自己获得的份额最大化，所以每一方都会采用战略组合来取得最优的谈判结果。其中一个很重要的战略就是小心谨慎地保护信息，即一方只有在该信息能获得战略优势时才会提供给另一方。同时，谈判者强烈希望通过从另一方获得信息来提高己方的谈判能力。分配式谈判实际上是一种谈判双方就谁会获得某种有限资源（通常是金钱）中的绝大部分的竞争。谈判一方或双方能否达到各自的目的，取决于他们所采用的战略与战术（Walton and McKersie，1965）。

很多人认为，分配式谈判的战略与战术涵盖了谈判的一切。想象一下，在一个拥挤的、烟雾缭绕的房间里，人们激烈地为各自的观点争辩。很多人都被这种情境吸引，并期望通过学习与练习来提高应对强硬谈判战略的谈判技巧。同时，也有许多人对分配式谈判很抵触，宁愿回避这种谈判情境，他们认为分配式谈判是过时的、过于对抗的，并且具有破坏性。

基于以下三个原因，每个谈判者都应该学习分配式谈判的战略与战术：第一，一些谈判者面对的相互依赖的情境是分配式的，若要取得较好的谈判结果，谈判者就必须掌握分配式谈判的战略与战术；第二，由于很多谈判者都会无一例外地使用分配式谈判的战略与战术，故而所有的谈判者都应该学会如何应对这些战略与战术；第三，无论在哪种谈判情境下，对己方利益进行陈述（即价值申明）时（Lax and Sebenius，1986），都需要掌握分配式谈判的技巧。整合式谈判主要探讨如何创造新价值，但也包括价值申明这一阶段，在这一阶段中，所创造的价值就是分配式的（整合式谈判将在第3章展开介绍）。了解与掌握分配式谈判的战术与战略十分重要，但是谈判者必须清楚，分配式谈判的战略与战术可能不起效，也可能带来负面作用甚至会让谈判者付出高昂的代价，因为这些战略与战术通常会使谈判各方刻意关注双方有多少差异，而忽视了双方之间的共同点（Thompson and Hrebec，1996）。尽管存在这些负面影响，但是当一个谈判者想要在某个交易中获得最大的收益时，或者与谈判对方的关系不是很重要时，抑或谈判者在谈判过程中申明己方利益时，分配式谈判的战略与战术还是非常有效的。

本章中讨论到的一些战略同样会涉及伦理问题。道德规范与谈判的话题将会在本书第9章中进行详细讨论。不要设想谈判时对方与你的伦理价值观一致。你可能认为本章中讨论到的一些战略和战术是不符合伦理道德的，但其他的谈判者会非常自如地运用它们。同样，你也许善于采用一些令其他谈判者难以接受的战略。当谈判具有竞争性时，一些战略和战术如同其他符合伦理道德的行为一样很容易被人们接受（例如，与实情相比，你对己方提供的方案进行夸大描述），而另一些方案却很难被接受（见本章后面关于典型强硬战术的讨论）。

本章中关于战略与战术的讨论将有利于帮助谈判者理解分配式谈判情境，并因此取得更好的谈判结果。彻底理解这些概念将会使那些最初不接受分配式谈判的谈判者更好地掌控分配式谈判。最后，掌握分配式谈判的战略与战术还可以帮助谈判者提高在任何谈判中申明己方价值的能力。

2.1 分配式谈判情境

为了说明分配式谈判的过程，我们回到开篇关于杰克逊购买公寓的案例。案例中我们曾经提到过以下几个价格：(1) 索菲亚的要价（145 000美元）；(2) 杰克逊愿意支付的新房价格（135 000 美元）；(3) 杰克逊能承受的最高价格（150 000 美元）。这些价格是分析分配式谈判情境的关键点。杰克逊的首选价格是他的目标点（target point）（135 000 美元），这是每一个谈判者想要达成协议的点，也是最佳点。这个目标有时也作为一个谈判者的期望点（aspiration）。杰克逊愿意支付的最高价格是他的抵抗点（resistance point）（150 000 美元），即买方谈判者的底线（相反，作为卖方，抵抗点是其愿意接受的最低价格），有时也叫保留价。要价（asking price）（145 000 美元）是卖方给出的初始价。杰克逊可以通过他的最初出价（initial offer）在索菲亚初始价的基础上讨价还价。从该意义上讲，最初出价是买方向卖方报出的第一个价格。以购买公寓为例，我们可以将一系列可能的价格看做一个连续的统一体（见表 2—1）。

表 2—1　　购买公寓谈判中的买方观点

	杰克逊的目标点		索菲亚的要价	杰克逊的抵抗点
\$130 000	\$135 000	\$140 000	\$145 000	\$150 000

杰克逊如何决定他的最初出价？这个问题有很多种办法解决。无论如何，要想确定一个好的最初出价，杰克逊就必须掌握一些有关谈判过程的知识。在第 1 章中，我们讨论了谈判时人们如何通过对方与己方的相互让步进行讨价还价。杰克逊在做出最初出价决策前，需要把这些因素考虑在内。如果杰克逊初次出价 135 000 美元，即在他的目标点开始谈判，并且在该点上不得不做出一个让步，那么这个第一次让步就可能会使杰克逊离开他自己期待的目标点，向自己的抵抗点靠近。如果杰克逊真的想实现自己的目标，那么他就需要确定一个比他的目标点更低的最初出价，为自己腾出一些让步空间。同时，最初出价不能过于远离目标点。如果杰克逊确定的第一个出价太低（例如，100 000 美元），索菲亚就可能认为他不切实际或傻里傻气，进而中止谈判。由于确定最初出价的过程非常复杂，而且最初出价对谈判过程有着至关重要的作用，我们暂且采用尽可能简单的案例来解析。我们假设杰克逊决定给出一个合理的最初出价——133 000 美元，比他的目标点低并适当低于他的抵抗点。同时，要记住这个案例关注的只有价格，所有其他谈判的问题或议程都有各自的初始点、目标点和抵抗点。

谈判各方在谈判开始前都要确定己方的初始点、目标点和抵抗点。初始点通常是在各方的开场陈述中表明的（例如，卖方报价单中列出的要价或者买方的最初出价）。目标点通常是谈判开始后逐渐获悉或是推断的。当人们做出让步时往往是放

DILBERT ©UFS. Reprinted by permission.

弃介于他们的初始点和目标点之间的微小差额。抵抗点是一方宁可中止谈判也不会跨越的点，是一个需要保守机密不能让对方知晓的点（Raiffa，1982），甚至是在谈判成功之后，谈判方都可能不清楚对方的抵抗点，而且谈判者经常低估对方能够支付或接受的价格（Larrick and Wu，2007）。在一个谈判失败之后，一方可能推断出谈判结束前，对方愿意考虑的已方最后一个出价是与抵抗点接近的。

谈判双方的初始点和抵抗点通常都是反向对应的——对买方而言抵抗点价格高而对卖方而言抵抗点价格低。继续分析我们的案例，杰克逊希望支付的最高房价是150 000美元，而索菲亚的要价是145 000美元。杰克逊能够推测，索菲亚或许愿意接受比145 000美元低一些的价格，或许可以考虑140 000美元这样对自己更称心的价格，但杰克逊不知道又非常想知道索菲亚能够接受的最低价格，即她的抵抗点究竟是140 000美元，还是135 000美元？杰克逊假定这个抵抗点是130 000美元。最初索菲亚丝毫不了解杰克逊的立场，但当杰克逊提出最初出价133 000美元时，她很快就清楚了他的初始点。索菲亚或许可以猜想杰克逊的目标点不会和他的初始点相差太远（事实上是135 000美元，但是索菲亚并不知道这个确切的数字），但她不能确定他的抵抗点是多少（150 000美元）。这些数据——杰克逊已经知晓或者能够从中推断出索菲亚的立场等信息，均显示在表2—2中。

表2—2　购买公寓谈判中的买方观点（扩展的）

索菲亚的抵抗点（推测的）	杰克逊的最初出价（公开的）	杰克逊的目标点（保密的）	索菲亚的目标点（推测的）	索菲亚的要价（公开的）	杰克逊的抵抗点（保密的）
$130 000	$133 000	$135 000	$140 000	$145 000	$150 000

介于谈判双方抵抗点之间的区域称作谈判区间、成交区间或潜在协议范围，这是极其重要的，实际的谈判都是在这个谈判区间中进行的，若实际谈判中哪方的报价超出这个范围就会立刻被对方驳回。当买方的抵抗点超出卖方的抵抗点——买方乐意支付的最高价格高于卖方愿意接受的最低价格，这种谈判范围称作正的谈判区间。反之，在这个购买公寓的案例里，如果索菲亚愿意接受的最低价格为145 000美元，而杰克逊愿意支付的最高价格为140 000美元，那么就出现了一个负的谈判区间。如果谈判出现负的谈判区间，谈判就陷入僵局。除非谈判的一方或者双方改变自己的抵抗点，或者有第三方势力介入，强迫谈判中的一方或双方接受他们不希

望的谈判结果，否则谈判难以继续。由于谈判者不会以讨论他们的抵抗点作为谈判的开场（他们探讨的是最初出价和需求），故而谈判者只有深入谈判的进程中才能知道进行的谈判是否真正存在正的谈判区间。谈判久拖无果，双方精疲力竭后才可能意识到，他们的抵抗点之间没有交集，此时，他们只能决定是否结束谈判或者重新评估他们的抵抗点。下文将对此进行详细阐述。

目标点、抵抗点、最初出价在分配式谈判中扮演着重要角色。目标点既影响谈判结果，又影响谈判者对结果的满意程度（Galinsky，Mussweiter and Medvec，2002）。最初出价对谈判进展影响重大（详见下文）。当采取强硬战术时，抵抗点的作用更为重要（详见下文），而正的谈判区间可以提高谈判成功的可能性（Krause，Terpend and Petersen，2006）。

替代方案在谈判中的地位

除了最初出价、目标点和抵抗点，谈判还有另一个重要的要素，即替代方案（alternative outcome）。在一些谈判中，谈判方通常只有两种选择：（1）双方达成协议；（2）双方不达成任何协议。然而，在其他的一些谈判中，一方或者双方都有可能通过其他替代方案而达成某种协议。在杰克逊和索菲亚的例子中，若有新公寓上市，要价 142 000 美元，杰克逊可能同新卖家达成协议。与此类似，倘若索菲亚再耐心等待一阵子，那么她也很有可能遇到一个新买主，若新买主出价 134 000 美元，索菲亚就能与其顺利成交了。

尽管替代方案与抵抗点不必一致，但替代方案可以被看做抵抗点。如果杰克逊替代方案的要价是 142 000 美元，那么（暂不考虑其他因素）他就会拒绝索菲亚提出的任何高于这个数目的价格。杰克逊也可能对价格以外的因素不满意，比如杰克逊不大喜欢这里的邻里，抑或房子离他工作地点有些远，或者杰克逊更喜欢索菲亚装修一新的房子。基于以上种种理由，杰克逊或许会认为与其少花钱买便宜货，还不如多付 8 000 美元给索菲亚，于是他坚持自己的最初选择，并准备好 150 000 美元来购买索菲亚的房子（参见表 2—3）。

表 2—3　　买方对购买公寓谈判的观点（包含替代方案）

索菲亚的抵抗点（推测的）	杰克逊的最初出价（公开的）	索菲亚的可选买家（保密的）	杰克逊的目标点（保密的）	索菲亚的目标点（推测的）	杰克逊的可选房屋（保密的）	索菲亚的要价（公开的）	杰克逊的抵抗点（保密的）
$130 000	$133 000	$134 000	$135 000	$140 000	$142 000	$145 000	$150 000

替代方案在谈判中是非常重要的，它赋予谈判者在遇到不太满意的谈判时，可以随时从谈判中退出的能力。在谈判过程中，哪方有更多的替代方案，哪方就能制定出更有利的谈判目标并减少让步次数。谈判者具有的现实的替代方案数目因情境不同而大有区别。对那些有很多替代方案的谈判，谈判方就可以把目标定高而且不用怎么让步，相反，如果在谈判中没有任何替代方案，例如与垄断经营商做生意的谈判者几乎没有什么谈判能力。成功的谈判者在正式谈判之前会先调查清楚己方拥有的真实的替代方案，这样才能确定在谈判中表现的强硬程度（Fisher and Ertel，

1995)。优秀的谈判者还会在谈判进行过程中不断地尝试寻找他们的替代方案。如果杰克逊和索菲亚的谈判持续一段时间，他就应该在市场上不断寻找新的房源，他也许还会与其他卖主谈出更好的结果。对杰克逊而言，提高替代方案质量的做法，保持并增强了他的谈判能力（我们将在第 7 章中详细讨论谈判能力和杠杆效应）。

强最佳替代方案（strong BATNA）还可以影响谈判进程。拥有强最佳替代方案的谈判者最有可能最先发出要约并获得更好的谈判结果（Magee，Galinsky and Gruenfeld，2007）。当谈判区间很窄时，强最佳替代方案的积极作用非常明显，因为谈判区间窄的谈判竞争性更强，并且很难达成协议（Kim and Fragale，2005）。

最后，谈判者必须对他们拥有的最佳替代方案（BATNA）有清楚的认识（Fisher，Ury and Patton，1991）。拥有很多替代方案当然是有益的，但是只有最佳替代方案才会对谈判者决定是否达成协议产生影响。理解最佳替代方案的含义，并且保证该最佳替代方案是真实可行的，可以提高谈判者的谈判能力，因为最佳替代方案会令谈判者清楚如果达不成协议会有怎样的结果。强最佳替代方案是谈判者所拥有的一个积极的备选方案，将会增强谈判者的谈判能力，并帮助谈判者取得更好的谈判结果（有关最佳替代方案的作用将在第 7 章中进一步讲述）。

解决点

分配式谈判的基本流程是在一个正的谈判区间内达成协议。谈判双方的目的就是尽可能在谈判范围内获得更多的份额，也就是说，最终的协议就是使谈判结果最大限度地逼近对方的抵抗点。

谈判双方都清楚最终的协议并不能百分之百地符合他们最初制定的目标（目标点），但谈判双方希望谈判结果比设定的抵抗点要好一些。为了达成协议，谈判双方都必须明白解决点（settlement point）是他们在谈判中能够获得的最好结果，即便这个结果并没有完全符合他们最初的意愿。这种信念对于达成协议或确保在谈判结束后严格履行协议，都是非常重要的。那些认为自己没有达成最好的协议，或者认为己方为达成协议放弃了很多重要要求的谈判者，通常会违反协议的条款，或寻求其他途径来弥补他们的损失。如果杰克逊认为自己在这项交易中处于劣势，那么在不久的将来，他可能会不断地向索菲亚提出额外的要求，使得索菲亚不堪其扰。例如，杰克逊可能会声称房子存在潜在的危险，房内配备有缺陷，等等。另外一个影响到双方对协议满意程度的因素是，在这个交易结束后，买卖双方是否会再见面。如果索菲亚搬家了，那么杰克逊就不可能与她再做任何关于合同的修改，因此，他就会在当前谈判的过程中特别小心谨慎（在任何情况下，小心谨慎都是个重要的忠告，本例中尤为突出）。

谈判组合

与绝大多数的谈判一样，在我们所提到的买房案例中，协议双方有可能在以下几个方面达成一致：价格、成交日、房子的装修和房子中各类设备的价格（如装饰和家电），以上所述，我们称之为谈判组合（bargaining mix）。包含在组合中的每个议题都有各自的初始点、目标点和抵抗点。有些议题对双方都是非常重要的，而有些议题只对其中一方有影响。谈判者需要明确谈判组合中哪些议题对己方是重要的，哪些对对方是重要的，以确保己方在谈判方案设计中占得先机。关于谈判的设计，我们将在第 4 章中详细讨论。

例如，在先前我们所描述的案例中，对于双方而言，除了价格之外另一个重要的议题便是成交日（房子正式转让的日子）。成交日也是谈判组合的一部分。杰克逊很清楚索菲亚的新房子很快就要盖好了，他希望索菲亚在新房盖好后马上就搬走，紧接着就把旧房子卖给他。杰克逊期望的完成交易的日期与索菲亚能够交割房产的日期很接近，对索菲亚而言，这笔交易比较有吸引力。我们再转到杰克逊与芭芭拉的交易，如果杰克逊卖出自己旧房子的日期也与这个日期相近，那么这笔交易对杰克逊和索菲亚都非常有吸引力。如果杰克逊和索菲亚对成交日的想法不一致，那么成交日，即索菲亚正式将房子交割给杰克逊的日子就成为谈判组合中非常重要的部分（如果杰克逊能把搬家的日子提前，他就可以在与芭芭拉的谈判中占据优势）。随着谈判组合的不断扩大，只要谈判方对谈判组合中每项内容的偏好不完全相同，那么对于不同的谈判议题谈判各方可以进行各种讨价还价。这时，整合式谈判的战略与战术就显得尤为重要了，这些内容将在第 3 章中讨论。

基本战略

谈判最主要的目的是使交易的价值最大化。在上述案例中，买主有以下 4 种基本战略可以选择：

1. 使解决点逼近卖主的抵抗点（尽管买主也不知道卖主的抵抗点是什么），以获得最大限度的解决区间（settlement range）。买者可以通过极端报价以及微小的让步幅度影响卖方有关解决点的判断。

2. 通过影响卖方对公寓价值的判断，迫使卖方改变他的抵抗点（例如，告诉她这座房子的价格太高了），并以此扩大谈判区间。

3. 如果存在负的解决区间，则设法降低卖方的抵抗点，或者提高己方的抵抗点，以使谈判出现正的解决区间，也就是说，索菲亚被迫低价卖出自己的房子，或者杰克逊适当提高自己的出价。

4. 让卖方认为该解决点是其能够得到的最好的那个。不要让卖方认为她只能得到这么多，或她没有能力获得更多，抑或买方取得了谈判的胜利。这两者之间可能只在言辞上有些微妙的差别，但是前者能让谈判方得到心理上的满足，他们认为自己通过谈判得到了能够得到的一切。这里需要强调的是，在谈判过程中，自我满足的情感因素起着至关重要的作用（回顾我们在第 1 章里讨论过的有形因素和无形因素）。

在所有这些战略中，买方试图通过改变信息和劝诱来影响卖主的感知（perception）。在不考虑具体采用的战略时，有两项任务对分配式谈判至关重要：（1）发现对方的抵抗点；（2）通过施加影响改变对方的抵抗点。

发现对方的抵抗点

信息在谈判中至关重要。你对对方的目标、抵抗点、动机、自信心以及其他方面了解得越多，你就越有可能取得一个满意的谈判结果（见专栏 2.1）。同时，你不希望对方得到有关你的信息。你的抵抗点、目标点、在某一弱势战略方面的保密信息，或者情感上的脆弱，都要小心地隐藏起来（Stein，1996）。有时候，你可能希望对方得到的一些关于你的信息是真实的，有些则是你编造出来让对方相信的，而这些信息对你正是有利的。由于双方都想获得一些信息并掩藏一些信息，而彼此又十分清楚对方有这样的动机，故而双方交流变得非常复杂。信息经常是以代码的形式在谈判中进行传递。人们可能会采用提出问题的方式来回答对方的问题，或者用不完整的陈述来影响对方的感知，无论怎样人们必须有效而令人信服地传达一些观点。

专栏 2.1

钢琴

奥弗·雷（Orvel Ray）决定要买一架旧钢琴。他看到了报纸上的广告，那是一架漂亮的立式胡桃木钢琴，卖方的开价是 1 000 美元，价格还可以商量。奥弗收到了 700 美元的退税，他把这一意外收获当作购买这架钢琴的最高支付价格。奥弗开始寻找自己在谈判中的优势。

奥弗对钢琴的质量做出了评估。钢琴的底座上置有一套鼓轮，那是立式钢琴声音的来源。显然，卖方是个严谨的音乐家，也许他还演奏爵士乐，卖掉这架钢琴也许对卖家来说是迫不得已的。

奥弗开门见山问了一个问题，“你打算买一架新钢琴吗？”

卖方犹豫了一会儿，“我还不确定。你看，我们就要搬去北卡罗来纳州了，如果把钢琴运到那儿需要很高的运费。”

“搬运公司说了需要多少运费吗？”

“大约 300 美元或者再多点。”

“你何时做最后的决定？”

“搬运工人下午来。”

现在奥弗知道卖方的弱点了，对方要么把钢琴运走，要么以 700 美元卖出。奥弗决定抓住这个机会，“我现在唯一能做的就是付你 700 美元现金。”奥弗说着就把几张 100 美元的钞票放在键盘上，“我和 3 个朋友今天中午会用卡车把它运走。”

卖方犹豫了一下，接受了那 700 美元，“好吧，等我安顿下来后可以再买一架新的。”

奥弗没有给卖方一点重新考虑的时间就离开了。当卡车按规定时间来运钢琴时，卖方又收到了 3 个报价，但他已经答应将钢琴售出了。

如果卖方不主动把搬运工下午过来的信息泄露出来，奥弗就不可能拿到这一价格了。

资料来源：From J. C. Levinson，M. S. A. Smith，and O. R. Wilson，*Guerrilla Negotiating*（New York：John Wiley，1999），pp. 15-16.

影响对方的抵抗点

对分配式谈判的战略与战术进行规划的关键在于判断对方的抵抗点，以及对方的抵抗点与你的抵抗点之间的关系。这些抵抗点建立在对特定谈判结果的预期基础之上，或者说抵抗点是对某些特定谈判结果的成本与收益权衡后确定的。杰克逊的抵抗点建立在他能支付得起房款上（总的房款和每月的抵押贷款），该房子在市场上的估值以及谈判组合中包含的其他因素（如还款日期）。谈判方参与谈判的成本以及谈判中遇到的困难也会影响抵抗点。尽管杰克逊把抵抗点设在150 000美元，如果他面临的选择是要么付151 000美元，要么在镇上再住上一个月，那么杰克逊可能会重新评估自己的抵抗点。通常情况下，只有经过深思熟虑，抵抗点才会发生改变。抵抗点在约束谈判者行为方面起到了重大作用，除非有目标上的原因，否则抵抗点不应轻易改变。

使谈判对手树立对什么是“可能的”（他对某些特定结果的评价）认识的重要方法就是让对方了解你的立场。因此，若想影响对方的观点，就需要让对方明白你所期待的结果的价值，以及推迟谈判和终止谈判的代价。

以下四个方面可以更好地解释这些因素对分配式谈判进程的影响[1]：

1. 对方将己方推迟谈判或谈判陷入僵局的成本预测越高，对方的抵抗点就越难撼动。如果对方知道你希望尽快结束谈判并且不容延迟，对方就会利用你所面临的压力来获得对他有利的结果。由于你处于劣势，随着对方期望值的上升，对方将会提出更加苛刻的要求。你越能使对方相信延迟或终止谈判的损失对你来说是微乎其微的（你不在乎谈判时间的长短），你在谈判中就越占据优势。例如，索菲亚可以表示她并不着急把房子卖出去，以使杰克逊确信她不会轻易降低售价。

2. 对方因谈判延迟或者陷入僵局而付出的代价越高，对方的抵抗点就越容易改变。越急于结束谈判的一方在谈判中就越处于劣势。因此，如果你越能使对方意识到谈判的延迟或终止需要付出很大的代价，对方就越容易做出让步。反之，选择余地越多的谈判者，越倾向于坚守自己的立场，因为一旦谈判失败，他们可以选择其他的替代方案。索菲亚若想抢占谈判的优势，可以通过声称有很多人询价欲购买房屋，向杰克逊表示她有很多替代方案。

3. 对某项谈判内容价值评价较低的谈判方更容易在该议题上做出让步。随着谈判方对所期待结果的评价不断下降，其做出让步的可能性也逐渐增大。如果你可以让对方意识到坚持现有的谈判立场不会得到他希望的结果，你就能改变对方的抵抗点。尽管杰克逊认为索菲亚房间里的家具挺好，但是他可以告诉索菲亚，他认为这些家具不符合他的审美，这样一来，索菲亚对家具价值的评价就会下降，进而不会再坚持向杰克逊索取高价，杰克逊支付的总价款也能减少一些。

4. 对方越相信己方对某个谈判标的重视，他们就越容易让步。你越能够促使对方相信你对谈判组合中的某项议题重视，那么你就是向对方施加了更大的压力，迫使对方设立的抵抗点越弱。如果你非常清楚对方对某议题特别重视，不会轻易动摇立场，你若也毫不让步，那么双方在该问题上就很可能陷入僵局，因此，你应该在该议题上设定一个灵活的抵抗点。例如，杰克逊可以强调他非常喜欢索菲亚房屋里的配套设施，这些设施必须同房屋一起出售，并且拒绝因此而提高房价。

2.2 战术性任务

在分配式谈判的基本战略指引下，我们在分配式谈判情境中需要考虑以下四个有关目标点、抵抗点、终止谈判的成本的战术任务：（1）评估对方的目标点、抵抗点和终止谈判的成本；（2）控制对方对己方目标点、抵抗点和终止谈判的成本的认识；（3）改变谈判对手对其目标点、抵抗点和终止谈判的成本的感知；（4）操纵拖延或终止谈判的实际成本。我们将在以下的内容中对这些战术任务进行详细讨论。

评估谈判对手的目标点、抵抗点与终止谈判的成本

谈判代表第一重要的工作就是获取有关对方目标点与抵抗点的信息。有两个常规途径可以完成这个任务：（1）间接获取某些谈判议题的背景信息（间接评估）；（2）直接获取对方目标点与抵抗点的信息（直接评估）（见专栏2.2中关于如何收集信息的一些建议）。

专栏2.2

谈判信息的来源

在你参加谈判之前，认真收集与谈判有关的信息对取得谈判的胜利至关重要。很多谈判专家都强调，收集信息对于谈判是非常重要的，在获知将要谈判的消息之后，就要充分利用谈判正式开始前的空当时间，努力收集与谈判相关的信息。那些不收集信息而坐等谈判来临的谈判者会处于任人宰割的境地。

谈判者需要收集那些与谈判中实质问题密切相关的信息。比如你想买辆新车，你就要收集那些你感兴趣的汽车厂商及汽车型号的信息：报价以及售价、汽车质量排名、销售状况，等等。此类信息的来源包括：

- 有些网站对不同品牌和型号的新车进行对比，并实时更新车辆的生产价格以及商家促销信息。
- 有些杂志会刊载汽车测试结果并进行排名。大多数的书店或图书馆都能够找到这类信息。
- 有的网站会评价汽车经销商的信誉。
- 身边购买某品牌、某型号汽车的朋友。

收集信息中第二个重要的内容就是尽可能多地获取与谈判对手或者他们代表的公司、组织有关的信息。尽管你还没有和谈判对手见面，但是对他们的了解可以帮助你选择正确的战略。谈判大师赫布·科恩（Herb Cohen）认为以下问题可以帮助你更好地进行谈判：

- 他们为什么与我谈判?
- 他们的时间约束和截止日期是什么?
- 他们的决策制定者是谁？是如何决策的?
- 他们对冲突作何反应?
- 他们的谈判风格是什么?
- 他们的谈判权限是什么?
- 他们向谁汇报工作?
- 他们是否有预算或配额?
- 他们如何进行补偿?
- 他们的谈判经验和背景如何?
- 他们是否有可行的替代方案?
- 他们做此交易的动机是什么?
- 他们潜在的利益和担忧是什么?
- 他们的诚信记录如何?
- 他们对谈判结果的期望值是多少?

著名作家约翰·帕特里克·多兰（John Patrick Dolan）强调，当谈判开始后，认真倾听要比说更重要。提出开放性问题——通常以“什么”、“为什么”、“何地”、“何时”或“如何”开头，能够促使对方主动说出具有很高潜在价值的信息。你对对方谈判代表了解得越多，你就越有可能提高实现预期谈判结果的能力。

资料来源：Adapted from Herb Cohen, *Negotiate This*!（New York：Warner Books，2003）；and John Patrick Dolan，*Negotiate Like the Pros*（New York：Putnam，1992）.

间接评估

个人设置抵抗点的过程是基于很多潜在因素的。例如，你怎么决定每个月能够负担的租金和贷款？如何判断一栋房子或一辆二手车的真正价值？这些评估可以有很多方法来完成。间接评估意味着需要判断对方会倾向于用哪些信息设立目标点和抵抗点以及对方如何理解这些信息。例如，在劳资谈判中，管理者将会依据工会的强硬程度以及罢工基金的数量推测工会是否会真正罢工。工会则会在公司投资规模、公司产品的市场前景，以及工会成员在公司所占比例的基础上，判断公司能否承受罢工带来的损失。在房地产谈判中，房子上市时间的长短、其他潜在买家的实际数量、买家为了居住或经营需要房产的急迫性，以及卖家的经济状况都是重要的评估因素。汽车购买者为了买到称心如意的车，可能会了解经销商新车的库存量、查阅报纸上有关新车销售的文章、查看消费者导购上该车的流行程度（也就是说，汽车越流行，买方讨价还价的可能性越小），或咨询导购员对于不同的车经销商付给批发商价格上的差异。

可以用来评估谈判对方抵抗点的信息来源有很多：可以进行直接的观察，查阅已有的文件和出版物，或者请教资深的专家。必须强调的是，这些都是间接的信息，会存在因人而异的认识偏差，因为一个人对一系列数据的理解可能会与另一个人大相径庭。比如，通常在有巨大库存压力的情况下汽车经销商应该降低售价，但是汽车经销商很可能在期待市场的改变，比如举行大型的促销活动来提高汽车知名度，或者认为降价不会促进销售，不如等待市场峰回路转。间接评估为你提供了有价值的信息，这些信息可能反映了你的谈判对手最后不得不面对的现实。必须牢记，不同的人对同样的信息会有不同的理解，因此，你对信息的理解有时并不准确。

直接评估

在谈判过程中，通常对方不会直接透露关于目标点、抵抗点和期望点的准确信息，但有些时候，对手也会提供准确的信息。当迫于绝对的限制和需要快速解决问题时，谈判对手可能将事实解释得格外清楚。例如，若公司的管理者认为，支付高于某个价位的工资会导致公司破产，那么他将清楚地说出这个限制条件，并用很长的时间去解释为什么制定这样一个最高工资限额。同样，一个房屋买主会告诉卖方自己所能承受的最高房价，并用自己的收入和其他支出来支持自己的观点。在这些例子中，主动向对方提供准确信息的一方认为他们所提的条件在解决范围之内，并且对方会把这些信息当做真实的信息来看待，而不是当做一种谈判的小手段。再举一个例子，工厂的售货员会告诉买方他所销售产品的质量和售后服务情况、什么顾客会购买这种产品，以及加工定做所需的时间。

不过，在大多数谈判中，对方并不是如此乐于合作，因而获得直接信息的方法也更加复杂。在国际交往中，政府机构可能会通过编辑资料、截断信息、破译密码等方法获取信息。在劳资谈判中，为了得到更多信息，公司会在工会的会议室中安置窃听器，而工会则安排他们的成员从公司管理者的废纸篓里收集资料。在房地产谈判中，卖家利用宴请对方之机将其灌醉，希望通过对方酒后吐真言来获得有用的信息（Schweitzer and Kerr，2000）。此外，谈判方还可以利用其他一些方法，比如挑衅对方，让其陷入极度愤怒之中，或者让对方陷入设计好的压力环境下，使对方最终由于失误而泄露天机。谈判者也会假装愤怒并谎称要终止谈判，期望对方为了避免谈判陷入僵局而接受己方提出的条件。

控制给对方留下的印象

谈判中一个重要的战术任务就是控制对方获得有关己方目标点、抵抗点的信息，同时控制己方留给对方的印象。如果谈判者希望对方对己方的立场有特定认识，就必须有计划地隐藏己方的信息。通常来讲，在谈判初期，隐藏信息非常重要，而在谈判后期，直接的行为会比较重要，这些行为也可以给你一些时间去集中获取对方的信息，这对评估对方的抵抗点和设计提供己方信息的最佳方案都非常有效。

隐蔽式行为

隐蔽立场最简单的方法就是尽可能地少说少做。回答问题时沉默是金，尽量用发问来代替回答，尽可能避免说漏嘴或泄露给对方任何可以用来推测己方观点的线索。每一个失望、厌倦、烦躁、疲乏或者非常感兴趣的眼神都有可能透露出你关于正在讨论的问题的态度，因此，不动声色是最常用的隐蔽式行为。

谈判由一组成员来完成时，可以采用委派谈判代表的方法来隐蔽信息，这种方法可以称作“有限代表”。在这种情况下，委托人并不向谈判代表提供全部的信息，这样他们就不会泄露信息。这些谈判者得到的任务只是简单地获取信息以及将谈判情况反馈给谈判小组。这样的战略通常会把谈判弄得冗长乏味，并且常常导致对方的强烈抗议，因为谈判代表没有足够的能力进行决策或者提供有用的信息。律师、房地产经纪人还有侦探通常就扮演这种角色。这些代表人的决定权可能会被委托人限制或自我限制。比如，一个男人在买车时很可能会声称，他在做最后决定之前得先和妻子商量商量。

当谈判组有很多成员时，如常见的外交谈判、员工与管理者之间的谈判，以及许多商业性的谈判，都是通过小组的发言人来完成全部的交流与沟通，以避免人多口杂，在不经意间泄露信息。有关小组谈判的内容在第13章会有更详尽的介绍。另外，要去掉那些很容易泄露信息的成员，这样就可以让谈判小组的其他成员更仔细地观察对方的行为并倾听对方的语言，以便捕捉到有关对方立场的蛛丝马迹。还有一种隐蔽式行为就是可以列出很多的谈判议题，但其中只有一小部分才是真正重要的。这样一来，对方就不得不获取大量有关各个谈判议题的信息，以至于很难辨别出重点所在，这种战术称为“掩人耳目战术”（snow job）或“水槽战术”（kitchen sink），如果将其发挥到极致也可能称作“强硬战术”（hardball tactic）（Karrass，1974）（本章稍后将进行介绍）。

直接改变形象

谈判者可以通过很多行为来直接地表达那些能够提高他们的谈判地位，或至少可以使他们看起来更强势的一些事实。最明显的一种方式就是选择性陈述（selective presentation），谈判者只需泄露一些必要的、对自己有利的信息。当然，谈判者也可以通过选择性陈述使对方对己方的抵抗点做出他们所期待的判断，或诱使对方提出一个比现在更有利于己方的谈判条件。另一种方法就是当对方的方案不可行时，尽量利用已知事实富有逻辑地解释对方这样做的成本与风险，迫使对方放弃他们的主张。还有一种方法是强迫对方换位思考，告诉对方，“如果你是我，这就是你提出的方案能够得到的结果。”

为了影响对方对己方的印象，谈判者应该不断调整己方的立场和期望的结果。第7章和第8章将详细讲述权威与影响力战术在谈判中所起的作用。谈判者可以使用行业标准、行业基准、公平理念以及声称“一切都是为了公司好”，来描绘一个引人入胜的美好蓝图以便对方能够接受你的观点。当信息来自中立的机构，对方就会相信信息是无偏差的，而不是按照己方的偏好做出的，以上的这类声明会更有公信力。如果信息是由己方提供的，那么选择性提供更有利于帮助己方控制对方对己方观点和偏好的印象的信息。没有必要让对方同意如果他站在你的立场上，会得出与你相同的结论；也没有必要让对方承认你提出的建议是解决问题的唯一方法。只要对方理解你是如何看待事物的，他们的思想就可能被你影响。

谈判者对一些建议或事实表现出情绪化的反应（emotional reaction），是另一种直接告诉对方哪些问题是至关重要的一种途径。沮丧或亢奋都能反映出事情的重要性，相反，厌倦或漠不关心则说明议题无关紧要。大声疾呼、怒气冲天或者急切地等待回应表明事情非常重要并且可能直接决定争论事项的结果。显然情绪化的反应可能是真实的，也可能是假装的。关于情绪在谈判中的作用，本书第 5 章有更详细的介绍。用大量的时间和详细的阐述来表达观点和立场也说明了问题的重要性。仔细核对对方所提供信息的细节，或者要求对方对某个问题详细阐述并证实，也表明己方认为该问题非常重要。随便就接受对方的观点可以明显地表示对正在讨论的问题不感兴趣。

直接改变对方对己方的印象可能带来很多潜在的风险。首先，选择性陈述某事实、选择性强调或忽略一些问题的重要性，与虚假陈述和谎言是完全不同的。前者在分配式谈判中是被广泛运用和接受的，而后者即便是在采用强硬战术的谈判中都难以被接受，一旦被对方发现，会遭到对方的强烈反击。即便处于这两种极端情形之间，一方为达目的有意夸大的言行也可能会被对方理解为对事实毫无诚信的扭曲。有关谈判伦理问题将在第 9 章中详细讲述。其次，把无关紧要的小事夸大成重要的谈判议题后，该在什么时候提出真正重要的问题就成了棘手的问题。虽然目的是掩藏真正重要的议题、转移对方的注意力，但是对方可能利用己方的这种做法，在这些实际不重要的问题上做出巨大让步，同时要求己方在真正重要的问题上做出同样慷慨的让步，进而取得谈判的胜利，这样一来，采取声东击西战术的一方就被自己的战术打败了。

改变对方的感知

谈判者可以通过降低谈判结果对对方的吸引力和提高对方表面上的谈判成本来改变对方对其谈判目标的评价。谈判者还可以试着把自己的需求和立场变得更具吸引力或更没吸引力来改变对方的感知。

改变对方感知的方法有很多，其中一个方法就是向对方阐明他的提议会产生什么样的实际结果。谈判者可以富有逻辑地解释，如果对方的要求得到满足会出现哪些意想不到的结果。这种方法也可以用于强调一些可能被忽略的情形。比如，在工会与管理者的谈判中，管理部门可能证明工会要求每天工作六个小时的要求会产生两方面的结果：一方面，员工人数不会增加，因为尽管六小时工作比标准的八小时少了两个小时，但也不值得为这两小时而雇用新的员工；另一方面，如果公司想把产量保持在现有的水平上，就必须让现有员工加班，加班会提高人力成本并提高产品的价格，而产品提价将减少产品的需求以及公司的收入，最终将减少工作时间及工作人员的数量。

另一种改变对方感知的方法就是隐藏信息。厂商的销售员不会告诉买家技术变革已经使生产该产品的成本大幅度降低。房地产经销商也不会告诉潜在客户，在未来三年这里会建成一条高速公路，并把现有的房地产项目与城市繁华地段分隔开。隐藏信息的做法还有可能导致前面提到的伦理危机。

控制延迟或终止谈判所造成的实际损失

谈判是有时间限制的。约束谈判时间的因素有很多，例如现有的合同即将到

“莫斯巴赫先生，你是在等 UPS 的快件吗？”

期；在某个重要会议开始之前双方必须达成一致意见；某位谈判者着急赶飞机，等等。对于那些有时间约束的谈判者，将谈判拖延到最后期限之后的代价是高昂的，因为这意味着他要么将截止时间推迟，要么空手而归。同时，大量研究和实践表明，大多数分配式谈判都是在临近截止日期时完成的。[2]此外，时间压力会降低谈判者的需求（de Dreu，2003）。当谈判者是全体委托人的代表时，时间限制可能会降低达成协议的可能性（Mosterd and Rutte，2000）。关于谈判代表的作用将在第11章中详细介绍。对于那些不受时间约束的人来说，控制好截止期限或者拒绝已设定的期限都是他们有力的谈判工具。在某些情况下，谈判进行到最后，最有力的武器就是以终止谈判作为威胁，拒绝双方达成一致意见。接下来，其中的一方通常会比另一方受到更大的压力，因此，率先提出威胁是一种有力的武器。有三种方法可以掌控拖延谈判的成本：（1）制造混乱；（2）与局外人合作；（3）控制谈判时间表。

制造混乱

促使谈判成功的一种方法是通过制造混乱增加谈判失败给对方带来的损失。有一个案例是这样的，一群加入工会的餐馆服务员要和他们餐馆的老板谈判，这些人在午餐时间前进入餐馆，每个人占一个座位并点一杯咖啡悠闲地喝着，当顾客来吃午饭时发现所有的座位都被占满了（Jacobs，1951）。另一个案例是，一些汽车购买者对从经销商那里买来的汽车不满意，他们把汽车漆成大片的明黄色，并且在车身上写上经销商的名字，然后开车在大街上一直逛，以此为难经销商，迫使经销商解决他们的问题。公众罢工、联合抵制一种产品或一家公司、把谈判者锁在房间里直到谈判成功，都是制造混乱的方法，这些行为会提高谈判破裂的成本，迫使对方回到谈判桌上。这种战术是可行的，但也可能会伤了和气并扩大冲突。

与局外人合作

另一种增加对方延迟或终止谈判成本的方法是，把对谈判结果有一定影响的第三方引入到谈判中。在众多的商业谈判中，有些个体谈判者或许会说，如果和某个批发商的谈判不成功，那么他将去商业改善局（Better Business Bureau）抗议这个批发商的行为。那些对商业机构或政府部门的行为和政策不满意的谈判者，会组成任务执行组、政治行动组，去抗议这些商业机构或政府组织的行为，通过向对方施加压力来达到目标。例如，消费者组织在与公共产品提供商进行谈判时，经常会引用公众对公共服务的不满来替代自身的诉求，借以向对方施压。

控制谈判时间表

谈判进程的时间安排通常会使其中的一方处于不利地位，谈判方可以通过掌控谈判时间表来提高对方的谈判成本。那些漂洋过海到国外与顾客或厂商谈判的商人们通常会发现他们刚刚到达目的地谈判就立刻开始了，而他们还未从旅途劳顿和时差中恢复过来。另一种控制谈判进程的方法是，主方可以用拖延战术把谈判推迟到终止期限前的最后一刻，以此迫使客方做出更大的让步（Cohen，1980）。汽车经销商通常会把跟顾客的谈判时间定在星期五晚上下班前的半个钟头左右，而不是星期一早上。在购买原材料时，受时间约束的厂商很难成功地讨价还价，因为如果他不能及时地签约并得到原材料，他的工厂就得关门歇业了。

增加或拖延谈判时间的机会在各个谈判领域有很大的区别。有些行业里企业可以趁着价格低廉一次性购买很多原材料储存起来，而在另一些行业里，原材料的保质期很短，只能定期采购（随着许多企业改成零存货生产制度，这个问题变得更加现实）。相比少量购买的谈判，拖延谈判更有可能极大地提高大批量购买原材料的买家的谈判成本。尽管如此，通过控制谈判时间表来增加谈判成本和时间压力进而增加影响力是一种很好的战术，它不但能提高你的地位，而且能保护你不受对方行为的伤害（Camerer and Loewenstein，1993；Stuhlmacher，Gillespie and Champagne，1998）。

2.3 谈判立场

有效的分配式谈判者必须了解在谈判中树立自己立场的过程，他要知道初始报价与初始姿态的重要性以及在谈判进程中让步的作用（Tutzauer，1992）。开始谈判时，双方都有各自的立场。显然，谈判的一方会因另一方提供的信息或行动而改变自己的立场；另一方的立场也会在谈判过程中发生变化。导致立场改变的因素通常是出现了有关对方目标的新信息、对结果评价的改变，以及解决范围的变化。谈判是一个相互作用的过程，它为双方提供了交流各自立场的机会，并可能使各方改变自己先前的立场。

初始报价

谈判一开始，谈判者会遇到一个棘手的问题：初始报价应该是多少？某个报价会不会令对方觉得太高或者太低，以至于对方都不屑于谈判？一个让对方觉得合适的初始报价或许应该比己方的目标点高一些，留出更大的商议空间或者有利于己方获得一个较高的解决点。通过将初始报价向抵抗点靠近来表达谈判的诚意会不会更好？如果谈判者能够了解另一方的抵抗点和战略计划，这个问题就不会那么复杂。然而，了解对方的状况只能帮助谈判者确定他们的初始报价，并不能准确地告诉他们该做什么。

亚当·格林斯基（Adam Galinsky）和托马斯·马斯维尔（Thomas Mussweiler）2001年的研究认为，首先提出初始报价对提出要约的一方是有利的。最先提出初始报价可以为谈判定下基调（锚定谈判），尤其是在不想考虑其他备选谈判结果的情况下。尽管如此，谈判者可以通过关注己方谈判目标和发觉对方抵抗点来抵消对方先发制人、抢先报价的效果。通常来讲，拥有最佳替代方案的谈判者会抢先进行初始报价（Magee et al.，2007）。当谈判者得知对方的最佳替代方案时，通常会更加谨慎，提出的报价也会更加谨慎（Buelens and Van Poucke，2004）。

这里的主要问题是：初始报价应该是适当的，还是夸张的？研究表明，那些初始报价比较夸张的谈判者的谈判结果比那些初始报价比较适中或较低的谈判者要更理想。[3]至少有两个原因可以说明夸张的初始报价是有益的[4]：第一，它给谈判者提供了调整的空间，让他们有时间了解对方的重点所在；第二，夸张的报价可以暗示或使对方在头脑中产生这样的想法：（1）在取得一个合理的谈判结果之前还有很长的一段路要走；（2）必须做出比原先计划的更多的让步来缩短双方初始立场间的差距；（3）对方可能对他们的抵抗点做出错误估计（Putnam and Jones，1982；Yukl，1974）。相应地，夸张的初始报价也有两个缺陷：第一，它可能会被对方立刻拒绝，使谈判过早终止；第二，它所表达的强硬态度可能对保持双方的长远关系不利。报价越夸张，越有可能被对方立刻拒绝，因此，初始报价比较夸张的谈判者应该为自己留一条后路，以防对方拒绝己方的报价。

初始姿态

在分配式谈判开始时要做出的第二个决策是己方在谈判中所采取的姿态和态度。你是该更具竞争性（争取在每个议题上都取得最大利益），还是更温和（愿意做出让步和妥协）？一些谈判者采取战争状态，攻击对方的立场、报价甚至人格，但是对方也会以同样强硬的态度来回应。即使谈判对方并不采取强硬的立场，他也很难以友好和开放的态度来做出回应。有些谈判者采取温和、善解人意的态度，似乎要说："让我们做通情达理的谈判者，我们能解决问题并实现双赢。"即使对方不会持同样的态度，但他们的态度很有可能会受到这种温和开放姿态的约束。

谈判者需要认真地思考他们要在公开表态中传达怎样的信息以及接下来的让步，因为在分配式谈判中，谈判者有一种"以牙还牙，以眼还眼"的倾向（Weingart，Prietula，Hyder and Genovese，1999），也就是说，谈判者倾向于用对方的谈判战术来应对对方的发难。

为了有效地进行交流，谈判者应该通过初始报价与初始姿态传递一致的信息（Eyuboglu and Buja，1993）。理性的谈判立场通常与友好的态度相伴，夸张的谈判立场通常伴随着强硬和竞争性的姿态。当初始报价和初始姿态所传递的信息相矛盾时，对方会觉得难以理解和回应。进行初始表态的时机也很重要，我们将在专栏 2.3 中讨论这个问题。有关谈判姿态的伦理问题将在第 9 章中详细讲述。

专栏 2.3

先行一步的力量

1997 年，美国有 40 个州立法要求烟草公司支付给政府一笔款项，以弥补政府应对吸烟造成的健康问题而引起的财政亏空，密西西比州便是其中之一。同年 7 月，密西西比州政府宣布已经与四家最大的烟草公司达成付款协议，并保证政府在未来 25 年内将会收到 36 亿美元的资金，平均每年 1.36 亿美元。

这项协议的达成应该归功于该州的律师迈克尔·穆尔（Michael Moore）。他在 1994 年致力于挽回政府在治疗与吸烟相关疾病方面的损失。在随后的三年里，穆尔说服了其他 39 个州和波多黎各（美属地）加入到密西西比诉讼中来。经过他们的努力，最终在全国范围内禁止播放香烟广告，也迫使烟草公司必须在包装上标注明显的警示标志。

穆尔把这归功于与烟草公司首次成功的谈判，使其甚至保证会在政府采取行动前付款。通过先行一步，穆尔使密西西比州政府获得了足够的赔偿以弥补损失。

资料来源：Adapted from M. Geyelin, "Mississippi Becomes First State to Settle Suit against Big Tobacco Companies," *The Wall Street Journal*, July 7, 1997.

初始让步

谈判对方通常会对谈判者的初始报价进行还价，这两个报价确定了最初的谈判区间。有时，对方并不还价，而只是简单地指出谈判者的初始报价（或者一系列的要求）是不能接受的，要求谈判者再提出一个更合理的报价。第一轮报价后，谈判双方要面临的下一个问题是：应该如何采取行动或做出让步？谈判者可以选择毫不让步，坚持最初的立场，当然，也可以选择做出一些让步。注意，不要选择逐步提高报价的做法，这意味着你的报价距离对方的目标点越来越远，这种报价方法会一直遭到对方的反对。如果决定做出让步，则面临的下一个问题是需要做出多大的让步。值得注意的是，第一次做出的让步向对方传达了具有象征意义的信息，它告诉对方你将如何行动。

初始报价、初始姿态和初始让步是谈判开始阶段谈判者用来表达他们打算怎样谈判的手段。如果谈判开始时，报价苛刻、态度坚定并且让步很小，就意味着谈判者采取的是强硬立场；相反，如果初始报价比较合理、态度友善并且做出较大让步，说明谈判者采取比较灵活的立场。谈判者设法通过初始立场尽可能多地扩大谈判区间，争取谈判的主动权，从而尽可能多地实现自己的目标。谈判者采取强硬态度会让对方产生这样的想法：对方的让步空间如此之小，与其拖拖拉拉，还不如己方认输，迅速解决问题。矛盾的是，强硬态度虽然可以缩短谈判时间（Ghosh，1996），但也很容易遭到对方的强烈反抗，一方或双方也许会因此毫不相让，甚至厌恶对方，甚至完全退出谈判。

采取灵活的立场是有利的，原因如下（Olekalns，Smith and Walsh，1996）：首先，在谈判中采取不同的立场和态度，可以全方位地了解对方的目标，并且观察对方对己方谈判者提出的不同建议的反应，从而推断出谈判的结果；其次，灵活的立场有助于谈判者和对方建立友好的合作关系而不是敌对关系，并最终能达成良好的协议；最后，灵活的立场能使谈判顺利进行，谈判者越灵活，双方能达成协议的可能性就越大。

让步的作用

让步在谈判中处于核心地位。事实上，如果没有让步，谈判也不会有结果。如果一方不准备做出让步，那么另一方就必须做出让步，否则谈判就会陷入僵局。人们进行谈判时总是期望对方做出让步。如果对方接受了初始报价，谈判就此结束，此种情况下谈判者的满意程度较低，原因可能是谈判者认为他们本可以做得更好（Galinsky，Seiden，Kim and Medvec，2002）。立即让步给人的感觉是不如逐步的、缓慢的让步更有价值（Kwon and Weingart，2004）。优秀的分配式谈判者不会从一开始就提出十分接近于自己抵抗点的报价，而是要确保预留出足够的让步空间。研究认为，人们通常会接受比己方目标点好的初始报价或第二次报价（Rapopot，Erev and Zwick，1995），因此谈判者应该准确识别出对方的目标点，避免让步过快地接近该点（专栏2.4中给出了如何做出让步的指导原则）。

专栏2.4

让步的指导原则

唐纳德·亨登（Donald Hendon）、马修·罗伊（Matthew Roy）和扎法·阿哈姆德（Zafar Ahmed）2003年总结了12条指导谈判者让步的准则：

1. 给自己留足让步的空间。
2. 努力让对方先透露他们的需求和目标。
3. 最先在小的问题上做出让步，而不是最先在重要的问题上让步。
4. 做出不重要的让步，并声称该让步是非常有价值的。
5. 在对方进行了艰难的说服工作后再让步。
6. 利用得此失彼的原则，在你做出每次让步时都要求对方提供对价。
7. 缓慢并小幅度地进行让步。
8. 不要告知对方你的谈判截止时间。
9. 经常向对方说“不”。
10. 即便在试探性的谈判中，也要小心地撤回已经做出的让步。
11. 记录谈判中所作出的让步，并总结让步的模式。
12. 不要太频繁、太快、太大幅度地做出让步。

资料来源：D. W. Hendon，M. H. Roy，and Z. U. Ahmed，“Negotiation concession patterns：A multicountry，multiperiod study.” *American Business Review*，21（2003），pp. 75－83.

谈判者通常也很讨厌“非此即彼”的方法。如果报价是让步的结果，那么谈判者可能会接受；如果谈判中报价像既成事实一样不可改变，就有可能被对方拒绝。一成不变的报价也称为“博尔韦尔制度”（Boulwarism）[5]，无数劳资谈判的案例都描述了该报价的效果。在过去，一些公司管理者在劳资谈判中将报出的初始工资定为公司能够支付的最高工资，也就是说，管理者的初始报价、目标点和抵抗点完全一样。在谈判中，他们拒绝做出任何让步，因为他们认为其初始报价是建立在认真分析之上的公平的、合理的价格。工会坚决而强烈地反对管理者这种强硬的立场，即使在公司摒弃这种谈判策略之后的数年里仍然耿耿于怀。

有足够的数据表明，谈判者对经历了数次让步的谈判满意度更高。[6]鲁宾和布朗（Rubin and Brown）1975 年发现谈判者希望他们有能力影响对方的行为，当然，对方也是这样对待他们的。由于让步表明了己方了解对方的想法，并试图向对方的立场靠拢，所以让步暗示了对这个立场的认同以及这个立场的合法性。这些无形的因素与那些有形因素同样重要。让步也会使做出让步的谈判者面临风险。如果对方不对己方的让步做出回应，那么己方将处于谈判的弱势地位。因此，不对让步做出回应就是传达了强硬的立场，并使让步者感到他们的尊严或者声誉遭到了侵犯。

但也不能随意地对让步做出回应。如果一方在至关重要的问题上做出了较大幅度的让步，那么他希望对方也在该问题上或者类似重要程度的问题上做出同等幅度的让步。在对方没有做出任何回应的情况下做出让步（或者对方的让步幅度微乎其微），意味着己方处于谈判弱势，并且有充足的继续让步的空间。在获得对方对等的让步后，己方可以声称“这还不够，只有你在 X 问题上做出让步后，我才会提出进一步的报价”，以此来迫使对方进一步让步。

为了促使对方更进一步地让步，谈判者有时候会把己方的让步与对方做出的让步结合起来。谈判者可能会说：“既然你们已经在 X 方面做出了让步，那么我们也愿意在 Y 方面做出让步。”有时重大的让步会引起一连串让步。例如，“如果你在 A，B 方面做出让步，我就会在 C，D 方面做出让步。”对于谈判者来说，一系列的让步要比只在一个议题上做出让步收到更好的效果。[7]最典型的系列让步方法是在一些小问题上做出让步，借以在重大问题上获得对方的让步。这种让步方法在整合式谈判中很常见，称为滚木式（logrolling）策略，我们将在第 3 章中详细讨论。

让步模式

谈判者的让步模式通常包含许多有价值的信息，但并不是很容易理解。当谈判者做出的连续让步幅度越来越小时，传达出的信息就是谈判者的态度变得越来越强硬，也就是说，越来越接近他的抵抗点了。这个概括也不完全准确，因为谈判中做出的最后让步意味着几乎没有谈判余地了。当初始报价比较极端时，谈判者会有较多的谈判空间提出新报价，此时比较容易做出一些相对合理的让步，而当报价或还价已经很接近谈判者希望的目标点时，做出与开始一样幅度的让步则可能会超过谈判者的抵抗点。假设谈判者出价 100 美元，这个价格低于对方的目标价，谈判者首次加价 10 美元就会使谈判空间减少 10%，当其出价和对方的目标价只有 10 美元差距时，每增加 1 美元都会使谈判空间缩小 10%。虽然谈判者不能总是机械地用这些数字来解释让步的过程，但这个例子也说明了接受让步的一方该如何去衡量对方的让步，让步的幅度取决于让步发生在谈判的哪个阶段。

让步模式也是十分重要的。让我们来分析图 2—1 中乔治和马里奥在谈判中的让步模式。假设他们正在讨论计算机零部件的运费单价问题，并且他们所面临的客户都是不同的。马里奥做出了 3 次降价，每一次都降低 4 美元，即总共降低了 12 美元；乔治做出了 4 次降价，分别是 4 美元、3 美元、2 美元、1 美元，总共降低了 10 美元。他们都声称对客户做出了最大的努力。这时比较容易得到客户信任的是乔治，因为他的让步模式表明他已经几乎没有降价的余地了。当马里奥说已经没有降价的余地时，客户可能不会相信，因为他的降价模式（3 次都是 4 美元）表明，他也许还有很大的降价余地，即使实际上马里奥做出的降价比乔治要多（Yukl，1974）。注意，我们并没有考虑马里奥和乔治在谈判时使用的言辞。调整对谈判对手的让步也是非常重要的，尤其是涉及降价时（Yama，2004）。在谈判中，对方会观察谈判者的言行，因此，谈判者用行为和语言向对方暗示自己已经没有让步余地了是十分重要的。

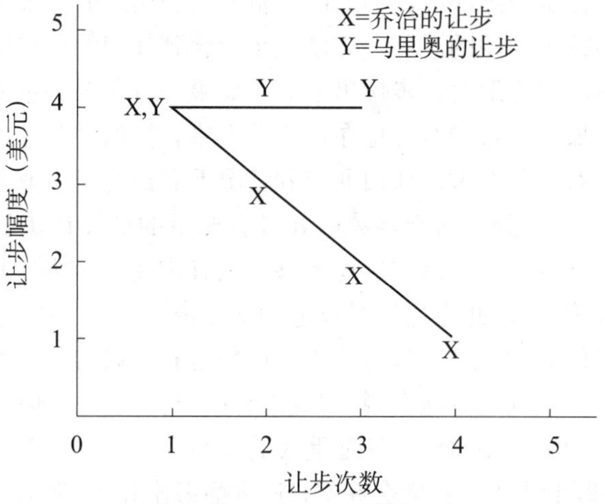

图 2—1　谈判双方的让步模式

在涉及多项议题的谈判中，训练有素的谈判者会提出对谈判问题的不同解决方式，这些解决方式对他们来说基本一样。谈判者认为不是所有的议题对双方都有同样的价值。例如，采购合同的谈判方可能只关心合同的总收益，并不在意究竟是在一个月内付清全款，还是在 6 个月内按当前利率分期支付总价款。然而，付清款项的时间对于另一方则可能是十分重要的，如果另一方现金流量方面有困难，可能更愿意接受 6 个月的分期付款。实际上，对首付款、利率和付款时间的不同选择，对一方来说可能是无差异的，但是对另一方来说可能会迥然不同。

最终报价

谈判结束时，谈判者要向对方传达这样的信息：已经没有让步的空间了，现在的报价就是最终报价。优秀的谈判者可能会说："这是我能做的全部了"，或者"这是我让步的最大限度了"。但是，有时候仅仅这样简单的陈述还不够。另一种办法是通过让步来表达这一点。例如，不论对方如何督促，谈判者都回应已不能做出任何让步来传递这种信息。对方可能一开始并没有觉察到现在的报价就是最终报价，并可能做出进一步的让步来试探对方的反应。当发现已经得不到任何新的让步时，对方可能会有被愚弄的感觉，并且认为双方互相做出让步的模式被破坏了，这种结果的坏处是将导致谈判更加复杂。

谈判者想要表达现在的报价就是最终报价这一信息的一种方法是，做出最后的实质性让步。这暗示着谈判者抛出了最终的谈判底线。最终报价应该有足够的分量，不能让对方认为你有所保留，还要在谈判组合的其他问题上进行讨价还价（Walton and McKersie，1965）。让步也可以是专门针对对方的（“我为了你，特意去找了老板”），这暗示谈判者已经做出最大让步了。

2.4　承诺

承诺是谈判学中有关明确谈判立场的一个重要概念。关于承诺的一个定义是：承诺是对己方未来行为的一种直接的或者间接的保证（Walton and McKersie，1965，p.82）。例如，运动员经纪人在谈判中对职业运动队总经理说：“如果拿不到原定的工资，我的运动员明年就会罢赛。”这种行动表明了谈判者的立场，以及如果无法达到目标将要采取的行动。承诺的目的是清晰地阐述谈判者将会采取的行动。通过承诺，谈判者表明将要采取行动、做出决定以及追求目标的意图。谈判者会说：“如果你一定要坚持你的立场，我们很有可能产生直接冲突，或许你我之间一人会赢，或许我们都将一无所获。”承诺也减少了对方的选择，其作用在于限制对方的选择组合。

承诺经常会被对方理解为一种威胁——如果对方不妥协或者屈服，就会产生一系列消极的后果。有些承诺是恐吓，而有些不过是一种对自己意图的简单声明，把避免双方损失的责任撇给对方。一国公开声明要入侵另一国，而且如果其他国家试图阻止的话，也将会卷入战争，这就是大胆的承诺。承诺也可以包括对将来的许诺，比如，“如果给我们加薪，我们会同意你提出的其他所有要求。”

由于其特殊性质，承诺通常要求在行动上坚持到底。如果承诺会采取行动（例如，球员威胁明年罢赛）的谈判者的要求没有得到满足，但是他并没有采取行动（例如，球员到训练营报到），那么将来也就不会有人再相信他了。另外，如果公开做出了承诺又不兑现的话，可能会损害个人形象。因此，谈判者一旦做出承诺，就必须坚持到底。对方也知道，一旦接受承诺就意味着对方的建议必须接受，否则后果严重（Pruitt，1981）。

采用承诺的战术考虑

与许多其他的方法一样，承诺也有两面性，既可以获得如前所述的好处，也可以将谈判者置于绝境。承诺是以灵活性为代价，得到好处的同时也增加了谈判者更改立场的难度。例如，假设你承诺将会采取行动，但后来发现有信息表明选择其他的立场更有利，承诺将使你陷入两难。比如，最新信息表明，最初关于对方抵抗点的估计是不正确的，当前的谈判区间是错的，那么先前的承诺无疑会使谈判陷入僵局。在承诺后改变立场有时是值得的甚至是必要的。因此，在做出承诺时，应该同时制定应急计划以便在需要时摆脱承诺的影响。为使最初的承诺有效，应急计划应该保密。例如，运动员经纪人可能打算在谈判结束后马上退休，通过提前退休，经纪人可以取消承诺，将工作转交给另一个没有做出承诺的谈判者。购房者可以用发现卧室墙壁上有以前没有注意到的裂纹，或者申请不到银行贷款等理由来摆脱买房的承诺（专栏 2.5 举例说明了在薪资谈判中，怎样避免受到过早承诺的影响）。

专栏 2.5

薪资谈判技巧

迈伦·利布舒茨（Myron Liebschutz）在《华尔街日报》上介绍了求职者与未来的老板进行薪资谈判的技巧：

- 在你确定得到了工作以后再讨论报酬问题。
- 在老板给出工资数目或提出工资的范围后，要保持沉默 30 秒钟。保持沉默，可以让老板增加工资或者增加讨论的灵活性。要沉默一段时间后再开始谈判。
- 不要立即对薪资报价做出回应，而要明确工作责任的其他一些方面，并且重申你在哪些方面可以为组织创造效益。
- 接着可以表示，尽管工作非常吸引人，但是报酬稍微有点低，你需要回去再想一想，改天再来谈。
- 在确定工资以前不要提及福利问题。首先在工资问题上取得一致，再协商其他福利待遇问题。
- 谈判过程中不要问太多的问题。即使你获得了该职位，问过多的问题也可能引起对方的反感，影响将来的涨薪。
- 不论待遇如何，都不要当场答应。表现出兴趣，但是提出要多花些时间考虑。这个工作机会是不会失去的，老板可能会提出更高的工资待遇。
- 如果公司不能满足你的年薪要求，可以要求其他的方面，如得到更多的红利、假期、绩效工资或者其他的奖励。当你正在寻找一个职位较低的工作，或这个公司官僚作风严重，或劳动力市场供大于求时，谈判空间就会很小。当你在寻找新的或者高级的职位，或者你拥有多项或独特的技能时，就会拥有更多的谈判机会。

资料来源：Adapted from Myron Liebschutz，"Negotiating the Best Deal Requires a Poker Strategy，" *The Wall Street Journal*，June 8，1997，p. B1.

作为谈判者，承诺可能对你很有用，但你会发现，它在防止对方做出承诺方面更有利。更进一步说，如果对方做出了承诺，你则占有优势不必承诺，而是可以给对方一种或几种方式使其摆脱先前的承诺。下面的部分将详细讨论这些战术。

做出承诺

如果在谈判中可以强有力地、充满激情地进行陈述，尽管其中某些内容纯粹就是欺骗，谈判者该如何让对方理解其陈述即是一种承诺呢？承诺性陈述有三个特点：高度的结果性（finality）、高度的具体性（specificity）以及对因果关系（consequences）的清晰陈述（Walton and McKersie，1965）。买方可能说："我们想得到一定的总额折扣，否则谈判就很难进行下去。"这种陈述远不如后一种有效："我们必须在合同中得到总额 10%的折扣，否则我们下个月会和其他的销售商签约。"后一种陈述表达了结果性（总额折扣应该在什么时间以何种方式兑现）、具体性（期望的折扣具体是多少）和清晰的因果关系（明确指出不提供折扣的后果）。该陈述要比第一个更有分量，并且很难让对方忽视。下面将讨论做出承诺的几种方法。

公开发布

知道的人越多，承诺就越有效。运动员经纪人关于下一赛季罢赛的声明如果在电视上播出，要比只在谈判桌上提出影响更大。一些谈判者会召开记者招待会，或在报纸等出版物上刊登公示来声明他们的需求以及如果需求得不到满足将会采取的行动。在这种情况下，知情人范围越广，改变承诺的可能性就越小。更广泛的社会环境对谈判产生的影响将在本书第 10 章和第 11 章中讨论。

寻求外界支持

让承诺更具影响力的另一个方法是建立一个或多个同盟（谈判同盟的问题将在第 12 章中讨论）。对公司管理不满的员工可以成立委员会来表达他们的意见；行业协会可以为产品设立标准。当谈判者面临某些情况让他们很难摆脱此前所做出的承诺时，就可以采用该方法。

提高承诺的效果

可以采取很多措施提高承诺的重要性。如果大多数报价和让步是口头做出的，则可以用书面声明来增加承诺的分量。如果此前的承诺已经写在纸上，那么可以使用不同的字体或颜色加以区别，以引起人们注意。重复是增强承诺常用的方法之一，通过不同的渠道做出相同的承诺会产生更好的效果。例如，先口头承诺对方，然后以书面形式承诺，接着大声朗读声明，最后将该承诺广而告之。

实施威胁与承诺

进行威胁时，可能会产生相反的效果——着重声明某种立场可能使你看起来更脆弱或者愚蠢而难以实际威胁到对方。诸如，"如果我在这一点上得不到让步，明天你就不要来了!"这种威胁可能会引来愤怒或者离开，而不是关心或妥协。夸大的、繁杂的声明可能反而会影响你的信用；相反，简单、直接地表明你的要求、立场和因果关系也许会更加有效。

很多方法都能增强承诺中明示或暗示的威胁作用。一种方法是重温类似的情况和结果；另一种方法是做出实施威胁的准备。面临罢工的威胁，公司会准备存货，在工厂里准备原料和食物；工会则建立罢工基金，并向工会成员宣布如果收入减少就要举行罢工。还有一种方法是提前实施较小的威胁，让对方相信可能会受到更大的威胁。比如谈判者会说："如果谈判进程还是这么慢，午饭后就不要再谈了。"接着就真的那样做，以达到威胁的目的。

最后，谈判威胁方面的研究表明：采用威胁手段的谈判者看起来比没有采用威胁手段的谈判者要强硬得多（de Dreu，1995；Shapiro and Bies，1994）。然而，这种观点在高级别的谈判中并不奏效。实际上，使用威胁的谈判者通常被认为缺乏合作性，他们在整合式谈判中的收获往往不如没有采取威胁手段的谈判者（Shapiro and Bies，1994）。本书第3章将具体讨论整合式谈判。

防止对方过早进行承诺

若对方先进行承诺，那么采用承诺带来的所有谈判优势将成为己方的劣势，故而要防止对方过早进行承诺。人们在生气或达到忍耐的极限时，通常会采取坚定的立场，此时他们将不再按计划行动，这对双方都不利。因此，谈判者在进行谈判时应该认真观察对方的情绪，知悉对方是否已经失去耐心、失去理智而非常愤怒。

做出好的、有效的、慎重的承诺是需要时间的，前面已经讨论过原因。一种防止对方承诺的方法就是不给对方必要的思考时间。在房地产交易中，卖方可能会通过声称自己没时间来缩短谈判时间，或者通过详尽的测绘来拖延时间，这样就可以避免买主有多余的时间进行思考并做出报价，同时，这样做也有可能等到出价更高的客户参与买房谈判。另一种方法是不承认对方的承诺甚至以开玩笑的方式来应付，即忽视威胁或对威胁不予理睬。谈判者可以故作轻松地说："你不会真的这么想吧"，或"我知道你不是认真的"，或干脆装作没听到或听不懂对方的话。如果谈判者假装没有听到对方的陈述或不把它当回事，本应产生严重后果的承诺就会被渐渐遗忘，无法产生作用，即使对方仍然提出威胁，承诺的可信度也会被渐渐削弱。

然而，很多时候对方做出承诺对谈判者有利。当对方在谈判早期就对某个问题做出承诺，这会对谈判者非常有利，因为即便引入其他议题，对方在该问题上的立场都不能改变。在对方先做出承诺的前提下，谈判者可以用下面的两种方法来确保己方的优势：在对方做出承诺时指出它的重要性；记录、跟踪对方的陈述。雇员可能会对特定问题的处理方式感到非常不满，但绝不会因为这种不满而辞职，在这种情况发生时，经理可以立即做出处理，也可以等雇员心平气和之后再做处置，这两种方法都能让雇员避免在愤怒中做出过火的决定，在重启谈判前，给他们一个冷静期。

找到摆脱承诺的方法

通常谈判者希望对方放弃承诺，很多时候对方也想放弃。那么，怎么做呢？我们建议使用以下四种方法摆脱承诺。

提前制定摆脱计划

我们在前面已经提到，进行承诺的同时，谈判者应该计划好摆脱的方法。谈判者也可以重申承诺，但要表明原有的适用条件已经发生变化。有时，谈判中对方提供的信息会让谈判者说，"根据谈判中从你那里得到的信息，我觉得我必须重新考虑我的立场。"对方也可以这么做。想让对方放弃承诺而又不失去信誉的谈判者可能会说，"根据我提供的情况（或新信息），你应该意识到你之前的立场是不正确的。”不言而喻，谈判者最后想做的是让承诺方感到尴尬，或对对方面临的境况进行公正的评价，但是谈判者应该给对方台阶，不要让对方丢面子。

让承诺自然地销声匿迹

第二种方法是让承诺自然地销声匿迹。随着时间的流逝，谈判者会提出新的建议而闭口不提原先的承诺。可以尝试朝着与对方原先承诺的相反方向进行试探。例如，对于事前声称绝不会接受某项工作任务的雇员，公司可以建议他重新考虑“短期”从事此工作，这对他的职业生涯有益处。在一些官僚机构里，改革在被正式定为规范之前，称作“创新性实验”。如果对方做出回应，采用默认或申明的方式表示愿意让谈判沿既定方向进行，谈判将很容易取得进展。

重申承诺

第三种方法是概括地重申承诺。想要放弃承诺的一方会提出新的建议，修改其中的一些细节问题，以使其更符合现在的需要，而表面上还是和原先所说的基本原则保持一致。例如，销售代理商先前要求10%的折扣，但后来要求给予“可观”的折扣，这时对方就要探究这个“可观”的折扣究竟是多少了。

将破坏降到最低

最后，如果对方放弃承诺的立场，己方一定要尽量维护对方的颜面，帮助他们将放弃承诺对尊严和未来双方关系的损害降到最低。在这种情况下，一种方法是做出公开解释，说明对方的行为是为了追求更高的目标或者受外界条件的重大影响。外交官会因对和平与人们的深切关注而放弃承诺的立场；买主或卖主在房地产交易中会为了使交易成交而相互妥协；管理者可能会因公司利益而放弃承诺的立场。

承诺立场是谈判的有力工具，但它是刚性的，因此使用时必须特别小心。与其他手段一样，正如我们自己使用该工具时需要警惕一样，我们也必须注意如何拒绝对方这样做。不幸的是，很多承诺是出于愤怒和不愿做出让步，而不是经过深思熟虑后的谈判战术计划。在任何情况下，承诺的基本效果是防止在某个问题上继续争论下去，它的作用只是让谈判能够缩短而不是将双方置于困境之中。承诺立场必须是可信的，并且看起来是无法改变的——如果X发生，Y就不可避免。让对方相信这是必然结果很困难，需要提前做好计划，而且需要掌握好时间和技巧。因此，从承诺立场中退出是不容易的，但如果在承诺前就准备好摆脱的计划就会简单一些。谈判者摆脱承诺的很多方法，也可以用在帮助对方摆脱承诺，甚至可以阻止对方在一开始就进行承诺。

2.5　结束谈判

经过一段时间的谈判，了解了对方的需要、立场和可能的抵抗点后，对谈判者而言，下一个挑战就是结束谈判了。谈判者用来结束谈判的方法有很多（Cellich，1997；Girard，1989），如何选择一种最合适的战术来结束谈判，也是一门学问。

提供选择

与其提供一份单一的最终报价，不如给对方提供几种相差无几的选择。人们喜欢做选择，因此用提供很多替代方案的方式来结束谈判是一种很有效的技巧。如果谈判任务组不能决定要向上级推荐哪一个方案，也可以使用这种技巧。如果实际上只有两种截然不同的替代方案，任务小组则可以分别描述不同方案的利弊。

假定结果

销售人员通常使用假定结果的方法来结束谈判。大致了解顾客的需要和立场后，销售人员经常会拿出订货表格开始填写。销售人员通常会在开始讨论有争议的问题（比如，价格和样式）之前，先询问对方的姓名和地址。使用该技巧时，谈判者不会问对方是否真的想要进行交易，而是问对方"我可以开始填表了吗"，如同买主已经做出了购买决定那样（Girard，1989）。

分清差异

分清差异可能是结束谈判最常见的战术。谈判者使用该战术通常会对谈判做一个简短的小结（比如，"我们已经花费了大量的时间，做出了许多让步"，等等），然后提出建议，由于时间紧迫，"为什么我们不分清不同之处呢?"有效使用该战术的前提是谈判方提供的初始报价是公平的。初始报价就很极端的谈判者，如果采用该战术，则表明他在采用强硬手段（参见下文）。

轰炸报价

轰炸报价包含了相当严苛的像炸弹倒计时般的截止期限，用以达到迫使对方立刻同意的目的，是控制谈判进程的极端手段。例如，某人会被提供高薪和相关福利的工作吸引，但同时也被要求必须在24小时内做出答复。轰炸报价的目的就是要确保对方接受方案，而不再考虑其他选择。这种方法适合于对付谈判过程中不断寻找其他可能的替代方案的一方，这些替代方案中有些可能是可行的，有些则不起任何作用（例如，应聘人还在其他公司面试）。然而，人们不太喜欢接受轰炸报价，因为感觉好像处在不平等的压力之下，该方法适用于有能力在谈判开始时就提出让人出乎意料并且吸引人的出价的组织，这样可以阻止对方继续寻找潜在的、更好的报价。

给些甜头

另一种结束谈判的方法是做出特别的让步。告诉对方，"如果你同意成交，我会给你X"。比如卖房子时，房主可能为了达成协议同意在售价里包含窗帘、家庭用品或照明设备。然而，要想十分有效地使用该战术，谈判者需要提前计划好给对方的甜头，否则所做的让步就太大了。

2.6 应对强硬战术

现在，我们开始讨论在谈判中使用强硬战术的问题。许多关于谈判的畅销书都建议使用强硬的谈判战术来击败对手。[8]这种战术能给对方施加压力，迫使其做本不想做的事情。这种行为常常会掩盖谈判者一直坚持使用的分配式谈判战略。这种强硬战术的作用能持续多长时间或其效果如何，还不十分清楚，但对没有准备的谈判者而言，它还是很有威力的。强硬战术也有反作用，会被对方报复，并且大量证据表明，对于对抗型的谈判者不如对普通谈判者的谈判效果好（Schneider，2002）。许多人发现强硬战术具有攻击性，对方会对采取该战术的一方进行报复。许多谈判者认为不应该在所有谈判情况下都使用它（参见本书第9章关于谈判伦理的讨论）。我们并不推荐使用强硬战术，事实上，依据经验，采用这种谈判战术弊大于利。这种战术做起来要比说起来困难得多，而且会对使用者产生危害，包括影响声誉、失去生意、产生负面的公众影响，以及招致对方的报复。谈判者了解强硬战术及其如何发挥作用是很重要的，因为如果对方采用这种战术，谈判者就可以识别并对付它。

应对典型的强硬战术

与采用强硬战术的对手打交道的谈判者，有很多的应对方法。良好的应对方法要求谈判者尽快辨别出强硬战术，并且了解它的实质以及运行机制。大多数战术是用来增强谈判者的立场，或是用来转变对方的观点。如何更好地应对该战术取决于谈判者的目标以及谈判的背景（与谁谈判？其他的替代方案是什么?），没有一种方法能适用于所有的情况。我们现在讨论应对典型的强硬战术的四种重要方法。[9]

忽视强硬战术

尽管忽视强硬战术看起来是一种较为软弱的应对方法，但它实际上很有威力。使用我们这里描述的强硬战术需要花费大量的精力。当对方花精力来实施强硬战术时，谈判者可以花精力来满足自己的需求。对威胁不做反应通常是解决的最佳方法。假装你根本没有听到，改变谈判主题，让对方开始新的话题，也可以要求暂停一会，在下次开始时换个话题。这些方法都可以减少威胁的作用，在对方决定使用下一步诡计时，你可以着重于自己的谈判议程。

讨论强硬战术

费希尔、尤里和巴顿提出，处理强硬战术的一种好方法就是讨论它，也就是说，让对方清楚你知道他在做什么，甚至知道他采用的战术是什么（Fisher，Ury and Patton，1991；Ury，1991；Weeks，2001），然后就谈判过程本身进行讨论。比如在进行实质谈判之前，先向对方表明你希望对方如何进行谈判。如果明确知道对方采取强硬的态度，那么你也可以采用强硬战术。然后建议双方要采取更有效的办法实现双赢。费希尔、尤里和巴顿建议，谈判者应当把个人与问题区分对待，对问题强硬但是对个人和善。在谈判过程中要不断提醒对方注意这些，以免受到伤害。

做出善意的应对

人们对强硬战术的反应通常是以牙还牙，但是这种应对常常会导致混乱与不安，这并不是摆脱这种情况的最佳选择。一旦硝烟散去，谈判双方就会意识到他们都使用了强硬战术，并认识到是时候该选择其他的方法了。谈判中，遇到要测试你的决心或采用夸大立场战术的谈判者，采用善意的应对是最有效的方法。一位参加谈判研讨会的与会者对本书的一位作者讲述了他在北非地区的一个国家进行地毯交易的谈判过程：

> 我知道一块地毯的价格大概是2 000美元，因为我已经在路上留意了地毯的价格。发现我要的地毯后，我假装不感兴趣。先和地毯商询问了其他地毯的价格，然后我才开始讨论我所要地毯的价格。当我向他询问该地毯的价格时，他回答9 000美元。我还价说最多不会超过5 000美元。一番讨价还价之后，最终我用2 000美元买下了那块地毯。

在这次谈判中，购买者对强硬战术给予了明确的回击。当问到他是否对开价感觉舒服时，他回答说：

> 当然，为什么不呢？卖主知道地毯大约就值2 000美元。因此，当我这样讨价还价时，卖主对我也很尊敬。如果我开始就报出正确的数目，我也许会为它多付一些钱，因为我的确很想要那块地毯。

笼络对方

另一种应对采取强硬战术谈判者的方法是，在对方要花招之前就要尽量友好地对待他。这种方法是基于这样一个理论——对付朋友要比对付敌人困难得多。如果谈判者强调与对方的共同点，并找到其他需要责备的因素（体制、外来竞争），你就可以牵制对方，从而阻止其采用强硬战术。

典型的强硬战术

我们将讨论一些较为常见的强硬战术及其缺点。

"白脸/红脸"战术

"白脸/红脸"战术来源于两个警察（一个和善、一个粗暴）轮流审讯嫌疑犯的故事。这也经常出现在流行的电视连续剧情节中，如《法律与秩序》（*Law and Order*）和《犯罪现场调查》（*CSI*）。在谈判中通常是这样使用这种战术的：一位质询者（"白脸"）表达出强硬的立场，不时加以威胁，行为令人讨厌而且表现出不再妥协的态度。然后，该质询者就离开房间去接一个重要的电话，或在同伴的建议下，出去冷静一下。当他走出房间后，另一位质询者（"红脸"）就会试图在"白脸"回来之前，快速解决问题，达成协议。这种战术的微妙之处就是要在谈判进入不良方向时，指派"白脸"扮演演讲者的角色。当事情进展顺利时，"红脸"就进行谈判。尽管"白脸/红脸"战术有些明显，它却常可以使对方让步并达成协议（Brodt and Tuchinsky，2000；Hilty and Carnevale，1993）。

使用该战术有很多缺点。正如上面提到的，它相对明显，尤其在重复使用时。同时该战术也会暴露谈判者的意图。对方可能会幽默地说："你们两个不是在玩'白脸/红脸'的游戏吧？"即使对方否认采用了该战术，其影响也不会在短期内减轻。此外，"白脸/红脸"战术也是做比说难：它通常疏远对方，而且需要谈判者集中精力使战术更好地发挥作用，而不是集中于完成谈判目标。当谈判者采用该战术时，可能只关注游戏和扮演角色，以至于忽视他们要去实现的谈判目标。

好警察，极好的警察

虚报低价（高价）

谈判者采用该战术时，要在一开始就报出自己也感觉不会实现的荒谬的低价（高价）。该战术基于的理论是：极端的报价会让对方重新评估自己的报价，使其更接近抵抗点。例如，本书的一位作者曾参与过一次劳资谈判。最初，工会主张三年内将工资上涨45%。由于附近的大学里工资上涨幅度只有3%～4%，工会的这个报价是在运用虚报价格战术。

这种战术的风险是对方可能会认为与其进行谈判完全就是在浪费时间，从而停止继续谈判。即使对方接受虚报低价（虚报高价），谈判者也需要用很高的技巧来调整初始的极端报价，使谈判重回正轨，并使对方愿意做出重大让步。

应对虚报低价（高价）战术的最好办法就是不要还价，并要求对方重新提出一个理性的报价（上面谈到的案例中，在被要求重新报价后，工会提出了工资上涨6%的要求，尽管这个幅度高于行业平均水平，但是不会被认为是极端的）。要求对方重新报价是非常重要的，这是因为该战术通常是在听到对方的初始报价以及第一次还价时开始起作用。如果你觉得做出极端报价后使得谈判开始时双方的偏差太大，并感到尴尬想要重新报价，或者对方的极端报价使得你需要重新考虑谈判的真伪性，那么你已经成为该战术的俘虏了。当这一切发生的时候，谈判者就已经被对方极端的初始报价给锚定了。

为谈判做好准备是对付这种战术的关键办法。合适的安排会帮助谈判者知道所讨论内容的大概价值范围，并能灵活地采取以下应对措施：（1）坚持对方要以合理的初始报价为起点才可开始谈判，否则就拒绝谈判直到对方这样做；（2）说出你对谈判标的市场价值的了解，并举出事实和数据来支持自己的观点，这样做是告诉对方你不容易被骗；（3）威胁终止谈判，暂时的终止或是永远终止，表明谈判者对对方使用该战术的不满；（4）以极端的还价来应对，明确表示你不会被对方极端的报价给锚定。

“虚晃一枪”战术

谈判者运用“虚晃一枪”战术，假装不太重要的问题非常重要，在随后的谈判中，在该问题上让步可以换取对方在真正重要问题上的让步。当谈判者发现某问题对对方重要，而对自己无足轻重时，这种战术最为有效。例如，卖主仓库里有可以运送的产品。然而，在与销售代理商谈判中，卖主要求对方做出大的让步，理由是顾客的订单要得太急了，卖方难以备货。这样卖主可以在订单时间方面进行妥协，但要求对方在其他方面也做出让步，比如，订货的价格和数量。还有一个“虚晃一枪”的例子，谈判者假装想要某项特别的任务或项目（实际上，他并不真想要），然后，作为自己做出让步的交换，从对方那里得到自己真正想要的（但仍要假装不喜欢）。

该战术基本属于欺骗，同样也很难实施。通常当谈判者设法在某问题上采用“虚晃一枪”的战术时，对方却会真诚地进行谈判，并严肃对待该议题，这极有可能导致一种很不正常的情况，谈判的双方都在违反自己真实的意愿进行讨论，对方在谈判者使用“虚晃一枪”战术后，也如法炮制，通过在对谈判者主张的（实际并不关心的）议题上做出巨大让步，要求谈判者在他所关心的其他议题上也做出让步，谈判者不得不在自己根本不关心的问题上浪费宝贵的时间去评估、提议和辩论。谈判者很难顺利地将谈判重心转移到所关心的议题上。然而，如果议题转换的不够灵活，最终谈判者可能会得到一个次优的谈判结果。“虚晃一枪”的谈判结果可能不是你真正想得到的，也许对对方来说亦是如此。

奥康纳和卡内瓦莱（O’Connor and Carnevale，1997）的一项研究表明，谈判者经常用忽视的方法，而不是承诺的方法来实施“虚晃一枪”战术。他们认为使用该战术的谈判者应该先让对方在所有议题上陈述要求，然后寻求利益的共同点（p. 513）。这是假定对方会准确陈述自己的真实要求，而实际情况通常不是这样的——谈判者会故意说错自己的真实要求，以便采用“虚晃一枪”战术。奥康纳和卡内瓦莱指出，如果对方以强硬的方式进行反击，使用该战术就会严重损害双方之间的关系。我们将在第9章讨论这一战术中涉及的伦理问题和其他欺骗性战术。

虽然“虚晃一枪”战术很难对付，但谈判者可以通过良好的谈判准备来降低受到的影响。当对方的立场与谈判者的预见完全不同时，谈判者就要怀疑对方是否在使用“虚晃一枪”战术。探究对方想要某特定结果的原因，可以帮助谈判者减轻“虚晃一枪”战术的影响。最后，若对方立场突然发生转变，谈判者要提高警惕，尤其是在谈判结束阶段，因为这意味着对方在采用“虚晃一枪”战术。谈判者还要仔细询问对方突然接受相反立场的原因，避免在对方完全转向相反立场后做出太多让步，这也可以减少受到对方“虚晃一枪”战术的影响。

“吹毛求疵”战术

谈判者应用“吹毛求疵”战术，要求对方在先前没有讨论过的议题上，做出较小幅度的适当让步（比如，交易中利润总额的1%～2%）来结束谈判。赫布·科恩（Herb Cohen，1980）这样描述“吹毛求疵”战术：某人在成衣店试穿了多款不同的衣服后，告诉销售员如果赠送领带的话，就买一套衣服，其中，赠送领带就是“吹毛求疵”的要求。科恩认为，通常情况下该顾客会得到领带。在商业环境下，该战术是这样使用的：双方在谈判中花费了大量的时间并即将达成协议时，一方要求增加一条没有讨论过的条款，这要求对方付出适当的、很小的代价。虽然该条款代价小得不足以使谈判破裂，但会让对方感觉不舒服，这就是“吹毛求疵”战术的主要缺点——很多人认为采用“吹毛求疵”战术的谈判者缺乏诚信（因为公平交易的程序要求所有要讨论的议题都应该提前安排在谈判议程中）。尽管谈判者对刚刚想起该问题表示尴尬，但另一方还是会感觉不舒服，他们通常会在以后的交易中寻求报复。

根据兰登（Landon，1997）的观点，对付“吹毛求疵”战术有两个好方法：第一，对于每一个“吹毛求疵”的要求都追问对方“你还有其他要求吗”，就这样一直问下去，直到对方表示提出了所有的议题，然后双方同时讨论所有的问题。第二，谈判者也要准备“吹毛求疵”的要求以回应对方提出的此类要求。当对方在某个议题上提出“吹毛求疵”的要求时，作为回应你可以在其他议题上也提出自己的“吹毛求疵”的要求。

“谁是懦夫”战术

“谁是懦夫”战术来自于20世纪50年代詹姆斯·迪恩（James Dean）的电影《无因反抗》（*Rebel without a Cause*）中描述的一个相互挑战的场景：两个人各自开车朝对方驶去，直到其中一方突然转向避免相撞的灾难。转向的人被称为“懦夫”，另一位则被认为是“英雄”。使用该战术的谈判者是靠实施大量欺骗性的威胁手段迫使对方临阵退缩来满足自己的需求。在劳资谈判中，管理层会通知劳工代表，如果对方不同意当前的合同，那么公司就会关闭工厂、停止营业（或将工厂移到其他州或其他国家）。显然，这是风险很高的赌博。一方面，管理层必须遵守做出的威胁，因为如果工会发现他们的骗局，管理层没有真的实施威胁，工人们以后就不会再相信管理层了；另一方面，工会也要冒风险，管理层的话是骗局吗？如果管理层真的说到做到，那么公司就会真的关闭工厂或迁到别的地方。

“谁是懦夫”战术的缺点是，谈判中一方或双方很难从对方装模作样的表现中辨别出真相，这就使得谈判形势也变得比较严峻。为了使战术可信，采用“谁是懦夫”战术的谈判者会让谈判局势变得模糊不清，这样，对方很难正确判断他是否真的会实施威胁，但模糊不清的形势又正适合采用“谁是懦夫”战术。

应对“谁是懦夫”战术很难，然而，谈判者如果对对方的承诺不予重视、修改甚至忽视，它就会失去原有的效力。可能最危险的应对方式就是自己也采用“谁是懦夫”战术来进行对抗，那时任何一方都会因为害怕丢脸而毫不退让。要搞清对方是否使用了“谁是懦夫”战术，对谈判做好准备和准确把握双方的形势是绝对必要的。谈判者也可以请外围专家验证信息或帮助重新确定双方的形势。

胁迫战术

许多战术都可以打上胁迫战术的标签，其共同点是利用感情手段，比如，用愤怒或害怕来迫使对方达成协议。例如，对方故意表现出愤怒来表明其严正立场。本书的一位作者有如下的经历：

> 一次我在和汽车经销商进行谈判时，他发火了，撕毁了记录，告诉我坐下来听他说，然后就大声解释，这是城里最划算的买卖了，如果我今晚不接受以

后就不要后悔，又折回来浪费他的时间。我没有买车，也没有后悔。我在每年的谈判课程中都拿这个故事作例子。我怀疑经销商设法胁迫我同意交易，并且我还意识到如果我去其他地方看看的话，这笔交易就不见得很划算了。经销商没有意识到，我已经向会计问过一些情况了，而且我发现他在折扣上撒了谎。在我戳穿他的谎言时，他才真正失去了理智。

胁迫的另一种形式包括增加合法的表象。在高度法制化的社会中，有合法的政策或手续来解决争端，没有这些政策或手续的谈判者要设法创造一些，强加给对方使其看起来具有合法性。例如，与口头协议相比，写在手册中的制度或印刷好的表格和协议遭到的质疑要少得多（Cohen，1980）。很少有人能完整地将银行又长又详细的贷款条款阅读完（Hendon and Hendon，1990）。外表感觉越合法化，对方就越不会质疑接下来的过程或提出的合同条款。

最后，让对方感觉内疚（guilt）也是胁迫战术的一种形式。谈判者可以质疑对方的诚信或对方对自己的不信任。该战术的目的就是让对方处于防守地位，这样他就会关注内疚与信任问题，而不是讨论谈判的实质内容了。

应对胁迫战术，谈判者有几种方法。胁迫战术让胁迫者感觉比对方更有力量，让对方因情感而不是客观原因（例如，出现新情况）做出让步。谈判者做出让步时，知道让步的原因十分重要。如果某人开始感到威胁，设想对方更有力量（而客观上他并没有力量），或者简单接受对方“公司规章”的合法性，那么胁迫战术就能在谈判者身上发挥作用了。

如果对方表现得盛气凌人，那么与他讨论谈判进程则是一个好办法。你可以解释说自己的原则就是在公平与相互尊重的条件下进行谈判，并且希望对方也这样做。另一个好办法是忽略对方的胁迫，因为只有在乎胁迫时，它才起作用。可能这听起来太简单，但你想想为什么有些人会感到权威人士的胁迫，而有些人不会呢？原因就在于接受者本身，而不是权威人士。

另一种有效应对胁迫战术的方法是以团体的方式与对方谈判。与单个谈判者应对胁迫相比较，团体谈判至少有两个优势：第一，人们通常不会被同一件事情胁迫。你可能会被某个特殊的谈判者胁迫，但很可能你方其他成员不会。本书的一位作者在年轻时参与了一次在中国的谈判，他发现中国谈判团在进行谈判时会经常换团队成员，这样就会有许多老资格的谈判者出现在随后的谈判进程中，因此这位作者也决定让自己一位年长的同事参与谈判，这样才不会受到对方年龄和经验的胁迫。第二，如果对方的胁迫让人感觉越来越不舒服，团队成员可以讨论如何应付对方的战术，相互支持帮助。

挑衅战术

挑衅战术与前面提到的胁迫战术相似，采用各种挑衅方式迫使对方接受自己的立场或攻击对方的立场。挑衅战术包括：无情地要求更大的让步（你可以做得更好）、在谈判初期就要求最佳报价（我们不要再浪费时间了，你最多可以付多少）、要求对方逐一解释和证实提议（每一项你愿意花费多少）。谈判者使用这些技巧，暗示自己不会妥协，设法迫使对方做出更大的让步以达成协议。

当面对另一方的挑衅行为时，最明智的反应就是终止谈判，转而去讨论谈判进程本身。谈判者可以说明，他们的决定应该建立在双方需求和利益的基础上，而不应受到对方挑衅行为的影响。另外，组成谈判团对于应付对方的挑衅战术也有帮助，其原因与前面提到的应对胁迫战术相同。充分准备、了解自己与对方的需求和利益，这些方法都会使应对挑衅战术更容易，因为双方都知道达成协议对双方都有利。

“倾盆大雨”战术

“倾盆大雨”战术就是指谈判者提供给对方大量的信息，使得谈判对手无法分辨哪些是真实信息，哪些又是用来迷惑对方的信息。通常政府部门也采用这种方法来发布公众信息，它不是简短地回答问题，而是发布从听取的意见和文本中收集的成千上万页的文件，这其中可能包含对方寻求的信息，也可能没有。另一个“倾盆大雨”战术的例子就是，对于非专业人士提出的问题，为了隐藏简单的答案，就用高度专业的语言进行回答。任何专业人员，如工程师、律师或计算机网络管理员都使用该战术给出大量（“倾盆大雨”）信息，让非专业人士无法理解答案。为了避免因询问“显然的”问题引起尴尬，接受者通常会点点头表示赞同对方的解释或陈述。

谈判者可以选择以下几种方法应对“倾盆大雨”战术：(1) 谈判者不应害怕提问，直到他们真正理解了答案；(2) 如果要讨论的确实是技术性很强的问题，谈判者就要邀请技术专家一起来讨论；(3) 谈判者应该仔细倾听对方，辨别其中一致与不一致的信息。对不一致的信息进行深度挖掘可以削弱“倾盆大雨”战术的效果。例如，如果发现在“倾盆大雨”战术中，有不正确或不一致的信息，那么谈判者可以质疑整个表述的准确性（例如，由于X点不正确，让我如何相信其他的内容是精确的呢），另外，提前做好准备对于有效应对“倾盆大雨”战术也非常重要。

2.7　可以用于整合式谈判的分配式谈判技巧

本章我们概览了分配式谈判的情境，分析了典型的分配式谈判中常用的战略与战术。为取得理想的谈判结果，分配式谈判的谈判者应当熟练掌握并恰当运用这些战略与战术。例如，谈判者应当确定清晰的目标点、抵抗点，了解应当如何改善他们的最佳替代方案，以恰当的初始报价开始谈判，做出适当的让步并掌控承诺的节奏。在下一章讲述的整合式谈判中，谈判者在谈判的后一阶段进行价值申明时，仍然会用到这些战略与战术。价值申明过程决定了整合式谈判的双方如何分割他们的共同利益。在价值申明阶段，谈判者需要小心谨慎，但也不必急于转变谈判风格，显示出过于对抗的姿态。整合式谈判将在第3章中予以讨论。

本章小结

本章我们分析了分配式谈判的基本结构　和分配式谈判的情境，以及分配式谈判的一些战略和战术。分配式谈判开始就设定了出发点、目标点及抵抗点。谈判者可以很快了解对方的出发点，并可以直接或间接找到对方的目标点。通常由于对方会很小心地隐藏其真实的抵抗点，以至于谈判者直到谈判的最后阶段都不会知道对方的抵抗点（即对方可以接受的极限。超过抵抗点，对方会拒绝谈判）。所有的点都是重要的，但抵抗点是其中最为关键的。双方抵抗点之间的差距决定了谈判区间。如果谈判区间是正的，谈判就很容易达成协议，每方都会尽可能多地获得谈判区间中较大的部分；如果谈判区间是负的，谈判几乎不可能成功。

只包括一个议题的谈判很少见，更多的情况是，谈判会涉及很多组合的一系列议题，这些议题组合称为谈判组合。谈判组合中的每个议题都有出发点、目标点和抵抗点。谈判组合将这些围绕一个问题的议题组合起来，为谈判方跨议题进行相互讨论和交替让步提供了机会。

在分配式谈判结构下，谈判者有很多成功解决问题的选择。这些方法可以分成两大类：(1) 影响对方关于谈判可能性的信念；(2) 尽可能多地了解对方的立场，特别是抵抗点。谈判者的基本目标是使最终的协议尽可能接近对方的抵抗点。为实现这一目标，谈判者要收集有关对方及对方立场的信息；促使对方放弃其能够实现最初目标的想法，并让对方认为自己的目标是合理的、必要的，甚至是不可避免的。

分配式谈判过程基本上是充满冲突的过程，谈判双方都试图通过隐瞒信息、误导对方或采取欺骗行为来寻求各自的优势。所有这些战术都很容易刺激双方由平静的情绪转变为严重的敌对情绪。然而，谈判的目的是设法不用争斗和武力来解决冲突，并且就一场成功的谈判而言，谈判双方在谈判过程的最后一刻都应该认为他们所取得的结果是最好的，是值得接受和支持的。因此，有效的分配式谈判需要仔细策划、坚定执行，以及对对方反应的持续关注。最后，其他谈判的价值申明阶段都会用到分配式谈判的战略与战术，我们在下一章整合式谈判中将详细讲述这个问题。

关键术语

分配式谈判（distributive bargaining）：又称竞争型谈判（competitive bargaining）或单赢谈判（win-lose bargaining），是指在谈判情境下，参与谈判的一方的基本目标与另一方的目标直接相冲突的谈判类型。在分配式谈判中，资源总量是既定的，各方的目的是通过谈判解决如何分割并分配这些有限的资源。与之相对应的是整合式谈判（integrative bargaining）。买卖交易价格谈判就属于典型的分配式谈判。

目标点（target point）：每个参与谈判的谈判方想要达成协议的点（也是最佳点）。谈判达到该点，谈判者认为结果是满意的、可以接受的、可以达成协议，因此目标点有时也被作为一个谈判者的期望点（aspiration point）。

抵抗点（resistance point）：每个谈判参与者的底线，低于该点的条件，谈判参与者认为是不能接受的，会拒绝达成协议。

要价（asking price）：首先发出要约的谈判者所提出的条件，在典型的分配式谈判情形中，通常指卖方报出的第一个价格数字。

替代方案（alternative outcome）：谈判者在与谈判方进行谈判的同时，就相同谈判目标和谈判组合还与其他的谈判方进行的谈判。这些谈判是与现有谈判具有替代关系的，谈判者可以在这些进行着的谈判中选择，挑选出最能够实现己方谈判目标的谈判达成协议。

解决点（settlement point）：最终达成协议时双方的谈判条件，在该点处，每一个谈判参与方都拒绝让步，同时也同意接受对方提出的条件，各方以协议的形式结束谈判。解决点不一定是谈判各方设定的目标点，但也不低于各方的抵抗点，各方认为在该条件下达成协议要比不达成协议更好，尽管这不是他们设想的最优的协议结果。

谈判组合（bargaining mix）：谈判各方在谈判过程中需要谈判并达成一致的各项谈判议题。例如，在典型的买卖分配式谈判中，双方关于商品价格、质量、数量、交割日期、包装、运输等议题都要进行谈判，这些谈判议题的集合就是谈判组合。每个谈判议题都有各自的目标点、抵抗点。

让步（concession）：谈判者在不改变己方抵抗点的前提下，为满足对方的要求、减少双方分歧、促成协议的达成，适当缩小己方当前出价与抵抗点之间差距的行为。通常谈判就是谈判者相互之间不断让步的过程。

初始让步（initial concession）：谈判方在谈判过程中的第一次让步，具体是指谈判一方在对方不接受己方要价（或初始谈判条件）的情形时，在不改变抵抗点的前提下，缩小要价与抵抗点之间的差距，提出一个低于要价（初始条件）的新报价的行为。初始让步的过程和幅度在一定程度上表明了让步方在谈判中的立场，因此谈判者要非常谨慎地做出初始让步的决定。

承诺（commitment）：谈判者在谈判过程中，为使对方改变当前的谈判立场，或明确表达己方的谈判立场，己方对未来在某种条件下会做出哪种行为的直接或间接的意思表示。如果对方不改变现有立场或认同己方立场，双方将陷入直接冲突状态，因此承诺通常会被对方理解为一种恐吓或者威胁。

注释

[1] Refer to Walton and McKersie (1965, pp. 59–82) for a more extensive treatment of this subject.

[2] See Lim and Murnighan (1994); Roth, Murnighan, and Schoumaker (1988); and Walton and McKersie (1965).

[3] See Brodt (1994); Chertkoff and Conley (1967); Cohen (2003); Donohue (1981); Hinton, Hamner, and Pohlan (1974); Komorita and Brenner (1968); Liebert, Smith, and Hill (1968); Pruitt and Syna (1985); Ritov (1996); Van Pouke and Buelens (2002); and Weingart, Thompson, Bazerman, and Carroll (1990).

[4] See Pruitt (1981) and Tutzauer (1991) for further discussion of these points.

[5] The term *Boulwarism* is named after the chief labor negotiator for the General Electric Company in the 1950s. Rather than let the union present its contract demands first, the company placed a single "fair" offer on the table and refused to negotiate further. The National Labor Relations Board eventually ruled against GE by stating that this practice was unfair because management did not engage in "good faith bargaining." See Northrup (1964) and Selekman, Selekman, and Fuller (1958) for further discussion of this point.

[6] See Baranowski and Summers (1972); Crumbaugh and Evans (1967); Deutsch (1958); and Gruder and Duslak (1973).

[7] See Froman and Cohen (1970); Neale and Bazerman (1991); and Pruitt (1981).

[8] For instance, see Aaronson (1989); Brooks and Odiorne (1984); Cohen (1980); Levinson, Smith, and Wilson (1999); and Schatzski (1981).

[9] See Fisher, Ury, and Patton (1991); Ury (1991); and Adler, Rosen, and Silverstein (1996) for an extended discussion of these points.

第3章 整合式谈判的战略与战术

学习目标

1. 理解整合式谈判的基本要素；
2. 探索整合式谈判的战略与战术；
3. 思考整合式谈判取得成功的关键因素；
4. 理解整合式谈判不易取得成功的原因。

3.1 导言

即使最老练的谈判专家也常常会犯下面三种错误：在应该谈判的时候没进行谈判，在不该谈判的时候却谈判了，或者是采取了不适合的谈判战略。正如在本书第1章中所介绍的双重关注模型，对他方或己方利益的迁就容易造成自己在战略选择上的困难。在很多谈判中，不一定既有赢家又有输家，而是双方皆赢。不像原来认为的所有冲突都是竞争性的，谈判者可以找到双赢的解决方法。整合式谈判以其合作、双赢和互惠而为大家所熟知，我们将在本章重点讨论。

在分配式谈判中，各方的目标是不一致的，或者至少在一方或所有方看起来是不一致的。导致冲突的关键是人们认为将要进行分配的关键性资源的数量是有限的、受控制的，即“定量馅饼”的情境。各方都想做赢家，各方都想要得更多。例如，管理者（代表股东）和员工（代表普通成员）可能都认为他们应获得公司利润的大部分。双方可能在每个方面都想赢，比如，在财务计划或关键政策的制定方面都要成为赢家。在这些情形下，他们的目标相互对立，必然会导致冲突。

相反，在整合式谈判中各方的目标并不是对立的。如果一方实现其目标，另一方也不一定不能实现其目标，实现一方的目标不一定是以牺牲另一方为代价。整合式谈判的基础就是允许各方都能够实现各自的目标。[1]虽然冲突看上去是非赢即输的，但通过讨论和共同协调通常会提出双赢的方法。谈判者获取解决方案的方法和策略是本章讨论的重点。

整合式谈判有什么不同

第1章中我们列举了成功的谈判人员的共同特点，面对整合式谈判，谈判者还应该：

- 关注共同点而非不同点；
- 多关心需要与兴趣，而非立场；
- 尽量满足谈判各方的需要；
- 交流信息与想法；
- 为互惠出谋划策；
- 使用客观标准来评价各方的表现。

这些必备的行为和观点是整合式谈判的主要组成部分（见专栏3.1）。

专栏3.1

利益导向型谈判者的特质

一名成功的利益导向型谈判者应该具备以下素质：

1. 诚实正直

以利为本的谈判要求谈判各方在某种程度上相互信任。对各方所关心的问题表现出兴趣，能够帮助谈判者建立一种信任的环境。

2. 富有思想

那些富有思想的谈判者并不认为一些在诸如金钱、地位、权力等方面的让步，会使他们的谈判所得变得更少，相反，这是以退为进的一种方法。零和谈判的观点是，“我给你的任何东西都是从我这拿走的”。富有思想的谈判者应该知道，让步更有助于建立稳定、长期的关系。

3. 成熟

斯蒂芬·科维（Stephen Covey）在他的《高效能人士的七个习惯》（*Seven Habits of Highly Effective Leaders*）一书中提到，成熟就是坚持你的立场和价值观，同时也认可他人的立场和价值观。

4. 系统导向

坚持系统导向的谈判者考虑的是找到一个使整个系统最优的方法，而不是关注于系统的某个组成部分的优化。

5. 超常的倾听能力

90%的交流不是对单个词语而是对整个对话的理解，它包括表达方式、身体语言与其他暗示。有效的倾听还要求不要只听一面之词。

资料来源：Chris Laubach，“Negotiating a Gain-Gain Agreement,” *Healthcare Executive*，January/February 1997，p. 14.

3.2 整合式谈判过程概述

旧的经验、有偏见的观念和非赢即输的竞争型（分配式）谈判使得整合式谈判的出现显得尤为重要。之所以会如此，是因为谈判者努力克服竞争型谈判的缺点并主动寻找谈判双方的共同点。我们在整合式谈判中的表现类似于采用管理的方法来鼓励其他人。为了实现一致目标，必须对谈判的内容和过程进行管理，以使各方合作并在承诺上达成一致。这里主要包括以下方面：建立自由信息流、尝试理解其他谈判者的真实需求和目标、强调共同性、寻找满足双方目标与利益的解决方法。整合式谈判的管理包括建立问题识别程序、理解双方的需求和利益、制定替代方案以及在替代方案中做出选择。

建立自由信息流

有效的信息交换能够推动双方找到好的整合式解决方案（Butler，1999；Pruitt，1981；Thompson，1991）。研究表明，谈判各方最终未能达成整合式协议，通常是由于没有足够的信息交换使谈判各方找到达成一致的解决方法（Butler，1999；Kemp and Smith，1994）。为了保证必要的信息交换，谈判者必须愿意透露自己的真实目标并认真倾听他人的信息。简要地说，谈判者应当为能够自由、开放地讨论所有相关问题创造条件。相对而言，愿意分享信息不是竞争型谈判的特点，因为在竞争型谈判中各方互不信任、隐瞒和篡改信息，并千方百计地获取对方信息，以确立自己在谈判中的优势地位。

建立自由信息流要求各方了解并分享他们的替代方案。平克利（Pinkley，1995）研究发现，当双方都对各自的替代方案有比较清晰的了解时，他们就不会那么强硬，这会比一方或双方都未认识到时更容易改善和扩大谈判成果。平克利得出结论，“有替代方案的谈判者有责任扩大谈判成果，但是对谈判成果的分配是由双方共同决定的”（p. 409）。有好的替代方案却不向对方透露，谈判者的谈判所得是有限的，而那些与对方共享他们方案的人则会收获更多。

尝试理解其他谈判者的真实需求和目标

谈判者的价值观和偏好不同，想法和行为方式也不尽相同（Barki and Hartwick，2004）。一方的需求与另一方的需求有可能相同，也可能不同。在帮助他人满足需求之前，先要了解他人的需求。当谈判者认识到对方的偏好或需求和自己不一致时，会促使各方交换更多的信息，对谈判有更深入的了解，并实现更高的共同利益（Kemp and Smith，1994）。同样，当各方交换利益信息而不是他们的立场时，就能够推动协议的达成（Olekalns，Smith and Walsh，1996）。通过分享有关偏好及其排序的过程，谈判各方应该努力去了解另一方的真正诉求。不应像竞争型谈判一样，谈判者不去努力了解对方的需求和目标，而只是挑战和破坏，甚至剥夺另一方的需求和目标被满足的机会。信息的流动和对信息的理解对于整合式谈判至关重要，然而，这里还需要处理凯利提出的信任和诚实困境（Kelley，1966）（见本书第 1 章）。此外，谈判者通过各方立场来甄别需求和利益的能力有所不同，可能会导致一方知道并能熟练运用整合手段，而另一方却不那么老练。在这种情况下，更老练的一方可以帮助另一方找到其潜在的需求和利益。

强调谈判双方的共同性并缩小差异性

为了保持信息流的通畅、有效地理解对方的需求和目标，谈判者可能需要变换一下观念（见本书第 4 章有关谈判框架的讨论）。个人目标应被重新定义为可能通过合作而实现的最好的集体目标。有时这个集体目标是清晰而明显的。例如，同一政党内的政客们意识到只有将他们的小分歧放在一边，才能确保整个政党在竞选中获胜。同样，为是否削减部门预算而争吵的经理们也应该意识到，除非所有的部门都维持适当的预算削减，他们就不可能使公司扭亏为盈。在其他情况下，集体目标既不那么清晰，也不那么容易实现。例如，本书的作者受雇于一家公司担任顾问，此公司正在关闭一个工厂并在其他地方开设几个新厂。公司当然希望把员工送到新的工厂去，同时也把工龄转过去，工会同意了这个安排。然而，在转移过程中还是产生了冲突，有的人可以立刻就动身，而另一些人却因为要关闭和拆除老生产线而不能马上动身。因为员工在新工厂的工龄是从他们到达的日期起算，那么留下关闭老生产线的员工就会取得相对较少的工龄。工会希望所有的员工能同时转移到新厂以避免这种不平等情况的出现，然而这对管理者来说却根本不可行。在这场争论中双方都没看到更大的目标——把所有员工转送去新工厂，并使他们的工龄丝毫无损。只有不断地强调这一更大的目标，才能使双方关注问题的共性，并最终找到解决方法：管理者允许员工提前选择新的工作岗位，并从选择做出之日起就把他们的工龄转过去，而不是以人的实际转移日期为工龄起算日。

寻找满足双方需求与目标的解决方法

整合式谈判的成功要依靠寻找到适合各方需求和目标的解决方法。在这一过程中，谈判者应坚定又不失灵活（Fisher，Ury and Patton，1991；Pruitt and Rubin，1986），采用灵活多变的形式去实现既定的利益需求。当各方习惯于采取竞争性或争斗性的指导方针时，他们通常只关注自己的目标。在这样的环境中，不太关注对方的目标可能会导致下列两种行为：第一，谈判者要确认另一方的获得不是从自己的成果中掠夺的；第二，因为有一种强烈的战胜或打败对手的愿望，谈判者可能试图阻止对方达到目标。与此相反，成功的整合式谈判要求各个谈判者不仅要确定、实现自己的目标，同时也要留意对方的目标，并且努力寻求能满足双方目标的解决方法。衡量结果应该以双方目标的满足程度为标准，而并不是一方是否比另一方更好。如果一方的目标只是比另一方得到的更多，那么整合式谈判就很难实现。如果双方都力争比对方得到更多，那么整合式谈判几乎是不可能的。

总之，整合式谈判的过程与竞争型谈判是完全不同的。谈判者应该根据对方在谈判中表现出的立场去发掘其潜在的真正需求。他们应建立起一种自由、公开的信息流，并始终用满足双方共同需求的良好愿望指导双方的积极对话。如果谈判者没有这种观念，把问题和对手看成非赢即输的情况，整合式谈判就不可能实现。

3.3 整合式谈判过程的关键步骤

整合式谈判主要有四个基本步骤：(1) 识别并定义问题；(2) 充分理解问题——明确利益与需求；(3) 寻找解决问题的替代方案；(4) 对替代方案进行评估并做出选择。整合式谈判的前三个步骤对于价值创造很重要。为了共同创造价值，谈判者需要理解问题、明确双方的利益与需求，并寻找解决方案。第四个步骤，评估和选择解决方案也包括价值申明。价值申明的过程包含许多在第2章中讨论的竞争型谈判技巧。

价值创造和价值申明的关系如图3—1所示。价值创造的目标是推动谈判的潜在解决方案至图3—1的右上角。当达到可能的最大限度时，曲线被称作帕累托最优边界，该曲线上的点“没有其他任何协议能使得交易的一方增加自己的收益，而不使另一方的收益减少”(Neale and Bazerman，1991，p.23)。从这个意义上说，整合式谈判就是寻找帕累托最优解决方案的过程。

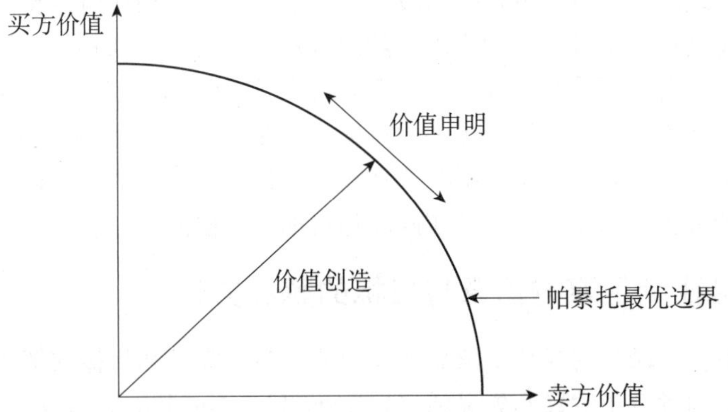

图3—1 价值创造、价值申明和帕累托最优边界

如图3—1所示，谈判中买方和卖方各自都有许多替代解决方案。整合式谈判前三个步骤的目的就是明确谈判者不同意那些低于帕累托边界的解决方案，因为这些方案对于谈判双方都是次优的。在第四个步骤，使用一些和竞争型谈判相同的技巧去选择一个方案或申明价值。整合式谈判中，价值创造到价值申明的转换必须谨慎处理，这些内容将在本章稍后详细讲述。

价值创造在程序上早于价值申明主要是基于以下两个原因：(1) 谈判双方合作很好并且讨论的焦点不在于谁得到了什么，这时，价值创造的过程更高效；(2) 因为价值申明包含在竞争型谈判的过程中，如果没有被有效运用，价值申明就有可能打破原本对价值创造的关注甚至伤害谈判者之间的关系。

识别与定义问题

识别与定义问题往往最难，当有好几个谈判方时更是如此。看看下面的例子：在一个大型电子元件厂中，前一个组装车间发往总装车间的一种半成品存在严重的质量问题，很多钉子和固定配件都发生了弯曲现象。一旦发生这种情况，该产品就被当做废品搁置在一边。到了月末，这些废品将被重新发回组装车间返工，部件到达组装车间时往往会赶上工人忙着完成月末指标，因此工人们降低了对部件的检验标准。结果，工人们只能利用加班时间匆忙完成返工。加班的额外费用并不计入标准成本分配系统。组装车间的经理不希望承担这部分成本，总装车间的经理也坚持不支付这笔额外费用，认为问题是由于组装车间的操作不当造成的，因此组装车间应该承担该项费用，而组装车间的经理辩解说，配件离开组装车间时是好的，损坏是由后来总装车间的不良工艺导致。眼前的费用并不多，双方真正关心的是这件事将为日后处理不良产品和费用支付问题形成先例。

最后，双方找到了解决办法。在指定月份里，组装车间留一个短暂的滞后期，在滞后期内为总装车间安排返工小批量残损部件。后来问题逐渐显露出来：由于总装车间的工人并不十分了解组装部件，因此在组装时会损坏部件。在滞后期内，这些工人被临时转到组装车间了解部件及其组装，并在那里帮助组装车间的工人完成紧急订单。

这个例子涵盖了识别与定义问题过程中的许多关键因素（见菲利（Filley，1975）和谢伊（Shea，1983）关于此问题的全面阐述）。问题的识别与定义对于整合式谈判是至关重要的环节，因为它设立了大量的参数来概括谈判的主要内容并且提供了讨论和对话的最初框架。这个框架必须足够全面以帮助谈判者找出事件中隐含的复杂情况，同时不要把简单的事件复杂化。

以双方都接受的方式识别与定义问题

理想的情况是，整合式谈判中的谈判者不应带有任何对解决方案的偏见并对各自需求持开放态度。当共同识别并定义问题时，应该准确反映双方的需求和优先次序。可惜的是，这种情况并不经常出现。对整合式谈判有一种普遍而又可以理解的担心就是，在识别与定义问题的过程中某一方会操纵或篡改信息，从而使问题的表述对自己更有利。为了积极解决问题，谈判双方必须采用中立的立场来陈述问题。问题陈述必须被双方共同接受，且不能损害或有益于任何一方的偏好和优先次序。谈判者可能会被对方要求多次修改陈述以达到双方都满意的程度。还有至关重要的一点，问题的识别是独立于寻求解决方案之外的。在此阶段，问题必须被清晰地定义，即使对普通而明显的问题也要先设立一个从“同意到不同意”的分级结构。

陈述问题注重实用和全面

整合式谈判的重点是解决核心问题。任何可能使焦点偏离核心问题的事务都应当被搁置一边。因此，谈判者应确保问题尽可能清晰。如果问题很复杂，对问题的陈述不能全面地反映问题本身，那么解决问题就可能不全面。事实上，如果问题很复杂，谈判各方可能在问题的陈述上都不能达成一致。因此，定义的目标是在包含所有最重要因素的基础上，尽可能简洁地陈述问题。这一步骤完全不同于竞争型谈判（参见第2章）。竞争型谈判鼓励引进大量的次要问题，使谈判者在谈判的艰难阶段中逐步放弃这些条款，以加快谈判进程。如果在整合式谈判中有太多这样的问题，谈判者就要弄清楚它们之间的关系，并将其作为可在以后一并解决的众多问题或一个更大的问题来对待。

将问题作为目标来陈述，并识别实现这一目标的障碍

谈判者应该把问题定义为具体要实现的目标，而不仅仅是一个解决过程。也就是说，谈判者要关注的是实现什么目标而不是怎样实现目标。谈判者必须将实现目标中需要克服的障碍具体化。拿先前的例子来说，谈判者的目标是“不良产品的数量最小化”，更加清晰明确的定义是“不良产品的数量减半”。经过定义目标，谈判者可以说明他们的具体目标是：弄清楚产品是怎样生产的，瑕疵是怎样产生的，以及要如何修复等。关键的一点是，具体化的障碍能否被谈判各方所改变或修正。如果谈判者在既定的时间或条件下不能有效地定义障碍，那么障碍就成了整个谈判的限制。对于现实的整合式谈判，哪些障碍可以克服、哪些障碍不可以克服、哪些问题是可以协商的、哪些是不可以协商的都是至关重要的。

客观处理问题

当陷入冲突局面时，谈判者变得喜欢评价和评判。谈判者会用积极的眼光看待自己的行动、战略和偏好，并用消极的眼光看待对方的行动、战略和偏好，这种情况常常会阻碍冷静思考（参见第17章、第18章关于此问题的讨论）。类似于“你的观点是错误的，我的是正确的”这样的话会阻碍整合式谈判的进程，因为谈判者不能只对事而不对人，而对问题的客观陈述，比如“对这个问题我们有不同的看法”则能使双方都置身事外来解决问题，而不会把问题看成是单方面的。另一种表达方式是：“我们尊重你方对此问题的不同看法，希望你方同样也能尊重我方的看法。”

将定义问题从寻求解决方案的过程中分离

最后，注意不要在问题未被全面定义前就直接寻求解决方法。在分配式谈判中，鼓励谈判者采用对其有利的解决方法陈述问题并据此做出让步。相反，整合式谈判中，对问题进行全面定义并尽可能多地考量各种替代方案之前，谈判者必须避免提出仅使一方受益的解决方法。

谈判者应建立相应的标准以判断潜在的解决方法是否适用，而不是采用不成熟的方法去解决问题。通过下述问题，谈判者可以归纳出相应的标准：

- 怎样才能知道问题已经解决了？
- 怎样才能知道谈判目标实现了？
- 中立的第三方怎样才能知道纠纷解决了？
- 是否有被谈判结果忽略而未提及的合法利益或立场？
- 是否有被谈判结果剥夺的合法利益或立场？

用这种方式建立标准并使用这种标准来评价方案，将会有助于谈判者避免单一、狭隘的思维方式，避免仅对一方有利的情况，同时找到一个合作的解决方法。

充分理解问题——明确利益与需求

许多谈判方面的书籍，尤其是罗杰·费希尔、威廉·尤里和布鲁斯·巴顿合著的畅销书《谈判力》(*Getting to Yes*)（1991）中强调，达成合作协议的关键是谈判者理解并满足相互利益的能力。利益识别也是整合式谈判中一个重要的步骤。这些利益是如需要、愿望、恐惧等能激励谈判者采取特殊立场的根本利益。费希尔、尤里和巴顿主张，尽管谈判者很难满足各自的具体要求，但是对根本利益的理解可以使谈判者找到满足所有需要的解决方法。本部分我们将首先对利益做更全面的定义，然后讨论对利益的理解在有效的整合式谈判中的重要性。

下面的例子揭示了利益与立场的根本差异：

> 假定两个男人在图书馆中发生了争执，一个想打开窗户，而另一个想关上窗户，他们为窗户究竟要留多大缝隙而争吵，是开一个小缝隙、半开，还是开3/4，没有一个解决方法令双方都满意。这时管理员来了，她问其中一个人为什么想打开窗户，答曰“呼吸点新鲜空气”，她问另一个人为什么想要关上窗户，答曰“避免空气对流”。想了一分钟后，管理员打开了隔壁房间的窗户，让新鲜空气进来，同时避免了空气对流（Fisher，Ury and Patton，1991，p. 40；originally told by Follett，1940）。

这是一个典型的谈判者没有改变现有立场并且未理解双方根本利益的例子。谈判立场是“开窗”与“关窗”。如果谈判者继续坚持这种立场，结果要么是想打开窗户的人取胜，要么是想关窗户的人取胜，要么双方作出妥协谁都无法取胜。注意，折中方法只会让谈判双方均受损失，而不是形成双赢的局面。因为一方认为，窗户不完全打开就不能得到足够新鲜的空气，而另一方却认为窗户只要打开就会引起不适。管理员将纠纷转移，她将重点放在了双方为什么要开窗和关窗上：开窗得到新鲜空气，关窗避免空气对流。理解这些利益与需求使管理员找到了一种能够满足双方利益的方法，而这种方法明显不同于双方基于自身立场提出的解决方法。

在这里，关键词是“为什么”——为什么谈判者想要他们想要的？开始谈判时，谈判者通常都会直接表明立场和需求。分配式谈判中，谈判者就这些立场讨价还价，试图达成尽可能接近自己目标的解决方案，但是在整合式谈判中，每一方都需要了解对方的思维和逻辑以便确定能够激励其继续努力达到双方目标。假定双方都知道激励对方的因素，谈判者便可以找到利益存在的共同点，以确定双方都能接受的立场。下面是某公司招聘人员和求职者关于起薪的对话：

> 招聘人员：你理想的起薪是多少？
>
> 求职者：年薪40 000美元吧。
>
> 招聘人员：我们的起薪只有35 000美元。
>
> 求职者：我不能接受。

如此，双方只是将各自的立场摆在桌面上，差距5 000美元。此外，求职者可能害怕和招聘者在这种地位上谈判，而招聘者也可能害怕想雇用的求职者离去。现在让我们来补充对话，帮助他们将重点放在彼此的利益上。

招聘人员：40 000 美元我们公司很难接受。你能告诉我为什么决定开价 40 000美元吗?

求职者：我有很多教育贷款要还。为了获取学位，我还需要支付几门课程的学费。没有 40 000 美元我无法支付这些费用并较为轻松地生活。

招聘人员：我们公司有一个项目可以提供资金，为新员工偿还教育贷款。此外，我们还为与工作相关的课程提供学费补助。这些能否解决问题呢?

求职者：能!

把求职者的利益与还教育贷款和未来教育花销同时摆到桌面上来，招聘人员提供一种经济保证，满足了公司和求职者双方的利益。类似地，求职者可以问为什么只能支付35 000 美元，结果发现这是公司的政策，相同条件的求职者都不能超过这个水平，但是求职者可能发现公司会支付一定的业绩奖金，并会在六个月之后涨工资，因此，求职者也有可能在第一年末挣到 40 000 美元，从而达到目标。

利益的类型

拉克斯和西本尼厄斯（Lax and Sebenius，1986）总结了谈判中常见的利益类型，其中有些是本质上的（本身非常重要，谈判者必须重视），有些是辅助性的(能带来未来收益，谈判者须予以考虑)。

根本利益通常与谈判中的焦点问题有关，比如，与价格、利率有关的经济、财务问题，或是与资源分配有关的问题等（如本书第 1 章中提到的有形因素问题）。这些利益可能是本质上的，可能是辅助性的，也可能是二者的混合体。谈判者想得到的是能直接满足谈判者的，或者能帮助谈判者实现长远目标的东西。因此，求职者之所以要求 40 000 美元是因为这样的报酬既体现了其在市场上的个人价值，又有助于其支付教育贷款。

过程利益与谈判展开的方式有关。谈判一方可能希望进行分配式谈判，因为他们喜欢面对面的斗智斗勇，进行讨价还价；另一方则喜欢协商，因为他想对如何解决关键问题发表意见。对后者而言，谈判者看重的是在谈判桌上发表意见的机会而不是讨论的结果。[2]过程利益可以既有本质利益，也有辅助利益。正如上面的例子中所讲的，取得发言权对谈判一方来说有着本质的重要性，既让谈判者确认自己的合法性和价值，又强调了谈判者在组织中的重要角色；同时，取得发言权也可能有辅助性作用：谈判中谈判者成功取得发言权，将证明以后的相关谈判也应该请他们参加。

关系利益是指谈判一方或双方都非常看重双边关系，并且不想有任何破坏这种关系的行为。本质的关系利益表现在谈判者重视关系的存在，并保持由这些关系带来的成就。辅助的关系利益表现在谈判者能够从关系中得到实际利益，并且不愿意因为关系的破坏而影响未来的利益。

最后，拉克斯和西本尼厄斯（1986）指出，谈判者的利益是有原则的。某些原则诸如：什么是公平的？什么是正确的？什么可以接受？什么是有道德的？过去做了什么，以及将来应该做什么？这些都可以被谈判者完全控制，并会成为支配行动的指南（这些原则通常包括本书第 1 章中所描述的无形因素）。利益在原则上可能是本质的（因为内在价值而被重视），或者是辅助性的（因为能用于未来不同的情况而被重视）。

原则利益显性化会使谈判者明确讨论最重要的原则，并寻找一致的解决方法。例如，有三个学生是好朋友，他们合写了一篇论文去参加竞赛，并获得了300美元的奖金，核心问题是如何分配这笔奖金。显然，一种方法是每人100美元，但有两个学生共同完成了90%的工作，并且工作量大致相同，因此，要是按他们的工作量来分配的话，那两个工作多的学生将各分得135美元，而另一个就只有30美元了。但是，不管怎么分，他们都认为因为奖金分配上的问题而影响与第三个朋友的关系不值得，或者奖金上的不同是无所谓的。因此，这三个学生简单地把奖金平均分成三份，每人100美元。只有通过讨论最重要的利益原则，即保证公平和维系他们之间的关系，他们才能找到一个合适的方法分配奖金，把不快减至最小并保持他们的关系。

有关利益的结论

我们对各种谈判利益做了一些总结：

1. 谈判中的利益总是以不止一种方式存在。谈判者从讨论中得到的不仅是本质利益（Clyman and Tripp，2000），他们还可能非常在意过程、关系和重要原则。请注意，利益原则超越了实质的、过程的以及关系的利益，因此没必要把这些利益看作独立的类型。

2. 谈判者可以有不同类型的利益。一方特别关心谈判具体问题，而另一方则关心如何解决原则问题或过程问题。这些不同的利益暴露出来可能使谈判者认识到，各方的关注点是不同的，需要找到一种方法来强调双方的共同利益。

3. 利益通常根源于人的需求和价值。一些作者指出，理解基本的人性需求和价值层级有助于对利益的理解（Holaday，2002；Nierenberg，1976）。人的需求是分层次的。在谈判中满足基本或低层次需求比满足高层次需求更重要。例如，尼尔伦伯格（Nierenberg）在马斯洛著名的需求层次理论的基础上，提出了谈判需求理论。在他的需求层次中，基本的心理需求和安全需求比其他诸如认可、尊重、确定和自我实现需求更重要。同样的，伯顿（Burton，1984）也提出，许多国际争端之所以如此激烈，正是因为其反映的是安全保卫、国家独立以及其他基本需求。

4. 利益可以改变。正如立场可以改变一样，利益也可以随着时间而改变。上周甚至20分钟前对谈判者非常重要的东西，现在可能就会变得不重要。谈判者的相互作用导致他们可以置一些利益于不顾，转而关注其他的利益。于是，谈判者必须时刻关注自己及对方利益的变化。当一方开始以另一种方式谈论问题时，即当语言或讨论的重点发生变化时，另一方也可以寻求利益的转变。

5. 利益显性化。谈判中有许多了解利益的方法。有时人们不能确定自己的利益，这时，谈判者不仅要问自己，“我想从谈判中得到什么？”还要问，“我为什么想要它？”“为什么它对我来说很重要？”“完成它我会得到什么？”以及“如果无法达到目标会怎么样？”为了将自身利益显性化，听听发自内心的声音诸如恐惧、渴望、希望、意愿很重要。

同样的问题对明确对方的利益也至关重要。问一些试探性的问题（见本书第5

章及第6章），倾听对方的回答、观察对方的情感和行为，在谈判过程中是非常关键的。你可以把应在最后阶段得到满足的本质利益，与有助于得到其他成果的辅助利益区分开来。在这两种情况下，只要能理解对方的利益，就有可能找到多种方法来实现，其结果是双方都能满意。

6. 发现利益并非总是很简单，已发现的利益并非总能代表最大利益。对于谈判中利益获取途径的评论已经指出，给利益下定义并全面考量是非常困难的。普罗维斯（Provis，1996）指出，利益通常很难定义，而且只将目光集中在利益上通常会过于简单和直接，往往可能会掩盖冲突的真正动态变化。有时谈判者并不追求自身最大的客观利益，而是将重点放在一个或几个主观利益上，这就会误导对方（Provis，1996）。比如，轿车买主的主观利益可能是购买更快和更酷的轿车，而实际上其客观利益是购买一部安全、稳定的轿车。

创建替代解决方案

寻找替代方案是整合式谈判中的一个创造性阶段。当谈判各方对问题已经达成共识并且对各方利益有所了解时，他们就需要创建一系列替代的解决方案，目的是针对问题列出替代解决方案，对方案进行评估并从中选出最优方案。

一些技巧可以帮助谈判者寻找替代解决方案。这些技巧分为两类：第一类需要谈判者重新定义或者重构问题（或问题集）以获取双赢的结果而不是一赢一输的结果（见专栏3.2）。第二类假设问题既定，再作出一个替代方案列表。在需要解决复杂问题的整合式谈判中，这两类方法都可选用并且有时是密不可分的。

专栏3.2

双赢谈判的艺术

大多数人把谈判理解为一种博弈，其中一方的所得是以另一方的牺牲为代价的。胜利意味着在10份蛋糕中得到6份。但在谈判中，双方可以通过合作来达成一个更大、更好的双赢结果。双赢谈判的基本原则就是始终认为有一个更好的方法，只有在找到这个方法后，各方才能考虑下一步如何去分享蛋糕。这个方法可以从典型的采购合同谈判中总结得出。

税金

一般而言，谈判各方在税务安排上会有不同的需求，会计通常能发现在这方面有一些改进的机会，特别是在国际贸易中。

付款方式

有些供货商需要快速付款，而有些供货商因为交税或其他原因，可能喜欢延迟付款，这些情况在双赢的谈判中很常见。

规格

卖方具体产品的规格、性能能满足买方的最终需要，双方就有可能达成比较理想的交易。

运输

各方都会在尽量不使各方有损失的情况下降低运输费用，可能买方放空的货车会超过卖方的能力，或者卖方采取较低的散装率。

发货日期

一般而言，买方要求的发货日期与卖方的最优安排总有一定差距。

数量

改变数量可以缩小价格差距，从而达到双赢。

流程

从经验看，找到最佳流程的方法就是多研究详细的生产流程和与之相关的文件处理过程。

风险与合同类型

任何生意都有风险，可以采取一些激励措施使供货商克服风险并获得潜在的更大利益。

与所有成功的企业家一样，双赢的谈判者都能发现潜在的、对双方都有利的机会。双赢提高了谈判的价值，改善了双方的关系，降低了谈判的紧张度。有一些话能更快速地吸引另一方谈判者，如“我们找一个对大家都有利的方法吧”。

资料来源：Chester L. Karrass，“The Art of Win-Win Negotiations，” *Purchasing*，May 6，1999，p. 28.

创建替代方案：通过重新定义问题或问题集来寻找替代方案

该方法是谈判各方定义他们的潜在需求并创建解决方案来满足需求。

彼得·卡内瓦莱（Peter Carnevale）最近研究得出了一个协议环形模型，该模型将潜在的协议分成四类，每一类有两个子类（见图3—2）。模型里有四个重要的维度，下面我们将介绍这些维度以及与之相匹配的策略。在后面的部分我们会更详细地介绍策略和应用实例。

1. 立场实现与立场和解。当谈判各方所有的初始愿望都能实现的时候，他们就实现了自己的立场。实现立场的策略包括做大蛋糕并调整和分配蛋糕。这与立场和解不同，立场和解时，谈判各方仅能实现各自一部分的初始愿望。

2. 实现潜在利益与替代潜在利益。实现潜在利益即谈判者的利益全部得到了满足。实现潜在利益的方法包括让渡和削减成本。潜在利益也有可能被替代、修正和改变。有时，非特定性补偿和上位这两种策略能分别对谈判者的利益能否被满足和修正产生影响。

3. 简单与复杂。一些谈判本质上来看十分简单，就像一次和厂家进行的采购谈判一样，谈判内容只有两三个问题。也有些谈判非常复杂，比如包含多网点选址、规模、所有权类型的租赁谈判。处于协议环形模型底部的策略往往更适合于解决简单的问题，而处于协议环形模型顶端的策略更适合于解决复杂的问题。

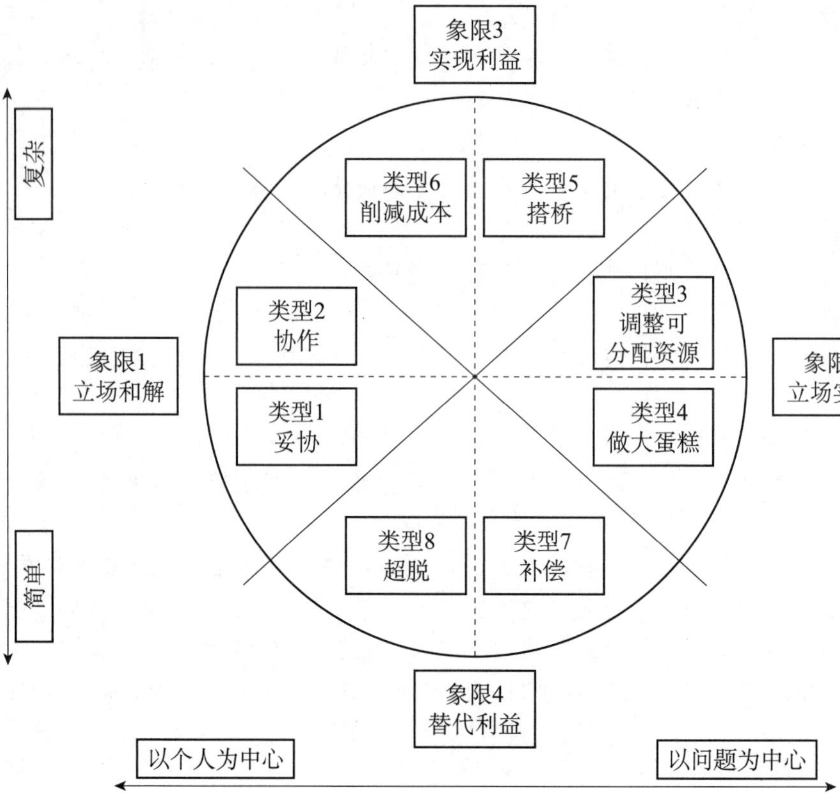

图 3—2 协议环形模型

资料来源：P. J. D. Carnevale，2006.

4. 个人中心与问题中心。个人中心策略包括促使谈判者做出让步和改变立场，主要通过在讨论中修正立场来达成协议。问题中心策略是通过在讨论中修改议题使其更适合谈判者的需求和意愿。个人中心策略和问题中心策略分别处于协议环形模型的左边和右边。

卡内瓦莱在其协议环形模型中提出了八种不同的整合式谈判的方法，下面我们将一一介绍。[3]每一种方法都再次强调了要获取更多的关于对方真实需求的信息并进行讨论。解决方案也从简单、分配式向复杂、综合以及整合式转变，从而找到许多可以进行合作的路径和方法（Olekalns，2002）。

从以下萨曼莎（Samantha）和埃玛（Emma）（两个人是一家高级管理咨询公司的合伙人，该公司还雇用其他六位非合伙人为咨询顾问）的案例中我们可以看到每一种路径的具体内容。合伙人正在讨论新办公室的选址问题，他们的客户一半在城区，一半在郊区。他们的选址有两种方案。萨曼莎希望选在城区，这里占地面积较小但是地理位置优越，虽然办公室面积不大但是离两位合伙人的住所距离都差不多。埃玛则希望选在郊区，那里占地面积和办公室都大一些，并且比较新，但是办公室所在地离萨曼莎的住所比埃玛的远一些。

互相妥协（立场和解）

一种妥协的方案是，她们仍然在现在的办公室办公并且尽量维持现状，这样既不会损害萨曼莎的利益也不会损害埃玛的利益。除非遇上谈判者都固执己见或者不可能找到一个更好的解决办法，采用妥协并不是一个好的合作策略。

互相协作（立场和解）

成功的互相协作要求谈判各方找出一个以上的冲突点，而且各方对这些冲突点有不同的偏好（Tajima and Fraser，2001）。谈判各方各自放弃一些争议，这会使一方在某个议题上获得满意的结果，而另一方在另一个议题上获得满意。如果各方真的在不同的议题中有不同的偏好，并且每一方都在各自高度偏好的问题中得到了最满意的结果，那么每一方的获利都会更多，谈判的整体收益也会更高（Moran and Ritov，2002）。举例来说，高级管理咨询公司可以将办公室租在城区并给埃玛更大的办公室，萨曼莎实现了自己的选址目标（对她来说更重要的目标），同时埃玛也改善了自己的办公条件（对她来说更重要的目标）。

互相协作通常是在尝试和失败中总结出来的，作为不懈努力、不断实验的过程中的一部分，最终它能使参与者都满意。谈判者首先必须确定最重要的议题并且了解这些议题在不同的谈判者心中的排序。如果已经有两个问题摆在桌面上，那么这两个问题或多个问题的混合都适合于互相协作战略。研究表明，讨论议题数量的上升会帮助谈判者获取更好的解决方案（Naquin，2002）。谈判涉及的议题越多，谈判者的满意程度越低，因为涉及多个议题时谈判者总认为会有更好的解决方案（第5章将对谈判者的认知和满意度进行更详细的讨论）。如果一开始显示只有一个重要的问题，那么谈判者应该考虑将其进行细分，就是将一个问题分成两个或多个小问题，以便应用互相协作战略（Lax and Sebenius，1986；Pruitt，1981）。如何创造更多的附加性议题可以通过稍后介绍的头脑风暴法的自由讨论方法来解决。

最后，曼尼克斯、廷斯利和贝泽曼（Mannix，Tinsley and Bazerman，1995）的研究表明，当谈判者相信，代表另一家企业的谈判对手在以后的谈判中很有可能会被更换时，系列谈判中互相协作发生的可能性就小一些。

调整可分配资源（立场实现）

做大资源是很有吸引力，但是这并不总能奏效，因为环境不一定允许。比如说，高级管理咨询公司不一定有足够的市场需求从而可以在两个地方同时办公。一个解决办法就是调整可分配资源，高级咨询公司可以一边开展传统的商务咨询业务，一边开展新的业务，比如提供IT信息服务、基于网络的市场咨询服务等，这样，经过调整可分配资源后就能够支持在城区和郊区各设立一个办公室的要求。

做大蛋糕（立场实现）

很多谈判是由资源缺乏引起的，在现有的情况下，对于谈判双方来说都很难满足各自的需求并达到目的。简单的解决办法就是增加资源、做大蛋糕，这样双方才能都达到目的。例如，高级咨询公司可以在城区和郊区各设立一个办公室来服务于两个客户群。有计划地扩张业务可以保证租赁办公室的花销。“把蛋糕做大”使谈判一方除了解另一方的需要外，不需要知道其他任何信息，这是解决资源短缺的一个简单方法。这种方法假设仅仅通过增加资源就能解决问题。因此，如果两位合伙人对这两个选址都满意并且都有扩大业务的想法，租下两个办公室就是一个能使大家都满意的解决办法。但是，如果她们的意见不一致是针对其他的方面，比如对公司前景的不同看法、公司经常要聚在一起开会等，只是做大蛋糕就不能令大家满意了。此外，在某种程度上，增加个人或组织的费用并不直接包括在谈判中（例如案例中的雇员）。对于谈判者来说，解决方案是合作型的，但是对于其他利益相关者来说，这个方案往往是令人质疑的（Gillespie and Bazerman，1997）。

寻找共同利益作为桥梁的解决办法（实现利益）

通过寻找共同利益，即“搭桥”，谈判者可以找到满足各自需求的新选择。例如，高级管理咨询公司可以通过既增加合伙人的数量，又在城区显要地段租用更大的办公室，还给每人都配备新的办公家具，从而满足所有人各方面的需要。

成功的“搭桥”需要对问题进行根本性的再认识，这样谈判者就不会只讨论立场，他们会通过充分的信息交流去发现各自的利益和需求并寻求满足这些需求的解决方案（Butler，1996）。搭桥型解决方案并不能解决所有问题。埃玛可能对交通情况不感兴趣，而萨曼莎可能不愿意扩大公司规模，但是两个人都认为一起工作对她们而言更重要。她们不得不坐下来努力寻求满足她们最重要需求的解决方案。如果谈判者从一开始就将自己置身于双赢谈判的氛围中，搭桥型解决方案就可以最大限度地满足双方的需求。

削减成本来妥协（实现利益）

一方可以通过削减成本实现目标，而如果另一方愿意妥协的话，成本也可以减到最小。例如，高级管理咨询公司可以租赁郊区的办公室，同时给萨曼莎提供交通补助、新的公务车，并且有专用停车位。这样，埃玛达到了自己的选址目标，同时也降低了萨曼莎同意这一选址的成本支出。

和非特定补偿不一样，被补偿一方获得补偿时，削减成本也使对方的成本最小化了。这种方法比相互协作和非特定补偿要复杂许多，因为这需要对对方的需求和偏好有更深入细致的了解（各方的利益点，对他真正重要的是什么，他的需求怎么才能确切地得到满足等）。

非特定补偿（替代利益）

构建替代方案的另一种方法是，允许一方以补偿对方利益损失的方法使其做出让步，从而实现目标。补偿可能与本质上的谈判无关，但是得到补偿的一方认为这有助于实现对方的优先目标。这种补偿是非特定的，因为补偿本身和讨论的议题并不直接相关。例如，高级咨询公司可以租用郊区的办公室同时给萨曼莎配备全套新的办公家具。这样，埃玛达到了自己的选址目标，而萨曼莎也得到了新的办公家具作为同意这个选址方案的非特定补偿。

进行补偿的人必须知道哪些条件对对方是有价值的，或者带来的麻烦有多大（比如，提供多大的补偿可以使对方感到满意），这样才能使非特定补偿生效。埃玛可能要进行多种努力和尝试（用不同的补偿方法和数量）以找到能使萨曼莎满意的补偿方案。这个探索的过程往往会转变成分配式谈判，因为萨曼莎可能对把办公室设在郊区开出更高的价码而埃玛则努力把补偿控制在最低额度。

超脱的解决方案（替代利益）

当使冲突加剧的利益分歧被其他更高级别或更超脱的利益取代时，往往会出现超脱的解决方案（Carnevale，2006，p.426）。例如，经过对新办公室选址问题的深入讨论，萨曼莎可能会发现宁愿追求自己的梦想去做一个艺术家，从而变成一个对公司业务不闻不问的合伙人，因此，办公室选址的谈判将被搁置，而由埃玛来定夺公司未来新的业务模式。

以上八种策略要想取得成功都需要在谈判者之间进行充分的信息交流。为了获取充分的信息以实现双赢，各方都要主动披露信息或者通过询问获取信息。在表3—1中，我们列出了一系列实现双赢的重点问题（Pruitt and Carnevale，1993；Pruitt and Rubin，1986）。

表3—1　　实现双赢的重点问题

做大蛋糕或调整蛋糕
1. 怎样才能同时满足谈判双方的需要？
2. 有资源短缺的情况吗？
3. 怎样扩大资源来满足双方的需求？
互相协作
1. 哪些问题对我是比较重要的，或者比较不重要？
2. 哪些问题对谈判对方是比较重要的，或者比较不重要？
3. 是否存在对谈判者很重要，但对谈判对方不太重要的问题？反过来呢？
4. 能否将问题拆开来，即将一个较大问题分成两个或多个可以互补的小问题？
5. 哪些事物对谈判者来说价值不高，但是对谈判对方却有很高的价值？能采用互相妥协的策略吗？
非特定补偿
1. 谈判对方的目标与价值是什么？
2. 能做些什么可以使对方满意，同时在关键问题上同意我方的意见？
3. 哪些事物对我方来说价值不高，但是对谈判对方却有很高的价值？能使用非特定补偿策略吗？
削减成本
1. 一方的计划会给谈判对方增加何种风险与费用？
2. 要怎样做才能使谈判对方的风险、费用降到最低，从而使双方更加愿意互相合作？
搭桥和超脱
1. 谈判对方真正的潜在利益及需求是什么？
2. 我方真正的潜在利益及需求是什么？
3. 在双方潜在的利益及需求中，哪些是应优先考虑的，而哪些又是应该次优先考虑的？
4. 能否找到满足双方优先次序的潜在利益及需求的解决方法？

注意：妥协并不被认为是一种双赢选择。

就已知问题寻找替代方案

除了上面提到的方法，还有很多其他的方法可以构建替代方案，这些方法可被谈判者和其他人员（如选民、观众、旁观者）使用。有些方法经常在团队中使用，通常团队比个人能更好地解决问题，因为团队成员可以从不同的角度看问题，有助于找到更多的方法来解决问题。为了避免谈判变为非赢即输的竞争或一场争论，团队也应该履行确定问题、确定利益、产生选择的程序。

头脑风暴法

在头脑风暴式的自由讨论中，小组成员们会尽可能想出一切能解决问题的方法，有人记录解决方案但并不发表意见。参加讨论的人各抒己见，甚至可以表达不符合实际的想法，而不去考虑任何人的立场（包括他们自己的），而且参与者不应对提出的想法做任何评价，否则会阻碍新想法的提出。成功的头脑风暴取决于不同的想法被激发的程度。因此，要遵守下面的规则：

1. 避免对想法进行判定或评价。创造性的解决方案通常来源于一些看似疯狂且不切实际的想法。批评会阻碍创造性思维的产生。重要的是，应当避免过早地对解决方案做出判定和评价。在确定解决方案之前，不应该对任何想法做出评价。

2. 把人与问题分开。小组讨论与头脑风暴的进程常常会因为各方对解决方法的偏好而受到影响（Filley，1975；Fisher，Ury and Patton，1991；Walton and McKersie，1965）。竞争型谈判者会对其他谈判者表现出进攻的姿态，而看不到满足对手利益的解决方法的优点。通常人们不太可能只攻击问题而不攻击提出问题的人。因此，为了使问题有效地得以解决，谈判者应该在处理问题时不受个人感情影响，尽可能公平地对待所有方法，而不去考虑是谁提出的。例如，在黑板或者活动挂图上把各种方法列出来，可以帮助谈判者在看待问题时不受个人感情影响，从而选出最合适的方法，而不用考虑是由谁提出来的。这种产生解决方案的方法可以尽可能地减少不快，并且能将人际冲突升级的可能性降至最低。

3. 彻底地进行头脑风暴。很多情况下，最好的解决方法都是在会议结束或者问题解决后才提出的，有时是因为谈判者不够坚持。研究表明，当头脑风暴式自由讨论进行了一段时间后，最好的方法很可能在讨论的后半部分才浮出水面。正如谢伊（Shea，1983）所说，“发现大量的方法显然增加了提出较好想法的可能性，当一个想法被提出时，它可能会引发其他想法的提出。由于可以在一个想法的基础上提出其他的想法，后提出的想法通常会比早提出的未经加工优化的想法更为合适。如果记录下很多不切实际的想法会有什么不同呢？它们会很快地在双赢谈判的下一个过程中被评价和舍弃，最重要的就是保证任何有用的想法不会丢失”（p. 57）。

4. 请教局外人。在谈判过程中，不熟悉问题和情况的人通常能提出一些未考虑到的解决方案。局外人能对方法列表进行补充，有助于谈判的顺利进行。

调查问卷

头脑风暴的缺陷在于没有征求未参加谈判的人的意见。另外一种方法是，向很多人发放调查问卷，陈述问题并请受访人列出所能想到的全部方案。这一方法可在短时间内完成。但是，其局限在于：谈判者不能互相交流从而直接从对方观点中受益，而这正是头脑风暴法的主要优点。

电子风暴法

有一种创新性的产生解决方案的方法，那就是引入专业机构进行电子风暴（Gallupe and Cooper，1993；Dennis and Reinicke，2004）。专业机构用一系列问题引导参与谈判的人将反映他们立场的信息以不记名的方式输入电脑，接下来专业机构会问一些更深入的问题。电子风暴法对于有多方参加的整合式谈判（见第13章）

或者在整合式谈判准备过程中一方内部发生分歧时特别奏效（见第4章对于谈判准备的介绍）。

小结

我们对两种产生替代方案方法的讨论可能给读者留下这样的印象：如果谈判者能够轻易找到多种不同选择，就能很容易地找出解决问题的方法。尽管有时对于不同的选择进行区别就可以找到解决方法，但是解决方法通常是通过辛勤劳动并完成以下几个相关步骤才获得的，即信息交流、关注利益而不是立场、坚定与灵活相结合（Fisher，Ury and Patton，1991；Pruitt，1983）。信息交流能使谈判者最大限度地利用信息；关注利益能使谈判者从初始立场和需求出发来确定真正想要什么，哪些需要必须被满足；最后，坚定与灵活相结合能使谈判者在坚持既定目标（比如，利益）的同时，又保持了手段的灵活性。谈判者有一两个基本的利益与原则，但是不同的立场、可能的解决方法和次要问题等都会阻碍谈判的进程。因此，在众多能满足谈判者的方法中，最重要的就是那些处于最高优先级的方法。谈判者必须能够暗示对方哪些是自己坚定的立场，哪些是可以灵活转变的立场。为了坚定而又不失灵活地与对方沟通，普鲁伊特（Pruitt，1983），费希尔、尤里和巴顿（1991）提出了谈判者可以采用的几种战术（见专栏3.3）。

专栏3.3

坚定而灵活的沟通技巧

1. 用竞争型战术来创建和保护基本利益，而不是强求具体的立场或解决方法。清晰地说出自己想要什么。

2. 在关注对方利益方面，表现出一定的灵活性，开诚布公地表达自己对别人利益的关心，并且“承认对方的需要是问题的一部分”（Fisher，Ury and Patton，1991，p.55）。为做到这一点，谈判者可以表达在紧要关头会维护自己的利益，但是同时也会关注别人利益的意愿。

3. 表明如果能够找到沟通双方利益的桥梁，就愿意更改自己的目标。

4. 证明具备解决问题的能力。例如，请专家加入谈判小组或请他们做顾问，借助专家的专业知识提出新想法。

5. 保持通畅的沟通渠道。只要愿意继续与对方共事或合作，就不要减少沟通以及一起工作的机会。

6. 以清楚准确的陈述来重新确认哪些事物对谈判者最重要。例如，“我需要得到这个”，“这是必需的”，“这点不能被触动或改变”。作为谈判的基础，谈判者需要陈述自己的具体利益，但是这样做并不代表对方的利益不能同时被满足。

7. 再次审视对方明显不愿接受而对自己至关重要的利益。很少有谈判者会发现对方真的不认同基本利益。

8. 为了更好地进行协商，应该将存在争议的方法从解决问题的方法中分离开来。

这一过程可以通过改变谈判议程来完成，如通过谈判间隙或休会将两个步骤分开。在团队谈判中，先让一方争辩，然后由第二个谈判者提出解决问题的方案。*

* 最后一种方法称作“好警察/坏警察”或“黑帽子/白帽子”，这种方法经常作为纯粹的分配式谈判战术被使用（第2章有论述）。在这种情形下，往往通过变更提出任务的人来达到将竞争要素从合作要素中分离出来的目的。

评估替代方案并做出选择

整合式谈判的第四个阶段是评估前面阶段产生的替代方案，并最终选择最优方案实施。当问题比较简单时，评估与优化可以合并成一个步骤。对于不适合整合式谈判的一系列步骤，如定义、标准、选择、评估与优化，我们仍然建议各步骤要相对独立。对面临复杂问题或大量选择的谈判者来说，采用这些独立步骤是很有必要的。谈判者必须依据一定的标准对各个方案进行评估和排序。如果没有合适的可接受的选择方案，就表明问题没有得到清晰的定义（此时须返回定义阶段），或先前的标准不合理、不相关/或不现实（此时须返回标准制定阶段）。最后，谈判者需要采用决策程序，对每一替代方案的优点进行讨论，并就最好的替代方案达成协议。评估方案以及达成一致意见可采用下面的方法[4]：

缩小替代方案的范围

审视方案清单，将重点放在一个或多个谈判者强烈支持的方案上。这种方法比将重点放在负面的、不能接受的方案上有效得多。对没有得到至少一个谈判者强烈支持的解决方案应该立即删除。

根据质量、标准和可接受程度来评估方案

一般来说，评估方案主要有两个标准：它们是否出色以及它们能否让谈判者满意。谈判者能在多大程度上证明他们的陈述有坚实的事实基础，并且符合逻辑，将决定他们的陈述是否被对方接受。费希尔、尤里和巴顿（1991）建议谈判者在做决定时采用客观的标准。因此，谈判者应该寻找一些先例、工业标准、仲裁裁决或者其他客观事实和过程，作为合法、公平解决问题的参照。这些标准可能与谈判者自己认为的最合理的方法有所不同。谈判者应该仔细权衡，以确保满足质量标准和可接受程度的要求。

方案选择前先要对评判标准达成一致意见

谈判者应该在谈判的早期就评估整合式解决方案的标准达成一致意见（Fisher，Ury and Patton，1991）。当谈判者必须将选择方案削减至一个时，例如，新工作只能有一个候选人，或者要筛选出最有可能成功的方案时，谈判者通常应遵循这个标准。如果谈判者先讨论标准并确定哪一个是最重要的，就能够不受任何特殊候选人或方案的影响来决定标准。谈判者可以根据标准做出最好的选择，而不是依据一方或另一方的个人偏好来选择。如果谈判双方同意，就可以进一步修改标准，完善选择方案，但是这项举措只有在所有谈判者都同意的情况下才能实行。最好要定期检验标准，确定其是否与前期每个谈判者确定的优先次序仍然一致。

愿意为个人偏好给出正当理由

人们通常很难解释为什么喜欢这个而不喜欢那个。当被问到“你为什么喜欢这个?”通常人们会回答：“不知道，就是喜欢。”另外，如果要求对方证明其偏好是正当的，则通常会使其生气或反感，因为对方认为自己的偏好没有得到足够的重视。举例来说，如果谈判的主题是晚餐吃什么，对方说不喜欢吃蛤蜊浓汤，一般情况下不会再有人试图说服其吃蛤蜊浓汤。但是，根深蒂固的个人偏好往往能把我们带回到对于立场是如何决定利益、价值和需求的讨论中。询问对方的偏好可能是了解对方立场、确定潜在利益和需求的有效方法。如果对方做出了不友好的回应，谈判者应该解释说，这些努力是为了探寻那些有可能促进整合式解决方案的产生的可行的、潜在的利益，而不是要挑战对方的观点。

做出选择时要警惕无形因素的影响

一方赞成某个选择是因为该选择可以满足其无形的利益需求——获得认可、显得强大或有坚定的支持者、感觉像胜利者，等等。对于谈判者来说，无形需求也是他们的固有利益。无形需求能促使谈判者为找到同时满足其有形需求与无形需求的解决方案而更加努力。一些谈判者可能对讨论无形需求不太适应，或者根本不清楚无形利益在谈判过程中的本质与影响。帮助对方认清无形需求，并将其作为评估程序的一部分通常是一种很好的方法。另一方也会同意那些满足他们无形需求的提议。在某种程度上说，同意接受这些提议是一个重要进展。

组成小组来评估复杂的替代方案

当谈判者必须对复杂的替代方案做出决定，或当人太多而难以统一决策时，小规模的谈判小组恰恰可以发挥作用。举个例子，在最近的一个综合性谈判中，由管理人员、科研人员组成了一个小组来审查将写入合同的关于利益的各种议题。来自各个领域、各个部门或各附属组织的 6～8 位代表组成的小组比一个庞大组织的工作效率更高。有关谈判中小组讨论的问题将在第 13 章中详细介绍。

暂停谈判以冷却局势

即使谈判者完成了谈判过程中最艰难的一部分，列出了可选择的清单，但谈判依然可能中断，原因在于谈判者觉得自己的偏好没有被认同，或者觉得对方太急于采纳某一特别的选择。如果谈判者开始愤怒了，那就必须中止谈判。谈判者必须让对方了解到其不满情绪，并且坦诚地讨论造成不满的原因。在继续进行评估之前，谈判双方都必须保证自己的情绪是稳定的。最后，双方应该努力去讨论一些具体问题，而不是提出问题的人。在讨论问题时，双方应尽量不受个人感情的影响。

利用不同方法相互协作

前面谈到了寻找替代方案的各种方式。相互协作策略不仅在寻找替代方案时有效，而且是将替代方案纳入谈判内容的一种机制。除了简单地将几个议题捆绑成一揽子议题外，尼尔和贝泽曼（Neale and Bazerman，1991）也提出了一系列的其他方法，其中的三种方法与结果、可能性及时间有关。换句话说就是，会发生什么、发生的可能性以及何时发生。

1. 寻找风险偏好的差异。人们对风险的可接受程度不尽相同，因此，我们可以将人们对于风险偏好的认知差异进行打包（Lax and Sebenius，2002）。假设有两位企业家在讨论以后的投资，一位企业家目前没有什么风险，主要是以后获取利益；另一位业家则正处于危险中，如果未来不明朗的话，就不愿意冒险。如果大家只是简单地同意将一部分利益放在未来去实现，目前承担比较大的风险的一方就会感到不安。进行利益协调可以既保护谈判一方的现有利益，又为另一方提供长远利益。

2. 发现期望之间的差异。风险不同、对未来期望的不确定性使得双方会协作寻找满足双方需求的解决方案。例如，现在承担风险比较大的企业家对于合资企业的未来会持比较悲观的态度，而没什么风险的企业家则会更加乐观一些。乐观的一方可能会更敢于在未来的获利能力和投入上进行冒险，悲观的一方则可能会为了比较小的投入就犹豫不定。双方也可以采用相机合同来控制对未来的不同预期（Lax and Sebenius，2002；Bazerman and Gillespie，1999）。相机合同的内容会随着环境的变化做出调整。例如，可以将石油价格的变化写入合同，并且根据每季度的石油价格调整运输费用。

3. 寻找时间偏好上的差异。谈判者也会有时间上的偏好：一方想获得短期收益，而另一方对由双方的关系所带来的长期收益更感兴趣（Lax and Sebenius，2002）。对短期收益感兴趣的谈判者需要立即被满足，而追寻长期收益的谈判者会愿意牺牲一些眼前的利益，以换取以后更大的回报。对时间有不同偏好的各方能够找到满足双方利益的方案。

在没有就最终协议的所有细节达成一致之前，保持决策的暂时性及可调节性

在谈判各方均已一致同意某种备选解决方案后，谈判者就必须采用可调节的条款来讨论最终的解决方案，即形成一种“软性条件包”。在这个阶段抱着一种尝试的态度允许谈判者建议对最后的打包协议做出改动或修正。理想的整合式谈判应该是开放和灵活的。在打包协议的所有内容都确定下来之前，前期达成的一致意见并不是确定的。如果在谈判过程中环境发生了改变，谈判者应能够重新审视和修改先前的方案。在每一件事情都确定下来之前，没有任何一件事情是最终定论。例如，本书的一位作者最近考虑要买一所房子，但最终返回到早期放弃的方案，即并未新买而是选择重修一所老房子。

在最终协议达成以前，尽量避免保存正式手续与记录

在取得一致的解决方案之前，整合式谈判者通常不愿意将自己局限于口头的或书面的具体协议中。谈判者不想被任何备忘录或文字记录束缚。总的来说，在解决方案的产生阶段，书面记录越少越好。相反，当谈判即将达成一致意见时，双方必须记录协商的条款。在谈判各方对协议的语句没有完全同意前，这个文件可以作为“单方文本”，并根据需要随时在谈判者之间传阅（Fisher Ury and Patton，1991）。

我们强烈建议各方避免为权宜之计而对最终协议进行“表决”，并鼓励谈判继续进行直到达成一致。表决会终止谈判，但这会使失败的一方有被剥夺权力的感觉，他们会认为采用目前的方案自己的所得会比胜利者少得多，自己看起来更像是失败者。

3.4　促成整合式谈判取得成功的因素

如果谈判者倾向于寻求双方都能接受的解决方案，就能成功地进行整合式谈判。还有其他许多因素也有助于促成谈判双方共同努力以找到最佳解决方案，这些因素同样也是成功进行整合式谈判的前提条件。在本节中，我们将详细地讨论这七种因素：(1) 共同目标；(2) 相信各方独立解决问题的能力；(3) 相信对方的立场是正确的；(4) 合作的动机与共事的承诺；(5) 信任；(6) 清晰、准确地沟通；(7) 了解整合式谈判的动态变化。

一些共同的目的或目标

当谈判各方相信共同合作能比相互竞争或孤军奋战得到更大的收益时，成功的整合式谈判就更有可能发生。这里我们归纳了可能会推动整合式谈判进程的三种目标，即共同目标、分享目标和合作目标。

共同目标是指所有谈判者平等共享的目标。不与其他方合作，任何一方都无法单独获益。市政府与工业品制造商为工厂交税的数额争论，但是如果双方的共同目标是维持工厂开工、雇用城镇一半的劳动力，那么双方就会进行合作。

共享目标是指谈判双方共同为之努力，但是每一方的收益目标是不同的。例如，合作方在生意上一起合作，但不会平分利益，其中一方可能由于经验更丰富，或资本投入更大而获取较多利益。共享目标的内在理念是：谈判各方努力工作以获取利益并进行分割。这同样适用于削减成本，通过共同努力，谈判者以较少的努力、代价或风险赢得了和以前相同的结果。这通常被形容为“可做大的蛋糕”而不是“固定的蛋糕”(见本书第5章)。

联合目标是指能使有着不同目标的个体同意将自己的目标和别人的目标协调统一，并共同付诸努力。例如，参与政治运动的人有着各自不同的目的：有的人想实现当官的抱负，有的人想服务于社会，有的人则想从新领导者的政策中获利，但所有的目标都会在帮助新领导人赢得选举的联合目标下统一起来。

整合式谈判的关键因素是相信所有谈判者均能获益。无论谈判者得到的结果是否相同，所有谈判者都必须相信，合作会比单打独斗或互相竞争获得更好的收益。

相信各方具有解决问题的能力

认为双方能够一起合作的谈判者通常愿意这样做。不能在团队中与队友（或对方）互信的谈判者不愿意花费时间和精力去建立合作关系以获得潜在回报，他们更愿意采取斗争或竞争的方式进行谈判。如果谈判小组中有焦点问题领域的专家，那么这会帮助他们加深对该问题的复杂性、细微差别以及可能的解决方案的理解。尼尔和诺斯克拉夫特（Neale and Northcraft，1986）通过研究证实，在房地产交易中，专业谈判人士（公司房地产经理）能够比新手达成更好的合作型协议。专业知识既增加了谈判者的知识基础，也增加了他的自信心，而这两样有助于用开放的眼光来看待和解决手头的问题。同样，直接的谈判经验加深了谈判者对谈判过程的理解，使得谈判更具创造性（Thompson，1990a）。最后，有证据表明，对整合式策略的理解能够促进合作（Weingart，Prietula，Hyder and Genovese，1999）。总之，上述结论表明，对各方解决问题能力的信任有助于开展成功的整合式谈判。

相信自身立场及对方观点正确

在分配式谈判中，谈判者会花费大量的时间与精力去吹嘘并证明自己观点的价值，同时也会贬低对方观点的价值。相反地，整合式谈判则要求谈判者接受对方的态度、利益与需求（Fisher，Ury and Patton，1991）。首先，谈判者必须坚信自己的观点是正确的，即确信并坚持自己的观点，绝不妥协。肯普和史密斯（Kemp and Smith，1994）的研究表明：越是坚持将谈判观点与整体解决方案结合起来，谈判者之间就越能达成合作型协议。但是谈判者也必须承认对方观点的正确性。如果挑战对方的观点，对方就会生气并产生抵触情绪，最终导致谈判没有任何成果。整合式谈判的目的不是质疑或挑战对方的观点，而是将双方的意见融合到对问题的定义中去，寻找双方都可以接受的解决方案。此外，另一方谈判者的观点应该与谈判者自己的观点受到同样重视。肯普和史密斯的研究还发现，能以对方的观点来考虑问题的谈判者能得到对自己更有利的解决方案。相信对方观点的正确性并不意味着移情他人。实际上，有证据表明，具有移情他人能力的谈判者有可能扩大合作收益，但是比起较少移情他人的谈判者，在做大的蛋糕中他们只能获取较少的部分（Foo，Elfenbein，Tan and Aik，2004；Nelson and Wheeler，2004）。

合作的动机与承诺

若想整合式谈判取得成功，必须激励谈判者互相合作而不是互相竞争。双方都必须致力于达成使双方都获利的目标，而不是只有自己获利。谈判者必须调整个人的谈判风格，多一些温和友好，少一些争强好斗；多一些开放信任，少一些逃避提防；多一些灵活坚定，少一些固执盲从。特别是，谈判者应该坦诚地公开需求，求同存异，容忍不确定的事物，并尽可能化解矛盾。

对于成功的整合式谈判，各方都应该把对方所关心的问题和需求看作自己的问题和需求。这是一个不太准确的理解。实际上，这种做法更像是没有什么用处，并不能带来成功。对谈判对手承诺太多的利益，通常会使得谈判者不能得出最好的解决方法（Fry，Firestone and Williams，1979；Kelley and Schenitzki，1972）。谈判者之间的亲近感越强，他们就越不能充分了解对方的需求、目标和关心的问题，越有可能导致谈判者认为自己已经满足了对方的要求，但实际上并没有（Rubin and Brown，1975）。谈判者对他人承诺过多会比不这么做更容易妥协，结果可能达成一个不太令人满意的方法，其实如果他们坚持自己的观点，那么有可能最终取得一个更好的结果。

只有谈判者采取一种健康的、利人利己的实现目标的方法并且较好维系双方的关系，才能使利益最大化（Kelley and Schenitzki，1972）。最大化利益往往与谈判者惩罚对方的能力负相关。有能力惩罚他人的整合式谈判者和没有惩罚能力的整合式谈判者相比，更容易出现缺少信任、很少交换关于偏好和财产信息的情况，最终达成较低共同收益的协议（de Dreu，Giebels and van de Vliert，1998）。

可以通过以下几点来提高合作的动机与承诺：

1. 谈判者要相信他们有共同的命运。用本·富兰克林（Ben Franklin）的话说就是："如果我们不能把命运拴在一起，就会被各个击破。"

2. 谈判者要互相证明合作（提高收益或降低成本）能比孤军奋战获得更大的利益。谈判者可以强调即使在谈判结束后也应继续合作，并从已建立的关系中继续获利。除了这些努力之外，也要允许竞争与争议存在。在本书第18章中，我们将进一步阐述激励合作的因素。

3. 谈判者可在谈判开始前对对方做出一些承诺，称作预先承诺（Gillespie and Bazerman，1998）。这种承诺具有三个主要特征：

（1）这种承诺是为了在谈判者之间形成一个稳固的、合法的书面协议（比君子协议更好）。

（2）这种承诺虽然是在进行全面谈判前做出的，但会被以后商议的长期的、更清晰的协议取代。

（3）这个承诺可以解决谈判者的部分分歧，并建立一个有助于以后形成更全面、更详细协议的框架。

4. 谈判者可以为未来的谈判先起草一个框架协议。斯蒂芬诺斯·穆萨斯（Stefanos Mouzas，2006）指出，框架协议能够带来以下三种好处：

（1）在各方的谈判关系逐渐建立的过程中，框架协议比较灵活机动。

（2）在谈判的某个阶段，各方对未来的实际收益不明确时，框架协议可以灵活机动地申明价值。

（3）当谈判各方知道应该通力合作但对谈判的内容和可能发生的特殊情况并不清楚时，可以先拟定一个框架协议。专栏3.4讲述了一个保护伞协议的例子。

专栏3.4

保护伞协议的例子

焦点框架	保护伞条款
生产范围/服务	洗衣和其他清洗产品。
排他性	谈判双方都有在任何时候获得有排他性的竞争力报价的权利。
信息	谈判各方共同定义三个绩效指标，就所有未来资产投资、调查和发展相互通知。
通知	产品损坏的通知需在两周内发出。
分包	分包只能在被批准的情况下才有可能实现。
任务	所有要求都要形成文字，口头要求也需要书面确认。
数量/价格	同意有不间断的库存补给。
	单方面的价格决定。
货品计价	除非另有规定，都按月计价。

续前表

焦点框架	保护伞条款
重新谈判	60天内付款；运费由供方承担（完税后交货）。 每年的重新谈判或交易都要复核季度业绩。 任何争议最终都可通过仲裁解决（按国际商务章程）。
不可抗力	各方对由战争、政治动乱、罢工、停工和政府干预带来的损失不负赔偿责任。
保证	零售商有保留要求修复产品缺陷或允许在20天内以原价将产品退回给供应商的权利。
义务	修复缺陷的义务，也适用于从转包商得到的服务。
保密	所有信息都是秘密的，没有对方的书面许可不允许告知第三方。
所有权	所有权不能转移，供应商应确保没有第三方获得所有权。
保留条款	除非它很重要，否则一个或更多条款的无效性对总体协议并没有什么影响。
法定地点	英国伦敦。
修订	供应商可以以书面形式撤销他不希望接受的任何条款。
新增	需要用书面形式表现出来。
持续时间	无限期协议或每年重新签订协议。
终止	针对某一特定类型服务，每一方都有权立即结束协议。

资料来源：Stefanos Mouzas, "Negotiating Umbrella Agreements," *Negotiation Journal*, July 2006, pp. 292-293.

信任

尽管我们不能保证信任肯定会促成合作，但是有充分的证据表明，误解肯定会阻碍合作。相互依赖但又互不信任的人更具有不确定性或防御性。防御通常指人们不接受表面信息，而是转而寻找其背后隐藏或掩盖的信息。当人们采取防御心态时，便会撤回或保留信息。防御心强的人会攻击对方的言论和立场，他们希望战胜对方，而不是与对方合作。这种反应会使谈判者犹豫、警觉、不信任对方，并且阻碍谈判进程（Gibb，1961）。

迪帕克·马尔霍特拉和麦克·贝泽曼（Deepak Malhotra and Mac Bazerman，2007）提出了在对方不信任时获取信息的三种策略：

1. 共享信息并达成互惠。第一种方法是详细向对方阐述自己的需求和兴趣，并且建议对方也这样做。马尔霍特拉和贝泽曼提醒说，在谈判进行之前要对基本规则达成一致意见，并且在谈判的过程中坚持遵守。

2. 同时就多个议题展开谈判。同时多谈几个议题可以帮助谈判者识别对手的利益排序，获取关于对方利益点的相关信息。马尔霍特拉和贝泽曼建议，当对方非常投入、情绪化地试图控制整个谈判时，仔细观察以得出对方优先考虑的谈判议题。

3. 同时给出多种报价。当对方对自己不信任时，第三种获取信息的方法就是同时给出多种报价。这些报价应该是能给自己带来相同价值的。谈判对手对这些报价的反应能帮助你获取一些信息。

总之，如果相互信任，整合式谈判就很简单。当存在不信任时，就会出现危机或挑战，而我们这里提出的三种战术恰好可以应对挑战、化解危机。

产生信任是一个复杂的、不确定的过程，部分要靠谈判者的表现，部分要靠谈判者的人格魅力。当人们彼此信任时，就更愿意准确交流需求、立场及实际情况

(Butler, 1999; Tenbrunsel, 1999)。相反，当人们彼此不信任时，就会陷入对立场的争论中，利用威胁和欺骗来坚定立场（Kimmel, Pruitt, Magenau, Konar-Goldband and Carnevale, 1980)。与防御性一样，不信任有可能会被回击，并且会导致谈判无果而终。为了有效地增加信任，每个谈判者必须相信双方都选择了合作的态度，每个人都必须相信，这是对方诚实、开放及承诺共同解决问题的标志（见本书第 10 章中对谈判中信任问题的全面讨论)。

清晰、准确地沟通

进行高质量的整合式谈判的另一个前提是清晰、准确地进行沟通。首先，谈判者必须愿意共享信息（Neale and Bazerman, 1991)。必须愿意说出想要什么、什么更重要，愿意实际、具体地陈述为什么想要这些东西，避免笼统含糊和模棱两可。其次，必须理解对方的陈述。至少必须懂得对方逐条陈述的含义，最好每一方都以同一种方式解释实际情况。谈判小组的成员可能屡次出现模棱两可或者打断沟通的情况。如果有人在谈判中说模棱两可的话，其他人可以提出来并解释清楚。当谈判者不能领会另一方提出的某种观点时，同组的其他人就应该进行解释使其明白。相互了解是谈判双方的共同责任。不管另一方是否接受传递的信息，交流者都应进行检验。同样，倾听者也要积极倾听，判断他所理解的内容是否与发送者的原意相一致。

采用多种沟通渠道，如正式沟通渠道中断时，双方抓住在谈判桌以外的机会进行沟通，有助于谈判者澄清正式沟通中的误会并继续交流。喝咖啡时进行的交流、主要谈判者在正式会议之外的单独见面，以及重要的下级间的非正式接触都是不同于正式渠道的其他沟通渠道。为了确保多种来源获取信息的一致性，谈判者必须认真细心。在整合式谈判中提供矛盾的信息，轻则使对方感到困惑，重则会使对方感觉受到威胁，并因此而愤怒。

在谈判中，隐喻往往也是一个非常重要的方法。隐喻可以被定义为“用另一种方式来谈话”(Smith, 2005, p. 346)，这种方法在难于直接交流或者被威胁时作用明显。托马斯·史密斯（Thomas Smith, 2005）指出，隐喻在谈判中具有两个重要作用：(1）隐喻帮助谈判者了解为什么对方会说这些话；(2）隐喻可以帮助谈判者弄清楚互惠利益空间，它可以帮助谈判者洞悉对方的需求和动机（见专栏 3.5)。

专栏 3.5

一些谈判中常见的隐喻

表述	所传递的信息
不敢于冒险，就没有所得。	风险
适者生存。	更新
这是一个弱肉强食的世界。	超竞争
不调整就死亡。	改变
我们都在一起。	相互依存的大家庭

当有强烈的负面感觉，或当一方或多方有支配倾向时，谈判者可以采用正式的结构化沟通程序。在这种情形下，谈判过程中应该给每个人说话的机会。例如，多数辩论的规则是将发言限制在5分钟内，且同样的规则经常适用于有争议的公开会谈或公众听证会。此外，谈判者也可以采用谈判前期各方一致同意的议程，以便听取各方意见。我们将在本书第5章与第17章进一步讨论谈判中的有效沟通过程。此外，在本书第19章中，我们将描述第三方如何帮助谈判者纠正不适当的沟通过程。

了解整合式谈判的动态演变

谈判者可能经常认为分配式谈判是达成协议的唯一方法。然而研究表明，整合式谈判方面的训练提高了谈判者进行合作谈判的能力。例如，温加特、海德和普里图拉（Weingart，Hyder and Prietula，1996）的研究表明，对谈判者用整合式战略进行训练——特别是交换有关内容重要性和议题偏好的信息，以及如何制定更高目标，能够明显提高谈判者使用整合式谈判战略的频率，从而使谈判者能取得更大的合作成果。研究还发现，采用分配式谈判战略，如强烈建议并说服对方相信自己的观点时，对整合式成果毫无益处。此外，洛温斯坦（Lowenstein）、汤普森（Thompson）、金特纳（Gentner）和他们的同事研究发现，类似的训练也是学习整合式谈判的一个特别有效的方法。[5]这种学习包括对不同谈判案例的直接比较，以识别谈判中遵循的基本原则和结构。

小结

我们论述了成功进行整合式谈判的七种基本前提条件：拥有共同的目标、相信各方解决问题的能力、相信对方观点和立场的正确性、合作的动机和承诺、对谈判对手的信任、面对任何冲突都具有清晰准确沟通的能力、准确交流信息的能力以及了解整合式谈判的动态演变。如果谈判双方不能成功地满足所有条件，随着整合式谈判的进展，他们也必须逐一克服这些挑战。

3.5 为什么整合式谈判不容易实现

整合式谈判是一个协作的过程，在谈判中，各方确定他们共同关注的问题，并一起寻找方法来解决。当不存在或者不能总是维持一种有效的整合式讨论时，谈判者们就不会一直坚信能够达成整合式成果了。人们总是认为冲突不是必然存在的，而是由根本性的不信任或非赢即输的观点造成的。对分配式谈判和整合式谈判差异的理解是解决冲突的前提。谈判者不采用整合式谈判的原因是：他们没有认识到整合式谈判的可能性，并且初始动机只是满足己方需求。还有其他四个因素可能造成这种困境：（1）谈判者之间的以往关系；（2）认为争议只能用分配式谈判解决；（3）大多数谈判都是出于混合型动机；（4）短期视角。

谈判者以往的关系

谈判者之间的关系越具有竞争性和冲突性，谈判者就越容易用防御和非赢即输的态度进行谈判。长期的敌对使得双方无法彼此信任，或者认为合作的姿态仅仅是为未来的谈判而采用的一种策略或战略调整。谈判双方以前从未表示出合作的意愿，现在又怎么会有区别呢？研究表明，谈判中以前遭遇僵局的一方在以后的谈判中就不同的问题遭遇僵局的可能性也比较大，即使是面对不同的谈判对手（O'Connor，Arnold and Burris，2005）。

就算谈判者以前从未接触过，竞争性预期也会产生很大的消极作用。研究表明，大多数参加谈判的人对于谈判的预期都是非赢即输，而并非双赢（Thompson and Hastie，1990a）。此外，人们的感觉通常是服务于自我的，例如，和一个中立的第三方相比，谈判者往往会把对方看作更没有道理并且更难以对付，这种看法会阻止双方启动整合式谈判。谈判者可以忽略以前的不快关系而进行谈判，但这需要付出努力。例如，波斯特和贝内特（Post and Bennett，1994）提出了一个成功改善工会和企业管理者之间关系的五步法（见专栏 3.6）。

只能用竞争解决问题的信念

冲突的演变会导致谈判者看问题极端化或形成仅有一方能够获利的态度。此外，谈判者还可能会在认知或探索决策的规则上产生偏见，而这些规则影响谈判者在不同情况下的态度、可能的结果以及结果实现的可能性，这一切都对谈判者进行整合式谈判有很大的影响（Neale and Bazerman，1985，1991；第 5 章将对这些偏见做出详细介绍）。例如，工会和企业管理者针对引入新方法或新技术一贯存在争议，主要原因是机器设备将会取代一部分低技术水平的工人，而工会注重工人的工作保障，认为新机器会使工人失业。管理者则会认为这样能提高效率和质量，增加收益，他们有权这么做。表面上双方似乎不可调和：要么工会迫使公司保留工人而不引入新机器，要么公司采用新技术减少工人。但是，最近的经验表明，劳资双方找到了一些令双方都满意的解决办法。例如，对员工进行重新培训和再分配或通过其他方法减员，而不是解雇。

专栏 3.6

用整合式谈判增强合作

工会与管理层的合作常被作为竞争型谈判的经典案例。通常谈判方开始合作是为了解决谈判双方的长期误解。最近的一项研究表明，整合式谈判在这样的情况下也能适用，即使工会需要使用一些战术以保证彼此能互惠（Bacon and Blyton，2007）。

波斯特和贝内特（1994）的报告提出了由五个步骤组成的整合式谈判过程，该过程被引入劳资双方谈判中，不满的次数由先前合同下的每年 40 人次减至新合同 18 个月里的 2 人次，减少了谈判者之间的敌意，从而有效地提高了公司的合作效率。这五个步骤如下：

1. 承诺阶段，发生在合同期满前6～12个月。在这段时间里，谈判双方承诺参加合作谈判，包括统一谈判的原则、协调谈判过程以及陈述各自利益。

2. 解释阶段，发生在合同期满前一个月，在这期间，谈判双方召开第一次会议，提出各自的建议，包括支持建议的文件以及以后会谈的时间表。

3. 确认阶段，发生在合同期满前2～4个星期，在这期间，谈判双方从劳资双方收集各种利益陈述正确的信息。这些信息用来确认双方在利益以及利益排序方面认识的一致性。

4. 优化阶段，发生在合同期满前两个星期，在这期间，谈判双方根据有关数据将利益按照优先次序列出清单。这个过程通常在中间人的协调下进行，中间人通常用在承诺阶段做出的承诺来帮助双方坦诚地表明各自优先关注的利益。

5. 谈判阶段，发生在合同期满前一个星期。在这段时间里，谈判者之间频繁地接触，集中讨论获取双方优先考虑的利益点的方法。这个过程同样由中间人协调进行，其作用就是不停地对各方提问，保证在公开信任的气氛中按照既定议程进行谈判。

注意：该过程需要中间人的全程参与。在整合式谈判中，中间人扮演了裁判与双方承诺监督者的角色。对于在没有第三方参与的情况下，谈判双方是否也能学会并保持相互信任，目前仍有争议。

资料来源：Adapted from F. R. Post and R. J. Bennett, "Use of Collaborative Collective Bargaining Processes in Labor Negotiations," *International Journal of Conflict Management*, 5 (1994), pp. 34 - 61.

大多数谈判都出于混合型动机

纯粹的整合式或分配式谈判是很少的，大多数谈判都是这两种的混合体，既有需要用分配式谈判解决的问题也有需要用整合式谈判解决的问题。例如，当成为生意上的伙伴后，其共同的目标就是一起获利，这就是整合式谈判的基础，但是如何分配利益是一个棘手的问题，还容易引起冲突。在这里，谈判双方应该认识到合作更重要，也就是说，必须先有生意成功，才能有利益分配。不过，对于利益的争夺也可能导致合作的瓦解。一般地，人们更愿意把谈判看作非赢即输而不是双赢的，因此冲突和竞争会妨碍合作与信任，使谈判者更难找到合作的土壤。

整合式谈判中的一个基本问题是，双方都未认识到（或未找到）就某一问题合作的可能性。主要原因是只考虑自身的利益，而不顾及他人。谈判者总是认为对方有与自己一样的目标，而没有寻找对方的偏好及其优先次序（Kemp and Smith, 1994）。谈判者要为自己的行为对他人高度负责时，或有冲突的历史，抑或问题太复杂而只适合以竞争型谈判解决时，都会造成这样的问题。结果是，谈判者没有投入足够的时间与精力去寻找和发现合作的办法。

短期视角

有效的整合式谈判需要足够的时间来处理信息，了解自己和其他各方的真实需求，完成从价值创造向价值申明的过渡。

最近的一些研究表明，谈判和执行之间的时间太短，不能取得最优的合作结果。马龙·亨德森（Marlone Henderson）、特罗普（Yaacov Trope）和彼得·卡内瓦莱（2006）的一系列研究表明，仓促执行的协议比起稍晚执行的协议往往更零碎。尽管暂时的接近达成协议比直接妥协的效果更好，协议依然应该在能带来更多合作利益时再被执行。对于现代商务谈判来说，时间压力似乎是一个阻碍有效整合式谈判的重要因素。实际操作时，为了进行有效的整合式谈判，谈判者应该在执行协议之前留出足够的时间进行考虑。

3.6　分配式谈判和整合式谈判

研究和实践表明，过去的 20 年中人们的谈判方式发生了许多变化。从 1981 年《谈判力》出版至今，整合式谈判的数量稳步增长并且逐渐成为谈判研究和实践的主流（Menkel-Meadow，2006）。许多人认为分配式谈判已经过时，不再适合创造价值和化解分歧。

第 2 章和第 3 章讨论了关于两种谈判方法的许多问题。基于以下两个原因，我们认为这两种谈判都很重要。第一，一些谈判者使用纯粹的分配式谈判，并且也没有证据表明，整合式谈判会比强硬的、坚定的分配式谈判收效更好。这并不表明分配式谈判者能做的比整合式谈判者出色。实际上，有证据表明，整合式谈判中采用一些分配式的策略往往仅能收到次优的效果。面对分配式谈判者时，问题越棘手，分配式的策略比整合式的策略越有效。目前的研究对这一点并没有太多关注。我们相信，如果了解分配式谈判和整合式谈判的演变进程，谈判者就能够有准备、有策略地从容应对各种情况和挑战。

第二，在整合式谈判中的一个环节即价值申明中，谈判者需要使用分配式谈判中的一些战术。一些谈判者假扮成合作者的角色，但是事实远非如此，这些“披着羊皮的狼”对谈判是一个大挑战，因为他们说的像整合式，做的却是分配式。我们可能很难分辨这些谈判者类型，因为他们时而像整合式时而又像分配式。最好的解决办法就是：仔细观察他们的言行，了解他们的立场。对分配式谈判的深入了解能帮助大家更准确地定位这些谈判者。

本章小结

在本章中，我们讨论了整合式谈判的战略与战术。整合式谈判是谈判者共同确定一个目标以使双方都能达到目的。整合式谈判是定义目标，并努力使双方最大限度地实现目标的过程。

本章从回顾整合式谈判的过程开始。对双方都达到各自目标的高度关注推动了合作解决问题方法的产生。谈判者在整合式谈判中经常失败是因为他们没有察觉到谈判的合作潜力。关于谈判的竞争型假设、谈判议题的混合动机、谈判者之前的相互关系，以及短期视角等都会造成谈判破裂。第一，谈判者必须知道每一方的真实需求与目标；第二，双方必须保持畅通的信息沟通，并开诚布公地交换意见；第三，双方必须将重点放在共同点上，强调共性而非差异；第四，谈判者必须尽力寻找满足双方目标的解决方案。这一系列步骤和本书第2章所讲的分配式谈判完全不同。整合式谈判的四个主要步骤是：确定与定义问题，确定利益与需求，发现替代解决方案，以及评价和选择解决方案。对于每一个步骤，我们提出了各种技巧与战术，以保证谈判取得成功。

我们也讨论了促进整合式谈判取得成功的因素。第一，共同的目的与目标极大地促进了谈判进程。目标是双方都想实现的、双方希望分享的，或者除非共同合作否则无法得到的。第二，相信各方解决问题的能力。第三，谈判者必须相信另一方的需求是正确的。第四，必须有共同的合作动机和承诺，建立富有成效的合作关系。第五，谈判必须彼此信任，且双方要努力建立和保持信任。第六，必须清晰准确地交流各方的需求，并要为理解对方的需求做出努力。谈判者必须愿意为自己的需要，同时也为对方的需要而工作，以达成最好的协议，而不是不考虑对方的需求或者不认为它们也同等重要。第七，谈判者必须理解整合式谈判的动态演变过程。

尽管有这些建议，对于处在冲突之内的、防御性的、立场强硬的谈判方来说，整合式谈判也不是那么简单。只有不断创造整合式谈判的必要条件，这一过程才可能取得成功。在本书第17章与第18章中我们将讨论一些为进行成功的整合式谈判创造条件的方法，包括缓和敌意、降低防御、改变强硬立场等。

关键术语

整合式谈判（integrative negotiation）：整合式谈判又称为合作型谈判或双赢谈判。一方达成了目标，也不排除另一方达成目标，一方的收获并不是以另一方损失为代价的谈判。

根本利益（substantive interests）：通常是指谈判中的焦点问题，比如，与价格、利率有关的经济、财务问题，或是与资源分配有关的问题等。这些利益可能是本质上的，可能是辅助性的，也可能是二者的混合体。

过程利益（process interests）：在谈判中，谈判者看重的是在谈判桌上发表意见的机会而不是讨论的结果。过程利益可以既有本质利益，也有辅助利益。本质的过程利益表现在：取得发言权既使谈判者确认自己的合法性和价值，又强调了谈判者在组织中的重要角色。辅助的过程利益表现在：如果谈判者在谈判中的发言能够取得成功，就可以证明以后的相关谈判也应该请他们参加。

关系利益（relationship interests）：谈判一方或双方都非常看重双边关系，并且不想有任何破坏这种关系的行为。关系利益可以分为本质的关系利益和辅助的关系利益。本质的关系利益表现为谈判者重视关系的存在，并保持这些关系带来的成就。辅助的关系利益表现在谈判者能够从关系中得到实际利益，并且不愿意因为关系的破坏而影响未来的利益。

协议环形模型（agreement circumplex）：学者彼得·卡内瓦莱研究得出的模型，该模型将潜在的协议分成四类，每一类有两个子类。模型里提供了立场和解、立场实现、实现利益与替代利益四个重要的维度，并根据这些维度提出了八种不同的整合式谈判的方法。

立场和解（position accommodation）：当一方谈判者的初始需求被部分满足时称作与对方达成了立场和解。

立场实现（position achievement）：当谈判每一方的初始需求都被满足时称作立场实现。

搭桥法（bridge solution）：化冲突为共赢的方法之一。在谈判中遇到冲突时，关注对方和自身希望解决的问题，相互寻找共同点，建立冲突中的“桥梁”，以最终化解冲突实现共赢。

非特定补偿（non-specifically compensation）：这种战略允许另一方以补偿对方利益损失的方法使对方做出让步，从而实现其目标。补偿可能与本质上的谈判无关，但是得到补偿的一方仍然认为这有助于实现对方的优先目标。这种补偿是非特定的，因为补偿本身和讨论的议题并不直接相关。

头脑风暴法（brainstorming）：又称智力激励法，是现代创造学奠基人奥斯本提出的，是一种创造能力的集体训练法。常常是为了解决一个问题、萌发一个好创意，集中一组人来同时思考某事的方式。当参加者有了新观点和新想法时，他们就大声说出来，然后在他人提出的观点之上建立新观点。所有的观点被记录下来但不进行评价。只有头脑风暴会议结束时，才对这些观点和想法进行评价。

相机合同（contingent contract）：这种合同中的内容会随着环境的变化做出调整。例如，可以将石油价格的变化写入合同，并且根据每季度的石油价格调整运输费用。

共同目标（common goal）：所有谈判者平等共享的目标。不和其他方合作，任意一方都无法单独获益。例如，市政府与工业品制造商为工厂交税的数额争论，但是如果双方的共同目标是维持工厂开工、雇用城镇一半的劳动力，那么双方就会进行合作。

共享目标（shared goal）：谈判各方共同努力以获取利益并进行分割，而每一方获取的利益多寡的目标不同。例如，合作方在生意上一起合作，但不会平分利益，其中一方可能由于经验更丰富，或资本投入更大而获取较多利益。

联合目标（joint goal）：能使有着不同个人目标的个体同意将自己的目标和别人的目标协调统一，并共同付诸努力的目标。例如，参与政治运动的人有着各自不同的目的：有的人想实现当官的抱负，有的人想服务于社会，有的人则想从新领导者实施的政策中获利，但所有的目标都会在帮助新领导人赢得选举的联合目标下统一起来。

注释

[1] Our descriptions draw heavily on the writings of several experts who have studied the integrative process in great detail, and we will note recent research findings that have affirmed the validity of particular strategies and tactics. See Follett (1940), formalized by Walton and McKersie (1965); Fisher, Ury and Patton (1991); Lax and Sebenius (1986); Carnevale and Pruitt (1992); Filley (1975); and Pruitt (1981, 1983), among numerous others. We also draw extensively on Pruitt and Carnevale (1993).

[2] See Chapter 5 of Sheppard, Lewicki, and Minton (1992) for a more complete discussion of the role of “voice” in organizations.

[3] For example, see Neale and Bazerman (1991), Pruitt (1981, 1983), Pruitt and Carnevale (1993), and Pruitt and Lewis (1975).

[4] For more detailed discussion of this step see Filley (1975); Pruitt and Carnevale (1993); Shea (1983); and Walton and McKersie (1965).

[5] See Gentner, Loewenstein, and Thompson (2003); Loewenstein and Thompson (2000), Loewenstein, Thompson, and Gentner (1999, 2003); Nadler, Thompson, and Van Boven (2003); and Thompson, Gentner, and Loewenstein (2000).

第4章 谈判：战略与规划

学习目标

1. 理解在谈判前设立目标的重要性；
2. 探讨一项谈判战略的主要组成部分以及选择策略的流程；
3. 思考绝大多数谈判是如何在不同阶段和时期进化的；
4. 全面掌握对谈判进行有效规划的一系列工具。

在本章中，我们将讨论在谈判展开之前谈判者应该做些什么。有效的战略和规划对于达到谈判目标起着至关重要的先导作用。只要有有效的规划和精确的目标定位，绝大多数谈判者都可以达到他们的目标；如果没有这些，谈判结果将更有可能取决于运气，而非谈判者的努力。

令人遗憾的是，绝大多数谈判者都不会主动进行系统的规划。尽管时间限制和工作压力使得谈判者很难有足够的时间来进行规划，但对于许多人来说，不进行规划的原因是认为规划的工作非常无聊，因而更倾向于迅速付诸行动。然而，在规划上投入时间不足将成为谈判者的一项弱点，可能会导致谈判者失败。以下是未进行规划可能导致的一些后果：

- 谈判者未能设立清晰的目标，而目标是衡量对方提案的准则。没有清晰目标的谈判者无法快速、准确地评估提案。这样的后果是，谈判者可能会接受某些协议，但随后就会反悔。谈判者也可能会因为目标不清晰而对谈判感到迷惑、一味防守和拖延谈判，导致对方失去耐心。
- 如果谈判者未能充分做好规划，他们或许不能充分认识到自己在谈判中的处境，不能认识到自己的优势和劣势，或者在与对手博弈时无法看清楚相对优势和劣势。这样的后果是，谈判者可能无法形成令人信服的论点以支持自己的立场或反击对方的论点。
- 谈判者需要充分考虑各种替代方案。如果谈判者明白自己拥有哪些备选方案，那么如果现有协议无法达成，他们也将拥有更多的信心和精力达成一个尽量不那么坏的结果。
- 在谈判的交换意见阶段，谈判者不能简单地只依靠自己的快速反应和聪明才智。万一对方计划通过拖延或者坚守某一立场，以拖垮谈判者，那么谈判者就必须更改策略。谈判者经常发现，在阐述自身立场时，仅仅是一名“伟大的推销员”还不够，尤其是当对方攻击该立场非法、低效率或无效时。

几乎所有关于谈判的知名书籍都会至少安排一到两章讲解谈判规划（例如 Cohen，2003；Latz，2004；Lax and Sebenius，2006；Lewicki and Hiam，2006），事实上，还有一些书全篇都在讲如何有效规划和准备谈判（例如 Fisher and Ertel，1995）。然而，在精心规划谈判流程的影响这一方面，学术界并未进行足够的基于经验主义的实证研究。拉克姆（Rackham）在 1980 年对成功的谈判者进行的一项研究表明，在规划阶段，有经验的谈判者（与普通谈判者相比）能够：（1）寻找到更广范围的替代方案；（2）更加努力地寻找双方的共同点；（3）花费更多的时间考虑谈判议题的长远意义；（4）更有可能设定上限和下限，或者是可接受的“区间”。尽管这些发现看起来很符合逻辑，但该领域需要学者们进行更多实实在在的实证研究，以确认谈判战略和规划的有效性。

在讨论战略和规划时，我们首先探讨战略制定的流程，并从定义谈判者的目的和目标开始。紧接着，我们将研究解决问题和达成目标的策略。最后，我们研究谈判的不同阶段，以及不同的问题和目标如何影响规划流程。图 4—1 展示了这些元素是如何相互关联的。尽管该模式表明，这些元素之间的关系是线性的，即目标决定了战略，而规划是由战略决定的，但事实上，各方经常会从该线上的任何一处开始，然后“前进”或“后退”直到完成谈判准备阶段的三个步骤。

图 4—1　谈判过程中关键步骤之间的关系（第 4 章总览）

4.1　目标——决定谈判战略的核心

制定和执行一项谈判战略的第一步是确定谈判者的目标。谈判者必须对他们想在谈判中达成何种目标有所预期，并专注于如何达成这些目标。正如第 1 章所讲的，谈判者必须同时考虑实质性目标（如财务或特定结果）、无形目标（如获胜，打败另一方，或者不惜任何代价达成协议）以及步骤性的目标（如敲定会议议程或仅仅是在谈判桌上发出自己的声音）。有效的谈判准备需要全面、缜密地思考如何达成这些目标；谈判者需要明确地将目标和目的细化，这包括列出所有希望在谈判桌上达成的目标、决定不同目标的优先级、确定潜在的多重目标、评估多个目标间的权衡等步骤。

目标对战略选择的直接影响

目标对谈判的影响有以下四个方面尤为重要：

1. 期望与目标是不同的，尤其在谈判中更是如此。期望或许与谈判者的兴趣和需求有关，这些兴趣或需求可能是目标的动力之一（参见第3章），但期望本身并不是目标。期望是一种幻想，一种期望某件事可能发生的希望，而目标是明确的、有针对性的，谈判者是可以采取现实的计划达到目标的。

2. 目标经常与谈判另一方的目标存在关联。谈判双方的目标之间的联系，正是谈判所需要解决的问题（参见本章随后对谈判问题的讨论），也常常是双方分歧的来源。我的目标是以低价购买一辆汽车，经销商的目标是以尽可能高的价格出售汽车（获得盈利），因此，双方谈判的问题所在就是价格。如果能够在不需要另一方参与的情况下就能达到目标，那么就不需要谈判。

3. 目标是存在界限和限制的（参见本章随后对于底价和替代方案的讨论）。如果希望超越这些限制（例如另一方的能力或意愿），要么改变我们的目标，要么终止谈判。目标必须是可行的。如果我的目标——“以低价购买这辆汽车”——是不可能的，因为经销商不可能低价出售这辆汽车，那么我要么不得不改变我的目标，要么去买另一辆车（或许从不同的经销商那里购买）。

4. 有效的目标必须是明确、确定和可以衡量的。目标越不明确和越不可衡量，谈判者就越难：（1）向另一方表达清楚自己的意愿；（2）理解另一方的意愿；（3）确定对方开出的条件能否满足自己的目标。“便宜地买到一辆车”或“就价格达成一致意见，这样偿还贷款就不会用光我的工资了”就不是一种很明确的目标。“用光我的工资”是什么意思？究竟是指每周的工资还是每月的？希望偿还贷款的数额是只要不超过工资就好，还是大约占工资的50%，或者甚至是25%？针对的是这一期的工资，还是全部贷款所对应的工资？这笔款项是我所能支出的最大额吗？这笔支出是不是毫不费力？或者，之前是否知道购买者不应该超过月工资收入的15%来支付车款？在当前的利率下，工资中究竟应该拿出多少用作分期付款是合适的？首付定为多少才能使购买者就愿意支付的月供进行谈判？谈判者心里必须要有确切的数字，但是正如你所看到的，即使是这个数字，也不是完全清楚的。

目标也可以是无形的或程序上的。在购买汽车的例子中，无形的目标可能包括通过购买和驾驶一辆豪华的运动型车来提升本人在朋友中的声望，或者维持自己精明、精打细算的谈判者的形象，或者为了确保汽车的方便、可靠而不惜支付任何价格。在其他的谈判中，无形目标可能包括维持一个棘手但讲原则的谈判者的形象，为未来谈判树立先例，或者在谈判中确保所有各方都能获得公平的待遇（参见第1章有关无形目标的讨论）。

我们应该使用哪一种准则呢？答案取决于你自己：你的确切目标以及多个目标中首要的那个。权衡将是不可避免的。权衡可能会使你在谈判过程中感到希望渺茫，因此你必须清楚地记住谈判开始时你的目标是什么。

目标对战略选择的间接影响

简单和直接的目标往往能够在一次谈判中采用一种简单的战略就能够达成。因此，我们常常会将自己的眼光局限于追求短期目标之上。这种短视的思维模式将影响我们对战略的选择。在制定和明确目标时，我们可能会忽视与另一方眼下和未来的关系，而仅仅关心如何达成实际的结果。举例来说，假设你年迈的祖母认为她年龄太大已经无法开车，因此询问你是否愿意买下她的汽车。她并不懂汽车，但她相信你会帮助她。你或许可以向她开出远低于真实价值的价格，以非常划算的价格达成交易，但如果她或者其他家族成员发现你利用她的年迈和对汽车价格的无知，长远后果可能会极其严重！你可能会失去她的信任，留下不好的名声，未来也将很难与其他家族成员相处。

其他谈判目标——尤其是那些难以达成或要求另一方态度大为转变才能达成——可能要求谈判者制定一个长期的目标和计划。在这种情况下，谈判者要逐步地取得进展，而且这个过程可能需要谈判者与另一方建立良好的关系，例如，金融机构大幅度提升某客户的信用额度，或者为重要的贸易伙伴提供优先待遇，就需要以双方良好的关系为前提。这类以关系为导向的目标，会激励谈判者在战略选取时将双方关系看作与实际结果同等重要（甚至更加重要）。因此，关系型目标倾向于支持选择合作或整合式战略（参考第 1 章提到的双重关注模型）。

4.2　战略——达成目标的整体计划

在谈判者明确目标之后，他们就进入到谈判的第二个阶段：选择和制定一项战略。商业战略专家对“战略”的定义是“将一个组织的主要目标、政策和行动步骤整合在一起的模式或计划”（Mintzberg and Quinn，1991）。将这一定义应用到谈判中，谈判战略是指谈判者为了达成谈判目的而制定的整体计划以及一系列行动。

战略与战术的区别和联系

战略与战术之间的关系如何？尽管战略和战术看起来似乎区别不大，但二者最大的不同在于规模、角度或紧迫的程度不同（Quinn，1991）。战术是短期的、可调整的措施，其目的是制定或追求更广泛（或更高层次）的战略而采取的短期、适应性的举措，战略反过来又使战术行为具有稳定性、连续性和方向性。例如，你的谈判战略可能是合作型的，其目的是为了与对方建立和保持富有成效的关系，而且要通过共同解决问题的方式达成这个目标。为了实现这个战略性目标，恰当的战术包括描述你的利益，提出开放式问题和积极倾听来了解对方的利益，提出互利的可能方案。战术服从于战略，战略考虑决定了战术的构成、方向和目的。在第 2 章和第 3 章，我们概述了分配式谈判和整合式谈判的战略，以及每种战略可能采用的相关战术。

战略选择的单边与双边方法

战略选择的单边方法是指不需要对方的积极参与而做出战略选择。单边实施的战略几乎是完全单边做出而有意忽视对方的信息。但是，任何一个合理的战略都应该包括获取对方信息，这些信息将在选择谈判战略的过程中起到重要作用。因此，虽然我们一开始将战略描述成单边的，但最终确定的战略一定是考虑到对方战略对己方战略的影响之后做出的。单边战略的案例见专栏4.1。

专栏4.1

唐纳德·特朗普给谈判者提出的建议：战略性地戏剧化

1999年，我开始建造全球最高的住宅楼特朗普世界大厦。这座大厦选址于曼哈顿东部，紧邻联合国。这是一件了不起的事情，但并非所有人都喜欢这座大厦，尤其是一些联合国外交官。他们不希望联合国大厦38层的建筑被90层高的特朗普大厦超越。据美国有线电视新闻网报道，联合国秘书长科菲·安南（Kofi Annan）曾经为了阻止这项工程与纽约市长鲁迪·朱利亚尼（Rudy Giulinani）进行过讨论。

乌克兰大使弗拉基米尔·伊尔琴科（Volodymyr Yel'chenko）对美国有线电视新闻网说，"这座建筑不应该在这里建造，因为它使联合国大厦黯然失色。"

当外界抗议甚嚣尘上的时候，我采取了独特的外交手段，并未对联合国发表任何不满的言论。我预计许多大使和联合国官员最终会购买这座大厦里的公寓。

在我们刚刚开始运作时，纽约市政府对我们采取了巨额税收估价的手段来打压我们，使得我们的纳税额比通常情况下多出了1亿美元。对此，我们决定采取唯一可行的行动。

在长达4年的时间里，我们一直在与市政府打官司。市政府和我们的律师双方各持己见。当时，我们也可以选择放弃，因为与政府较量并取得胜利并不是一件容易的事，尤其是涉及税收问题的时候。然而，我坚信我们最终能够获得成功。

最后，经过多次谈判，这一问题得到了解决。市政府同意将我们的税款减少17%，并给予我们10年的减税期。作为条件，我们同意撤诉并在布朗克斯区资助200套经济适用房。

这场官司为我们节约了约9 700万美元。如果当初我们没采取行动，那么我们永远也不会取得这一成就。

资料来源：Donald J. Trump with Meredith Mclver, *Trump: How to Get Rich* (New York: Random House, 2004), pp. 136-137.

以双重关注模型来描述谈判战略

在第1章中，我们利用双重关注模型描述人们在解决冲突过程中的基本倾向（Pruitt and Rubin，1986）。这一模型指出，冲突中的人们关注两个层次的利益：一是对己方已经获得的结果的关注；二是对对方所获结果的关注（参见图1—1）。萨维奇、布莱尔和索伦森（Savage，Blair and Sorenson，1989）为谈判的战略决策提出了一个类似的模型。根据他们的模型，谈判者对谈判战略的单边选择体现在对两个简单问题的回答中：一是谈判者对于在谈判中取得关键实质性结果的关注程度有多高；二是谈判者关注己方与对方目前和今后关系的程度有多高。对这两个问题的不同回答可以产生如图 4—2 所示的 4 种可选战略。

关系型结果重要吗		实质性结果重要吗：重要	实质性结果重要吗：不重要
	重要	合作	调和
	不重要	竞争	回避

图 4—2　双重关注模型

资料来源：ACADEMY OF MANAGEMENT EXECUTIVE by NEWSOM，WALTER B. Copyright 1989 by ACAD OF MGMT. Reproduced with permission of ACAD OF MGMT in the format Textbook via Copyright Clearance Center.

不同情境下的可选战略

这个模型要求谈判者确定理想的方案中两种利益的相对重要性和优先级。如图 4—2 所示，根据对这两个问题的不同回答，至少可以提出 4 种初始战略：竞争、合作、调和与回避。如果只想获得实质性利益、达成交易并赢得这场谈判，而不考虑或基本不考虑对关系利益的影响和今后与对方的交往，往往采取竞争型（对抗型）战略。如果只想实现关系型目标，即建立、维系或巩固与对方的良好关系，那么建议采用调和战略。如果实质性利益与关系型利益都重要，谈判者应该采取合作或协作的战略。最后，如果实现实质性结果和巩固与对方的关系都不重要，那么回避谈判的战略最为适合。这些不同的战略方法对制定谈判计划和进行准备工作有着不同的含义（参见 Johnston，1982）。我们接下来将讨论不参与战略和参与战略。

不参与战略：回避

回避可以达到许多战略目的。事实上，谈判者选择不谈判的理由有许多（与第 1 章中讨论的回避冲突的理由类似）：

- 如果不需要进行任何谈判就可以满足需要，那么就完全有理由采取回避战略。
- 不值得花费时间和精力去谈判（尽管在这种情况下也有需要进行谈判的理由，见后续有关调和的内容）。
- 决定是否谈判与替代方案密切相关，有时不谈判也能通过替代方案达到同样的结果。在第 2 章，我们讨论了抵抗点在确定战略中的作用。在第 2 章和第 3 章中，我们探讨了达成谈判协议的最佳替代方案在评估具体协议的价值方面所起的重要作用。一个谈判者如果有可行的替代方案，那么在谈判中就有很强的谈判力，因为即使他谈判不成功，也能取得满意的结果。如果谈判者没有可行的替代方案，就会在谈判中处于劣势。替代方案对于决定是否回避谈判的影响体现在两个方面：一是拥有可行替代方案的谈判者可能完全基于谈判效率决定是否回避谈判，直接采取替代方案可能比通过谈判达成目的来得更快。但是，没有可行替代方案的谈判者可能也会回避谈判，因为谈判一旦开始，谈判过程带来的压力可能会令他们取得的成果不理想，而且谈判者还必须接受这个不理想的谈判结果，因为可选的替代方案同样很不理想。或者，谈判者也有可能达成理想的谈判结果，但必须付出高昂的代价（参见专栏4.2）。

专栏4.2

回避谈判也可能达到预期的目标，但是要付出高昂的代价

一天深夜，微软公司的比尔·盖茨正在和一群朋友闲聊。他们有点饿了，于是有人打电话叫达美乐比萨饼店送外卖过来。达美乐比萨饼店的经理接了电话，他说很遗憾本店刚刚打烊。打电话者失望地正要挂电话，有人说，“告诉他们你是比尔·盖茨，而且可以出高价让他们送外卖。”比尔·盖茨有些犹豫。有人督促他道，“比尔，你愿意花多少钱吃到比萨饼?”盖茨回答说，“240美元。”于是这个人拿起电话说，“好的，我是比尔·盖茨，我出240美元请你送外卖。”于是，他们当天晚上吃到了比萨。

资料来源：Roger J. Volkema, *The Negotiation Tool Kit* (New York: AMACOM, 1999), p. 6.

积极参与战略：调和、竞争与合作

在本书的最后两章中，我们将对竞争和合作进行广泛的讨论。竞争的战略意味着对抗和分出输赢，而合作则意味着协作和双赢，这种概念在本书前后均有所体现。

与竞争一样，调和也是一种最终分出胜负的战略，但它们之间有着根本的区别，即二者取得的结果是完全相反的（调和的结果是“我失你得”，而竞争的结果是“我得你失”）。正如图4—2所示，调和的战略适用于谈判者认为关系型结果比实质性结果更重要的情况，也就是说，适用于谈判者希望让对方获胜、保持与对方的关系，或者不想因为执着于达成实质性目标而与对方闹僵。当谈判的主要目的是建立或巩固与对方的关系，并愿意为此在谈判结果上做出牺牲时，谈判者常常会采取这种战略。如果谈判者希望将双方的关系一直保持到谈判结束后，也有必要采用这种战略。采用这种战略的理念是，如果这次谈判“我输你赢”，那么经过多次谈判后双方的输赢将会是平衡的。在任何长期的社会关系中，一方谈判者在某一次谈判中接受欠理想的结果，同时寄希望于在今后的谈判中获得一些补偿，这种做法是有一定好处的（Homans，1961）。这样的互惠互利称作维系社会群体的“黏合剂”（Cialdini，2001）。

那么，竞争、合作与调和有什么不同呢？表4—1（改编自Johnston，1982）对这三种战略进行了归纳总结，并从各个方面对它们之间的异同进行了比较。

表 4—1　　不同参与战略的特点

项目	竞争 （竞争型谈判）	合作 （合作型谈判）	调和型谈判
收益结构	可分配的资源量通常是固定的	可分配的资源量通常是不固定的	可分配的资源量通常是固定的
目标实现	通过牺牲对方目标来实现自己的目标	己方目标的实现与对方目标的实现密切相关	为让对方实现目标而将己方的目标置于次要位置
关系	立足眼前：双方不期待今后还会合作	立足长远：双方希望今后还会合作	可能立足眼前（让对方获胜以避免冲突），也可能立足长远（让对方获胜以促进今后的互利互惠）
主要动机	实现自身利益最大化	使双方利益最大化	使对方利益最大化或者使对方获利以巩固关系
信任与坦诚	保密与防御：相信自己，不相信对方	信任和坦诚：主动倾听，共同探讨替代方案	一方相对坦诚，从而将自己的弱点暴露给对方
需求了解	各方都知道自己的需要，却秘而不宣或故意误导对方，都不想让对方掌握自己的真实需要	在了解和对另一方的需求做出回应的过程中，清楚自己的需要，并将其传达给对方	一方对另一方的需要反应过度，且抑制自己的需要
可预测性	用不可预测性和意外性迷惑对方	在适当的时候双方的行为都是可预测和灵活的，尽量不让对方感到惊讶	一方的行为是完全可预测的，总是在迎合对方
攻击性	用威胁、欺诈等手段占据优势	双方诚实地交流信息，理解和尊重对方	一方放弃自己的立场去安抚另一方
寻求解决方案	同对方争辩、操纵对方，想方设法维护自己的立场	运用逻辑推理、创造性思维、提出建设性意见等方法，设法寻求双方都满意的解决方案	一方想方设法迁就对方
取得成功的措施	通过诋毁对方形象提高成功率，助长敌视和小团体现象	要想取得成功就必须保持良好形象，同时从自身的情况出发考虑问题	最大限度地减少或者避免冲突，消除敌视，为和谐不顾自己的感受，这样才能取得成功
有害的极端现象	当一方完全采取零和策略，打败对方变成了谈判的目的，此时就走向了极端	当一方将自己所有的利益都纳入到共同的利益当中，从而失去了自我认同感和自我责任感时，就走向了极端	当以牺牲个人或集体的利益为代价，完全向对方做出让步时，便走向了极端
主要态度	主要的态度是“我赢你输”	主要的态度是“满足双方需要的最佳途径是什么”	主要的态度是“你赢我输”
补救方法	出现僵局时，可能需要调解人和仲裁者介入	出现困难时可能需要方方面面的协调人介入	当对方的行为日积月累变得恶劣，谈判者将在谈判中变得无能为力

资料来源：Adapted and expanded from Robert W. Johnston, “Negotiation Strategies: Different Strokes for Different Folks,” *Personnel* 59 (March-April 1982), pp. 38–39. Used with permission of the author.

除了表中所描述的特点以外，如果盲目地、不加思考或僵化地运用这三种谈判战略，那么这些战略各自的缺点就会显现出来。

● 竞争型战略往往造成“我们—他们”、“优势—劣势”局面的出现，可能导致谈判者对另一方所作出贡献和努力的评价出现扭曲，还可能导致对另一方价值观、需要和立场的感知出现失真（参见第5章关于谈判框架偏差的讨论）。

● 如果谈判者不考虑对方的战略便采用合作型战略，那么对方可能会操纵和剥削合作者，利用他们表现出的良好的合作信念和愿望。盲目地追求合作还可能导致谈判者不再对自己的支持者负责。例如，如果谈判者以“我们能够解决一切问题”的姿态开始合作型谈判，就可能导致达成的协议不被自己的支持者（如所属的公司）接受，这样的谈判结果将被否决，并迫使谈判者重新开始谈判。

● 调和型战略可能会造成谈判者为了取悦对方或者避免争执而不断妥协的局面出现。这种局面一旦成为惯例，就很难再打破。调和型战略还可能给对方造成他们所获得的好处是理所当然的错觉，这种错觉是由伴随着和谐融洽的良好关系而来的称心如意感造成的。这种错觉可能会使对方完全忽视谈判者在实质性利益上所做出的让步。随着时间的推移，这种不平衡不可能永远持续下去，一旦谈判者试图终止这种不平衡或使之恢复到平衡状态，就会令对方感到意外甚至招致对方不满。

在讨论这些战略问题时，我们仅仅讨论了这些战略单纯的形式，并没有涉及问题和动机交织在一起的情况，而这才是大多数实际的谈判战略发展演变的真正过程（Lax and Sebenius，1986）。记住这一点是有益的。就像大多数冲突既不是单纯竞争型冲突，也不是单纯的合作型冲突一样，多数谈判战略是各种目的、意图以及致使单一的战略难以实施的环境限制因素的综合反映。

4.3 理解谈判的流程：阶段和步骤

在我们有针对性地讨论谈判的计划过程之前，理解谈判过程中典型的谈判步骤或者流程很重要，因为在此基础上才能够理解谈判如何发展以及为什么制定谈判计划如此重要。

有些研究人员对谈判随时间而变化的过程进行了研究，研究方法通常是对谈判者在谈判过程中不同时期采用的沟通类型进行分类。研究成果证实，和在小组解决问题以及其他形式的社会正式交往中发生的沟通一样，谈判过程也有着显著的发展阶段（Douglas，1962；Greenhalgh，2001；Morley and Stephenson，1977）。

霍姆斯（Holmes，1992）提出，“阶段模型对谈判过程进行了描述，也就是说，为构成一场谈判的各个事件进行了排序……A阶段是指互动的一段连续时期，具体来讲，就是一场冲突从开始到最终解决之间的一系列相关的沟通行为”（p. 83）。关于谈判阶段的研究通常解决以下三类问题（Holmes and Poole，1991）：

● 谈判各方之间的互动是如何随着时间而变化的？

● 随着时间的推移，谈判的互动过程与谈判的投入和结果之间的关系是怎样的？

● 谈判各方采用的战术如何影响谈判进程？

近年来，关于谈判阶段模型方面的著作越来越多。这方面的研究既有描述性的，也有规范性的：一些作者对他们在日常场景中的见闻进行描述，而另一些作者则提出他们认为能够使谈判更有效的一系列行为的建议（参见我们在第 5 章中对扎特曼（Zartman）和伯曼（Berman）的建立架构和协商细节模式的讨论）。我们将大部分的研究总结如表 4—2 所示。

表 4—2　谈判的阶段模型：标签和说明

阶段	规范模型	描述模型
初始阶段	探索[1] 初步行动[2] 诊断[3] 介绍和关系发展[4]	建立边界[5] 寻找问题、制定日程表并出示身份[6] 日程表定义、问题定义[7]
解决问题阶段	期望规划、行动、提出解决方案[1] 定位、讨价还价、探索[2] 规划[3] 问题澄清和关系发展，解决问题[4]	重新界定边界[5] 探索边界、缩小边界，从初步方案走向最终的讨价还价[6] 缩小分歧[7]
达成结果阶段	结论[1] 协定[2] 细节[3] 措施规划[4]	解决决策危机[5] 最终的讨价还价和执行[6] 测试、合同与实施[7]

1. Atkinson（1980）
2. Carlisle and Leary（1981）
3. Zartman and Berman（1982）
4. Donohue，Kaufman，Smith and Ramesh（1990）
5. Douglas（1962）
6. Gulliver（1979）
7. Putnam，Wilson and Turner（1990）

资料来源：Adapted from M. Holmes，"Phase Structures in Negotiation，" in L. Putnam and M. Roloff (eds.)，*Communication and Negotiation*（Newbury Park，CA：Sage，1992）. Tables 4.1 and 4.2，pp. 87－88. Reprinted by permission of Sage Publications，Inc.

如表 4—2 中所示，各种不同的模型都可以归为三大阶段或者三大步骤：初始（或启动）阶段，中间（讨价还价或解决问题）阶段，以及结束（或达成结果）阶段。但是，正如霍姆斯（1992）所指出的，这些阶段更像是对于成功谈判的描述。霍姆斯指出，"不成功的谈判并不是按照阶段模型中的顺序来进行，而通常都是在中间阶段没完没了地停滞，或者就是在初始阶段和中间阶段徘徊，却没有成功结束谈判"（p. 92）。尽管阶段模型对加深对谈判的理解具有巨大的潜在价值，但仍然需要开展进一步的研究，这样它才能够成为积极主动改善谈判活动的工具。仅仅对谈判中各事件的顺序进行描述，对于改善谈判活动是远远不够的。

最近，伦纳德·格林哈尔希（Leonard Greenhalgh，2001）明确地提出了谈判的阶段模型，该阶段模型特别适用于整合式谈判。他提出，理想的谈判过程包含7个阶段（参见图4—3）：

准备阶段：确定重要事项、明确目标、提前考虑如何与对方合作。

关系建立阶段：了解对方、了解己方与对方之间的异同点、承诺致力于达成双方受惠的谈判结果。格林哈尔希认为这个阶段对于圆满地推动其他阶段向前发展至关重要。

信息收集阶段：围绕你想了解的事情、谈判对方以及他们的需要、潜在解决方法的可行性以及如果无法与对方达成协议将会出现何种情况等，收集必要的信息。

信息利用阶段：在这一阶段，谈判者从自己所倾向的谈判结果或者解决方法出发，也就是从能够使自己的需要得到最大限度满足的角度出发，提出各种理由和依据来阐述自己的立场。这种陈述常用来向对方兜售谈判者所倾向的谈判结果。

出价阶段：这个阶段是双方从各自最初的理想立场出发向实际结果靠拢的过程。在出价过程中，各方进行初始报价，然后在此基础上向中间价逐步靠近，这个过程我们在第2章中已经给予详细讨论。

完成谈判阶段：这一阶段的目标是对前一阶段所达成的谈判协议做出承诺。双方都要确保对于所达成的协议是满意的，或者至少是可接受的。

履行协议阶段：确定一旦达成协议后双方各自应该担负的责任。发现协议有纰漏、遗漏重要问题、情况发生了变化或者又出现了新的问题，这些情况并不鲜见。前面各个阶段中的纰漏在这个阶段出现，因此可能需要重新开始谈判或者由协调者、仲裁者或法院来解决出现的问题。

阶段1		阶段2		阶段3		阶段4		阶段5		阶段6		阶段7
准备	→	关系建立	→	信息收集	→	信息利用	→	出价	→	完成谈判	→	履行协议

图4—3 谈判的阶段

资料来源：Reprinted with permission of The Free Press，an imprint of Simon & Schuster Adult Publishing Group，from *Managing Strategic Relationships*：*The Key to Business Success* by Leonard Greenhalgh. Copyright © 2001 by Leonard Greenhalgh.

格林哈尔希（2001）指出，这个模型在很大程度上是规范性的，也就是说人们应该这样去谈判。同时，他还提出了强有力的理由来说明为什么如此。但是，对谈判者的实际操作进行的分析表明，谈判者常常偏离这个模型，并且会因为谈判者本土文化的不同而在谈判实践中呈现差异（参见第16章）。例如，美国谈判者认为这个模型更具“输赢”性或者竞争性。他们不会在建立关系和制定谈判计划上花大力气，而是直接进入到出价、完成谈判和履行协议阶段。相反，亚洲的谈判者则会在建立关系方面花费大量的时间而缩短达成协议的过程。

4.4 战略实施准备：计划过程

谈判成功的基础不在于善于博弈或者善于表演，而主要在于谈判之前计划的制定。为制定出有效的谈判计划，必须在如下方面做好工作：

- 明确问题。
- 整合问题并确定谈判组合。
- 明确利益。
- 明确抵抗点。
- 明确最佳替代方案（BATNA）。
- 确定己方的目标点和初始报价（谈判起点）。
- 对影响谈判的各种要素和社会环境进行评估。
- 分析对方情况。
- 制定议题陈述和辩论计划。
- 确定谈判规程——何时何地开始谈判、谁参加谈判以及谈判的日程安排等。

本章的后续内容将详细介绍上述步骤（表 4—3 是一份谈判计划制定的指南，可以用来对谈判进行规划）。这份列表是集体智慧的结晶[1]，因为其内容来源不同。每一项内容都有自身的主要步骤，而且它们的排列顺序经常变化。

表 4—3　谈判计划制定指南

1. 在即将到来的谈判中，要谈的问题是什么？
2. 基于对所有谈判问题的考虑，“谈判组合”是什么？（哪些问题必须谈？哪些问题需要和其他问题结合起来谈？）
3. 我方的利益是什么？
4. 我方的抵抗点是什么？我们可以轻易获胜的方案是什么？
5. 我方的替代方案是什么？
6. 确定目标和初始报价——从哪里开始谈？我方的目标是什么？
7. 谁是我的委托人，他们对我们的要求是什么？
8. 谈判对手是谁？他们想要什么？
9. 我要选择的总体战略是什么？
10. 谈判需要遵守的规程是什么？

在开始详细讨论上述内容之前，我们想说明以下 4 点：

第一，我们认为竞争型谈判和合作型谈判可遵循的计划过程是一样的。虽然我们在前两章着重强调它们之间的差别，但是我们认为除了谈判者所要采用的具体的策略不同之外，一套全面的计划过程既适用于竞争型谈判，也适用于合作型谈判。

第二，本书至此重点讨论的是竞争型谈判和合作型谈判的过程及其两者之间的差别，但是正如我们在第 1 章指出的，谈判桌“外围”的一些结构性和情境性因素也影响着谈判的战略制定和规划过程。这些因素包括是哪一方实际控制或影响着谈判，是不是需要依次进行的多方谈判，将要讨论的问题以及代表的利益是什么，如何控制谈判时间，以及谈判桌前的谈判人员与幕后的决策者之间更广意义的关系网络（Lax and Sebenius，2006；Watkins，2002，2006）。拉克斯与西本尼厄斯将其称为“为谈判布局”，沃特金斯（Watkins）则称之为“影响谈判游戏”。他们都指出，经验不足的谈判者往往将主要精力放在谈判桌前的战略和战术规划上，而经验丰富的谈判者则会通过处理以上问题来精心策划他们想要达成的交易。上述结构性和情境性因素所带来的深远影响和启示，我们将在随后的章节中进行讨论。

第三，我们假设谈判是一对一进行的，也就是说是在你和另外一位谈判者之间进行的。这是理解和制定计划最简单的模型。但是，双方谈判中一方有多人参加、多方谈判或者多个群体和组织间谈判的情景也并不鲜见。我们将在第11章、第12章和第13章进一步讨论谈判扩展至代理人以及多方谈判者的动态情形。

最后，虽然我们介绍的这些步骤基本上是按照先后顺序展开的，但是一个完整的、最终的计划完成过程需要在不同的步骤之间有一定的反复，其目的是确保战略与计划之间的一致性。例如，信息的收集过程不是一个简单的和直截了当的过程，在后续步骤中挖掘出的信息可能会迫使谈判者重新考虑和评估前面步骤中所完成的工作。因此，经过一次反复后制定的谈判计划并不是最终的，谈判者要有足够的灵活性以便在获得新的信息后对前面所做的工作进行调整。

1. 明确问题

明确问题通常从分析谈判内容着手。有些谈判可能只谈一个问题，例如，只谈某件商品的价格，像在旧货市场上就出售的咖啡桌的价格展开的谈判或就二手车的价格展开的谈判等。有些谈判则非常复杂。例如，对一家公司的收购谈判可能涉及许多问题，如收购价格，库存商品的转让，管理人员和工人的保留、转岗和解雇，以及新的公司总部设在哪里，等等。

谈判中所谈问题的数量以及谈判双方之间的关系常常是决定采用竞争型谈判战略还是合作型谈判战略的主要因素。只有一个谈判问题的谈判往往必须采用竞争型谈判的方式，因为所谈的问题就是价格或者利益的分配。相反，涉及多个问题的谈判更多地采用合作型谈判的方式，因为谈判各方可以通过相互妥协的过程来提出互惠的一揽子解决方案。图4—4是这一理论的简要说明。纵轴代表更有利于买家，横轴代表更有利于卖家。在单个议题的谈判中，各方都希望为自己争取最大的利益。如果买家在谈判中处于主导地位，那么他将在买家轴获得更多利益，这将使卖家处于不利地位（如图中A点）；如果卖家在谈判中处于主导地位，那么他将在卖家轴获得更多利益，这将使买家处于不利地位（如图中B点）。如果买卖双方在谈判中实力相当，则他们能够获得的最佳结果就是A点和B点连线上的一点（如C点）。A-C-B连线上的任意一点都代表了这一单个议题谈判的可能解决方案。然而，对于有多个议题的谈判而言，谈判各方则是通过价值创造来找到使双方都满意的解决方案。究竟选择价值声明战略还是价值创造战略？这一问题称为“谈判者的两难困境”（Lax and Sebenius，1986）。单一议题以及与谈判对手没有长期合作关系的谈判，最好选用价值声明战略；多个议题以及与谈判对手有重要的长期合作关系的谈判，则最好选用价值创造战略。

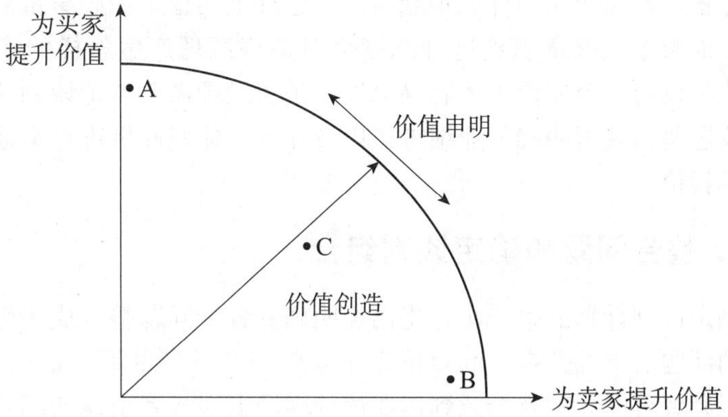

图4—4　谈判议题如何影响分配式战略和整合式战略的选择

资料来源：After Lax and Sebenius，1986；Raiffa，1996；Watkins，2002.

尽管谈判议题的数量会影响谈判战略的选择，但是这并不排除单一议题的谈判选择整合性战略或多个议题的谈判选择分配式战略的可能性。通常单一议题的谈判可以通过增加议题数量的方式，将谈判改为整合式谈判。例如，在房屋买卖的案例中，买卖双方可能开始都认为价格是唯一的问题，但是他们很快就会认识到其他问题也同样重要，如购买房屋的贷款、成交日期或者入住日期等。他们可能还会发现有其他问题，如是否包含家用电器、损坏栅栏的修理、储油罐中剩余油料的费用补偿等。在房屋买卖的过程中，买方的律师、银行或者房地产经纪人可能列出许多需要考虑的问题，如缴税、第三方托管或者卖方必须将房屋彻底打扫干净的书面保证等。请注意，罗列出一份详细的问题清单非常容易。在任何谈判中，最好从以下方面出发，来提出完整的重要问题清单：

1. 对可能需要决定的问题进行分析。

2. 以往类似的谈判经验。

3. 针对收集信息进行的研究（如了解该房产的社区环境、检查房屋状况，或阅读有关如何购买房屋的文章等）。

4. 咨询相关领域的专家（房地产经纪人、银行信贷员、律师、会计师或者最近购买过房屋的朋友等）。

同样，即便是在涉及多议题的谈判中，在相互信任和信息沟通降低到最低程度，以及谈判者以竞争型的方式对待每一个问题的竞争态势下，价值创造的机会也会丧失。我们将在下一节中进一步讨论这个问题。

在对这些清单问题进行思考之前，必须保持谨慎的态度。需要注意的是，我们在这里是引用了一个简单而典型的例子——购买房产，然而，现实中很多谈判都与这个案例截然不同，因为谈判的议题不一定是这种传统的谈判协议或合同。除此之外，很多谈判也并不是针对像购房价格这样的可量化议题。在这种情况下，如何定义这些关键议题，可能是更复杂和难以驾驭的。例如，一名销售经理感觉到他的上司认为他的业绩没有达到标准，然而，每当这位销售经理想找上司讨论绩效考核时，上司却不愿意直接讨论这个问题（这当然更增加了销售经理的焦虑感）。尽管这一情境中的冲突是显而易见的，谈判议题却难以描述。该职员面临的核心问题是业绩考核，以及上司为什么拒绝讨论。也许上司也正在心事重重地考虑自己的工作报酬，而根本没有意识到这种态度会对销售经理产生怎样的影响。在类似的情况下，谈判议题很重要但不太容易描述，销售经理需要清楚谈判议题是什么（本案例中的议题是，获得明确的业绩考核以及让上司能对此事进行沟通）以及如何开展有成效的讨论。

2. 整合问题和确定谈判组合

制定谈判计划的第二步是将已经明确的各种问题整合成一份详细的清单。谈判双方的问题清单综合在一起就确定了谈判组合（参见第2章）。在提炼问题的过程中，谈判者可能立刻就会感到需要谈的问题太多或者出现的问题太多。如果双方没有经常性地进行沟通或者需要谈的问题很多，就会出现这种情况。但是，正如我们在第一步中所指出的，只要所提出的都是实实在在的问题，那么谈判中涉及的问题常常都会提高而不是降低谈判成功的可能性。庞大的谈判组合为解决问题创造了更多的条件和协商的可能，因此也提高了通过一揽子解决方案满足双方需要的可能性，从而使问题得到圆满的解决（Rubin and Brown，1975）。同时，庞大的谈判组合也可以延长谈判过程，因为需要考虑的问题很多，综合和评估各种组合使确定拖延谈判的价值变得非常复杂。

将所有问题整合之后，谈判者接下来必须按照问题的重要性确定解决问题的优先次序，其过程分为两个步骤：

1. 确定哪些问题是最重要的，哪些问题是次重要的。谈判一旦开始，谈判者很可能被扑面而来的各种信息弄得不知所措，诸如此类的信息有论据、报价、还价、折中以及让步等。对于那些事先并不清楚自己想做什么、不想做什么的谈判者而言，很容易变得不知所措和接受并非最理想的解决方案，或者纠缠于相对次要的问题而被对方牵着鼻子走。如果谈判者不知道问题的主次，他们就很可能会在对方强烈要求的问题上做出让步，而不是根据自己的优先事项做出让步。

确定问题优先级的方法很多。对于谈判者而言，一种简单的方法是通过询问“最重要的是什么”、“次重要的是什么”、“最不重要的是什么”来对问题进行排序。还有一种更简单的方法是根据问题的重要性将问题划分为“高”、“中”、“低”三类。如果谈判者代表某一群体，那么让这个群体来参与确定问题优先级的过程是非常重要的。确定问题的优先级既是为了实现双方的利益，也是为了解决更具体的问题。还有一种更精确的确定问题优先级的方法，那就是以100分为总分，按照每个问题的相对重要性来计算每个问题的得分。如果谈判者确信每个问题的相对权重是正确的，进行折中和将可能的解决方案组合在一起形成一揽子解决方案就会更加有条理（参见Simons and Tripp，2002，2006，有一则案例）。

既要确定有形问题的优先级，也要确定无形问题的优先级（可能的话，还要打分量化），这一点也非常重要。虽然无形问题常常难以讨论和排序，但是如果对这些问题重要性的认识还停留于主观层面并且没有量化，那么谈判者要么就过于重视这些问题，要么就不能给予这些问题足够的重视。

最后，谈判者还可能希望确定谈判组合中每个问题的谈判空间，因此不仅要确定“最可能接受”和“最不可能接受”的一揽子解决方案，还要针对谈判组合中的每一个问题确定其目标和可接受的最低报价。

2. 确定这些问题是相互联系的还是独立的。如果这些问题是相互独立的，添加或者减少一些问题就很容易。如果是相互联系的，一个问题的解决将会涉及另一个问题的解决，而且在一个问题上做出的让步势必会联系到一些其他的问题。谈判者必须明确有些问题确实是相互联系的，例如，购买房屋的费用依赖于银行的贷款，而不是仅仅考虑达成理想的谈判结果。

3. 明确利益

问题确定下来后，谈判者就必须确定潜在的利益和需要。正如我们在第 2 章和第 3 章中广泛讨论的一样，立场，也就是初始报价或者目标点，是谈判者希望达到的目标。利益是他们希望实现这个目标的原因。将购买一套公寓的价格目标点定在 200 000 美元就是一个立场，也就是谈判者希望支付的价格，其利益是“为购买这套两居室公寓支付的价格是公平的市场价格，也是自己能够负担得起的价格”。虽然明确的利益对于合作型谈判比竞争型谈判更重要，但是如果谈判单方或者双方清楚自己的关键利益，即便是竞争型谈判也会从中受益。如果提出的问题有助于我们明确需要，那么要想明确利益，就要求我们想一想为什么我们需要它。提出“为什么”的问题通常使谈判者在谈判中所希望实现的主要价值、需要或者原则变得清晰起来（Ury，1991）（参见第 6 章）。利益可能是以下几种：

1. 实质性的，即直接与所谈的焦点问题相关。
2. 过程性的，即与谈判者在谈判中的表现相关。
3. 关系性的，即与谈判双方目前的关系或者希望将来能够建立的关系有关。

利益也可能建立在谈判中的无形因素之上，其中包括谈判双方希望坚持的原则和标准、谈判依据的非正式规范，以及用于指导双方达成解决方案、实现公平合理交易或者快速完成谈判的基准等。

沃林汉（Wallihan，2003）列举了几个很好的例子说明为什么找到利益点对了解对方的立场是必要的。在一个例子中，工会与管理层进行谈判，而工会提出的工资数却低于管理层愿意支付的数额，工会之所以压低谈判中的工资，是为了不让管理层转而去雇用工会之外的员工。在另一个例子中，买方让承建商报出一个较高的价格，这样承建商就有动力保证质量、按期完工。买方要求出更高的价格，或者工会要求更低的工资，从“立场”的角度来看，可能是不理智的，但从利益的角度来看，这样的要求就很合理了。

4. 明确各种限制因素

如果对方拒绝接受议程中提出的某些条款，或者说这些提议是不可接受的，那将怎么办？你必须明确两点，即你的底价和替代方案。

底价（抵抗点）是你毫不犹豫地决定中止谈判而不是继续谈判的价位，因为超出这一点的任何解决方案都是不可接受的。如果你是卖方，你的底价就是你愿意为你所销售的物品收取的最低价格；如果你是买方，你的底价就是你愿意为购买的物品支付的最高价格。

作为制定谈判计划工作的一部分，确定底价至关重要。我们大多数人在购买物品时都经历过这样的情境，即想要买的物品没有了，但是我们被人说服购买更贵的款式，而且有些抢购局面又迫使我们不断地提高价格。例如，在拍卖中，如果一个人和另一个人竞相出价，购买者支付的价格有可能超过原来的预算。同样，赌徒可能接二连三地输钱，最终输得比预想的多。明确的底价有助于防止达成不明智的交易。

5. 了解替代方案

替代方案是谈判者能够达成，并且同样能够满足需要的其他协议。无论对于竞争型谈判还是合作型谈判，替代方案都很重要，因为有了替代方案，就可以知道能否取得比目前的谈判结果更好的结果。在任何情况下，都是替代方案越好，谈判力就越强，因为你可以中止目前的谈判，而且知道你的利益和需要依然可以得到满足（参见第2章和第7章）。在购买房屋的例子中，购房者对房地产市场研究得越透彻，对市场上其他同等房屋的情况了解得越清楚，就越能中止谈判并且依然可以买到满意的房屋。

6. 确定目标点和初始报价

明确了问题、拟定了初步的谈判议程以及向他人进行了适当和必要的咨询后，谈判者接下来就要确定另外两个关键点：一个是具体的目标点，也就是实际希望达成的解决方案；另一个是初始报价，也就是希望达成的最理想的交易。

确定目标点的方法很多。谈判者可以问问自己，“最令我满意的结果是什么”、“令我比较满意的结果是什么”以及“其他人在同样情况下取得的结果是什么”。目标点不像底价和替代方案那样一成不变，谈判者可以将目标点确定为一个大概的范围或者由同样可接受的一些结果构成的一类目标。

同样，确定初始报价的方法也很多。初始报价可以是可能取得的最佳结果，也可以是一个理想的解决方案，还可以是上一次取得的结果更优的某个目标。在确定初始报价的过程中，谈判者很容易变得过于自负，将初始报价定得不切实际，以至于招致对方的嘲笑、愤怒，甚至不再还价即终止谈判。虽然初始报价通常都是围绕着“可能取得的最佳结果”确定的，但是也很容易定得过高以至于弄巧成拙，因为在对方或者更实际的观察者看来这样的初始报价太不现实。

确定初始报价需要谨记几个原则：

1. 目标点应当具体、有挑战性且能够实现和验证。我们可以参考有关学者将目标设定作为一种谈判动机，并把结果管理作为一种谈判工具的研究，我们可以从这些研究中学到很多如何设立目标点的知识（比如，Locke and Latham，1984）。首先，目标点必须是具体的。如在工资谈判中，谈判者就应当设立一个具体的目标值（比如7.5万美元），而非笼统的目标（比如，年薪高于6万美元）。其次，目标点应当有挑战性但又是可行的。目标点应当优于现有情况，但不应当很难实现。最后，目标点应当很容易判断出是否已经达成。如果谈判者已经设定了一个可以量化的目标点，如报酬数额或者工资数额（美元），那么这就不是一个问题，而对于目标点设定比较发散的谈判者而言，这就比较困难（例如，得到一份能够体现自身价值的体面的工资。“体面”以及“自身价值”是非常主观的目标，因此，谈判者以及其他人是很难判断该目标点是否真的达到了）。

2. 设定目标点需要对自己的目的做认真的思考。在谈判过程中，谈判者常常会努力地去了解对方，如对方将会如何进行谈判、将会提出哪些要求以及如何与对方打交道等。很有可能在对方身上投入了太多的精力，也就是说花费了太多的时间去猜测对方的要求以及如何满足这些要求。如果谈判者将精力主要集中于对方而忘记了自己，就可能在如何应对对方可能采取的行为的基础上来制定整个谈判计划。回应战略很可能使谈判者感觉受到了威胁而加强戒备，使谈判计划失去灵活性和创造性。相反，明确了哪些是符合实际的目标点、哪些是乐观的目标点，以及哪些是悲观的目标点，谈判者就可以以积极主动的姿态，了解掌握可能的谈判结果，在接受对方提议方面更加灵活，从而取得双方满意的谈判结果。

3. 设定目标点常常需要考虑如何整体地解决某些问题和实现某些目标。大多数谈判常常是多个谈判目的交织在一起，因此谈判者必须想出一种最佳方式，使之能够在各种问题间取得满意的结果。为了能够有效地一揽子解决问题，谈判者必须理解谈判议题、谈判议题之间的优先顺序以及谈判组合。对单个问题的评估方式同样适用于对一揽子解决方案的评估，也可以明确一揽子方案中哪些是“初始报价”，哪些是“目标点”。当涉及无形问题或者难以明确目标点的问题时，就很难明确地对一揽子解决方案进行评估和比较。

4. 设定目标点需要折中和舍弃。对形成一揽子解决方案的谈判引出了另一个可能的问题：如果对方在开价中将A，B，C作为一揽子解决方案的主要议题，而对议题D只是一带而过，而在另一套方案中则根本没有提及D，但议题D恰恰是你能够轻易让步给对方的部分。如果你能够在议题D上对对方做出让步，对方是否会乐意在议题A，B，C上做出让步？谈判者可能会放弃某些对他来说没有价值的问题以促使达成协议。尽管这个问题对你而言不重要或者无足轻重，但是对对方而言可能会很有价值或很有吸引力。意识到一揽子解决方案中这种让步的实际价值或者可能价值，谈判者就可以在自己几乎或者完全不付出任何代价的情况下，极大地增加向对方提供报价的价值。我们仍以房屋买卖为例，卖方可能还有在当地停车场的车位或社区娱乐设施8个月的使用权。由于卖方为这个车位支付的费用是不可退的，所以卖方一旦离开此地，这些使用权将毫无价值，但是买方可能认为这很有价值。

为了评估这些一揽子解决方案，谈判者必须对每一个问题在谈判组合中与其他问题之间相比较而言的价值有所了解，必须在其中设法进行折中或者平衡。正如我们前面所提到的，最好是能够找到一个通用的尺度，比如美元价值或者效用量化标准，来对谈判组合中的问题进行比较，或者对各种无形的问题进行比较，这样谈判者就能够以通用的尺度去评估谈判组合中的每一个问题。即使这个尺度不够完美，但是有总比没有强。假如谈判组合中主要是无形问题的话，谈判者必须清楚何时可以放弃在无形问题上的立场，以换取在有形问题上的实质收益。

7. 分析谈判的委托人和社会环境

当人们为自己谈判时，如购买二手自行车或者健身器械，通常可以自行决定谈判组合，但是当人们在工作环境中进行谈判时，就可能有多个谈判方。首先，参加谈判的人员就可能有两个以上。多方谈判常常是立场一致的谈判者联合起来进行谈判，目的是在谈判中取胜（参见 Wheeler，2002，以及本书第 12 章中关于联盟的讨论）。其次，谈判者还有委托人——老板、有最终决定权的上司，或者对解决方案进行评估的其他方等。再者，可能还有有权审视谈判过程并且对此进行评论的观察方。当一个谈判者背后有委托人或者观察者时，会带来其他问题，如谁来实施谈判、谁可以参加谈判以及谁对达成的谈判协议有最终批准权等，这些问题我们将在第 11 章中进行讨论。最后，谈判是在一定的规则下进行的，如社会的法律体系、风俗习惯、通用商业惯例、文化习俗以及政治压力等。

评估谈判中各主要参与方的一种方法是进行“现场分析”。设想你是一个足球队队长，正要上场进行比赛（参见图 4—5）。分析谈判的人员构成和分析足球场上的球员一样：

1. 我们这边谁应该上场？也许只有一个谈判者（一对一谈判），但是需要其他人给予帮助，如律师、会计或者其他专家；需要有人给予指导，给予精神支持，或者需要一个记录员等。

2. 对方有哪些人上场？这个问题将在下一节详细讨论。

3. 谁在边线上并且可以影响比赛的进行？谁相当于谈判中的主人、管理者和战略家？这包括谈判者的直接上司或者批准达成协议的人。最重要的是，这些人直接影响着各方如何确定哪些条款是可接受的，哪些是不可接受的。

4. 谁在看台上？谁在观看比赛、谁对比赛感兴趣？他们只对比赛有间接的影响。这可能包括高级管理人员、股东、竞争对手、财务分析人员、媒体或者其他人员等。当有多方参与谈判时，无论他们是积极参与谈判的边线人员，还是可能受谈判结果影响的感兴趣各方，谈判将变得更加复杂。我们将在第 11 章、第 12 章和第 13 章讨论这些复杂因素。

5. 谈判发生在什么样的大环境之下？有许多环境问题可能影响着谈判：

- 与对方的关系在历史上如何？它对谈判各方的总体期望值有何影响（参见第 10 章）？
- 希望将来与对方的关系是什么样的？这些期望对当前的谈判有何影响（参见第 10 章）？
- 我们希望将来和对方展开多少次谈判，也就是说，要谈多少个回合？多回合谈判会带来先例管理、对日后谈判日程进行规划以及确保目前的协议能够得到签署和监督的问题（Wheeler，2002）。
- 谈判的时间期限是什么？借体育比赛作比喻，比赛的时间是有限的，而且划分成不同的阶段。那么，本谈判也有类似的时间限制吗？

● 管理协议的“游戏规则”是什么？有约束和执行合同时的固定规则吗？在交易发生的法律体系中，通行的和可接受的做法是什么？为了弥补规则本身的不足使之能够解决具体的问题，可以就规则本身展开协商吗？谈判一方将会单方面地强加一些规则吗？另一方怎么办？谈判是在跨文化间进行的吗？需要遵循的文化规则和做法是怎样的（见第 16 章）？最后，有没有确定的谈判地点，如公共场所、私人办公室、律师办公室或者法院等，以及有没有现成的仲裁机制，来指导我们在无法取得一致时如何解决争端？当谈判中出现违反规定的情况时，是否有裁判或第三方来主持谈判并进行干预（参见第 19 章）（Watkins，2002）？

● 在有关交易的法律体系中，通行的和可接受的做法是什么（参见第 9 章）？我们如何确定一方是否在欺骗？对于什么是公平的、什么是不公平的有没有明确的判断标准？

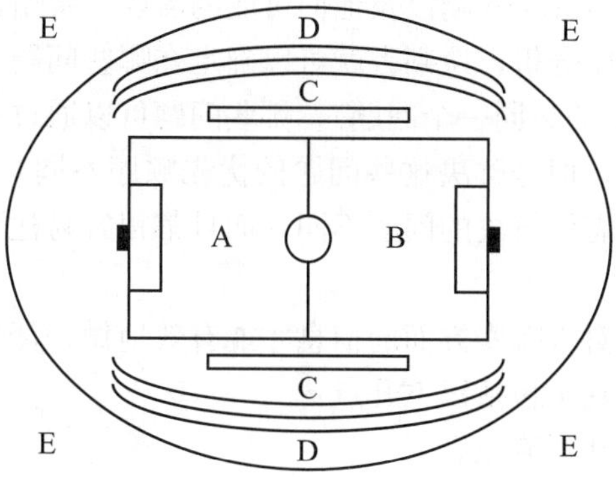

图 4—5　谈判的现场分析

A. 直接角色（我方谁在场上?）
B. 反方角色（对方谁在场上?）
C. 间接角色（谁在边线上?）
D. 感兴趣的旁观者（谁在看台上?）
E. 环境因素（比赛的大环境发生了什么事情影响或者决定了赛场情况，比如体育场外有何事情发生?）

上述问题的思考对于推进谈判进程十分重要。代表他人（公司、工会、部门、社团、家庭等）进行谈判的谈判者必须与这些人进行商议，这样才能将他们关注的和认为重大的事项囊括在谈判组合中。在前面所讲到的购房案例中，假设夫妻中只有一人参加谈判，另一人不能参加，如果参加谈判的人不知道其配偶对于房子状况感到担忧，或者孩子们不希望马上搬家，那么谈判解决方案最终可能就会受到这些相关人员的反对。代表其他成员进行谈判的人必须对委托人负责，并且必须将他们的要求包含在自己的谈判提议中——其结果是要么在谈判中为他们实现这些要求，要么能够解释为什么没有实现。如果谈判者是代表一个大的团体进行谈判，如整个公司、工会或者社区，那么与委托人之间的商议过程将是十分复杂而详尽的。谈判者可能会意识到这些委托人的要求是不现实的和不可实现的，这就要求谈判者与成员们协商谈判议题中应该包括什么，哪些要求可能是现实的。谈判者是否有权达成协议，还是必须要获得委托人的同意？通过限制谈判者的自主决定权，委托人对谈判者施加控制。因此，对这些限制的了解有助于谈判者与委托人保持一致（我们将在第11章中详细讨论这一内容）。

8. 分析对方情况

在前面的内容中，我们讨论了明确谈判目标和目的优先顺序的重要性。在谈判准备的过程中，收集对方信息是至关重要的一步。掌握对方的议题、偏好、优先事项、利益、备选方案以及存在的困难几乎和明确己方的上述相关问题同样重要。如果谈判者没有机会与对方人员见面，就应该设法从对方的角度出发来审视谈判或者收集信息，以了解和掌握对方的议题、利益和优先事项。谈判者可以在正式谈判开始之前，就给对方打电话与之进行交谈，或者尝试从对方的立场出发，来预测对方的需要。谈判者还可以与了解对方的人或者曾与对方进行过谈判的人交谈。这样做是为了了解对方如何解决问题以及他们可能的需要。将由此得到的评估结果与己方的相关情况进行对比分析，谈判者就可以确定在哪些问题上双方可能出现激烈冲突（双方需要优先解决的是同一个问题），哪些问题可以通过简单的折中解决（双方都要解决同样的问题，但是解决这些问题的优先顺序不同），或者哪些问题的解决完全没有冲突（双方需要解决的问题不同，而且都很容易达到目的和满足自己的利益要求）。

一方需要掌握对方哪些方面的信息才能有效地做好谈判准备呢？一些关键的背景信息非常重要，其中包括以下几点：

- 资源、议题和谈判组合。
- 利益和需要。
- 底线和备选方案。
- 目标点和初始报价。
- 委托人、社会结构以及有权达成协议的人。
- 声誉和谈判风格。
- 可能采取的战略和战术。

从理论上讲，在开启谈判之前，尽可能多地掌握对方这些方面的信息极为有用。但是，要在开始谈判前，全面掌握对方这些信息在现实中几乎是不可能的。如果是这种情况的话，谈判者就应该做好在谈判开始阶段尽量收集这些方面信息的准备。

对方的资源、议题和谈判组合

通过最初的研究收集到的有关对方的信息越多越好。哪些信息是最重要的？这取决于谈判的议题以及谈判组合中可能包含的要素。对对方的经营史或者以前的谈判（无论是成功的谈判还是失败的谈判）进行分析可能会得到一些有益的启发。可以通过诸如互联网、财务报表、企业记录、股票报告、采访以及公开的法律判决文书等获得对方的财务信息，谈判者还可以调查对方的库存情况。有时谈判者通过拜访对方，或者与对方的朋友或同事交谈就可以掌握大量的情况。还有一种了解情况的方式是询问曾经与对方打过交道的人。对于对方能在多大程度上解决和满足自己的问题和需要，以及他们会在谈判桌上提出哪些问题等信息，谈判者掌握得越多，就能更好地预测谈判将会如何展开。

对方的利益和需要

除了要掌握对方的主要议题和资源方面的情况外，谈判者还需要掌握对方目前的利益和需要方面的情况（参见第 3 章）。这些情况可以通过多种渠道获得：

- 预先与对方会晤，针对对方在即将到来的谈判中希望取得的成果进行广泛的讨论（重点是广泛的利益，而不仅仅是谈判议题）。
- 预测对方的利益（就如同你处在对方的位置上）。
- 向了解对方或者曾经与对方谈判过的人询问。
- 看看对方在媒体上如何介绍自己。

这些议题或利益的重要性，以及与对方过去的关系，将会影响一方掌握另一方情况的深度。尽管获取信息需要付出一定的时间和精力，但是结果肯定是收益大于投入，因为有价值的信息常常是通过一个电话或者一次拜访就能够得到的。

对方的底线和备选方案

我们还需要掌握对方的底线和备选方案。他们能够谈到什么程度？他们能够给我们做出的最大让步是什么？如果谈判不成功他们会怎么办？了解对方的局限性以及备选方案很重要，因为这能够提供给我们一些情况，让我们知道应该给他们施加多大压力。他们的备选方案如何？如果对方的备选方案很有效也很可行，那么他们就会对谈判充满信心，将目标定得很高，而且会全力以赴地争取实现这些目标。相反，如果对方的备选方案不佳，那么他们就会更依赖于和你达成满意的协议，不太可能会显得强硬。

切记，在分配式谈判中，对方透露这些信息的可能性不大，而且可能故意提供一些关于他们的局限性和备选方案的虚假信息，以迫使你与他们达成对他们更有利的交易。在整合式谈判中，双方应该更加开诚布公，向对方提供更准确的有关自己的局限性和备选方案的信息。

对方的目标点和初始报价

谈判者掌握了有关对方的议题、谈判组合、利益等情况之后，还需要掌握对方的谈判目标。人们常常僵化地去思考对方的利益和目标点，从自己的目标点和价值观出发，认为对方也和自己一样有着相同的需要。一位总是追求高工资的经理可能会惊奇地发现，有些下属更看重工作是否具有挑战性、工作安排是否具有灵活性以及是否有休闲时间，而不是获取最高的工资。

如何了解和评估对方的目标点呢？虽然很少有人能够准确推测对方的目标点，但是大多数人并没有去系统地收集信息，而这正是应该做的。收集这方面信息的一种最好的方式是直接从对方获取。由于有关对方目标点的信息对于双方战略的制定非常重要，所以职业谈判者常常在谈判开始之前数天甚至数周，就要交换有关目标点和初始报价的信息。如果不能提前交换这些信息，谈判方就要计划在与对方第一次会谈时尽可能多地收集信息。

对方的委托人、社会结构和权威机构

在制定谈判计划的第 7 步中，了解对方展开谈判的更广阔的社会环境很重要。谁将参加谈判？他们对谁负责？他们可能遵守什么样的原则和规程？对这些问题的分析对于购买一台二手计算机来说可能非常简单，但是在大型的跨国谈判中相当复杂。

广泛的社会环境对谈判最直接的影响体现在与其他谈判者达成约束性协议的能力上。当谈判者代表其他人来谈判时，他们达成协议的权力可能受到多方面的限制。有时委托人规定谈判者不能达成任何有约束力的协议，谈判者的作用常常就是提出委托人的建议，或者收集信息然后反馈给他们的上司。

限制谈判者权力的原因很多。没有决定权的谈判者不可能违背他的委托人的期望，即便是再有说服力的论据对他也未必有用，因为决定权不在他手中。他也不可能随意透露敏感信息。虽然这些限制对于谈判者可能是有益的，但有时也会起反作用。“如果他没有决定权，甚至都不能告诉我他需要什么，那么我为什么要和他谈?”在这些情况下，展开的谈判就如同是一场徒劳无益的演习。如果谈判者总是需要和他的委托人商谈后才能提出意见，那么对方可能会拒绝继续谈判，直到有权回答问题和做出决策的人出现在谈判桌上。谈判团队应该慎重派出权力有限的谈判者。虽然谈判者不能签署未经授权的（以及可能是有疑问的）协议，但是他有限的权力会令对方失望并导致谈判关系紧张（参见第 11 章）。

更宽泛地讲，谈判者需要了解对方对协议支持或批准的决策机制，是需要高级管理人员来拍板，还是需要投票做出决定，或是需要根据多数人的意见做出决策，决策方式对于确定需要向对方中的哪位直接施加影响具有重大意义。

对方的声誉和谈判风格

正如前面所指出的，从对方过去的谈判行为就能够很好地预料到他们在今后谈判中的行为。即便谈判者过去没有和对方打过交道，通过曾经和对方打过交道的人进行交谈所掌握的情况也是很有价值的，如了解对方过去的行为是竞争型的还是合作型的。

这些信息是确定如何着手与对方进行谈判非常重要的决定因素。对方过去的名声是善于合作还是竞争，都可能影响在下一次谈判中采取的谈判战略。另外，从这些信息中得出的结论也具有潜在的危险。对方在今后谈判中的表现与过去是一致的只是一种假设。人们在不同的条件下、在不同的时间可能会有不同的行为表现。虽然收集有关对方过去行为的信息对于设定假设是一个合理的出发点，但是要切记，人们是会随着时间的推移而改变的。有位谈判研究人员指出：

> 假设是可能导致我们走向错误方向的潜在障碍……谈判的现实情况就是我们必须也应该针对对方做出假设……需要牢记的重要一点是：一切假设都不过是假设，它们再好也比不上一般的有根据的推测。不要迷恋你的假设，要检验它们的正确性。其正确性在没有得到证明之前，它们既不是对的也不是错的(Karrass，1974，p. 11)。

对方的声誉给谈判者留下的印象可能取决于以下几方面的因素：

1. 对方的前任是如何与你进行谈判的。
2. 无论是在相同的还是在不同的情境下，过去对方是如何与你进行谈判的。
3. 过去对方与其他人是如何进行谈判的。

谈判者的假设基于不同的基础，这将会不同程度地影响谈判者以后的行为。人们可能会利用这些信息来进行准备，并提醒自己注意将要发生的事情；人们也应该留意并积极寻找能够证实或推翻这些假设的新信息。然而，总是存在这样一种危险——无效的假设会将谈判者引入有关错误预言的自我应验中（我们将在第 5 章中对感知和决策偏差展开详细讨论）。这就是说，人们总是倾向于寻找和承认那些能够证实自己期望和假设的信息，而不去寻找或不承认那些不能证实或者否定自己期望和假设的信息。因此，如果谈判者假定对方将会表现得十分苛刻和具有进攻性，那么谈判者就会认为最好的防守就是进攻，并因此以进攻性的要求和挑衅性的行为开场。谈判对方可能泰然处之，或者以相同的方式回击，尽管他起初是想以合作的姿态进行谈判。当然，谈判对方如此反击之后，前面谈判者的假设似乎就得到了验证。如果发生的只是这种最初的误解，那么大家就会意识到这个问题并在矛盾升级之前将之纠正。然而，谈判者们的一些预期想法会使竞争性的不信任感和敌对情绪逐渐升级并恶性循环，这种恶性循环在国家之间以及劳工之间是很常见的（参见 Lewicki and Alderfer，1973；Pruitt and Rubin，1986）。

对方的战略和战术

最后，了解对方可能采取的战略和战术是有益的。虽然对方不可能直接泄露自己的战略，特别是当对方打算采用竞争型战略时，但是谈判者可以从谈判准备过程中收集到的资料做出推断。收集到的有关对方议题、目标、声誉、风格、备选方案以及权威性等方面的资料，可能会在很大程度上反映对方准备采取什么样的谈判战略。正如我们前面所指出的，在谈判展开的过程中，谈判者必须抓紧收集这些信息，如果预测错误，就必须重新调整自己的战略。

9. 向对方提出谈判议题

明确地提出自己的主张，并辅以充分的支持性事实依据和论据是谈判中非常重要的一个方面。用反面论据驳斥对方的论点是谈判中另一个非常重要的方面。

由于谈判涉及议题的广泛性和多样性，要想规定出收集信息的所有步骤是不可能的，但是有一些很好的通用方法供谈判者借鉴。谈判者可以提出如下问题来引导自己收集信息：

1. 哪些事实依据支持我的观点？我怎样可以证实或者证明这些依据是符合事实的？

2. 为了帮助我理清事实，我可以与谁进行沟通或咨询？现有哪些档案记录、档案文件或者数据源支持我的论点？我能否请专家加入谈判支持我的论点？

3. 以前是否有其他人在同样的情况下，就这些议题展开过谈判？我可以咨询这些谈判者，看看他们采用的主要论点是什么以及哪些论点有效、哪些论点无效吗？

4. 对方可能的观点是什么？对方的利益是什么？对方可能提出的论点是什么？我如何针对这些论点做出回应以及如何寻求能够进一步满足双方利益的更新颖的立场？

5. 如何组织和提出事实依据才能使之最具说服力？哪些视觉辅助工具，如图片、图表以及专家证言等，有助于或者能够使问题表述得最清晰？

在第7章和第8章中，我们针对如何利用谈判力以及如何组织信息陈述才能取得最大效能，为谈判者提出了许多建议。

10. 谈判必须遵守的规程

在谈判规程或者过程方面，谈判者需要考虑的问题很多：

● 我们应该遵守的谈判议程是什么？我们在第7步中曾简单地提到过这个问题。谈判者应当在初次会面之前单方面提出一份谈判议题清单。实际上，起草谈判议题清单的过程是非常重要的，因为它迫使谈判者要通盘考虑自己的立场和决定要达到的目标。单方面的谈判议题清单构成了初步的谈判议程，它代表着谈判者希望讨论的议题以及讨论这些议题的优先顺序（如，首先谈最重要或者最不重要的议题）。彭德加斯特（Pendegast，1990）提出，在制定谈判议程时，应当主要考虑5个方面：

1. 范围：应该考虑哪些议题？
2. 顺序：解决这些议题的顺序是怎样的？
3. 框架：应当如何提出这些议题？（参见第5章。）
4. 多个议题：应该逐一解决议题，还是分组或打包解决？
5. 方式：我们是应该首先努力达成基本原则，还是应当立刻解决每一个问题？

虽然谈判者可以提出单方面的谈判议程，但是这样做存在着潜在的风险。如果谈判者的议题清单与预先确定的谈判议程或者对方希望的议题清单不一致，那么谈判者可能会在谈判中提出一些对方毫无准备的，或者对方认为根本无法实现的谈判议题。当谈判对方提出一个己方完全没有任何准备的议题时，没有哪个谈判者喜欢这种惊喜，或者说是尴尬。在这种情况下，有经验的谈判者往往会请求休会，以便能有时间为这个新的议题搜寻信息、做好准备，但这样也会使谈判时间拖延。由于没有充分的时间做准备，谈判者甚至有可能拒绝将新议题加入讨论议程。如果谈判者还只是代理人，那么他可能不再想重新考虑之前的决定，或者也不愿意再花费时间考虑新议题了。因此，许多职业谈判者，如劳资谈判代表或者外交人员，常常是事先沟通或者协商谈判议程，他们希望在实质性地讨论议题之前就对在谈判议程中要讨论哪些议题取得一致意见。

● 我们应该在哪里谈判？在比较熟悉的环境中谈判，如在自己办公室所在的大厦或者城市，谈判者会感到游刃有余，因为他们熟悉环境，并且会感到更舒适和放松，可以直接利用一切便利条件，如秘书、研究资料、专家建议、计算机等。在跨文化谈判中（参见第16章），语言和文化差异会有一定的影响，而且谈判方可能不得不长途跋涉跨越多个时区、暂住在陌生的地方、吃不习惯的食物，还要解决其他类似的问题。如果谈判者想最大限度地减少这种主场优势，就必须选择一个双方都没有优势的中立地点。此外，谈判者还可以对环境的正式程度进行选择。正式的谈判一般在会议室或者酒店会议室举行，非正式的谈判可以在餐厅、鸡尾酒会或者非开放的机场贵宾休息厅里举行。

● 谈判时间多长？如果谈判者想要谈判过程长一些或者想拖延谈判，他们也许想就谈判时间进行磋商。我们何时开始谈判？面谈的时间是多长？何时必须结束谈判？何时要求暂停谈判休息一下或者和团队商量一下？

● 如果谈判失败怎么办？如果谈判陷入僵局会出现什么情况？我们能否重新开始？我们寻求中立的第三方帮助吗？（参见第 19 章。）我们可以尝试一些其他的方法吗？（参见第 17 章和第 18 章我们对使谈判重新回到原来轨道上给出的建议。）

● 如何记录已达成一致意见的内容？许多谈判者没有认识到准确地记录已经讨论过并且已达成一致的内容的重要性。记录员的工作被认为是单调乏味、令人厌倦的，但是有经验的谈判者知道这项工作至关重要。首先，擅长做好记录的人常常成为会谈的“备忘录”，因为以后要参考他的记录来确定发表了哪些意见和讨论了哪些问题。其次，擅长做好记录的人还可能自愿起草草签协议。这个人在一定程度上可以自由确定协议的措辞、协议的重点或者非重点。最后，如果协议的技术性非常强或者非常复杂，谈判者肯定希望由专家和专业人员对协议进行审查，如律师、财务分析人员、会计师等。

在新型谈判关系中，有关程序问题的讨论应该在提出主要的实质性问题之前完成。可以将解决程序问题的难易程度，看作检验谈判在实质问题上如何展开的试金石。如果谈判者在解决程序问题上很顺利，那么谈判在实质问题上就比较容易达成一致。

● 如何才能知道达成的协议是一个理想的协议？最后，一旦谈判结束，有没有一套现成的程序能够对达成的协议进行系统的评估？一是要将达成的协议与最初的计划进行对比；二是要看面对对手以及在结构上和程序上受到各种制约的情况下，谈判者是不是已经尽了最大的努力（参见专栏 4.3）。

专栏 4.3

重启谈判

谈判顾问杰斯沃德·萨拉卡斯（Jeswald Salacuse）提出，重启谈判的原因通常有两种：协议最初的设计不完美，或者协议所处的周边环境发生了变化。萨拉卡斯提出以下两组建议：谈判失败之前如何应对，以及谈判失败之后如何应对。

谈判失败之前：

1. 与另一方建立关系，万一谈判破裂，可以利用这种关系；
2. 花一些时间去建立关系；
3. 如果谈判失败，提供重启谈判的机制；
4. 如果谈判面临失败，考虑引入第三方（参见第 19 章）。

谈判失败以后：

1. 避免消极应对和愤怒；
2. 分析重新谈判是否值得，是否会彻底摧毁双方关系；

3. 通过重新谈判创造新的价值；

4. 充分评估谈判失败的成本；

5. 引入所有关键方；

6. 为重新谈判设计合理的环境和流程；

7. 考虑如何引入协调者或第三方的帮助。

资料来源：From J. Salacuse, "Redoing the Deal," *Negotiation Newsletter*, Harvard Business School Publishing, August 2005.

本章小结

制定谈判计划是谈判中一项至关重要的活动，但是正如我们在本章一开始所指出的，谈判者常常出于各种原因没有这样做。制定有效的谈判计划使谈判者能够设计一整套行动方针以指导他们达成协议。虽然随着谈判的进行以及谈判环境的变化，谈判计划常常需要修改或者修正，但是有计划的谈判，其有效性远高于没有计划的谈判。

本章首先引入谈判战略的基本概念，接着回到前面章节所讲的双重关注模型，介绍了谈判战略选择模型。在对模型进行描述之后，我们讨论了设定清晰谈判目标的重要性。精心准备计划的谈判者要在以下方面做出努力：

1. 理解在即将到来的谈判中必须解决的主要问题。

2. 将所有的谈判议题汇总起来，并理解谈判组合的复杂性。

3. 理解和明确议题深含的关键利益。

4. 明确底线，底线决定了中止谈判的价位。

5. 明确备选方案——这个交易不成功时，可另外进行的其他交易。

6. 明确要达到的目标点和初始报价，即从何处入手开始谈判。

7. 了解委托人及其期望。

8. 了解谈判对方的目标、议题、战略、利益、局限性、备选方案、目标点、初始报价和职权。

9. 规划向对方（也许是自己的委托人）提出和“推销”自己观点的过程。

10. 明确谈判过程中的重要事项，如谈判议程、谁来谈或者谁观察谈判、谈判的时间和地点等。

当谈判者对上述问题深思熟虑后，就会知道自己的需要，也会对如何展开谈判有清醒的认识。这些认识以及由此而来的自信心，将是影响谈判结果的非常重要的因素。

关键术语

战略（strategy）：为了达成谈判目的，谈判者的整体计划以及一系列行动。

战术（tactics）：战术是短期的、可调整的措施，其目的是制定或追求更广泛和更高层次的战略而采取的短期、适应性的举措。

替代方案（alternatives）：谈判者能够达成的，并且同样能够满足需要的其他协议。

调和（accommodation）：一种最终分出

胜负的战略，其结果是“我输你赢”，适用于谈判者希望让对方获胜、保持与对方的关系，或者不想因为执着于达成实质性目标而与对方闹僵的情形。

注释

[1] See Richardson (1977); Asherman and Asherman (1990); Burnstein (1995); Fisher and Ertel (1995); Lewicki, Hiam, and Olander (1996); Lewicki and Hiam (1999); Greenhalgh (2001); and Watkins (2002).

第5章 感知、认知与情感

学习目标

1. 理解感知、认知与情感在谈判中的重要作用；
2. 探索感知如何会造成偏差，并导致谈判和判断中的偏差；
3. 思考偏见和谈判框架如何影响认知（也即信息处理过程），以及情感和情绪如何影响谈判；
4. 获得如何管理谈判情境中的感知、认知和情感的建议。

人类的一切社会活动都受到人们对活动对象的认知、当时的情境以及自身的利益和立场的支配，从这个意义上说，感知、认知和情感是构成包括谈判在内的一切社会交往的基本模块。了解人们是如何感知周围环境，处理信息和经历各种不同的情况，对于理解人们在谈判中的行为方式十分重要。

本章我们从分析心理学上的感知与谈判过程的关系入手，将重点分析那些可导致谈判者出现理解问题和表达问题的感知失真的形式。然后，讨论谈判者如何利用信息做出战略和战术决策，也就是认知过程。认知的讨论从两个方面展开：一是我们将重点放在确定框架上，即战略性地运用信息并明确表达所谈问题或者谈判形势；二是讨论在信息处理过程中谈判者容易出现的以及影响谈判效果的各种系统偏差，也称认知偏差。在这一章中，我们还将讨论谈判者如何解决错误感知和认知偏差问题才能取得最大的战略优势和最大限度地消除其带来的不利影响。

然而，社会交往不仅仅是感知和认知的问题。我们在与他人的交往过程中都在体验和表达情感。当然，在谈判过程中也不例外。在本章的最后一节，我们将讨论情绪和情感在谈判中所起的作用。情绪和情感既是在谈判中表现出某种行为的原因，也是谈判结局产生的结果。

5.1 感知

感知的定义

在本节中，我们会分析关于感知和交流的心理学原理，并举出几个在谈判领域中的例子。谈判者如何对待每一场谈判，受其对以往谈判情境的感知、对当前态度和行为的感知支配。他们对谈判对手未来行为的预期及由此导致的结果部分地取决于直接经验或观察所得到的信息。

感知是个人与其所处环境相联系的过程。我们感兴趣的是个人在同诸如谈判情境这样的社会环境联系时的感知。一个人理解信息和事件的方式会受到许多事情的影响，比如感知者当时的思想状态、角色，还有对以往交流的理解。[1]谈判的目的在于准确地感知并诠释另一方在说什么，想表达什么。当然还取决于其他参与方对情境的感知以及感知者自身的行为方式。现在我们来更详尽地看看感知形成的过程以及如何影响谈判的进程。

感知是生理和心理的反应。长期以来人们对它的定义是：对刺激进行筛选并诠释，因此对个人有独特意义（Steers，1984，p. 98）。感知是一个“意义建构”的过程。人们解释他们的环境所具有的意义，然后才能恰当地做出反应（参见图 5—1）。环境通常是错综复杂的，有大量形形色色的刺激源，每个刺激源又都有着不同的属性，如数量、颜色、形状、构造等。环境的复杂性使人们不可能对所有可用的信息都进行处理，于是感知变得具有选择性，选择某些刺激源同时又放弃某些刺激源。因此，有许多可使人们迅速处理信息的感知“捷径”。遗憾的是，由此而带来的感知效率的提高是以牺牲感知的准确性为代价的。

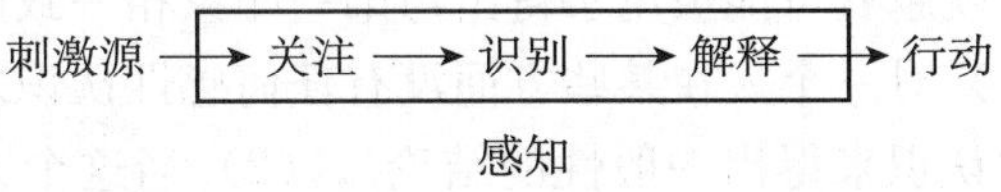

图 5—1　感知过程

感知失真

在任何特定的谈判中，感知者自身的需要、愿望、动机以及个人经验都可能使其对对方的感知产生一种倾向性。这种倾向性就是导致感知和后续的沟通出现偏见和偏差的主要原因。关于感知和交流的研究可以追溯到几十年前（比如 Bruner and Tagiuri，1954），而在谈判中涉及这个话题的研究则晚了许多（比如 Thompson，1995）。我们将讨论 4 种主要的感知偏差：刻板印象、晕轮效应、选择性感知和投射作用。刻板印象和晕轮效应是由于以点概面而导致感知失真的例证，即用少量的感知信息得出对个体带有普遍性的结论。相反，选择性感知和投射作用则是由于预测他人具有某些特性和品质导致的感知失真。感知者滤除和曲解了信息，从而得出不符合实情的观点。

刻板印象是感知过程中一种非常普遍的失真现象。当人们以他人属于某一特定的社会群体或人口群体为依据，而将某些特性强加给他人时就会产生刻板印象。刻板印象的形成对象是各种不同的群体，如年轻的一代、男性或者女性、意大利人或者德国人，还有不同种族、不同宗教信仰的人以及不同性取向的人等。针对每一个群体，刻板印象的形成过程是一致的。人们基于一点感知信息（如这个个体是年轻人还是老年人）便将一个个体归属于某一群体，然后将这个群体具有的其他各种特性强加给这个个体（如"老年人都保守，这个人是老年人，因此也保守"或者"年轻人都不懂礼貌，这个人是年轻人，所以也不懂礼貌"）。得出老年个体是保守的这样的结论可能并没有事实依据，它所基于的只是普遍认为老年人这个群体具有保守的特性，这种看法也许准确，也许不准确。将某一群体所具有的特性强加给某一个体就会出现偏差。

刻板印象一旦形成，通常很难改变。用单一的标准，甚至是一个随意采用的标准，将人们划分成不同的群体的过程，促使群体成员将自己定义成"我们"，而将其他群体定义成"他们"，然后在"我们"与"他们"之间进行评价性比较。在某些特定的情况下，人们更有可能诉诸刻板印象。比如时间压力、认识压力和心情都会使人们更加依赖于刻板印象（de Dreu，2003；Forgas and Fiedler，1996；Devine，1989）。群体之间资源的竞争、价值观，以及意识形态的冲突等显著强化了刻板印象的形成（Sherif，Harvey，White，Hood and Sherif，1988）。

感知中的晕轮效应与刻板印象类似。不同之处是它不是以群体成员作为分类的依据，而是根据对个体的某一个特性的了解，去归纳出其他各种特性（Cooper，1981）。例如，面带微笑的人被认为比紧锁眉头或愁容满面的人更诚实，而微笑和诚实之间并没有必然的联系。晕轮效应可能是正面的，也可能是负面的。如果是从一个好的特性出发来归纳一个人其他的特性，对这个人的评价就会很高；反之，如果从一个不好的特性出发，则会得出完全相反的结论。一个特性对个体总体评价的影响力越大，就越有可能被用于得出与第一印象相一致的看法。感知中的晕轮效应常发生于：（1）对一个人在某些方面没有任何感性认识之时（因此，只能从对这个人其他方面的认识来得出一般性的结论）；（2）当这个人很出名的时候；（3）当这些特性具有很强的道德含义时（Bruner and Taigiuri，1954）。

晕轮效应和刻板印象都是谈判中常见的公害。谈判者容易（或在压力下）根据最初的一点有限的信息（如外表、所属群体或者最初的讲话等）很快地形成对对方的印象。谈判者对对方的第一印象往往一直保持到双方有了更深一步的了解，在这个过程中不断加入新的信息，逐步形成前后一致的看法。最后需要说明的是，如布鲁纳和塔久瑞（Bruner and Tagiuri）指出的，对对方形成的道德方面的印象，如诚实或不诚实、道德或不道德，很容易影响到对其他多方面特性的感知。

选择性感知出现在当人们仅看到支持或强化以往认识的信息，而忽略不支持以往认识的信息之时。选择性感知具有使刻板印象和晕轮效应永久化的作用：在有限的信息的基础上，对个体形成第一印象后，人们可能就会摒弃有悖于第一印象的证据。对方使谈判者认为其诚实或者富有合作性的最初的一个微笑，也可能导致谈判者忽视一切可能体现其工于心计或者争强好斗的言行。如果谈判者认为对方最初的微笑是一种假笑，那么谈判者可能就会对对方为建立诚实、合作的关系而付出的努力视而不见。在这两种情况下，谈判者自身的偏差，即先入为主地将对方的微笑视为诚实或者不诚实的表现，很容易影响谈判者对对方行为的正确感知和理解。

投射作用产生于人们将自身的特性或获得的感受强加给别人时。投射作用通常是出于保护自我的需要，即认为自己永远正确和友善。谈判者可能认为如果对方处于他们的位置，也会有同样的表现（也会以相同的方式做出回应）。例如，如果谈判者认为自己处于对方情境时会感到沮丧，那么他也会表现出沮丧的情绪。然而，人们对相似的情况反应往往差异较大，因此将个人的情感和信念投射给其他谈判者可能会出现偏差。比如，如果谈判者对推迟谈判确实感到很焦虑，但又必须告诉对方谈判不可避免地要推迟时，他可能寄希望于对方在听到这个消息时也表现出沮丧。虽然对方可能会感到沮丧，但是也有可能对方会感到高兴，因为这可能给他们完成另一个项目创造了机会。沮丧只是谈判者心态的一种投射。当谈判者具有这种投射的心理时，很可能会过度估量另一方了解他们偏好或想法的程度。换句话说，谈判者倾向于认为自己的偏好可以更明显地为对方所了解（Van Boven，Gilovic and Medvec，2003）。

感知偏差会影响谈判过程的诸多方面，而且一旦形成会持续相当长一段时间。虽然这种方式有助于个人对复杂的环境和情况有一些快速的感性认识，但是随之而来的是巨大的代价——感知错误。感知错误通常在人们没有意识到的时候发生，而且常常带来意想不到的不好结果。例如，偏差会影响对于另一方的期望，对对方立场、合作或妥协的意愿做出假设。这些假设反过来会让谈判者在谈判早期就采取一种竞争、防御的立场。这一连串的事件带来的问题是：如果最早的假设是错误的，那么谈判者就无法改变这些假设带来的后果；等到谈判者可以较为准确地判断对方的倾向性时，对方则会把谈判者最开始采取的带有竞争性和防御性的方式看成是具有攻击性的敌对行为。当不同团队长期处于敌对关系时，比如工会和管理层由于激烈的罢工而相持不下，夫妻在办理离婚时，这类问题会变得格外尖锐。

5.2　确定框架

在感知和谈判中的另一个重要问题是确定框架问题。框架是人们借以评估和认识所处环境，从而决定应该采取或者避免采取哪些行动的一种主观机制（Bateson，1972；Goffman，1974）。确定框架有助于说明“谈判者如何根据过去的经验来设想一整套行动”。确定框架和重新确定框架，以及信息和立场的重新评估是与信息处理过程、信息模型、语言暗示、社会意识有着密切的联系（Putnam and Holmer，1992，p. 129）。确定框架是对我们周围世界的关注、定型和组织，也就是理解错综复杂的现实并用我们所能理解的语言加以定义。简言之，框架给人、事件或者过程明确了一个界定范围，并将它们与其周围的复杂世界区别开来（Buechler，2000）。

在研究认知过程、决策、说服以及沟通的社会学家中，确定框架已经成为一个非常流行的概念。人们认识到，处于同样情境下或者遇到同样的复杂问题的两个人或者多个人，常常以不同的方式来看待或者界定他们所处的情境或者遇到的问题。确定框架正是随着这种认识的深入而流行起来的（Thompson，1998）。例如，两个人走进同一间挤满人的房间但看到的场面是不一样的，一个人（性格外向者）看到的是一场盛大的舞会；另一人（性格内向者）看到的却是令人惶恐、局促不安的人群。因为人们有着不同的背景、经历、期望值和需要，因此也就用不同的眼光或框架去看待人、事件和过程，而且他们的眼光或框架还会随着观点而改变，或者随着时间而改变。两个小男孩之间的追人游戏可能变成一场斗殴。橄榄球四分卫触地得分时是“英雄”，但如果被中途拦截就成了“狗熊”。

框架在谈判中非常重要，因为人们可能遇到同样的争论，但是由于“人们的背景、专业或者过去的经历不同，就可能以完全不同的眼光来感知这些分歧”（Roth and Sheppard，1995）。框架就是对这些个体化的情境解释进行标注的一种方式。早期的管理学家玛丽·帕克·福利特（Mary Parker Follett）是最早提出整合式谈判的学者之一，她认为达成合作协议的谈判各方之所以能达到统一，“并不是让步的结果，而是将各方的愿望纳入到同一个视野的结果”（Follet，1942，于1992年被帕特南和霍尔默引用）。尽管她未使用过框架这个词，但福利特确定是在描述当各方在讨论各自偏好和优先级时框架是如何出现并形成的。因此，在谈判各方讨论各自的偏好和优先事项的过程中，框架就会浮现并逐渐凸显，它使各方开始明确与当前情境相关的共同存在的问题，以及解决这些问题的过程。

谈判各方如何确定框架和明确所要谈判的问题，清晰地反映出谈判者的以下信息：他们认为什么是实现谈判目标的关键，对某种可能的谈判结果的偏爱程度和期望值，寻求利用什么样的信息来支撑他们的观点，用什么样的程序来表达他们的观点，以及以什么样的方式来评估实际结果。[2]框架的出现是不可避免的，而且没有人能够回避框架。当人们从某一个方面对复杂的社会状况做出定义或清晰地表达出自己的看法时，就已经暗含着选择了某些框架而忽略了其他框架。对于谈判者而言，这个过程并不是刻意选择的过程。人们可以基于过去烂熟于心的经验、根深蒂固的看法和价值观或者强烈的情感来确定针对某种情境的框架。框架也可以基于不同类型的信息或者提供信息时的场景得以形成。

理解影响确定框架的各种因素，有助于谈判者有意识地改善框架的形成过程，进而更好地掌控这个过程。谈判者如果理解了他们是如何确定框架的，就能够更全面地理解自己及对方的所作所为，以及如何更好地掌控谈判过程。最后，当今的理论研究成果和许多实证研究成果表明，框架可能具有可塑性。如果是这样的话，框架就可以通过谈判过程中的信息沟通与交流重新确定。在后续的内容中，我们将从以下几个方面讨论框架问题：

- 框架的不同类型。
- 框架在谈判情境中是如何发挥作用的。
- 通过利益、权力、谈判力确定谈判框架。
- 框架如何随着谈判形势的发展而变化。

框架的类型

有些学者对不同背景下的框架类型进行了研究。借用在环境纠纷中的框架（Gray，1997；Gary and Donnellon，1989；Gary and Elliott，2003），我们提供如下谈判各方在处理纠纷时采用的框架类型：

1. 实质型——面对冲突，采用实质型框架的谈判者直接针对冲突中的关键问题或者冲突焦点。

2. 结果型——谈判者倾向于在谈判中达成某种具体的结果。如果谈判者希望取得具体的、倾向性的结果，那么他的主导框架可能就是所有的战略、战术以及沟通都围绕着取得这个结果而展开。坚定地采用结果型框架的谈判者很有可能进行竞争型谈判（单赢或两败俱伤），而不是其他类型的谈判。

3. 愿望型——在谈判中倾向于满足多方面的利益或者需要，不是以某一具体的结果为重点，而是试图确保基本利益和需要得到满足，或者基本问题得到解决。坚定地采用愿望型框架的谈判者很可能进行合作型谈判（双赢），而不是其他类型的谈判。

4. 过程型——谈判者如何解决冲突。坚定地采用过程型框架的谈判者与其他类型的谈判者相比，很有可能对具体的谈判结果关注较少，更多地关注谈判如何进行，或者如何解决分歧。当谈判的主要矛盾是程序性的而不是实质性时，过程型框架就会显示其强大的作用。

5. 身份型——谈判者如何定义他们的“身份”。谈判者都是来自不同社会群体的成员，如属于某一性别、信仰某一宗教、属于某一民族、出生在某地、现居住在某地等，这些都是人们可用于确定自己的身份并使自己有别于他人的分类方法。

6. 个性型——谈判者如何定义对方。个性型框架可依据与对方的经历、对方的历史和声誉等信息，或者对方在谈判初期的表现而清晰地形成。身份型框架往往是正面的，而个性型框架往往是消极的，二者相互冲突。

7. 输赢型——谈判者如何确定某一谈判结果的风险和回报。例如，在销售谈判中，购买方可能从损失（采购的货币成本）或者盈利（物品的价值）两个方面来看待这笔交易。我们将在本章有关认知偏差的内容中详细讨论这种类型的框架。

框架在谈判中的作用

尽管框架的概念及其在谈判中的作用很令人信服，但是在这个领域的研究很难进行。除非对方告知（听对方说或者从对方的话语中判断）或者从对方的举止中推断，否则要想得知对方采用什么样的框架是很难的。即便如此，猜测对方采用的框架也是很难的，而且常常漏洞百出。再者，在听对方告知或者从对方的言谈举止中判断其采用的框架的过程中，也可能会带有偏见。但是，有关框架问题的研究成果有助于我们理解谈判各方如何确定谈判的本质；如何通过沟通来为各自的框架辩护和改变对方的意向；如何在各方的框架显然不一致的情况下消除分歧。以下是通过对谈判记录进行语言学分析（Gray，1991，1997；Lewicki，Gray and Elliott，2003）和对框架效果分析时得出的一些重要结论：

1. 谈判者可能采用的框架不止一种。某土地开发商讨论在一片湿地建设高尔夫球场存在的冲突时，他可能谈及高尔夫球场（实质型框架），谈及他倾向于如何填平湿地（结果型框架），谈及邻近居民以及环境组织决定如何处置这些私有的湿地时需要做出多大的投入（过程型框架），谈及他对这些环境组织的看法（个性型框架）。

2. 谈判各方在框架上的不协调是导致冲突的根源。谈判双方可能从不同的框架出发展开谈判（如一方采用结果型框架，而另一方却采用过程型框架），也可能采用的框架相同但内容不同（如双方都采用过程型框架，但倾向于不同的过程），还可能双方的抽象层次不同（如一方采用广义的愿望型框架，而另一方则采用特定的结果型框架）。诸如此类的种种不协调都可能产生冲突和歧义，由此使双方产生误解，最终导致冲突升级甚至使谈判陷入僵局，也可能导致双方重新确定框架，使双方的框架更加相容，最终使问题得到解决。如果冲突十分激烈，没有第三方的帮助，双方几乎没有可能重新确定框架。

3. 不同类型的框架可能导致不同类型的谈判。谈判者会根据框架的不同想出某些策略、做出相应的认识和情感的回应。例如，如果谈判者采用的是一个感情用事的谈判框架，那么他们往往会全情投入并且会表现得非常好斗，从而更容易让谈判进入死胡同（Conlon and Hunt，2002；Hunt and Kernan，2005）。同样，采用身份型框架的谈判者更倾向于在谈判时保护这种已有的身份，从而会拒绝那些威胁到他们个人或社会身份的信息和提议，也会对谈判产生不利影响（Cohen et al.，2007）。

4. 针对某些类型的问题很可能采用特定的框架。就薪资问题进行谈判的谈判者可能采用结果型框架，针对关系问题展开谈判的谈判者很可能采用个性型框架。

5. 不同类型的谈判会使用不同类型的谈判框架。比如，达成整合式协议的谈判方往往使用愿望型框架，并在深思熟虑之后对大量的项目进行讨论。反之，当谈判者使用结果型框架或是消极描述的框架时则很可能会对另一方持有消极看法，并对某些特定的结果有某种强烈的偏好——这转而会加剧冲突，带来竞争型的谈判结果（或者根本就达不成任何协议）。

6. 谈判各方出于各种因素的考虑很可能采用某种特定的框架。由于谈判者在价值观、个性、权力、背景以及社会关系等方面存在差异，可能导致谈判者采用不同的谈判框架。专栏5.1给出了一个具体的案例。这其中的许多因素会在接下来的各章有更深入的探讨，如第7章、第15章和第16章。

专栏 5.1

中国式谈判框架

虽然娴熟的谈判者都知道谈判双方采用的谈判框架是由其经验和文化所决定的，但是很少有人能够做到不以批判的眼光来审视与其感知冲突的文化因素。例如，乔治城大学（Georgetown University）的凯瑟琳·廷斯利（Catherine Tinsley）从中国文化中归纳出在中国进行谈判的谈判者应当认识的5个概念：

● 社会关系。中国人认为对一个人的认识应该立足于更大的社会群体背景，而不是将其作为孤立的个体来看待。

● 和谐。由于人生来便处于一定的社会关系当中，因此人们非常重视和平共处。

● 角色。为了保持社会和谐，人们必须理解和按照关系网络中的角色要求行事。角色不仅决定了人们在社会关系层次中所处的位置，也明确了其担负的责任、掌握的权力和应有的特权。

● 相互的责任。不同的角色决定了人们在社会关系网络中应承担的责任。这些责任一直传承下去，从而巩固了一代又一代人之间的社会关系。

● 面子。中国人非常看重“面子”，在社会交往中这是一个非常重要的问题。如果一个人的行为举止与其角色不相称或者未能履行相应的义务，便会感到丢了面子。中国人十分看重面子，以至于不丢面子已经成为人们履行职责的主要动力，其结果是关系等级不断延续。

同中国人进行谈判，必须慎重考虑这些文化现实给如何看待冲突带来的影响。例如，谈判者常常借助个人关系网来取得理想的结果。这种认识被廷斯利称之为“关系型谈判框架”，它纵容谈判者通过寻求有权势者的支持和借助自己的社会合法地位来增强自己的谈判力。对于来自崇尚个人主义文化背景的谈判者而言，可能会断然拒绝接受，并以所提的建议不受欢迎为由拒绝，而这种理由在弘扬集体主义精神的中国文化背景下却有着极大的说服力。同样，处于关系型框架中的谈判各方很可能征求来自外部的意见，调整立场并使之与更大的社会集体目标相一致，也许是一种非常有效的战略。

资料来源：C. H. Tinsley，“Understanding Conflict in a Chinese Cultural Context，” in R. Bies，R. Lewicki and B. Sheppard (Eds.)，*Research on Negotiation in Organizations*，vol. 6 (Stamford，CT：JAI，1997)，pp. 209 - 225.

另一种解决框架问题的方法：利益、对错与权力

尤里、布雷特和戈德堡（Ury，Brett and Goldberg，1998）还提出了一种解决框架争执的方法，它建议冲突中的各方采用如下三种框架之一：

利益。人们通常关注自己的需要、期望和要求。当人们谈及“立场”时，通常是指潜在的利益。某人说他需要一部能发送文本的手机，但是实际上他需要的是一个新的电子玩具，因为他的朋友们都有这样的玩具。在争端中注重利益的各方通常能够找到解决问题的方法。

对错。人们通常还关心谁对谁错，即谁是合法的、谁是正确的或者如何才是公平的。关于对与错的争执通常是通过帮助相关各方寻找到一条确定谁对或者双方都可能对的公平途径来加以解决。这种解决方式通常必须采用一些标准或规则，比如说轮流处理、各打五十大板、长者优先等。在谁对谁错的争执中，通常要由正式或者非正式的仲裁者来决定按照谁的标准来评定对错更适当（参见第19章）。

权力。人们可能也希望借助权力来解决谈判。借助权力解决谈判问题，有时凭借的是谁的权势大或者谁可以压倒对方。但是，通过这种方式解决谈判问题，更多的是投入其他类型的成本，如经济实力、专有技术、法定权力等。借助权力解决争

端通常的结局是一输一赢，使结果走向极端。

谈判者可以选择借助利益、对错还是权力来解决谈判问题。同样的谈判可以通过不同的框架来解决，其产生的结果也不同。例如，一个学生与校园附近的汽车修理店就汽车维修费用问题产生了争执，学生认为汽车修理店收取的费用高得离谱，有些维修工作不是他所要求做的，而且修理店用了最昂贵的配件，甚至在维修完成之前连审查账单的机会都没有给他。这个学生可以采用以下三种框架之一来解决争端：

（1）利益。这个学生可能想，"小型商店店主有权对高质量的工作收取一个公平的价格。我会去试着弄明白店主对修理费的要价体系；在这个过程中，我们会讨论对这份维修的合理价格是多少。然后我会支付要求的金额，而且我下次很有可能还会再来这家店。"

（2）对错。这个学生在某个夏天曾在一个汽车修理厂工作过，从而知道汽车修理费是按照标准手册上列明的劳动成本（工作小时数×每小时工资）加上那些零部件的成本。"我会请求查看这份手册以及这些零部件的发票。我还会到之前工作过的修理厂，问问店主是否认为这份价格虚高。然后我会提出要依据零部件成本加上工人的每小时工资进行支付。"

（3）权力。"我会到修理店对店主要高价的行为大喊大叫，还会威胁说——要告诉所有的朋友不要再来这家修理店了。此外，我要给报纸写信，说明这家修理店的恶劣行径。我的妈妈是名律师，我可以让她给店主打个电话。我会给他们点教训的！"

请注意，不同的框架导致学生与修理店店主之间的谈判是完全不同的，而且学生解决问题的方式也会影响店主如何做出回应。学生越是借助于权力解决问题，店主也就越有可能动用自己的权力予以反击（如，学生不付钱就扣车、在费用问题上毫不退让、让自己的律师解决问题等），从而导致双方矛盾激化，可能最终诉诸法庭。相反，如果学生更多地运用利益框架，修理店老板也很可能采用利益框架，双方会就所提供的服务哪些是合理的展开谈判。虽然学生最后可能支付的多一些（与他借助权力赢得这场争执相比），但是谈判的基调可能截然不同，而且学生有可能处于更有利的位置获得折扣或者长期回报。

问题的框架随着谈判的进展而变化

谈判中所明确的重要问题会随着谈判的进展而改变。不要仅仅重视谈判各方在开始谈判时所采用的主导框架，注意框架随着谈判各方的相互沟通而发生的变化（转换）也非常重要。例如，费尔斯特纳、埃布尔和萨拉特（Felstiner，Abel and Sarat，1980—1981）针对法律纠纷的一项著名的研究成果指出，这些纠纷在"明确问题、分清责任和提出诉求"的过程中呈现不同的形式。明确问题意味着在纠纷中各方标识或辨别出问题并明确其具体细节。分清责任是在明确问题之后，各方试图确定谁或者是什么原因导致问题产生。提出诉求是遇到问题的一方试图针对引起问题的一方，决定如何抗衡、如何罚款或者采取其他行动的过程。

谈判各方就谈判组合中的各类问题展开的对话沟通左右着谈判者的谈判框架。正如帕特南和霍尔默（Putnam and Holmer，1992，p. 138）所说的，框架并不是个人认识的特征，而是谈判者在整个谈判过程中，对问题、共同行为进行定义时所构建起来的。尽管谈判双方最初可能利用类似于我们前面所介绍的各类谈判框架进行谈判，但是由于每一方都试图维护自己的立场反对对方的立场，因此双方据此展开的沟通过程左右着谈判。至少有4个因素影响着双方之间的对话：

1. 谈判者讨论的往往是一些老生常谈或者是每次谈判都要谈的问题。例如，在劳资谈判中，可能总是要谈及工资和工作条件问题。不仅工会总是提起这些问题，资方也预计会提出这些问题，并做好了对此回应的准备。詹森（Jensen，1995）称对核心问题的谈判可以重组，包括更多或更少的问题，从而提高找到解决办法的可能性。关于全球性谈判，斯佩克特（Spector，1995）建议在“民族主义、道德或意识形态”框架下的冲突可能很难得到解决，在这类冲突中，调解人的一个主要任务是提出一些创新性的新框架（参见第19章）。

2. 双方都试图使谈判朝有利于自己的立场或者观点的方向发展。一方收集事实、数据或者其他有利的证据，说服对方接受自己的观点或论点。在谈判初期陈述观点时，双方各说各理的情况十分普遍，每一方都试图主导谈判的过程，而不是在倾听对方意见的基础上再去反驳，而且双方都想通过控制核心问题来控制谈判进程。但是，当双方开始根据对方的观点来反驳对方或者改变自己的观点时，他们的论点已经开始发生变化（Putnam and Wilson，1989；Putnam，Wilson and Turner，1990）。

3. 框架可能决定着整个复杂的谈判过程中的变化和转折。伊克尔（Ikle，1964）在讨论外交谈判时指出，成功的谈判过程划分为“建立架构和协商细节”两个阶段。在这两个阶段，“双方先寻求妥协和折中，确定大体的目标和原则，然后才拟定谈判的详细要点。正如列维奇、韦斯和卢因（Lewicki，Weiss and Lewin，1992，p. 225）指出的，建立架构阶段，限定双方所要讨论的问题，协商细节阶段，则允许就具体问题展开争论或者一揽子解决，达成双方都可接受的解决方案。”威廉·扎特曼和他的同事（Zartman，1977；Zartman and Berman，1982）还将“建立架构和协商细节”模式划分为三个阶段：（1）诊断阶段。在这个阶段中，谈判各方认识到有必要改变或者改进自己的观点，要重新审视谈判的有关过程，形成新的立场。（2）建立架构阶段。在这个阶段中，谈判各方试图就冲突达成共识，其中包括共同的条件、参照物以及公平标准等。（3）协商细节阶段。在这个阶段中，谈判各方根据基本架构提出具有可操作性的详细解决方案。

4. 最后，多个谈判议题也促进了谈判框架的形成。虽然谈判者通常只有一个或者两个主要的谈判目标、优先事项或者核心问题，但是经常还有许多次要问题或事项。这些次要问题的存在常常会改变就主要问题展开的谈判（Putnam and Geist，1985）。在对两个校区的教师谈判进行的透彻分析中，帕特南(1994) 揭示出在整个谈判过程中问题是如何转化的。例如，课时安排问题演变成了教师备课问题、个人保险费用问题转化成了保险收益范围问题等（Putnam，1994）。

随着问题的转化，确定框架中最重要的一点是重构框架的过程，也就是谈判者在谈判过程中所使用的语气、语调以及谈判重点的转变方式。问题是由几种因素形成并重构框架的，包括：（1）质疑问题的重要性、稳定性或解决方案可行性的论

“在向爸爸、妈妈解释这件事情之前，
我们一定要想好借口。”

据；（2）谈判者“举个例子”向其他方解释重构的必要性及逻辑；（3）在谈判进程中，多重问题的管理和相互作用（比如：将谈判议题增加、减少、捆绑）（Putnam and Holmer，1992）。重新确定框架是一个动态的过程，在一次谈判过程中可能要发生多次。当双方试图挑战对方、陈述己方观点和反驳对方观点时，或者当谈判各方设法寻求解决看似不可调和的矛盾时，就会重新确定框架。重新确定框架的过程还可能发生在一方运用隐喻、类比或者具体的案例来阐述自己的观点，导致对方也采用隐喻或者具体案例来作为界定谈判形势的一种新的方式之时。重新确定框架的过程可能是一方或另一方有意为之，也可能是一方提出的问题激发了另一方的创造力和想象力的结果。无论是哪一种情况，谈判各方都常常提出一种新的解决问题的途径。马拉·奥利卡兰（Mara Olekalns）和同事的研究表明当谈判者发现谈判对手改变框架时，他们会改变自己的信息策略（Olekalns，Robert，Probst，Smith and Carnevale，2005）。

小结

确定谈判框架的过程就是聚焦、塑造和组织我们周围的世界，使我们能够理解复杂的现实世界，并以一种我们所能理解的方式定义现实世界的过程。我们讨论了不同类型的框架及其对理解谈判战略选择的重要性。就如何确定解决问题的框架，我们可以给谈判者提供如下建议：

- 框架决定了谈判者认为哪些问题是关键性问题以及如何就此展开谈判。一旦谈判者对要谈的问题、要取得的成果和采用的谈判过程有了自己倾向性的意见，就应该设法确保让对方认可和接受自己所倾向的框架。
- 谈判双方都有框架。如果双方的框架一致，双方就很可能将重点放在共同的问题和对谈判情境的共同认识上。如果双方的框架不一致，双方的沟通就可能存在困难。以不同框架进行交流的谈判者应当首先认识到他们可能在各说各的、互相设限，需要重构谈判框架以便能够在相互兼容的“波段”内交流。
- 框架至少在一定程度上是可控的。如果谈判者理解己方和对方采用的框架，他们可能将沟通过程转向希望对方接受的框架上。
- 沟通过程以谈判者可能无法预测，但能控制的方式改变框架。在谈判者讨论问题、提出依据和证据、主张采取一系列行动的过程中，沟通的内容在改变，采用的框架也随之改变。谈判者能够跟上变化，并且能够掌握其朝什么方向发展至关重要。

● 某些框架可能比其他框架更有可能导致某些类型的过程和结果发生。例如，竞争型谈判者更倾向于对自己采用积极的身份型框架，而对对方采用消极的个性型框架，同时更偏爱采用输赢型的谈判过程来解决争端。认识到这些倾向，谈判者就可以重新架构自己的观点、对方的观点以及解决争端的机制，以便使解决争端的过程更加高效。

5.3　谈判中的认知偏差

本章到此，我们已经分析了信息是如何被感知、被过滤、被歪曲和被取舍的。本节我们将分析谈判者在谈判的过程中如何利用信息做出决策。由于谈判者（像所有的决策者一样）不是高超的信息处理人员，显然他们在处理信息时就有可能出现系统误差[3]，这些误差统称为认知偏差，往往影响谈判者的表现。认知偏差表现在 12 个方面：(1)承诺的非理性扩大；(2)迷信“蛋糕的大小是固定的”；(3)决策中的锚定与调整过程；(4)议题和问题框架的确定；(5)信息的可用性；(6)赢家的诅咒；(7)谈判者的自负；(8)小数法则；(9)自利偏差；(10)赋值效应；(11)忽视对方认知的倾向；(12)反射性贬值。接下来我们逐一详细讨论这些偏差。

1. 承诺的非理性扩大

谈判者有时不断地对某一行为加大承诺，即使就其行为本身而言已经包含了非理性的成分也依然如此。这种行为是称为“承诺升级”的心理学现象之一。承诺升级是指个体有在错误的道路上越走越远的趋势（Brockner，1992；Staw，1981；Teger，1980）。这方面经典的案例有：一个国家在不可取胜的武装冲突中，持续不断地投入大量的军事力量；投资者在不断下跌的股市中投入大量的资金以期能够转运（就像人们有时将承诺升级通俗地称为“打水漂”）。承诺升级的情境被定义为：人们在面对初始资源分配的消极反馈、未来结果具有不确定性以及需要决定是否继续时不断地进行重复决策的过程（而不是一次性决策）（Brockner，1992，p. 40）。

承诺升级部分是由于个人在感知和判断上的偏差造成的。一旦确定了行动方针，谈判者常常为其选择寻找支持性证据，同时却忽略或者没有寻找否定性证据。最初的投入变得不容置疑（见“锚定与调整”的内容），加上希望一直要坚持下去，谈判者由此变得无法改变这种趋势。坚持下去的愿望常常因为不丢面子和在他人面前保持专家或强者的形象而变得更加强烈（参见第 11 章）。没有人愿意承认错误和失败，特别是当对方可能将此看作你的弱点时。承诺升级在下面的情境中都是很常见的：工会罢工并期待管理层最终会认输、在竞标场和拍卖会上、谈判者愤怒地威胁对方最后却自食其果。

一种改变这种趋势的方法是请一位顾问进行监督，这个人不会一时冲动，而是在谈判者不经意间出现非理性行为时提出警告。库（Ku，2008）进行的一项研究发现如果决策者对之前承诺升级感到后悔，那么在这一轮中承诺升级就不太可能发生。不幸的是，许多谈判者和决策制定者也许没有经历过这样承诺升级的情况，就无法从中学习经验教训了。因此这里很有必要强调库在一个后续实验中的发现：人们在做关键性决策前，可以让他们想象在做出承诺升级之后可能带来让人后悔的结果，这样人们就倾向于不做出承诺升级了。

2. 迷信“蛋糕的大小是固定的”

许多谈判者认为一切谈判中的“蛋糕”都是固定大小的（Thompson，1990b）。谈判者常常将合作型谈判机会当作零和情境或者输赢情境来对待。迷信“蛋糕的大小是固定的”的谈判者认为合作性地解决问题和实现互惠是不可能，他们不愿意为此而努力（参见 Pinkley，Griffith and Northcraft，1995；Thompson and Hastie，1990a，1990b）。在薪酬谈判中，认为薪酬是唯一谈判议题的应聘者在雇主开出52 000美元时，可能坚持要55 000美元，只有当双方讨论成交的可能性时，他们才发现搬家的费用以及开始工作的日期也是可谈的，这些都有助于他们解决薪酬问题。

是否将谈判看作“分配固定大小的蛋糕”，因人们对特定冲突情境的本质认识的不同而不同。这一点可以从戴德勒和范维尼（de Dreu and van Vianen，2000）一个非常巧妙的实验中体现出来，其中包括控方和被告律师对刑期进行的模拟谈判，一些参与者被告知在对待目标时要考虑到个人利益（比如安排一个特别的刑期会有助于参与者今后事业的发展），而其他的参与者则被告知要注重效力（一个特别刑期最可能防止再犯），还有些参与者被告知要注重价值观（一个特别刑期是否公平和公正）。以个人利益为重的谈判者最有可能受“蛋糕大小是固定的”信念的影响，用竞争的方式来解决问题。以价值观为重的谈判者则不太容易从“固定蛋糕”的角度出发看待问题，更倾向于用合作的方式解决问题。比如在有时间限制的压力下，就会出现这种通常的认知错误，而这又反过来会导致不那么完整的协议（de Dreu，2003）。“固定蛋糕”的信念因谈判者对于互相交流的文化价值观的不同会有所差异（见专栏5.2）。

专栏5.2

文化对固定蛋糕迷信的影响

迈克尔·盖尔芬德和索菲亚·克里斯塔克波洛（Michaele Gelfand and Sophia Christakopoulou，1999）对谈判者将谈判当作分配“固定蛋糕”的可能性是否会随着谈判者的文化价值观而变化这一问题进行了调查研究。他们认为在一些文化中，人们更容易在谈判开始时就形成对“固定蛋糕”的判断，然而在另一些文化中，这种情况在谈判结束之后发生的可能性更高。盖尔芬德和克里斯塔克波洛对比了个人主义文化与集体主义文化下的谈判者，其中前者注重个人权力、成就和竞争，后者则强调团队成果、相互依存及和谐。他们预计来自个人主义文化中的谈判者会更加着重于自身的利益和优先权，从而降低了对对方利益的准确判断，最终形成一个持久的假定：蛋糕是固定的。

盖尔芬德和克里斯塔克波洛在一个模拟商务谈判中对这个估计进行了测试。这个谈判的参与者是来自美国一所大学的大学生（高度个人主义文化）和来自希腊一所大学的大学生（高度集体主义文化）。参与者要求在谈判开始和结束之后通过电子邮件记录下对对方利益和期望的判断。通过这种方式，如果谈判者认为对方的利益与自己的利益完全矛盾，那么"固定蛋糕"这一感知就出现了。

与期望的一样，研究者发现在谈判的初始阶段，美国与希腊的谈判者在"固定蛋糕"误差的水平上没有区别。然而，在谈判结束之后，相比希腊人，美国人在判断另一方利益时更明显地会出错，这表明他们有一个假定"固定蛋糕"的偏见。谈判者的文字记录还说明希腊谈判者更能洞察并意识到另一方的利益，并对此作出更多的陈述。有一点很奇怪，尽管美国谈判者在判断上更容易出错，但他们在谈判之后，往往比希腊谈判者更自信地认为他们对另一方利益的认识是非常准确的！

资料来源：Adapted from M. J. Gelfand and S. Christakopoulou, "Culture and Negotiator Cognition: Judgment Accuracy and Negotiation Processes in Individualistic and Collectivistic Cultures," *Organizational Behavior and Human Decision Processes* 79 (1999), pp. 248-269.

在第 3 章，我们通过提供选择的步骤给出了弱化这种"固定蛋糕"信念的建议。戴德勒、库勒和斯坦（de Dreu，Koole and Steinel，2000）的研究显示，"固定蛋糕"认知可以被能决定谈判方式并处在控制地位的谈判者淡化。在试验中，一些谈判者被告知，他们事后会被专家询问谈判中发生了什么，这些谈判者相信"固定蛋糕"的程度比那些没有期待有专家问责的谈判者要弱化。负有责任的谈判者还能够就谈判双方达成更高的共同价值达成一致意见。将责任引入谈判中增加了使个人克服"固定蛋糕"信念并争取达成更全面的协议的机会。

3. 目标锚定与调整

在目标锚定与调整方面出现的认知偏差，与在谈判过程中调整目标所依据的标准（或锚点）有关。谈判中确定锚点的一个经典案例是——在听到对方的第一次报价时，谈判者会想"哇，这个报价比我预期的要低多了，也许我出错价了，是不是应该重新考虑我的目标和战略呢"。类似这样的锚点对收到信息一方的谈判者来说是一个潜在危险的陷阱，因为一个锚点（如初始报价或者预期的目标）的选择可能正好基于错误的或者不全面的信息，将误入歧途。但是，锚点一旦选定，谈判者往往就将其作为一个真实有效的基准，据此来调整其他方面的判断，如谈判标的的价值，还价的尺度（Kristensen and Garling，1997，2004）。[4]例如，研究表明，房地产经纪人对房屋的估价受卖方报价的影响很大（Northcraft and Neale，1987）。卖方报价在评估房屋价值中是一个非常便于使用的锚点。谈判的目标，无论是根据实际确定的，还是随意确定的，都可以作为锚点。这些锚点对于对方可能是公开的，也可能是不公开的，而且谈判者这样做，可能是有意的，也可能是无意的。还有证据表明，锚定的作用在不同的文化背景下会很不一样。最近的一项研究发现，初始的提议会带来锚定效应，其中美国谈判者会阻碍达成共同利益，但是日本谈判者则会促进达到双赢的结果（Adair，Weingart and Brett，2007）。在谈判的整个准备阶段，都有唱反调的人或者对实际情况进行监督的人，有助于防止锚定和调整出现偏差。

4. 确定议题框架及风险

正如我们在本章前面所讨论的，框架是在收集信息和解决问题时所采用的观点。确定谈判框架的过程可以使人们明确某些行为而规避其他行为。确定谈判框架会引导人们在谈判中成为风险偏好者、风险规避者或风险中性者，然而谈判框架的不同确定方式可以使谈判者多少都有点变得厌恶风险或者追求风险。例如，当谈判的目的是为了“获得”某物而不是为了“避免失去”某物时，人们的反应是完全不同的（Schurr，1987）。[5]当谈判者不去触及价格下限，而是紧扣更高的目标价格时，谈判可以达成一个更好的结果（Galinsky，Mussweiler and Medvec，2002），尽管框架及风险的倾向对谈判结果的影响表面上看起来受到谈判任务本身的影响更大（Bottom，1998；Bottom and Studt，1993）。

一个确定问题框架的方式会影响谈判者对风险的认识，从而影响对风险作出的反应。研究得出的基本结论是“预期理论”（Kahneman and Tversky，1979）：当决策问题的框架被确定为可能赢时，人们更偏向于规避风险；当决策问题的框架被确定为输时，人们则更偏向于追逐风险。下面这个典型的工资谈判案例可以很好地诠释这一点（改编自 Bazerman and Neale，1992）：

1. 你当前的工资（47 000 美元）。
2. 潜在雇主给你的初始工资（52 000 美元）。
3. 你愿意接受的最低工资（55 000 美元）。
4. 你预估公司愿意给的最高工资（57 000 美元）。
5. 你最初的工资要求（52 000 美元）。

追逐风险或是规避风险可能取决于评估出价和让步的参考点。因为你是用参考点来评估谈判的过程和成功与否，所以参考点是很重要的。在这个工资谈判的例子中，有几个不同的参考点。如果你将当前工资（47 000 美元）当作参考点，那么在与当前工资比较时，你会认为 52 000 美元的工资让你获得了收益。但是如果你用来比较的标准随着以上列表向下移动，那么同样 52 000 美元的工资对你来说就是一种损失了（好比说你接受的最低工资是 55 000 美元）。这样的区别是重要的，因为如果你认为雇主提出的工资于你有利，那么你就会更倾向于规避风险而不是冒险去尝试得到一个更高的工资。如果你认为提议的工资对你而言是有损失的，那么你就会冒险去争取一个更好的结果。高希和博尔特（Ghosh and Boldt，2006）最近的一个实验就说明了这个效应：他们让公司经理要么以目前可以获得的利润为重，要么以未来交易中可预见的利润为重，从中发现具有消极框架的后者相对于具有积极框架的前者来说灵活性要低一些，并有着更高的期望值，而且认为可以得到更高的利润。

关于谈判中对风险的框架效应有两点需要谨记：（1）谈判者对于风险并不总是漠不关心；（2）但是不一定会相信他们对于风险的直觉（Neal and Bazerman，1992a）。换言之，谈判者对预见到的失败可能反应过度，而在同样情境下，如果预见到的是赢，他们做出的反应可能会更积极。因此，作为一个谈判者，你必须“在确定框架时避免有缺陷，同时要从正反两个方面去理解对方的框架”（Neal and Bazerman，1992a，p. 50）。当谈判者偏向于规避风险时，他们很可能接受任何可行的报价，主要是因为他们害怕失败；相反，当谈判者偏向于追逐风险时，他们可能会等待下一个更好的报价或者对方进一步的让步。

积极的/消极的框架确定过程是重要的，以渐降的工资谈判为例，同样的报价可能引出的行动完全不同，它取决于谈判者如何从输赢出发来确定行动的框架。如果谈判框架很消极，这样的谈判往往几乎不会有让步，也几乎不会达成协议，而且与框架很积极的谈判相比，谈判者还会认为结果不够公平（Bazerman and Neal，1992）。消除确定框架中这些潜在的有害效应的方法，与我们曾提到的消除认知偏差的方法类似（如知晓偏差、有足够的信息、进行透彻的分析和对实际情况进行监督），但是这些方法难以奏效，因为框架常常与人们坚持的价值观和信仰密切相关，或者与难以发现的其他锚点密切相关。

5. 信息的可用性

谈判者还必须注意由于信息的可用性或者信息检索的难易程度而引起的偏差，也就是评估决策过程时，调用和利用信息的难易程度引起的可能偏差（Tversky and Kahneman，1982）。在谈判中，表现形式形象、生动、引人注意的信息往往有偏差，但容易获得，当这些信息在评估事件和替代方案的过程中成为主要的和至关重要的信息时，就会出现由于信息可用性而导致的偏差。用某种清晰的图表、图解或者公式等形式（即便是过于简化的形式）表示的信息虽然不够准确，但被认为比用复杂的格式表示的准确信息更直观、更易使用，而忽视了信息的准确性。

信息的可用性对谈判的影响，还体现在用惯常的信息搜索方式获取信息上。如果谈判者有自己喜爱的信息收集方式或者搜索关键信息的方式，那么他们将反复利用这些方式，有可能过于看重通过这些方式获得的信息的价值。在第 4 章中，我们指出许多谈判者不做计划，或者所做的计划过于看重那些很容易获得的有限信息。当谈判者计划不当时，他们会冒险沉浸于可获得性偏差中，从而失去完整分析的优势。

6. 赢家的诅咒

赢家的诅咒是指谈判者在快速解决问题后，又对过于容易的胜利感到懊悔的倾向，特别是拍卖中有这种倾向（Bazerman and Samuelson，1983）。[6]如果对方让步太快，谈判者常常会感到疑虑，“我是不是要价太低了?”“这个条款、产品以及替代方案有什么不对吗?”谈判者可能会怀疑对方掌握的情况太多或者获得了未曾发现的利益。因此，他们不是认为“我本可以取得更好的谈判成果”，就是认为“这次交易一定亏了”。

例如，几年前，本书的一名作者曾在古董店看到一个他和夫人都非常喜欢的钟。在周围转了一下午，确定了谈判策略（初始报价、底线、时机、装作不感兴趣以及红脸/白脸策略）后，他和夫人返回古董店开始实施其策略。没想到店主接受了他们的第一次报价。他们一回到家，就受到赢家的诅咒的困扰，索性将钟放在车库，任其布满灰尘。

最近的研究表明赢家的诅咒一部分源于反事实的思考过程。反事实的思考是指谈判者对“如果提议没有被接受，现在的情况又会怎样”这一情形的设想（Kahneman and Miller，1986）。谈判者越容易思考出比当前协议更好的方案，他们的满足感会越低（Naquin，2002）。对于“什么是有可能发生的呢”这一问题的反向思考不仅会在谈判者知道一个不好的结果后给他们带来不满，还会影响他们以后的行为。一项研究指出，那些在首次提议被接受后却表现出不满的谈判者称他们在之后的谈判中会倾向于不首先发起提议（Galinsky，Seiden，Kim and Medvec，2002）。另一项研究发现当谈判者进行反事实思考时会降低达成一个满足双方利益的整合式协议的可能性（Kray，Galinsky and Markman，2007）。然而，这种合作力的下降可能还取决于反事实思考的种类，克雷（Kray）和他的同事在一个后续的实验中发现思考未来可能机会的谈判者（有哪些可以做的事情）比那些沉浸于错误中的谈判者（那些不应该做的事情）更有可能达成整合式协议。

应对赢家的诅咒的最好方法是防止它发生。充分的调查和准备，可以使谈判者对解决方案合理的价值做出独立的判断。谈判者还可以设法让对方做出品质保证，以确保得到的结果没有缺陷。

7. 谈判者的自负

自负是指谈判者具有超越现实地相信他们具有保持正确和准确的能力的倾向。自负对谈判有双重影响：一是强化谈判者对错误的或者不恰当的立场或替代方案的支持程度；二是可导致谈判者轻视对方对问题做出判断的价值和正确性，实际上是切断了从对方获取信息、利益和达成合作型谈判所必需的替代方案的来源。比如，尼尔和贝泽曼(1983）的研究发现，未经过自负偏差意识培训的谈判者往往高估取得成功的可能性，与经过培训的谈判者相比，他们妥协和达成协议的可能性极低。

利姆（Lim，1997）对自负的谈判者进行了研究。在谈判开始之前，与适度自信的谈判者相比，那些自负的谈判者会认为达成协议的可能性更高一些，而且他们认为可能获得的收益更大。利姆还发现过于自信的个体比适度自信的个体更固执，更关注自己的结果。

表面上看起来，谈判者对自己的能力都有一种过度自信，而且这种过度自信会影响谈判中的感知和行为。值得指出的是，过度自信会降低发现并利用综合潜力的可能性，但是这并不意味着谈判者时刻都应该抑制自己的自信和乐观。博顿和佩斯（Bottom and Paese，1999）对分配式谈判的一项研究发现，与感知准确或者偏向于悲观的谈判者相比，偏向于乐观的谈判者达成的谈判结果更有利。显然，对乐观、自负与谈判结果之间的相互影响还需要做更多的研究。

8. 小数法则

在决策论中，小数法则是指人们具有从少数事例中得出结论的倾向。在谈判学中，小数法则是指谈判者根据自己的经验来获得或推断事实的方法。如果谈判者见识不多、经验有限（如以前经历的谈判都是很艰难的竞争型谈判），其倾向就是将他以往的经验推广到将来的谈判中（如所有谈判都是“竞争性”的）。这种倾向常常导致预言的自我实现，例如，预料对方将以竞争性的方式与自己进行谈判的人，很有可能把对方的行为看作竞争性的，而且会以更加竞争性的方式对待对方。对方随之会认为该谈判者的行为证明他倾向于竞争性谈判战略，并且也以同样的方式对待他。谈判者以往的经验越有限，那么错误地运用过去的教训，来推断将来可能发生的事情的可能性就越大。过去有效的风格和战略将来可能无效，而且如果将来的谈判与过去的谈判完全不同的话，那么过去的经验很可能是错误的（专栏5.3总结了一些关于时间是如何影响谈判者的有趣案例）。

小数法则的一个有趣案例是“热门谬误”——一个错误的信念让人们相信一些事件有发生的趋势并且会持续下去。这个谬误会让人们认为一些小事件是具有代表性的，却忽略了这些小事件是来自于许多大事件（Tversky and Kahneman，1971）。研究发现，在诸如棒球、篮球、曲棍球等运动中出现“热门”连胜并没有为这种现象的出现提供任何数据上的证据（比如 Gilovich，Vallone and Tversky，1985；Koehler and Conley，2003）。维珍（Vergin，2000）的一项研究观察了28支职业棒球联盟队和29支国家篮球协会队伍在整个赛季中连胜和连败的表现，发现在随机情况下，是不存在连胜和连败的，也没有证据表明输赢与之前比赛的结果有任何关联。

专栏5.3

谈判时间是否对你有利

谈判是如何受到谈判达成协议和得到执行之间时间延迟的影响呢？一对夫妻计划出行的典型谈判可以很好地说明这个问题。

一对夫妻对于旅行可能会有完全相反的偏好，他们首先将找一个或近或远的时间坐下来解决他们对于假期的分歧，接着，在分歧解决并达成一致之后，再过一段时间才真正出门旅行。在这两种情况中，当时间增加时，达成或实现协议的时间也会往后推迟（Henderson，Trope and Carnevale，2006，p. 714）。

近几年研究者非常关注“时间距离”。奥霍森、加林斯基和乌普格罗夫（Okhuysen，Galinsky and Uptigrove，2003）在协议达成和执行之间的延迟是如何影响这些协议的效率和质量这一问题上开展了一系列的实验。研究人员发现，当谈判者发现在谈判和结果之间有更多的时间时（实验中以一年和两个星期作为对照），双方会达成一个更好的结果，而且谈判者认为之后的谈判过程没有那么强的竞争性，对方也不会太具有攻击性。为什么会有这样的情况发生呢？奥霍森和同事认为因为有了更多的执行时间，谈判者最大化自身利益的压力被分散了，因此也更容易做出让步和妥协，达成一个更好的协议。

如果这是真的，那么我们就会期待在谈判和执行之间谈判者可以有更多的时间，从而促成一个双赢的结果。亨德森、特罗佩和卡内瓦莱（Henderson，Trope and Carnevale，2006）为了确认以上观点进行了三次实验。他们发现协议和执行之前的时间越多，谈判者更倾向于：（1）在优先级高的问题上立场坚定，但是对于优先级低的问题会做出让步；（2）对多个问题提出解决方案，而不是仅仅关注单一问题；（3）更愿意互相合作（与另一方在优先问题上进行权衡分析）。正如我们所知的（见第2章），这些谈判行为有助于整合式协议的达成。

更多的时间，在共赢和整合式结果可期时，对你有利。

资料来源：G. A. Okhuysen，A. D. Galinsky，and T. A. Uptigrove，“Saving the Worst for Last：The Effect of Time Horizon on the Efficiency of Negotiating Benefits and Burdens，” *Organizational Behavior and Human Decision Processes* 91（2003），pp. 269－79；M. D. Henderson，Y. Trope，and P. J. Carnevale，“Negotiation from a Near and Distant Time Perspective，” *Journal of Personality and Social Psychology* 91（2006），pp. 712－29.

9. 自利偏差

人们常用人的因素（如这种行为是由于这个人的能力、心情或者付出的努力等内在因素所决定的）或者环境因素（如这种行为是由于任务、他人或者运气等外在因素所决定的）来对一个人的行为做出解释（Heider，1958）。在解释一个人行为的过程中，有一种倾向是高估个人因素或者内在因素的作用，而低估环境因素或者外在因素的作用，这种倾向称为基础归因偏差（Ross，1997）。例如，假设有个学生早上上学迟到了，也许是由于这个学生懒惰（内在的性情方面的原因）造成的，也许是由于开车上学的途中车胎爆了（外在的环境因素）造成的。如果没有其他信息的话，教授往往倾向于用内在因素作为解释（学生懒惰）。认知偏差常常由于行为者与观察者效应而加剧——在行为者与观察者效应中，人们常常将自身的行为归因于环境因素，将他人的行为归因于内在因素（Jones and Nisbett，1976），正如一句谚语所说的，“如果我把事情搞砸了是运气不好（外在因素，其他人的过错等），如果你把事情搞砸了就是你的过错！”

已有研究文献证明了自利偏差对谈判过程的影响。例如，巴布科克、王和洛温斯坦（Babcock，Wang and Loewenstein，1996）的一项研究发现，不同学区的谈判者都以自利的方式来选择对比学区，也就是说，在为学区活动选择对比标准时，他们会选择那些让自己的学区看起来更有优势的标准。在另一项研究中，戴德勒、瑙塔和范德弗利特（de Dreu，Nauta and van de Vliert，1995）发现谈判者都认为他们的策略比对方的策略更具建设性，而且这种自利偏差的强度随双方之间冲突的升级而增强。汤普森（1995）发现谈判的参与者在预计对方可能选择的结果时的准确度没有旁观者高。他还发现对同一立场的旁观者而言，对谈判的参与度会降低他们对另一方偏好感知判断的准确度，无关旁观者对此判断的准确度却较高。汤普森的研究结果表明当人们认为自己是“正确”的时候，这种自信与正确的感知并无关系。

研究表明，自利偏差会影响人们在谈判中对公平的感知。迈克尔·盖尔芬德和同事们（Gelfand et al.，2002）调查了自利偏差中的文化差异，发现相对日本来讲，美国的利己主义倾向更大，对公平存在更大的感知偏差。研究中的参与者认为他们自身的行为要比其他人更加公正，而且相信在第三方的眼中，他们的行为会比对手的行为表现得更加公正。研究结果说明了自利偏差和谈判结果之间的联系：越以自我为中心的谈判者得到利益、达成一致的可能性越低。

感知误差还可以用信息评估中的偏差或曲解来解释。例如，错误共识效应是指高估某人的立场、观点或者行为的支持度或共识度的倾向（Ross，Greene and House，1977）。如果有些共识性信息是存在的，但存在的概率很低（比如只有1%的可能性），许多观察者会忽略这些信息，从而产生一种称为基准率谬论的偏差（Bar-Hillel，1980）。我们还有一种倾向认为自身的信念或看法是有可靠的信息基础的，而对方的信念是基于错误的信息（Fragale and Heath，2004）。这种倾向表明，尽管人们希望获得准确的判断，但这种希望通常带来感知的精确度而不是客观的精确度。这些念头对谈判的危害很大，因为受这种效应影响的谈判者将会对可能的谈判策略或谈判结果做出错误的判断。

10. 赋值效应

赋值效应是指对自己所拥有的物品评价过高的倾向。卡曼、尼奇和塞勒（Kahneman，Knetsch and Thaler，1990）在一系列咖啡杯试验中，都确凿地证明了赋值效应的存在。在一项试验中，一部分参与者被问到咖啡杯值多少钱，他们认为咖啡杯的价值略高于 3 美元。第二部分参与者被要求作为潜在的买主来给咖啡杯定价，他们给出的每个杯子的平均价格略低于 3 美元。然后，将这些杯子真的给了第三部分参与者，并问他们给多少钱才能够将他们的杯子出售，他们的要价是 7 美元。[7]从这个例子可以看出，当人们拥有一件物品时会高估物品的价格，即便这件物品的真实价格是已知的。

在谈判中，赋值效应可导致对价值的过度夸大，有碍于达成好的交易。贝泽曼、穆尔和吉莱斯皮（Bazerman，Morre and Gillespie，1999）就环境问题展开的谈判情境下，讨论赋值效应问题。贝泽曼及其同事认为，目前的现状所起的作用就如同是“一个潜在的失效的锚点，使互惠贸易更加难以实现”（p. 1288）。他们用以下例子来说明——一个虚拟的环境保护者因为考虑到保护和修复生态的费用，从而过于强调保护当前生态环境的重要性。贝泽曼等称，“这个结果的斜率很可能会非常陡，因为环境保护者会努力抗争来保护他们认为正在遭受破坏，而且一旦失去就再也无法修复的自然环境”（p. 1288）。

相似的情况也会在谈判中接受提议时出现。科汉、尼尔和罗斯（Curhan，Neale and Ross，2004）证明，一旦某个提议被接受了，那么相对于谈判者在整个谈判过程中提出的其他提议，他们会更倾向于这个被接受的提议。这项发现可以用认识失调理论（Festinger，1957）来解释——一个人认识、态度、信念或行为的不一致会产生心理上的不适（通常情况下）。在这个案例中，谈判者预期的结果和真实被接受结果之间的不一致会导致失调。为了减轻这种不适，谈判者对于刚接受的结果会附加更多的主观价值判断。

11. 忽视对方的认知

谈判者通常不询问对方的看法和想法，这种做法导致他们谈判时掌握的信息不全面，从而产生错误的结果。忽视对方的认知，使谈判者对本来十分复杂的过程的思考简单化，导致他们采用更具竞争型的战略，并且无法认识到双方的行为和反应具有偶然性。虽然忽视对方的感知可以归因于针对对方的某些基本的、深层次的偏差，但是研究表明，它是在有风险和不确定性情况下，使做出决策这种复杂的任务变得更加简单的一种方法（Carroll，Bazerman and Maury，1988）。研究还指出，培训并意识到这种偏差只能在一定程度上减少其效应（Carroll，Delquie，Halpern and Bazerman，1990）。忽视对方认知的做法根深蒂固，只有谈判者明确地下大气力，并做到准确地理解对方的利益、目标和观点时才能避免。

12. 反射性贬值

反射性贬值是指仅仅由于让步使对方做出的贬低这个让步的过程（Stillenger，Epelbaum，Keltner and Ross，1990）。这样的贬低可能是出于情感（“我就是不喜欢他”）或者是由于过去的经历所造成的不信任。反射性贬值会导致谈判者最大限度地低估令他厌恶的一方做出的让步，不愿意对此做出相应的让步或者在对方做出让步后谋求更多的让步（Nealle and Bazerman，1992b）。一项研究发现，即使当谈判者对对方没有消极情绪时，这种效应也会发生（Moran and Ritov，2002）。保持客观地看待谈判过程，委托同事进行谈判，在做出任何让步之前先了解清楚双方在替代方案以及让步方面的偏好（Stillenger et al.，1990），或者借助第三方来调和或者筛选让步过程，可以将反射性贬值的影响降到最低（参见第19章）。

5.4 应对谈判中的认知偏差

人们在收集和处理信息过程中会不自觉地形成错误感知和认知偏差。情况越复杂，信息出现偏差从而有碍于判断和决策的可能性也越大（Hammod，Keeneyand Raiffa，1998）。专栏5.4中列出了一整套有可能会发生的决策陷阱。谈判者可能会过于依赖错误的假设和数据，以至于最后达成的结果不是最优的。

如何更好地应对错误感知和认知偏差是一个难题。当然，应对这样的偏差，首先要意识到偏差。然而，只意识到是不够的。研究表明，仅仅告知人们出现了错误感知和认知偏差对于消除其影响几乎没有作用（Babcock and Loewenstein，1997；Thompson and Hastie，1990a）。例如，福尔曼（Foreman）和莫宁汉（Murnighan）试图教会学生在一系列的拍卖模拟活动中避免出现“赢家的诅咒”。他们在4周的时间里讲解了128种拍卖的结果，但是发现这种培训对于减少“赢家的诅咒”没有什么作用。

专栏5.4

决策陷阱和谈判

1. 贸然急进。在没有充分了解问题的关键时就得出结论（比如，在没有准确地定义问题时，为了得到一个定量或实质性的决定，便莽撞地将谈判进行到最后一个阶段）。

2. 对于自己的判断过于自信。由于与自己的假设和观点相矛盾，于是阻塞、忽略或不能准确地寻找真实的信息（比如，过于遵循单边战略，忽视在谈判过程中出现的其他信息）。

3. 被框架误导。错误地理解并错误地解决了一个问题，往往是因为选用的框架不合适，而忽略了一些替代方案，并没有弄明白目标（比如，强行将一个目标复杂的争端用诸如金钱这样简单具体的方式来解决）。

4. 缺乏对框架的控制。不能通过检验不同的框架来决定这些框架是否适用于正在讨论的问题，或者很容易被对方的框架过度地影响（比如，因为对方利用了我方的弱点而没有达成某项协议，于是我方同意了一个次优的方案。参见Neale and Bazerman，1992a）。

5. 抄近路。错误地借用经验，比如便利但是具有误导性的参考点经验（比如，接受对方新的提议，而过去的经验却证明对方不可能这样做）。

6. 鲁莽行事。有太多的信息要处理，而没有用一个系统的方式来评估并做出选择（比如，仅仅凭直觉或眼神交流来决定接受某个方案，并相信这个问题不会再发生，就算发生，他们也能轻易地解决）。

7. 群体失败。没有有效地管理团队进程，与之相反，认为聪明、出于善意的个人可以提出一个持久、高质量的团队决策（参见贾尼斯（Janis，1982）对“团队思维”的研究。比如，为了推进问题的解决，团队也许会通过投票来决定接受哪一个解决方案，剥夺不为这个方案投票的少数人的权利，从而停止协商的过程）。

8. 用反馈来欺骗自己。要么出于保护自我，要么因为事后聪明，不能准确地对待反馈（比如，在处理因为没有掌握更全面的信息或没有充分准备，而被对方牵着走时的尴尬处境时）。

9. 没有跟踪事情发展的动向。学习是自动发生的，因而也就不需要对决策和相关的结果做系统的记录（比如，忽视收益、通过让步达成的协定、在谈判中相互平衡、不会将谈判中得到的经验教训应用到以后的谈判中）。

10. 不去审视自己决策的过程。没有建立和使用计划来避免这里提到的陷阱，或没有充分地理解个人的风格和弱点（甚至在经历了频繁的失败后，还教条地遵从一个错误的或不合适的谈判方法）。

资料来源：Adapted from J. E. Russo and P. J. H. Schoemaker, *Decision Traps: The Ten Barriers to Brilliant Decision Making and How to Overcome Them* (New York: Simon & Schuster, 1989).

“当心，这可能是个陷阱！”

怀特和西本尼厄斯（Whyte and Sebenius，1997）采取一种不同的方式来减少锚定和调整偏差。他们让谈判者进行小组讨论，来观察小组在一个将要进行的房地产谈判中是否可以在设定初始报价、期望水平和底线等环节时减少不恰当的锚点。结果说明个人和小组在以上环节都会使用锚点，但是小组更容易受到锚定和调整效应的影响。这表明仅仅与小组成员就如何设定初始报价、期望水平和底线进行讨论并不能减少锚定和调整效应。

我们已经讨论过的一些偏见属于谈判的框架问题，比如谈判者如何处理风险的正面（得）和负面（失）影响。当这些框架在谈判者之间没有匹配时，就很难达成一致。重新构建和定义框架是一种很有效的补救措施。比如，与其把某种可能的结果看作一种损失，谈判者可以将其重新定义为一次获利的机会（Kahneman and Tversky，1979）——就是用积极的方式来处理给定问题。谈判者还可以尝试以不同的方式或者从不同的角度来看待或者理解当前的情境来重新确定谈判框架。例如，他们可以通过明确是宏观问题还是微观问题、是大问题还是小问题、风险大还是风险小、时限要求紧还是宽等来建设性地重新确定问题框架。由于重新确定问题框架要求谈判者在谈判过程中必须随机应变，因此谈判者在制定谈判计划的过程中就应该预测到谈判中可能会出现多种意外。确定框架和明确议题的过程反反复复意味着谈判者不可能一开始就制定出滴水不漏的谈判计划，但是他们必须做好准备应对谈判中的变化。专栏5.5为谈判者通过重新定义框架来更有效地达成结果提供了一种有效的思维方式。

专栏5.5

应对消极情感

在谈判中情感的出现是不可避免的，而且想避免或消除情感也是不现实的。谈判学者芭芭拉·格雷（Barbara Gray）认为有效率的谈判家会思考如何处理对方试图激怒我们时的突发情感。在如何与具有不稳定情感甚至具有伤害性的对手打交道时，她提供了以下建议：

1. 将情感与表达分离。情感也许是对方表明一种重要利益的方式。为什么对方会有这样的行为呢？什么样的利益会重要到让对方想加以强调呢？

2. 扭转局面。换位思考，并且可以这样问自己，"为什么我会这样做？"这也许可以帮助你认识到在这样的环境下这种情感的爆发是合理的。这种方法并不是让你接受对方的行为，而是它可以反映出在谈判中出现的一些可以辨识的需要或需要解决的利益问题。

3. 对表达出的情感做出反应。有时候强烈的情感是对方想让需求被听到的一种暗示，这种方式可以确认你在听他的诉求。你不需要表示你认同这种情感或对任何事情做出让步，你只需要认识到对方是有情感的，这也许就是对方的目的。

4. 通过问问题来发现情感背后的问题或利益。了解根本的担忧可以帮助你从情感转移到具体事情上来，你一旦知道对方的担忧，可以将其搬到谈判桌上进行谈判。

资料来源：Adapted from B. Gray, "Negotiating with Your Nemesis," *Negotiation Journal* 19 (2003a), pp. 299-310.

告知人们认知偏差存在，或者在小组讨论中予以讨论，并不能消除偏差。可惜在如何管理认知偏差这方面的研究少之又少。阿鲁纳恰拉姆和迪拉(Arunachalam and Dilla，1995）的一项研究是一个例外，参与者在一个模拟的谈判中，用非结构化或结构化的交流方式，在同一家公司的两个分支机构间设立交易价格。在非结构化情景下参与者被提前告知角色并要求为谈判做相应的准备。然而对于用结构化交流方式的小组，参与者被要求在谈判前完成一份问卷——判断他们认为对手在谈判中的优先事项是哪些，随后他们就如何有效地确定问题、讨论优先事项接受了相关训练。最后两种情况下的参与者通过面对面的方式或与电脑终端进行谈判。阿鲁纳恰拉姆和迪拉发现了以下两点：(1）用结构化交流的小组比用非结构化交流的小组，容易达成更多利益的结果，更少犯“固定蛋糕”的错误；(2）在面对面情况下的谈判者要比用电脑进行沟通的谈判者更容易达成更大利益，更少地犯“固定蛋糕”的错误。这些发现说明，问题的定义和评估可以减少“固定蛋糕”偏差。当双方谈判者认真讨论这些问题时也许可以减少感知偏差。[8]

关于谈判者如何克服谈判中认知偏差带来的消极影响，还需要进行更多的相关研究，以给谈判者提供建议。谈判者可以听取的最好建议可能就是意识到这些消极影响，并与团队和对手用结构化的方式来讨论这些影响。考虑到偏差的顽固性，这项建议可能不怎么有用，因此我们希望研究人员能发现其他有助于管理认知偏差的技巧和方法。

5.5 情绪、情感与谈判

认为谈判过程应该是理性的、认知的和经济的观点主导着谈判学研究。研究方法往往是对谈判进行理性分析，寻找谈判者由于偏离理性而导致决策失误的原因，或者评估谈判者如何才能优化谈判结果。谈判者被描绘成精明、沉着和有控制力的非常理性的人。但是，正如巴里（Barry，2008)、戴维森和格林哈尔希（Davidson and Greenhalgh，1999）和其他的研究所指出的，情感在谈判过程中的作用还没有得到完全的探讨。尽管认知和情感相互之间有很强的关联（参见 Fiske and Taylor，1991；Kumar，1997），情感及其作用却并没有得到广泛的注意。

情绪和情感在谈判中的作用已经成为近十年来越来越多的理论和实践研究的主题，在这个主题上还有几篇有帮助的评论（主要是最近的几篇，Barry，Fulmer and Goates，2006）。[9]情绪和情感之间的区别体现在三个特性上，即特异性、强烈程度和持续性。情绪与情感相比表现得更发散，也不够强烈，持续时间短，而情感则表现得更强烈并且针对多个具体的目标（ Forgas，1992；Parrott，2001)。在理论的合理性和直觉的可行性上都可以推断出情感在谈判的各个阶段都起着非常重要的作用(Barry and Oliver，1996)。在有关情绪、情感与谈判的研究中，取得了许多新的、令人振奋的进展。我们在这里只概括性地介绍一下这样的进展。以下是一些精选出来的研究发现。

谈判既产生积极情感也产生消极情感

谈判过程和结果可产生积极和消极情感。积极情感产生于被对方吸引，对谈判进程以及取得的进展感觉良好（Carver and Scheir，1990），或者对谈判取得的成果感到满意。因此，对“一个好的结果”的认识评价会让谈判方感到高兴和满足（Lazarus，1991）。相反，消极情感产生于厌恶对方，是对谈判进程以及取得的进展感到不满，或者不满意取得的结果。正如库马尔（Kumar，1997）所指出的，我们往往用“高兴”这个词来笼统地表达积极情感，却往往用许多词来更加准确地表达消极情感。有些消极情感表现为沮丧，有些表现为焦虑。与沮丧相关的消极情感来自于感到失望、失败或者不满。与焦虑有关的消极情感来自于忧虑、恐惧或者感觉有危险（Higgins，1987）。大多数研究者认为情感会让谈判方形成某种联系，比如建立一段关系，维持、修复关系或终止关系。与沮丧相关的消极情感可能导致谈判者行为偏激（Berkowitz，1989），而与焦虑有关的情感则会导致谈判者设法进行报复或者逃避目前的处境。

积极情感一般对谈判产生积极作用

积极情感可带来三种结果：改善谈判（决策）进程；产生对其他谈判方的积极情感；提高谈判者必胜的信心。

- 积极情感更可能导致谈判双方朝更加合作的方向发展。研究人员指出，彼此有着积极情感的谈判者更有可能努力争取达成合作型协议（Carnevale and Isen，1986；Hollingshead and Carnevale，1990）。此外，有积极情感的谈判者在达成解决问题的方法上会更加灵活，因此陷入单一行为、承诺升级的可能性也较小（Isen and Baron，1991）。
- 积极情感还可使谈判者对对方产生积极的看法。当谈判者喜欢对方时，他们在谈判中往往更灵活（Druckman and Broome，1991）。对对方有了积极的看法，谈判者就可以做出更大的让步（Pruitt and Carnevale，1993），减少不友好的行为（Baron，1990）。一项研究结果表明，积极情感可以在多方之间建立信任感，相对于弱势的一方，积极的情感对强势的一方更重要（Anderson and Thompson，2004）。此外，还可以通过同情与对方建立信任，这种方法被证明可以为传达同情的一方带来更好的个人谈判结果（Olekalns，Lan and Smith，2007）。
- 积极情感可以提高谈判者必胜的信心。如果谈判者感到确实被对方吸引，他们就会更自信，在谈判中也就会坚持下去，力争使问题得到解决并取得更好的结果（Karmer，Pommerenke and Newton，1993）。

谈判过程中产生积极情感的若干因素

研究人员已经开始研究谈判中情感的重要性，谈判过程中如何产生积极情感，以下是两项研究成果：

- 积极情感来自于谈判过程中的公平程序。赫格韦斯特和基利恩（Hegtvedt and Killian，1999）研究了谈判过程中情感反应与公平体验之间的相关关系。研究结果表明，认为谈判过程公平的谈判者所获得的情感体验更加积极，更不愿意表达消极情感。
- 积极情感来自于有利的社会比较。诺文斯基和施韦策（Novemsky and

Schweitzer，2004）发现，当一个谈判者取得的谈判成果与其他谈判者在类似情境下取得的谈判成果更理想时，谈判者对谈判的满意度更高。但有趣的是，这项适用于所谓的“外在社会比较”（将你的谈判成果与其他谈判取得的成果进行比较）的研究发现对于“内在社会比较”（将你的谈判成果与本次谈判中的对手取得的谈判成果相比较）并不成立，这意味着谈判者得知谈判对手获得更多时可能更加沮丧，即便对手并没有得到那么多。诺文斯基和施韦策相信这种情况的发生可能是因为与对手进行比较（即使是占优势的比较）时，谈判者主要聚焦于没能在谈判中要价更高。

消极情感一般对谈判产生消极作用

积极情感一般来说可以给谈判带来积极的结果，消极情感则相反。正如我们在前面所指出的，消极情感可能表现为沮丧或焦虑。一方或者双方都可以感受到这种情感，而且一方的沮丧和焦虑可以激起另一方在情感上出现同样的反应。以下是消极情感产生的一些消极作用（专栏5.5给出了应对将消极情感带到谈判桌上的谈判对手的一些建议）：

- 消极情感可以导致谈判者将谈判情境定义为竞争型或分配型的。维奇和格里菲斯（Veitch and Griffith，1976）证明消极情感使谈判者更有可能向对方做出更多的挑衅行为。在谈判中，这种消极的行为最可能以竞争型的姿态呈现出来。
- 消极情感可以削弱谈判者准确判断形势的能力，对谈判结果产生不利的影响。勒纳、穆尔和巴布科克（Lerner，Moore and Babcock，2004）的系列实验研究表明，与情绪稳定的谈判者相比，愤怒的谈判者对对方利益的判断欠准确，对自身利益的考虑也欠准确。愤怒的谈判者在模拟的合作式谈判中所得偏低，尽管很有趣的是，对这些所得他们比情绪稳定的谈判者更满意。值得注意的是，这项研究中愤怒与本次谈判无关，愤怒产生于谈判之前的另一项不同主题的试验。愤怒的这种延迟效应凸显出消极情感将谈判者的注意力和重点从眼前的谈判问题分散到其他方面的威力。
- 消极情感可导致双方的冲突升级。当谈判者的情绪消极时，更具体地说，就是当双方感到沮丧、失败和相互指责时，冲突就可能变成人身攻击，冲突带来的问题可能增加，而且可能将其他方也牵扯进来（Kumar，1997）。一项关于网上争端解决的研究考察了易趣网上拍卖交易中的争端调解，雷·弗里德曼（Ray Friedman，2004）和他的同事发现一方表达愤怒的情绪会使另一方也产生愤怒，从而减少了冲突成功解决的可能性。
- 消极情感可以导致双方进行报复和阻挠合作型结果的达成。当谈判者彼此之间感到愤怒时，当他们之间以前的交往已经导致一方要惩罚另一方时，一方就可能选择采取报复行为（Allred，1998；Bies and Tripp，1998）。消极情感还可能导致低效的谈判结果。谈判者认为对方应该对以往谈判中的破坏行为承担的责任越多，就会对对方越感到气愤和缺少同情。这又会进一步导致不关心对方的利益和降低发现双方都受益的谈判解决方案的可能性（Allred，Mallozzi，Matsui and Raia，1997）。
- 并不是所有的消极情感的作用都是相同的。愤怒可能会使冲突加剧、引起打击报复，那么对诸如担心、失望、内疚、后悔这些不那么消极的情感会有什么效果呢？范克勒夫、戴德勒和曼斯特德（Van Kleef，de Dreu and Manstead，2006）就人们对带有以上这些情感的谈判对手的反应进行了测试。他们发现，谈判者在面对带有这些情感的谈判对手时，会有相对较少的要求，会为对方的情况表示遗憾，但是对于带有内疚和后悔情感的对手，人们会做更少的让步。对于有懊悔情感的对手，谈判者会认为他们比有着担心、失望情感的对手要更敏感，因此也会对他们更照顾。

谈判过程中产生消极情感的若干因素

与积极情感一样，针对消极情感重要性的研究最近才开始而且很有限。以下是两项研究发现：

- 消极情感可能来自于竞争心态。与具有合作倾向的谈判者相比，认为“蛋糕大小是固定的”的谈判者往往对谈判结果的满意度低一些。这可能是源于这样一种认识，即当谈判被看作“零和”谈判的时候，对方的每一点收获都意味着是自己的损失（Thompson and DeHarpport，1994）。相似地，以自我为中心的谈判者比起利他主义的谈判者对谈判结果会表现出更大的不满（Gillespie，Brett and Weingart，2000）。

- 消极情感可能由于谈判陷入僵局而引起。与成功达成谈判协议的谈判者相比，以僵局而告终的谈判者更有可能体会到消极情感，如气愤、失败等（O’Connor and Arnold，2001）。但是，对自己的谈判能力非常自信的谈判者在谈判以僵局告终后，体会到消极情感的可能性较低。这一点非常重要，因为僵局不一定就是坏事，谈判是为了取得一个好的结果，而不仅仅是为了达成协议。

- 消极情感可能从谈判一开始就产生了。我们也许会认为，经验不足的谈判者对于即将到来的谈判会非常紧张，但是惠勒（Wheeler，2004）指出，即使是富有经验的谈判者面对谈判也会感到异常焦虑。他发现了在谈判开始时焦虑的几个来源：对自己能力的质疑，担忧对方的态度和行为，谈判进行的形式具有不确定性（p. 153）。但是，焦虑并不一定都是不好的，惠勒认为焦虑可以激发创造力并有助于产生建设性的结果。

积极情感和消极情感在谈判中的效应

正如我们下面所要解释的，积极情感也有可能产生负面效应，同样，消极情感也有可能产生正面效应。

- 积极情感可能产生负面效应。首先，情绪高涨的谈判者很有可能不去认真审视对方的论据，因此更容易被竞争对手的欺骗策略迷惑（Bless，Bohner，Schwartz，and Strack，1988）。其次，由于有着积极情感的谈判者不太关注对方的观点，因此取得的谈判成果往往是欠理想的（Kumar，1997）。最后，如果积极情感导致谈判者对谈判的期望值过高，那么无法达成合作型协议的谈判者将有可能体会到更强烈的失败感，也许对待对方也更苛刻（Parrot ，1994）。

- 消极情感可能产生正面效应。正如积极情感可能产生负面效应一样，消极情感可能对谈判产生正面效应也是显而易见的。首先，消极情感具有信息价值。它提醒谈判各方谈判出现了问题要予以关注，从而促使谈判者放弃谈判或者解决问题

(van de Vliert，1985)。最近有证据表明，当一个谈判者的语言带有消极情感时，另一方会更加乐观，并认为这次谈判可以取得成果（Schroth，Bain-Chekal and Caldwell，2005)。施罗思（Schroth）和她的同事指出，当激起消极情感的谈判者的意图是为了传达目的的严峻性、表示对这个讨论的关注，而不是张牙舞爪虚张声势，取得乐观的结果是有可能的。总而言之，愤怒和其他负面的情绪是促使双方直接面对问题和设法解决问题的提示信号（Daly，1991)。

当然，愤怒可能表示谈判者风格强硬和富有斗志。研究人员发现谈判者在面对一个愤怒的对手时要比面对一个和颜悦色的对手更容易作出让步（Sinaceur and Tiedens，2006；Van Kleef，de Dreu and Manstead，2004)。这些发现与其他实验结果不太一致，后者通常认为愤怒会激起对手竞争性的回应（Friedman et al.，2004)。范・克里夫和考特（Van Kleef and Cote，2007）的一项研究给出了一个可能的解释，他们发现愤怒的表达会带来安抚还是竞争取决于愤怒的程度。在他们的研究中，当谈判者认为对方的愤怒在当时的情况下是合适的时，他们会提出较低的要求，做出更大的让步（因为看起来对方有生气的理由）。但是在竞争性的谈判中，愤怒也是要付出代价的，研究人员认为在这种情况下愤怒会适得其反（这可能是一种不屈不挠、不愿做出任何妥协的信号)。在以下两种情况下，感受到谈判者愤怒情感的另一方更不愿意让步：（1）有用欺骗来回应的机会（错误地表达自己的利益)；（2）没多么紧急，也就是说即使愤怒的一方拒绝提议，谈判者也没有什么好担心的（van Dijk，Van Kleef，Steinel，Wolfgang and van Beest，2008)。

情感可作为一种谈判手段战略性地加以运用

我们一直在讨论情感问题，好像这些情感正在发生一样。假设情感具有能够左右对方朝着自己的观点靠近的力量，那么在谈判中也可以将其作为一种影响对方的策略，可以有控制地加以运用。例如，谈判者可以有意地操纵情感，来使对方相信某些观点或者采取某些行动。巴里（Barry，1999）让谈判者对他们控制情感（比如生气、厌恶、同情、热情、关心、喜欢）的能力做出评价并判断他们将这些情感作为一种欺骗策略在谈判中予以运用是否合适。这项研究的参与者认为情感调控是一种非常合适的战术，比对谈判相关信息（如谈判目标、计划、底线）进行隐瞒、欺骗要更合适。在使用情感调控这种方法时，谈判者更自信，认为与其他欺骗的形式相比，这种方法更有效。有一点需要谨记，在将这些人为的情感用于欺骗时，与其他欺骗的形式一样，有一些道德上的问题需要注意（Barry，Fulmer and Long，2000）（我们会在第 9 章来讲谈判中的道德问题)。

科佩尔曼、罗塞特和汤普森（Kopelman，Rosette and Thompson，2006）就积极与消极情感的战略性使用如何影响谈判结果进行了一系列的实验。在他们的研究中，经过训练的、可以营造积极情感气氛的谈判者比那些利用消极情感的谈判者，在达成协议的同时更有可能建立关注双方未来的业务关系。他们还发现，表现出积极情感的谈判者更有可能实现最终目的。

最近有证据表明，谈判中另一方的情感会影响谈判者的战略选择。范克勒夫、戴德勒和曼斯特德（Van Kleef，de Dreu and Manstead，2004）的一项研究表明，谈判者会时刻注意对方的情感从而相应地调整自己的战略。具体来说，当另一方很生气、谈判者认为这种愤怒会影响到谈判结果时，谈判者会倾向于提出更低的要求，做出更少的让步。此外，正如我们之前提到的，有证据表明，当对方担忧或失望时，谈判者对对方的要求会更低，但是如果对方表现出内疚和后悔，情况则相反（Van Kleef，de Dreu and Manstead，2006）。

最后，除了战略性地运用自身的情感表达（自然流露的表情或者故意作出的表情）外，谈判者还可以调节或者掌控对方的情感。如汤普森、纳德勒和金（Thompson，Nadler and Kim，1999）所指出的，有效的谈判者能够根据对方的不同情感状态调整自己发出的信息——他们将这一过程称为“情感调音”。有些心理学家认为人们感知和调整情感的能力是一种稳定的个体差异，并且将这种差异称为情商（Mayer，Salovey and Caruso，2000）。我们将在第15章中来看一看情商对谈判的作用。

总之，情感是谈判中的重要特征——这一点对经典观点进行了补充。经典观点认为谈判主要是在存在风险和不确定性条件下做出决策的理性过程。从传统意义上来说，我们通过了解谈判者如何权衡信息、如何做出最优化选择来理解谈判。正如我们在本章开始所说，谈判者是理性、冷静的，并能控制自己的情绪，但是研究人员逐渐意识到，谈判者有些时候不仅不会做出理性判断，还会不可避免地在许多重要关头产生情感波动。谈判中情感的作用是复杂的，因为人类情感本身就是多样和难懂的，这一点在专栏5.6中也有体现。

专栏5.6

人类感情不可避免的混乱性

丹尼尔·夏皮罗（Daniel Shapiro），《超越理由：谈判时运用情感》一书的作者，发现由于情感是很复杂的，所以人们很难通过有效运用情感来增加谈判成功的可能性。他归纳了在谈判桌上影响人们发挥的情感的六个特征来说明这种复杂性。

- 情感是不可避免的。正如人们不能避免思考一样，人们也无法避免情感。
- 情感是无尽的。在一个既定的场合下，谈判者可能会有许多不同的情感状态，比如愤怒、沮丧、热情、后悔等。
- 情感是变化的。情感分分钟都会发生变化，而且没有任何预兆。
- 情感是多层次的。人们会同时产生多种不同的情感，有的看起来还是相对立的（比如同时产生欢喜和失望）。
- 情感的影响不同。对于一个相似的场合，不同的人会有不同的反应，一个人可能会比另一个人更容易愤怒。
- 情感的起因是多种多样的。情感的来源很难定义——也许由情境引发，也许是另一方的某些行为引起的，甚至还可能是由自己的生理状态引起的（比如大脑里的神经化学物质）。

资料来源：Adapted from D. L. Shapiro，“Teaching Students How to Use Emotions as They Negotiate,” *Negotiation Journal* 22（2006），pp. 105－109.

本章小结

我们在本章中从多个方面分析了感知、认知和情感在谈判中的作用。首先简要地概括了感知过程，并且讨论了四种类型的感知偏差，即刻板印象、晕轮效应、选择性感知和投射作用。继而又讨论了在谈判中确定框架对感知的影响，以及在谈判过程中重新确定框架和明确议题如何改变谈判者的感知。

本章回顾了谈判学近年来高度关注的领域之一，即认知偏差的研究发现。讨论了 12 种不同的认知偏差：承诺的非理性扩大；“固定蛋糕”迷信；锚定与调整；确定框架；信息的可用性；赢家的诅咒；谈判者的自负；小数法则；自利偏差；赋值效应；忽视对方认知；反射性贬值。随后阐述了管理谈判错误知觉和认知偏差的方法，这是很少引起注意的研究领域。本章最后讨论了谈判中的情绪和情感，这对理解谈判行为的认知和感知过程提供了重要的参考。

关键术语

感知（perception）：谈判者如何对待每一场谈判，受其对以往谈判情境的感知、对当前态度的感知以及对当前行为的感知支配。感知是个体将其自身与周围环境相联系的过程。感知者当前的心境、角色以及对前期沟通的理解，对其解释信息和事件的意义有重要的影响。对方的感知、环境、感知者自身的倾向性，对一个人准确地解释对方的所言所想也有非常重要的影响。

刻板印象（stereotyping）：感知过程中一种非常普遍的失真现象。人们以个体属于某一特定的社会群体或人口群体为依据，而将这些群体的特性强加给个体时就会产生刻板印象。

框架（framing）：人们借以评估和认识所处环境，从而决定应该采取或者避免采取哪些行动的一种主观机制。

选择性感知（selective perception）：出现在当感知者仅看重支持或强化以往认知的信息，而忽略不支持的信息之时。选择性感知具有使刻板印象和晕轮效应永久化的作用：在有限的信息的基础上，对个体形成第一印象后，人们可能就会摒弃有悖于第一印象的证据。对方使谈判者认为其诚实或者富有合作性的最初的一个微笑，也可能导致谈判者忽视其工于心计或者争强好斗的言行。

投射作用（projection）：产生于人们将自身的特性或感觉强加给别人时。投射作用通常是出于保护自我概念的需要，即认为自己永远正确和友善。谈判者可能认为如果对方处于他们的位置，也会做出同样的表现。

迷信“蛋糕的大小是固定的”（mythical fixed-pie beliefs）：许多谈判者认为一切谈判中的“蛋糕”都是固定大小的。谈判者常常将合作型谈判机会当作零和情境或者输赢情境来对待。

赢家的诅咒（the winner's curse）：谈判者快速解决问题后，又对过于容易的胜利感到懊悔，特别是拍卖中有这种倾向。

谈判者的自负（overconfidence）：谈判者超越现实地相信他们具有保持正确和准确的能力。自负对谈判有双重影响：一是强化谈判者对错误的或者不恰当的立场或替代方案的支持程度；二是可导致谈判者轻视对方的价值和正确性，实际上是切断了从对方获取信息、利益和达成合作型谈判所必需的替代方案的来源。

小数法则（law of small numbers）：人

们具有从少数事例中得出结论的倾向。

注释

[1] See Babcock, Wang, and Loewenstein (1996); de Dreu and van Lange (1995); Thompson (1995); and Thompson and Hastie (1990a).

[2] Note that frames themselves cannot be “seen.” They are abstractions, perceptions, and thoughts that people use to define a situation, organize information, determine what is important and what is not important, and so on. We can infer other people’s frames by asking them directly about their frames, by listening to their communication, and by watching their behavior. Similarly, we can try to understand our own frames by thinking about what aspects of a situation we should pay attention to, emphasize, focus on, or ignore—and by observing our own words and actions. One cannot see or directly measure a frame, however.

[3] For extensive reviews of research on cognitive biases in negotiation, see Bazerman and Carroll (1987), Neale and Bazerman (1992b), and Thompson and Hastie (1990b). Whether negotiators misperceive information or misprocess information remains a technical debate in the communication and negotiation literature that is beyond the scope of this book.

[4] See also Diekmann, Tenbrunsel, Shah, Schroth, and Bazerman (1996); and Ritov (1996).

[5] See also Bazerman, Magliozzi, and Neale (1985); de Dreu, Carnevale, Emans, and Van de Vliert (1994); and Neale, Huber, and Northcraft (1987).

[6] See also Ball, Bazerman, and Carroll (1991); and Foreman and Murnighan, (1996).

[7] In a replication, Kahneman and his colleagues left the price tags on the mugs, making the objective value of the mug clearly visible to participants. Nonetheless, results were consistent with those just described.

[8] Arunachalam and Dilla did not study the consequences of only one negotiator following this strategy, however, so it is not clear what would happen if both negotiators did not agree to participate in the decision-making process.

[9] Other reviews include Allred, Mallozzi, Matsui, and Raia (1997); Barry, Fulmer, and Van Kleef, 2004; Barry and Oliver (1996); and Kumar (1997).

第6章 沟通

学习目标

1. 理解谈判中沟通流程的基本组成部分；
2. 探寻谈判中沟通的内容以及沟通的方式；
3. 思考对谈判中的沟通进行改善的方式；
4. 掌握在任何谈判中改善沟通过程的实际方法。

回归到谈判的本质，它实际上是一种人际沟通的方式。沟通的过程，不论是口头的还是非口头的，对于谈判目标的达成和冲突的解决都具有十分关键的作用。根据帕特南和普尔（Putmnam and Poole，1987）的说法：

> "……冲突的产生和管理，贯穿于沟通的过程。更具体地讲，沟通会促进目标的设立和重塑，并对冲突问题给予定义，缩小其范围；改善争议各方之间以及各委托方之间的关系；选择和实施战略、战术；进攻和防守以及产生备选方案；最终谈判协议的达成和确认。"（p. 550）

在本章中，我们介绍谈判者交流自己的利益、立场与目标的过程，以及明确对方及谈判整体的利益、立场与目标。很明显，沟通贯穿了谈判的整个过程，并且关于沟通的研究使我们更加清楚地了解到，谈判是一个互动的过程，即使是细微的沟通都可能影响谈判的过程和结果（Chatman，Putnam and Sondak，1991）。本章首先讨论信息的编码、传输、接收和解码的基本机制，然后从某种深度考虑在谈判中人们沟通的具体内容以及如何沟通。本章最后将讨论如何对谈判中的沟通进行改进，以及谈判结束时需要特别考虑的沟通事项。

6.1 基本的沟通模型

许多关于沟通的分析都是从介绍谈判过程的基本模型开始的，本书也是如此。

香农和韦弗（Shannon and Weaver，1948）早期提出的模型是颇具影响力的，该模型将沟通定义为两者之间的活动：发送者和接收者。[1]发送者自己先要有想法（如发送者希望谈判达成某种结果），并将这些想法编码成为信息传送给接收者。信息可以被编码成语言表达（如词语和句子），或非语言表达（如面部表情、挥手示意），或二者结合。信息一经编码便通过某种渠道或媒介（如当面、电话、电子邮件、短信或者信件）传输（如通过声音、面部表情或书面形式）给接收者。接收者收到信息后对其进行解码和翻译，以对信息的含义进行理解。

在单向的沟通中，从发送者到接收者，这个过程就构成了一次完整的传输。发送者编辑信息，通读并检查之后用电子邮件的方式发给接收者，该发送者通常认为接收者能够收到并理解该信息。然而，这种将沟通视为单向活动的观点过于简单化了，事实上，大多数的沟通，特别是谈判中，还包括相互让步、对话和讨论。因此，我们有必要将这种各方间的沟通视为双向并在个体间反复循环的过程。福尔杰（Foulger，2004）的沟通模型（见图6—1）指出，在有两方参与的持续对话中（如经常在谈判中出现的）存在双方沟通，实际上是双向的。福尔杰的模型非常恰当地将沟通者同时视为信息的创建者和使用者，而不是其中的一方。

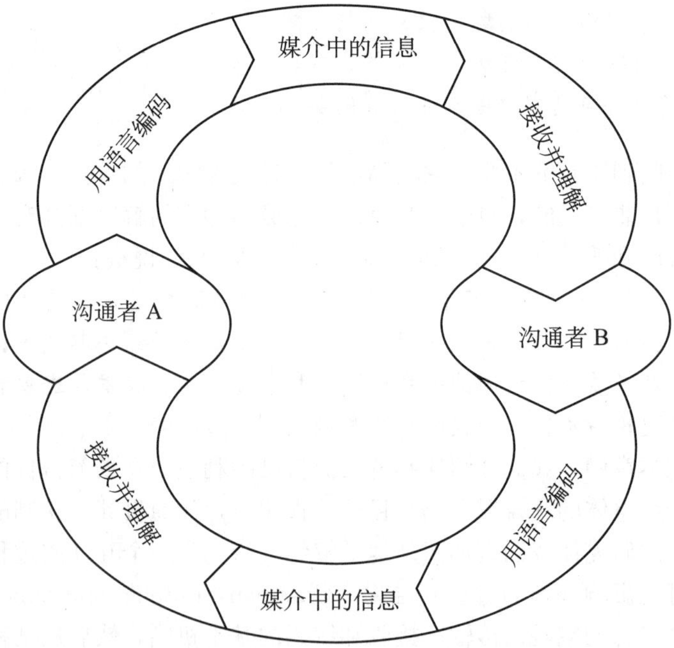

图6—1　沟通模型——由两方参与的沟通过程

资料来源：Adapted from D. Foulger，"Models of the Communication Process，" February 2004，unpublished paper available at http：//foulger. info/davis/research/unifieModelOfCommunication. htm.

如图6—1所示，沟通者并不只是被动的信息接收者，而是还以几种形式主动地采取行动。首先，接收者收到信息（听、读、感觉到它），然后通过结合信息内容本身和另外一方传递该信息的动机来对它进行解读。随后信息接收者就变成了发送者，将对上述信息的反馈以语言或非语言的形式进行编码，并试图完成以下事情：告诉对方他对于前述信息的反应——可能是同意地点点头，或是困惑的眼神，或是痛苦的表情（但也不总是这样，就如同在扑克游戏中一样，谈判中的信息接收者有时并不希望自己的心思被信息发送者觉察到）；以某种方式对原始发送者发出的信息内容进行回复；避免做出实质性回复，转换话题；或是出于任何其他的目标所做的举动。重点是沟通者对一个信息进行回复，与最初的信息发送者一样，他不仅可以选择编码回复的内容，还可以自由选择传输的媒介或载体。人们通常根据自己的习惯或便利条件选择信息沟通渠道——如果对方给我发送电子邮件，那么我也将以电邮回复；如果对方给我留了语音信息，那么我也采取回电的方式。然而，有效的沟通者和谈判人员是不会轻易选择回复方式的，他们通常会在考虑之后才做出关于沟通渠道（本章稍后会讲到）的战略性选择。

因此，谈判中由信息接收者给信息发送者的反馈可以采取不同的形式：非语言的姿势、带情绪的表情、求证的疑问句、对信息的回复、建立在最初信息上的尝试，或是对某一论点的反驳，等等，我们只是列举了一小部分，当然还可以是上述这些形式的综合。在双方沟通中，整个沟通过程既可以表现成简单常规的提问（“想去喝杯咖啡吗?”）和一个简单的点头表示同意，也可以表现为复杂的关于事实和观点的陈述，以及在谈判者之间形成一个被存在争论的各方接受的综合性一致意见的过程中所做出的对信息复杂的回应。

简要介绍了双方沟通过程中最基本的沟通模型，接下来我们用该模型中的要素作为框架去理解沟通中可能出现的曲解。

沟通曲解

沟通的有效性取决于各种信息（事实、观点、情感、偏好以及经验）在何种程度上得以完全、彻底地分享，被准确地接受和解码，并最终带来相互理解。大多数人都有这样的经验，人们的沟通系统很少会运转到最佳状态。相反，前述的沟通模型构成要素以及它们之间的连接会受到外界因素的影响，这将使信息失真、含义被曲解，妨碍人们对信息的解读和相互理解。接下来，通过对前述沟通过程（见图6—1）的构成要素进行研究，我们将探索沟通中的曲解是如何形成的。

1. 沟通者（在沟通的某一时点作为信息的发送者或接收者）。每个人都有自己的目标、目的和预想要完成的事情。沟通者A可能想要改变沟通者B对于某事的看法，或使其在谈判中对所讨论的事情做出让步，但是沟通者B并不想这么做，而且他还希望沟通者A能够做出改变或让步。双方的目标分歧越大，或者他们之间的关系越对立，则沟通过程中出现曲解和错误的可能性也越大（de Dreu，Nauta and Van de Vliert，1995）。同样，信息的发送者和接收者各自的性格也会有差异，每个人可能都有自己的价值观、看待事情的态度、之前的经历以及个性特征（沟通技能更是千差万别），所有这些都使得个体之间在世界观方面存在差异。

2. 消息是信息沟通的符号形式。人们应用符号（主要是书面和口语）进行信息传递的能力是不尽相同的。一些消息是意思的直接表示（如我斜靠在桌子上，拿起我想要的铅笔），而另一些消息则要应用符号表示（如我对坐在桌子对面的人说：“请把铅笔递给我”）。越倾向于使用符号进行沟通，就越有可能由于符号选择不当而不能准确表达意图。在铅笔的这个例子中，如果对方不懂英语，或桌上有几支不同的铅笔，那么沟通的效果就会比较差。

3. 编码是将消息转化为符号形式的过程。编码的过程会受编码技术水平的影响（例如，语言的流利程度、书面和口语表达的能力），还有可能受到编码之前沟通的影响，包括双方想要沟通的内容以及之前沟通的反馈。一方选择的编码形式有可能并不是接收者偏好的（如太过复杂、过于随意，或过于仓促）。如果信息发送者编码的方式阻碍了接收者对于信息的理解或准确解释，那么就会产生曲解。

4. 渠道和媒介指的是信息发送和接收的方法。有不同层次的渠道可供沟通者选择：首先，消息是采取语言传播（口头或书面文字）、非语言传播（肢体语言、手势以及面部表情、音调或其他类似的），还是符号形式（图片、图表或其他类型）？其次，一旦决定了消息包含语言、符号、图表或姿势，沟通者还需要考虑采取何种渠道进行传输。口头的沟通可以当面、通过电话或者网络进行（可视或不可视的）；书面沟通可以用纸张、电邮或者短信的形式。对于书写者来说，这几种形式的正式程度不同。我们通常认为非语言的姿势信号必须在可视的情况下进行。然而，在电话沟通或者网络聊天中，我们会发现有很多其他的方式可以在不使用语言的情况下进行反应和情感信号的传递。科技的发展使得符号形式的沟通也可以采取不同形式的渠道，以各种新奇的方式传达复杂的想法。很多沟通的曲解都是由于沟通渠道的问题。一条复杂的消息可能更适合采取书面形式而非口头形式进行传递，因为这样接收者才能够以他自己的速度对消息进行消化吸收，而且可以在必要时回顾一下。在嘈杂的环境中，面对面的沟通可能导致曲解，因而不是明智之举。如果沟通者想要传递附带情感的信息，那么书面沟通就可能带来被曲解的风险，相比之下，当面交谈更容易传递这种情感。另外，如果同时采用多种沟通渠道，且渠道间存在不一致的问题，也有可能导致意思曲解。例如，家长对小孩说“不要那样做”，而说话的同时却是微笑或大笑的表情，这种不一致就会带来困惑（“我是该停止，还是继续呢?”）。

5. 接收是一个理解的过程：接收语言、非语言、符号形式的信息，将其解码成可以理解的形式。如果双方使用同样的语言或手势交流信息，那么解码过程就会容易得多。当然，这其中也会出现观念和认识上的错误（见第5章）。如果沟通各方使用不同的语言，那么解码过程将会出现更多的错误。尽管翻译人员可以帮助双方解码，但也不可能做到全面翻译，也就是说，仅仅依靠文字，是不可能完全掌握说话人的意思或者语调的。事实上，翻译人员反而可能增加沟通中出现额外错误的概率。

6. 理解是确定某一情境中被解码消息的含义和重要性的过程。存在于个人之间的事实、想法、感情、反应以及思想等，就如同一系列用来理解解码消息的过滤器。如果一个人对另一个人说“请将铅笔递给我”，对方回答“不”，这一回答很可能引发第一个人一系列的去探寻其真实含义的反应：“不”是否就是直接拒绝了我的请求？他为什么说“不”？他是否也需要那支铅笔呢？他是在故意刁难我还是在开玩笑？这些问题的答案取决于沟通过程中的其他因素和双方之间的关系，也正是这些因素导致人们对于“不”产生了各种理解。

为避免产生我们提到的在沟通中出现的这些问题，一种很重要的方法就是给予对方反馈：通知信息的发送者该消息已被接收、编码，且消息的理解正如发送者所期望的那样。缺少反馈会导致沟通产生极大的误解，特别是当发送者并不知道对方是否收到了信息（更不用提信息是否被理解）的时候。对很多听众演讲的人，可能会发现截然不同的反馈：有些听众没有反应，感觉就像对着空气演讲；而有些听众则会点头表示同意，用微笑或者以其他方式表示演讲者传递的信息已经被接收和理解。当演讲者发现接受者皱眉、睡觉，或者摇头表示不赞同时，他就不大可能继续传递信息了，除非他的演讲本身就是要改变观众这种行为的。在谈判中，反馈也有可能使沟通产生扭曲，改变谈判者所做的出价（如 Kristensen and Garling，1997），或使他们改变对预期结果的看法（Larrick and Boles，1995；Thompson，Valley and Kramer，1995）。尽管大多数反馈都是真诚的，旨在增进理解，然而，谈判人员也需要谨记，反馈有时候可以是有谋划的，旨在诱导谈判者做出让步、改变策略或使其改变对谈判过程和结果的考量。

6.2 谈判中需要沟通哪些内容

沟通和谈判领域的研究人员探究的一个最基本的问题是：谈判过程中的沟通包括哪些内容？该研究工作以几种不同的形式展开，但一般都用音频或视频记录下谈判中的角色扮演，再去分析其中出现的沟通模式。例如，亚历山大、舒尔和巴库斯（Alexander，Schul and Babakus，1991）拍摄了60分钟的视频，内容是来自两个石油公司的三位高管之间的谈判。他们将该录像分为6 432个语言单元，然后编码成24个不同的反应类型。研究人员发现买卖双方之间谈判所使用的语言策略中70%都是合作型的。另外，买卖双方的行为是相互的，即一方使用合作型策略时，对方也会使用合作型策略来应对。

谈判中沟通的内容，大部分都与谈判者偏好无关（Carnevale，Pruitt and Seilheimer，1981）。当合作型谈判和竞争型谈判混合使用时，沟通的内容会随着谈判问题的变化而变化（Weingart，Hyder and Prietula，1996），显而易见，沟通的内容只对谈判结果起部分作用（Olekalns，Smith and Walsh，1996）。例如，谈判一方可能选择对某些信息不作沟通（如他为什么选择其他供应商），因而他的谈判对手（如未被选中的供应商）就不会知道产生某些结果的原因何在。接下来我们将讨论谈判中沟通的五种类型，并讨论沟通是否总是多多益善。

报价、还价与动机

塔特佐格（Tutzauer，1992，p. 67）指出，“在议价的会谈中，最重要的沟通也许就是争议双方间的报价和还价了”。他假定交易者都有明确的偏好并据此理性行事，并且这些偏好是可以用数字度量的。也就是说，偏好有不同程度的效用和价值（可参见 Luce and Raiffa，1957）。谈判人员的偏好能够很好地体现其潜在动机，而这也是谈判中沟通的内容，并可能影响对方的行为和谈判结果。兰纳和温特（Langner and Winter，2001）通过研究历史上的政治危机和实验性的数据，证实了这一点。他们的研究发现，有归属动机（注重友善的人际关系）的谈判人员更倾向于传递正面的让步，以降低紧张感或促成谈判协议的达成。具有权力动机（注重影响力、声望和名誉）的谈判人员则更可能会拒绝让步并使冲突升级。

谈判中的沟通框架基于以下几个假设：（1）有关报价的沟通是动态的过程（即报价是会随时间变化的）；（2）报价的过程是互动的（即交易者之间相互影响）；（3）各种内部因素和外部因素（如时间限制、互惠标准、替代方案、支持者压力等）都会推动这种互动过程，并"促使交易者改变自己原来的报价"（Tutzauer，1992，p. 73）。换句话说，报价和还价如同第3章的相互影响模型一样，是一种动态的、互动的过程，而且会受到情境和环境的限制。这一过程将不断修正谈判的各个参数，最终缩小议价区间，并引导谈判问题得以解决。

替代方案的信息

然而，谈判中的沟通并不仅仅局限于报价和还价。一些研究证实了与谈判对方分享信息也会影响谈判过程。例如，平克利和他的同事们（Pinkley，1995；Pinkley，Neale and Bennett，1994）的研究讨论了是否仅仅拥有最佳替代方案（BATNA）（Fisher，Ury and Patton，1991）就能够使谈判者占据主导地位，还是这个最佳替代方案需要传达给对方后才能起作用。BATNA 的存在改变了谈判中的一些方面：（1）与没有 BATNA 的谈判对手相比，拥有 BATNA 的谈判方为自己设定的底价要高于他的谈判对手设想的底价；（2）当一方有 BATNA 时，另一方会降低谈判底价；（3）当双方都意识到其中一方拥有 BATNA 时，谈判通常会取得更为积极的结果。比伦斯和范波克（Buelens and Van Poucke，2004）的研究表明，对谈判对方手中 BATNA 的掌握，是决定谈判者开价的最重要因素之一。所有这些研究结果都告诉我们，拥有 BATNA 的谈判方若想获得 BATNA 带来的全部益处，就应该告知对方自己拥有 BATNA。因此，我们急切地想介绍传递 BATNA 信息的方式和方法。礼貌地（甚至是微妙地）让对方意识到自己有很好的替代方案，能够在借助杠杆作用的同时又不疏离对方。与之相反，当面以施压或傲慢的方式告诉对方自己拥有 BATNA，可能会被看做好战的和具有威胁性的。

有关谈判结果的信息

在一次模拟谈判的研究中，汤普森、瓦利和克雷默（Thompson，Valley and Kramer，1995）研究了分享不同类型信息的效果、谈判一方对其对手谈判成功的评价，以及这是如何影响谈判者对自身谈判成功的评价的。该项研究重点观察胜方和负方如何评价谈判的结果（胜方即在该模拟谈判中得分较多的谈判者）。汤普森和他的同事们发现，当不知道对方做得有多优秀时，胜方和负方对于自己结果的评价是一样的，但当他们发现对方做得更好时，谈判者对于自己成果的评价就没那么好了。诺文斯基和施韦策（Novemsky and Schweitzer，2004）的一项研究表明，与没有任何对比信息相比，即使谈判者知道对方表现较差，他们仍然对结果不那么满意。综上所述，这些研究给我们的启示是，谈判者应当小心避免使对方知道己方的成绩，甚至是己方对谈判感到满意，特别是在双方以后还要谈判的情形下。另外，研究结果还建议，谈判者应在知晓对方对成果的评价之前，就对自己的成果做出评价。

社会账户

谈判中出现的另一种沟通是由“社会账户”组成的，谈判者会使用社会账户向对方解释目前形势（Bies and Shapiro，1987；Shapiro，1991），尤其是当谈判者需要澄清坏消息时。西特金和比斯（Sitkin and Bies，1993）在相关文献中表明，有三种类型的解释非常重要：（1）对于缓和情况的解释，谈判者表示由于所处立场的限制而别无他选；（2）对于免责情况的解释，谈判者从更广的角度来说明自己的立场，表示虽然它可能会产生负面影响，但是出于良好的动机（例如，一个无心之失）；（3）重新对谈判结果进行解释，通过改变谈判背景来对谈判结果进行合理解释（如为获得长期利益而忍受短期的痛苦）。西特金和比斯指出，联合运用多种解释方法的谈判人员可能会得到更好的结果，并且通过对谈判结果进行解释来减轻不理想谈判结果的负面影响。

对于谈判过程的沟通

最后要讲的是，有些沟通是关于谈判过程本身的，即进展情况如何？应采取何种程序来改善这一情况？这种沟通可以采取简短的“小对话”的形式，化解僵局或建立谈判双方的友善关系。这样的沟通的效果却并不小，有研究结果表明，在正式谈判之前谈判双方若能对认知和身份进行分享，那么就有可能产生更为合作型的结果（Swaab，Postmes，van Beest and Spears，2007）。显然，关于谈判过程的一些沟通不仅对谈判结果有帮助，同时在整个谈判中也有着十分关键的作用，当冲突加剧时，谈判人员可能会产生敌对情绪而阻碍谈判的进行。布雷特、夏皮罗和莱特尔（Brett，Shapiro and Lytle，1998）研究了谈判中用以阻止冲突激化的沟通策略，避免螺旋式下降的冲突导致谈判僵局或谈判结果不理想。这种策略包括对谈判对方有争议的行为的关注，并明确指明该行为会对谈判起到负面作用。说得更通俗一点，布雷特和她同事们的研究建议，在设法回避冲突激化时，谈判者应当遏制那种想要回击对方的有争议行为的冲动。谈判者可能因为追求谈判结果而急于应对报价和还价的问题，而不愿意停下来把时间“浪费”在讨论出现问题的谈判过程上。然而有时在实质性谈话中间停下来，并将注意力转向谈判过程，也是非常必要的。

本节最后，我们以三个关键问题总结谈判中的沟通内容。

谈判者的沟通方式是始终如一，还是适时调整

很多谈判指南（包括本书）中的一个主要内容就是：有效的谈判人员要能够根据具体的谈判情境调整其策略和方式。这也许是一项好的建议，然而研究发现，在

沟通方式方面，谈判者更倾向于坚持固定的方式而不是适时调整。泰勒和唐纳德（Taylor and Donald，2003）对离婚和人质谈判中的行为互动方式进行了分析，其结果清晰地表明，谈判是一个动态的交互过程，但它也具有前后的一致性；谈判者的说话方式会受到前面人员的影响，并将影响其后的人。该项分析还表明，谈判人员仅仅会对其对手在沟通中所提供的信息中的一小部分做出反应，更为重要的是，这一部分会随着谈判的进行而变得更微不足道，这就意味着谈判持续的时间越长，沟通方式的变化越小。泰勒和唐纳德最后总结说："谈判者已经设置好了对于不同行为的应对方法，而不论是什么谈判背景和谈判角色，这些应对方法具有一致性"（p. 228）。因此在制定有关沟通的决策时，很多谈判人员都倾向于坚持使用他们熟悉的方式，而非冒险地即兴发挥。

谈判中前面已经说过的话是否重要

最近发表的研究表明，谈判中即使是相当小的一些沟通活动都有可能对谈判结果产生很大的影响。科汉和彭特兰（Curhan and Pentland，2007）发现，谈判中的"一小部分"——开头五分钟的沟通，会对最终取得的谈判成果产生巨大影响。通过对双边谈判进行试验性模拟，他们发现，对于一些谈判人员来说（身处高位的），他们在发言（即由他们讲话而别人不发言）的最初五分钟里的表现就能够决定他们的谈判结果。该研究同时说明，这开头五分钟的说话语调也是非常重要的：谈判人员越是以强调的语气以及变换的音调和音量说话，他们的谈判结果越差，而对方的结果越好。换句话说，控制谈判最初阶段的"发言权"很重要，但并不是说要采取过于情绪化或夸张的沟通方式。

控制谈判初期的沟通，可能会对谈判个体有所帮助，但这是否有助于双方取得合作型的谈判结果呢？科汉和彭特兰的模拟谈判研究表明，这确实有可能提高谈判双方对于达成双赢结果的兴趣，但是他们也发现最初五分钟的发言并不能影响双方取得共同收益的能力。尽管如此，其他研究人员却能够证明共同收益是受谈判初期因素影响的。阿代尔和布雷特（Adair and Brett，2005）对谈判不同阶段发生的沟通进行研究，并重点分析了那些有助于达成对双方都有益的谈判结果的行为。他们的研究发现，"谈判人员在谈判前半部分的表现，对于谈判产生合作的解决方案和积极的共同收益具有重要影响"（p. 47）。

信息是否多多益善

一些研究人员认为，谈判中获得过多的信息实际上可能会对谈判者有害，这种现象也称为信息的弱化效应。[2] 专栏 6.1 讨论了对谈判中的沟通进行管理的若干方法。在判断谈判结果是否公平时，完全了解双方所有偏好的谈判者比不了解这些信息的谈判者更难判断谈判结果是否公平。布罗德特（Brodt，1994）进行了一项研究，分析一种特定类型的信息，如对于对方底线的内部消息是如何影响谈判过程的。在一个模拟的与外国汽车厂商的竞争性谈判案例中，布罗德特发现与未获得内部信息的谈判者相比，拥有这些信息的谈判人员将会：（1）为汽车支付更低的价格；（2）在谈判中不太可能做出让步；（3）在谈判中提供更具创造性的报价。布罗德特据此得出结论，拥有较多的信息会增强谈判者的实力，因此，信息弱化效应是局限在非常特定的情况之下的。

专栏 6.1

在谈判桌前保持头脑清醒

谈判中一个最困难的地方是在谈判桌前真实地讨价还价。我应该继续坚持还是应该妥协？我应该首先开价还是应该等待对方开始？做出这些艰难的决定需要很好的判断。经验固然可以提高判断力，除此之外还有些其他的关键方式。如有技巧地分析所处情景，当被要求时有勇气做出让步，还有在必要时愿意坚持一个并不受欢迎的立场。同样重要的还有创造力、说服力和有交易的全局观。

詹姆斯·弗罗伊德（James Freund）是一名律师，同时也是一个富有经验的谈判者。他提出了以下建议：

（1）保持平衡。记住有时要争取，有时要妥协，有时要敲定协议，有时要让选择处于开放状态。在这个过程中保持某种平衡很重要，即使你是这场谈判的主导者，也要保证你与对方的关系（或者你自身作为谈判者的名誉）不会因为这次谈判而受损。

（2）管理形象。一个带着行李包裹，外套口袋里冒失地插着飞机票来谈判的人就好像在对他的谈判对手说，“我想要赶快敲定协议然后坐飞机回家”。他的对手就会有意放慢谈判速度，希望对方因为起飞时间临近而做出巨大让步。塑造一种你会为达成一个最佳协议而耐心等待的形象是更有效的策略。

（3）保持耐心。退后一些并观察，可以让你了解到很多关于你的对手的真实诉求的信息。他是否着急解决一些事情？他是否愿意花时间去了解一个新的但是复杂的协议的细节？对于你的立场的耐心会给你带来随着谈判进行而增长的信用。

弗罗伊德这样总结，“在一个重视审慎决策的低调的谈判中，耐心和毅力对于获得成功最有效。要学会如何在避免专横的前提下坚持立场，还有如何拒绝，同时并不会显得过于消极”（p. 34）。

资料来源：Adapted from J. C. Freund, “Being a Smart Negotiator,” *Directors and Boards* 2, no. 18（Winter 1994）, pp. 36 - 36.

然而，奥康纳（O’Connor，1997）的一项实验研究表明，拥有更多的信息并不会自动导致更好的谈判结果。奥康纳的被测试者参加了一场工会与管理层之间围绕雇佣合同展开的模拟谈判，谈判内容既包括合作型问题，也包括一些相容的问题（双方想要获得的结果是一致的）。被测试者以团队形式进行谈判，并被分为两大组，合作组（协作解决问题）和独立行事组（追求个人利益）。奥康纳发现，合作组交换的信息要比独立行事组更多，但是这些信息并没有提高双方对对方偏好理解的准确性。奥康纳的研究结果显示，精确信息的交换对于谈判结果的影响并不像人们预想的那样直接，也就是说，只是交换信息并不能直接带来对对方偏好的更好理解，或更好的谈判结果，也不能自动带来信息弱化效应。与之相反，谈判过程中信息交换的效果取决于讨论问题的类型以及谈判者利用该信息的动机。

6.3 如何在谈判中进行沟通

显然，谈判者如何沟通与沟通的内容同样重要，有很多研究分析了人们在谈判中如何进行沟通的各个方面。我们在这里将讨论与如何沟通有关的三个方面的内容：沟通者所使用的语言的特征，谈判中非语言沟通的使用，以及收发信息沟通渠道的选择。

专栏 6.2

所有的威胁都一样吗

一个威胁仅仅是一个向对手做出的如果他们抵抗就会遭受厄运的一般性陈述，还是有其他含义？吉本斯、布拉达和布希（Gibbons，Bradac and Busch，1992）区分出五种施加威胁的语言模式：

1. 极端化语言的使用。谈判者在叙述自己的观点时使用积极的措辞（如慷慨的、合理的或者公平的），在提到对方立场时则使用消极的措辞（如吝啬的、不合理的或者不公平的）。

2. 用直截了当的语言（表达直接性、急迫性或者相对的心理距离的一种方式），或者直截了当地表达有意参与或强迫对方按照自己的意愿行事（“好，事情是这样的”，或者“我非常关心……”），或者不直截了当，而是制造一种距离感和冷漠（“哦，是这样”，或者“一个人应该去关心……”）。

3. 语言强度。高强度语言向接收者传递强烈的情感（通常有很多肯定的陈述和不雅的语言），低强度语言传递较弱的情感。

4. 词汇的丰富性（是否掌握大量丰富的词汇）。所用词汇丰富代表谈判者得心应手，在语言上更有优势。词汇贫乏显示谈判者不安、焦虑或者缺乏经验。

5. 高能量语言模式使用的程度。低能量的语言模式的表现为：避免口头上做正面答复，犹豫不决的语言，表示尊重和顺从的有礼貌的语言。高能量语言模式则表现为：主导性的语言，清晰确定和自信表达。

根据吉本斯、布拉达和布希的研究，对对方立场的极端消极的描述，直截了当，使用高强度的语言和丰富的词汇及高能量的语言模式能够使威胁更加可信，从而更容易使对方屈服。

资料来源：Adapted from P. Gibbons，J. J. Bradac，and D. Busch. “The Role of Language in Negotiations：Threats and Promises，” in L. Putnam and M. Roloff（Eds.），*Communication and Negotiation*（Newbury Park，CA：Sage，1992），pp. 156 - 175.

语言的特征

吉本斯、布拉达和布希（1992）曾经提出，谈判“是通过语言对语意进行协调和组织，进而交换信息”（p. 156）。在谈判中，语言是在两个层面上发挥作用的：逻辑层面（用于提议或报价）和实际层面（语义、句法和文体）。一条建议或声明所传递的语意是一个表面的逻辑信息和几个实际信息（暗含的或推断的）的组合。换句话说，起重要作用的不仅是沟通的内容以及如何沟通，也包括那些附加的、隐藏的或深层次的信息是如何安排、传递和获取的，如威胁。通常情况下，谈判者不仅要对威胁性陈述的表象有所反应，还要对其隐含的（而且通常是更强烈的）意思有所反应，因为这些未表达出来的信息有可能反映该威胁实施的可能性，或者是关乎双方的关系，或者是关乎双方未来继续合作的可能性。专栏 6.2 说明，威胁在表面上看起来显然是一种试图强迫对方做出让步的谈判策略，然而实际上，若对所用语言的特定要素进行分析，却会发现它很复杂且个体间存在着细微差别。

不论沟通的意图是命令、强迫、销售、说服，还是得到承诺，谈判各方如何进行沟通这一问题可能要依赖于说话者将想法恰当编码的能力，以及听者理解信息和对其进行解码的能力。另外，谈判者对于习语或口语的使用经常存在问题，特别是在跨文化谈判中（参见第 16 章）。说话者可能认为传递的语意已经很明确了，然而听者可能会感到非常困惑（例如，“我愿意等到最后一刻”，这句话对于美国某些地方的人来讲是一项正面的承诺陈述，而对于那些具有不同文化背景的人来说会感到十分困惑）。即使意思是清楚的，对于词语的选择或者比喻的使用也可能使表达缺乏灵敏性或者产生排斥感，就像男性经常使用运动项目来比喻战略性的业务利害关系（“好，现在是第四次进攻的机会，向目标出击；不能再继续犯错了”）。不管这一行为是有意的还是无意的，女性由此得到和推断出的信息都可能使她们感觉自己被排除在外了。德博拉·坦嫩（Deborah Tannen，1990）在她的名为《你就是不明白》一书中指出，“男女之间的沟通错误（比跨文化的沟通错误）可能更危险，因为这种情况在生活中更为普遍，而且我们也对其缺少准备”（p. 281）。这是因为人们通常不会意识到在相同的文化背景下也可能出现沟通错误，因此，与跨文化沟通相比，人们对处理相同文化背景下的沟通错误缺乏足够的准备。

最后，谈判者的措辞不仅表达了一种立场，也会为随后的谈判奠定基调并影响谈判效果。西蒙斯（Simons，1993）对谈判中的语言学沟通模式进行了研究，并提出了以下两个发现：

1. 那些在谈判的沟通中对谈判实质和双方关系都有涉及的各方，与只在其中一方面进行了沟通的谈判方相比，能够得到更好的谈判结果和更具合作性的解决方案。

2. 谈判初期的语言学模式能够对问题的解决有所帮助，因为这些模式可能会帮助谈判各方在谈判后期发现合作的可能性。

在本章开头部分我们曾经提到，有研究表明谈判初期的沟通可能会对谈判结果产生影响，而西蒙斯的研究从语言学角度进一步证实了这一论点：“与谈判后期的语言学模式相比，谈判初期的语言学模式对于谈判结果的影响更加显著”（p. 139）。

非语言沟通的选择

人与人之间的大部分沟通是以非语言的方式进行的，如面部表情、肢体语言、头部动作以及语调，等等。一些非语言行为，被称为“专注行为”，在与谈判一样的协作式互动过程中建立与对方的联系非常重要：他们让对方知道他们在认真听，并让对方准备接收自己的信息。我们在这里讨论三种重要的专注行为：目光接触、身体姿势以及鼓励的行为。

目光接触

通常我们认为说谎的人和胆怯的人是不敢直视他人的。诗人常常将眼睛比作心灵的窗户，除此之外还有其他一些习语，都说明人们认为目光接触十分重要。通常来讲，目光接触是向他人表示你在集中注意力认真倾听，并且你认为对方所讲的内容是重要的。当然，即使不看对方，也可以有很好的收听效果。事实上，眼睛看向别处更为容易，因为你可以将注意力集中在所听的话上面，而不会被视觉信息打扰。尽管如此，我们要强调的是，不做目光接触时，你就没有提供给对方一个重要的信息，即你参与到沟通中且在倾听。

在目光接触时，不应当一直将目光固定于对方，否则，对方就会理解为瞪视，而这通常会导致怀疑，而非信任。因此，目光应当要离开对方一段时间。通常情况下，认真倾听时目光接触的时间要比说话时少且短。讲话者可能会时不时地看向别处，特别是在想一个词、短语或想要记起某个细节时。在讲话时将目光短暂转移，也是向对方表明他的讲话还没结束。

当想要劝说对方时，在说到信息的最重要的部分时进行目光接触，是非常重要的（Beebe，1980；Burgoon，Coker and Coker，1986；Kleinke，1986）。在这一时点同时进行语言和非语言的交流，强调了所传递信息的重要性。另外，不仅在讲话时需要保持目光接触，在接收对方的沟通信息时同样应该如此（Kellerman，Lewish and Laird，1989）。

需要注意的是，我们这里介绍的沟通模式符合西方社会的特点。在世界的其他地方，可能适用其他的模式，如在亚洲一些地区，他人讲话时，听者保持目光低垂，是表示尊敬（Ivey and Simek-Downing，1980）。

调整身体姿势

家长经常教育子女如何站和坐，特别是在正式的场合，如学校、教堂或聚餐活动中。“坐直”的命令后面通常紧跟着“注意听”，这时家长就是向子女灌输一种被大众接受的观点：一个人的身体姿势表明他是否将注意力集中在对方身上。为确保对方知道你在认真听，你就要保持身体笔直、稍稍前倾，并直接面对对方（Ivey and Simek-Downing，1980）。如果你接受并同意对方的信息，就要注意不摆出不尊重人的身体姿态，如耷拉脑袋、转向别处或将脚放在桌子上（Stacks and Burgoon，1981）。与之相反，双臂交叉、摇头、眉头紧锁或挤眉弄眼，都是表示对于对方所传递信息强烈排斥或反对（Nierenberg and Calero，1971）。

通过非语言沟通表示对对方发言的鼓励或劝阻

人们可以通过各种简单的行为来表示对于对方发言的关注和兴趣。点头或是一个简单的手势表示继续，或用低声“嗯”体现对发言的理解，这些都可以用来告诉对方你在倾听、对方可以继续讲话。事实上，你可以通过点头来鼓励对方继续讨论某些话题。简单的目光交流、微笑或点头，都可以表达鼓励的意思。与之类似，皱眉、绷脸、摇头或抓住胸口假装疼痛，都可以发出不赞同某人发言的信号。

非语言沟通如果做得好，可能有助于谈判人员相互协调，达成更好的谈判结果。德罗莱特和莫里斯（Drolet and Morris，2000）对谈判人员之间在谈判中有无目光接触而产生的不同合作关系进行了对比，并将该合作关系定义为“在交互活动中，通过非语言类表达行为的汇聚，而形成的一种相互之间抱有积极态度和兴趣的状态”（p. 27）。研究还发现，面对面的非语言的交互活动增进了双方的友善关系，反过来又能够促进协作并使谈判得到更好的共同利益。当然，这些利益的获得是有前提条件的，即谈判各方必须能够准确地理解这些非语言沟通。说起来容易，做起来难，对非语言行为的判断能力因谈判者社会背景、性别和其他因素而有所不同（Puccinelli，Tickle-Degnan and Rosenthal，2003）。

选择沟通渠道

不同的沟通渠道产生的沟通结果是不一样的。我们可能很习惯地认为谈判总是面对面发生的——这一假定被“谈判桌”这一普遍的比喻强化。然而现实中，谈判是通过不同种类的沟通媒体来完成的，如电话、信件，以及应用日益广泛的电子方式如电子邮件、电话会议、即时消息，甚至短信等。谈判中所使用的网络媒体信息技术有时也称为虚拟谈判（也叫做电子谈判）。对特定沟通渠道的选用，决定了谈判双方对即将进行的沟通任务的认识，以及适合采用的行为规范。因此，渠道能够潜在地对谈判过程和谈判结果产生重要影响（Bazerman，Curhan，Moore and Valley，2000；Lewicki and Dineen，2002）。

考虑到我们当前的目的，我们将引起沟通渠道之间差异的关键性变量叫做社交带宽（Barry and Fulmer，2004），它是指一种渠道承载和传递超出信息本身字面含义的微妙的社会信息和关系信息的能力（也可参见 Short，Williams and Christie，1976，他们将此称为“社会性存在”）。例如，作为一种对面对面交互活动的替代选择，人们打电话时通过发音或音调的变化来表达社会性的提示信息，但不能通过面部表情或肢体语言进行交流。在信件沟通方式中，尽管措辞和语言的组织也能够表达预期、理解以及感情，但毕竟只有纸面上的文字或符号。

电子邮件作为当今非常普及的一种人际交往和组织间沟通的方式，可以简单地被看做信件沟通的另一种形式，区别只在于它通过电子进行传输。然而，电子邮件与其他形式的书面沟通仍有非常大的差异。许多人将电子邮件视为一种非常不正式的媒体，在电子邮件里他们会自如地发出形式和语法上都未经修饰的信息，而在其他场合（如在工作中），他们绝不会将这样不认真的信息写在纸上。还有一些人使用字符组合成的“表情图标”来表达情感（最普遍的表情图标就是笑脸（[：-)））。早期对于人际沟通和小团体沟通方面的研究表明，社会性暗示的缺乏会使沟通者情绪低落，并可能导致超出社会规范的过激的沟通行为，例如充满火药味的，通常用来形容敌对或侮辱性的沟通（Sproull and Kiesler，1986）。然而，许多早期对于计算机作为媒介的沟通的研究关注的是匿名的沟通。目前，我们尚不清楚减少社会性暗示在彼此认识的情况下是否会产生同样的影响，事实上谈判双方很可能对彼此了如指掌（Barry and Fulmer，2004）。

仅仅将电子邮件视为书面沟通的另一种形式在分析上过于简单化，因为电子邮件的沟通方式经常可以取代电话、当面甚至本来可能不存在的沟通。因此，只是知道电子邮件与传统信件沟通方式的区别是不够的，我们还需要了解当人们选择采取电子邮件而不是其他具备更高级社交带宽的沟通渠道时，交互活动（如谈判）是如何被沟通渠道影响的。

近10年来，研究人员一直在研究总体上沟通渠道对于谈判过程和谈判结果的影响，特别是电子邮件。遗憾的是，几乎没有发现明确的影响。我们当然清楚，面对面的沟通方式比其他方式更能使沟通各方建立起友善的人际关系（Drolet and Morris，2000），并且面对面的谈判者更愿意如实吐露信息，从而使他们更有能力达成双赢的结果（Valley，Moag and Bazerman，1998）。研究发现，通过书面信件渠道进行的谈判比面对面或电话谈判更容易陷入僵局（Valley et al.，1998），尽管研究者在试图将此结论扩展到电子邮件时并没有得出明确的结论（Croson，1999）。

还有一些研究结果表明，电子邮件谈判与面对面谈判相比，其谈判结果更为平等（对于资源的分配更平衡）（Croson，1999）。克罗森（Croson）指出，这种现象的原因在于电子沟通使得谈判中的强势方和弱势方的地位被拉平了（p. 33）。电子邮件可以给予谈判者一定的时间思考对方的信息，并回顾和修改自己的沟通方案，因此，这可能会帮助那些人际交往能力不强的谈判者改善其表现，特别是当他们面对比自己更熟练的对手时（面对面，或在打电话的情况下），也能够自然地应对。范埃斯、弗伦奇和施特尔马斯齐克（van Es，French and Stellmaszek，2004）通过对网络谈判者的行为进行分析发现，网络谈判者经常会重读并回顾他们之前的陈述和观点，但他们也提出了几项此类书面形式谈判的缺点。首先，在网络上进行书面谈判给了谈判者不充分准备的借口，这是因为一方需要回顾此前的谈判陈述，并思考未来的行动策略，这些都将导致谈判存在时滞。其次，书面谈判，就像电子邮件这种形式，对于不喜欢此类方式或者文笔不好的人来讲，无疑是巨大的挑战。范埃斯等人认为："大部分人都宁愿说话而不愿意费力去打字……打字的任务可能会促使谈判方急于结束谈判"（p. 169）。事实上，很多人可以用口头交谈的方式巧妙地表达自己的意思，却不能用书面的方式很好地做到这一点。

电子邮件谈判有时会导致谈判僵局，穆尔、库尔茨伯格、汤普森和莫里斯（Moore，Kurtzberg，Thompson and Morris，1999）对其原因进行了研究。在他们的实验中，学生们通过电子邮件进行谈判，他们处在同一学校（组织内配对），或者分处不同的学校（组织外配对）。一些谈判者会透露自己的信息，另一些则不会透露。研究人员发现，在进行组织外配对和在不相互透露个人信息的情况下，电子邮件谈判更容易导致僵局。另一项研究则表明，当谈判的参与方逐渐增多时，通过电子邮件方式进行的谈判就更难以达成结果。库尔茨伯格、邓恩-詹森和马特斯贝克（Kurtzberg，Dunn-Jensen and Matsibekker，2005）在模拟谈判中发现，在通过电子邮件方式进行的谈判中，由四方组成的谈判最容易陷入僵局，而各参与方在谈判后也会表示强烈不满。

越来越多的研究得出一个结论，即采用电子邮件作为谈判的沟通渠道，可能会阻碍谈判达到最佳结果，或者增加谈判僵局的可能性。谈判者如果想要克服这种局限性，就必须努力与对方建立良好的人际关系。电子邮件方式的谈判欠缺的是闲谈式的沟通——谈判任务之外的交流，或旨在维护关系的交谈，而在面对面的沟通中这些交流经常会出现（Morris，Nadler，Kurtzberg and Thompson，2000）。如果想要在谈判中建立良好的人际关系和信任关系，闲谈是一种非常重要的途径。现实中，在电子邮件谈判之前进行电话闲谈的谈判者，能够达成更多的谈判协议、更好的谈判结果、更多的合作、更强的信任，以及未来与对方继续合作的乐观前景（Morris et al.，2000）。一项最近的研究中，研究人员尝试克服电子邮件在人际关系方面存在的问题，他们将使用电子邮件进行谈判的弊端告诉谈判者，并指导谈判者向对方提出问题，以期创建一种人际上的联系（Sheehy and Palanovics，2006）。这种方法奏效了。遵循这些方法之后，谈判达成了更多的协议，且谈判结果更具合作性，这表明电子邮件作为谈判的沟通渠道所具有的一些弊端是可以克服的，只要谈判者注意并对这些问题进行调整。

关注了这么多电子邮件的沟通方式，我们也应该知道虚拟谈判还存在其他的在线沟通机制。一些学者对几种不同的在线谈判方式进行了比较研究，如，洛温斯坦、莫里斯、查克拉维特、汤普森和科佩尔曼（2005）在一项实验中对电子邮件和即时信息在谈判中的应用进行了比较。他们发现，这两种渠道最重要的区别在于谈判者之间交替发言的速度：电子邮件是“慢速”的媒介，而即时消息则是“快速”的媒介，几乎等同于口头交流的交替速度。他们在谈判者分别讨论复杂问题和简单问题时，对这两种渠道进行了对比。在对买卖双方进行的模拟谈判中，一部分卖方对复杂问题进行谈判，而其他卖方讨论的则是简单的问题。研究人员预测并在实验中发现，当对复杂问题进行谈判时，卖方在“快速”媒介（即时消息）中比在“慢速”媒介（电子邮件）中表现更好。研究结果对于这一现象的解释是在即时消息所提供的快速交替环境下，卖方更有能力在谈判对话中占据有利地位，因此更容易从对方取得让步。

总之，电子邮件及其他以网络为媒介的技术方式，为谈判创造了更多的机会，但是这也对谈判者提出了严峻的挑战，即他们在选择具体的谈判媒介时，一定要事先进行充分的了解。在第5章中我们讨论了认知偏差的不同形式，这些偏差将会阻碍谈判者做出理智的决策。类似地，我们在这里也可以思考一下虚拟的谈判方式可能会对谈判的顺利进行、友善气氛以及意见交换的有效性带来的偏差，这些偏差对谈判提出了挑战。汤普森和纳德勒（2002）提出了可能阻碍在线谈判取得成功的四个具体偏差。

1. 时间同步方面的偏差。虽然谈判者表面看起来是同步的，可实际情况却并非如此。面对面的交互活动通常都会有一系列的讨价还价，谈判各方在沟通和信息交换过程中是同步的。与之相反，对于通过电子邮件进行的谈判，谈判各方并不一定在同一时间做同样的事情，而这种时间上的非同步性可能会使另一方恼怒，进而对谈判中的各方关系和谈判结果产生消极影响。

2. “烧毁的桥梁”引起的偏差。在通过电子邮件进行的谈判中，谈判者有可能采取冒险的行为，而这些行为是不可能在面对面谈判中出现的。电子邮件对社交活动造成了距离感，并给人以匿名的假象，因此会促使谈判者采取比面对面沟通时更不易被人接受的行为举动。弗里德曼和柯尔（Friedman and Currall，2003）认为，电子邮件本质上的结构特征使得它比面对面或电话交流方式更容易导致冲突升级。

3. “刺耳的车轮声”引起的偏差。采用电子邮件进行谈判的人员，有可能采取消极的情感方式来达到他们的目标。一方面，如果缺乏社交行为规范的约束，或约束不严格，则谈判者可能会变得愿意诉诸威胁、粗鲁或失礼的举动来达到其谈判目标。另一方面，如果使用电子邮件的谈判者遵守社交规范和礼仪，就可以使这种相互不礼貌的倾向得以缓解。有研究证明，电子邮件谈判中所表达的情感比面对面谈判时更为温和（van Es et al.，2004），其原因可能是情感的表达是写出来的，而不是说出来的。

4. 险恶的归因引起的偏差。这种偏差发生的情形是：谈判一方忽略了情景因素，而错误地认为另一方的行为是由其性格缺陷造成的。在第5章中我们讨论了对错误的根本性归因，即“将谈判中的错误归因于对方的性格缺陷或者品质问题”（Thompson and Nadler，2002，p. 119）。这种偏差的产生是由于夸大了根本性归因而导致的。汤普森和纳德勒认为，电子邮件谈判过程中可能出现的信任缺失、双方的差异性以及友善关系的缺乏，都可能导致谈判者把对方的谈判目标视为险恶且不诚实的，这种险恶的归因最后将导致较差的谈判结果（Moore et al.，1999）。

与谈判对方建立积极的友善关系，不论是通过面对面方式或电话方式，都有助于纠正这些偏差。遗憾的是，通过网络交互活动是不太可能建立这种友善的谈判关系的。在这种情况下，谈判者就有必要寻找能够为自己的行为增强信任感的途径。例如，在电子邮件沟通中引入第三方，或在谈判开始之前花一定的时间与对方闲聊，以获得信任并建立友情。专栏6.3提供了一些方法，可供谈判者在虚拟环境下最大化其沟通的有效性。

6.4 如何改善谈判中的沟通

由于沟通可能会被很多因素打断和曲解，因此，谈判者能够在实际上理解彼此的程度反而会让我们大为吃惊。正如我们在第5章和本章中详细讨论的，感知、认知和沟通中的失败和扭曲，是导致谈判中断和失败的最主要原因。研究还不能够直接对这一结论进行验证，因为感知、认知和沟通的过程与谈判中的其他主要因素是相互交叉的，这些因素包括自我定位和对目标的确定、谈判过程的性质、谈判力及其战术，以及谈判者的个性。尽管如此，许多研究都证明，即便谈判者之间的目标是相容或合作型的，仍然有可能因为误解对方或因为沟通过程的中断而无法达成谈判协议，或者达成的协议并不令人满意。

谈判者可以采取三种方法来对谈判中的沟通进行改善：提问、倾听以及角色互换。接下来我们将对这三种方法进行详细讨论。

专栏6.3

虚拟谈判的十项规则

1. 在谈判之前或谈判初期，采取一定的措施与对方面对面交流，虚拟谈判就有了除电子邮件之外的面孔或声音的参与。

2. 明确提出谈判过程中应当遵循的标准程序。

3. 如果还有其他人参与该虚拟谈判（来自我方或对方），要确保谈判中的每个人都知道谁会参加谈判，以及为什么参加。

4. 选择一种在收集全部信息和细节方面最为有效的渠道（面对面、视频会议、电话或者电子邮件等），这样双方就可以仔细考虑是否要使用这个渠道。

5. 避免情绪激动。如果你必须要表达自己的情绪，那就将之明确化，以使对方了解你是要表达什么情绪，以及它背后的含义是什么。

6. 没有必要严格遵守"轮换说话"的原则，但是要尽量使报价和还价同步。如果不清楚现在该哪方表态了，就明确提出来。

7. 检查你对谈判对方利益、报价、提议或行为的假设。由于面对面的接触越少，对于对方信息的了解就会越少，因此推断就更有可能将你带入困境，因此，一定要多提问题。

8. 在许多虚拟谈判中（如电子邮件），每一件事都是通过书面进行沟通的，因此要非常小心，不要做出可能会对你不利的不明智承诺。同样，你也不应利用对方的这种失误。应当对这些承诺进行讨论和澄清，直到各方达成一致意见为止。

9. 在虚拟谈判中使用不道德手段是非常容易的事情，因为很难去证实真实情况，但是请抵制住这种诱惑，如果虚拟谈判达成之后，犯罪的罪证被发现，后果将更为严重。

10. 并不是所有的谈判风格都适合所有的情境。你必须选择一种属于你自己的谈判风格（协作的或竞争的等），使之与所使用的沟通渠道相适合。谈判中最为困难的一个方面就是谈判桌上的取舍问题。我是应该坚持，还是该放弃？我是应该先出价，还是等待对方出价？解答这些问题需要你具有良好的判断力。

资料来源：Adapted from R. J. Lewicki and B. R. Dineen, "Negotiating in Virtual Organiztions," in R. Heneman and D. Greenberger（Eds.）, *Human Resource Management in the Virtual Organization*（New York：John Wiley and Sons，2003）.

提问

明确沟通、消除干扰和曲解最常用的一种方法就是提问。尼尔伦伯格（Nierenberg，1976）强调，提问是谈判中获取信息的关键因素，提出好问题能够使谈判者获得有关对方立场、支持性论据以及真实需求的大量信息。

尼尔伦伯格认为，提出的问题大致可以分为两大类：易于处理的问题，以及难以处理并可能带来麻烦的问题（见表6—1）。易于处理的问题容易引起对方的注意，并可以准备好下一个问题（“我可以问你一个问题吗?”）、获得信息（“这需要多少钱?”），以及提出想法（“你认为应该如何改进?”）。难以处理的问题将会引起麻烦、给予信息（“你难道不知道我们支付不起吗?”），并使讨论得出一个错误的结论（“你难道不认为我们对此已经谈论得足够多了吗?”）。正如我们从表6—1所看到的，大多数难以处理的问题都会使谈判者对谈判对方产生防备心理和愤怒情绪。尽管这些问题也可能会提供一些信息，但是它们可能会令对方感觉不舒服，并不愿意再继续提供信息。

表6—1　　谈判中的问题

易于处理的问题	示例
开放式问题——不能简单地使用“是”或“不是”进行回答。提问是关于谁、什么、何时、何地，以及为何的问题	“你为什么在这些方面持那样的立场呢?”
自由式问题——引发对方的思考	“你觉得我们的提议怎么样?”
引导式问题——引向某个答案	“你不认为我们的报价是公平合理的吗?”
冷淡问题——低情绪性	“如果你们对其性能进行改良，我们将要额外付出多少钱?”
规划问题——事先按照整体逻辑顺序准备好的问题	“你们将产品性能改良后，我们什么时候可以使用?”
对待问题——在询问的同时夸耀对方	“可否告诉我们你对该问题的独到见解?”
窗口问题——有助于洞察对方的思想	“能告诉我们你是如何得出这一结论的吗?”
指示问题——关注于某一特定问题	“改进后，每平方英里的租金是多少?”
评估问题——确定对方的感觉	“你对我方的提议感觉怎么样?”
难以处理的问题	示例
封闭式问题——强迫对方按照你的方式来看待问题	“你不会是想占我们的便宜吧?”
别有用心的问题——不管对方的回答是什么，都将对方置于你安排的境地	“你的意思是说，只有这样你才接受我们的条件?”
激动问题——高情绪性，激发对方的情绪性反应	“你不认为我们已经花费了过多的时间来讨论你这个荒谬的提议吗?”
冲动问题——没有计划，冲动发生的，试图使谈话脱离轨道	“既然我们在讨论这个问题，你认为我们应该对其他对我们有相似需求的公司怎么答复呢?”
圈套问题——表面上看是需要一个坦率的回答，实际上在其含义中隐含圈套	“你将会怎么做? 向我们的要求让步，还是诉诸仲裁?”
反问式圈套问题——反问对方，使其同意你的观点	“我是这么想的——你不同意吗?”

资料来源：From Gerard Nierenberg, *Fundamentals of Negotiating* (New York: Hawthorn Books, 1973), pp. 125 - 126. Used with permission of the anthor.

谈判者还可以利用提问来处理陷入困境或中断的谈判（我们将在第17章和第

18章深入讨论谈判的困境）。通常提问是用来收集信息、判断信息或帮助对方表达需求和兴趣的，除此之外，提问还可以用于避免谈判中断和陷入僵局。迪普和萨斯曼（Deep and Sussman，1993）提出了大量用于处理困境的特定问题（见表6—2）。这些问题的价值在于帮助或强迫对方面对他们自身行为的影响和后果，不论他们是否有预谋或预期到这些结果的发生。另外，尤里（1991）建议，使用“为什么不”的问题，而不是“为什么”的问题，是消除谈判障碍的一个好方法。谈判对方可能对讨论提议中哪些是错误的比哪些是正确的更有准备。因此，使用“为什么不”的问题，并认真倾听，可以帮助谈判者更好地了解对方的偏好。

表6—2　　困境中的问题

困境	可选的问题
接受或放弃，最后通牒	“如果我们可以拿出更有吸引力的备选方案，你是否仍然希望我接受（或放弃）你的报价？” “你觉得必须结束谈判吗？”
被迫对不合理的最后期限进行答复	“我们为什么不能再商讨一下最后期限的问题呢？” “如果你觉得我们这个最后期限有压力，那么我们可以做些什么来帮助你减轻压力呢？” “为什么非要在今天下午达成协议？把它作为明天早晨的第一件事怎么样？”
高水平或低水平战略	“你此观点的逻辑是什么？” “你觉得我认为的公平提议是什么？” “你认为最终解决方案应该满足什么标准？”
僵局	“我们双方还可以做些什么来消除彼此观点之间的差异？” “你需要我做出什么特别的让步，来立即结束这个问题？” “设想在六周之后，当我们再回顾该谈判时，会希望当时在谈判桌上采取哪些措施？”
在提议的接受与拒绝之间犹豫不决	“除了接受我的建议之外，你还有什么更好的方案吗？” “如果拒绝这个建议，你有更好的建议可以取代它吗？” “你怎么能够确定你会从别处得到更好的交易条件？”
询问对方自己给出的价格与提供给他人的是否一样	“你认为什么是公平的提议？假设是那样的话，你认为我刚才的提议怎么样？” “你认为我最大的兴趣就是对你的不公平吗？” “你认为在对不同的人区别对待时，还能不能同时做到公平？”
尝试强迫、控制或操控	“我们难道不应该满意地结束此次谈判吗？” “如果我们互换角色，让你感受一下我现在的压力，你会有什么感觉？” “你感受到结束此次谈判的外部压力了吗？”

资料来源：Adapted from Sam Deep and Lyle Sussman, *What to Ask When You Don't Know What to Say* (1993). Used by permission of the publisher, Prentice Hall/A Division of Simon & Schuster, Englewood Cliffs, NJ.

倾听

积极倾听和反射是咨询业（如心理咨询和心理治疗）中常见的术语（Rogers，1957，1961）。顾问们承认沟通经常带有多重意义，因此，他们必须尽力识别这些不同的意义，以免使沟通者感到恼怒并进行防卫。自卡尔·罗杰斯（Carl Rogers）提出这种重要的沟通模式的几十年里，人们对于倾听的技巧，特别是积极倾听的兴趣都大为增加，不论是在一般的沟通中还是在特定的商务领域和有组织参与的情况下。[3]倾听主要有以下三种形式：

1. 消极倾听。指只接受消息而不向信息发送者反馈其信息接收是否正确和完整。有时消极倾听本身就可以使对方持续发送信息。有些人喜欢讲话，对长时间的沉默会感到不舒服。如果对方很健谈，谈判者会发现当对方谈论其观点时，最好的办法就是坐着倾听。

2. 认同。这是倾听的第二种形式，比消极倾听稍微积极一些。在倾听时，接收者会偶尔点一下头，保持目光交流或回答诸如“我明白”、“嗯”、“有意思”、“真的”、“继续”等类似的话，以表示认同。这些反应足以使信息发送者继续发送消息，但发送者很有可能会将此误解为接收者同意其观点，而不只是接受消息。

3. 积极倾听。这是倾听的第三种形式。接收者积极倾听，并用自己的语言重述或解释发送者的消息。戈登（Gordon，1977）列举了如下有关积极倾听的例子：

发送者：我不知道该如何解决这个难办的问题。

接收者：你真的被如何解决这个问题难住了。

发送者：请不要问我这个问题。

接收者：看来你现在很忙。

发送者：我认为今天的会议没有什么成果。

接收者：你对我们的会议感到很失望。

阿索斯和加布罗（Athos and Gabarro，1978）指出，成功的反射性回答是积极倾听的关键部分，它具有以下三个特征：（1）交流的重点在于倾听，而不是交谈；（2）对涉及个人的问题而不是抽象的问题进行回答（也就是情感、信念或立场，而不是抽象的想法）；（3）跟随对方，而不是引导对方讨论自己觉得需要讨论的问题；（4）理清对方所表达的思想和情感，而不是质疑和建议对方应该想什么和应该如何感觉；（5）对对方已经表达出来的情感做出反应。

积极倾听通常用在咨询式沟通中，例如，对员工及其工作业绩进行评价与考核的情况。在谈判中，谈判者起初不适应积极倾听，因为信息接收者不像咨询师，咨询师通常有固定的立场，对问题有自己的看法。我们提倡采用积极倾听的方式，并不是建议接收者机械地同意对方的观点，而放弃自身的观点，相反，我们认为积极倾听可以作为一种技巧去鼓励对方更全面地表述自身的感觉、关心的事情、参考的框架以及立场。当对方确实如此做时，谈判者就能够更好地理解对方的立场、支持这一立场的事实和信息，以及如何能够以符合对方自身的偏好和优先级的方式来使其妥协，缓和并与之沟通。

角色互换

谈判中的沟通也可以通过角色互换来加以改善。拉波波特（Rapoport，1964）指出，对某个争议问题持续不断地进行争论，将会导致“盲目牵涉”，或是一个争论自我强化的循环，使得谈判者无法认识到自己与谈判对方立场可能存在的相容性。在前面探讨积极倾听时，我们建议谈判的目标之一应是获得对对方观点和参考框架的理解。积极倾听从某种程度上讲也是一个消极的过程，而角色互换的技巧能让谈判者更彻底地理解对方的立场，即积极地争论这些立场，直到让对方确信他们理解了己方的立场。例如，谈判者可以询问对方如果他处在这样的情境中，会如何反应。通过这种角色互换，谈判者可以逐渐了解对方的立场，可能会接受对方观点，并知道如何修改彼此的立场以使结果更为相容。一些研究证实了角色互换技巧的影响和成功使用（例如，Johnson，1971；Walcott，Hopmann and King，1977），并得出了以下结论：

1. 角色互换可以有效地改变认知（更好地理解对方的立场）和改变态度（认为己方立场与对方具有相似性）。

2. 当谈判双方的立场基本一致时，角色互换可能会产生积极的结果（认知和态度上的变化）；如果双方的立场根本不相容，角色互换则可能会使这种不相容更为尖锐，并阻碍双方的态度发生积极的改变。

3. 尽管角色互换可以帮助谈判者更好地理解对方的立场，并强调双方之间的相似之处，但在促使双方达成一致意见时并不一定是行之有效的方法。

总之，谈判中的角色互换有助于改善谈判者的沟通，并促进其对于对方立场做出准确理解与评价。在谈判的准备阶段或谈判出现问题时召开的核心小组会议上，使用角色互换是最为有效的。尽管角色互换可以增进相互了解，但是这并不一定能够带来解决冲突的简单方式，特别是当通过深入沟通后发现谈判双方在立场上存在根本性的不一致时。

6.5 谈判结束时需要特别关注的沟通问题

当谈判即将结束时，谈判者必须同时关注沟通和谈判中的两个重要方面：（1）避免致命的错误；（2）以建设性的方式达成满意的结果。

避免致命的错误

在谈判接近尾声时，通常需要做以下几方面的决定：接受报价、确定妥协问题的优先次序、与对方在某些问题上进行权衡等。这种决策过程有四个关键要素：框架、收集信息、得出结论以及从反馈中获取信息（Russo and Schoemaker，1989）。关于前三个要素，我们已经在其他部分进行了讨论。第四个要素，即从反馈中获取（或无法获取）信息，基本上是一个沟通的问题，它包括“对你所期望发生的事进行跟踪，系统性地保护自我实现的期望，并在下一次遇到相似的决策时确定你回顾了之前所得到的关于这一类型决策的反馈信息”（Russo and Schoemaker，1989，p.3）。在第5章中，我们讨论了谈判者不可避免地需要面对由认知和观念偏差导致的决策陷阱。尽管一些陷阱可能在谈判初期出现，但我们仍然怀疑当谈判各方急于结束凌乱的谈判问题并达成交易时，这些陷阱可能会在谈判的结尾出现。

结束谈判

研究销售谈判的加里·卡拉斯（Gary Karrass，1985），对于谈判接近尾声时的沟通过程提出了具体的建议。他嘱咐谈判者“要知道何时该结束谈判”，以免对重要的问题做出不必要的妥协，并避免“不当的言语”使对方在已经做好签署谈判协议时出现摇摆。此外，还要对谈判对方的不当言语有所了解、不做回应，或不被其分散注意力。卡拉斯还提醒谈判者要注意谈判最后关头存在的问题，如那些没有实际参与讨价还价过程，却有权力或责任进行审视的人对谈判结果的细节进行挑剔和再度猜测。他建议谈判者要对这些挑战有所预期，并提前做好准备以沉着应对。最后，卡拉斯指出了简化谈判协议书的重要性，并且认为起草协议的一方应当保证协议目的和执行方式得到清晰的表达。

本章小结

本章我们讨论了有助于理解谈判的沟通艺术和沟通技巧。我们首先展示了一个两方参与的交互模型，并指出沟通就像一个交易过程一样在谈判各方间循环，且在各个环节都可能出现错误和曲解。曲解最容易发生在沟通的各方在谈判目标上存在分歧，或相互之间有强烈的不满的情况下。在信息的编码、传递、解码以及解释环节中，都有可能出现曲解的情况。在谈判者沟通循环的各个阶段，“噪声”问题或干扰问题都可能会潜在地影响信息和反馈的准确性和清晰度。

我们接着讨论谈判中沟通的具体内容。谈判不仅是双方交换对于问题解决方案的偏好，而且谈判涵盖了很多话题，是谈判各方在一定环境下试图影响彼此的一个过程。我们还讨论了如何在谈判中进行沟通：语言的特点、非言语沟通，以及沟通渠道的选择。我们还花一些篇幅介绍了在网络环境下（如电子邮件）谈判者行为和谈判结果是如何被影响的。

在结尾部分，我们介绍了谈判中改善沟通的几种方式，包括倾听、提出问题，以及在谈判结束时需要特别注意的沟通问题，例如，避免最后时刻犯错误并成功地结束谈判。

关键术语

沟通曲解（communication distortion）：有效的沟通是指各种信息（事实、观点、情感、偏好以及经验）得以完全、彻底地分享，并被准确地接收和解码，最终带来相互理解。但是，人类的沟通系统很少会运转到最佳状态。前述的沟通模型构成要素以及它们之间的连接会受到外界因素的影响，这将使信息失真、被曲解，并妨碍人们对信息的完全理解和相互了解。

编码（encode）：编码是谈判中沟通的一个步骤，是信息发送者将消息转化为符号形式的过程。编码的过程会受编码技术水平的影响（例如，语言的流利程度、书面和口头表达的能力），还有可能受到编码之前沟通的影响，包括双方想要沟通的内容以及之前沟通的反馈。如果发送者编码的方式阻碍了接收者对于信息的理解或准确解释，那么就会产生曲解。

渠道和媒介（channels and medium）：谈判中沟通时信息发送和接收的方法。沟通渠道可以分为不同层次：语言传播（口头或书面文字）、非语言传播（肢体语言、手势以及面部表情、音调或其他类似的），以及符号形式（图片、图表或其他类型）。一旦决定了沟通渠道的具体层次，沟通者还需要考虑采取何种管道进行传输。口头交流可以通过面对面、电话或网络联系（有或者没有视频联络）；书面交流可以用纸张、电邮或者短信的形式。沟通渠道的选择对于谈判沟通的效果具有重要的影响。

解码（decode）：解码是谈判中沟通的一个步骤，信息接收者接收到以语言、非语言或符号形式传递过来的消息，并将之解码成接收者能够理解的形式。

理解（interpret）：谈判中沟通的一个步骤，是信息接收者确定被解码消息的含义和重要性的过程。

反馈（feedback）：沟通过程中的一个重要环节。信息的接收者通知信息的发送者该消息已被接收、编码，且消息的理解正如发送者所期望的那样。如果没有反馈就会产生曲解，特别是当发送者并不知道消息是否被接受和理解时。

非语言沟通（non-verbal communication）：谈判中的一种沟通方式，与语言沟通相对应。人与人之间的大部分沟通是以非语言的方式进行的，如面部表情、肢体语言、头部动作以及语调等。在如谈判一样的协作式互动过程中，一些称为“专注行为”的非语言行为，对与对方建立联系是非常重要的，这些行为让对方知道他们在认真听，并让对方准备接收你的信息。

虚拟谈判（virtual negotiation）：也叫做电子谈判。现实中，人们的谈判是通过不同种类的沟通媒体来完成的：电话、信件以及应用日益广泛的电子方式如电子邮件、电话会议、即时消息甚至短信等，这种使用网络媒体信息技术进行的谈判叫做虚拟谈判。

注释

[1] Clearly, communication can occur among more than two people, but the same general processes are expected to apply as to the two-person case, albeit with more complexity. For the sake of clarity, we will restrict our discussion to the two-person case in this chapter. The complexity of negotiations involving more than two parties is examined in detail in Chapter 13.

[2] See Roth and Malouf (1979); Schelling (1960); and Siegel and Fouraker (1960).

[3] For discussions of listening in general contexts, see Bostrom (1990); Wolff, Marsnik, Tacey, and Nichols (1983); and Wolvin and Coakley, (1988). For applications to business and organizational settings see Bone (1988); Lewis and Reinsch (1988); Rogers and Roethlisberger (1991); and Wolvin and Coakley (1991).

第7章 发现并利用谈判力

学习目标

1. 理解谈判力的不同方式和其在谈判中的重要性；
2. 探究谈判力的来源及基础；
3. 思考增强谈判力的策略及如何应对谈判力强的对手。

本章中，我们重点讨论谈判力。我们用“谈判力”这个词表示谈判者在谈判中占据优势或增大获胜概率的能力。所有的谈判者都需要谈判力，他们都想知道如何对谈判对手施压，如何说服对手从我方角度考虑问题，如何引导对手给出合意条件，如何战胜对手或改变对手的想法。值得注意的是，在谈判力的定义中，我们用到了许多在第 3 章和第 4 章中出现过的谈判方法。分配式谈判和整合式谈判的策略属于杠杆策略——用以向谈判对手施加影响的策略，可以帮助谈判一方或双方获得满意结果。

在接下来的两章中，我们要区分谈判力和影响力两个概念。搞清楚这两者的区别很重要。我们用谈判力表示在特定情形中一个人改变他人态度和行为的潜力，而影响力则可以理解为行为中的力量，即一个人在谈判中实际采用的改变对方态度和行为的信息或方法。简而言之，谈判力是潜在的影响力，而影响力是付诸行动的谈判力（实际应用的谈判力）（French and Raven，1959）。我们在本章讲解谈判力，在下一章讲解影响力的应用。

首先我们定义谈判力的本质并讨论其在谈判中应用的动态机制。我们重点讨论谈判力的来源，这些来源使谈判者可以施加影响力。在现存的众多谈判力来源中（参见 French and Raven，1959；Pfeffer，1992），我们选取三个主要来源在本章讨论：信息和技术、对资源的掌控，以及某人在一个组织或网络中的地位。

7.1 为什么谈判力对谈判者如此重要

大多数谈判者认为谈判力在谈判中很重要，因为它赋予谈判者战胜对手的优势。拥有这一优势的谈判者通常希望用它来确保分得更大份额的谈判成果或达成心仪的解决方案。在谈判中寻求谈判力主要出于以下两种原因：

1. 谈判者认为自己目前的谈判力水平逊于对手。在这种情形中，谈判者认为对手已经拥有了一些优势，这些优势即将发挥作用，因此他会寻求谈判力来抵消或抗衡对手的优势。

2. 谈判者认为他需要比对手更强的谈判力来增大得到满意结果的可能性。在这种情形中，谈判者认为增加谈判力是在即将开始的谈判中获取或维持己方优势的必要条件。

上述两种情形暗含着战术和动机两个问题。战术可用来增强谈判一方的谈判力或削弱对方的谈判力，以及创造一种谈判力均衡（power equalization）的状态（双方谈判力相对平衡或相互抵消）或创造一种谈判力差距（power difference）状态（一方的谈判力比另一方强）。动机问题涉及谈判者运用战术的理由。大多数情况下，谈判者将运用战术创造的谈判力均衡状态视为一种平衡双方实力的方式。这样做的目的是尽可能削弱任何一方控制谈判局面的可能性。这为推动谈判进程进而达成一个相互妥协的或合作性的综合协议打下了基础。相反，谈判者也可以运用战术创造双方的谈判力差距，从而增加自己的优势或阻碍对方谈判力生效。这样的战术可增强一方控制谈判局面的能力，从而形成一种竞争性的，或者一方主导的局面，进而达成一个分配式协议。专栏 7.1 展示了将谈判力作为谈判战术的优点（与在争论中重视利益或强调权力的情况相比）。

一般而言，不关心自己谈判力或与谈判对手谈判力相当（不论是同样高还是同样低）的谈判者发现他们的谈判进展得更为容易且更易达成双方都满意的结果。相反，关心自己谈判力并努力追赶或超越对手谈判力的谈判者则很可能寻求一种方式，让他们不至于输掉谈判（防守模式）或能够控制谈判（进攻模式）。

谈判力涉及许多先前提过的竞争力强的合作性谈判战术（collaborative negotiation tactics）。在之前讨论过的许多竞争性或合作性谈判方法中都有涉及，比如暗示谈判对手你有很好的替代方案（一个强大的最优替代方案）用以加大你的谈判砝码。近期很少有研究专门针对谈判力和谈判中的影响力，我们已将现存的所有研究并入了讨论。然而，很多本章讨论的谈判力内容源自更广泛的领域，比如一个组织中经理如何影响其他人，我们认为将这些内容应用于谈判情形是恰当的。

专栏 7.1

利益、权力和谈判力

一种研究谈判力作用的方法与其他可替代的谈判战略相关。在第5章，我们介绍了由尤里、布雷特和戈德堡（1993）提出的框架，该框架对比了三种不同的谈判策略：利益、权力和谈判力。

- 谈判者关注利益的情况：他们试图了解彼此的利益关注点和优先排序，以达成双方都满意的创造价值的协议。
- 谈判者关注权力的情况：他们希望通过一定的决策规则或标准规定来解决争端，其中规定条例以法律原则、公平的社会标准或现存合约为基础。
- 谈判者关注谈判力的情况：他们威胁或采用其他方式迫使另一方做出让步。

该框架假设上述三种方法在某一场合均可应用。谈判者选择他们的关注点。但谈判者是否真的会同时运用三种方法？他们应该这样做吗？这些问题在莱特尔、布雷特和夏皮罗（Lytle，Brett and Shapiro，1999）的一项研究中被提出。他们分析了一场模拟合同争端谈判的录音磁带，在该争端中，两公司希望阐明双方相互依赖的商务关系。在参与其中的50个谈判者中（25对谈判组合），有学生，也有雇员经理，但所有人都有5年及以上的商业工作经验。

莱特尔和她的同事发现大部分谈判者在同样的情况中循环应用利益、权力和谈判力三种方法。他们还发现谈判双方倾向于使用同一种策略。例如，谈判双方可能都采用强制性的谈判力策略，这会导致消极的冲突螺旋（conflict spiral）或糟糕的协议（或者不能达成协议）。此外，学者还发现了一些谈判力应用的重要准则：

- 如果你的威胁可信度高，你可以在谈判开始时向谈判对手传达你的谈判力，这样可以尽快完成谈判。然而，如果谈判对手认为你在虚张声势，你就陷入了要么实施威胁，要么丢面子的境地，这两种情形都不理想。
- 为了避免冲突螺旋并推进利益互换，谈判双方需要避免透露关于权力和谈判力的信息。另外，谈判双方可以通过询问与利益相关的问题转变话题。可能需要几番尝试才能重新成功地定位谈判话题。
- 如果某一行为会给自己和对手都造成损失（该行为可能属于自然反应，但不一定有效），尝试采用一种“结合式陈述”方法，该陈述方法将威胁与利益结合在一起（例如，“是的，我们也可以起诉你，但那不会解决任何问题，所以为什么我们不努力达成有利于双方的结果呢?”）。
- 当对手拒绝谈判或谈判破裂需要重启时，谈判力战术（以及权力战术）也许最为有效。在这种情况下，用权力或谈判力做出威胁没有很大风险，但是威胁自身可能会帮助谈判对手认识到局势的严峻性。
- 谈判力战术（以及权力战术）的成功与否很大程度上取决于它们如何实施。为了使其有效，威胁必须是具体可信的，直击对方颇为看重的利益，否则，对手几乎不会妥协。同时，要确保你给对方留下了消除威胁、保存颜面以及重启利益谈判的余地。毕竟，大多数威胁对手的谈判者并不是真的想实施威胁。正如莱特尔和她的同事所观察到的，“一旦你开始将威胁付诸行动，你就将失去谈判力的来源”（p. 48）。

资料来源：Adapted from A. L. Lytle，J. M. Brett，and D. L. Shapiro，“The Strategic Use of Interests，Rights，and Power to Resolve Disputes，” *Negotiation Journal* 15，No. 1（1999），pp. 31－55.

7.2 谈判力的定义

广义上说，当人们拥有“获取他们渴望的结果的能力”或“使事情按照他们希望的那样进展的能力”时，他们便拥有了谈判力（Salancik and Pfeffer，1977）。我们有理由相信，拥有谈判力的一方可以引导另一方去做他们本不打算做的事情（Dahl，1957；Kotter，1979）。

这里有一个问题：我们目前定义的谈判力似乎仅仅注意到了它的绝对性和威胁性，这对理解谈判力在谈判中的应用是远远不够的。事实上，关于谈判力的应用有两种观点：一种认为谈判力是用来引导、控制对手的，大多用在分配式谈判语境中（distributive bargaining context）；一种认为谈判力是用来与对手合作的，大多用在整合式谈判语境中（integrative negotiation context）（Coleman，2000b）。在拥有谈判力的一方看来，第一种观点适用于达尔（Dahl）对压迫式谈判力的定义，即谈判力本质上具有主导性、威胁性。在另一方看来，如此应用谈判力恰恰意味着无能，它依赖于对手的配合。这种谈判力关系的动态机制的范围既包括“温和支持式”的关系（如师徒关系），又包含“压迫辱骂式”的关系（如独裁家长）（Coleman，2000b，p. 111）。

第二种观点强调合作式谈判力（Follett，1942），即拥有谈判力的人与对手共同利用、分享谈判力。有这种谈判经验的人认为这种谈判力赋予人独立的权力，它的运行机制便反映了这种授权的优点：如雇员参与度提高，管理层的代表性提升，员工的自治力和个人发展也都越发完善。上述关于谈判力的观点与达尔的观点相反：

> 一个行动者在某一特定场合拥有可以达成目标的力量，称为情境力（situation power）。力是一种关系概念，它不是针对某人而言，而是针对这个人与周边环境的关系而言。因此，这种力量既与环境特点有关，又与个人特点有关（Deutsch，1973，pp. 84－85）。

多伊奇（Deutsch，1973）注意到很多人认为谈判力仅仅是个人属性。这种观点忽略了力来自于行动者所处环境这一事实。正如多伊奇所说，“A 比 B 更有力”这句话应从三个既有区别又有联系的角度来看：环境力即 A 通常能够以对他有利的方式影响整体环境或更能够克服环境中的阻力；关系力即与 B 相比，A 能够更有利地影响 B 和/或克服来自 B 的阻力；个人力即 A 通常比 B 更能满足自身诉求（p. 85）。

现在我们看两个体现上述观点的例子：

1. 经济萧条期间，工会谈判主题通常是推迟涨工资甚至削减工资，这对于公司管理层而言是工会做出的难得让步，是工会人员无论如何不愿意做的事情。工会人员之所以这样做，是因为公司管理人员说如果不减工资，公司将会裁掉数千名员工，关闭工厂，将工厂搬到另一个国家，撤销商业链，或采取其他类似措施。我们可以认为工会人员做了一些理性的、深谋远虑的决定，这些事情是工会本不会做的（达尔的观点），在这个案例中，公司管理层利用了经济环境中环境力的改变。市场变化时，商品需求改变，生产成本增加，或者其他地方提供较便宜（不属于工会的）的劳动力。

2. 在现代组织中，项目、团队或任务组的领导发现他们必须在正常权力（直接报告关系）缺失的情况下有效地影响他人并发布指令。因此，管理层不得不学会应用“无权力的影响力”（Cohen and Bradford，1989），这样才能完成工作、实现集体目标。这种影响力的目标人可能是雇主、同事、其他经理或者老板。如果下属在未得到上司认可的情况下向上司抱怨工作难以完成，这样的员工难以令上司满意。然而，那些在不给老板惹大麻烦且能够用影响力得到老板帮助的人却可以得到老板的赏识，也可以实现个人目标。在这样的情景中，强大的关系力和个人力至关重要。简而言之，正规组织里某一职位派生出的环境力不可得时，管理人员必须学会应用关系力和个人力。

在继续下一个话题之前，我们需要注意到任何关于谈判力的讨论都不能免除的疏漏之处。我们乐于为读者全面呈现谈判力的来源、谈判力的基础构造以及每一种策略具体应用的条件。不幸的是，这样的任务不仅令人望而生畏，而且是天方夜谭。原因有两个：首先，谈判力的有效应用需要敏感而灵巧的感知，其后果也因人而异。对一个谈判者而言，谈判力可能带来繁荣和成就，而谈判力落在另一个人手里，则可能成为专制和混乱的噩梦。[1]其次，在不同的场合，不仅行动者、目标对象千差万别，谈判力应用的环境也大相径庭。因此，我们能做的最好的事情便是识别一些谈判力的关键来源。我们将在下一章详细阐述究竟怎样、何时应用谈判力，或者如何组合应用谈判力（一些相关的讨论参见专栏 7.2）。[2]

专栏 7.2

关于谈判力的一些讨论

谈判力在旁观者眼中可能呈现为谈判力有效发挥，其实谈判者不一定完全拥有谈判力。但他必须做出拥有谈判力且可随意应用的样子。因此某种意义上，谈判力具有自我实现的功能。如果你自己（和其他人）认为你拥有谈判力，你就拥有它。如果你自己（和其他人）认为你不拥有谈判力，你就没有。认知上的谈判力创造了杠杆，许多谈判力持有者特意为谈判力树立了这样一种形象：它是构成有效的影响力的关键因素（参见 Sun Tsu，1983，为这一观点提供了精彩注释）。

谈判力和影响力是否有效最终取决于目标人的行为，其中最重要的是针对目标人的谈判策略。目标人是否配合，做你希望他做的事，或者按照你希望的方式行事？当设计一项影响力策略时，你不仅需要注意对目标人起作用的因素，也应密切关注可替代策略。

一些人暗示：事实上，谈判力会腐化。用阿克顿爵士（Lord Acton）的话来说："权力导致腐败，绝对的权力导致绝对的腐败。"原因有如下几个：第一，如前文所述，谈判力基于人们的认知——创造人们对于你拥有并且可以使用谈判力的认知，甚至是这一幻象。创造了这一幻象之后，人们就很容易在欺骗对方的同时欺骗自己。第二，谈判力令人沉迷。这一点在涉世未深、无一技之长的人身上尤其明显。那些通过迅速成功的事业获取谈判力的人通常滥用谈判力。谈判力带来了巨大的资源基础、优越的信息条件，以及掌控他人命运的能力。在没有一技之长的人手中，谈判力可能具有致命的破坏力（Lewis，1990；Stewart，1992）。

7.3　谈判力的来源——人们如何获取谈判力

为理解谈判力应用的不同方式，我们最好先理清谈判力来源。在弗伦奇和雷文（French and Raven，1959）关于谈判力的经典著作中，他们将谈判力分为五种：专家力、奖赏力、强迫力、合法力以及对象力。大多数术语的含义不言而喻。

- 专家力：源自对某一主题拥有独到而深入的信息。
- 奖赏力：源自对完成任务的人的奖赏。
- 强迫力：源自对没完成任务的人的惩罚。
- 合法力：源自在某一组织拥有正式办公职位并使用相关权力（如一个副总裁或副经理）。
- 对象力：源自某人因个性、正直、处事风格等积累的威望和赞赏。A 对 B 的对象力取决于 B 希望与 A 紧密相连的程度。

许多当代的关于谈判力的讨论仍以这种类型划分为基础（雷文数次详细阐述这种始于 45 年前的划分）。在本章中，我们将谈判力的含义加以扩充，并将其来源细分为五个不同组别（详见表 7—1）：

（1）来源于信息的谈判力；

（2）来源于个人特征的谈判力；

（3）基于在组织中职位的谈判力；

（4）基于人际关系的谈判力；

（5）来源于环境的谈判力。

表 7—1　　谈判力的主要来源

谈判力来源	描述
信息	信息：数据的积累和展示，这些数据用于改变他人对事物的看法和观点 专业技能：对某一特定问题或事物积累了一定信息或处于权威地位 专业权威（expertise power）可以是积极的（我们信任他人，因为他们拥有可信的专业技能），也可能是消极的（我们不信任所谓的专家并与专家的建议背道而驰）
个性和个体差异	谈判力来源于个性方面的下列差异： ● 心理定位（谈判力应用的广泛定位） ● 认知定位（谈判力的意识形态） ● 动机定位（应用谈判力的具体动机） ● 性情和技能（对合作和竞争的定位） ● 道德定位（应用谈判力的哲理定位）
职位	谈判力来源于某一组织或沟通结构中的特定职位，导致不同类型的谈判中的影响力 合法力，或正式权力，来源于在层级组织中占据重要职位。合法力也可能影响社会准则，例如： ● 互惠，或预期的利益交换等 ● 公平，或某人为对方付出后的预期回报 ● 依赖，对于不能保全自身之人的潜在义务 资源控制权，或资金、原材料、劳动力、时间以及设备的积累。这些资源既可用作鼓励他人顺从的工具，也可用作惩罚他人不顺从的手段。资源控制权表现在： ● 奖赏力，利用有形奖励或个人赞赏来获取他人的顺从 ● 惩罚力，利用有形惩罚或保留个人赞赏来获取他人的顺从
人际关系	目标的相互依存——各方如何看待各自目标 对象力：基于对他人的吸引，这种吸引源于经历，是某个组织中的一员、地位等。对象力同样可以是积极的（我们出于信任而尊敬他人）或消极的（我们出于对他人的蔑视而采取他们建议的相反的行动）
环境	源于谈判发生的环境 一般来源包括： ● 最佳替代方案（BATNA）的可行性 ● 组织和国家文化 ● 是否存在能够直接或间接影响谈判结果的代理人、委托人及观众

正如我们所想，上述分类并不是固定不变的。谈判力可以在不同环境下，用不同的方式去创造，而随着时间的推移，谈判力来源的类别也可能随之改变。我们详述这些分类时，也将提及弗伦奇和雷文模型是如何修正和更新的。

谈判力的信息来源

在谈判力来源中，信息可能是最常见的来源。信息力源于谈判者集合和组织事件、数据的能力。事件和数据用以支持观点、论断或渴望的结果。谈判者同样可能用信息反驳对方的观点或削弱对方论证的有效性。即使在最简单的谈判中，谈判者也需要提出观点并用事实加以论证。例如，我想以 1 500 美元出售一辆二手摩托车，而你认为车只值1 000美元。我将告诉你我当初买车的价钱、车子现在良好的性能以及吸引人的特点，进而解释为什么车子值1 500美元，而你则指出车子已经用了5年，强调车上的刻痕、刮痕以及锈斑，还有已经破烂需要更换的轮胎。你也许会说你没有1 500美元那么多钱。讨论了20分钟后，我们就价格、车龄、功用、折价以及目前性能交换了大量意见，也谈及你的经济条件和我的现金需求。最后我们以1 300美元的价格成交，其中我给你300美元的贷款（参见专栏7.3，了解信息力在互联网的帮助下改变人们买车方式）。

专栏7.3

买车谈判中的信息力

在互联网时代到来之前，许多消费者像热衷看牙医一样热衷买车。消费者知道他们要做的就是在询问价格时虚张声势，假意走开不买和摆出一副强硬的议价姿态。然而，即使他们这样做了，买下车开走后，仍会犹疑是否买贵了。

理智的消费者懂得审视自己对汽车的实际需求，选取若干满足要求的汽车，为每辆车估价，联系现在的车主以决定他们对每辆车的满意程度以及避免过于沉迷某一款车。这些举措都有利于人们更好地与卖家谈判。然而，大多数情况下消费者仍需估算卖家可接受的最低价格。

然而，现今新车和二手车的价格可通过互联网及其他渠道查得。消费者与卖家商讨时，卖家以事实和数据为基础给出卖价，消费者也了解邻州不同备选车的价格并知晓特定时段买卖双方的兴趣所在。花时间调查汽车实际进价的买家据称可以节省数百甚至上千美元。大量的信息给了消费者更多的谈判力。最终，谈判力使消费者可以更低的价格买车（Blumenstein，1997；McGraw，1997）。

谈判中的这种信息交换也是做出让步的核心。随着双方各自提供信息，情况也愈加明朗。双方分享的信息量、信息种类以及信息共享方式令双方对摩托车的性能、市价及各自偏好有了进一步了解。然而，信息并不需要百分之百准确才能发挥作用，虚张声势、夸张、忽略或谎言也可能同样有效。如果我花2 000美元买车，我可能跟你说花了2 200美元，我也可能不告诉你离合器需要买新的。你也可能不告诉我其实你的价格承受上限是1 500美元或为了买这辆车花多少钱你都愿意（在第9章我们讨论欺骗伦理时会再回来讨论谈判中的欺骗和曲解）。

通过交换信息，事实愈加清楚。双方基于此修正立场，最终以双方均接受的价格成交。摩托车案例中的谈判者会因两件事对这次谈判感到满意：第一，价格本身让他们满意；第二，虽然成交价不是他们初始的心理价格，但是他们认为这是公平价格，因为他们对摩托车和谈判对方的观点有了改变。因此，谈判中的信息交换对理清事实脉络、评判双方观点、做出让步及最终表达对协议的意见都是必不可少的。

信息的提出同样是谈判力的关键来源。雷文（Raven，1993；Raven，Schwartzwald and Koslowski，1998）认为信息可以通过两种方式呈现：（1）直接方式，目的是改变他人观点；（2）间接方式，通过让对方“不小心听到”对话或使用一定技巧以不直接面对对方现有立场和观点的方式提供信息。在第8章我们详细论述上述直接、间接的说服技巧。

专业权威是信息力的一种特殊形式。任何用事实和数据支持论断的人都可以获取信息力，但只有那些有一定水平和数量信息的人才可以获得专业技能力。专家会得到人们的尊敬、肯定和信任，是因为他们有经验、学识和成就。比起不是专家的普通人，谈判中的一方或双方会更听信专家意见，但仅限于在专家的知识与谈判者试图说服对方的情形相关的情况（Cronkhite and Liska，1976，1980）。例如，轿车领域的专家可能并不精通摩托车。因此，某一企图利用专业知识的谈判者通常需要向对方展示两点：（1）他确实拥有真才实学；（2）专业知识与讨论内容相关。

基于个性和个体差异的谈判力

个性定位

对于社会情形每个人有着不同的心理定位。根据多伊奇（1985，p.74）的观点，有三种定位尤其显著：认知定位、动机定位及道德定位：这些定位在特定情境中引导人们的行为及对该情形的反应。这些是稳定的个人差异——个性特点（如果你想这么称呼它们），将会影响个体获得和利用谈判力的方式。我们现在简短讨论一下这些定位。

认知定位

伯勒尔和摩根（Burrell and Morgan，1979）认为人的意识形态框架内的个体差异——一种代表认知定位的方式——是获取谈判力的关键。他们定义了三种类型的意识形态框架：

单一框架，该框架的思想是：社会是一个集合体，个人利益与社会利益是统一的，因此谈判力在很大程度上可以忽略，或者当需要时，由仁慈的权力当局使用谈判力，以使大众受益。

根本框架，该框架认为社会处于社会、政治和阶级利益的持续冲突中，谈判力在本质和结构上是不平衡的。

多元框架，该框架的思想是谈判力在不同族群间均等分配，这些族群相互竞争以在不断增加的谈判力中保持平衡。

每一种意识形态都形成了一种框架（参见第5章）或一种世界观，这些框架或世界观决定了一个人对事物的关注点、事情的发展方向以及人们应如何应用谈判力。意识形态同样影响处理与谈判力相关的社会信息的方式——“局限式或延展式，竞争式或合作式，平等式或差异式”（Coleman，2000b，p.116）。意识形态同样决定那些定位如何影响人们掌权时分享谈判力的意愿。拥有谈判力并不意味着能够合理地应用谈判力（参见专栏7.4）。

专栏7.4

谈判力本身并不能保证健康的个性或其被合理应用

心理学家研究了权力引发妄想症的方式。妄想症是这样一种心理疾病：人们总觉得自己是他人危险行为的受害者。妄想症患者极度关注自身，常常觉得自己被他人审视评价，担心自我的概念和自尊受到威胁。妄想症患者常常高度不信任他人，这种不信任本质上是不理性的，因为患者对他人抱有强烈的恐惧和怀疑，但没有具体接触和经验来证实这种不信任。在最极端的案例中，妄想症是一种病态，因为不论他人说了什么或做了什么，患者几乎不信任任何人并对自己的直觉深信不疑。

个性缺陷或环境影响都可能导致妄想症。例如，一些研究者考察了美国总统林登·约翰逊（Lyndon Johnson）的案例。克拉默（Kramer，1995）展示了约翰逊如何不信任、猜疑他的政治对手，如罗伯特·肯尼迪（Robert Kennedy）。这使得约翰逊对最小的政治威胁与挑战也极为警觉。他的妄想症由于越战与督促他撤兵的强大反战势力而恶化。结果，约翰逊明显夸大了这种认知上的力量与对手的威胁，最终坚定了他不采取任何可能被视为屈从于这些看法的行为。不幸的是，正如卡罗（Caro，2006）所注意到的那样，他对反战言论的反应大大削减了他作为一位伟大政治家及民权运动领袖所应有的威望。

资料来源：R. M. Kramer，"Power，Paranoia and Distrust in Organizations：The Distorted View from the Top." In R. J. Bies，R. J. Lewicki，and B. H. Sheppard，*Research on Negotiation in Organizations*，vol. 5（Greenwich，CT：JAI Press，1995），pp. 119 - 154；R. A. Caro，"Lessons in Power：Lyndon Johnson Revealed，" *Harvard Business Rewiew*，April 2006，pp. 47 - 52.

动机定位

与个体的动机差异有关的定位，即来自于个人需求与个性中"能量元素"（energizing elements）的差异，而非来自于意识形态的差异。麦克莱伦（McClelland，1975；McClelland and Burnham，1976）区别了"力量动机"中的个体差异，着重研究一类人的性情，这些人对影响、控制他人有着极高欲望且贪慕权力。性格专家将独裁者的个性描述为：他们有支配他人的强烈欲望，但同时又能识别出更高的权力并屈从于它（Adorno，Brunswick，Levinson and Sanford，1950）。这些倾向容易在有权力压迫或者缺乏权力的情况下表现出来，具体要根据对方的地位来看。

个性和技能

一些研究者（如Pfeffer，1992；Frost，1987）认为谈判力定位取决于个人合作或竞争的意愿（例如，第1章中的双重关注模型，以及第15章冲突的管理类型中的个体差异）。竞争式的个性和技能强调"压迫式"的谈判策略并认为有这种个性的人懂得保持能量、耐力和注意力的技巧，也懂得专业技能且高度自信，对冲突有很高的忍耐度。合作式的个性和技能更适用于合作式的谈判策略，强调对他人的敏感性、灵活性以及考虑他人观点并将其并入最终协议的能力。例如，一组调查员鼓励学生回忆一段他们感到拥有权力的时间并说出这种个性如何转化为谈判力。强势的人更容易发起谈判及在一系列竞争中迈出第一步，也更擅长首先发盘并从中获益（Magee，Galinsky and Gruenfeld，2007）。

道德定位

最后，每个人对谈判力及其应用有着不同的道德看法。科尔曼（Coleman，1997）发现，人们越信服平等主义（相信人人权力平等），就越乐于与弱势群体分享权力。在第9章，我们继续讨论道德定位的差异如何影响谈判中道德与非道德策略的应用。

基于在组织中职位的谈判力

我们讨论基于组织中职位的谈判力的两种来源：(1) 合法力，源于一份工作的头衔与职责以及在组织中的阶层地位；(2) 资源力，来源于对工作资源（如预算、资金等）的掌控。

合法力

合法力来自于组织中的特定职位。在这个意义上，这种力与工作本身的头衔与职责有关，因为某一职员的“合法职权”取决于特定组织中特定工作的头衔与职责。因此，一个新上任的副总裁的合法职权来自于副总裁这个职位本身。

有时人们听从他人指令，甚至是他们不认同的指令，是因为他们觉得这个人号令他们是理所应当的（合法的），并且他们应该（有义务）服从，这就是合法力的作用。

合法力是社会结构的基础。当个人或小组进入任何社会系统（如小企业、作战分队、联盟、政治组织、球队或任务组）时，这些系统几乎立刻就会形成一定的结构和等级划分。通过选举或任命的方式选出领袖并制定相关法令，规定决策、分工、职责归属及冲突解决事项。如果没有这种社会秩序，小组内部由于内讧不能统一行动，一项决议要征求每个成员的意见，协调工作就不可避免了。因此，社会结构至关重要，它的重要性为合法力提供了后盾。人们乐于授权给一些代表（如总裁、领导或代言人），让这些人代表自己做决策。小组结构为每个成员提供了权力基础，组员都乐于听从小组领导的指令。

获取合法力的途径有如下几个：第一，这种权力可能与生俱来。伊丽莎白二世有英国女王的头衔以及一切相关皇权与财富，然而，她没有管理英国国事的实权，这一点近来广受争议与诟病。第二，合法力可通过赢得选举而得。美国总统就拥有宪法赋予的管理政府的合法实权。第三，合法力可通过被提升或任命到某一职位得来。例如，总经理可以行使职权范围内的一切权力与特权。第四，一些人拥有合法力是因为人们尊重他所从事的工作。人们之所以尊重他们是因为他们的工作能够造福社会，对社会具有重要价值。许多社会里，青年人听从年长者的建议，学生听从老师的指导，是因为他们觉得这些人的话值得听。尽管事实上听从他们的建议未必有好处，违背他们的话也未必遭到惩罚，他们还是拥有一定的合法力（参见 Cialdini，2001，关于权力的阐释）。

谈判力是否有效取决于人们是否承认组织结构的合法性以及是否认可授权法令

的公正性（Barnard，1938）。简而言之，合法力离不开被管理者的支持和认可。如果大多数英国人都质疑女王权力的合法性，那么即使君主政体已存续数百年，女王的地位也岌岌可危。如果大多数天主教徒质疑教皇是否有权干涉堕胎、生育及其他社会政策，教皇的威信也将大打折扣。如果总统的内阁成员与顾问不配合总统的指令，总统也就形同傀儡。如果大多数人质疑掌权者的合法性，掌权者也就不再是权力的来源。

一旦成员不再认同掌权者的权力，合法力就将失效。因此，掌权者应当积累其他的权力资源（如资源控制权与信息）以巩固权力基础。某一头衔或职位常常也包含着资源控制权与信息力。操纵其他权力来源同样可以产生合法力。军官就深谙这一点。即使现在并不需要军队作战，但所有的军事组织（士兵、警察等）仍进行操练。这样做有下面几个原因：军事操练可以教导、管理士兵，这种赏罚分明的体制有利于士兵服从集体。操练也使士兵无条件地接受某位军官的指令。在操练过程中，服从者得到奖励，违令者受到惩处。一段时间后，不需赏罚，士兵便会自觉听从长官的指令。

尽管我们谈论的是产生合法力的组织机构和职权，但合法力同样适用于强制性的社会准则和规范（Raven，1993；Raven，Schwartzwald and Koslowski，1998）。

1. 互惠互利的合法力。这种社会准则认为，如果某人的行为惠及他人，那么这个人应该得到回报（我帮助了你，我也希望你能帮我个忙）。

2. 平等主义的合法力。这种社会准则认为，如果某人特意为他人做了一些事或代替他人遭受损失，那么这个人有权要求补偿（我特意为你这样做了，你至少应该为我做同样的事）。

3. 责任或依赖的合法力。这种社会准则认为，我们有义务帮助那些自身能力有限又依赖于我们的人（我了解他们真的需要帮助而他们自身又不能解决问题）。

资源控制权

拥有资源控制权的人可以将资源分配给服从命令的人，也可以将资源从不服从命令之人手中撤回。资源包括很多东西。在谈判中，某些资源尤其有用，因为谈判者对这种资源很看重。在一个组织中，几种重要的资源如下：

1. 资金：现金、工资、预算分配、补助金、红利、支出账户以及其他款项。

2. 供应储备：原材料、零部件。

3. 人力资本：劳动力、特殊技工、临时帮工人员。

4. 时间：可以自由支配的时间，按时完成工作的能力，控制截止日期的能力。如果某一方或双方承受时间压力，这种掌控时间的能力就尤为重要（我们在第3章中讨论过谈判中的截止期限）。

5. 设备：机械、工具、技术、电脑硬件和软件、运输工具。

6. 关键服务：修理、保养、维持、安装、交付、技术支持以及运输。

7. 人际支持：对于优良表现的口头表扬与鼓励及对恶劣表现的批评。这种资源很特别，因为每个人不需任何努力就都拥有这种资源，这种资源又极为有效。

普费弗、萨兰西克（Pfeffer and Salancik，1974）强调，控制并分配资源的能力是一种谈判力来源。在资源贫乏的环境中创造资源也可以产生权力。在 *Managing with Power*（1992）一书中，普费弗阐述了伟大的政治、商界人物如何靠资源控制权创建事业。在林登·约翰逊早年的议会生涯中，他接管了"微型议会"，代表普通职员发言并协助他人，他在此期间积累的资源，为他日后成为众议院发言人乃至总统打下了基础。同样，罗伯特·摩西（Robert Moses）作为公园工作人员起家，日后他的权力帝国建设了12座桥、35条高速公路、751个操场、13个高尔夫球场、18个游泳池以及为纽约设计了200多英亩的公园，他凭借这些功绩成为城市建设的权力掌门人。

资源配置主要有两种方式：奖赏和惩罚。弗伦奇和雷文（1959）称之为奖赏力和强制力。雷文（Raven，1993；Raven，Schwartzwald and Koslowski，1998）进一步区分了这两个概念并定义了私人形式与非私人形式。私人形式的谈判力来源于代理人与目标人之间的吸引。因此，私人奖赏力来源于目标人受代理人的影响，因为代理人喜欢他们或者向他们展示了某种社会认同。非私人奖赏力则来自于代理人的直接物质奖赏，如薪水、奖金、升职许诺或其他有利因素。当目标人希望消除或最小化代理人的反感或某种社会排斥，私人强制力会发挥作用。非私人强制力则来源于对方的直接惩罚，如取消目标人的升职机会或给其安排不好的工作。

如果谈判者希望将资源作为权力基础，他们要么必须掌控一些对手希望得到的资源，如土地、工作、预算划拨权或原材料，要么可以免除对手不希望承担的惩罚。如前所述，奖赏和惩罚既可以是有形的，也可以是无形的，如喜爱、赞赏、尊敬等。有效的资源控制权要求可以和掌权者直接接触。最终，掌权者会根据对手是否配合自己的要求来分配资源。资源的贫乏催生了这样一条铁律：拥有黄金的人建立规则。奖赏力和强制力在谈判中通常表现为施加惩罚的威胁和授予奖励的许诺，我们在第2章的分配式谈判中讨论过这一点。

基于人际关系的谈判力

我们接下来谈论三种谈判力：目标依赖、对象力以及网络中的力。

目标依赖

各方如何看待自己的目标以及他们的目标对另一方的依赖度影响着双方如何利用谈判力。目标结构对谈判者的态度和行为有很大影响，因为它影响双方对谈判力的看法。合作式目标更容易塑造合作式谈判策略，甚至是上级和下属之间的合作。乔斯·沃德（Tjosvold，1997）发现这种目标使双方重视互助与支持，更加友好并信赖对方（p.297）。拥有合作式目标的人希望他人努力工作，达成共同的目标。反之，竞争性的目标塑造压迫式谈判策略，它强化了现存的谈判力差异，使人们用谈判力来完成各自的目标，而这往往以牺牲对方目标为代价（参见 Deutsch，1973；Howard，Gardner and Thompson，2007）。例如，人际关系和目标依赖均为工资谈判中谈判力的主要来源（参见专栏 7.5）。

专栏 7.5

工资谈判中的关系力

来自 Monster.com 的工资谈判专家保罗·巴拉达（Paul Barada）指出，谈判力是谈判中最易被忽略但又最重要的机制。他指出关系力虽不是 21 点游戏，但它们存在一个相似之处：权力会决定谁更胜一筹。雇主常常占上风，是因为他们有员工想要得到的东西：工作。一份工作总是有很多候选人（一个很好的最佳替代方案）。如果候选人有雇主心仪的特殊技能，或者具有某一领域的抢手天赋，那么这个候选人就有了谈判力，因而更能占上风。一个求职者可以按如下方式增加自己的谈判力：

- 考虑自己具有什么和应征岗位相关的技能；
- 练习不同岗位与行业需要的技能；
- 结合市场条件与地理位置，计算应征岗位的合理工资；
- 使雇主相信，自己可以为他创造价值；
- 确定一个薪水底线，低于这个值自己就会离职。

如果求职者不具备一定的技能、教育背景与专业知识，他就应该考虑如何能得到这些，以增加自己的谈判力。

资料来源：P. W. Barada，"Power Relationships and Negotiation"（2008）. http://www.career-advice.monster.com/salary-negotiation/Power-Relationships-and-Negotiation/home.asp.

对象力

如前所述，对象力来源于对某人的尊敬和爱戴，因为他的个性、诚恳、人际交往的方式或类似优点。A 对 B 的对象力取决于 B 与 A 相似的程度和希望与 A 紧密相连的程度。对象力通常基于有共同的经历、过去、命运，或者在同一组织中共事所产生的吸引力。当一方认可双方的共性并借此增加自己的实力时，对象力就显得尤为重要。此时，谈判一方可能开始挖掘与另一方的共同之处（家乡、毕业学校、最喜欢的球队以及政治观点），这些共同点可以为双方提供纽带，促进达成共识。与专家力一样，对象力也可能有消极的形式。当谈判双方希望彼此之间形成距离与差别时，他们会用消极的对象力。例如，政治对手总称对方为"自由党人"或"右翼分子"，试图让对方在即将到来的选举中显得不利（Raven and Rubin，1976）。

网络

第三种关系力来源于一个人在组织结构中的地位。这种情况中，谈判力来源于某个特定职位的附属物（如信息、资源、资金）。某个职员可能没有正式头衔，他的影响力来自于驾驭那些附属物的能力。例如，在中国20世纪80年代改革之前，汽车司机的权力很大，尽管他们的头衔不高。如果司机看某个乘客不顺眼或不想去某个地方，这名乘客就有了大麻烦（如司机开慢车使乘客迟到或故意绕道等）。

这个例子说明即使没有很高的职位，只要人们的工作决定着信息流、商品货物或人际接触，那么他们一样拥有谈判力。例如，办公员或数据录入员可以接触到大量信息或可以管理、分配重要资源（资金、原材料、许可证和授权书），那么他们的谈判力就很大（参见 Charan，1991；Kaplan，1984；Krackhart and Hanson，1993）。一项有权力的工作可能没有炫目的头衔，没有很多手下，也没有很大的办公室，但它是掌握大量信息和资源的渠道。

要想理解这种形式的权力，首先要明白组织是一种网络。在网络模型中，关键人物用圈或节点表示，人物间的关系用线表示（详见图7—1，网络结构与组织层次结构比较图）。

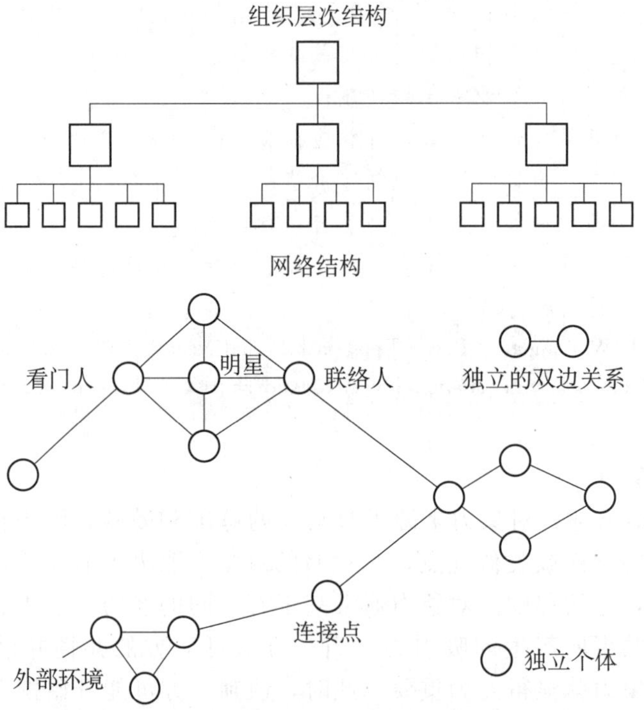

图7—1 网络结构与组织层次结构比较图

线将组织中需要接触的人连接起来。谈判中的核心问题是信息和资源，除此之外，人际关系、对象力以及压力也是谈判的问题。在传统的阶层模式里，谈判力大小取决于垂直结构里职位的高低及手下人员多少。在网络模式里，谈判力大小取决于某人在网络中的位置及通过该位置的节点数。网络中的几个因素决定了谈判力：线的强度、线的内容以及网络结构（包括中心节点、临界点、灵活度及可视度）。

1. 线的强度。这个概念用于表示与他人关系的强度和质量。关系的质量可以用亲密程度、与他人分享了多少个人信息或者一个人愿意为对方做出多少让步来衡量。线的强度取决于双方的接触频率、他们认识的时间、关系的亲密程度、双方的接触方式以及双方各让一步所带来的利益。某人的线的强度越大，他就有更大的谈判力使对方妥协。

2. 线的内容。这个概念用于表示流经线的资源。资源可以是资金、信息、支撑、情感等。线的内容越多，人际关系就越强（不仅仅是一系列交换或交易，参见第10章），人与人之间的信任与尊敬也就越多，这样线也就越强（Ibarra and Andrews，1993）。

3. 网络结构。线的强度和内容与一个网络中的人际关系有关。网络结构指的是一个社会体系中的全套关系（例如，一个工作地点、部门、院校或其他社会环境）。网络中影响谈判力的因素包括如下几个：

（1）中心距。一个节点在网络中的位置越接近中心，这个节点代表的谈判力就越大。判断一个节点是否靠近中心取决于流经该节点的信息量和交易量，以及该节点是否位于信息流的中心。在图7—1描绘的网络中，明星更靠近中心，因此有更多的谈判力。研究者发现信息流的中心位置（工作流程网、私人交流网，以及友谊网络）尤其值得注意（Brass，1984）。例如，一个新员工乐于领导一场员工讨论会，因为他可以处于交流活动的中心位置。

（2）重要性和相关性。网络中谈判力的第二个来源是一个节点是否处于要塞。尽管大量信息或资源并不经过某个节点，但这个节点可能对组织的任务、主要工作或核心产品至关重要。高度依赖他人的人也可能很重要，因为他们可以从许多地方收集信息，即他们和许多重要任务接触并可以把那些信息整理成建议、行动策略及决策。在图7—1中，联络人和连接点就起这个作用。希望迅速成功的雇员就应找一份靠近组织中心与要塞的工作，这样他们可以获取迅速升职的经验和视野，使自己变得重要，甚至不可替代，是获得并保持谈判力的关键。

（3）灵活度。网络力的第三个来源是职位的灵活度，即一个人决定事务以及掌控人力资源的能力。灵活度与重要性常常是相关的（参见前文讨论）。灵活度的代表是看门人的角色（见图7—1），看门人掌控着联系到关键人物或组织的渠道。任何想与明星接触的人都必须通过看门人。正如如果你想见老板，必须得到他秘书的允许。

（4）能见度。不同节点的能见度不同，即一个人工作表现的透明度、可见度。能见度与中心性或重要性不同。如果一个谈判者与他的队友在同一个房间里商讨事务，他的能见度就很高；如果队友亲眼目睹了这个谈判者令对手连连让步，这些队友就会极为尊敬、爱戴他。一个拥有很高中心性、重要性的节点未必能见度高，但如果他的能见度不高，他的贡献就很可能被忽略。能见度可能仅仅取决于一个人办公室或停车场的位置，比如他的办公室在总裁就餐的必经之路上或他的车位就挨着总裁的车位。普费弗（1992）讲了这样一个故事：一个新员工的办公室离男厕所很近，因此大多数人都在上厕所时认识了他。

(5) 联盟成员。最后，就像网络中的一个节点，你可以成为一个或多个组织或联盟的成员。一个联盟的成员常常持相同观点，统一行动。你加入的联盟越多，你就越可能遇见可以为你引荐贵人的朋友，也越可能获取重要信息（经常是内部信息）并完成目标。我们将在第12章详细谈论联盟的作用。

环境力

谈判力可能蕴藏在人际关系中，也可能蕴藏在背景、情境或谈判发生的环境中。这种形式的谈判力短期内很容易被忽略（因为我们倾向于将谈判力视为一种个人特性，而不认为它会与环境结构有关），但实际上，它同样重要。

最佳替代方案（BATNA）

在第3章和第4章，我们讨论了谈判协议的最佳替代方案，即一个谈判者对现有协议不满意时转而寻求的替代协议。最佳替代方案的存在为谈判者提供了强大的谈判力，因为谈判者既可以选择接受对手的提议又可以选择替代方案。任何最佳替代方案都给了谈判者一个选择权：他们既可以放弃现有合约，又可以利用最佳替代方案达成更好的协议。一个获得两个学校奖学金的学生比只获得一个学校奖学金的学生有更多的谈判力，他可以要求提高任何一个学校的奖学金水平，因为他可以让两个学校相互竞争而从中得利。了解对手的最佳替代方案同样有助于确定一个谈判者的出价。比伦斯和范波克（Buelens and Van Poucke，2004）指出，对手的最佳替代方案是影响谈判者发盘价的最重要决定因素。

很多研究都强调了最佳替代方案是一种重要的谈判力来源。首先，一个强大的最佳替代方案增加了一个人首轮发盘成功的可能性（Magee，Galinsky and Gruenfeld，2007）。其次，与没有最佳替代方案的情况相比，最佳替代方案增加了谈判双方的收益。一方持有的最佳替代方案越好，相对于对手他在谈判中的影响力就越强。最后，最佳替代方案更优的谈判者可以比对手分得更大块的资源蛋糕（Pinkley，Neale and Bennett，1994）。然而，如果一个人想获得整合式的结果，情况就相反了，即谈判力中可识别的差异越小（由替代方案的质量决定），谈判的整体结果就越好（Wolfe and McGinn，2005）。

文化

文化决定一个社会环境的"含义体系"，即文化是一个包含基本假设、准则和/或普世价值观的体系，包括如何与他人接触、如何合作、如何处理外部环境以及如何发展组织（Schein，1988）。文化常常决定哪些谈判力是合法的或者不合法的，以及人们如何应用、处理影响力。例如，在本书作者熟知的一个组织中，CEO在管理会议上介绍商业策略的重大改变，高级经理很少在会议上评论这些改变，但他们在与同事或CEO的私人谈话中会表达对这些改变的不满。这种公开场合的不公开和不诚实（一种组织中的文化价值）导致很多表面上受到认可但私下里备受质疑的决议。要想改变这种文化观念，CEO、高级经理及顾问需要齐心协力调整。文化常常包含许多隐性规定，这些规定涉及谈判力的应用规则以及评判压迫式或合作式谈判策略是否得当。

不同国家的文化对这些压迫式或合作式谈判策略的支持鼓励程度不同。霍夫斯泰德（Hofstede，1980a，1980b，1989）将“权力距离”定义为区分国家文化的重要因素。权力距离大的文化会接受社会结构的内在不平等性，即社会的有些人对另一些人有控制权，如宗教领袖、政治领导、长辈、智者等。反之，权力距离小的文化支持合作式谈判策略，即大部分人都应有决定权，民主的决定应当由具备专业知识或特殊技能的大部分人做出，而不是少数人。我们将在第 17 章中深入探讨这个问题。

最后，文化——不论是在组织中还是在国家中——通常会演变成社会结构的深度不平等。妇女、宗教或民族群体、某些社会阶层或其他少数群体遭遇的不平等待遇反映了社会结构中长期以来的权力不平等的历史演变。这些重大社会问题以及解决方案的讨论可以追溯到这些问题在历史中的演变，而做出有意义的改变需要多年的巨大努力和对这些问题的持续关注。

代理人、委托人及外部观众

本书中讨论的谈判大都是一对一的情况，也就是只有你和另外一个谈判者，但当谈判者代表他人观点（如作为组织代理人或被他人代表）或有多个组织、媒体和观众观察、批判和评价时，谈判就变得非常复杂。当谈判中这些团体都出现时，他们就会积极地以正规或不正规的方式在谈判中压迫他人，这就改变了谈判的机制。我们将在第 11 章进一步谈论这些额外组织。

7.4 应对有更强谈判力的人

到目前为止，我们都在讨论谈判力可以给谈判者带来的多种优势。然而，谈判者也常常是谈判力的受力方。很少有研究关注人们如何应对谈判力更强的谈判者（来源于我们在本章中提到的一个或更多方面的谈判力）。我们在本章结尾给谈判力弱的谈判者提出一些建议，我们在第 18 章会再回到这个问题，届时我们将详细讨论谈判力不匹配的问题，讲解谈判力弱的人如何用策略与谈判力强的人抗衡。沃特金斯（Watkins，2002）等人特别谈到了“与大象跳舞”的问题（与比你强大很多的对手达成协议），并强调在商务合作中谈判力弱的人应对谈判力强的人的方法。

1. 永远不要做“零和”生意。在依赖对手的一单“不成则败”的生意中，谈判力弱的一方很容易蒙受损失。例如，一个将沃尔玛作为唯一客户的小企业可能被沃尔玛完全控制。谈判力弱的企业应当与多个企业合作来分散风险，这样任何一个谈判力强的对手都不能将其摧毁。我们在第 12 章讨论联盟机制时会详细讲解这个过程。

2. 使对手变小。与一个谈判力强的对手打交道时，特别是对手是一个团体或组织时，一方应尝试建立多种关系或参与多个谈判。通过与具有很强谈判力的对手中的不同的个人和部门分别打交道，谈判者有可能通过建立多样化的关系和找到这些次级组织中的多重利益而做到“分割并战胜”。

3. 使自己变大。类似地，谈判力弱的人应尝试与其他谈判力弱的人建立联系，这样可以增加他们的“联合谈判力”。这些联盟策略将在第12章详细讨论。另外，如果谈判力弱的一方企图通过挑衅手段使自己变强，他会输得更惨，还不如接受自己谈判力弱的现实（Donohue and Taylor，2007）。

4. 通过连续交易建立动力。早期交易可用来建立关系，与谈判力强的一方强化关系，还可能为你带来资源（信息、技术、原始资本等）。选择可以给你带来最大收益的谈判力强的目标人，并增加交易的能见度。

5. 运用竞争力去平衡谈判力的缺陷。这是最佳替代方案中的一个变量。如果你能提供一些有利条件，你应向多个谈判力强的对手同时提供。如果你可以让对手为了你想得到的条件彼此竞争，一些对手就可能与你达成协议，原因仅仅是他们不想让你与其竞争对手成交。

6. 约束自己。对自己做生意的方式和接触的商业伙伴做出一定限制。然而，这些约束固然会减少竞争，但它们也同样会约束你。

7. 信息总是谈判力的来源。寻求可以提高你谈判地位的信息，争取获得一些对对手最有说服力的信息，然后进一步组织信息以使其更有说服力。

8. 大量提问以获得更多信息。研究表明谈判力弱的谈判者会问比领导性问题更多的诊断性问题，并常常表现出合作的意愿——这样的行为会带来更好的结果（de Dreu and Van Kleef，2004）。

9. 尽自己所能地掌控谈判过程。如果谈判力强的一方掌控谈判过程（日程、节奏、时间以及位置），他就会操纵谈判来确保自己想要的结果。同样，如果谈判力弱的一方掌控谈判过程，他就更可能使谈判对自己有利（Watkins，2002）。

本章小结

本章中我们讨论了谈判力的本质。有两种考虑谈判力的方式：压迫式谈判策略，认为谈判力本质上具有主导性和强迫性；合作式谈判策略，认为谈判力理应与他人共享以达成共同目标。大部分人同意前一种谈判力，但基于我们前文的讨论及我们的基本谈判策略，合作式谈判策略同样是成功的整合式谈判的关键。我们来回顾一下五种谈判力来源：

- 信息来源（信息和专业知识）；
- 个人来源（心理定位、认知定位、动机定位、某些个性，以及道德定位和技能）；
- 基于职位的谈判力（合法力和资源控制）；
- 基于关系的谈判力（目标依赖、对象力和网络）；
- 环境力（最佳替代方案的可行性、代理人，以及谈判所在的组织、国家的文化）。

最后，我们强调两个关键点：第一，尽管我们讲了许多获取谈判力的手段，我们同样要记住谈判力在谈判中非常难以琢磨且不易察觉。任何能够给谈判对手暂时优势的东西都是谈判力（例如，一个最佳替代方案或一些关键信息）。第二，谈判力仅仅是影响他人的能力。使用这种力量和有技巧地对对方施加影响力需要老练和经验。下一章，我们会转向从细节上检视谈判者如何通过人际影响力的策略和技巧将这些谈判力的来源付诸实践。

关键术语

谈判力均衡（power equalization）：谈判双方谈判力相对平衡或相互抵消，由此形成的势均力敌的谈判状态。

谈判力差异（power difference）：谈判中一方的谈判力比另一方强，因此造成的谈判实力不等状态。

合作性谈判战术（collaborative negotiation tactics）：一种战胜对手的谈判策略，如暗示谈判对手你有很好的替代方案（一个强大的最佳替代方案），用以增大谈判砝码。

分配式谈判语境（distributive bargaining context）：应用谈判力的一种观点，认为谈判力可用来引导、控制对手。

整合式谈判语境（integrative negotiation context）：应用谈判力的另一种观点，认为谈判力可用来与对手合作。

压迫式谈判力（power over）：关于谈判力的一种观点，认为谈判力本质上具有主导性、威胁性。

合作式谈判力（power with）：关于谈判力的另一种观点，认为拥有谈判力的人应与对手共同利用、分享谈判力。

环境力（environment power）：谈判力的一种，拥有环境力的人通常能够以对己方有利的方式影响环境和/或更能克服环境中的阻力。

关系力（relationship power）：一种谈判力，拥有关系力的人能够更有利地影响他人或克服来自他人的阻力。

个人力（personal power）：一种谈判力，拥有个人力的人通常更容易达成个人目标。

专家力（expert power）：谈判力的五个来源之一，指对某一主题拥有独到而深入的信息。

奖赏力（reward power）：谈判力的五个来源之一，指拥有对完成任务的人给予奖赏的能力。

强制力（coercive power）：谈判力的五个来源之一，指拥有对没完成任务的人施加惩罚的能力。

合法力（legitimate power）：谈判力的五个来源之一，指在某一组织拥有正式办公头衔并能使用相关权力（如一个副总裁或副经理）。

对象力（referent power）：谈判力的五个来源之一，指某人因个性、正直、处事风格等积累的威望和赞赏。例如，A对B的对象力取决于B希望与A紧密相连的程度。

信息力（information power）：源于谈判者集合和组织事件、数据的能力。

单一框架（unitary frame）：关于意识形态的观点之一。该框架的思想是：社会是一个集合体，个人利益与社会利益是统一的，因此谈判力在很大程度上可以忽略，或者当需要时，由权力当局使用谈判力，以使大众受益。

根本框架（radical frame）：关于意识形态的一种观点。该框架的思想是社会处于社会、政治及阶级利益的持续冲突中，谈判力在本质及结构上均存在不平衡。

多元框架（pluralist frame）：关于意识形态的一种观点。该框架的思想是谈判力在不同族群间均等分配，这些族群相互竞争以在不断增加的谈判力中保持平衡。

注释

[1]Researchers have defined an individual difference called *communication competency* (Spitzberg and Cupach, 1984). Individuals who are high in communication competency are likely to have strong verbal ability, are able to strategize about the way they communicate from one situation to the next, and can easily take the perspective of the other party. Individuals who are high in communication competence are able to adapt to different situations and do what is most necessary and desirable in any given situation.

[2]See, for example, Schreisheim and Hinkin, 1990; Yukl and Tracey, 1992; Cialdini and Goldstein, 2004. For one comprehensive approach to reconceptualizing the use of power in negotiation, see Kim, Pinkley, and Fragale, 2005.

第8章 影响力

学习目标

1. 理解谈判中成功获取影响力的原则；
2. 探究指向成功影响力的两种途径的动力；
3. 思考每一途径下使用谈判影响力的各种方法与技巧；
4. 更广泛地理解适用于任何谈判者的运用影响力的各种工具。

在上一章我们讨论了谈判力能够改变他人的态度与行为的潜力。这一章我们转而探究与谈判力互为补充的概念——影响力，即个人为使对方态度与行为发生预想中的转变而实际采取的策略与传递的信息。在谈判过程中，谈判者需要使对方相信己方已经提出有价值的报价且报价是合理的，已无法付出更多。同时谈判者也要改变对方认为其所提供筹码极为重要的想法，并使对方相信他所做的让步并没有想象的那么大。谈判者或许认为自己理应获得尊敬。所有这些努力都需要借助于信息以及该信息传递者与接收者的能力，使对方改变立场、观点与想法。我们将这一整套战略称为影响力。

你当然可以通过谈判力获得影响力，比如你凭借自己的职位或者给予他人奖励的能力对他人施加影响，使他们按照你的想法处理事情。本章开篇有必要强调指出：获取成功影响力并不一定需要借助谈判力对他人施加影响。影响他人的态度与行为有诸多途径，一些是通过正式或非正式的谈判力对要影响的目标施加影响，还有很多是不需要的。

在有效利用影响力方面人们各有不同。一些人认为，说服力是天生的，要么生来就有，要么天生缺乏。说服力因人而异，这是一种与生俱来的能力。不过每个人都有机会提高说服技巧。本章的目标是探讨经验丰富的谈判者所使用的各种获取影响力的方法。首先我们确定结构框架，即从两种不同的获取影响力的途径来定义影响力。

8.1 获取影响力的两种途径：组织模型

分析影响力的方法之一是借助一种传统的沟通模型，这种模型着重分析了信息的内容以及特征，传递者希望接收者相信、认同并理解该信息。长期以来，心理学家都用这种传统的方式分析影响力与说服力：有效影响力产生于一个人对信息内容所做出的反应、理解与记忆并付诸行动。然而到了20世纪80年代，研究者们开始认为即使不对特定信息的内容做出反应、理解与记忆，人们的态度与行为依然会受到影响，可以被改变（Petty，Briñol and Tormala，2002）。事实上，人们即便并不积极地思考信息本身的含义依然会受到影响（Petty and Briñol，2008）。并不是说谈判者用来影响他人以获取影响力的信息不重要，它们在大多数情况下是重要的，然而认为影响力只是产生于谈判者向对方施加影响时所传递的信息内容，太过于简单了。

在这里我们选择另一种研究方法，它基于对影响力与说服力更为现代意义的理解。这种研究方法最初产生于贝蒂和卡乔波（Petty and Cacioppo，1986a，1986b）[1]的研究流派，他们指出了产生说服力的两种普遍方法：

第一种方法是有意识地积极思考传递影响力的信息，并将其融入个人已形成的认知体系（思维、智力体系等）。贝蒂和卡乔波将这种方法看作核心途径，“它产生于深入观察与论点相关信息时的动力与能力相对较高的时候”（Petty and Cacioppo，1986b，p. 131）。

第二种方法是边缘途径，并没有主动地思考与认知信息的过程，而是依靠细微的暗示与内容。在这种途径中，说服力被看作自动产生的（例如，潜意识的），并没有通过细致的讨论便导致对方态度的变化（Petty and Cacioppo，1986b，p. 132）。由于通过这种途径获得的说服力并没有融入已形成的认知体系中，所以与核心途径获得的说服力相比，这种说服力持续的时间较短（Petty and Cacioppo，1986b）。关于边缘途径产生的说服力的简单例子就是，听众更易被讲演者的高度信任感打动，而非讲演者所陈述的观点。

我们用一个简单的图示清晰地展示了两种途径中的各个要素（如图8—1所示）。许多增强影响力的常见要素是组成中心途径的一部分：信息的结构与内容或者传递者与接收者之间的关系。增强影响力也可以通过间接或边缘途径，比如增强信息来源的可信度或者吸引力，借助相互关系原则（因为我已为你付出，你也要为我付出），或者凭借从众心理（因为许多人都这样认为，你也应该这样认为）。[2]本章余下的内容将重点分析图8—1中列举的增强说服力的因素。我们按照中心途径与边缘途径对影响力产生的不同作用为线索组织下面的讨论。

在谈判或者其他场合下，有效应用影响力被视为销售人员或者宣传人员独具个性的天分，理解人类关于影响力的心理也同样重要。如果谈判者掌握了这一章所讲的各种原则，他就可以形成自己获取影响力的方法，引导他人按照自己的想法改变

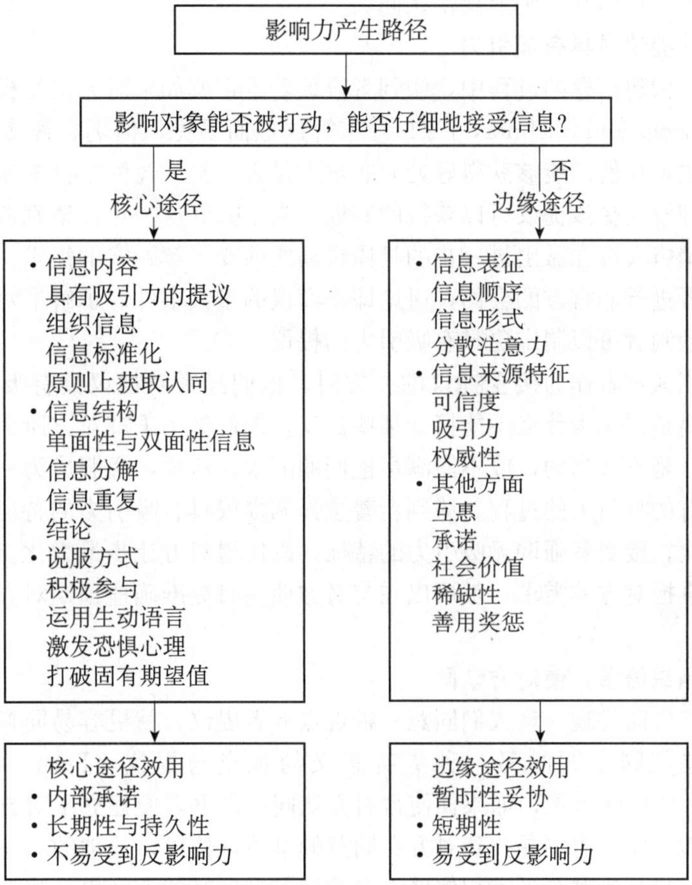

图 8—1　通向影响力的两种路径

行为及态度。有效的影响力不仅使谈判者本人获利，也可以使对方看到共赢的利益，增强谈判结果的满意度并使其效用最大化（Malhotra and Bazerman，2008）。

8.2　获取影响力的中心途径：信息及其传递

事实与观点在改变他人想法与认知的过程中十分重要，但说服力的有效性主要取决于这些事实与观点是如何选取、组织并表达的。在组织信息的过程中有三个重要的因素：信息的内容（包括论据与论题），信息的结构（应如何安排这些论据与论题），信息传递方式（如何表达信息）。

信息内容

谈判者在说服对方时需要确定他们应选取哪些论据与论题。在这一部分，我们将讨论谈判者在做出具有说服力的论证时需要考虑的四个问题：（1）如何使提议更加具有吸引力；（2）如何组织信息使得对方能够认同；（3）如何使信息更加标准化；（4）如何在原则上获得认同。

使提议更具有吸引力

在构建信息的过程中，谈判者应该着重强调如果对方接受提议可以获得的好处（Michener and Suchner，1971）。尽管这显而易见，但仍有许多谈判者花费更多的时间去解释他们能够获得好处而非对方是否获益。经验丰富的谈判者总是确保对方能够理解接受该提议可以获得的好处。为了做好这一点，谈判者需要了解对方的需求。销售人员在做出进一步的具体行动之前要了解顾客的需求。劳工谈判者经常与管理者进行非官方的会面，讨论即将商议的重大事件。了解了对方的信息与需要以后，谈判者可以制定更具有吸引力的提议。

当谈判者作为接受提议的一方时，他们经常对提议具有吸引力的特征避而不谈，而是强调为什么不能接受某些提议。他们试图争辩对方所销售的并不是他们需要的，是不适当的，或不能满足他们的需求。这样，说服成为一个定义和评估提议所具有的吸引力的过程。谈判者着重强调提议具有吸引力的特征，使得自己的让步最小化；接受者强调无吸引力的特征，以使得对方让步最大化。如果谈判者能够更多地掌握对方的需求，就可以在与对方谈判时更准确地预期对方所要表达的目标与结构。

组织信息，使对方认同

广告商发现一旦人们同意一种观点或者提议，就更容易同意由同一个人提出的或者是相同主题的另一种更有意义的观点与提议（Fern，Monroe and Avila，1986）。[3]由此可见，如果你使得对方认同一件事，便建立了对方接下来一系列认同的基础。你只需要寻找到对方会同意的事情，便可以让他的心态更倾向于认同。地产经纪只要让潜在买家相信他们看的房子在良好的街区里，或有让孩子玩耍的美丽的庭院，就使他们完成了让买家同意买房的第一步（尽管房子的大小、布局或价格都不理想）。

信息标准化

显然人们都是被自己简单而直接的自身利益驱使。然而大量证据表明，人们的行为通常受到宗教、社会和道德层面的价值标准的影响，这些标准已经成为人们自我认知的一部分，脑海中已经形成他们到底是怎样的人的概念。人们尽最大的努力使得自己的言行与自我形象一致。有时，人们即便怀有敌意也表现得非常有礼貌，即使经济拮据也表现得慷慨大度（Reardon，1981）。他们保持着自我形象，并使得他人相信自己是很和善的人（见第10章关于保住面子的话题的讨论）。[4]

谈判中一个有力的观点是：通过一系列的行动使对方相信，他的行动应该与价值观以及更高的（更加高贵、更有修养的）行为准则保持一致。政客们运用标准化信息平衡财政赤字以推动内需（例如，“购买美国货”，“保护美国就业”）；利益集团运用标准化信息推崇本方观点，打击对方观点（例如，“保护树木”，“税收与支出自由化”）。有时一句简单的“这是理应做的事情”会产生重大意义。人们竭尽全力使得自己的行为产生积极影响（Schlenker and Riess，1979）。

争取原则上的认同

有时使对方“在原则上认同”是谈判中有意义的一步。当双方由于很小的矛盾分歧而无法达成一致时，试图在原则上（如停火协议）基本达成一致是双方可以适度让步的。以色列与埃及在20世纪70年代末关于西奈半岛的谈判中，没有落实任何关于巴勒斯坦命运的细节，但是达成了巴勒斯坦自治原则。当其他意见行不通时，一致原则是有效的，但是想要将其变成切实可行的计划与行动指南仍需经过漫长的努力。一致原则表面看起来不错，它使得原本不同意彼此的双方达成一致，但将它应用于具体情况中会产生很大的不确定性。再看中东地区关于巴勒斯坦问题的例子，即便双方已经达成关于土地交易的一致原则，仍有很多细节问题有待具体落实。

信息结构

在谈判中人们不仅受到对方语言的影响也受到对方组织语言的方式的影响。所有的作家与讲演者都面临着如何有逻辑、有说服力地组织语言的问题。如何有效组织论证呢？是否应该提及反对观点呢？有大量研究是关于产生影响力的不同语言结构，令人惊奇的是，那些本应产生较大影响的因素（如信息的逻辑结构）并没有产生预期效果。接下来我们通过语言结构的四个方面来解释在中心途径中说服力是何时以及如何产生的，这四个方面分别是：（1）单面性与双面性信息；（2）信息分解；（3）重复；（4）结论。

单面性与双面性信息

谈判者之所以需要说服对方是因为他们相信对方持有不同观点。许多人往往容易忽视支持对方立场的观点与论据——这被称为单面性方法。许多政客不但不提及对方的观点甚至也不提及对方的名字。日常消费品的广告商避而不谈竞争品牌，也不进行公开比较；或者更为常见的是，广告商并不清晰地提及和比较竞争对手的产品特性与质量。

另一种方法是提到并描述对手的观点，并强调自己的观点如何且为什么更为可取——双面性方法。问题出现了，哪种方法更有效呢？

总的来说，双面性信息比单面性信息更为有效（Jackson and Allen，1987）。具体来说，双面性信息在以下条件下更为有效：（1）对方接受过良好教育；（2）对手从一开始便反对己方观点；（3）对方的观点暴露给反对该观点的人；（4）讨论的话题是为众人所熟知的。除此之外，当我们倾向的观点放在最后陈述时，双面性方法最为奏效（Zimbardo，Ebbesen and Maslach，1977）。双面性信息有一个缺陷：单面性信息比双面性信息更易使受影响者在态度上的转变产生行为上的转变（Glasman and Albarracín，2006）。总之，与理性聪明的信息接收者打交道时，不应该忽视提及对立观点所产生的效果。对方在你陈述时就形成了对立观点，最好用双面信息来反驳他们。然而有一种可能是，双面性信息能更好地改变对方的想法而不是行动，其实改变想法就足够了。

信息分解

重要的观点与提议总是难以接受的，尤其是当他们与你自己的想法迥然不同时。谈判者可以将这些信息分解为细小的更易于理解的信息——这一过程称为分解（Fisher，1964）。最好是可以说明被分解的一些细小部分已经被对方接受并认同。

例如，公司难以让工会接受一整套的规则变化，但可以尝试将其分解为具体微小的规则：一个工厂内的各部门间转移变动，或是工厂之间的变动，工作分类的临时变动等。如果工会很乐于改变工作条例以保障工作稳定，并且认同这些改变，他们就会更加易于接受管理部门关于工作条例的变化。另外，将信息分解为细小的部分，使得注意力更容易集中于每一部分上，进而能够权衡思考并赞同这些观点（参见第3章），因为这些问题更容易被关注。然而，如果谈判目标是找寻并使整合潜力最大化，那么谈判各方最好不要让问题细分而导致对零碎问题的分散解决。要想达成互有所得、互相赞成、捆绑和替代的机制，那么各种问题就要一同摆在桌面上谈判。如果问题都被细细分解、逐一解决，就无法达成统一意见。

重复

我们只需要想想电视与广播中的广告借助不断重复的力量使得信息总是萦绕在我们耳旁。重复有效地推动了中心途径的实现过程，增强了影响目标深入分析并审视信息的可能性，也就增强了对方理解信息的可能性（Cacioppo and Petty，1985）。然而不断重复信息只会在最初的几次产生效果，之后多余的重复不会改变态度（McGuire，1973），甚至可能会使人们厌烦，对该信息产生逆反心理。

结论

有时作家或讲演者先摆明论点然后得出结论，其他情况下他们让听众自己得出结论。让对方自己得出结论可以使得论述更为有力。研究表明，在与那些聪明且尚未做出决定的人谈判时，开放式的结论往往更有效（假设你的论点已经阐述到一定程度，能够引导对方得出你想要的结论）。与此相反，对于那些已经形成并强烈持有自己观点的人来说，开放式的结论无疑会失去影响他们的机会。综合来看，最好不要以为在你给出一定的观点与说明以后，对方会得出你想要的结论，而是要给出对方明确的结论以确保对方完全理解你的观点（Feingold and Knapp，1977）。[5]

说服方式：如何陈述信息

谈判者为他们已经构建好的信息选取表达方式意味着他们需要设定感情基调与陈述态度。一些人选择强势敌对的方式，另一些人采用热情随和的方式；一些人进行演说，另一些人展开平等对话；一些人陈述细节并得出具体结论，另一些人运用形象的比喻并勾勒美好蓝图。在这里我们主要讨论四种说服方式以及它们是如何成功地影响说服力的，这四种方式分别是：（1）用积极参与对抗消极回应；（2）运用生动的语言和形象的比喻；（3）运用恐吓来激发恐惧心理；（4）打破信息接收者的期望值。

鼓励积极参与

从长远来看，人们在主动参与学习新事物时更易于改变他们的态度与想法（Johnson and Eagly，1990）。[6]优秀的老师深谙这一道理，他们会提出问题让学生们展开讨论而不是一个人讲课。当学生在脑力与情感上都积极参与时，教学更为有效。角色扮演与案例分析能够让谈判者更好地利用“主动参与”产生的效果。使用主动出击这一办法的谈判者更具有说服力，因为积极主动的办法能够使信息接收者努力参与并改变其态度。

展开友好对话有益于推动谈判进展。这不仅仅是出于礼貌，更重要的是关于彼此心态的互问互答能够更好地激励对方进行合作（Howard，1990）。多林斯基、拉夫特和鲁达科（Dolinsky，Nawrat and Rudak，2001）指出，当你以对话的方式提出要求而不是一个人独自演说的形式提出，对方更容易做出让步。正如我们在第 6 章讨论沟通时所提到的，如果双方关系融洽、和谐，则更有可能避免谈判陷入僵局并实现预期结果（Morris，Nadler，Kurtzbert and Thompson，2000；Swaab，Postmes，van Beest and Spears，2007）。对方如果参与到对话中会感到正在与熟人打交道，而不是与陌生人交谈（Dolinsky et al.，2001），那么来自熟人的提议自然更容易被接受。

增强语言的生动性与极端性

使用生动且极端的语言能够增强说服力。“这当然是我们能为你提供的最好价格”比“这个价格不错”更加具有说服力。同样地，“我今晚哪儿都不想去”就没有“你用八抬大轿都抬不走我”的情感更加强烈。强势极端的语言同样可以通过形象的比喻、发誓性语言以及语调变化（渐强或者渐弱）来增强（Bowers，1964）。

你或许认为最强势的语言往往最具有说服力，其实不然，并不是极端强势的语言更加具有说服力（Bowers，1964）。研究表明人们对于采用强势的语言进行的说服更加排斥（Burgoon and King，1974）。压力之下的人更易被不是非常强势的语言说服（Jones and Burgoon，1975）。然而，强势语言所产生的影响往往较复杂，研究表明它的效果取决于应用它的人。当信息来源更加具有可信度时可以应用较为强势的语言（Burgoon and Stewart，1975）。更具有说服力的人会使得他们热烈的情感与说服他人接受信息的能力相匹配（Conger，1998）。需要提醒的是，尽管我们都有使用激烈语言说明观点的冲动，也要适当平和地使用这种方法。

在说服他人的过程中，使用比喻和排比是增强语言生动性的有效方法（Bowers and Osborn，1966；Conger，1998）。一个汽车销售员需要为潜在顾客提供引擎、速度等方面的信息，对于技术细节一窍不通的顾客可以采用生动的说法——“这辆车风驰电掣而且省油”。过分地运用比喻会让对方认为你大话连篇，不过适度地运用比喻来说明事实并制造直观印象可以有效增强说服力。一个重要的提醒：在使用比喻时，谈判者一定要恰当比喻。对方如果来自不同的文化环境，比喻不当反而会使对方迷惑不解（我们将在第 16 章详细讨论文化与谈判）。

运用威胁，激发恐惧心理

包含威胁意味的信息能够有效强调所持观点的特殊重要意义，比如工会罢工、经理进行裁员的威胁，损害对方声誉以及谈判破裂等威胁。实质上威胁是如果—然而（if-then）的说法，传递着这样的负面信息：如果偏要做某件事，我不得不做某件事。

由于威胁能产生情绪激动的反响，因此常被使用（参见第 2 章），但实际上威胁这种手段并没有人们想象中使用的那样多，主要有以下原因：首先，其他人对于威胁的反应难以预测。其次，威胁究竟使对方产生多少恐惧难以衡量。通常施加方比接收方更易认为威胁产生了巨大作用。再次，被威胁的一方有可能真的让威胁方采取所威胁的行动，这样的话，威胁方真正采取行动会产生重大的费用损失（Lytle，Brett and Shapiro，1999)，而不采取行动则会失信于人。最后，威胁或许会导致暂时的妥协（短期内在态度上发生改变而避免产生威胁的结果），而不是最终的承诺（真正而持续的态度转变）。正如我们讨论过的那样，谈判双方常常是要达成双方都能接受的协议，为了避免威胁结果的产生可能会采取短暂的让步而不是真正的承诺。

应该如何组织并传达威胁决定了其有效性。研究表明，当威胁可以提升对方恐惧程度时能够实现最佳效果（Boster and Mongeau，1984；Sutton，1982)。比如一位经理在与另一位经理就两部门间工作流程的事宜进行谈判时，第一位经理威胁说如果不达成一致，另一位经理将以不合作的名义被告到上级主管那里。为了使威胁更加有效，谈判者应该同时告知对方如何采取替代措施以使发生可怕结果的可能性降低或消除。同时，威胁的有效性也取决于时机与形式。西纳塞和尼尔（Sinaceur and Neale，2005）指出在谈判初期，模糊含蓄的威胁更为有效（比如威胁对方不明示承担哪些义务，结果将很不利)。与此相反，在谈判末期，清晰可辨的威胁更为有效。在此项研究中，谈判者如果在初期使用明示的威胁方式而在末期使用含蓄的威胁方式则将产生方式方法上的失利。

打破信息接收者原有期望

在《国王班底》(*All the King's Men*）一书中，罗伯特·佩恩·沃伦（Robert Penn Warren，1946）描述了这样一个场景：一位蛊惑民心的政府候选人威利·斯达克（Willy Stark）向富有市民演讲以筹集竞选资金，但是市民既不支持他激进的提案也反对他强势的演讲态度。斯达克以一身保守的服饰亮相，并配以谦逊温和的态度，他以一种谦和的口吻提出一些社会改革方面更为平缓的提议，以及提供资金赞助的明智方法。他的听众先是吃惊，继而深思，最后折服。斯达克就是应用了打破信息接收者原有期望的方法。人们在提出看似与自身利益相悖的观点时往往更具有说服力，因为信息接收者认为这与信息传递者本应支持的观点相抵触（O'Keefe，1990)。比如一位汽车机修工最近建议本书的作者之一应该使用高辛烷值汽油以减少维修费用。这显然具有说服力，因为对于汽车机修工来说，建议更换汽油（他并不卖汽油）是与其自身利益相悖的（减少了未来汽车修理的费用)。

另一种打破信息接收者预期的方法是：当人们期待以一种方式获得信息时，却得到了另一种迥然不同的方式。比如说当一个人预期会遭遇到强势的语言（大声、粗鲁、挑衅等)，他会备以防御性、反驳性的语言还击，但如果另一方采用温和、随意且理性的语言，这个人就会放松防范并减少批判攻击性，更容易被说服（Miller and Burgoon，1979)。伟大的演说家如丘吉尔、马丁·路德·金都采用这种以温和取代强势的方式获取听众的注意力。尽管这不是一种每人都能应用的典型的战术方法，却是经验丰富的讲演者应该具有的且能够自由使用得更加有效的工具。这种方法也可以反向应用，一个态度强硬的演说者同样可以说服原本期待温和方式的信息接收者。

推而广之，巴里（2001）提出了一种人际影响力的模型，围绕这种通过打破被影响者期望以增强影响者有效性的方法。模型提出被打破原有期望后的信息接收者是如何做出反应的。比如在一段正式且陌生的关系中施加影响的人突然采用一种温和的方式，影响目标更容易妥协并放松警惕。相反，突然采用更加直接、武断的方式时，对方会提高警惕，密切关注信息。桑托斯、利夫和普拉特卡因斯（Santos, Leve and Pratkains，1994）做过一个有趣的实验用来证明“意想不到的”要求可以获得额外收益，他们让一些人扮成乞讨者向过路人讨要 25 美分（通常且典型的要求），另一些人讨要 17 美分或者 37 美分（奇怪的要求），奇怪的要求更能激发人们让步的心理并给付更多的金钱，同时也激发了过路行人关于乞讨背后原因的好奇心理。

小结

总的来说，谈判者需要考虑何时组织信息以使得对方更好地接受自己的观点。假设施加影响的目标能够关注并倾听说服请求，那么逻辑清晰合理、证据确凿的信息更可以说服他人（Crano and Prislin，2006）。信息内容、结构以及传达方式可以决定信息在何种程度上符合这些标准并产生说服力。换句话说，如何传达信息与传达何种信息同样重要，如果对方没有被说服则说明信息的构建并不是有效的。当我们精心构建信息传递方式并通过中心途径产生影响，那么这种影响会具有持续性并且不会产生反向影响力（Petty，Haugtvedt and Smith，1995）。

8.3 边缘途径

到目前为止，我们已经探讨了通过组织信息的结构及内容这一中心途径来增加影响力（见图 8—1 左侧部分）。在这一部分中，我们将探讨通过边缘途径影响他人的方法（见图 8—1 右侧部分）。在这种情况下，我们更少地依靠信息内容本身，而是注重通过细微暗示而产生“自然生成的”影响力。这通常是在影响目标没有足够动力且不能关注信息本身内容的情况下产生并应用的（Petty and Briñol, 2008）。正如我们在前文提到的，通过边缘途径产生的影响力不太可能带来态度的转变，它持续的时间较短而且容易产生反向影响力（Petty et al.，1995）。

在我们讨论边缘途径的过程中需要引用心理学家罗伯特·西奥迪尼（Robert Cialdini，2001）的学说，他认为这种说服方式就像眨眼与吃惊一样是自然而然的。西奥迪尼花多年时间研究人们为什么向他们本不同意的要求妥协。他研究了大量易于妥协的人，如销售人员、资金筹集人以及市场营销广告商。他的研究结果不仅有利于在谈判中成功地获得影响力，也有利于避免陷入他人的说服力陷阱。

我们关于边缘途径的讨论主要包括以下三个方面的战略：信息表征、信息来源的特征以及产生边缘影响力的其他方面。

信息表征

当影响目标没有动力且不能被影响者的信息吸引时，他们更容易被信息的其他基本因素吸引而不是信息本身包含的论点。我们在此讨论三种因素：安排论点的方式，传递论点的形式以及分散影响目标的注意力，使他们不能集中精力于论点上。

信息顺序

在准备一个说服论点时，谈判者通常有一个最为重要的观点或信息。我们要把它放置在所传递信息中的什么位置？开头、中间还是结尾？研究结果清晰地表明我们绝不能将重要信息放置在中间位置（Bettinghaus，1966）。那么应该放置在开头还是结尾呢？当话题本身是信息接收者熟悉、感兴趣和有说服力的话题时，重要观点应该放置在开头，利用第一印象的效应：清单中的头一项往往是最容易被人记住的。因此，谈判者应该最先表达信息接收者感兴趣的内容，随后再说出他们不想听的内容。与此相反，当话题本身无聊且没有吸引力时最重要的观点应该放置在最后，利用近因效应：人们更倾向于记住清单中最后出现的项目。如果重要观点是信息接收者反对的话，要考虑近因效应（Clark，1984；Rosnow and Robinson，1967）。

形式

我们在第6章讨论沟通时重点强调了沟通渠道对于谈判的影响（面对面、电话以及电子邮件等方式）。这同样适用于影响力，我们的说服能否成功在很大程度上取决于演示的形式（Barry and Fulmer，2004）。信息能否通过边缘途径产生影响力取决于传递信息的方式能否使对方迅速判断其论证的合理性。比如赫布·科恩（Herb Cohen，1980）认为书面形式比口头形式更具有说服力。因此合同复印件或者政策手稿比口头承诺更具有可信度，也更容易被接受。瓜迪诺和西奥迪尼（Guadagnoa and Cialdini，2007）最近的研究表明，关于不同的沟通渠道，性别差异也对影响力产生影响。除非与信息接收者之间有特殊关系，与男性相比，女性更不容易通过电子邮件的方式产生说服力。同样地，如果以电子邮件作为载体，对女性更不容易产生影响力。

分散注意力

人们一旦发现自己正在被别人说服就会产生防御心理，这使得说服过程变得更加复杂。当对方在倾听时，部分注意力放在所谈话题上，另一部分注意力集中于形成他们自己的反影响力观点上（Brock，1963；Festinger and Maccoby，1964）。如果可以削弱对方防御性的反影响力，那么说服可以变得更加有效。一种方法就是分散对方的注意力。分散对方的注意力当然可以削弱对方试图形成反影响力的努力，同时使对方更易受到谈判者传递的信息的影响（Reardon，1981，p. 192）。换句话说，当对方的注意力被分散时，就无法更好地集中精力进行反影响力方面的思考（Petty and Brock，1981）。比如，在进行一项经济利益提案的口头阐释时，谈判者可以向听众发放配有图表的文件，这样听众就会随着展示内容关注每一张图表，这样图表就可以分散听众的注意力，使他们不能顺利地进行反影响力方面的思考。分散注意力妨碍了对方进行默读（人们听到信息时喃喃自语）。有时当对方反对谈判者的观点时，默念会形成反影响力，当然也有可能形成赞同观点。信息接收者如果赞同已经提出的观点（如朋友劝你再吃一块巧克力蛋糕），默念会促使你接受提议。在这种情况下，信息接收者想要保护自己免受诱惑，也会反过来产生分散力（Petty，Wells and Brock，1976）。

信息来源的特征

当影响目标没有动力且不能被影响者的信息吸引时，他们更容易受到信息来源的影响。换句话说，对方没有集中精力于信息本身时，会对传递信息的个人或者机构更加感兴趣。信息来源的广泛作用力会对信息的说服力产生有益影响。我们将其分为广义上的三类：可信度、吸引力以及权威性。

信息可信度

在谈判中人们交换信息、观点以及理解。那么什么样的信息、多少信息可以相信呢？一方面，谈判者总是错误地引导对方的强烈动机（参见第9章）；另一方面，谈判者至少会相信对方给出的部分信息，否则谈判无法顺利进行。谈判者不可能检查每一句话、每一个事实。如果不需要核实就可以相信谈判者提供的信息，那么谈判会进展得很顺利。你越是可信就越有说服力。

为了证实这一点，我们以买房子为例。卖家告诉你今天下午会有其他三个买家来看房子，只有一天的时间选定房子。如果这是真的，而且你真的喜欢这个房子，那么现在就做决定签协议买房对你是最有利的，总比你拖延两天后发现被别人买走要好。但卖家说的到底是不是真话呢？只有卖家知道买主会不会在同一天来看房。毋庸置疑，卖家有能力提供真实信息，但卖家是否可信，是否会提供真实信息就是问题的关键所在了。

近几十年来，有大量的研究试图证明可信度如何以及何时产生影响力（Pornpitakpan，2004）。许多因素影响信息来源的可信度。在此我们讨论谈判者可以控制的最重要的几种因素：

1. 资格与专业技能。我们在判断可以在何种程度上信任他人时通常会问："他是否有获得信息的资格呢？是否有能力获取这些信息呢？"一个人越是有能力和资格获取信息，就越值得信赖（Swenson，Nash and Roos，1984）。对于信息来源者资格的评判可以取代对于信息本身的评判，这就是为什么信息来源可信度成为产生影响力的边缘途径。当人们怠于思考信息本身传递的观点时，会通过信息来源的可信度判断论点是否有说服力（如Chaiken and Maheswaran，1994）。

专业技能可以通过多种途径获得，从事的职业、接受的教育以及过去的阅历都会让你有资格获得他人在能力方面对你的认可。有时候并没有显著的方法使你的专业技能被他人认可，因为思维定势会使他人习惯性地认为你缺少专业技能，不值得信任。一些人习惯性地认为女性缺少机械方面的常识，男性本应不懂得照顾小孩或者做饭。当你不知名或者在他人的思维定势中缺少技能，你就需要绞尽脑汁地获得资格认可与专业技能的认可。一种方法是在谈话中透露关于你的教育或学历信息（如"我在读法学院的时候……"），另一种方法就是引用来源可信度较高的信息（如"《纽约时报》今天早上报道……"），最后一种方法是依据有深度的第一手资料或专业技能提出问题或者得出结论。

2. 赢得信赖感，建立正直名声。谈判者试图说服对方时，对方不禁会问："这个人是否真实汇报了他所知道的情况？他本人是否值得信赖？他是正直的人吗？"（Berlo，Lemert and Mertz，1966）。正直是一种良好的品质，即一个人的价值观符合高水平的道德标准。一个正直的人会赢得他人的信任，会被公认为是诚实的，而且言出必行。如果别人告诉正直之人绝密信息，他不会向任何人泄密。如果与正直的人签订合同，他一定会始终如一地遵守并贯彻执行下去（Shapiro，Sheppard and Cheraskin，1992）。

相反，如果一个人声名狼藉，总是失信于人，就无法顺利进行谈判——即使他们讲真话也不会获得他人的信任。研究表明，与自私自利的谈判者进行谈判会延缓谈判进程，导致不利的谈判结果。即使谈判者是一位专家，不好的声誉也会为他的专业技能笼上一层阴影（Tinsley，O'Conner and Sullivan，2002）。一旦树立了不守信的名声就很难改变，因此谈判者总是小心谨慎地维护他们的名声。有的谈判者使用比较策略来夸大、渲染甚至歪曲事实使得谈判朝有利于他们的方向发展，但一次性的成功会导致未来的信誉全毁。因此对于谈判者而言，树立长久的信誉十分重要（我们在第3章讨论了信任的重要性，将在第10章深入探讨）。

3. 自我陈述。人们在向他人展示自己的过程中会获得或多或少的信任。那些冷静、自信、从容的人会比犹豫不决、飘忽不定的人赢取更多的信任。友好、开朗的人总是比冷漠、粗暴、傲慢的人更容易沟通（容易取得信任）。表达清晰有力的人会比其他人更加具有说服力。沟通者可以通过多种方式展现能够赢得他人好感的形象。要知道我们的穿着、言谈举止影响我们的可信度。只是如何调整外观和举止以提高（或避免侵蚀）可信度还不是那么明显。你是否应该放弃习惯穿的牛仔裤和T恤而穿上西服去面试？你是否应该放弃你熟悉的说话方式而改用当地常用的语言讲话？神职人员应该穿教士法衣还是街头便装呢？总的来说，研究表明最好是穿着正常（Bettinghaus，1980），举止得当自然，切忌矫揉造作。一位接受过哈佛大学教育的政客操着新英格兰口音并加入得州方言会显得不太正常，一位大学生穿着肮脏的靴子和邋遢的制服去买保时捷也会不伦不类。

4. 第一印象。在一段关系或谈判的初期，自我陈述是增强可信度的重要一步。简单说来第一印象尤为重要。人们的穿着、行为、谈吐在与他人会面的头几分钟至关重要，尤其是与陌生人会面。第一次会面时，人们通常倾向于给予对方积极的而不是消极的评估（Greenberg and Miller，1966）。通常在第一次会面中，人们总是持开放的姿态，这似乎有利于我们为他人留下良好的第一印象，但有时这种作用是相反的。

5. 社会地位差异。社会地位有多种衡量指标：职业、年龄、教育水平、居住社区、衣着、汽车类型等。比如大公司董事长的社会地位高于大学教授但低于最高法院法官。社会地位会产生可信度，反过来会通过多种方式增强影响力。首先社会地位增强一个人的引人注目性，更容易被大家关注，同时也加强了声望，使得他人认为你的话更值得倾听（Bettinghaus，1980）。然而社会地位的差异会使人产生抵抗性，因为听众更容易被地位高的人说服，因此他们会产生很强的防御心理。说服者需要考虑是否强调他们之间的社会地位差异（言行举止与社会地位）或者使穿着与听众更为一致以缩小差异性。

6. 说服的方式。谈判者最初是要以唯利是图的小商小贩形象出现还是以冷静、淡定、有修养的形象出现？如果对方觉得谈判者就是来说服自己的，那么他会产生巨大的怀疑与防御性。比如电话不经意间响了，我们很容易辨识对方试图与你进行友好的交谈（今天心情好吗），然后开始熟练地推销他的产品（很高兴你最近身体很好，那你是否有……方面的问题呢）。当他开始推销时，你的心里已经戒备森严了。与此相反，如果你的交谈自然热情、真情流露，就不那么像是说服他人的谈话，对方会放松警惕并增强你的可信度。因此许多技术娴熟的谈判家会采用谦虚适中的谈话方式、稍显混乱的行为举止而不是强势的说服态势，来获取或传达信息。

7. 联系。你将哪些人联系到谈话中也会产生影响他人对于自己的社会地位与专业技能的认知。明智地在谈话中提及他人的名字（如提到一个有声望的人的名字）或者介绍能够提高自己信誉的人都是有重要意义的。但是如果不能娴熟地应用这种方法会产生弊端，因为被别人认为社会关系深厚与只会简单提到别人名字之间只有一线之隔。

8. 坚持与韧性。坚持与韧性是谈判者良好的品质。我们通常认为孩子们是优秀谈判者，因为他们会一直坚持他们想要的东西。简单地拒绝他们是绝不会让他们妥协的，他们会想尽各种办法直到实现目标（得到糖果、玩具或者看电视节目）。通过观察儿童是如何进行谈判的，我们可以学到的一点是要对自己的目标坚持不懈，另一点是要想尽各种新奇独特的方法推进目标实现。坚持并不是要你盲目地追求，因为那样会被对方委婉地拒绝，而是要运用新颖的想法与创意去实现目标。坚持不懈的人善于处理与他人的争吵，他们并不害怕冲突而且能够轻而易举地从这种意见不同的局面中脱身。他们有韧性同时也很灵活，随着情况的改变游刃有余地转换策略。

因此坚持会增强可信度，同时信息的目标并不会被这种坚持困扰，而是觉得谈判者坚定而有韧性。专栏 8.1 举例说明了通过不断重复可增强信息来源的可信度。

专栏 8.1

信息的可信是否意味着信息来源的可信

斯坦福大学艾莉森·弗拉格尔（Alison Fragale）和奇普·希思（Chip Heath）的研究表明事实就是如此。他们的研究是关于流言为何传播，以及人们为何相信流言真实性的大型调查的一部分。他们认为当流言的来源真实可信时人们就会相信流言。这看起来似乎符合逻辑，然而反过来是否可行呢？如果信息本身真实可信，人们是否相信其来源也是可信的呢？

为了回答这一问题，弗拉格尔和希思进行了关于食品安全方面流言的实验（其中的两条流言分别是“用在方便面杯身的蜡使老鼠致癌”，“Jack-in-the-Box 辞退了两名在客人汉堡里吐痰的员工”）。实验参与者有两次机会看其中一些信息，有五次机会看另一些信息。参与者被告知每条信息都是源自“消费者报告”（高可信度信息来源）或是“全国调查”（低可信度信息来源），然后询问他们每一条信息最有可能的信息来源是哪一个。

结果表明参与者更容易认为看到的五次信息都是来自“消费者报告”。也就是说，仅仅多看几次的信息就会使人们认为信息来源更加可靠（你听见的次数越多，就越容易相信）。这表明人们更愿意相信如果信息是真实可靠的，信息来源必定是真实可靠的。通常情况下，谈判者为了让对方相信自己所说的会提高自己的可信度，但研究结果表明，如果对方相信你的信息，对你的信任就会随之而来了。

资料来源：Adapted from A. R. Fragale and C. Heath，“Evolving Informational Credentials：The (Mis) attrbution of Believable Facts to Credible Sources，” *Personality and Social Psychology Bulletin* (2004)，pp. 225 - 236.

信息来源的吸引力

我们对有好感的人态度会更加和善（Roskos-Ewoldsen，Bichsel and Hoffman，2002）。人们不会相信他们喜欢的人会失信于人或胁迫他们（Tedeschi，Schlenker and Bonoma，1973）。他们更容易信任喜欢的人，相信他们所说的并受其影响（Chaiken，1986）。友善、和蔼可亲是增强说服力的有效途径。有多种原因可以说明吸引力能够增强说服力。人们倾向于对有吸引力的人放下防备并且轻易相信他们。有吸引力的人经常赢得众人的关注，别人喜欢模仿他们并使自己更像他们（Trenholm，1989）。个人魅力能够增强别人对自己的喜爱（O'Keefe，1990）。我们可以通过多种途径加强对于谈判对手或者说服对象的吸引力。

1. 友好。谈判者应该具有的最重要的品质是友好、开朗并且与他人建立良好关系的能力，尤其是与谈判中的另一方。我们可以通过热情、同情、简单、直接、对他人表示出兴趣来缓和使用其他谈判技巧时产生的僵硬关系。成功的谈判者从不直接切入主题，他们会与对方建立友好关系以使对方感到放松舒适，深入了解对方、对对方处境表示感兴趣并发觉两方的共同点。正如我们前面提到的，在非正式的对话中提出的要求更容易被接受（Dolinski et al.，2001）。友好开朗的谈判者经常运用激励与奖励来支持鼓励对方，而不友好的谈判者多在语言上进行批判和惩罚。

2. 迎合。迎合是指通过言行增强对方的声誉和形象，同时也以同样的方式增强自我形象（Jones，1964；Vonk，2002）。运用赞许的语言奉承别人是迎合他人的最佳方法。学会奉承别人会让对方产生好感并且易于被你说服（Gordon，1996）。谈判者表扬对方精心的准备、周全的考虑、专注的倾听、合理的让步或者条理分明。赞美是迎合对方的有力武器，不仅因为对方喜欢接受赞美，更是因为按照互惠原则对方有责任做出回报（Cialdini，2001）。没有理由否定迎合他人是没有意义的：埃利斯（Ellis）及其同事声称面试者在面试中积极运用迎合的方法，可以对面试官产生积极影响，比自我提升的方法更为有效（Ellis，West，Ryan and DeShon，2002）。不过很显然，尽管迎合战略经常使用，但如果使用不得当则会适得其反。如果你表扬了对方不具备的品质或对方明显做不到位的地方，对方会产生提防心理，担心你别有用心或有不可告人的目的。

3. 喜好。喜好原则很好理解：你喜欢的人更容易产生影响力（见本章之前讨论的信息来源的相似性）。如果你对与你交谈的人有好感，就会更容易接受他的要求并且不易产生对立观点（Roskos-Ewoldsen et al.，2002）。然而研究表明，喜好产生的作用小于其他影响可信度的要素，如专业技能等（Eagly and Chaiken，

1975)。

喜好原则产生的影响是隐性的。喜好可以通过多种方式产生，想要避免所有影响因素是不可能的。德博拉·坦嫩（Deborah Tannen，1990）在她关于性别与沟通差异的研究提到：与男性相比，女性更多使用“和谐式谈话”。她们的目标是建立关系而后进行谈判，而男性则使用“记录式谈话”，以社会等级差异的形式表达社会地位的差异。西奥迪尼（2001）指出试图掩盖你对他人有好感是在做无用功，你应该做的是接受这一事实并探究背后的原因。如果你发现在同一种情形下你更容易喜欢上该类人，此时应该多加注意了。为了不受喜好原则过多的影响，在谈判中应该做到撇开对他人的喜好而将注意力放在协议本身。

4. 帮助对方。在谈判中有很多方法可以帮助到对方：给予对方小恩小惠、宽裕的时间、提供绝密信息、顺从对方的要求，或是帮助对方获得选区居民的支持。谈判者可以帮助对方免于意外被骗。比如一位汽车销售员会对客户说：“我带你去见经理，为了能够降低你买车的价格，我会说一些这辆车的缺陷，但你不要介意，我们仍按照谈妥的价格交易。”销售员希望通过帮助顾客降价，顾客也可以帮助他多卖一辆新车。另一个例子是销售人员在向一家大公司销售一块土地时，私下告诉公司负责此项交易的人即将进行的分区改革会惠及该公司，销售人员信守诺言没有将这条内部信息公之于众，销售人员并没有获得物质上的好处（但是实现了这笔交易）。

5. 相似点。人们经常试图在初次见面时找出与对方的共同点。也许是在同一所学校读过书、曾住在同一个社区或者有共同的朋友。我们喜欢那些像我们的人，这就是所谓的吸引力假设（Byrne，1971）——社会心理学中最有力、最可信赖的发现之一（Machinov and Monteil，2002）（另一种相反的学说是不相似性互斥假说（Rosenbaum，1986）——人们不喜欢与自己不同的人）。在双方处于对立面的情况下，比如谈判，彼此找到越多的共同点就越能建立紧密的关系，双方感觉越好就越容易更多地接受彼此的信息，更容易被说服（Oldmeadow，Platow，Foddy and Anderson，2003）。因此谈判中一种有效的策略是辨识并讨论与对方相同的经历、性格或者观点。如果你看见对方办公室的墙上挂着皮划艇，你应该提及你对于航海的热爱。如果你看见对方冬天晒黑的皮肤，你可以提及你在热带的假期或者是滑雪的经历。如果说提及与对方相似的经历、态度、背景是一种优势的话，提到与对方的不同就会产生不利影响。当然讨论具有争议性的政治话题是没有意义的，因为对方很可能持有不同观点。

6. 情感。我们在本章开始讨论了情感对于构建信息的影响，同时情感也是影响信息来源可信度的因素。坚定的情感可以传递决心与肯定性，如果有效利用就可以增强信息来源的可信度，使得对方相信你持有具有吸引力的、坚定不移的观点（这同样可以增强说服者本身的可信度）。

我们在第5章讨论过恐惧、气愤或者热情的情感都是谈判的一部分，尤其是在持有强烈观点的问题上（参见专栏8.2）。情感是强有力的，它与我们的预期形成巨大反差，因为我们习惯性地认为谈判是一个冷静理性地交换信息的过程，其背后是逻辑有序的分析以使得经济效益最大化。然而谈判者并不总是秉承着理性严谨的经济效益原则。另外，如果其他人是理性严谨的，那么往往是强烈表达情感、坚定持有自己观点的谈判者获胜（Henderson，1973）。工会领导者、政治领袖、社会运动带头人、传道者以及所有旨在组织并动员支持者的人都深知在号召群众的过程中运用情感因素的重要性。

专栏 8.2

愤怒与同情在谈判中的影响

情感的表达真的能影响谈判进程与结果吗？基恩·奥尔雷德及他的同事（Allred，Mallozzi，Matsui and Raia，1997）研究了无论愤怒或者同情的情感是否通过影响谈判双方对彼此的感觉和达到多少共赢结果而产生影响力。有学者发现高愤怒感与低同情感使谈判双方更加不愿意在未来合作，而且只能实现较少的共同利益，但这并不影响单个谈判者的个人利益最大化。对于不断扩展深入的情感表达在谈判中的作用与理解的研究而言，这只是第一步。

资料来源：Adapted from K. G. Allred，J. S. Mallozzi，F. Matsui，and C. P. Raia，"The Influence of Anger and Compassion on Negotiation Performance，" *Organizational Behavior and Human Decision Processes* 70（1997），pp. 175 – 187.

在影响力与谈判中运用情感因素有一点需要注意，并不是所有人都会对情感做出同样的反应。研究（DeSteno，Petty，Rucker，Wegener and Braverman，2004）表明当感情的应用能够与对方情感状态相匹配时可以起到最佳效果。这一研究说明当一个人悲伤时最容易被伤感的消息打动；同样地，一个人愤怒时最容易被义愤填膺的信息打动。另一个研究阐述了带有感情的观点与个人特性之间的关系。研究（Haddock，Maio，Arnold and Huskinson，2008）表明，倾向于认知性信息而不是情感性信息的人更容易接受认知性信息的观点；对于那些倾向于情感性信息的人则更容易接受情感性观点。

还有一点，不要以为对方心情好就会接受你的观点。一些说服者试图通过讲笑话、取悦他人的方式使对方的心情愉悦，进而实现说服目的。尽管这听起来很有道理，但是研究人员认为心情与接受度之间的关系十分复杂。许多研究表明心情愉悦的人不大可能仔细审查信息，而心情不好的人更可能仔细审查信息（Hullett，2005，集成了这一研究结果）。根据哈雷特（Hullett，2005）的观察，"如果想通过强烈观点改变对方态度的话，最好是在对方心情不好的时候"（p. 439）。谈判者想要通过强有力的观点影响心情好的人，最有可能在对方倾向于接受该观点时奏效，但是如果谈判者先使对方心情愉悦，进而希望对方认真审视观点进而被说服，那么这不见得是一个成功的方法。

权威

这一原则显而易见，有权威的人比没有权威的人更具有影响力。长时间以来研究人员对于权威人士在人类行为中产生的影响很感兴趣。斯坦利·米尔格莱姆（Stanley Milgram，1974）关于遵从权威的经典研究表明当人们的行为得到权威人士的授权与认可时，人们会拼尽全力。即使没有战争或紧急情况，大多数人也会服从穿着制服的人。这同样适用于权威原则。

在谈判中可以用多种方式运用权威原则。西奥迪尼（2001）发现通过使用头衔，如博士、教授，可以增强使用者的权威性并提高影响力。作者的一位朋友每次订飞机票时都给自己加上“博士”的头衔，他发现发生航班延迟等情况时航空公司会先打电话给“博士”而忽略其他旅客。这个简单的事例表明一些头衔在社会中拥有的名声。西奥迪尼同时指出权威不仅仅是地位，它可以延伸至专业技能。他讲述了一位侍者的故事，这位侍者先是忽略顾客的点单，告诉他们“今晚这道菜没有平时那么美味”，并推荐另外一道更便宜的菜（pp. 198－199）。通过这种方式，他就可以在顾客心中树立权威以便之后推荐更加昂贵的菜式或点心（顾客有可能为了回报他的建议而给他更多的小费）。

权威因形式不同而产生不同的结果。研究人员将产生影响力的权威分为两类：（1）基于个人专业技能与可信度；（2）基于个人在社会阶层中的社会地位（Cialdini and Goldstein，2004）。第一种形式称为软策略，第二种形式称为硬策略（Koslowsky，Schwarzwald and Ashuri，2001）。考斯洛夫斯基（Koslowsky）及其同事研究了护士及其管理者之间的影响力行为，他们发现如果管理者更多地使用软策略，护士们更容易服从管理者要求且工作满意度更高。由此可见，突出个人在专业技能上的优势比强调社会地位的差异更加有效，尤其当你说服的最终目标是与公司利益长期挂钩而不是短期妥协。

From *The Wall Street Journal*. Used with permission of Cartoon Features Syndicate.

关于如何处理那些试图影响你的权威人士这一点，西奥迪尼（2001，p. 197）提出了如下建议，问两个问题：“这个权威人士真的是专家吗?”“这位专家到底有多大的可信度?”第一个问题是帮你确定这位权威人士是不是真正意义上的专家，还是仅仅浪得虚名（凭借头衔、名声等）。第二个问题提醒你注意这种所谓的权威背后的动机。正如刚才提到的那位侍者一样在提出其他意见之前先提出一个负面性的意见，是因为他试图引导你相信他是诚实的而实际上并非如此。

产生边缘影响力的其他方面

最后我们要讨论一下除了信息本身以及来源之外，产生影响力的边缘途径的方面。我们将讨论五个方面：互惠、承诺、社会价值、稀缺性与奖惩。

互惠

哲学家、人类学家、社会学家以及其他社会科学家长期致力于研究“互惠”这一概念。互惠是指如果你从他人那里获得好处，也要在将来某一时刻还给对方相应的好处。互惠是泛文化的，因为世界各地都奉行这一准则（Gouldner，1960）。我们在前面讨论信息来源吸引力时提到过互惠这一概念。

互惠准则在谈判中具有重要作用。谈判一方做出让步并指望另一方也做出相应的让步，如果他们认真礼遇对方也期望对方态度友好。通常人们运用这一准则以获得对方的顺从。比如谈判者A给予谈判者B小恩小惠，是希望谈判者B回报以更大的好处，最终A获得净利益。尽管我们习惯性地认为互惠的双方总是给予彼此相似程度的好处，但事实并非如此。事实上许多销售宣传通过给予消费者小礼品以获得消费者更大程度的让步。在非洲尤其是尼日利亚地区，店主会在尚未了解顾客真正需求时给每一位刚进店的顾客发放小礼物。店家冠冕堂皇地称这份小礼物并不会牵绊顾客，即使顾客转身离开也会得到小礼物，但我们深知人的本性，店主并不希望这样的事情发生，他们知道顾客会对发放小礼物的商家产生好感，那些未买任何商品就离开的顾客通常会还回小礼物，即便他们知道这是免费的。

同样的情形也发生在谈判场合。适当表扬对方之前的某个积极行为会使对方产生好感，并继续采取积极行动。做出一个对方需要的快速让步会使对方愉悦，同时对方需要承担做出相应让步的责任。谈判者通常坚持自身利益决不放手、极不情愿地做出让步，并认为这是最好的办法。如此刻板的行为无法使谈判成功进行，灵活性与适应性在谈判中尤为重要。

既然互惠原则能起到如此重要的作用，如何有效避免受到互惠原则的影响呢？一种可能的途径是在谈判中拒绝所有的好处，但这有可能产生更多的问题。比如拒绝主人提供的咖啡可以避免互惠原则产生影响，但这样会侮辱主人尤其是在五分钟后你自己去买了一杯咖啡时。对方有可能只是出于礼貌，也有可能是想利用互惠原则制造小小的恩惠。[7]

谈判者应该如何回应这些好处呢？西奥迪尼指出你应该礼貌回应并接受你真正需要的好处。然而，如果这种恩惠显而易见是出于对方想要控制你的目的，那么你就应该将其重新定义为陷阱而不是恩惠，因为这不再适用于互惠原则，“原则是指以德报德，而不是以德报怨”（Cialdini，2001，p. 47）。

承诺

长期研究表明，一旦人们决定一些事情，就会将其视为信仰始终坚持。这种对于自己立场的坚持依赖于人们的共同需求，即始终如一，既是对自己也是对他人。许多人对于转移销售法非常熟悉。毫无道德的商家广告宣传以极低的价格出售一些商品，然而当顾客到达商店时，商家却声称商品“断货”了，随后就可以向顾客推销高价的替代商品。为什么这一策略总是会奏效呢？一种解释是：一旦你做出了购买商品的决定（承诺），你就会潜意识地被这种承诺牵引（即使是高价商品）。因此，你被一个标价49.95美元的商品吸引走进商店，但结果极有可能是购买了一件64.95美元的替代商品，尽管后者的价格绝不可能吸引你在最初的时候走进商店

（专栏 8.3 讲述了一个警示性的故事：关于买车做出的承诺）。

专栏 8.3

承诺：警示故事

本书的作者之一在年轻时准备购买一款二手 MG 跑车，他讲述了这样一个故事。

“我在居住的城市只找到一辆符合我的支付范围的车（2 400 美元），我先试驾，然后与销售人员讨价还价，同意买车后填写各种文件，当天晚上销售人员同意我把车开回家，第二天再回来签约。就在这时汽车销售员尴尬地对我说直到老板告诉他，他才知道这辆车配有电动超速挡，因此他不能按照协议价格出售，我必须为超速挡额外支付 350 美元。当然他允许我改变主意不买车，但我还是买了。把车开走后我意识到销售员使用的是不断引导我做出承诺的方法。我可以与汽车经销商当面对质，但没有证据表明他们欺骗顾客（而且一位年轻顾客和声誉优良的汽车经销商大家更愿意相信谁呢）。销售员为此付出的代价远大于卖车多收的 350 美元。我告诉我的很多朋友不要到那个经销商处买车，因为他的经营方式有问题，而且在保修期过了以后我就没有到那里修过车。

“你可能会认为销售员当时是真的忘记了超速挡的事情，那么经销商在保修期间的行为就说明事实并不是那样的。保修期间唯一需要更换的就是转速器，保修书上说明经销商需要支付配件全额以及一半人工费。销售员告诉我更换转速器十分困难，先要更换仪表盘，然后摘除仪表盘下的许多部件以便穿线。他说这需要六个小时并建议我把车留下。我根本不相信销售人员的话。在他跟维修经理谈话时，我紧跟着汽车旁的机修工，他只用 15 分钟就把零件换好了。在付了一半的人工费后，我扬长而去，再也不会去那里了！”

承诺策略是让对方服从的有效方法。一种增强承诺效力的方法是将其写下来。西奥迪尼（2001）指出由顾客自行完成订单的公司比由销售人员填写订单的公司拥有更低的取消率。为什么呢？因为亲自书写增加了顾客做出承诺的感觉，这就像是他们对自己说：“如果我不想要这种产品，我就不会写下来。难道不是吗？”许多消费品公司都会让顾客写下对产品的赞美之词以获得抽奖的机会。为什么呢？很显然，写下赞美之词就会增强顾客做出承诺的感觉（Cialdini，2001）。研究表明，即便是签写请愿书也会增强人们的承诺感，会在接下来的几天做出一些过激的事情（Freedman and Fraser，1966）。研究人员将其称为“门槛原则”（Clark，1984）。

承诺如何在谈判中发挥作用呢？通常是在谈判之初逐渐渗透无关紧要的观点，为后面不断加深的让步打下基础。让步往往是产生于我们自己的语言与行为中。正如专栏 8.3 中的例子，买家很愿意支付额外的 350 美元，因为在试驾的过程中他已经告诉朋友要买车。因为销售员很大方地同意买家在签约前把车开回家，那么买家为弥补销售员忘记“超速挡”的错误而额外支付 350 美元看起来是合情合理的。

承诺策略是很难避免的。通常当我们意识到被别人操控时便已经同意某件事情或者受其影响了。从某种程度上来说，事先警示即需要事先准备。西奥迪尼

(2001) 指出当使用承诺策略时，你的身体会发出两种信号：或者是为一些细小的让步感到不舒服，或者是协议有不合理的地方。如果你在谈判中产生这种感觉，那么就要小心对方使用的承诺策略。最后一点，一定要注意你在谈判中签署的任何协议，哪怕是那些小的、不易察觉的协议也要注意，因为它们有可能在为下一步做铺垫。

社会价值

这一原则是指人们根据别人的行为确定自己的行为是否正确。这一原则表明人们有时采取特定行为是因为所有人都这样做。西奥迪尼（2001）认为这一原则可行就像电视喜剧中自带的笑声正是利用了这一原则（Fuller and Sheehy Skeffington，1974）。这也解释了为什么销售员喜欢提及以前的满意消费者，如果其他人喜欢使用这一产品，这就证明产品很不错。邀请名人推介产品也是同样的道理。

在谈判中，社会价值是很有影响力的策略。销售人员会列出一个满意顾客的清单，几乎没有人会花费时间去核对它的真实性（“如果这不是真的，为什么要给我们展示呢?”）。彩票店会重点突出之前的赢家以及名人明星。谈判者会强调他们的新产品如何受欢迎以及今年业绩的大幅增长。房地产商会告诉你有很多人对你正在考虑的房子感兴趣（Fishbein and Azjen，1975）。

社会价值原则之所以会奏效是因为可疑信息（“所有人都认为这个产品不错”）在考虑过程中被给予很大权重。西奥迪尼（2001）建议想要削弱社会价值的影响，我们需要发现信息中的错误进而给予它应得的权重。在谈判中，这意味着我们要进行精心的准备并留心对方所支持的观点中与你所知有出入的事实。当对方向你提供产品如何受欢迎的证据时，不要轻易相信，而是让对方进一步证实。即便对方所售产品紧缺，也要确保你是出于自身最大利益做出决定。通常来说，当你犹豫并且延迟做决定（让我考虑一晚上）时就意味着社会价值产生的作用已经与你的最优选择背道而驰了。

稀缺性

该原则意味着当东西十分有限时，它们会更加具有影响力。西奥迪尼（2001）描述了常见的销售策略是如何依赖稀缺性原则的。销售人员通常会说他们并不确定消费者想要购买的商品是否还有货。在回库房取货前他们会跟顾客确认是否要在下一位顾客购买之前抢购一个。顾客通常会同意购买而且在销售员取回所谓的“最后一件”时感到很幸运。这就是工作中对稀缺性原则的应用，当人们认为自己获取了稀缺性的资源时更容易受到影响。

在谈判中，如果出现对于一种商品的较大需求的情况就可以应用稀缺性原则。一些组织故意使他们的商品供应短缺，使其看上去十分抢手（如受欢迎的圣诞节玩具）。汽车经销商劝你快速决定车的颜色，因为这款车正在热卖，仅剩为数不多的几辆了。任何运用“特权”以及“时间有限，欲购从速”的谈判者都是在应用稀缺性原则。审查制度也会造成稀缺，图书馆禁放某些书籍也会增加人们的需求（参见Brehm，1976，关于此种称作“心理逆反”现象的详细讨论）。最后一个例子，拍卖者将独一无二的物品拍卖给出价最高者，也是应用稀缺性原则。

当稀缺性原则被有效运用时很难避免受其影响。西奥迪尼（2001）提议我们要注意这种原则应用时产生的感情陷阱，当我们强烈地需要某种稀缺性产品时，应首先考虑需要这种产品的动机与目的。

善用奖惩

我们在第7章讨论过对于资源的控制是一种很强的权力来源。这些资源至少有两种使用途径：一种是交换——通过给对方提供资源与好处（承诺或帮助）以获取对方的让步与合作。交换与讨价还价很接近，都是直接或间接建议彼此互惠的行为，简而言之就是，"如果我为你做X，你可以为我做Y吗?"交换以资源作为依托，尤其是值得交换的事物——好处、利益、动力、优待或者津贴等。由此可见，交换经常以承诺作为说服工具，即为了换取对方的让步、合作以及承诺，你必须承担的义务。还有一点就是交换协议以谈判的方式达成，对方现在履约，但是要求你在未来某一时刻履约。这种方式会使双方在人际关系交流中留下义务与责任，以便随时向对方提出请求。

考特（Kotter，1977）研究成功经理人及他们在组织中使用权力时，强调经理人一定要辨识、创造、培养周围人（下属、同事，甚至上级）对他产生依赖，并使这种依赖转化为义务。义务可以通过多种方式产生。给予人们恩惠、表扬并鼓励他们、帮助他们、给他们特别的关注，即便工作没这种要求或他们没期待这些，预算较紧时给予特殊项目额外资金支持，这都是利用控制和资源帮助别人更好地完成工作并使得他们对权力者产生好感的几种方法。

第二种运用权力的方式是压力——主要是运用惩罚的威胁。影响力施加者可以提出要求，指出未如期完成任务的后果，检查并决定所做工作是否合格，随时提醒对方工作是否符合要求，最后如果对方并未合格完成任务，则要切实执行惩罚措施。如果销售员总是无法按时完成销售指标，销售经理可以扣发其工资；如果孩子们没有整理好房间，家长会剥夺他们一周看电视的权利；如果顾客迟付账单，供应商可以就此罚款。如同奖励和表扬一样，高压或惩罚无论在语言上还是有限资源的撤回与否定上同样是有效的。销售经理严厉责备销售员未完成销售任务而不是解雇他们，家长批评孩子们的行为而不是真的剥夺他们看电视的权利，其实是同样有效的。

压力策略的使用条件与交换、奖励是一样的：对方在某种程度上依赖于权力拥有者，那么权力拥有者就可以运用剥夺权利的惩罚方式确保对方做出让步。根据凯普尼斯（Kipnis，1976，p. 104）的说法，当目标是维持对方现有利益时，运用鼓励、奖励的方法更为有效；当对方改变行为的意愿大于维持现有利益时，惩罚与批评更为有效。

仅有的几个关于权力应用的实例研究显示，拥有较高权力的人比拥有低权力的人更易使用压力策略，比如威胁、更少让步等（Hornstein，1965；Michener，Vaske，Schleiffer，Plazewski and Chapman，1975）。当双方的权力差异相对较小时，权力小的一方同样会应用威胁与权力策略，扩大双方谈判不成功的可能性（Vitz and Kite，1970）。权力策略的应用因文化背景而异。廷斯利（Tinsley，2001）发现来自于注重社会阶层的国家（本研究中是日本）的谈判者比来自于注重平等观念的国家（如德国与美国）的谈判者更容易使用权力策略。

压力策略至少会使对方短期内服从要求，并且减少对方的对抗性，但经常使用压力策略会使对方疏远并导致更强的对抗性，这时就不得不使用更严重的后果威胁对方向对方施压。压力策略要有选择性地使用，因为它会损害双方关系，经常使用也会破坏其效力。

小结

在这一部分，我们讨论了通过边缘途径产生影响力的方法。主要包括信息本身、信息来源的特征以及影响力因素，其中第三点尤为重要，要求施加有效影响力的人不仅注意与影响目标的关系，也要注意其他社会因素。专栏 8.4 给出了在大型组织背景下施加影响力的复杂性。

当影响目标没有动力且不能关注影响力施加者的信息时，运用边缘途径十分有效。经验丰富的说服者都认为很重要的任务是让对方站在己方的立场进行思考。边缘途径的各种方法是产生这种影响的有力武器。

专栏 8.4

组织中的影响力

迈克尔·沃特金斯（Michael Watkins，2001）探讨了在大型组织的特定背景下是如何运用影响力的。他提出以下五点有效谈判的主要目标：

1. 勾勒影响力框架。确定施加影响的目标以及有效实施方法尤为重要。在组织或社会网络中，不仅要关注影响目标，同时也要注意那些与之关联的其他组织与个人。你需要学会折中反对性的观点。

2. 明确对方利益。我们可以运用策略与技巧影响他人的观点与想法。成功的说服可以改变对方的动机并实现预期结果。补偿方案、任务说明、策略计划、年度预算等都能够在组织中有效影响对方的动机。

3. 明确备选方案。使对方认同你的备选方案也是一种有效的说服方式。这意味着对方关注你的备选方案，这可以有效增强你的观点。

4. 获取对方对于艰难决策的认同。在组织中设定使对方认同艰难决策的框架是十分重要的。当组织中的成员感到自己加入了决策过程时，他们更容易接受这些艰难的决策。

5. 远距离说服。由于组织庞大，很难进行一对一的说服，因此远距离说服他人显得尤为重要。建立值得信赖的沟通渠道，通过演讲与内部通知传递重要信息，学会如何在组织中正确且有创造性地影响众人。

资料来源：Adapted from M. Watkins, "Principles of Persuasion." *Negotiation Journal* 17 (2001), pp. 115 - 137.

8.4 信息接收者（影响目标）的作用

本章最后我们要讨论一下作为影响力施加目标的人。影响目标不应该认为自己仅仅是被动地受信息的影响并做出同意或否定的决策。影响目标的作用主要体现在两个方面：首先，影响目标不应该对于影响力施加者的手段过于防范，而是要了解对方施加影响力的目的及利益；其次，影响目标有很多方法可以识别是否受到相关信息的影响以及如何避免受到影响。接下来我们将依次分析这两点。

"不行，星期四不在。永不——永不对你有好处吗？"

了解对方观点

如果影响目标在谈判中能够整体把握对方的目的与观点，就可以更好地做出是否被对方说服的最佳决策。接下来我们将提供三种深入理解对方的方法与策略。

1. 挖掘对方观点。谈判者经常忽略对方的观点与想法。如果能够了解对方的想法、对方如何看待某一问题以及对方如何形成自己的观点等，就会占有优势。我们可以通过提问能反映对方利益与需求的问题来挖掘对方的想法。比如"这些目标为何对你如此重要?""如果无法实现任何要求你会怎样?""我们上次谈过以后你的想法改变了吗?"诸如此类问题可以更好地挖掘对方的立场与兴趣点。探究对方的想法不仅可以为你制定更加符合双方利益的方案提供帮助，同时也可以知道为何对方要按照他的特定想法说服你。要注意你的问题是在探索而不是在攻击。"你怎么可以那样说?""哪个正常人会那样认为呢?"这类问题会制造紧张气氛，使对方增强防御性，而且谈判变得消极（回忆我们在第 6 章提到的在谈判中提问的例子）。

2. 选择性地转换措辞。转换措辞可以确保双方清楚明白彼此。如果你未能完全明白对方就给了对方纠正你的机会。在你被纠正以后再一次陈述事实是很重要的，这可以确保你的理解正确。另外，复述对方的观点可以帮助你更好地记住他们所说的。不要只是在语言上简单地重复，而是要转化成你自己的语言，要以"你看我这样理解是否正确"这样的话作为开头。如果对方希望你了解重要观点，他会有力地不断重复。因此，转化措辞是推进谈判的有效途径。

你也可以要求对方重复或者转化你的观点。你可以这样说“我刚才提到的十分重要，希望贵方可以用你的语言说一下我刚才的主要观点”。这个过程实现了如下几点：第一，这使得对方仔细倾听并回忆你所提到的观点；第二，你有机会确认对方是否正确理解了你的观点；第三，他强调了你的陈述中最重要的部分。

3. 强调对方观点中你认可的部分。谈判者的努力有时是无效的，往往是因为只提到对方的观点与提议中他们不喜欢的部分，却忽略了他们喜欢的部分。这种回应方式忽略了影响和引导对方观点的绝佳机会。许多经典的行为理论（如交换理论、拿来理论等）都指出：人们更倾向于执行被赞许的行为而不是被否定的行为（Homans，1961；Skinner，1953）。

肯定对方观点中你认可的部分的简单方法是认同并支持对方所提到的“这一点很有趣”或者“我之前从未听过这种有趣的说法”。非语言性的认同方式包括点头及“嗯，嗯”的肯定也很有效。这种说法或者行为很好地表明对方的主要观点中你认可的部分。第二种方法是在对方提到你想要强调或有利于你的观点时表扬并感谢对方。例如在劳工谈判中，经理对工会说：“你们说恶劣的劳工关系会影响客户与我们签订长期的合作合同，这种说法很重要。”第三种方法是分离你喜欢的部分与你不喜欢的部分，鼓励对方深入你感兴趣的部分。在买房的谈判中卖家可以这样说：“你刚才提到调整价钱使其包括装修的部分，我觉得这个想法很好。你想要怎样的装修呢？”

抵抗对方的影响

谈判者除了可以采用多种方法鼓励、支持、引导对方，也可以运用如下三种方法抵制对方的影响：提出最佳替代方案（BATNA），做出公开承诺（或让对方做出公开承诺），不断暗示自己增强对于对方说服信息的抵抗力。

1. 提出最佳替代方案，了解运用方法。许多专家将最佳替代方案视作影响力的来源（如 Pinkley，Neale and Bennett，1994；我们在第 2、4、7 章也讨论过最佳替代方案（BATNA））。毫无疑问最佳替代方案可以帮助我们避开现有的谈判方案，而在另一处找到自己的利益契合点。仅当对方意识到时，最佳替代方案才会产生影响力。因此想要此种方案产生作用就要让对方意识到它的存在，最好与对方说明这个事实。使用这种方法需要娴熟的技巧，因为对方有可能将你所传递的替代方案视作一种潜在威胁。要记住最佳替代方案是要不断改进的。优秀谈判者会在谈判前设置，在谈判过程中不断改进最佳替代方案以产生最大的影响力（我们在第 2、7 章详细讨论了最佳替代方案（BATNA）的作用）。

2. 做出公开承诺。让对方坚定立场的方法之一是做出公开承诺。比如工会带头人公开说：“若解决方案少于……钱，我就辞职。”在做出这样的承诺以后，工会领导就面临着来自各方的压力。一种压力来自于工会成员，如果工会领导不真正履行承诺，就会被其他人粗鲁地逐出工会；另一种压力是领导不遵守诺言会在未来的管理工作中失去领导信誉；第三种压力是他会被认为言行不一致。

谈判者只是有时希望对方做出公开承诺，但并不总是希望这样。如果对方做出的是你想要的承诺，他会迫于压力一直坚守承诺，尽管他想放弃这些承诺。有时谈判者会说“我会尽最大努力实现双方利益的共赢”，他也会要求对方做出同样的承诺。有时谈判者会以更直接的方式要求对方做出承诺：“你是否想要把这个资产卖给我们?”“让我们齐心协作，共同拿出切实可行的具体方案吧。”引导对方做出具体行动上的承诺比做出观点上的承诺更为有效。比如零售商在顾客不能付全款时让他们做出首期付款与分期付款的具体行动上的承诺。如果承诺有碍达成协议，那么谈判者就不会要对方做出公开承诺。另一方或许会放弃承诺，聪明的谈判者会出于自身利益帮助对方以保留面子的方式放弃不利承诺，尽管对方放弃承诺的行为会为人所诟病。他们会不理会所做出的承诺，为自己放弃履行诺言的行为合理辩解。

3. 暗示自己增强抵抗力。仔细倾听并理解对方观点的结果之一是你或许会改变自己的想法与立场。有时我们并不想改变自己的想法，因此会给自己灌输反抗对方观点的想法（Pfau，Szabo，Anderson，Morrill，Zubric and Wan，2001）。比如一些经理不得不同意他们原本反对的组织政策时，就会通过准备、反复回想抗辩观点的方式提醒自己反驳对方的主要观点。

主要有以下三种方法反对对方观点：

（1）精心准备支持自身观点的论点；

（2）从对方的论述中发现抗辩观点，即从自身观点中寻找驳斥对方观点的论点；

（3）寻找支持以及反对性的观点，同时驳斥这两种观点（两者结合的方法）。

我们将通过研究生招生主任的例子进一步阐述，他要向一位学生解释学校不能接受其申请。招生主任可以从以下三个方面进行说明：（1）阐述学校为什么不能接受学生的申请（如学生的成绩不够高）；（2）从学生的角度阐述观点（如学生要在学术性的学校学习高难的课程）；（3）阐述驳斥学生观点的抗辩观点（如学校在进行决策的过程中将教学质量与课程的严格要求考虑在内）。

研究表明有效抵抗对方影响的方法是第三种，即将两者结合的方法——提出支持与反对性的观点，同时对两者提出抗辩（McGuire，1964；Pfau et al.，2001）。第二种方法即从自身观点中找到驳斥对方观点也是有效的。第一种方法仅提到支持自身观点的论点是效用最小的。还有另外三种因素可增强抵抗性：第一种是引导对方按照他们所反对的观点的方向进行思考；第二种是提出越多的反对观点就越是有效；第三种是不断在公开场合重复自身的初始观点可以有效抵抗对方观点。

小结

无论是作为倾听者还是影响目标，谈判者都可以采取很多措施来弱化对方所传递信息的影响力。在挖掘对方的观点、对其观点提出质疑、采取措施抵抗影响力的过程中，谈判者可以弱化对方通过边缘途径产生的影响力与设置的陷阱。增强抵抗力的关键因素包括采用最佳替代方案、做出公开承诺、暗示自己增强抵抗力等。在很多情况下，对方的观点的确坚实有力，具有说服力，因此最重要的是你要确保自己头脑清醒，只有在对方观点有理有据时才会受其影响。了解说服力是如何产生并运作有利于我们在谈判中更好地避免受到对方的影响（Malhotra and Bazerman, 2008）。

本章小结

本章我们讨论了人们能够在谈判中运用的影响力的运作机制。影响力主要分为两大类：一类是通过中心途径产生影响，另一类是通过边缘途径产生影响。在讨论中心途径的过程中，我们强调了信息内容的重要性、信息的结构以及信息的传递方式。通过中心途径产生的影响力更持久且不容易产生反影响力。讨论边缘途径的过程中，我们提到了构建信息、信息来源的特性以及信息背景的基本要素。通过边缘途径产生的影响力会使对方妥协但不会从态度上产生根本性承诺，而且这种妥协是暂时性的并且容易产生反影响力。

在本章最后一部分，我们讨论了信息接收者即影响目标如何通过分析对方的需求与利益来抵抗影响力。成功的谈判者不仅擅长有效传递信息，也善于有效消化信息。

最后的重要提醒是：这一章我们仅提到了几种可以在谈判中使用的方法。谈判者通常会花大量的时间支持自己的立场，却花很少的时间考虑如何运用信息来源与接收者的特性来增强产生影响力的可能性。如果谈判者更加认真地考虑信息来源、目标以及背景而不仅是信息本身，将更容易产生有效影响力。

关键术语

中心途径（central route）：获取影响力的途径之一，指有意识地积极思考传递影响力的信息，并将其融入个人已形成的认知体系（思维、智力体系等）。

边缘途径（peripheral route）：获取影响力的另一种途径，指并没有主动地思考与认知信息的过程，而是依靠细微的暗示与内容。在这种途径中说服力被看作自动产生的，并没有通过细致的讨论便导致了对方态度的变化。

单面性信息（one sided messages）：当与谈判对手的意见不一致时采用的一种方法，指人们往往容易忽视支持对方立场的观点与论据。

双面性信息（two sided messages）：当与谈判对手的意见不一致时采用的另一种方法，指提到并描述对手的观点，并强调自己的观点是什么且为什么更为可取。一般情况下双面性信息比单面性信息更有效，但双面性信息有一个缺陷，即单面性信息比双面性信息更易使受影响者在态度上的转变产生行为上的转变。

信息分解（message component）：将某一重要信息分解为细小的、更易理解的信息，这样可使谈判对手更易于接受这一观点。

第一印象效应（primacy effect）：当话题本身是信息接收者熟悉、感兴趣和有说服力的，重要观点应该被放置在开头，这样更容易被人记住。因此，谈判者应该最先表达信息接收者感兴趣的内容，随后再说出他们不想听的内容。

近因效应（recency effect）：人们更倾向于记住一类清单中最后出现的项目。如果重要观点是信息接收者反对的话要注意近因效应。

注释

[1]See also Chaiken (1987).

[2]Researchers have disagreed as to whether the two routes to persuasion are separate systems (e.g., Petty and Cacioppo, 1986a, 1986b) or compensatory systems (e.g., Chaiken, 1987). That is, it is not clear if the two routes to persuasion operate separately or if they work in conjunction. Some work (e.g., O'Keefe, 1990) seems to suggest that both processes operate at all times, but one is likely to be dominant. There is also disagreement about what to label the two routes and which research findings fit more precisely into which route. For sake of clarity, we have adopted Petty and Cacioppo's labels for the two routes: central and peripheral. It is also difficult to summarize and apply some concepts of persuasion because of contradictory research findings and the complex relationships between variables. Despite these weaknesses, this model of persuasion is comprehensive and helps organize a great deal of conflicting research on persuasion. The model does not provide exact prescriptions about how to persuade everyone in all circumstances. It does provide a clear way to think about the variables that have been found to influence persuasion. It helps clarify when persuasive tactics can work, although this does not mean that these factors will work in all circumstances. In many situations, influence is achieved through a skillful blend of many persuasive techniques.

[3]See also Freedman and Fraser (1966); Seligman, Bush, and Kirsch (1976).

[4]See also Bem (1972).

[5]See also Hovland and Mandell (1952); McGuire (1964).

[6]See also Johnson and Eagly (1989); Petty and Cacioppo (1990).

[7]Note that many public-sector bargaining laws prohibit negotiators from buying even a cup of coffee for each other. Negotiators need to be aware of the laws and norms that may have implications for compliance strategies. In addition, there are cross-cultural differences in refusing a gift, and negotiators need to prepare carefully for such instances when they negotiate across borders. (See Chapter 16 for more discussion of culture and negotiation.)

第9章 谈判中的道德伦理

学习目标

1. 了解谈判中是否存在共同遵守的伦理标准；
2. 分析伦理影响谈判过程的几种因素；
3. 思考各种与伦理相关的技巧，探讨这些技巧如何被认知；
4. 理解人们如何接受介于伦理边界的谈判技巧，以及如何洞察别人使用欺骗手段。

本章我们将探讨谈判过程中的行为是否存在或应该存在道德标准。近些年来，这一领域已经引起学者们越来越多的关注。我们认为，每场谈判都会遇到行为道德这类关键性问题。有效的谈判，意味着谈判者必须意识到何时应考虑道德问题，以及在处理该类问题时应当考虑哪些因素。我们要说明的是，为所有的谈判者或者为所有的谈判行为主张某一专门的道德立场并非本章的本意。许多关于商业伦理的论著都采取了强烈的、规范式的立场，主张人们应当和不应当做什么，而本章的目的只是描述谈判中出现的伦理问题。在本章中，我们将区分谈判中存在的几种主要的道德维度，为制定符合道德的谈判决策提供框架思路。在这个过程中，我们会重点介绍本领域有突出贡献的研究成果。

在我们深入研究这一切之前，首先上演几台假想的道德困境场景。

9.1 道德窘境的例子

看看以下情形：

1. 你打算卖音响来筹钱出国旅游。音响效果很好。一位音响发烧友告诉你，如果他想买音响设备的话（其实他不想买），他会出价 500 美元。几天后，第一位可能的买家前来看音响。买家仔细端详，问了些关于音响的性能。你向买家保证音响运行很好。当问到价格时，你告诉买家已经有人开价 500 美元。该买家最后以 550 美元成交。

你告诉别人已有人先开价了是否道德呢？

2. 你是位企业家，想要收购竞争对手的一家企业，但是这位竞争对手并没有显示出要卖或者与你公司合并的意图。为了解对手公司内部的情况，你雇用一位你认识的顾问，让他给对手公司的人员打电话，询问公司是否存在严重威胁生存的问题。如果有问题，你就能够利用这些信息去决定是挖走该公司的员工还是迫使对手卖企业。

该行为道德吗？如果你是该企业家，你会这么做吗？

3. 你是人力资源部的副总裁，正与工会代表商谈新的劳工合同。工会拒绝签署新的合同，除非公司同意把带薪假期从 6 天延长到 7 天。管理层预算每个带薪假期的成本大约为 220 000 美元，提出公司不可能负担得起这种要求。但是，你知道，实际上钱并不是问题，公司只是认为工会的要求不合理。为了说服工会领导撤销他们的要求，你一直在考虑几个可选方案：(1) 只是告诉工会公司负担不起，不给更多的解释；(2) 制定错误的财务报表，显示出每个带薪假期要花大约 300 000 美元，公司没法负担；(3) 如果工会领导愿意放弃要求，给他们提供免费去佛罗里达度假区“工作”旅行。

这些方案会触犯道德界限吗？哪个方案会？为什么？

4. 你即将从一所名牌大学的 MBA 课程毕业。你主要研究管理信息系统，将在一家商业开发网页的公司工作。你拥有一台使用了一两年的个人电脑。在看到老板让你做的项目种类后，你决定卖掉它，然后买台新的。于是，你在校园布告牌上张贴了出售电脑的广告。你不打算告诉买家电脑主机快要坏了的事实，实际上电脑也时不时地死机。

这道德吗？如果你是该名学生，你会这样做吗？

5. 你买了一双打折的新鞋。收据上清楚写明鞋子是不能退换的。买回家后，你穿着鞋子在家附近走了一天，感觉鞋子并不合脚，于是你带着鞋子回到店里。店员指出了发票上的信息，但是你并未因此退让。你开始生气地咆哮商店的服务质量太差，结果店里很多人开始围观。店员打电话通知经理，经过协商后，经理同意退钱。

这道德吗？如果你是那名客户，你会这样做吗？

这些情节都是假设的，但反映出来的问题都是谈判中真实的事例。组织内外的人经常要做重要的决策，及时地用某些策略来达到重要目的，特别是可以采用很多策略时，而这些决策又经常牵涉到道德问题。本章将通过思考下列问题来研究谈判中的道德伦理：

1. 什么是道德伦理？为什么谈判中会涉及？
2. 哪些道德思考方法与谈判相关？
3. 哪些伦理行为问题可能出现在谈判中？
4. 是什么引发了不道德行为？其后果会是什么？
5. 哪些因素会促成谈判者使用不道德策略？

6. 谈判者如何应对谈判对手使用欺诈手段？

9.2 什么是“伦理”，为什么它在谈判中关系重大

伦理定义

伦理是在特定情况下分辨是非，被公众广泛接受的社会标准，或者是制定这些标准的过程。伦理不同于道德，道德是个体和个人关于是非的观念。伦理来自于特殊的人生观，其目的是：（1）界定人类所在世界的本质；（2）规定共同生存的准则。不同的价值观在这些问题上存在不同的看法，这意味着实践中他们会对同一情境下的是非有不同的判断标准。伦理在实践中的难题就是判断出各种道德价值观的差异是怎样的，由此决定选择何种方法。

我们的目标是要在有关伦理问题的标准中找到一个准则，去判断和评价谈判者的道德行为。尽管谈判是我们的焦点，而谈判评价的标准实际上与广泛的商务活动中评价伦理的标准并无二致。商务中伦理选择难题确实存在，比如，经理人面对“财务绩效（根据公司的收益、成本和利润来衡量）与社会绩效（根据与公司相关联的个人和团体的责任义务来衡量）相冲突”的问题时就需要做抉择（Hosmer，2003，p. 85）。类似地，当谈判者的行为或策略使得个人经济利益与其他利益方或群体利益相悖时，也面临伦理选择难题。

许多商业伦理方面的作者提出了竞争性伦理标准的框架（随后我们会看到，这些框架映射到已出现很长时间的伦理观的传统理论里）。根据某些作者（Green，1994；Hitt，1990；Hosmer，2003）的观点，商务和谈判中有四种标准来评价战略和战术：

- 根据自身期望的结果来选择行动步骤（比如，投资的最大回报）；
- 根据自身负有的责任去维护适当的原则来选择行动步骤（比如，法律）；
- 根据个人所在组织和社团的标准、价值观和策略来选择行动步骤（比如，公司惯例）；
- 根据个人信念来选择行动步骤（比如，良知告诉我该做什么）。

每种观点都反映了伦理思辨的不同方式。第一种称为终局伦理观，即行为的正确性由评价结果的优劣来决定。第二种是道义伦理观，即行为的正确性由个人负有义务坚守的一贯的原则、规则和社会标准来决定，这些标准界定是非及其分界线。第三种是社会契约伦理观，即行为的正确性由某一团体的惯例和标准来决定。第四种是问己伦理观，即行为的正确性由个人的良知和道德标准来决定。

谈判中的伦理思考

我们可以运用每种观点来分析本章开篇的五个假设情景。例如，情景1是关于销售音响和对买家表明还存在另一买家。

● 如果你认同终局伦理观，你可能会为达到目的不择手段（包括谎称还有别的买家）。

● 如果你认同道义伦理观，你会认为要花招是不道德的，故而不会采用撒谎伎俩。

● 如果你认同社会契约伦理观，你选择策略的依据是你对社会的正确行为准则的看法。如果其他人使用欺骗手段，你也会跟从。

● 如果你认同问己伦理观，你会扪心自问，判断为了将来得到的好处值不值得使用欺诈或不诚实的手段。

这个例子说明，在有伦理维度的情况下，你所推崇的伦理观影响了你的伦理判断，并促成了你最终的行为。这四种观点可以说是四种伦理学流派，是我们在本章后面主要部分深入辨别谈判中伦理道德的基础。首先，允许我们简要说说道德伦理在战略和战术上是如何配合其他动机和决策依据的。

伦理规范、谨慎、实际、合法

商业伦理的讨论经常纠结于什么是伦理规范（由道德行为标准判断为适当的），什么是谨慎（即明智的，源于对策略效果的理解和可能带来后果的理解），什么是实际（即在某一场合下谈判者实际的行为）以及什么是合法（即法律定义下的可接受行为）（Missner，1980）。在前几章，我们依据谨慎和实际标准来评价谈判战略和战术。本章的重点是依据伦理标准来评价谈判战略和战术。

当然，其他标准同样起作用。例如，拉克斯和西本尼厄斯（1986）指出某些人内心希望遵守伦理，因为遵守规矩会使他们成为讲美德之人，或者某些行为准则被他们视为绝对的道德。某些人则较为功利地判断伦理行为，他们认为良好的伦理规范会产生善意的结果。无论动机如何有理，人们对谈判中的伦理判断却并不那么是非分明。一方面，某些谈判者喜欢将战术排序，即将谈判战术进行相对排序而非绝对化，因此对于某些战术（如谎称自己的价位已经到了底线）是否道德众说纷纭。另一方面，有些谈判者则明确赞同某些战术明显不道德（如伪造信息）。因此，虽然很难告诉谈判者在哪种场合下什么行为是道德的，什么行为是不道德的，但是关于伦理道德的话题并非不重要。伦理思考能促使谈判者审度自身的决策过程，此外，理清这些问题可以帮助谈判者有机会进一步研究伦理判断的复杂性（Lewicki，1983；Raiffa，1982）。

表 9—1 列出了理解和分析道德问题的有效方法。该表介绍了商业伦理学家拉吕・霍斯默（Larue Hosmer，2003）提出的分析伦理过程的模型。按照霍斯默的提法，在想出问题的解决方案之前，第一步要彻底搞清可能存在的道德问题。表 9—1 的左列是掌握对相关各方起作用的主观标准（规范、信仰、价值观等），认清形势中混杂在一起的可能的危害、获益和权利。待问题完全弄清楚后，右列为通向解决问题的道路：（1）判断行为带来的经济后果；（2）思考该情景中牵涉的法律问题；（3）基于正确、公正和公平来评价对他人的道德义务（Hosmer，2003 年，p. 87）。最后一步，伦理思考——是来自于伦理学流行的理论。从这点出发，我们将更深入地研究上述的四个基本标准和谈判者对伦理的应用。

表 9—1　　解决道德问题的分析过程

掌握道德标准

认识道德影响：
- 对某些人的利益
- 对其他人的危害
- 执行的权利
- 拒绝的权利

→ 明确道德问题 → 决定经济后果 / 思考法律要求 / 评价道德义务 → 提出有说服力的道德解决方案

资料来源：L. T. Hosmer（2003）. *The Ethics of Management*（4th ed.）. New York：McGraw-Hill/Irwin.

9.3　四种思辨伦理的方法

那些撰写商业伦理的作者偏好从哲学的角度探讨问题（如表 9—2 所示）。我们现在更深入地看看谈判中决策的四个伦理观：终局伦理观、道义伦理观、社会契约伦理观和问己伦理观。[1]

表 9—2　　四种伦理思辨的方法

伦理观	定义	倡导者	主要观点	主要争议
终局伦理观	行动的正确性由结果来决定	杰里米·本瑟姆(Jeremy Bentham)(1748—1832) 约翰·斯图尔特·米尔(John Stuart Mill)(1806—1873)	● 人必须考虑到所有可能的结果 ● 如果行为能带来更多的幸福感，那么就越正确；如果产生不幸，就越错误 ● 幸福感是指愉快，没有痛苦 ● 增进幸福是最终目标 ● 集体幸福是最高目标	● 如何定义幸福感、愉悦感或效用 ● 如何衡量幸福感、愉悦感或效用 ● 如何取舍短期或长期幸福 ● 如果行为为 90%的人创造了幸福，而给剩余 10%的人带来苦难，那么行为还是否道德
道义伦理观	行动的正确性由普遍标准和原则来定	伊曼纽尔·坎特(Immanuel Kant)(1724—1804)	● 人类行为应由主要的道德原则或“应该做的”原则来指导 ● 个人应坚守原则，谨遵规矩 ● 最终利益是一生的美德，即按原则办事，而不是愉悦感 ● 人们不应修改道德法规来迎合行为，而应修正行为迎合道德法规	● 什么样的权威可作为我们的规则或判断规则的好坏 ● 当规则发生冲突时遵守什么规则 ● 环境发生变化时规则要如何变化 ● 情境发生变化时规则要如何变化 ● 当好规则产生坏结果时该怎么办 ● 有没有一成不变的规则

续前表

伦理观	定义	倡导者	主要观点	主要争议
社会契约伦理观	行动的正确性由某社会团体的习俗和标准来定	琼-雅克·鲁索 (Jean-Jacques Rousseau) (1712—1778)	● 人必须在社会团体中才能生存 ● 社会团体是决定基本规则的“道德机构” ● 责任和义务约束着团体和个人 ● 最佳共同利益是最终的标准 ● 法律是重要的，但是道德决定了法律和规则的对错标准	● 如何判断大众意愿 ● 什么是“共同利益” ● 对那些喜欢挑战现存社会秩序道德的、有独立思维的思想家（如杰弗逊、甘地或马丁·路德·金），我们该怎么办 ● 能否一个国家腐败而其子民仍旧讲美德（如纳粹德国）
问己伦理观	行动的正确性由个人的良知来定	马丁·布伯 (Martin Buber) (1878—1965)	● 真理存在于人心中 ● 每个人的良知会召唤他们变得仁慈，判断对错 ● 个人决策规则是最终标准 ● 用卑鄙的手段追求崇高目标会导致可耻的下场 ● 生存没有绝对的公式 ● 人人应当跟随集体，同时也要坚守个人信念	● 我们如何行事有理而非单纯地说“我这么做感觉是对的” ● 如果各人意见不一，我们如何实现大众对伦理的定义 ● 我们如何在仅仅形成个人观点的团队中达成和谐一致 ● 某组织如何能确保在伦理观念上达成某种统一

资料来源：Derived from W. Hitt, *Ethics and Leadership*: *Putting Theory into Practice* (Columbus, OH: Battelle Press, 1990).

终局伦理观

许多商业活动中有不少人主张结果重于过程，这些人认为只要是为了个人、组织或社会获得更高的利益，打破常规或违反程序是可以谅解的。比如，假设电视网络有可靠的统计数据证明小型轻便卡车设计不安全，10 次测试中就有 1 次（1/10 的概率）发现卡车一旦发生侧向碰撞，车身就会着火。为了突出这个设计缺陷，网络制片人决定录下事故，但是由于碰撞后着火的概率仅为 1/10，制片人并无财力毁坏 10 辆（或更多）卡车，于是他决定在卡车的油箱附近安个引爆装置，这样，观看卡车爆炸的观众看到了 1/10 的概率才会发生的“真实”事件。制片人为了警告观众小型轻便卡车的危害采取的这种方法符合道德吗？

再如，制药公司根据早先的试验有理由相信它已研发出了可以治疗癌症的新药，但是新药上市前必须先通过政府药品测试，此时，在拿到政府批文前可能会有上千条生命因癌症得不到治疗而丧生。那么在政府测试阶段药品不上市是否符合道德呢？或者说，在药品完全通过测试前就将其投放市场是否符合道德？

那些认为模拟卡车实验是合理的，而且药品也应该投放市场的人支持终局伦理观。在谈判中，当谈判者拥有为个人或委托人的崇高目的时，他们会主张使用各种手段。他们称此种伦理观为“功利主义”。功利主义的创始人是杰里米·本瑟姆（Jeremy Bentham，1789）和约翰·斯图尔特·米尔（John Stuart Mil，1962）。功利主义者（终局或“结果主义”伦理学家）主张某特定行为的道德价值应该依据最终的结果。由于他们根据结果的好坏来评价道德，功利主义者认为最大化美德的方法是为最多的人最大化最好的结果。通常该结果的标准是幸福感、愉悦感或效用。最高的道德标准则是为最多的人谋取最大的利益。

关于终局伦理观的争论一般围绕在几个关键问题上。首先，人们（及哪些人）如何定义幸福感、愉悦感或最大效用？每个指标如何衡量？其次，行动者如何权衡短期结果和长期结果，特别是当短期结果伤害长期结果时（即短期有利而长期有害）或反之如何？再次，如果人们不能为每个人创造效用，让某些人的利益受损而使广大群众获益是否合适？功利主义者该如何保护大众权利的同时又保障少数人的利益呢？这些争论仍未休止。

道义伦理观

与终局伦理观不同，道义伦理观强调个人应当谨守道德规范，并依据这些原则做决定。持此观点的强烈拥护者是18世纪的哲学家伊曼纽尔·坎特（Immanuel Kant，1963，1964）。术语“道义论”源自希腊语，意思是“正义”，该术语被广泛用来诠释这一流派的观点。道义论者认为前面讨论的基于结果来评价所做的决策——即功利主义者的观点——是不当的，因为决策时结果并不是那么明显。此外，行为的道德价值应该更多地与行动者的意图有关，而不是行动的结果（Hosmer，1993）。坎特提出一系列原则（总结在表9—2中的几点）作为每个人的行为准则。坎特认为这些原则的基础是完全理性的，而且随着理性学的主旨一起改进。他的基本思想之一是己所不欲，勿施于人。

例如，工会中的武装部队组织起来向管理者抗议工人的安全问题。他们的目的是让管理层关心他们的问题，但当提议被断然拒绝时，他们自发罢工，其他普通的工会成员并未受到安全规则的特别影响，然而他们支持罢工，因为他们认为罢工者的问题应该由管理层来解决。罢工者向管理层提出安全要求，如果要求满足，他们就复工。管理者答应了要求，罢工结束。随后，管理层立即解雇所有参与罢工的人，而且违背当初的承诺，对安全问题没有采取任何行动。工会领导控诉管理层在谈判中不道德。就这个问题而言，功利主义者会声称管理者虚假答应满足工人要求的策略虽然有些违背道义，但是对于终止罢工是必要的。他们认为决定工人工作安全的问题是管理层的事，而不是工人的职责，同样采取措施制止罢工也是管理层的事。从管理者的角度出发，他们的职责要求他们假意应允罢工者的要求，并开除他们。因此只要结束了罢工，那么谈判中的欺诈手段就是合理的。

相反，道义论者认为管理者应当诚实、正直，谈判时不欺不诈，对罢工者不应秋后算账。诚实守信从长期来看对融洽工会和管理层的关系会有好处。欺诈手段不能以最终的结果为借口而采纳。例如，前面提到的卡车碰撞失火事件（其实，这的确就是1993年NBC网络新闻的系列节目），由于设计爆炸场面，最终给NBC新闻

胡椒……和盐

《华尔街日报》

"'调皮捣蛋还是乖乖听话'——我希望的是更符合道德的相对主义（没有绝对的对与错）。"

部门造成很大的负面形象，丧失公信力，制片人和 NBC 新闻部门领导引咎辞职，其后果是极其严重的。

这些问题以及其他类似问题常常引发终局伦理观和道义伦理观的口舌之争。一提到竞争和谈判中的手段与目的之争，人们通常都最关注为达目的哪些策略是合适的，那些欺压式的、工于心计的或阴险的策略，即使能为大多数人带来好处也是合理的吗？例如，在人质危机中，政府答应恐怖分子只要释放人质就无罪开释他们是道德的吗？即便政府其实是想一旦人质被释放就把恐怖分子抓住枪毙。许多人会主张在此情况下终局伦理观要优于主张诚实和正直的道义伦理观，但也会有反对者。

显然，道义论也会遭人发难。比如，谁来制定标准规则？什么规则适用于所有的情况？那些坚信"不该杀人"准则的人会争辩，对认罪的杀人犯执行死刑、打仗杀人、堕胎（为挽救母亲的性命），或者安乐死（为了缓解久病缠身的病人的痛苦）都不应该。当两项原则相冲突时该怎么办呢？比方说，你不得不告诉你最好的朋友一个残酷的事实，而这事实会伤害到他。原则一方面要求你考虑他人的感受而守口如瓶，而另一方面要求你说实话，此时你该怎么办？某些规则会随着时间的改变而改变，那又该如何？如果好规则产生坏结果怎么办？比如，安乐死的例子引发双方的伦理矛盾。患者在自愿结束生命和道德禁止杀人之间陷入两难。同样，医生也面对着拯救生命和缓解无药可救的患者的病痛的两难选择。这些问题让人们觉得关注正义和规则的伦理会比要解决的问题产生更多的麻烦。

社会契约伦理观

伦理学第三个观点认为行为的正确性应该由社会习俗和标准来决定。该观点突出反映在琼-雅克·鲁索（Jean-Jacques Rousseau，1947）的研究中。与终局伦理观和道义伦理观不同，社会契约伦理学家认为社团、组织和文化决定了什么道德规范可接受，可以教化新成员融入社会。从某种意义上说，集体中的每个成员共同默许（或明示）社会契约。该契约示意个人应当奉献给社会什么，从社会中可以得到什么回报，且所有的成员应当遵从什么社会规则。

社会契约伦理学家关注个体对社会（国家、集体、社区等）的贡献，以及他们能够或应该得到的回报。社会契约伦理观应用到谈判中时，会根据人们对他人亏欠多少的标准来规定哪些行为在谈判中是可取的。例如，在二手车买卖中，买家一般并不指望从销售人员口中得知二手车的有关真相，故而也无须告诉销售人员真相。因此当销售商谎称汽车的耐用性或消耗的汽油里程数时，买家也不会因为谎称对车没兴趣而真正意图是想带朋友来再看一下而内疚。相反，如果销售商与顾客之间建立了长期的合作关系，那么销售商一旦发现车子的缺陷或者延迟发货问题等，就有责任对客户讲真话（Carlisle and Parker，1989）。

如表9—2所示，社会契约伦理观也并非无懈可击。例如，我们如何决定认同的规则应当应用于哪些关系？尤其是我们都没有明确公开的规则时？谁来制定这些社会规则？如何评价或修正这些规则？当现行的社会契约不适应潮流以至于需要变革怎么办？组织里的新成员需不需要受到组织未完成或相反的契约的约束呢？这些尖锐敏感的问题对于那些主张社会契约伦理观的人而言是严峻的挑战。

问己伦理观

伦理学第四个观点是人们不要依据事情的结果、道义或社会标准来判断什么是道德规范，而只需简单地问问自己的良心。哲学家马丁·布伯（Martin Buber，1958，1963）明确地主张道德行为的根源在于人类的良知。希特（Hitt，1990）引用一个有趣的例子来说明该观点的主旨与前三个有关联。

> 事情发生在7月的一个早晨。在酒店露天泳池里，有两个人，一位是衣着整齐的父亲躺在泳池旁边的休闲椅上，看着报纸，另一位是他5岁的女儿在泳池里玩水。正当父亲全神贯注地看体育版时，突然听见了女儿的呼救声。女儿游到了深水区，正挣扎着想把头抬出水面。此刻，父亲该怎么做？他会按照哪种伦理观思考？如果他选择终局伦理观，他会权衡救女儿和衣服、手表及皮夹子毁坏的结果。如果他选择道义伦理观，他会首先查看酒店是否张贴了禁止衣着整齐的人进入泳池的告示。如果他选择社会契约伦理观，他会思考与其他家庭成员之间的社会契约。显然，这些他一个都不会考虑，他会立刻跳进泳池救女儿（pp. 121 - 122）。

希特强调该行为的动机很明显是出自父亲内心的呼唤“立刻行动”。人类的本性促使每个人形成个人的良知，内心有什么是对的和应该做什么的标准。最终，这些标准是独特的、个性化的，虽然它们会受到引导人们按道德标准思辨和学会做正确事情的社会合力的影响。因为，伦理判断必须由每个人来完成，没有绝对化的模式。人们应当自行判断何为对，什么该做，以及己所不欲勿施于人。这些合力中有些部分是后天培养的，如来自家庭、学校和宗教机构的培养。

在谈判中，问己伦理观主张每个人应该根据自己的良知来决定对错。是否应该撒谎、欺骗或偷窃应当最终由个人的良心来定，而不是事情的结果、道义规则或社会契约。但是，有人批评没有人能像马丁·布伯想的那么单纯。个人的良知是有限的，作为标准用到更广泛的社会场合中是狭隘的。还有人批评社会机构（家庭、学校和教堂）已经拒绝充当性格导师和良知培养者的角色，故而社会团体中的年轻一辈是否有强烈的良知不是很清楚。此外，问己伦理观对解决对错标准的冲突没有提供任何套路，人们之间的分歧会导致有价值观的团体相互内战，因为没有共同的基本准则或解决价值观冲突的模板。

小结

此节中，我们总结了四种思辨伦理的基本观点：终局伦理观（功利原则）、道义伦理观（道义论）、社会契约伦理观（社会标准原则）和问己伦理观（问心无愧原则）。谈判者可运用任何一种观点来选择合适的战略和战术。接下来，我们来分析影响谈判者处理伦理问题的因素。

9.4　谈判中会产生什么伦理问题

为什么有些谈判者会采取不道德的手段？很多人立刻想到的答案是那些谈判者为人卑鄙、阴险。然而，这个答案太过单纯了。正如第 5 章讨论的那样，人们习惯认为他人的贪得无厌是由性情或性格所致，而把自身的行为归因于社会环境因素（Miller and Ross，1975）。因此，谈判者认为对手会采取不按套路的策略或者为达目的不择手段。相反，当要解释作为谈判者的你为什么会使用这同一策略时，你会辩解自己是一个坚守原则的人，但偶尔犯戒一次也是有充分理由的。

本节中，我们来看看伦理在谈判中发挥作用的策略。首先，我们来对“道德界限模糊”的策略下个定义，理清谈判者的美德与讲真话这一基本原则之间的联系。然后，我们列举有关辨别和归类这些策略的研究以及分析人们对这些策略使用的态度的研究。我们还要区分主动欺骗和被动欺骗行为——隐瞒事实和故意说谎。本节总结了谈判者使用这些策略的决策过程的模式。

道德界限模糊的策略：几乎都是关于真话的策略

无须说明谈判者可使用的策略极其广阔。我们已经在第 2 章和第 3 章讨论了大量的策略，像整合式谈判策略和分配式谈判策略。在第 8 章分析了各种影响力及说服技巧。我们现在来讨论哪种策略徘徊在道德边界上，如何短暂取得战略优势。我们使用“道德界限模糊”这一词语是经过深思熟虑的。“模糊”在词典里的定义是“不止一个含义……有疑问或不确定的”。[2]我们对那些可能合理又可能不合理的策略感兴趣，这取决于个人的伦理思维和环境。

谈判中很多伦理问题牵涉到讲真相，也就是谈判者应该怎样诚实和开诚布公。

个人应当根据前面提及的伦理原理来决定什么时候说真相（即全部事实，且只有事实）而不是少说真相。大部分人关注的是谈判者该说什么，或者他们该说他们要做什么（及如何说），而不是关注他们实际要做什么（也许谈判者会行为不当）。有些谈判者会欺骗（违背正式和非正式规则，如谎称期限或程序上不允许等）或盗取（如闯入对方的数据库和总部窃取机密文件或公文纪要），但是大部分人对谈判者的美德的看法主要围绕在撒谎行为上。

不少谈判者或许会高度评价诚实，然而什么是诚实？什么是讲真相这个问题很直接，但答案很模糊。首先，怎么定义“真相”？你会遵守一套规则吗？会判断什么样的社会契约是符合你的集体或组织的利益吗？会跟从良知来判断吗？其次，如何定义和分辨“偏离事实”？是不是所有的都偏离事实，尽管是不重要的事实，都是谎言？最后，人们能否辩证地看这些问题呢？即人应该一直诚实吗？或者有的时候是可以撒谎的？这些问题都是那些试图判断什么能说和什么不能说的谈判者（和自远古时期的哲学家）所关心的。

商业期刊上刊登了不少研究讲真相这一伦理问题的文章。例如，卡尔（Carr，1968）在《哈佛商业评论》上写了一篇题为“商业愚弄道德吗?”的文章。文中讲述了商业策略其实类似于扑克游戏中的策略。他认为缺乏道义的欺骗（等于换牌或藏牌），商人应当像扑克玩家一样玩游戏。正如玩牌高手经常会隐瞒信息和夸大诈唬（让人以为手上有实际上没有的牌），许多商业交易亦是如此。大多执行主管发现为了自身和公司的利益，自己经常被逼无奈地在与顾客、供应商、工会、政府官员甚至其他主要主管打交道时玩伎俩。他们通过有意地歪曲事实、隐瞒相关事实或夸大其词来说服他人同意自己的观点。卡尔声称，如果领导者拒绝偶尔的虚张声势，即如果他感到有责任一直讲真话，讲出全部事实，那么他可能会丧失商业规则允许下的一些机会，会在商业活动中处于严重的败势（p. 144）。

卡尔（1968）又提出关于讲真话标准的道德行为基础和规则基础的相对观念。虚张声势、夸大其词和隐瞒操控信息对于为了最大化私人利益的个人和公司而言是合情合理的。这些策略可能有用也可能无用。主管会在与重要员工的劳工合同谈判中哭穷，从而为公司节省一大笔钱。然而，同样的削减成本策略却会导致同一位主管不能改进公司产品的安全质量问题，会严重影响公司的长期利益。卡尔的观点引发了《哈佛商业评论》读者的激烈辩论。评论家指出，商人和公司应当遵守更高的伦理行为准则，他们谴责卡尔的观点。30年后，凯恩（Koehn，1997）提出与卡尔的不同观点。卡尔主张谈判是让欺诈行为合理化的游戏，凯恩认为大部分游戏并不能使欺诈行为合理，因而卡尔的逻辑是错误的。最近，阿尔霍夫（Allhoff，2003）在题为“再论商业诈唬”的文中想在卡尔和凯恩二者之间持中立观点。一方面，他承认凯恩的观点，即游戏比喻是错误的；另一方面，他又认为虚张声势“因为是游戏中允许的，即参与者认可的”（p. 187），所以在商业谈判中也是可以允许的。

有关谈判中讲真话的伦理标准的辩论还在继续。如第1章相互依赖中提到的，谈判是依存于信息的（Kelley and Thibaut，1969），即谈判者的真正偏好和优先考虑问题的信息。达成清晰、准确有效的谈判协议取决于各方是否愿意分享各自的喜好、优先考虑的问题和利益的精准信息。同时，因为谈判者也会对最大化个人利益感兴趣，所以他们尽量不会透露个人立场，特别是如果他们认为能通过操控透露给对方的信息来做得更好（见第2章）。这导致了谈判中面临的信任和诚实的两难危机（Kelley，1966）。信任的两难是谈判者认为他人所说的一切都是虚假的。诚实的两难是谈判者告诉对方所有的实际需求和底线不是那么轻而易举的事。如鲁宾和布朗（Rubin and Brown，1975）提到，"为了维持谈判的关系，各方必须在完全坦诚的一头和完全欺骗的一头中间折中。每个人必须能够说服正直的一端而不同时使自己讨价还价的地位丧失"（p. 15）。

有关讲真话的最后一个观点是诚实的法律责任，这超出了伦理范畴。谈判中的有些欺诈行为是会引起法律诉讼的。关于这方面的法律是复杂的，很难下定论，详见专栏9.1了解谈判中欺骗的合法性。[3]

专栏9.1

什么时候撒谎合法

虽然谈判伦理之争总是集中在谈判中使用欺骗手段是否道德的问题上，但是好的谈判者还是应当熟悉如此做的合法性。理查德·谢尔（Richard Shell），一位律师兼教授（教授谈判课程），在文章《谈判中何时撒谎是合法的?》中给出了美国法律的解释。

谢尔开篇引出了普通法对"欺骗"下的定义："受害人合理地信赖对方明知实质性事实而做出的错误陈述而行事，并由此受到了伤害"（p. 94）。

我们来进一步看看定义中这些关键字眼的含义，了解谈判中撒谎在法律上的定性。

- 错误陈述。肯定误述某件事情。
- 明知却错误陈述。谢尔指出错误陈述是当你"明知"你所说的是虚假的，你却说了。这是不是说明你能通过避免接触已知消息而避开责任呢？谢尔说不行，法院会认定这是不计后果的漠视真相。
- 事实。被误陈的事实一般都是客观情况，这在理论上是不合法的，但实践中，谢尔指出如果某观点或意图是建立在误述事实上——特别是如果你明知有假还要做出承诺或发表言论，那么误陈该观点或意图会让你陷入麻烦。
- 实质性事实。不是所有的"事实"都是客观实在的。谢尔指出根据美国法律实践标准，要求和保留观点不被视为交易的"实质"，因此在某些事实上虚张声势不是可起诉的欺诈。然而，谢尔又提醒，谎称有其他备选方案或其他要价或者存在其他买家会让对方陷入麻烦。这些是否永远是"实质性"并不清楚，但是这种事情会留给陪审团来裁决欺诈诉讼是否生效。
- 依据/因果。误述在法律意义上被认定为欺骗时，接受者必须证明他依据这些信息做出了行为并导致了损害。

这是不是意味着不合法的欺骗总是与虚假的、确定的陈述有关呢？沉默会不会使人免受法律责任呢？谢尔说不能。有些情况下你有法律义务去分享真实信息，如下列情况：

- 如果你公开部分信息会误导他人；
- 如果一方与另一方已建立诚信关系；
- 如果非公开信息方有“重要的”或“更优的”信息；
- 牵涉某些特殊交易案例时，如保险合同。

熟悉法律是件好事，但谢尔提醒，钻法律的空子来获得谈判技术上的优势是不明智的，“谈判中，依赖于法律条文的人将其作为行使不伦行为的策略是会深陷困境的，但是人们依赖是非分明感来指导法律实务却能做得很好”（p. 99）。

资料来源：Adapted from G. Richard Shell, “When Is It Legal to Lie in Negotiations?” *Sloan Management Review* 32, no. 3 (1991), pp. 93 - 101.

辨别伦理界限模糊的策略和人们关于策略使用的态度

什么策略是处在伦理界限的边缘

谈判中会出现各种各样的欺诈和花招儿。20年来，研究人员一直致力于认清这些策略的本质和基本构成（Lewicki and Robinson，1998）。[4]他们总结了伦理界限模糊的谈判策略的本质和概念组成。常见的方法是让学员和领导者根据几个方面给这些策略打分评价：策略的合适性、评分者运用策略的概率或运用策略的预计效果。通过分析问卷结果，最终总结出六大类策略（Robinson，Lewicki and Donahue，2000；Barry，Fulmer and Long，2000）。这六大类策略详见表9—3。很有趣的是，这六大类中的情感操控和传统竞争性谈判被普遍认为是合适的以及可以被应用的，因此，这些策略尽管略显不恰当，还是可以在分配式谈判中应用并取得效果，获得成功的。其他四项策略：误述事实、虚张声势、破坏对手的关系网，以及不当的信息收集，则在谈判中一般被认为不恰当、不道德。

表 9—3　　伦理界限模糊的谈判策略分类

类别	举例
传统竞争性谈判	不随意透露个人的意图；开价过高
情感操控	假装生气、害怕、失望；假装高兴、满意
误述事实	歪曲信息或谈判事实
破坏对手的关系网	向同行污蔑对手的声誉
不当的信息收集	贿赂、渗入、窃取等
虚张声势	威胁或虚伪的许诺

资料来源：Adapted from R. Robinson，R. J. Lewicki and E. Donahue，"Extending and Testing a Five Factor Model of Ethical and Unethical Bargaining Tactics：The SINS Scale，" *Journal of Organizational Behavior* 21（2000），pp. 649－654；and B. Barry，I. S. Fulmer，and A. Long，*Ethically Marginal Bargaining Tactics：Sanction，Efficacy，and Performance*. Presented at the annual meeting of the Academy of Management，Toronto，August，2000.

容忍伦理界限模糊的策略会不会导致不道德手段的运用呢

前面提到，关于策略的研究大多采用问卷形式，让人们回答判断策略的伦理性以及在谈判中他们有可能采取怎样的做法。有位研究员（Volkema，2001）从以上描述的不道德策略中选择了5个具体策略，并让参与者在买卖谈判模拟中运用这些策略。这5种策略分别是开价时狮子大开口、假装不慌不忙、隐藏底线、歪曲真实信息和许下空头诺言。沃克玛（Volkema）评价每个人对使用一般策略和具体策略的态度（即判断策略的恰当性），评价使用一般策略和具体策略的可能性和实际中的应用。结果显示：

● 关于采用具体策略的态度和意图与策略使用是正相关的；

● 采用某种具体策略的态度和实际采用该策略之间是正相关的；

● 隐藏底线最常使用，狮子大开口排第二，其次是拖延时间、歪曲事实，许下空头诺言仅有10％的概率；

● 隐藏底线提高了谈判者的表现。谈判者还认为许下空头诺言、歪曲事实和狮子大开口提高了他们的表现，尽管没有直接证据表明他们的表现更好。

使用伦理界限模糊的策略正确吗

研究指出，谈判中存在一些不言而喻已经达成共识的游戏规则。有些假话——歪曲自己的真实立场、虚张声势和情感操控——会被某些谈判者（不是所有人）认为是合乎伦理的，是在规则之内的。相反，公开的欺骗和弄虚作假被认为违反了规则。对这些结论，我们必须重点强调几点：第一，这些观点是来自于大部分人（主要是商学院学生）的评论；他们绝不会或不应该知晓单一谈判者是如何使用这些策略或那些遇到该策略的谈判对手（本章后面我们用"受害者"这个词来代替）是如何评价的。第二，这些观察主要是依据人们说他们会怎么做而不是他们真正要怎么做（我们刚提到的沃克玛的研究是少有的例外）。各方在真正谈判决策时的看法和反应与填写问卷时是不同的，填写问卷时脱离富有意义的社会环境，没有与对方直接接触，只是在问卷上评分。第三，通过研究伦理界限模糊的策略和研究结果，我们并不想认可使用伦理边缘策略，相反，我们的目的是重点关注谈判者什么时候采用这些策略合适。第四，我们承认这是西方人的观点，即西方人认为由个人决定什么是合乎伦理的。在其他文化（如亚洲）中，团体或组织决定伦理规范，还有的文化（如新兴自由市场国家）中，谈判交易的伦理约束几乎很小或难以弄清，因此就“让买家一直当心吧”！

隐瞒式欺骗和蓄意式欺骗

欺骗策略可分为主动和被动。详细点说，奥康纳和卡内瓦莱（1997）研究了谈判者在双方追求同一结果的共同价值事情上误述自己利益的可能性。采用该策略的谈判者误导对方在共同价值上的利益诉求，然后假装不情愿地接受对方的偏好，其实是迎合自己的偏好。看上去好像是自己做了让步，其实是从对方那得到了让步。总之，奥康纳和卡内瓦莱的调查对象中有28%的人歪曲了他们追求的共同价值，企图从对方那里获得让步。研究人员发现，在歪曲共同价值时，谈判者用了两种形式的欺骗手段：隐瞒式欺骗（不透露给对方有利的信息）和蓄意式欺骗（谎述共同利益）。

施韦策（Schweitzer，1997；Schweitzer and Croson，1998）也分析了谈判者对实质问题撒谎倾向的影响因素。学生模拟谈判销售变速器有毛病的车，学生可以不提变速器有缺陷，也可以在对方问及时否认变速器有问题。大部分学生不愿透露事实，较少在回答问题时说假话。这个结果反映了人性的本质：许多人愿意让他人活在虚假状态下，而不愿自己说假话。这很明显地进一步警告买家——“让买家自己当心吧”，暗示了各方应当自己去问对问题，自己去质疑答案。

运用伦理界限模糊的决策模式

本节我们总结了一个相对简单的框架来说明谈判者是如何决定是否采用一个或一个以上的欺骗策略的（见图9—1）。该框架反映了谈判者需要决定使用哪种策略来影响对方的过程。人们辨别哪些策略有效，哪些是欺骗策略，哪些是不当的或徘徊在伦理边缘。一旦认定了策略，人们会决定使用一种或几种。选择和采用策略可能会受到谈判者的自我动机和对策略合适性的理解判断。一旦策略被采纳，谈判者会依据三个标准来评价结果：（1）策略是否取得预期效果；（2）谈判者使用完策略后怎么看待自己；（3）对方和中立旁观者如何看待谈判者。这三个标准的肯定或否定的答案都会促使谈判者解释策略的运用，但答案最终还会影响将来是否会使用类似策略的决定。

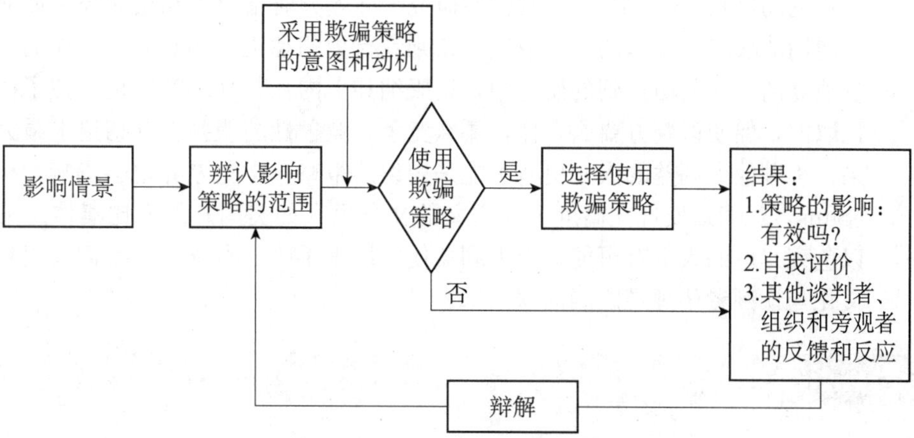

图 9—1　谈判欺骗的简单模式

9.5　为什么使用欺骗策略？动机和结果

前面我们讨论了伦理的本质和谈判中在道德边缘上的几类策略。现在，我们来看看为什么这些策略会有吸引力，会产生哪些结果。我们从动机开始，谈论动机又不可避免地要从谈判力开始。

谈判力动机

运用伦理界限模糊的策略是为了在谈判中增强谈判者的谈判力。如在第 7 章所述，信息是较量谈判力的基础。信息是有力量的，因为谈判是涉及信息交换和利用信息说服对方的合理行为。谈判学里有个观点，即两个完全理性的信息加工实体之间进行事实、言论和逻辑交换，谁有更好的信息或能让信息更有说服力，谁就能赢得谈判。

该观点假设信息是精确真实的。假设信息虚假，那就是在质疑日常社会交流中信息提供者的正直诚实。当然，公开质疑对方的真诚会侮辱对方，减少双方的信任。此外，调查他人是否诚实是费时费力的。因此，任何不准确和虚假的陈述（如谎言）会有利于信息给出方操纵信息。通过前面提到的策略——虚张声势、造假、歪曲事实、欺骗和选择性透露事实——谎言会占优势。事实上，据了解，当一方认为对方不太了解谈判的有关信息时，人们更愿意使用欺骗手段，特别是当利益很高时（Boles，Croson and Murnighan，2000）。信息接收者要么接受表面信息，要么决定是否有理由去质疑对方的准确性、可靠性和意图（或者必须试图独立澄清信息）。

不够道德的其他动机

谈判者的动机无疑影响了使用欺骗策略的概率（例如，专栏 9.2 分析赛跑中作弊者的动机）。在第15章，我们在研究个体差异时指出了动机倾向是如何影响谈判者使用的战略和战术的——取决于谈判者行为的动机，相互间是合作的、竞争的还是独立的。在前面提到的研究中，奥康纳和卡内瓦莱（1997）也操控了谈判者的动机取向，促使谈判方要么合作，要么竞争。竞争性的谈判者（指追求最大化个人结果，不顾他人利益的人）更有可能采用误述策略。文化差异也会影响动机。西姆斯（Sims，2002）发现在高度个人主义的文化里（如美国）的人比集体主义文化（如以色列）里的人更有可能为个人利益使用欺骗手段（本章后面我们会提到更多关于文化与谈判者伦理观之间的联系）。

专栏 9.2

赛跑选手为什么作弊

《波士顿全球》调查了20世纪90年代末期，在波士顿马拉松比赛和其他类似的全国比赛中的作弊行为。报道列举了以下原因：

1. 有些作弊的选手自身不守规矩，道德沦丧，总是做些违规的事情。

2. 更为典型的是，作弊选手被描述为“中年大叔”，他们一生中的大部分时间是成功的，却发现在比赛中要取得同样的成功没那么容易。

3. 有些人被归类为“无心作弊”，这些人只是在比赛时被抓，并未完全意识到他们在做什么。

4. 典型的作弊者是为了得到认可，而不是奖金或其他物质利益。具有讽刺意味的是，由于作弊围绕着他们的都是些负面报道，令他们的朋友、邻居甚至家人都鄙视他们，即使他们以前从未犯过错。

资料来源：Larry Tye，“They're Not in It for the Long Haul，” *The Columbus*（*Ohio*）*Dispatch*，April 19，1998，p. 10E.

动机的影响可能更复杂。在策略的早期研究中，列维奇和斯潘塞（Lewicki and Spencer，1991）询问谈判者使用伦理界限模糊策略的倾向。不同的问卷告诉调查对象去假设自己和对方的竞争或合作动机倾向。作者预料，竞争动机会引起对伦理界限模糊策略最强烈的认同感。结果显示，谈判者自身的动机倾向（合作和竞争）的差异不会产生策略使用是否合适的不同看法，但是谈判者对他人动机的预测却会。换言之，谈判者如果预测对方会采取合作或竞争的态度，那么他就更有可能认为模糊策略是合理的。结果表明，谈判者由于揣测他人的潜在行为而合理化自身使用伦理边缘策略，因此不会为了自己的竞争动机去承担使用策略的责任。数位作者（如Batson and Thompson，2001）指出，人们虽有意行为端正，但实际上不会那么做，因为行事光明磊落是要付出代价的。

我们先前讨论了四种哲学思维方法：终局观、道义观、社会契约观和问己观。这四种方法为希望分析商业和其他情景中的伦理问题的学者提供了有用的框架。他们指出这些方法是人们在现实生活中遇到伦理问题时的实际思维方式。佩里和尼克松（Perry and Nixon，2005）研究了这四种方法中的每一种都形成了人们在谈判中运用伦理界限模糊策略的认同程度，他们发现喜欢终局观（功利主义观）或执着于社会标准（社会契约观）的人更倾向于采用介于道德边缘的行为，如虚假承诺或歪曲信息，而那些坚守原则和举止规范的人（道义观）不太欣赏这些策略，因而不太采用伦理上有异议的行为。

道德沦丧行为的后果

采用卑鄙策略的谈判者会基于以下三种情况遇到有利或不利的结果：(1) 策略是否有效；(2) 谈判对手、委托人和旁观者如何评价该策略；(3) 谈判者自己如何评价这个策略。接下来，我们依次讨论这三种情况。

有效性

我们首先从策略的成功与否来考虑结果。很明显，策略的效用对将来是否会采用有一定的影响（本质上是学习和加强的过程）。如果谈判者运用策略后得到了有益的结果，而不用策略却得不到；如果卑鄙的行为未受到惩罚，那么卑鄙策略的使用频率会增加，因为谈判者认为他能够逃脱处罚。因此，真正的后果（奖励或惩罚）应该不仅仅造成谈判者当前的行为，还影响他将来在同样场合下使用同样的策略（此刻，我们忽略这些策略给谈判者的声誉和信任带来的后果，这是大部分诡计多端的谈判者短期内会忽视的影响）。

这些观点还未在谈判中试过，但是已经在伦理决策研究中被广泛测试。例如，赫加蒂和西姆斯（Hegarty and Sims，1978）的研究支持以上两种观点。他们的研究对象参加了模拟的回扣项目。他们期望失德的决定能带来奖励。他们不仅参与而且机会再次出现时，他们愿意再参加一次。当研究对象与他人竞争有很强的压力时，例如，宣布每个人任务完成得如何，第一名将得到奖励，卑鄙行为出现的频率变多了。

旁人的反应

后果还来自于策略被施对象、委托人和旁观者的评价和判断。根据有关方是否认可该策略和他们的评价，谈判者得到大量反馈。如果策略被施对象并不知道遇到了欺骗，他会无动于衷，不会表现出因为输了谈判而失望。相反，如果对象发现上当受骗，定会勃然大怒，不仅输了谈判，他们还会因为被对方的诡计操纵而感到愚蠢。由于失败和难堪，受害者会选择报复。受害者不会再相信那位失德的谈判者。受害者会在未来的交易中选择报复，还会牢牢记住此次经验教训，在与其他人的谈判中警醒自己。受骗的经历会破坏受害者对将来谈判情景的印象（Bies and Moag，1986；Werth and Flannery，1986）。

麦科纳克和莱文（McCornack and Levine，1990）观察了人们（不同场合中，不一定是谈判中）上当受骗的反应。负面后果是显而易见的。他们发现受害者如果与对象关系亲密，或者当被误传的信息很重要时，或者他们认为撒谎是维系关系所不能接受的行为时（例如，当强烈希望听真话的愿望被侵害时），那么受骗后的情绪反应会很激动。大部分情况下，受害者会立刻终止关系。受骗越深，关系越亲密，双方的信任就越糟糕。同样，证据表明，弄虚作假的人在未来的相处中会被认为虚伪和讨厌（Boles，Croson and Murnighan，2000）。在第10章，我们会进一步阐述谈判者的声誉，但是此处需强调的是，一个人的名声一旦受损是很难恢复的。施韦策、赫尔希和布拉德洛（Schweitzer，Hershey and Bradlow，2006）的研究表明，不可信赖的行为对一个人的可信性的影响会是关系出现嫌隙的根源。试图通过口头道歉或其他行为道歉来修复信任是无效的。总而言之，虽然使用卑鄙的策略会让谈判者取得短期成功，但也会使对手多疑，采取报复行动。

自我反应

很少有系统的研究去分析第三种后果：谈判者对使用诡计的自我反应。某些情况下——如当对方真正受到伤害时——谈判者会感到些许不安、焦虑、内疚或懊悔。这让谈判者寻找方法去减轻内心的不安。例如，阿奎诺和贝克（Aquino and Becker，2005）发现参加商务谈判模拟课程的学生对同伴撒谎后，会在未来谈判中做出更大让步来弥补。那些高度评价“美德”（如诚实、公正和仁慈）的学生和声称代表“做生意一向公正”的组织进行谈判的人经常会弥补先前的谎言。当然，那些认为诡诈之术没有问题的谈判者更易再次使用，会开始思索如何更有效地运用它们。在阿奎诺和贝克的研究中，那些撒谎后良心不受谴责的人在撒谎后与那些不撒谎的人在行为上没有区别，这说明他们不太会通过让步来弥补自己的行为。一方面，虽然使用诡计会对谈判者的名声和信任造成严重后果，但谈判方短期内很少把这些后果考虑进去；另一方面，特别是如果策略起作用，谈判者能够为策略的使用找到正当的理由。下节我们将讨论合理性和正当理由。

解释和正当理由

如前所述，谈判者使用会引起争议的伦理界限模糊的策略时，会为自己、受害者或委托人和旁观者找到正当的理由（如“我本身是个正直的人，但是我要做些我认为丧德的事情”）。辩解的主要目的是合理化行为，找到适当的借口，解释为什么该手段是必要的、合理的。人们想缓解由于自身的行为带来的痛苦和冲突，想要合理化他们的行为（Aquino and Becker，2005）。越来越多的研究观察那些运用诡计的人以及他们的辩解理由。下列正当化理由摘自博克（Bok，1978）和关于撒谎的优秀论文。

- 策略是不可避免的。谈判者经常辩称在那种环境下不得不那么做。谈判者会觉得他不能完全控制自己的行为或别无选择，因此，他不应该负责。或许谈判者无意伤害任何人，但是迫于压力而使用了这个策略。

● 策略是无害的。谈判者会说他所做的是无关紧要的。人们总是说着善意的谎言。例如，你会和邻居打招呼“早上好，见到你很高兴”，而实际上，那未必是个好早晨，你的心情也许很糟，或者你并不希望碰见你的邻居，因为你正生气他家的狗昨晚狂吠了一夜。谈判中，夸大其词、虚张声势或偷窥别人的私人信息都很轻易地以无伤大雅的行为解释一带而过，但是注意，这种解释是从行动者的角度来看的，受害者未必认为是无害的，或许他遭受了极大的伤害或者付出了惨重的代价。

● 策略帮助避开了不良后果。提出这种理由时，谈判者一直争论结果证明手段合理。在这种情况下，理由是使用策略可避免更大的伤害。对武装抢劫犯撒谎你藏钱的地点是合理的。同样，谈判者也认为如果运用策略能保护他们免受知道事实真相的不良后果，那也是可行的。

● 策略会产生良好效果，或使用策略是为了他人。再次，结果证明手段合理，这是从肯定意义上来说的。如前所述，谈判者根据实用主义观来判断策略——行为的质量由结果来决定。实用主义者认为某些谎言或手段是合适的，因为它带来了更大利益。例如，罗宾汉劫富济贫。现实中，大多数谈判者使用欺骗策略是为了自己，而不是大众。不过也有人认为这种行为比避免不良后果的行为更不可原谅。

● “他们活该”或“他们自作自受”或“我只是做我该做的事”。这些是运用撒谎和欺骗的手段去对付过去占你上风的人或对付权威的一般信息来源（如“制度”）的不同借口。选民注意到，在美国诚实的美德在逐渐消亡——人们越来越相信以各种方式利用“制度”是合适的，包括逃税、小偷小摸、扒窃、狡诈地宣布破产、新闻托辞和广告宣传不实（Patterson and Kim，1991；Yankelovich，1982）。

● “他们正打算这么做，所以我先下手为强”。有时，谈判者认为使用某一策略是恰当的，因为他预计对手也想这么做。沃克玛和弗勒（Volkema and Fleury，2002）调查了巴西和美国的谈判者，发现他们在与名声不好的对手谈判时都愿意使用诈术。换言之，当一个人预料他的对手会行为不端时，他更有可能采取同样策略。滕布伦斯（Tenbrunsel，1998）也认为个人喜欢欺诈是与对他人的看法相关的。她发现一个人越喜欢说假话，会越相信对方也会说假话，因此，个人的说谎倾向形成了自我应验的逻辑。一个人认为他有必要撒谎，因为对方也可能这么做。同时，研究对象一直评价自己比对手的德行要好，这说明人们对自身和自己的行为是肯定的，但对他人和他人的行为是否定的。

● “他先开始的”。这与上一观点有些相似。别人先违反了规则，因此我也可以违反，这是种为了恢复秩序平衡或让对方得到应有的教训，以牙还牙的方式。我们经常听到像“以眼还眼”或“他先开始，我就要结束它”的话作为实施诡计的理由。

● 策略在那种情况下是公正适宜的。该方法以道德（情景）相对论为理由。大部分社会场景，包括谈判，是受到公认的良好行为规则约束的。例如，回想前面卡尔（1968）的观点，商业如游戏，游戏有专门的规则使通常不道德的行为合法化。鲍伊（Bowie，1993）和凯恩（Koehn，1997）反对这些观点，声称商业中的欺诈与其他活动中的欺诈都是无耻的，将商业比作游戏是不能作为合理解释的。伦理相对论——即道德标准随着环境的变化而变化——经常遭人诟病。如霍斯默（2003，p. 89）指出，“如果所有的伦理体系是同等有效的，那么没有一种不变的道德判断可以针对个人行为而做出，我们都在经济条件允许范围内和法律约束下我行我素。”我们留待读者判断这是好事还是坏事。

夏皮罗（1991）研究表明，这些理由在消除受害者对受骗的反应时起了一定的作用。她的实验对象模拟团队共同申请创业的贷款项目。在实验中，对象被告知贷款负责人发现他们的同伴在贷款申请上伪造信息。实验者设计欺诈被抓的后果的严重性（即对象由于同伴的欺骗行为损失了多少）以及同伴是如何解释为什么要造假（即造假是无心的，还是自私造成的，或是为了他人）。结果显示，对象若感到同伴的解释合理，他就不会觉得不公、失望和有惩罚同伴的想法。如果对象只是轻微难过，解释要比对象感到非常难过时更起作用。此外，当同伴辩解造假是无心时，解释会更有效。当欺骗行为是出于利他的目的，则解释并不那么有效。如果是出于自私的原因，那解释根本无用。

个人常为自己的行为作合理解释，以期说服他人（尤其是受害者）自己的不当行为是可以接受的。辩解让人们对自身所做的事找到正当理由。但问题是：如果谈判者经常给自己找借口，那么他们对伦理和价值观的判断就会越偏激，会削弱他们明辨是非的能力。策略的运用最初会在谈判中增强谈判力，但是频繁运用这些策略的谈判者长期下去就会逐渐丧失谈判力。这些谈判者会被视为缺乏诚信、为人虚假，一旦机会出现，人们会还以颜色。维持好的名声较容易，名誉一旦受损想要恢复却很难。

9.6 什么因素促成谈判者使用卑鄙手段

在图9—1中，我们描述了伦理界限模糊的策略的运用。该模式包含了谈判者选择策略、使用策略、评价结果和试图通过解释来影响结果（一旦策略被发现）的过程。许多其他因素也能影响模式的选择：

- 谈判者的背景和人口统计特征；
- 谈判者的性格和道德修养；
- 鼓励或阻碍卑鄙行为的社会场合要素（谈判者实现自我的场合）。

本节中，我们简要提一下每种因素是如何影响人们使用伦理边缘策略的倾向的。这些要素包含在扩展模式里，详见图9—2。如模式所示，基本的争论焦点是“人们行为产生的原因是‘天生的’还是‘后天培养的’”。许多人认为伦理决策完全由个人的道德标准来定，但是有人认为环境因素（如集体和组织标准、责任压力和奖励机制）也会导致有德之人做出失德之事。相信这样的争论会一直持续下去。然而，当社会学家试图将个人差异变量作为常数，或者将大部分人的个人差异变量作为随机量时，很明显，环境因素影响正直之人做出了伦理上模棱两可的事情。

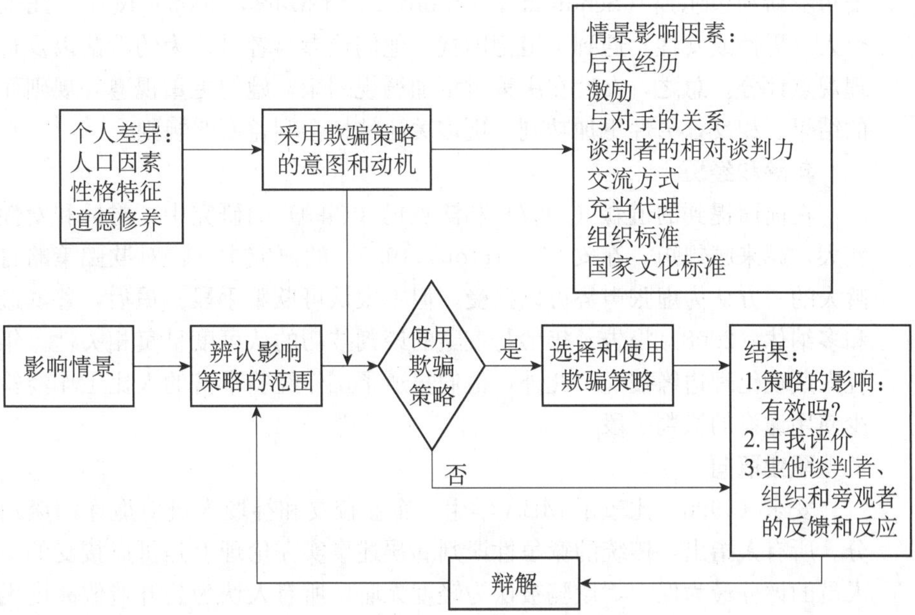

图 9—2　谈判中欺骗的复杂模式

人口统计特征

许多关于伦理行为的调查研究试图把行为差异与个人背景、宗教信仰、年龄、性别、国籍和教育的差异挂钩。大量的人口研究揭示，年龄越大越信仰宗教的人不太可能做出有违道德的事情，而年轻人或非教徒却有可能（Hassett，1981）。一些研究调查了人口因素和谈判中运用诡计之间的关系。报道这些研究结果，我们并不是指一群人中的所有人都会以同样的方式来行事。例如，研究表明年轻人比其他人更倾向于使用诡计，并不代表所有的年轻人都会这样做。我们讨论人口统计特征是因为这种倾向是可信的，在不同的场合下伦理观的选择是不变的。

性别

研究揭示女性比男性的伦理感更强。沃克玛（1999）在对比巴西和美国女性时发现，两种文化下的女性都比男性更加正派，不太愿意使用伦理界限模糊的谈判策略。道森（Dawson，1997）让一群男女回答关于伦理决策的问题。一半问题是有关联的，行动者的决定会影响别人的利益，而另一半是无关联的，即结果不影响任何人，只是个人良知问题。道森的结果显示，针对利益相关事务做出决策时，女性比男性有道德观，但是在不影响他人的场合下女性与男性的行事无太大差异。因此，根据研究，女性会做出更加合乎道德的事情，但仅当决策结果会影响他人时。

回到本章前面讲述的伦理界限模糊策略。列维奇和鲁滨逊（1998），鲁滨逊、列维奇和多纳休（2000）发现男性比女性更喜欢耍手段。不过，男性和女性都喜欢“传统竞争性谈判手段”（如狮子大开口和拖延时间），对于那些气势压人（但不欺骗）的手段所做的合理解释并无性别差异。

最近的一项研究指出，男性和女性对伦理决策者的看法是有差异的。施迈克、安布罗斯和迈尔斯（Schminke，Ambrose and Miles，2003）设计了几个场景，一个人（男性或女性）遇到了道德困扰，他们让参与者对行为的看法以及行动者的伦理观点评分。总之，女性在决策时更加循规蹈矩，她们更重视遵守规则而不是最终的结果。相反，男性更加功利，更多关注纯社会利益而非规则。

年龄和经历

在前面提到的道森（1997）和沃克玛（1999）的研究中，男性和女性随着年龄变大，越来越规矩。在安东（Anton，1990）的研究中——对欺骗策略打分——年龄大的一方认为虚张声势可以接受，但不太认可欺骗手段。最后，鲁滨逊、列维奇和多纳休（2008）报告了年龄与狡黠的谈判技巧的认可度呈负相关性。年长者比年轻人蔑视伦理边缘技巧。此外，他们报道了工作经验丰富的人比工作经验少的人较少使用诡诈的谈判手段。

职业取向

安东（1990）比较了MBA学生、企业校友和神职人员对诡诈的谈判技巧的评分。所有人指出，传统的竞争性谈判和误述事实在伦理上是可以接受的，但是神职人员的评分最为保守，欺骗被认为轻度无耻。所有人认为公开造假高度无耻。加西亚、达利和鲁滨逊（Garcia，Darley and Robinson，2001）进行了一项有趣的研究——分析地区检察官和公众辩护人对模糊策略的使用。他们发现公众辩护人比检察官更加认可伦理界限模糊策略。当两组人认为对方可能运用这些策略时，他们都认同对策略的运用，公众辩护人比检察官更加认为这是“防卫举措”。这些结果更多地反映了一个人扮演的是什么角色——扮演辩护人抑或是扮演检察官。

国籍和文化

对谈判中的伦理边缘的看法是存在文化差异的。虽然没有足够的研究结果勾勒出完整的画面，但这是不言而喻的。我们来看以下一些发现（Elahee and Brooks，2004；Lewicki and Robinson，1998；Sims，2002；Volkema，1997，1998，1999；Volkema and Fleury，2002）：

- 美国和亚洲人更喜欢使用诈唬手段，东欧人很少使用；
- 中东学生更加认同歪曲对手的关系网，美国人较少这样做；
- 美国和巴西的经理人都对传统竞争性谈判技巧表示认可，但是巴西经理人更加认同涉及欺诈或耍花招的伦理界限模糊策略；
- 美国和巴西经理在有第三方加入时使用该策略（如收集信息或通过网络散布消息）上类同，但是巴西经理在对付更直接的对手时更愿意使用该策略；
- 墨西哥经理人比美国经理人对伦理界限模糊策略的认可度低；
- 来自个人主义文化的（美国）谈判者为了个人利益比来自集体主义文化（以色列）的谈判者更会耍伎俩；
- 参加国际谈判的谈判者比国内谈判的谈判者更可能赞同使用伦理界限模糊策略。

难点在于要知道怎么利用这些研究结果。谈判中什么合适、什么不合适的看法是有文化差异的，这是我们在统计不同人的研究结果中发现的。然而与此同时，由于研究人员从很多个体的样本中（实际上每一个个体各有一种行为方式）找到了文化趋势就如此假定显然是很危险和错误的。

不是每个人的行为都有文化特征。实际上，有些谈判者可以摆脱文化影响。我们认识一位在拉丁美洲做生意的美国律师，他告诉我们，他注意到他遇到的一些墨西哥谈判者采用了极端的美式交际方法，而不是典型的墨西哥式的交流方式，这可能是为了应付谈判桌上的美国对手。讲到谈判伦理，文化差异并不是引起伦理观不同的本质原因，其实是不同社会个人关系角色的差异造成的。里弗斯和莱特尔（Rivers and Lytle，2007）举例说明该观点："中国谈判者没有意识到西方谈判者不会把自身责任的重要性透露给朋友。他们会感到困惑，为什么我遵守了道德原则、老实办事，为建立更紧密关系献金，却被标上了'不道德'呢……当判断文化背景不同的对手在使用卑鄙策略时，谈判者内心会留下不好的印象"（p. 23）。

理解跨文化谈判中的伦理学问题可参见专栏 9.3。在第 16 章里我们会更多地探讨跨文化差异。

专栏 9.3

国际商务中的伦理准则

在国外做生意的人不仅语言不通，还要面对不同的文化民俗和习惯。他们会发现当地的商业习俗所反映出的具有当地文化背景的伦理规范与谈判者自身是不同的。这种情形会导致伦理方面的困惑：用哪种伦理规范来指导交际呢？采用东道国的伦理规范是不是更合适呢？还是顺从自身的伦理标准呢？亨利・莱恩，乔瑟夫・迪斯提法诺和玛莎・马兹尼夫斯基（Henry Lane，Joseph DiStefano and Martha Maznevski）主张有些准则可以帮助决策者跨越文化差异。他们提供了一些建议，这些建议能够指导商人与不同文化背景的人打交道。

1. 识别出对决策有兴趣或会受到决策影响的股东。这可能包括东道国政府、供应商、雇员、工会和顾客。你对每位股东的责任和义务是什么？

2. 问问自己是否得到了最佳信息，信息是否可靠？

3. 不要回避做出自身应做的伦理决策，而且不要做不是你该做的伦理决策。

4. 小心建立依存的关系。确定你有足够的能力维持自己的标准。

5. 为了所有相关股东尽全力履行义务，遵守法律和合同，不要使用欺骗手段，避免明知故犯（身体的、心理的、经济的或社会的）。

6. 记住"广告测试"或"日光测试"：当你明天早上开车上班时，你会很高兴地看见自己的决定出现在马路边的广告牌上吗？你的行为那时会理智吗？

资料来源：Adapted from H. W. Lane，J. J. DiStefano，and M. L. Maznevski，*International Management Behavior*，3rd ed.（Cambridge，MA：Blackwell，1997）.

性格差异

研究人员努力去认清那些能够成功预测人们不良行为的性格特征。下面列举一些研究成果。

竞争型还是合作型

列维奇和鲁滨逊（1998）发现评价自己是有进取心的学生比评价自己是善于合作的学生会更显著地使用虚张声势、误述事实和其他狡猾的技巧。鲁滨逊、列维奇和多纳休（2000）报告竞争型的学生比合作型的学生会更显著地使用伦理界限模糊策略。毫不奇怪，人们更有可能对竞争对手撒谎（Ross and Robertson，2000）。

斯坦尼尔和戴德勒（Steinel and de Dreu，2004）调查在类似囚徒困境的场合下，个人的社会价值取向是如何影响欺骗策略的使用的。社会价值取向是人们在给定环境下的偏好。毫不奇怪，在斯坦尼尔和戴德勒的研究中，重社会的人比重自我的人对合作型伙伴要更为诚实。有趣的是，当与竞争型伙伴打交道时，重社会的人却比重自我的人使用更多欺骗的手段。研究人员把这一奇怪的现象归为重社会的人被“过于同化”。换言之，他们对竞争型对手的反应可能是为了惩罚对方，要他们为其竞争取向负责。

权术主义

在第15章，我们讨论权术主义者的性格。权术主义者强调实用和权宜之计——“应付人最好的方法是说他们想听的”或者“不走捷径是很难成功的”。研究表明喜欢权术主义的人多是花言巧语之人，在需要时更可能撒谎，会毫无内疚地撒谎，他们的谎言更加令人信服和有效（Christie and Geis，1970）。[5]权术主义者看上去像卑鄙行为的代言人。

控制点

每个人的控制点不同，即人们对所获得的结果大部分是源于自身的能力和努力（内部控制），还是命运、时机或环境（外部控制）的理解程度。研究普遍预测内在控制能力高的人更可能做他们认为对的事情（如他们有更强的社会价值系统或伦理准则），他们在充满不道德的诱惑的环境下对想要得到的结果有更强的控制力，欺骗和伦理决策的研究证据支持这一结论（Lefcourt，1982；Trevino and Youngblood，1990）。虽然控制点是不是谈判中策略选择的影响因素还有待观察，但其显得好像是促成伦理决策的可能因素。第15章我们将更深入地探讨谈判中控制点的作用。

道德修养和个人价值观

许多研究人员研究了人的道德修养和伦理决策的关系。科尔伯格（Kohlberg，1969）提出人的道德伦理判断是实现某一道德修养水平或阶段的结果。科尔伯格提出道德修养6阶段，分三个水平。

1. 前习俗层次（阶段1和2）：在此层次，个人关心符合自身即时需求的具体结果，特别是外部奖励和惩罚。

2. 习俗层次（阶段3和4）：个人根据当时所处的社会环境和同伴所认可的或社会所期望的来定义什么是对的。

3. 原则层次（阶段5和6）：个人根据更加广泛的普遍价值观和原则确定什么是对的。

人们所处的阶段越高，他们的道德思维更加复杂，所做的决策也更加合乎伦理。此外，在伦理思辨过程中是有性别差异的，如前所述，女性比男性的伦理思辨更加考虑别人，个人主义观不那么强（Gilligan，1982）。

许多研究从道德修养角度来衡量伦理取向的力量（参见 Trevino，1986；Trevino and Youngblood，1990）。结果普遍揭示道德修养与伦理决策、乐于助人的行为和反抗试图玩弄阴谋诡计的权威人物呈正相关性，与欺骗行为呈负相关性。其他研究解释了更广义范畴的价值观差异。格洛弗、邦珀斯、洛根和切希拉（Glover，Bumpus，Logan and Ciesla，1997）广泛研究了伦理决策方面的诚实/正直和其他价值观，例如成就感、公平和对他人的关心。公平和成就感有选择地影响伦理决策，而诚实没有反映出任何伦理选择。这些结果合理地印证了试图衡量个人价值观、道德观和将它们与伦理决策联系起来的文献。我们尚未发现分析道德修养与使用欺骗谈判技巧的倾向之间关系的研究。

不良行为的情景影响

影响谈判者愿意违反伦理的最后一组因素是情景因素。我们简要分析情景因素：谈判者过去使用不道德技巧的经历，运用这些手段的激励，对手的特点，与对方的关系，双方的权力和地位、沟通方式，谈判者是不是主要行为者或代理人，以及制约谈判过程的社会标准。

过去的经历

至少有项研究显示过去的经历——特别是失败的经历——会增加谈判者运用不当策略的概率。施韦策、奥德涅斯和杜马（Schweitzer，Ordnez and Douma，2004）给学生不同的目标（尽量努力，实现某一目标或超越某一目标），然后让他们解决难题，控制他们的成功或失败。首先，有明确的目标会明显地影响成绩的汇报。如果被告知“尽量努力”，那么参与者会比被告知“实现目标”要更加诚实地汇报结果。必须完成目标的参与者比没有要求的一方更可能夸大他们的工作效率。当他们的实际成果接近目标时，他们会夸大他们的成功。如果他们认为根据整体的工作效率“应该得到”这份报酬，那么他们更有可能夸大其词。

激励

第二个影响谈判者使用伦理界限模糊策略的因素是特殊场合下的激励。坦布伦斯尔（Tenbrunsel，1998）指出，更大的激励影响谈判者向对方歪曲事实的概率，激励也提高了谈判者对对方也会歪曲事实的预期。但是，判断谈判者对歪曲事实越来越敏感是否归结于对方也打算这么做或归结于谈判者想要伪装自己不是件容易的事。

对手的特点

谈判者未必打算在谈判中使用欺骗或介于伦理边缘的技巧，但是当他们认为对方应付不了这些手段时他们会这么做。奥利卡恩斯和史密斯（Olekalns and Smith，2007）的研究反映，谈判者经常投机地采用这些策略。当认为对方仁慈、可信或者诚实时，谈判者更会通过隐瞒信息或歪曲信息来欺骗对手。这种模式反映了机会式的背叛，由于对方太弱，发现他们使用诡计的能力差以及报复性小，所以谈判者使用伦理界限模糊策略。他们还发现当对方被认为强有力时，歪曲信息更为常见。如果谈判力不是相对的，而是强大时，欺诈的运用不是出于投机，而是为了防御。奥利卡恩斯和史密斯声言，对手强大使被占便宜的风险更高，因此，歪曲事实的决定是为了公平竞争。

谈判者与对方的关系

谈判者与对方的关系从两个方面影响策略使用的倾向：过去的关系和未来的关系。如果双方以前是竞争对手或合作伙伴，是朋友或敌人，相互感激或相互怨恨，谈判者过去的关系会影响当前的行为。例如，格鲁德（Gruder，1971）的研究表明，如果谈判方和对手以往的经历是相互利用的而不是合作的关系，那么谈判者可能会说假话，谈判更长时间，较少做出让步。同样，施韦策（1997）证实，学生会对陌生人撒谎，而很少对朋友这样做。如果陌生人没有问任何尖锐的问题，学生更会撒谎。关于谈判者对对方目前和未来的行事风格的预期，我们也可以得出类似的结论。如果你带着怀疑的态度看对方——自私的、好斗的、虚伪的，那你会采用欺骗策略，并声称自己的行为是为了自卫。但是，你会发现这种合理化的行为会因恐惧和怀疑很容易扭曲，最终造成自然而然地使用不道德手段，此时，谈判者所需的只是感受对方一点点的好胜或压榨式的行为，甚至想象这件事正在发生。这使对方会报复，做出谈判者预料的行为。

平衡这种自我实现动态循环的要素是谈判者期望关系是短期还是长期的。在前面提到的列维奇和斯潘塞（1991）的研究中，参与者被告知期待与对方有一个短期或长期的合作关系。无论参与者和对手的动机是什么，期待短期关系的参与者比期待长期关系的参与者要更认同伦理界限模糊策略，这与为了未来的合作前景，而在谈判中符合伦理规范行事是一致的（Volkema and Fleury，2002）。综合这些重要的研究成果，谈判者如果不期望自食其果，那么会更愿意使用合乎伦理的策略。

相对谈判力

另一个关键的情景要素是相对谈判力——一方谈判者相对于对方的谈判力。我们在本章前面讨论了谈判力与伦理之间的联系，发现谈判者运用欺骗作为暂时压倒对方的手段。一般而言，有相对较强谈判力的谈判方更会运用卑劣的手段。例如，一项研究表明，谈判力强的谈判者更加经常地诈唬，很少与对手沟通（Crott，Kayser and Lamm，1980）。这个结果对某些人来说似乎矛盾。为什么谈判力强的谈判方（他们通过合法运用谈判力可以获取想要的结果）还要用卑劣的手段来增强他们的谈判力呢？答案在于权力的“陶醉”，权力腐化了强大方的思维。结果证实该理论不论是在实验研究中，还是在有和没有的权力机制的社会中都起作用。权力的平衡应该产生比失衡状态下更多的有德行为（在第19章里我们研究第三方的作用，如经常解决争议者，维持公平竞争环境的调停人）。

沟通方式

技术的变革影响了谈判各方相互沟通的方式。如第6章所述，电子邮件、短信、即时通讯和视频会议为双方提供了更多沟通的方式（参见 Lewicki and Dineen，2002，关于“虚拟化”对谈判的全面影响）。证据显示，人们对欺骗手段是通过电子邮件还是其他沟通方式实施的看法是不一样的（Zhou，Burgoon，Nunamaker and Twitchell，2004）。问题是谈判者是否会或多或少在双方没有面对面接触时（使用电话、电子邮件、语音留言或即时信息）较多地使用伦理界限模糊策略。迄今为止研究指向不同结果。施韦策、布罗德特和克罗森（2002）指出谈判者在面对面的情况下更会撒谎，因为他们认为能够观察对方的反应——以确保“谎言”产生预计效果。但是其他人反驳，当谈判者没有面对面时，人际纽带更加脆弱（Friedman and Currall，2003），谈判者之间更缺乏信任，更多怀疑（Fortune and Brodt，2000）。面对面的情形迫使谈判者更加诚实合作，因为在面对面场合下因使用不良策略被抓会引起个人和情感上的后果（Thompson，1998）。有趣的是，当道德或伦理问题本身是讨论的实际话题时，电子邮件成为有利的媒介似乎令人可信，因为电子邮件“谈话”很少被打断，有时间让人反应，而且含有较少的情绪（van Es，French and Stellmaszek，2004）。很明显，谈判伦理和沟通方式之间的关联还需要更多的研究。

代理别人与代表自己的观点

作为代理人经常使你处在与为自己谈判时不同的伦理框架下。如一位作者所写：

> 许多谈判者没有理解谈判的本质，因此造成自己在谈判的需求和自身的正直感之间发生冲突。混淆个人伦理观和商业道德的人不是个有效率的谈判者。在谈判中充当代理者的人必须学会客观，个人目标要服从为委托人获得最佳利益的目标（Beckman，1977，引自 Lax and Sebenius，1986，p. 363）。

在第 11 章我们指出，谈判者经常在谈判中代表别人的观点，而不是为自己的目标和利益谈判。许多学者提出，当人们为别人充当代理人时——特别是代理人的目标是获取最佳协议时，他们会更愿意违反个人伦理标准（Bowie and Freeman，1992）。本质上，充当代理人会让人们不再遵从自己的伦理准则，允许他们建立自己的合理标准，即为了最大化委托人的利益做任何事都是必要而合适的。

集体和组织标准和压力

许多谈判者遵从某一社会习俗来决定怎么行为。习俗是非正式的社会规则——应该做什么和不应该做什么。研究证明，团体和组织的习俗和压力在把不恰当的行为合理化中起了关键作用（虽然该项研究没有专门涉及谈判场合）。以下是些重要的发现和观察：

- 研究显示，不同企业的伦理氛围和文化有显著的不同（Jackall，1988；Victor and vCullen，1988）。企业在如何评价和赞同伦理行为或在不惜代价实现公司目标的情况下允许伦理边缘行为都是各异的。
- 企业作为整体会强调企业伦理和价值观，但是特殊工作团队、部门或组织内部的工作压力使得伦理界限模糊的行为变得不仅是允许的，甚至被纵容。工作团队或部门的主要经理人的行为和做法在确定哪些行为是否合适上起了很大的作用，这些行为是员工们认为适当的行为（Dineen，Lewicki and Tomlinson，2004；Murphy，1992）。越忠诚和有责任感的员工越心向组织，越有可能抛开自己的伦理判断，做各种事情——甚至是卑鄙或违法的行为——去表现自己的忠心。
- 习俗必须是“重要的”，即与谈判者直接相关，这样才会产生影响。在研究伦理氛围对谈判的影响中，阿奎诺（1998）得出结论，当伦理标准对谈判者重要且相关时，谈判者采用欺骗手段的现象消失，促成更多的符合伦理的协议。类似地，罗斯和罗伯逊（Ross and Robertson，2000）发现人们在组织提供了明确的行为伦理准则后撒谎行为会减少（许多企业确实为员工提供了伦理行为准则，详见专栏 9.4 所举实例）。

专栏 9.4

企业伦理准则和谈判

许多企业给员工和股东印发企业认定的商业伦理行为准则。这些企业的行为准则都提到了谈判惯例，尤其是与供应商和顾客的关系方面的惯例。关于谈判的话题，这些准则都没有具体到本章讨论的谈判者的伦理行为细节上，它们大多是关于“我们是公平诚实的”声明。这里有几个来自美国大公司的例子。

- 商业行为政策，辉瑞制药有限公司（2003，p. 13）：

在辉瑞，我们致力于公平竞争。这意味着我们所有的经销活动都遵纪守法。在这些规则下，不公平竞争或者商务中的欺诈行为都是非法的。这项禁止令包括但不仅限于虚假和误导性广告或者任何与销售有关的误述事实的形式。

- 伦理和商业行为准则，洛克希德马丁公司（2006，p. 23）：

如果你参与投标、投标准备或者合同谈判，你要保证对潜在客户所有的声明、通信和陈述必须是准确真实的。

- 伦理申明，沃尔玛（2005，p. 17）：

沃尔玛与供应商的关系建立在合法、高效和公正的商业行为基础上……你必须尊重沃尔玛的供应商，公正诚实地对待他们，不得利用沃尔玛的商业影响不恰当地利用供应商。

- 商业行为准则，可口可乐公司（2006，p. 20）：

坚守自己的职责，我们会始终如一公正诚实地行动。你应该公平对待公司的客户、供应商、竞争对手和员工。任何董事、执行官或员工不能以歪曲事实或不公平的商业行为来占取他人的好处。

知道斯坦利·米尔格拉姆（Stanley Milgram）著名的顺从实验的人会想起，服从权威的压力是很强大的（Milgram，1974）。这种压力在组织中是现实的，社会学家记录过压力能怎样彻底摧毁一个人的正直（Brief，1992；Kelman and Hamilton，1989）。此外，一个人的道德思维能力越复杂，他对个人标准和组织需求之间的冲突就越理解（Mason and Mudrack，1997）。最极端的形式是，组织压力导致个人违背人性犯下触目惊心的罪行，如 20 世纪 40 年代的纳粹对犹太人的大屠杀，或者 1968 年越战中臭名昭著的美莱村屠杀，或者 21 世纪早期在伊拉克阿布格莱布监狱发生的事件。其他学者（Street，Robertson and Geiger，1997）声称，不断提高的责任的压力（我们在第 5 章中提到），包括想补偿损失反而损失更多的压力或者承担行动失败责任的压力，促使有关方采取一些原本会避免的、伦理上模棱两可的行为。

小结

研究显示，大量社会力量推动谈判者抛开个人的伦理标准，从事一些道德有问题的行为。这些力量包括：

- 作为别人的代理人行事和应对成功的压力。
- 视商业交易——如谈判——为游戏（像玩扑克或打仗），因此假设游戏规则是应该可以接受的。
- 成为团队、部门或组织的一员，这些组织重视成功，为了成功允许甚至鼓励违规。
- 对集体或组织的忠诚使你愿意做一些原本不会去做的事情，或者会说服自己为了展示你的忠诚违反规则是允许的。
- 愿意遵从组织里高级官员的直接或间接的命令，这些官员告诉你完成某件事，不用担心怎么做。

这些力量在适当的场合显得非常强大，让人们为了组织所需、组织所想或组织所要求的去抛开个人的良好道德标准。综合这些力量会产生致命的社会压力集合，促使人们合理化他们的行为以及做必须要做的事情。参见专栏 9.5 关于应对出乎意料的伦理纠结。

专栏 9.5

伦理决策：六个问题

在牵涉到伦理问题的场合做决定需要快速地回答一些复杂的问题。作者兼咨询师迈克尔·里恩（Michael Rion）声称，经理人有效地全盘考虑各种情形后就能受益。他的伦理决策指导方针建立在这样的基础上，问问自己一系列关于所处情形的问题：

- 为什么这个情形困扰我？
- 还有谁会受到这个情形的影响？他们是如何被影响的？
- 这是我的责任吗？我该做些什么呢？
- 此处的伦理问题是什么（法律、公平、诚实等）？
- 其他人会怎样看待这种情况？
- 我的价值观和我的组织的价值观是正确的吗？

资料来源：Adapted from M. Rion，*The Responsible Manager*：*Practical Strategies for Ethical Decision Marking*（West Hartford，CT：Resources for Ethics and Management，1999）.

9.7　谈判者如何应对对手运用欺骗手段

人们实际上经常撒谎（Adler，2007），因此不提当谈判者认为对方在使用诡计时该怎么做，这章是不完整的（在第17章会阐述这个问题，我们会分析控制损害的策略）。表9—3列举了判断他人是否在骗人的语言策略。如果他人是在欺骗，该怎么办？看以下一些选择：

问尖锐的问题

许多谈判者没有问足够多的问题，其实提问能够透露大量的信息，有些信息谈判者可能会刻意隐瞒（Schweitzer，1997；Schweitzer and Croson，1998）。在一项销售计算机的模拟谈判实验中（Schweitzer and Croson，2002），买家要么去问卖家关于电脑的状况，要么不去问问题。多问电脑的质量会减少卖家谎言的数量，但是，有些情况下，提问题也会增加卖家运用隐瞒电脑信息的手段。提问题可以帮助谈判者判断对方是否在骗人，严密询问实际上会增加卖家在没有被问的场合下骗人的概率（参阅第6章了解问好问题的方法）。

采用不同方式来阐述问题

法学和伦理学家罗伯特·阿德勒（Robert Adler，2007）指出，骗人的谈判者通常都不会公然撒谎（这要冒诈骗罪的风险），相反，“他们逃避和躲闪真相，认定他们的言论会被误解或者不会被质疑”（p. 72）。以某种方式提出的问题会引出表面上真实，但掩盖了提问者想要发现的实际真相的答案。来看下面的例子。作为想买房子的买家，我问道：“供热系统怎样？”卖家答道，“很好”，于是，我下结论供热系统没有问题。其实，我本应该问：“最后一次检查供热系统是什么时候？结果怎样？”（或许问得更深，要求检查书面文件。）我会知道尽管此刻系统正常运转（“运转很好”），检查却暴露出供热系统快报废了，需要明年更换。不同的问题会获得不同的答案以及较少地回避问题。

迫使对方撒谎或避让

如果你怀疑对方在某件事情上吞吞吐吐或者骗人，但是对方没有在言语上做出明确的陈述，就向他提问，逼迫他直接撒谎（如果回答是错误的）或者放弃陈述。例如，如果卖房者暗示其他有兴趣的买家还存在着其他开价，就提问是否有其他开价，要一个明确的是或不是的答案。这会是个有用的方法，因为研究表明人们更愿意隐瞒信息而不愿意直接骗人。有些人对要伎俩或误导觉得心安理得，但是如果被迫正视某人的眼睛直接撒谎，他们会很快遭到良知的拷问。抛开良心不说，这种问题会让对方感到紧张，他要为其奸诈的谈判行为负责任。因此，适时地提出尖锐直接的问题会诱使对手退避，而不敢当面撒谎（当然，病态的谎言有可能升级而演变成挑衅）。

测试对方

无法确定对方是不是那种会撒谎的人怎么办？阿德勒（2007）建议问对方一个你明知答案的问题。如果回答在躲避或欺骗，你就知道对方的一些重要情况以及他的可信度。你要是觉得对方的忠诚摇摆不定，阿德勒建议在谈判中做好记录（邀请对方确认你的记录的准确性），这样便于日后有据可查。

“说出”策略

向对方透露你知道他在虚张声势或骗人，有技巧且坚定地这么做，说出你的不悦。但是，要记住，发现撒谎不是件容易的事——见专栏 9.6。错误地说对方是骗子或者是个卑鄙的谈判者当然不会实现好的结果。

专栏 9.6

世上有没有“诚实的面孔”

虽然人们一般不是特别擅长发现谎言，但是有些人一直相信能通过观察人的脸分辨出来，其根据就是人们表现出诚实或不诚实是有规律可循的。但是这样的判断准确率是多少呢？

有项研究让参与者看人的照片，包括小孩、青少年和成人，根据脸部情况来为他们的吸引力和诚实打分。将打分的结果和照片中的人自我评价的结果进行比较，结果发现脸部的构造，如吸引力、“婴儿脸”、眼睛的大小和脸部的对称都会造成观察者认为他们是否诚实。自我报告揭示出，看上去老实的男性随着年纪变大在实际生活中也更加诚实。年轻时喜欢撒谎的女性随着年龄的增长看上去也显得更加诚实，即使他们的行为并没有显著地变化。项目参与者能够准确地辨认出年长组中最诚实的男性，但是对女性的评估基本不准确。研究人员得出结论，男性的脸更准确地反映了他们的诚实倾向，但是女性的脸对于反映诚实不是一个特别有效的指标。

资料来源：Adapted from L. A. Zebrowitz, L. Voinescu and M. A. Collins, “Wide-Eyed and Crooked-Faced: Determinants of Perceived and Real Honesty across the Life Span,” *Personality and Social Psychology Bulletin* 22 (1996), pp. 1258 - 1269.

忽略策略

如果你知道对方在虚张声势或者撒谎，就不管它，尤其是如果欺骗只是谈判中相对不重要的问题。有人会撒谎解释这是他们“应该”要做的事情——谈判艺术和方法的一种，而不会有伦理观或道德的罪恶感。我们在第 8 章提到，谈判者不时地做出不明智的承诺——一些日后他们会后悔答应的事情或者后悔抛开的方案，有时帮助谈判者“逃避”承诺和挽救面子是为了对方的利益。当出发点是纯真无邪的，而不是堕落腐化的，类似的逻辑可以应用到虚假的陈述中去：让它去吧，不要让别人难堪，过去的就过去吧（表 9—4 提出了其他应对怀疑对方在骗人的情况的建议）。

表 9—4　　发现欺诈行为

研究人员识别出的能够用来判断对方是否骗人的一些语言技巧

技巧	解释和举例
恐吓	恐吓他人说出真相，强迫他承认骗人。毫不废话地谴责对方、批评对方，提出各种尖锐的问题质问对方，佯装对他要说的不关心（“我对你在这件事上要说的任何东西都不感兴趣”）。
无效描述	强调继续骗人是无用的，而且是危险的：“真相迟早会被人知道的”，“不要再自掘坟墓掩盖真相了”，“你越掩盖，未来会越糟糕”，“你骗人只会是孤零零的”。

续前表

技巧	解释和举例
惭愧和宽慰	说出格言，“直认无讳，身心泰然”。帮助因骗人而声名狼藉的对方减轻压力和紧张情绪。
虚张声势	向对方谎称你已经发现他的伎俩：“你的罪行必将被发现。”告知你已知道了一切，只是不想说出来而已。
稍微提醒	鼓励对方不停地说，这样你会获得分辨真假的信息。让他详细解释讨论的话题。提问但是表明你问问题是因为“别人想知道”。故意唱反调，问些轻松的问题。表扬对方，增加对方的信心，你会获得信息。
最小化后果	淡化欺骗行为的后果。帮助对方找到为什么要骗人的理由，最小化行动带来的后果，表明别人做得更坏，责备别人。
反驳	为了发现更多的能帮你分辨言论中不一致和矛盾的信息，让对方一五一十地全部说出来。指出和要求解释明显的矛盾之处。问说话者同一问题数次，寻找回答中的不一致之处。提出反驳，让对方解释。向说话人施加压力，让他出错或说出不想说的事情。
改正信息	改正信息，希望能诱使对方暴露他的欺骗行为。夸大其词说你认为那是欺骗，希望对方能“更正”他的言论。向对方提出包含错误信息的问题，希望他能纠正你。
攻击防御弱点	让对方承认在某些信息上撒了点小谎，抓住这点逼迫他承认更大的谎言：“如果你在这件小事上撒了谎，我怎么相信你没在其他事情上撒谎？”
自我揭露	透露自己的事情，包括你也有过不诚实的经历，希望对方开始信任你，以揭露不诚实的行为作为回报。
找出欺骗迹象	指出你在其他地方发现的迹象，说明他可能在骗人：流汗、紧张、声音的改变、不敢直视等。
表示关心	指出你真正关心对方的利益：“你对我很重要”，“我真的关心你”，“我懂你的苦处”。
保持现状	训诫对方为了维持好名声要真诚。“其他人会怎么看？”唤醒他的骄傲和希望有个好名声的心理。
直截了当	“告诉我真相”，“让我们都诚实点”，“你肯定不会反对告诉我一切”。
沉默	制造“言语上的真空”，让对方感到不安，于是不停地透露出信息。当他撒谎时，只需直视但保持沉默。

资料来源：Adapted from Pamela J. Kalbfleisch，“The Language of Detecting Deceit，” *Journal of Language and Social Psychology* 13，no. 4（1994），pp. 469 - 496.

讨论你的所见以及能为对方改邪归正做些什么

这是“说出策略”的另一种形式。它试图让对方相信从长期来看，讲真话让他得到的比通过欺骗得来的东西要更多。

以其人之道还治其人之身

即如果对方欺骗，你也欺骗；如果对方虚情假意，你也虚情假意。我们一点也不推荐这种方法，因为这只是破坏行为的升级，会把你拖入和对方纠缠的泥沼，但是如果他认为你也在撒谎，他会意识到他的伎俩不起作用。当然，如果对方的谎言十分直接、极端以至于升级成法律可诉欺诈行为，那么你如果模仿就不是个好办法。一般来说，以其人之道还治其人之身的方法最好是作为最后的手段。

本章小结

谈判过程经常引发重要的伦理问题。本章中，我们讨论了谈判者所需考虑的分辨某些技巧是否具有欺骗性和不符合道德标准。谈判的大部分著作都是强调伦理上什么该做和什么不该做，我们则提出了一种分析方法，聚焦于谈判者如何决定什么时间和什么场合下使用特殊手段。相应地，我们从决策框架中引出伦理界限模糊策略的研究，分析谈判者做决策背后的伦理选择。

首先，我们假设一些场景来讨论谈判过程中伦理问题是如何出现的。然后，我们提出四种基本的伦理思维方法，说明每种方法是如何影响谈判中的伦理决策的。我们提出谈判者在谈判中操纵（假设准确的）信息，决定使用伦理界限模糊（或者完全卑劣的）策略是出于增强谈判力的目的。我们讨论了伦理界限模糊策略的不同表现形式，回顾了该策略使用的相关研究。

我们根据伦理决策的简单模型，分析了采用不道德谈判手段的动机和后果。随后，我们又扩展了该模型，认清可能影响该策略运用的个体差异和情景因素。最后，我们提出谈判者如何应对使用欺骗或要花招的对手。

本章末尾处，我们建议打算使用诡计的谈判者应当问自己下列问题：

- 这些策略会提高我的谈判力，帮我实现目标吗？
- 这些策略一旦运用，会怎样影响将来我同对方的关系呢？
- 这些策略会怎样影响我作为谈判者的个人和职业名声呢？

谈判者经常忽略一个事实，即虽然阴谋诡计或权宜之计短期内会给他们带来利益，但是长期来看，这些技巧会导致其名誉扫地，策略也会慢慢失效。

关键术语

伦理（ethnics）：伦理是在特定情况下分辨是非，被公众广泛接受的社会标准，或者是制定这些标准的过程。伦理不同于道德，道德是个体和个人关于是非的观念。伦理来自于特殊的人生观，其目的是：（1）界定人类所在世界的本质；（2）规定共同生存的准则。

终局伦理观（end-result ethnics）：一种认为行动的正确性是由结果来决定的伦理观念。

道义伦理观（duty ethnics）：一种认为行动的正确性是由普遍标准和原则来决定的伦理观念。

社会契约伦理观（social contract ethnics）：一种认为行动的正确性是由某社会团体的习俗和标准来决定的伦理观念。

问己伦理观（personalistic ethnics）：一种认为行动的正确性是由个人的良知来决定的伦理观念。人们不用依据事情结果、道义或社会标准来判断什么是道德规范，而只需简单地问问自己的良心。

道德界限模糊的策略（ethically ambiguous tactics）或者伦理边缘策略（marginally ethical tactics）：徘徊在道德边界上的策略。

传统竞争性谈判（traditional competitive bargaining）：谈判中一些传统的谈判技巧，比如不随意透露个人的意图，开价过高等。

情感操控（emotional manipulation）：一种控制情感的谈判技巧，如假装生气、害怕、失望；假装高兴、满意。

误述事实（misrepresentation）：一种谈判技巧，如歪曲信息或谈判事实。

破坏对手的关系网（misrepresentation to opponent's networks）：一种污蔑对手声誉的谈判技巧。

不当的信息收集（inappropriate information gathering）：一种谈判技巧，如贿赂、渗入、偷窃等。

虚张声势（bluffing）：一种谈判技巧，如威胁或虚伪的许诺等。

隐瞒式欺骗（deception by omission）：一种谈判技巧，如不透露对对方有利的信息。

蓄意式欺骗（deception by commission）：一种谈判技巧，如谎述共同利益。

竞争性的谈判者（competitive negotiators）：追求最大化个人结果，不顾他人利益的谈判者。

控制点（locus of control）：人们对所获得的结果大部分是源于自身的能力和努力（内部控制），还是命运、时机或环境（外部控制）的理解程度。

前习俗层次（preconventional level）：在此层次，个人关心符合自身即时需求的具体结果，特别是外部奖励和惩罚。

习俗层次（conventional level）：在此层次，个人根据当时所处的社会环境和同伴所认可的或社会所期望的来定义什么是对的。

原则层次（principled level）：个人根据更加广泛的普遍价值观和原则确定什么是对的。

注释

[1] See Boatright (2000); De George (2006); Donaldson and Werhane (2008); Green (1994); and Rachels (2003), for elaborations of these approaches.

[2] *The American Heritage Dictionary of the English Language* (3rd edition), 1992, © Houghton Mifflin.

[3] The accompanying box (9.1) on the legality of lying in negotiation addresses U.S. law. Obviously, legal systems vary from country to country, and so too will legal doctrine regarding deception and fraud in negotiation.

[4] See also Barry, Fulmer, and Long (2000); Lewicki (1983); Lewicki and Spencer (1990); Lewicki and Stark (1995); Robinson, Lewicki, and Donahue (2000).

[5] See also Braginsky (1970); Exline, Thibaut, Hickey, and Gumpert (1970); Geis and Moon (1981); Ross and Robertson (2000).

第10章 谈判中的各种关系

学习目标

1. 理解“关系”如何在谈判中发挥作用并影响谈判；
2. 学习谈判中出现的不同类型的关系；
3. 思考声誉、信任和公正三者在谈判关系中发挥的关键作用；
4. 探索如何重建信任，修补受损关系。

在本章之前的讨论中，我们假设参与谈判的双方不存在任何关系，即在谈判开始前双方并不认识，在完成交易后也不会再有任何联系。换言之，谈判参与者仅仅在某一时刻进行了一场谈判活动，此前和此后无任何交集，但是在现实世界中，很多谈判并非如此。谈判发生在一个复杂多样的社会环境中，且该环境极大地影响着参与者之间的互动和谈判进程。

环境会对谈判造成影响是因为人们总是在某种关系中扮演特定角色，这种关系是长期存在并不断演变的。在本章中，我们将讨论事前关系和事后关系将如何影响当下的谈判，我们将分两部分阐述应该如何对待谈判中的关系。首先，我们将分析谈判者之间过去、现在和未来的关系是如何影响谈判过程的。这些讨论将挑战很多传统理论和实践中“不考虑关系对谈判的影响”这一假设，让我们更加深刻地理解在关系条件下的沟通理论。我们将对关系以及对应关系下的谈判情景进行分类，并学习相关的研究成果。最后，我们将深入学习影响关系与有效谈判的三个非常关键的因素，即声誉、信任和公正。

在后续章节中，我们将讨论其他社会因素对谈判的影响。第 11 章我们将深入学习委托代理关系是如何影响谈判的，即谈判者代表他人利益参与谈判的情况。第 12 章我们将讨论谈判者组成联盟的情形，并学习在联盟关系的背景下参与者如何提高自己的谈判优势并有效分配资源。第 13 章我们将研究谈判者如何通过组成小组和团队协作来实现复杂的谈判过程并做出统一决策。

10.1 利用科学的方法研究谈判者之间的关系

传统学者一般采用两种方法研究谈判过程。第一种方法是利用现实世界中真实的谈判案例和现实情形来研究谈判过程，如雇佣关系（Douglas，1962；Friedman，1994）和国际关系（Ikle，1964）。第二种方法是在实验室中对场景进行适当简化从而模拟出现实情况，在此基础上对谈判过程进行研究。通常情况下，学者们邀请感兴趣的大学生参与模拟谈判游戏，在可控的实验环境中进行观察并发现问题。在过去的40年中，第二种方法成为主流的研究方法，主要原因有以下几点：第一，相比第一种方法，第二种方法更容易实现。毕竟组织大学生参与和问卷调查比介入一场真实的谈判更简单，现实的谈判者不会轻易允许学者进行调查、询问，甚至公开报道谈判过程中的得失。第二，在实验室的可控环境下得到的结论能更好地说明某一谈判因素发挥的作用，因为现实世界中几乎不可能重演相同条件的谈判过程。举个例子，为了比照威胁是否会增加谈判中的敌对性，我们不可能要求一部分谈判人员威胁对手而其他人反其道而行之，因为这样做并不能构成真正的威胁。第三，和真实谈判相比，模拟谈判可以有效收集数据，控制外部因素，从而使实验结果更具可靠性和有效性。

然而，传统的实验室研究存在诸多问题，如何在复杂的谈判中进行有效的沟通的理论绝大多数来自对于简单的讨价还价的模拟的研究。然而，简单的实验结论已被广泛地应用于指导真实谈判。很多教材（包括本书）直接使用理论告诉学生应该如何谈判以及怎样谈判，而不是如实描述人们在真实的和虚拟的谈判过程中的表现。因此，我们有充分的理由怀疑：在存在各种关系的现实社会环境中，拥有不同经历的人对未来有着不同的预期，这种一般化的理论是否真的准确恰当？直到近期，一些学者才开始研究真实谈判中的多样化的关系，从而为处在各种关系中的谈判者提供更好的理论指导。

谢泼德和塔奇斯基（Sheppard，1995；Sheppard and Tuchinsy，1996a）对现有的关于谈判者之间关系的理论研究中存在的一些问题进行了探讨，他们举了如下的例子：

> 一对年轻的夫妻争论圣诞节应该去哪方父母家过节，宝洁公司和沃尔玛公司讨论在双方首次合作的过程中存货的安置问题，普华永道和大客户讨论成本超支的问题，一个新成立的专项小组成员讨论其工作职责却发现与其他部门在做类似的工作。如上事件可以看作各自代表己方利益的个体事件，即分配式谈判的问题。在这些问题中，存在两方：独立且比较重要的一方和与之相对的另一方。在大多数情况下，一方会探求另一方意愿并隐藏自己的意愿。但是，现实情况比单一的分配问题更加复杂（Sheppard and Tuchinsky，1996a，pp. 132-133）。

值得注意的是，产生分歧的焦点在于研究者往往过于草率地从交易谈判的研究中归纳出结论，并应用于复杂的现实关系。针对一段关系如何影响谈判进程，谢泼德和塔奇斯基提出了以下几点：

1. 关系在谈判过程中始终存在并发挥作用。第3章指出，将分配式谈判转化为整合式谈判的方法是，让谈判各方依次得到利益或回报，而关系恰恰能够保证谈判各方可以很容易地实现这一点。夫妻俩可以协商改日拜访另一方的父母。在模拟谈判中的参与者却不会同意这么做，因为模拟谈判一旦结束，他们的关系也就到此为止了。由此可见，时间是关系谈判中非常重要的变量，尤其是在难以达成共识的情况下，参与者在不同时刻所提供的交换条件对于推动谈判进展有着非常重要的作用。

2. 谈判不是解决问题的方法，而是相互理解、增进互信的方法。在一场交易谈判中，交易双方为了争取更有利的成交条件而努力收集对方的信息。短暂的交易过程使得一方可以单纯根据自己的偏好做出一定的回应或者根据对方表现出的一些细节来进行决策。但是在关系谈判中，收集对方的看法、表现和选择优先级是非常重要的，因为这些信息可以帮助我们了解对方的真实目的、习惯等，以便更好地配合对方，从而巩固和发展长期稳定的关系。简言之，在交易谈判中，最重要的目的是交易；在关系谈判中，最重要的目的是保持和发展关系。假设在打扫厨房和支付账单两项工作中选择，仅从工作内容考虑，我可能倾向于打扫厨房，但是如果我的另一半，积极设想应该如何打扫厨房，那么我将会乐于支付账单。就像在本章后续内容中指出的，了解对方的喜好可以促进双方建立信任。在复杂情况中，这种信任可以有效稳固双方关系。

3. 对于简单的独立问题的处理会产生未知影响。时间是一把双刃剑，任何在谈判中对简单的独立问题的处理都会对谈判进程产生积极或消极的影响。宝洁公司如何解决存货问题将会对未来解决类似的问题带来启示和参考。改变度假计划并不意味着这对新婚夫妇要按照这个计划一直执行下去或者双方依次轮流妥协，但是他们可能会向对方声明在下一次产生分歧时应该适用的原则和决策方法。

此外，谈判参与方之间的关系中，优势地位和依赖关系是不断转换的。随着双方相互了解的程度越发深入，彼此的依赖性也会逐渐提高，利益也更容易受到损害。举个例子，如果ACME公司遇到生产问题上的困难，可能会希望与它的重要客户Battle公司建立稳固的合作关系以渡过难关，因为Battle公司与其他供货商打交道时遇到过类似的问题，可以利用其经验很好地帮助ACME解决生产问题。但是作为提供帮助的交换，Battle公司会要求ACME公司把其所有的货源都投放在Battle公司来销售。由此，ACME公司对Battle公司产生了依赖性，ACME不能再到市场中寻找其他经销商进行合作，这种对Battle公司的依赖可能导致其成本增加，质量下降，或者市场竞争力下降。如果产品更新换代、生产技术有所突破，或者Battle公司试图利用其弱点在别的方面控制ACME公司的业务，ACME公司将会变得十分脆弱而无法招架。不过这种现象在小规模的供货商和大型企业之间，比如沃尔玛或者汽车制造商等，并不常见。因为在这样的情形中，业务的稳定性通常依赖于大型主导企业的决策（Sheppard and Tuchinsky，1996b；Yoshino and Rangan，1995）。上面的例子中的不稳定因素会同时给ACME和Battle双方带来不好的声誉，我们将会在后续篇幅中阐述声誉所带来的影响。

4. 在关系谈判中对分配问题的处理会引发激烈的情绪反应。如果一方对于某些事带有强烈的感情色彩而另一方的表现具有攻击性，那么双方将会剑拔弩张。公开清楚地表达这些愤怒将会使其他问题的讨论无法进行下去（情绪对谈判的影响请参看第5章）。一方可能会说一些有违本意的话，产生伤害，中断讨论，甚至拒绝继续沟通，至少需要另一方冷静下来或者道歉才能继续进行。在最极端的例子里，两方可能因此而积下宿怨，漫无目的地对另一方发动情绪化攻击，再也不会去解决实际问题，修补双方关系。很多失败的谈判终止于法庭，从简单的民事纠纷、婚姻问题到大型集团和跨国公司之间的重要讼诉，过程中充满了糟糕的感受、失败的沟通和关系的破裂。

5. 关系背景下的谈判始终存在并相互影响。模拟谈判的一个特点就是谈判有一个明确的终止标志。在实验室的模拟谈判中，很多参与者会根据“模拟谈判结束即双方关系终止”而调整策略，通常参与者会在最后一个回合放弃与对方的合作，寻求各自的利益。然而在现实生活中人们之间的关系并不会随着模拟谈判结束而终止，人们往往会时不时地对已经达成、尚未达成的事宜或者有失公平的事宜进行再协商。然而，未来的结果可能并不像某一方开始预期的那样，例如：

（1）参与者为了一个良好的开端而妥协让步达成一致。如果结婚的夫妻认为他们将在两年后离婚，那么他们可能会在婚姻存续期间，保证己方能从婚姻中获得更多的利益，他们甚至还会达成一个非常详尽的协议，明确双方的财产划分。在一些离婚率飙升的国家，很多夫妻意识到这一点，因此签订了非常复杂的、具有法律意义的婚前协议来解决这个问题。如果夫妻双方认为他们的婚姻能一直持续下去，那么他们会简单地把他们的所有财产混合在一起，并认为未来的任何事都能得到解决。

（2）无法预测未来并预先商定所有事项。两个年轻的企业家决定合作五年，却并不能预测他们应当如何努力及相关注意事项。谁能知道如何让事业更加成功？或者最重要的注意事项是什么？他们所能做的就是尽可能地与对方沟通，并在出现问题时积极协商解决，或者经双方同意后引入公正的第三方作为和平解决争端的手段（参见第19章）。

（3）总会发生让某一方不满意的情况。就像我们之前提到过的那样，一些关系永远不会终止。两个对卫生要求不同的室友，永远不能彻底解决房间卫生究竟是应该整洁点还是杂乱点这个问题。一方总是被要求将周围的东西整理好，而另一方总是被各种乱摆乱放的杂物困扰。当他们住在一起时，问题随之而来，就算他们为了彼此适应而提出一些更复杂的解决方法，这些关于整理卫生的事先协议也会经常被打破。

6. 在很多谈判中，不肯妥协的一方才是解决问题的关键。一个关于整合式谈判的著名理论是，为了更有效率地解决问题，谈判者必须将人的因素从问题中剥离出去（Fisher，Ury and Patton，1991），但是如果对方本人就是问题所在呢？如果两个人的生活方式、价值观等存在极大的差异，这将不是一个简单的谈判，而是一场战争。好比我们之前举的关于打扫卫生的例子，爱整洁的人也许不会将对方的行为仅仅看作生活方式的差异，而是认为这是对方故意为之甚至认为其带有敌意。他可能存在这样的想法：“他把垃圾放在这里是因为他知道这样我会有多生气！他明明就是想气我！”问题的焦点不再是多久收拾一次屋子或者是否应该忍受对方的习惯，而变成了对方在利用自己的生活习惯进行恶意挑衅。如果双方试图通过“将人的因素从问题中剥离出去”的解决方法，问题将无法解决，因为对方的存在，其偏好、生活方式和习惯是无法回避的，分开居住并结束关系或许是唯一的解决方案。

7. 在一些谈判中维护关系才是明智的做法，双方甚至可以考虑其他方案或做出适当利益让步。对于存在“另一方不肯妥协”的问题，一种可行方案或许是一方或者双方都做出一些让步，借以维持或发展双方的关系。在传统的市场交易谈判中，常见的做法是给出一个更低（高）的报价或者取中间价格，甚至还有投票选择折中方案的做法，因为双方都会从中获得收益并与对方进行交换。然而，利用关系的价值与物质利益进行交换是有点难以理解的。假设我有一辆市场价值 5 000 美元的二手汽车，我决定将这辆汽车卖给我的母亲，便于她进行简单的假期旅行或看望她的孙子。请注意，这可不是一个简单的市场交易！我怎么可能像对待陌生人一样，让老妈掏出同样的价钱呢？很显然，我和母亲之间过去以及未来存在的长期关系值得（很可能远远高于）一辆汽车的价值。正如第 1 章中提到的，当对方很重要时，调和是一种战略性的明智选择，而实际利益则是次要的。不同于简单的市场交易，调和在关系谈判中不是简单的一种战略选择，而是在某种意义上的一种更有价值的交换。

总而言之，分配式谈判或整合式谈判中的参与者没有过去关系或未来关系。相比之下，关系谈判更特殊也具有挑战性。用市场交易中的指导经验来说明关系谈判是不够的，理论和实践都需要进行修正和完善，应当考虑持续关系的影响（一个实际中的例子见专栏 10.1）。我们将要对几种不同的关系类型进行界定，而关系类型是谈判情况复杂多样的主要影响因素。

专栏 10.1

关系谈判的三个规则

国际谈判专家杰斯沃德·萨拉科斯（Jeswald Salacuse，1998）提出关系谈判的三个重要规则：

- 不要急于进行谈判。花足够的时间来了解对方，与对方接触和沟通，花时间与对方相处。这是一个信息收集过程并且可以有效建立信任、共享和有效沟通的方式。在实际中，北美的很多管理者在建立业务前从事这项工作，就是为了建立这种重要的关系。
- 将长期的业务合作视为持续不断的谈判。变化和不确定性存在于任何商业交易中。合同签订了并不意味着讨论终止，随着合同的执行，双方要继续讨论如何解决问题或者重新认识合同。
- 中间调解角色的介入。最后要考虑第三方调解角色的介入。由于双方都不能完全解决或强制执行争议，第三方可以监督整个交易过程，解决违反合同的争议，保证实现合同。

资料来源：Adapted from J. Salacuse，“So，What's the Deal Anyway? Contracts and Relationships as Negotiating Goals，” *Negotiation Journal* 14，no. 1（1998），pp. 5 - 12.

10.2　关系的类型

我们已经明了，有关系存在的谈判在众多层面上区别于传统的谈判，同时更加复杂。接下来我们需要仔细鉴别不同的关系类型对谈判的影响。

社会心理学领域的学者曾经对关系进行了广泛的研究并发展了一系列描述关系的方式。[1]大多数的关系都有个相同的特征，即一方的行为会显著影响另一方的行为。当事人会怎样对这种影响进行反应取决于他们之间的关系（我们之后会针对这一问题进行讨论）。按照谢泼德和塔奇斯基（1996b）的理论，我们把“关系”定义为“对于双方有一定意义的一对实体，双方对于彼此之间过去和将来交互行为的认知将影响他们当下的行为”（p. 354）。在这个定义中存在两个假设：（1）双方存在已知的过去和对将来的预期，双方对这些内容的认知将会塑造双方当下的交互模式；（2）双方之间的关系是实际存在的，而不是个体主观臆断或定义的。

关系的四种基本类型

菲斯克（Fiske，1991）指出人类社会存在四种基本的关系类型，即集体关系、从属关系、平等关系和市场关系。具体四种关系的定义和特点如下：

1. 集体关系。集体关系是一种存在于社团、联盟等团体组织中的关系，往往代表集体身份和友好关系，典型例子就是家族中的亲戚关系（Fiske，1991，p. ix）。成员之间通过强烈的身份认同、共同点以及团队的团结一致和归属感联结到一起。集体身份往往优先于个人。这种团体往往非常容易辨认。集体关系的基础是人们相互之间自然而然产生的对彼此友好的态度，这种好感通常来自于共同的背景、种族等。在家庭、俱乐部、家族企业、民族或者邻居中，通常可以发现这种团体关系。

2. 从属关系。从属关系是一种代表等级差异的关系，常见于组织结构中自上而下的地位排序。这种关系通过上级命令与指示体现，伴随着下级的服从与尊重（Fiske，1991，p. ix）。人们按照组织中等级设定的原则行事，等级高的人支配等级低的人。从属关系是一种不平等的关系，等级高的人往往对人和事都有着更多的控制权，通常也有着更好的知识背景和能力。这种等级关系并不是凭借暴力的强制手段建立起来的，而是合法的组织设定，等级低的人自愿服从等级高的人（参见第7章、第8章）。雇员和老板、士兵和军官、谈判者和他们的委托人之间通常是这种关系。

3. 平等关系。平等关系是一种一对一的关系，在这种关系中，人们的个人意识突出，相互平等、互惠互利（或者互不相让、睚眦必报），对成果平均分配或者做出相等的贡献，以物换物和轮岗（Fiske，1991，p. ix）。人们会将对方视作平等独立，但同时可以进行交换的对象，在关系中每个参与方都平等地付出并得到相应的回报。这种交互在很多活动中都有所体现，如轮岗（轮流从事某一项活动）、以物换物（双方付出和得到相同的价值）、平均分配（双方从共同的产出中得到相同的份额）。平等关系存在于成员之间需要共同工作、相互协作的组织中，如本章之前提到的室友共同保持宿舍卫生环境。类似的例子还有举办自助家庭聚会，每个家庭都需要带来自己的菜肴与他人分享，同时每个家庭也可以分享到他人的菜肴。

4. 市场关系。市场关系是基于一个（统一的）价值尺度展开的。人们用这种统一的价值尺度（即价格）对不同商品进行比较并计算交换率以及成本/收益比率（Fiske，1991，p. ix）。这种关系的价值通过市场系统来决定。通常用某些单一量化的刻度标准（如分数或美元）来衡量，并通过一定的商品价格比率来进行交换。在这种关系中，人们将对方视作可替代的对象，因为交易比关系更重要，任何人只要能以一个不错的价格提供同样的产品和服务，都可以与之交易。在本文之前的汽车案例中，我可以将小汽车卖给任何能够支付我的报价的买家，因为我只关注交易本身。在市场关系中，各方可以在利己的动机驱使下改变商品价格（最大化他们的效用），或者寻求一个彼此都觉得公平的价格来进行交易。

菲斯克（1991）的分类学是一种普世的"配对方法论"，可以用来解释世界上各个社会内部和跨社会团体的社会运动。菲斯克展示了这个分类法是如何解释不同社会中的人是如何创造和交换物品，做出选择，发展出不同的社会取向和做出判断和评价的。这套理论为理解驱动关系形成的不同社会动机提供了理论基础，如权力、成就、平等和隶属关系等。更重要的是，这套理论指出了两个对象之间可能不仅仅存在一种关系。谢泼德和塔奇斯基（1996b）提出，兄弟姐妹之间可能同时存在以上4种关系，例如，他们当中一方向另一方借了一个玩具并损坏了，双方讨论这个玩具的价值；或者轮流承担某项家务；或者当一方受伤时另一方去寻找创可贴；或者争夺对各自喜爱的电视节目的优先收看权。另一个有趣的多种关系形式在谈判中的体现的例子请参见专栏10.2。

就像在本章开始时对谈判研究的评论中阐述的那样，受很多经济学家、博弈论学者和社会心理学家研究人际行为时采取的一种基于"交换"的视角的影响（Blau，1964；Kelley，1966），很多研究在讨论谈判问题时，一个基本的假设就是谈判双方是基于市场关系的。在市场关系的框架下，双方对一种商品进行讨价还价，使用何种策略和手段，这些内容大家都熟知了。在从属关系中，这种实际存在的谈判却没有被仔细研究过，但是有相当多的对于老板和员工如何发挥自己的权力和影响力的研究（参见第7章、第8章）。再比方说在平等关系中，参与者将会对如何对产出、贡献和各方的资源进行等值分配进行讨论，特别是在无法确定一个绝对客观公平的分配方式时（这在衡量一个学习小组中每个成员对于一个报告或项目的贡献时是一个经常出现的问题）。

专栏10.2

家族企业中管理与亲属的争端

家族成员共同经营一项生意时经常会产生矛盾，如权力分配、经营理念以及继承等的冲突。参与者产生矛盾是由于其处于不同的关系框架下以及有不同的期望。例如，父子形成的从属关系、兄弟姐妹或远亲形成的平等关系、团体关系或市场关系。参与者不仅没有及时发现问题并有效解决，反而采取一种回避的态度，使问题变得更加复杂，或者使矛盾升级。

弗兰克·桑德（Frank Sander）和罗伯特·博尔多内（Robert Bordone）建议利用整合式谈判的思路来有效解决这些争端。每一方必须全面考虑所有参与者的利益，包括一些隐藏的却很强烈的情绪（公正很重要）以及参与者之间关系的历史背景等。在每个可选择的解决方案中，都需要考虑公正性并权衡各方利益。最终得到一个可以在家庭内部被接受的方案，而不是把问题扩大，超出家庭的范围。他们提出了一些指导性建议：

1. 时刻为解决复杂问题做好准备。由于参与者不同的背景和预期以及家庭关系会在一定程度上将原本简单的解决方式变得复杂，做好努力解决这些问题的准备。

2. 力争透明化。对冲突及其对于在家庭内部找到一个让人满意的解决方案的挑战保持一种诚实和公开的态度。

3. 邀请中立的调解者。事务的复杂性以及争端背后强烈的情绪要求一个中立的第三方来解决问题，如商业分析师、中间人、家庭顾问甚至是一个可信赖的家庭朋友。

4. 预测各种潜在的问题。很多典型的家族企业的问题是可以预测的，如权力的交接、职务晋升、利益分配或者转变业务方向等。对于这些可能会发生的问题进行预测，针对到时如何处理和讨论这些问题的程序达成一致意见。

在第18章可以找到更多的解决“困难对话”的方法，第19章可以找到对于中立调解者和第三方的更多信息。

资料来源：Adapted from F. E. A. Sander and R. C. Bordone，“All in the Family：Managing Business Disputes with Relatives，” *Negotiation*，A Newsletter from Harvard Business School Publishing and the Program on Negotiation at Harvard Law School，2006.

在集体关系中谈判

针对集体关系中的谈判的研究比较少（参见 Tuchinsky（1998）的评论）。研究表明，相比于其他类型的谈判，在一个共享关系（或者预期在未来会产生关系）中的谈判参与者具备以下几个特点：

- 协作性更强且更加充满激情（Ben-Yoav and Pruitte，1984b；Greenhalgh and Gilkey，1993）；
- 达成更高质量的协议（Sondak，Neale and Pinkley，1995）；
- 在决策制定和执行上表现更好（Shah and Jehn，1993）；
- 关心个人收益，同样关心其他参与者的收益（Loewenstein，Thompson，and Bazerman，1989）；
- 对如何提高团体协作效率更加关注（Macneil，1980）；
- 更倾向于与他人分享信息，同时更不会采取胁迫性的手段（Greenhalgh and Chapman，1996；Greenhalgh and Kramer，1990）；
- 对于争端更倾向于采用非直接的沟通方式并建立一种独特的矛盾结构（Tuchinsky，1998）；
- 面对矛盾更容易采用妥协或解决问题的策略（Dant and Schul，1992；Ganesan，1993）。

然而，没有研究明确证实，更紧密的关系有助于解决矛盾争端。一些研究显示，关系较不亲密的谈判双方达成了更优的整体方案（Fry，Firestone and Williams，1983；Thompson，Peterson and Brodt，1996）。这也许是因为谈判参与者为了减少关系中的矛盾冲突而放弃己方强烈追求的偏好，或者为了发展双方关系，做出一定牺牲（Barry and Oliver，1997；Tripp，Sondak and Bies，1995）。圣吉（Senge，1990）、阿吉里斯和舍恩（Argyris and Schön，1996）将这种谈判双方之间的状态描述成一个在询问和主张中寻求平衡的过程。见专栏 10.3。

专栏 10.3

平衡询问和主张

很多学者研究了如何减少工作关系中的人际交往矛盾以及矛盾出现时如何有效解决。他们提出解决这一问题的关键是在询问和主张之间寻求平衡，像大多数管理者曾被培训询问他人需求的技巧，即如何提问题，以增进相互之间的了解。平衡询问和主张的要点如下：

应当如何主张己方观点：

- 让你的逻辑清晰；
- 鼓励他人深入了解你的看法；
- 鼓励他人提出不同的想法；
- 积极地比较自己与他人想法不同的地方。

应当如何询问对方的观点：

- 清楚地阐述己方的假设并明白这些仅仅是假设；
- 向对方出示做出己方假设所基于的数据；
- 如果对对方的反馈不感兴趣，就不要提出问题。

如果遇到困境或僵局：

- 寻找能说服对方改变看法的逻辑或者数据；
- 尝试能否提供一种新的方法向对方提供更多的信息。

如果你或者他人对于表达观点或者尝试其他解决方法很犹豫：

- 鼓励他人（或你自己）大胆设想，尽管有些困难；
- 如果大家都是如此，不妨开展一场关于如何克服困难的头脑风暴。

资料来源：Adapted from L. A. Hill (1997), "Building Effective One-on-One Work Relationships" (Harvard Business School Note 9-497-028); and P. Senge, *The Fifth Discipline: The Art and Practice of the Learning Organization* (New York: Doubleday Currency, 1990).

一些学者终于开始研究处于关系中的谈判各方可能发展出的不同的关系形式，并分析这些不同带来的影响。在以色列一项对正在进行离婚调解的夫妻进行的研究中发现，男方倾向于利用法律和惯例做法来解决婚姻中的问题和冲突，而女方更倾向于利用双方应当承担的责任约束对方。男人更倾向于理智和克制，女人则更多地表达感情上遭受的侮辱和伤害（Pines, Gat and Tal, 2002）。这些结论不仅可以用来说明谈判各方是如何从关系类型和解决冲突的恰当性来解读一段正在瓦解的关系，同时也揭示了这类关系问题中的性别差异（见第 14 章）。对于更深入的对关系中的冲突进行管理的论述见专栏 10.4。

专栏 10.4

在紧张复杂关系中解决争端

心理学家约翰·戈特曼（John Gottman）致力于研究婚姻中的矛盾解决。通过记录上千对夫妻讲述其婚姻中遇到的挑战和问题的视频，他总结出以下有效维护夫妻关系的建议：

1. 成功的夫妻总是寻找各种方式保持积极并尽可能多地采取肯定的表达方法。他们会不断地肯定对方的想法、贡献、观点和喜好。这在男人经常无法接受女人观点的情形下更为重要。

2. 成功的夫妻将矛盾视作解决问题的方法，而不是避免矛盾或者一遇到矛盾就放弃。在婚姻关系中典型的矛盾是在面对重要事情时，双方关于工作和休息的不同方式、是否守时以及解决分歧的具体做法方面存在不同。

3. 成功的夫妻不仅明白应当如何争执，也懂得在争执过后如何修补关系。幽默的方式、表达对对方的喜爱、道歉或者其他形式的正向情绪对于建立双方的关系非常重要。戈特曼强调这些都不是婚姻关系中大而复杂的情况，通常是简短的只言片语，甚至无足轻重的小事，却对改善关系发挥了非常大的作用。

4. 成功的长期稳定的关系中，双方会经常向对方表达他们喜欢、珍视、欣赏和尊重对方的部分。相比之下，失败婚姻的前兆往往是对对方的批评和反击、拒绝付出或妥协、轻视或厌恶对方。戈特曼认为轻视是对一段关系最具有破坏力的危险因素。

资料来源：Adapted from John M. Gottman, *The Seven Principles for Making Marriage Work*; and "Making Relationships Work: A Conversation with Psychologist John Gottman" *Harvard Business Review*, December 2007, pp. 45 - 50.

小结

在本节中提到的很多对于谈判的研究是基于对模拟市场交易中的谈判者的研究展开的，也就是说，在简化的决策环境中谈判者之间没有过去和未来的关系，他们只关注谈判中的关键问题，如价格和成交条件。实际谈判中各方经常处于关系之中，他们交往的历史以及对彼此未来关系的预期会影响正在进行的谈判进程。在本节，我们解释了为什么存在关系的谈判和单纯的市场交易谈判不同，讨论了不同的关系类型，并回顾了对于关系如何影响谈判行为的研究成果。在下一小节，我们将说明个人声誉、信任和公正是如何显著影响关系背景下的谈判的。

10.3 在关系中进行谈判的关键因素

声誉、信任和公正是在一个谈判过程中三个关键而显著的因素。这一节我们讨论存在关系背景的谈判情况下这三个因素的影响是如何被放大的。

声誉

声誉是指他人或其他组织从过去经历中形成的对某人、某组织的印象。在双方进行了一场谈判之后，声誉将会作为一种象征留给对方，代表“从间接或二手渠道获得的感性的个人特征，反映了个人的品质和成就”（Ferris，Blass，Douglas，Kolodinsky and Treadway，2005，P. 215）。基于这个定义，我们可以对声誉的重要性做如下说明：

● 声誉是一种高度个人主观的理解。声誉并不是我们希望他人怎样看待我们或者如何看待我们，而是别人脑海中真实的对我们的反映，是他人的看法和判断。声誉一旦建立起来，就像一个放大镜头，人们通过这个镜头形成了对我们未来做法的预期（Fiske and Taylor，1991）（参见第5章中对于感知的讨论）。

● 一个人可以具有很多不同的甚至相互矛盾的声誉。形成不同声誉的原因是我们在不同的情境下表现不同。一个人可以和路边的旧货交易的人进行一场分配式谈判，却和电脑定期维修人员进行整合式谈判。人们在不同的情境下树立了多种不同的声誉，声誉通常是很多人在不同的背景下所形成的独立而又连续的认识，在绝大多数情况下，人们会有一种关于我们是谁和我们是什么样的人的共识。

● 声誉由过去行为所塑造。一方面，我们可以通过与某个人过去的交往经历得到对这个人的印象（例如，一段合作或竞争行为的历史）；另一方面，我们也可以从其他人那里得到对这个人的看法。因此，“直接”的声誉（从我们自己的经验中获得）也许会和“间接”的声誉（从他人的经验中获得）有所不同。一般人更倾向于相信来自经验的声誉，在决定是否要相信某人时相比于间接的声誉也更依赖由过去经验形成的声誉（Goates，2008）。

● 声誉受个人的特征和成就影响。声誉可能会被一些人的特质影响，如年龄、种族、性别、教育背景、经历、个人的优缺点和能力等。这些因素综合起来形成了声誉，即通常人们是怎么记住我的，这些与过去的交往所形成的特定的声誉一起形成了一个人在他人心目中的印象。

● 声誉需要一段时间形成，一旦形成了就很难改变。我们和某人相处的经历，以及我们从他人获得的信息，都会帮助我们形成对这个人的看法。在新的情境下，我们会将这种看法用在这个人身上，形成我们对这个人的预期。这些预期会在下一次和这个人的交往过程中得到肯定或否定。因此，第一印象和初次的相处经历对于形成对他人预期是非常重要的，这种预期一旦形成，很难改变。如果一个谈判者留给他人的印象是一个“虚伪的骗子”，那么下次他将很难说服对方他是一个真诚和值得信任的人，别人也不会和他达成互惠互利的合作协议（Ferris et al.，2005）。

● 声誉不仅会影响预期，也会对谈判中的情绪状态产生影响。他人口中正面的声誉会让我们对对方做出积极的情绪反馈，而负面的声誉会让情绪反馈变得消极（Goates，2008）。

一些研究认为，声誉可以影响人们的预期。格利克和克罗森（Glick and Croson，2001）在一项研究中，刻画了五种声誉类型：编造谎言者型、诚实强硬型、和善理性型、阿谀奉承型和空白未知型。研究者在谈判课程中向学生展示了这五种声誉类型。78%的学生认为，对方的声誉类型将极大地影响他们的谈判策略，甚至能够决定对对方的策略选择。对于编造谎言者，61%的谈判者会采用分配式谈判策略，10%的谈判者选择整合式谈判策略；对于诚实强硬者，49%的谈判者采用分配式谈判策略，35%的谈判者选择整合式谈判策略；对于和善理性者，30%的谈判者采用分配式谈判策略，64%的谈判者选择整合式谈判策略；对于阿谀奉承者，40%的谈判者采用分配式谈判策略，27%的谈判者选择整合式谈判策略。

其他针对谈判者声誉的影响的研究也证实了这些研究成果。一项研究发现，当获知对方一贯采用分配式谈判策略，谈判者将会降低对对方的信任，更少地交换关键信息，不愿意贡献产出（Tinsley，O'Connor，Sullivan，2002）。相反，当得知对方惯于采用整合式谈判策略，谈判者则产生被欺骗的可能性会降低的预期，更坦率地讨论具体需求、利益和优先级，并对双方能够达成互惠互利的协议抱有更大的信心（Tinsley，O'Connor，Sullivan，2004）。由此可见，不良声誉将限制谈判成功的可能性，这并不是因为你做了什么，而是因为不良声誉使他人产生了消极预期。同样，良好的声誉将提高谈判成功的可能性，因为良好的声誉可以为他人带来积极的预期（c. f. Goates，2008）。

● 负面的声誉很难修补。负面声誉持续的时间越长，就越难将其修正为正面的声誉。我们需要非常主动地在第一时间修补声誉。当一件事很可能给他人造成不好的印象时，我们必须努力维护我们的声誉，不要让他人以一种负面的角度和方式来看待我们。我们如何看待过去，我们如何进行道歉并淡化他人的印象，我们如何对过去的行为做出解释，这一系列工作都将对他人怎样看待我们产生很大影响。我们将会在下一节“信任”中，介绍更多道歉、解释和其他说明对于改变我们在他人心目中印象的作用。

信任

很多学者都认为信任是人与人之间关系中最核心的因素。[2] 麦卡利斯特（McAllister，1995）对“信任”进行了如下定义：信任是一种针对他人的言论、行动和决定的信仰、信念和做出反应的意愿。有三个主要的因素会影响谈判一方对另一方的信任程度：一方长期的信誉表现（也就是是否具备令人信任的品质），环境因素（双方之间是否有充分的沟通），长久以来两方的关系情况。

早期对信任的研究认为信任是一个结构简单的概念。然而，更多的最新研究发现，信任可以分成很多种类（参见 Lewicki and Bunker，1995，1996；Lewicki and Wiethoff，2000）。列维奇和威瑟夫（Wiethoff）认为，根据关系的亲密程度，信任大体可以分成两种类型[3]，即基于权衡的信任和基于认同的信任。

基于权衡的信任

基于权衡的信任是建立在确认一系列一以贯之的行为基础上的，认为个人会实现其承诺是因为个人可以从实现承诺以及保持与他人的关系的行为中获得益处，或者个人不敢承担由于破坏承诺而带来的后果。惩罚的清晰程度和可能性将会和信任程度紧密联系在一起，因此与遵守承诺的奖励相比，破坏承诺的惩罚将是个人信守承诺的更大动机。

这种基于权衡的信任主要出现在市场关系中以及早期的其他关系类型中。个人会计算遵守承诺而获得的益处以及为了保持关系要付出的成本。信任是通过遵守诚信的奖励和破坏诚信的处罚来实现的。如果受到欺骗的人向他人传播“这个人不可信”，那么这个人的声誉将会受到影响。

基于认同的信任

基于认同的信任是基于对个人的性格和品德的认识而建立的信任。由于对对方目标的理解和赞赏而产生了信任，这种相互之间的理解让一方认为对方可以有效地为他工作。基于认同的信任可以使一方在谈判中成为另一方的“代理”（Deutsch，1949），而另一方则可以充分地相信他的利益能够得到合理的保护，故而没有必要监察对方的行为。当双方充分地了解和信任对方时，每一方都知道为了维持和发展这个关系自己应该做什么。一方开始明白另一方真正关注的要点，并且像对方一样把这些要点放在很重要的位置上来考虑。在团体关系中，或者在把交易关系转化成团体关系的情况中，大家非常希望看到这种类型的信任。一方可以通过强烈的集体意识产生这种认同信任，含有集体意识的行为包括共同标识（联合名称、职务、标志等）、协作（在同一地点居住或办公）、设立共同的目标或产品线（合作产品线或建立共同居住地）、承诺共同分配利益。通过以上这些行为，双方将会具备相同的目标，可以在对外交易中代理对方的利益。我们可以在不同的团体和关系中看到基于认同的信任，例如，人们相互配合完成一场精彩的交响乐、一台成功的外科手术、一次精确的着陆、一次没有瑕疵的接力赛交接棒和终场一秒前传到篮筐的完美助攻都是强有力的、积极的基于认同的信任产物。

信任和不信任

另一个在研究中被重点关注的问题是信任与不信任之间的区别（Lewicki，McAllister and Bies，1998）。如果信任是指一个人对另一个人的行为的正面预期的信心，那么不信任就是对负面的个人行为的预期，即相信对方将利用我们、榨取我们美好的信念和声誉、通过操控关系来达到其目的。之前的研究都将信任作为一个单一的维度，认为信任和不信任只是一个闭合区间的上限和下限，然而我们应该了解，在复杂的关系中信任与不信任可以共存。打个比方，我可以信任我的另一半能为我的新西装配好领带，因为她的品位很好，但是我不会信任我的另一半能打扫好我的书房，因为我知道她会扔掉一些她认为没有用但是对我很有用的文件。在经济形势不好的今天，不信任越来越多地充斥在我们的工作环境中，如公司丑闻和公司高层与职员之间与日俱增的薪酬差距，如专栏 10.5 所示。

结合信任与不信任这两个信任的不同维度，我们可以把信任的类型拓展到四种：

- 基于权衡的信任：对他人行为的积极预期。存在于理性的商业交易中，相信保持关系给对方带来的收益大于其支付的成本。
- 基于权衡的不信任：对他人行为的消极预期。同样存在于理性的商业交易中，认为对方保持关系的成本要高于其可能得到的收益。
- 基于认同的信任：对他人行为的积极预期。来源于对共同价值、共同目标以及与他人积极的情感关联。

- 基于认同的不信任：对他人行为的消极预期。来源于价值分歧、目标分歧和对他人负面的情感（Lewicki and Wiethoff，2002）。

专栏 10.5

失去员工信任的成本

风险管理咨询公司评估了一个公司失去员工信任会产生的额外成本。社会组织如果不能实现自己的承诺，即不能把诚信和团结作为核心文化的一部分，将要面对高昂的成本代价，包括损害公司形象、较高的员工流失率、人才市场上的竞争力下降、士气不振、较差的创新能力和较低的生产力等。大量的证据表明，较高的信任度、荣誉感和友好的工作氛围能够为公司带来组织和财务上的收益。

尽管存在以上的证据，员工信任度却呈现下降的趋势。在2007年由一家咨询公司完成的针对202个组织的调查中，接近30%的员工认为近两年他们对公司的信任感下降，27%的员工认为信任程度保持不变，34%的员工认为有所增加。不信任感主要来自于公司不充分披露信息、隐瞒或掩盖事实、忽略承诺、不重视员工、不支持员工的发展等。

我们推荐通过以下的途径增加员工对公司的信任，即平等地尊重每位员工、分享信息、以诚信团结为组织的行动宗旨、致力于员工职业和技能的发展。

资料来源："The Cost of Losing Employee Trust，" 2007，Right Management Consultants，1818 Market Street，33rd Floor，Philadelphia，PA 19103.

信任的建立与谈判

以上四种信任类型对希望在谈判中与对方建立互信的谈判者提供了清晰的策略指导。具体的策略总结在表10—1中。[4]我们需要说明，如果一个谈判者与对方开始了一段关系，或者期望之间的关系不止于一场市场交易，那么谈判者只需关心与对方建立和保持"基于权衡的信任"，小心应付"基于权衡的不信任"。然而，如果谈判者能与对方发展成共同体的关系，那么他不仅要关注基于权衡的信任的建立，还要努力建立基于认同的信任。然而，这个过程不能操之过急，也不能单方面施行。当一方发起了一些有助于建立信任关系的行动，必须以双方都能接受的节奏进行，信任关系才能稳固地发展起来。最后，如果一方感觉到彼此之间存在"基于认同的不信任"，那么他既需要谨慎地保持这段关系，同时也要尽可能减少与对方的接触。

表10—1　处理谈判中不同形式的信任应采取的行动

如何增进基于权衡的信任
1. 创造并满足对方的期望。明确自己即将会采取的行动并且说到做到。
2. 强调建立共同信任的益处。指出通过维持信任，对方可以获得哪些好处，或者双方可以获得的好处。
3. 树立可信度。保证你的话可以准确无误地兑现，说实话并保守诺言。
4. 实现承诺。作出承诺并坚定地执行下去。
5. 发展和建立良好的声誉。对自己的直接声誉和间接声誉都要注意保持，努力让他人相信你是一个值得信任并可以兑现诺言的人。

续前表

如何增进基于认同的信任
1. 发展共同兴趣。尝试与对方在相同的事务上产生兴趣。
2. 发展共同目标。努力建立对未来共同的目标、使命和愿景。
3. 模仿对方的行为和反应。尽力去做对方在同样情形下会做的事情。
4. 与对方坚持同样的原则、价值观和想法。
5. 讨论双方的共同点，并针对如何来提高和加强这些共同点制定计划。
如何处理基于权衡的不信任
1. 监督对方的行为，确保对方按照其承诺办事。
2. 准备好正式的协议（合同、备忘录等），在协议中明确双方的义务以及违约责任。
3. 制定检查计划，定期检查对方承诺的执行情况。明确确认对方违约的方法，建立收集数据核实这些承诺的程序。
4. 开发一些手段，确保他人不能通过侵占你的个人空间来利用你的信任和善意获得好处。时刻警惕对方的行动，时刻捍卫自己的底线。
5. 如果发觉被对方利用立即使用正式的司法程序来保护自己。
如何处理基于认同的不信任
1. 对双方的分歧做好心理准备，如经常性的争端、看法的不一致、观点相悖或者方法和原则的分歧。
2. 假设对方如果有机会就会利用你。时刻严密监视你的底线是否被突破。
3. 最大限度地降低对对方的依赖程度，小心应对无法避免的依赖问题。小心警惕被利用的情况，尽量采取克制和冷漠的态度与对方进行交涉。
5. 尽量不要将个人隐私泄露给对方以免被对方抓住弱点。不要与对方分享任何私密的重要信息，并假设如果这么做了就会遭到背叛。
6. 在跟这个人的交往中总是假设："最好的进攻就是防守！"

资料来源：Based on Lewicki and Stevenson，1998；Lewicki，McAllister，and Bies，1998；Lewicki and Wiethoff，2000；Lewicki，2006.

关于信任和谈判的最新研究

很多学者对谈判中的信任展开了深入的研究。[5]早期的研究对于信任的定义较为粗糙，且通常研究的实验环境也较为粗糙，因此得到的成果较少。早期的研究认为较高程度的信任可以使得谈判过程更顺畅容易，而较低程度的信任使谈判变得更加困难。类似地，整合式谈判有助于双方建立更多的信任，同时分配式谈判会降低双方的信任。[6]一些近期的研究成果显示信任和谈判行为之间存在更为复杂的联系。下面是这些发现的一个总结：

● 很多人面对未知的另一方会建立起新的程度很高的信任。虽然理论上在新的关系中人们应当从零开始建立信任，实际上，大多数人在几乎没有什么有效信息的情况下，愿意假设对方是可以信任的，并给予对方高度的信任（Kramer，1994；Myerson et al.，1996）。

● 信任会带来合作的行为。相互信任的两方会按照合作策略来部署行动（Bulter，1995，1999），因此，信任可以促使两方按照一个整体来统一协调行动。

● 个人动机影响双方信任的建立以及对对方行为的预期。存在更多合作动机的个体比个人动机强烈的个体表现出更多的信任对方的举动，也更加令对方信任（Olekalns，Lau and Smith，2002）。

● 当信任建立后，信任者和被信任者关注点不同。信任者更多关注信任对对方带来的风险（如对对方的依赖让他们变得更脆弱），而被信任者则倾向于关注信任给他们带来的收益。这样就得到一个从双方视角来看并不平衡的谈判天平（见第5章）。风险较低时，信任者容易投入更多的信任，但是他们投入信任的程度并不取决于对方从被信任得到的收益。反过来，被信任者投入信任的程度取决于从信任者处获得的收益，而不取决于对方由于信任而产生的依赖导致的脆弱程度。除此之外，双方对于影响对方决策的因素并不会特别敏感（Malhotra，2004）。因此，如果双方可以更清晰和直接地针对一方感受到的脆弱性和一方预期的收益以及如何有效地处理这些问题进行沟通，会大大促进互信的建立。

- 采用分配式谈判方式还是整合式谈判方式将会影响信任的建立。在一个分配式谈判中，信任者会关注他们将会承担的风险，而另一方则会关注从对方获得的收益。就像上文中提到的不公正的天平，任何一方并不会站在对方的利益上来考虑，也并不关心能赢得多少对方的信任，双方都不能从对方角度考虑对方关心的风险和收益的问题。因此，信任不能完全建立，或者被破坏的可能性大大提高，如果有一方能从对方角度考虑的话，那么他将得到更多积极的反馈。如果训练谈判者从对方的角度来考虑问题，那么正向的回馈机制将会加强（Malhotra，2003）。

- 谈判者之间良好的信任预期将带来更大程度的信息共享（Butler，1999）；反之，不信任的预期将降低双方的信息共享程度（Butler，1995）。

- 更大的信息共享程度有助于提高达成良好谈判结果的可能性，而较差的信息共享会减小达成良好谈判结果的可能性，尽管这一结果并不是必然由信任产生的（Butler，1999；Olekalns and Smith，2001）。

- 在分配式谈判中，谈判者将谈判对话和对话中的关键问题都看做最基本的谈判任务的一部分（打个比方，就是如何分配利益）。分配式谈判也会使一方负面地评价另一方的品质（参看第5章的讨论）。双方这样的举动会降低相互之间的信任。与之相反，在整合式谈判中，谈判者更关注对方的兴趣点、双方关系和其他积极的影响并更加正面积极地评价对方，这些举动会促使双方增进相互之间的信任（Olekalns and Smith，2001）。[7]

- 信任将会促使谈判朝着有利的方向发展。在第4章提到，研究者开始审视在谈判中促使谈判进程朝有利（或者不利）方向发展的转折点——关键事件、评价和行为等。一项研究表明，信任增加了双方在兴趣和关系方面出现有利转机的可能性，减少了双方在分配的任务中不利转折点的数量和对对方负面品质的评价。这些带来了谈判结束时更高程度的信任和更低程度的不信任，同时，这既能增加基于权衡的信任，也能促进基于认同的信任（Olekalns and Smith，2001，2005）。

- 相比于网上沟通，面对面的沟通更有助于双方之间建立信任。有证据表明，在网上沟通的谈判者在开始谈判前，对于获得对方信任的期望较低，对谈判的结果也更加不满意，在谈判中的表现也更加不自信，谈判后对他人的信任程度较低，在将来与他人继续合作的意愿也较低（Naquin and Paulson，2003）。

- 在谈判中代表他人利益而不是自己利益的谈判者，较不容易获得他人的信任（或更不值得被信任），同时也更容易表现出对他人的不信任。获得较少信任会使得谈判者较少与对方形成付出—给予的良性循环，对对方给出良性循环的可能性也表现出较低的期望（Song，2004）。

● 相比逐渐增多的对信任作用的研究，我们发现持久而深入的不信任更会显著地增加谈判的不确定性。克雷默（2004）研究了“狂想症”，即一种持久的、不理智的对他人的不信任感，伴随着对探索的恐惧、缺乏自信和对他人动机的怀疑。这种“狂想症”将显著影响人与人之间的交互模式以及谈判过程。克雷默提出了很多历史上的领导人因为类似狂想症（对他人的不信任感）而阻碍其成功的例子。

信任的修复

之前的研究表明，信任极大地推动了谈判进程，促成了更多的整合式谈判，产生了更好的谈判结果。不信任将阻碍谈判进程，导致更多的分配式谈判，并且削弱了谈判的效果。由于信任、积极的谈判过程和结果是非常重要的，我们接下来讨论修复被破坏关系的方法，以便于谈判向更有利的方向发展。

来点儿胡椒…和咸盐

“我们道个歉吧，但是不要提及贡献、表达悔意或者说到责任。”

非常多的研究分析了修复信任的方法。[8]下面是其中的一些研究成果：

● 信任破坏的程度越大（对方因信任破坏而付出的成本更高），信任和双方的关系越难以修复。

● 相比过去曾经有过一段不愉快的历史，愉快的历史使修复信任的难度降低。

● 破坏信任后道歉越迅速，效果越好。

● 道歉越真诚，效果越好。

● 勇于承担个人责任的道歉比将责任推卸给外界的道歉效果更好。如果道歉能让对方认为是己方真诚地承担了个人责任，将带来更好的效果。

● 如果破坏信任的影响力仅局限于单独的事件中，影响不会扩大或者再次发生，那么道歉的效果要更好（Tomlinson，Dineen and Lewicki，2004）。

近期的研究表明，在一连串不值得信任的行为之后，如果破坏信任的行为不含有欺骗，那么修补信任的可能性要大一些。欺骗远远比不值得信任的举动对信任的伤害要大，发生欺骗之后，信任的修复难度要大大增加（Schweitzer，Hershey and Bradlow，2006）。

公正

第三个对关系产生很大影响的因素是公正。同样，公正也是组织科学中非常重要的一项内容，例如，个人经常会质疑他们的薪水是否公正，他们的待遇是否公正，或者某些群体（女性、少数族裔、来自其他文化的人群）是否得到了公正的对待。

研究结果显示[9]，公正有以下几种形式：

分配公正是关于产出分配的公正性。一方可能会在意是否得到了与其付出相匹配的结果，成果是否被公平地分配了，或者是否按照需要分配了成果（Deutsch，1985）。例如，本顿和德鲁克曼（Benton and Druckman，1974）的研究表明分配式谈判中的结果公正就是按照争执的两方所要求的中间程度进行分配（也就是所谓的折中方案，见第2章）。[10]这个折中点的设置有助于两方妥协从而增加解决分歧的可能性（Joseph and Willis，1963）。然而，桑达克和泰勒（Sondak and Tyler，2001）发现在重要的分配问题上（例如，谁应该在圣诞节工作，或者谁应该获得最好的车位），很多人更倾向于请第三方来进行裁决，而不是双方协商解决问题。

程序公正是关于产出分配的程序的公正性。一方可能关注在谈判过程中是否得到了公正的对待，如他们没有得到充分发表其观点的机会，或者他们没有得到应有的尊重。由于谈判是双方创造的一个讨论如何分配产出的平台，程序公正在大多数谈判中就显得非常重要。当一方在评判第三方的行为时，程序公正的问题就显得尤为突出。泰勒和布莱德（Tyler and Blader，2004）强调了程序公正对于第三方的重要性，只有保证了程序的公正，第三方的行为才会被认为是中立和值得信任的，被裁决的双方才会接受他们的评判，同时权威机构，如警察局，才会主动地接受他们的裁决和指导。

互动公正是指在一对一关系中双方公正地对待彼此。研究显示人们对于他人如何对待自己怀有强烈的预期。当这些预期被破坏时，人们会觉得遭受了不公平的对待。比斯和蒙戈（Bies and Moag，1986）发现当对方有欺骗行为、不真诚坦率、无作为、行为粗鲁、提出不合适的问题、说出歧视性的言论、做出不公正的决定以及采取不公平的行为，谈判者会感觉公平的标准被破坏了。夏皮罗和比斯（1994）肯定了上面的论断，他们还发现在谈判中使用压制性的态度会被看做具备较低的合作性和更不公平，因为另外一方会觉得他们受到了不公平的对待。

系统公正是指组织内部对待个别群体的方式以及关于如何对待他们的惯例的公正性。当某个群体遭到了歧视、被剥夺了某种权力、系统性地被支付了较少的报酬或者提供较差的工作环境，他们会很少归结于程序方面的原因，而是更多关注组织在对待他们这个整体的偏见和歧视。我们将会在第12章讨论这些传统的弱势群体回应系统性歧视的方法。

有学者对谈判中的公正性问题进行系统的研究。下面是一些这方面近期的研究成果：

● 参与形成谈判策略将会提高对这个策略的认可以及执行的意愿。这是程序公正带来的效果（Jones and Worchel，1992）。积极参与谈判，并形成谈判策略的一方，将有更大的意愿执行策略和实现团队的谈判目标。

● 在分配式谈判中，如果谈判者（在市场交易中的买家）能被激励更多地考虑公正性的问题，他们将会更好地参与合作，更容易妥协，表现得更加公正，能更快速地达成协议，对他人怀有更积极的态度。当然，作为回报，他们也希望对方能公正地对待他们。然而，当面对合作性的行为，另一方没有做出积极的反馈，谈判者会立刻采取报复的手段并将对方的不良行为公之于众。因此，声明己方的行为是公正并鼓励他人也采用公正的行为将是公正交易中最好的选择。不过，要防止他人利用所谓的公正举动来暗度陈仓，迷惑谈判者（Maxwell，Nye and Maxwell，1999，2003）。

● 同样，当一方认为他们所获得的回报是不公正的，他们会拒绝和放弃这种回报，即使这种回报要好过一无所有。这是一种无法言明的谈判现象。经济学家认为得到任何大于零的收入都应该被接受（如果另一种可选项是零收入），但是研究者发现谈判者经常会拒绝这种小额的回报（Pillutla and Murnighan，1996）。很明显，一个比理应得到的更少的不公正的回报，会激怒一个人并伤害他的自尊，谈判者宁可牺牲整体的交易也不愿意接受一个小小的象征性的解决方案。

● 针对目标建立一些客观的标准将会对推动谈判、增强谈判的效果，起到明显的积极作用（Fisher，Ury and Patton，1991）。我们在第3章讨论了设立一个客观标准的作用。克里斯滕森（Kristensen，2000）发现，在一群参加商业收购的模拟实验的学生中，知道公司的价格公平的买家表现得对报价更加满意，更愿意收购该公司，也更愿意在将来与对方开展合作比伦斯和范波克（2004）发现对于对手的最佳替代方案和对于目标对象市场估计价格的了解将会很大程度地影响谈判者对于交易是否公正的判断。

● 对公正的判断取决于第5章讨论的主观偏差的类型。例如，一些谈判者会产生有利于己方的主观偏差，从而倾向于在进行利益分配时使自己的份额更大，甚至对最明显的平均分配的公正规则都视而不见。近期的研究发现，可以通过严格的相互检查来减少这种利己偏差，即重新认识对方受到公正待遇的必要性，切实公正地对待对方，可以减小利己偏差，更公正地分配资源，快速解决争端，更少造成僵局（Leung，Tong and Ho，2004）。

● 当然，很多主观偏差来自于文化差异。至少有一项研究显示，更强调个人优点以脱颖而出，显得比别人更好的个人主义文化（如美国）、比更关注自身的缺点以融入对方的集体主义文化（如日本）更容易产生主观偏差（Gelfand et al.，2002）（我们将在第16章仔细研究文化差异）。

经过如上对公正内容的讨论，即如何看待产出分配的公正、如何看待决策程序或者如何去对待他人，我们可以发现很多研究中并没有在谈判中讨论公正问题。一些学者研究了第三方如何根据对公正的理解来行动（Karambayya，Brett and Lytle，1992）。当个人在组织内部进行谈判时也会有公正性的问题，如在组织内以专业分工划分出工作职责和责任担当。这些事项应当被有效地解决，以免一些认为受到不公正待遇的争端出现（见专栏10.6）。人们通常认为谈判达成的交易应该是程序公正的，因为在谈判中双方一起做出决策，谈判的参与者预先知道交易条款，彼此都对过程表示赞同。然而至少有一项研究显示这样的协议达成后谈判者会认为对方并没有那么公正且不愿意在今后与他继续进行交易。因此，与其让事情更加公正，不如将重点放在解决由于交易者没有意识到的主观偏见而导致的争议和对他人动机及品质的不良揣测上（Molm，Takahashi and Peterson，2003）。

最后，尽管我们将公正的四种形式视为彼此独立的，但实际上，它们之间经常是相互交叉的。例如，一些学者研究了程序公正和分配公正之间的关系[11]，他们发现，如果一方认为得到的结果并不公正，那么其往往也会认为分配结果的程序也不公正，反之亦然。对分配不公正的感受很可能会影响对决策过程的满意程度，而对程序不公正的感受也很可能会影响对分配结果的满意程度（Cropanzano and Folger，1991）。

专栏 10.6

特殊的交易：灵活度还是公平性

卡内基梅隆大学的丹尼斯·鲁索（Denise Rousseau）教授长期研究雇佣关系以及雇用者与员工之间的心理契约。她讨论了这种“特殊的交易”（2001），即与其他员工相比，某些员工遭到的特殊对待方式。很多特殊交易的现象发生在工作范畴中，如培训假期、弹性工作制、在家工作、独立项目工作、志愿者工作等。过去这些特殊交易只针对资格较老的员工或者一些特别的岗位，鲁索发现现在这种现象越来越普遍了，不像过去只针对小部分群体。这种特殊的交易成为工作中灵活性和创新的来源，同时，也带来了对公正和一致地对待不同等级的员工问题的关注。如下是一些特殊交易的调查结果：

1. 当员工具备以下条件时，特殊交易的情况更普遍：

- 更具市场竞争力（如在职场中有更好的备选工作）；
- 更愿意针对工作条件进行协商；
- 更了解市场和商业知识；
- 在小型或创业型公司中工作；
- 在知识导向的公司中工作（就职于信息或服务类公司而非一般制造业）。

2. 在某些国家，如美国、英国、新西兰等，特殊交易的情况更普遍。

3. 有下列情形时，特殊交易更容易有效运转：

- 管理者和员工之间有高质量的关系；
- 岗位职责和要求得到了充分的理解和认识；
- 绩效考核标准清晰明确；
- 员工信任公司的考核评价体系；
- 协同工作的员工之间对考核评价体系达成共识；
- 协同工作的员工之间存在相互支持的关系；
- 协同工作的员工信任管理者；
- 当灵活性受到限制时，公司对此进行合理的解释和清晰的说明，这样的特殊交易被看做公司中能够分享和应用的创新来源。

资料来源：D. Rousseau，“The Idiosyncratic Deal：Flexibility vs. Fairness?” *Organizational Dynamics* 29，no 4（2001），pp. 260－273.

声誉、信任和公正三者之间的关系

并不是只有公正的各种形式之间存在关系，声誉、信任和公正三者也会相互影响，形成我们对他人行为的预期。例如，一方认为另一方在过去一直表现得很公正，或者相信在将来会表现公正，他将会信任对方（Lewicki，Wiethoff and Tomlinson，2005）。可以预测，公正将会提高双方的信任程度，并带来良好的声誉。一些研究和实证也发现当一方受到不公正待遇时，他会被激怒，令其对不公正的结果本身及造成这种结果的原因进行报复。[12]不公正的行为将会带来不信任和不好的声誉。信任、公正和声誉是在有关系存在的背景下谈判的核心，并且相辅相成。我们只有考虑清楚如何以这三个维度评价他人（和我们自己），才能够理解复杂关系中的谈判。

小结

在这一节中，我们考察了关系谈判中最主要的三个元素：声誉、信任和公正。它们不仅都很重要，而且相互影响，相辅相成。信任对于关系来说是最核心的，它不仅存在于市场关系中，在拥有共同的经历和可预期的未来，彼此关联的集体关系中更加重要。除此之外，公正对一段关系也非常重要。在很多谈判中——夫妻、商业合作伙伴、国家之间，如中东各国，参与方对分配结果的公正性和分配过程的公正性都会很关注。最后，过去从自己或他人经验中得到的对于对方的信任和公正性的认识将在很大程度上影响一个谈判者形成积极还是消极的声誉，这些声誉在很大程度上决定了他们在谈判中采取的策略。

不仅仅是这些因素对于关系很重要，建立关系对于成功的谈判也起到了基础和关键的作用。关于一个公司通过建立关系来促进销售的方法，参见专栏10.7。

专栏 10.7

捷蓝航空公司的道歉

2007年2月14日，情人节，美国捷蓝航空公司却在这一天经历了一场危机。纽约2英寸厚的冰雪造成了1 000多架次航班的取消和延误，乘客在机场等待了将近9个小时，这个事件被媒体广泛报道，捷蓝花费近一周才恢复了正常秩序。虽然其他航空公司同样遭受了这场暴风雪的影响，但捷蓝遭到最多的曝光，主要原因是捷蓝在过去七年中的良好表现使得其忠实顾客对其表现形成了更高的预期。

捷蓝的创始人兼首席执行官戴维·尼尔曼（David Neeleman）面临着如何修复大众信任，从而保持公司在顾客心目中的良好形象的难题。在危机后的一个星期里，戴维出现在每一个地方和国家的新闻媒体中，他承认公司在决策和组织管理方面出现了问题。他不断地道歉，承诺将会改正错误，并保证杜绝再次发生相同的问题。两个星期以后，在访问捷蓝网站的人群中，有43%的人认为捷蓝还是他们心目中最喜爱的航空公司。

在航空公司已经很难赢得顾客的认可和信任的今天，尼尔曼成功化解危机的例子成为创造值得信赖的品牌，并在危机中保持品牌声誉的一个经典案例。国际危机管理机构首席执行官布莱德认为："一个公司在危机中唯一最需要表现的就是它对于危机的重视。这不是一种态度，而是切实的行为。"

资料来源：C. Salter，"Lessons from the Tarmac，" *Fast Company*，May 2007，pp. 31 - 32.

修复一段关系

修复一段关系有许多步骤。努力克服不良声誉，重新建立信任，在关系中重建公正，说永远比做容易很多。费希尔和厄特尔（Fisher and Ertel，1995）提出了一系列有效地进行整合式谈判和改善关系的诊断步骤：

1. 造成现在误会的原因是什么？怎样能更加了解它？如果一段关系遇到了困难，是什么导致了这一困难？应当如何收集信息并改善情况？

2. 造成信任缺失的原因是什么？怎样来修补可能被破坏的信任？修补信任是一个长期而缓慢的过程，它要求对过去行为充分的解释、道歉，甚至是赔偿（参见专栏10.7）。

3. 造成一方或双方感到遭受胁迫的原因是什么？怎样做能尽量地说服对方而不是胁迫对方采取一定的行为？怎样消除给彼此造成的压力以便让双方自由地发表关于问题和解决方式的意见？

4. 造成一方或双方感到不被尊重的原因是什么？怎样向对方表示尊重和接纳？怎样让双方相互欣赏对方的贡献以及双方曾共同取得的成果？怎样恢复双方的相互尊重并对彼此的贡献进行肯定？

5. 造成一方或双方不愉快的原因是什么？怎样来平衡情绪和理智？怎样来平复双方曾经的愤怒情绪、挫败感、沮丧和失望？怎样发泄这些情绪，或者理解造成它们的原因，以便克服这些情绪？

这些都是很重要的问题。如果关系问题并不明显或是暂时的，那么参与者可以在内部自行解决。如果问题持续时间很长，让一方或双方遭受了很大损失，就需要第三方介入进行干预了（见第19章）。

本章小结

在本章中，我们考察了现存的关系是如何影响谈判的。大多数的谈判理论和研究都是建立在这样的实验设定的基础上，即谈判双方彼此不认识，认为交易是一次性的，双方在未来不会有进一步的交易，而且是基于价格和数量的市场交易。然而很多商业、法律、政府、社会团体和国际组织的相关领域中的谈判，谈判各方都有交往的历史（或者预期未来会有交往），在这样的情况下各方之间的关系将对谈判产生很大的影响。

除此之外，我们不能假设谈判者只在市场中进行商品和服务的交易。很多谈判者关注如何与对方一起高效地工作和生活，当关系产生问题时应当如何解决。在本章，我们评价了过去仅仅基于市场交易的传统关系理论，考察了关系的几种不同形式，尤其是集体关系和从属关系。在这些关系中，我们看到参与者将单一的对价格和交易的关注转向了对未来关系的关注，具体包括双方对彼此的信任程度、公正问题和良好声誉的建立。我们认为大多数谈判会包括这些因素，未来对于谈判的研究也应对于这些因素的特殊复杂性给予更多的关注。

在第11章，我们将会从另一个角度考察谈判关系：如果谈判者代表他人而非本人的利益时，谈判情形会发生怎样的变化，以及存在两个以上的参与者时谈判过程将如何展开。

关键术语

交易谈判（transactional negotiations）：仅就达成货物或劳务交易所进行的谈判。

关系谈判（relationship negotiation）：谈判参与者在彼此存在关系的情况下所进行的谈判。

调和（accommodation）：在谈判中为了发展长期关系，因照顾对方的偏好而牺牲己方利益做出妥协的一种行为。

关系（relationship）：存在于双方之间的一对实体，意味着双方对于过去或者将来的互动的认知会影响当下谈判者所采取的行为。

集体关系（communal sharing）：存在于团体组织中的关系，往往伴随着集体归属感和对另一方的认同感。

从属关系（authority ranking）：由等级差异所产生的关系，体现在上级发布命令与指示，下级服从与尊重上级的命令。

平等关系（equality matching）：双方之间平等互利的关系，双方相互付出并得到相应的回报。

市场关系（market pricing）：通过统一的价值尺度衡量交换物，以此来权衡成本和收益，并在此基础上展开的互动关系。

声誉（reputation）：他人或其他组织从过去经历中形成的对本人、本组织的印象。

信任（trust）：针对他人的言论、行动和决定能否实现的信念。

基于权衡的信任（calculus-based trust）：以遵守诚信获得奖励和破坏诚信受到处罚作为基础建立的信任。

基于认同的信任（Identification-based trust）：以对个人的性格和品德的认识为基础建立的信任。

结果公正（distributive justice）：产出分配的公正性。

程序公正（procedural justice）：分配产出的程序的公正性。

互动公正（interactional justice）：在一对一关系中双方互动方式的公正性。

系统公正（systemic justice）：组织内部对待个别群体并为其提供发展空间的公正性。

注释

[1] See Holmes and Murray, 1996; Kelley et al., 1983; Reis and Patrick, 1996; and Rusbult and Van Lange, 1996.

[2] Greenhalgh, 2001; Greenhalgh and Chapman, 1996; and Tuchinsky, Edson Escalas, Moore, and Sheppard, 1994.

[3] Earlier papers by Lewicki and Bunker (1995, 1996) suggested three types of trust: calculus-based, knowledge-based, and identification-based. However, their more recent work has eliminated the knowledge-based form of trust, suggesting that knowledge of the other was more a component of the relationship itself than of trust. Thus, later theorizing only discusses calculus-based and identification-based forms of trust.

[4] See Lewicki, 2006.

[5] For example, Butler, 1991; Kimmel, Pruitt, Magenau, Konar-Goldbaud, and Carnevale, 1980; Lindskold, Bentz, and Walters, 1986; Schlenkler, Helm, and Tedeschi, 1973; and Zand, 1972, 1997.

[6] As we noted earlier, a problem with much of this research is that it tends to view trust as a simple, unidimensional construct characteristic of market exchanges (Kimmel et al., 1980; Tedeschi, Heister, and Gahagan, 1969). Because relationships are complex, multifaceted, changing over time, and often grounded in compatibility of personalities, interpersonal styles, and values, it would appear likely that the more complex models of trust we suggest in this chapter really operate in close communal relationships the same as in arm's-length market transactions.

[7] See Koeszegi (2004) for a description of the process of trust-building in interorganizational relationships.

[8] See Bottom, Gibson, Daniels, and Murnighan, 2002; Kim, Dirks, Cooper, and Ferrin, 2006; Schweitzer, Hershey, and Bradlow, 2006; and Tomlinson, Dineen, and Lewicki, 2004.

[9] See Sheppard, Lewicki, and Minton (1992); and Greenberg and Colquitt (2005) for reviews of justice issues in organizations; and Albin (1993) for a commentary on the role of fairness in negotiation.

[10] See also Lowenstein, Thompson, and Bazerman, 1989.

[11] See Ambrose and Arnaud, 2005; and Brockner and Wiesenfeld, 2005.

[12] See Greenberg, 1990; Sheppard, Lewicki, and Minton, 1992; and Skarlicki and Folger, 1997.

第11章 代理人、委托人、观众

学习目标

1. 理解在谈判的动态发展中，新加入的谈判者是如何影响两人谈判的；
2. 探究谈判者不得不代表其他人（如代理人）的利益而不是自己的利益时，谈判会如何发生改变；
3. 考虑委托人和观众对谈判采取的关键行为及其对谈判的影响；
4. 获取关于委托人如何管理其代理人以及代理人如何管理其委托人的建议。

在本章中，我们将集中讨论谈判在发生以下几种情况时会如何发生变化：（1）我们从研究简单的一对一谈判到有其他各方加入的谈判中的情况；（2）在这一过程中谈判者作为代理人出现——他们不只提供自己的观点和看法，而且要代表不在谈判桌上的人的观点，这种情况叫做“代理关系”。

我们的目标是检验新增加的谈判者如何使谈判环境变得更复杂且富于动态变化。我们检验当谈判者代表的是其他人的利益而非自己的利益时，谈判是如何变化的。在这种更大的环境中，个体及团体试图对谈判者施加直接或间接压力以主张自己的利益。谈判者所使用的影响战略的类型以及随着谈判方数量的增加谈判者采取的不同类型的影响策略。

11.1 谈判中谈判方的数量

在谈判中应该考虑的一个重要方面就是：实际参与谈判的谈判方的数量如何影响谈判动态，或者在谈判桌上受谈判影响的谈判方的数量会如何影响谈判动态。最简单的谈判模式就是谈判二分体。这种结构发生在两个孤立的个体（谈判者）间为各自的需要和利益而进行谈判的过程。谈判中的每一方只负责陈述和维护他的立场和需要，并与另一方一起达成协议。每一方都有全权决定是否接受谈判结果并达成交易。

当谈判者不止两人时，谈判就变得复杂了。例如，一个家庭正在决定要去哪里度假时，每一方（妈妈、爸爸、两个孩子和奶奶）有各自的偏好与首选。尽管每一方只需对自己的立场与需求承担责任，但是协议必须能够反映所有各方的观点（通常一些地位较低或有较弱谈判力的谈判方不得不同意由其他人所达成的协议）。当有超过两个谈判方时，很有可能一些谈判方会形成同盟，在数量上或利益的一致上寻找共同力量（我们将在第 12 章以联盟为话题展开对联盟动态的讨论）。

谈判也能够在谈判团队之间发生，一个团队由处于同一立场的两方或多方组成，他们共同主张相同的立场和利益。团队内的谈判力（如一些成员比另一些成员更具谈判力或地位更高）会影响团队间的谈判过程，而且随着谈判者数量的增加，找到共同需求并满足所有人利益的可能性下降。我们将在第 13 章中讨论组内谈判有效实施周密计划的必要性。

谈判会随着参与者数目的增加而变得更加复杂，通常情况是，谈判者不仅代表他们自己而且代表其他人。在这种情况下，我们会把谈判者描述成一个代理人，把他所代表的个体称为委托人（也叫做主体）。委托人是指在谈判中指定某人（代理）来代表他们自己的立场与利益的一方或者多方当事人。代理人与委托人的典型例子是一名律师与一位客户，一名售货员与她的老板或经理。委托人通常不参与现实的谈判（尽管他们可能在场），相反地，他们会选择让代理人代替他们向另一方要求他们的利益并向他们准确汇报谈判中所发生的情况。

最后，当观众、旁观者及第三方也积极地参与到谈判中时，谈判就变得相当复杂了。旁观者是指那些在谈判中有一些利害关系并关注实质性问题以及解决办法过程的人，但是在谈判桌上并没有正式的代表性。旁观者会频繁地跟从整个谈判，向谈判者传递公众或个人关于潜在的结果或过程的看法。观众是指任何个体或者团队，他们并不直接地涉及谈判或受到谈判的影响，但是有机会观察并且对正在发生的事情做出反应，他们也会时常向谈判者提供看法、意见或批评。旁观者和委托人也经常作为观众，还有并不积极地与另一方进行对话的谈判组成员也经常作为观众出现。最后，我们把第三方看做为了帮助达到谈判的目的而被引入谈判的旁观者。第三方经常能够缓和极端情况，使谈判达成积极的协议。如果旁观者掌握必要的技巧并被视为中立，那么他们能够成为有效的第三方。我们将在本章后面与第 19 章中讨论旁观者与观众及第三方所起的作用。

尽管我们已对这些不同的组成部分加以区分，但事实上谈判各方在谈判过程中起到的作用并不止一种，认识到这一点对于研究谈判非常重要。现在，我们探索代理人、委托人、观众及旁观者是如何改变谈判结果的。

11.2 代理人、委托人、观众是如何改变谈判的

在一次谈判中，经常有些个体并不积极地参与到整个谈判，这是因为有人代表他们参与，有代理人代表他们的利益；代理人谈判的结果会影响到他们的利益，或者他们会观察代理人的表现并提供建议、评论或对过程及结果的评价。若处于这种情况，谈判者必须将其注意力由其他谈判者转向这些个体。我们通常把放在这些额外的团体（不管他们是谁）上的注意力称为“观众效应”。

在本章这一部分，首先，我们必须检验存在于谈判中的观众的不同类型，还有观众会如何影响谈判者的行为；其次，检验谈判者为了更好地与观众和其他谈判者进行互动而主动对观众行为进行管理的不同方法。

观众：团队成员、委托人、旁观者与其他人

有很多不同类型的观众及观众效应。首先，我们把已经提到的所有角色——谈判团队成员、委托人、旁观者，甚至中立方（除了主谈判者以外的每个人）都概括为观众，因为他们都可以起到委托人、观察者、评论焦点谈判者行为的人员的作用。

观众的一种形式就是在商议中与谈判者一同在场的“额外的团队成员”。谈判团队成员可以兼任其他职责：首席发言人、专家或关于某一特定议题的咨询顾问、主张谈判结果相关利益的特定子团队、法律或财务顾问、统计或成本分析员、记录员或监察人。团队成员在谈判中会起到重要作用，但是他们也会随着谈判的演变而转换成另外一种角色。最为普遍的角色转换是从主谈判者转变为一个当其他人在讲话时保持沉默的观察者。观察者可以记笔记、聆听讨论、准备为后面引入的谈判进行评论，或者仅仅是评价和判断眼下正在发言的那些人的行为。谈判者也会将他们的评论转向另一方的观察者。因此，当一个团队成员（主要发言人）似乎在对另一个团队的成员（另一方的主要发言人）直接讲话时，对话的目的也许是要在一些问题上影响谈判中另一方的法律专家。

团队成员可以扮演各种角色。他们可以像谈判对方一样用语言和行为去影响和改变他们的发言人的行为。图11—1表现了两组谈判者之间一场简单的谈判，即在每一方，一个人是首要的发言人（N1），而另一个人（N2）进行协助，但是在每一方内部，他们可以随时转换角色。在本例中，假设重要谈判者是一位有名望的摇滚歌手雅典娜（Athena）和她的经纪人，他们与一家组织下一届超级碗比赛（见图11—2）中场秀的格利兹传媒公司（Glitzy Productions Inc.）的董事长和总经理洽谈一个表演合同。

另外一种观众类型是委托人，委托人是指由谈判中的重点谈判者代表其利益、要求或者优先权的一个或者更多的谈判方。“委托人”这个词通常用于政治上，被选出的官员通常要对选举他们的投票者（他们的委托人）负责任。对于律师、会计

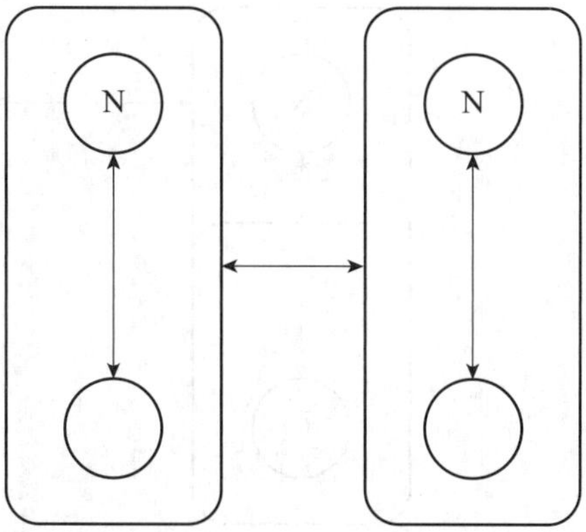

图 11—1　每个谈判者与一位同伴

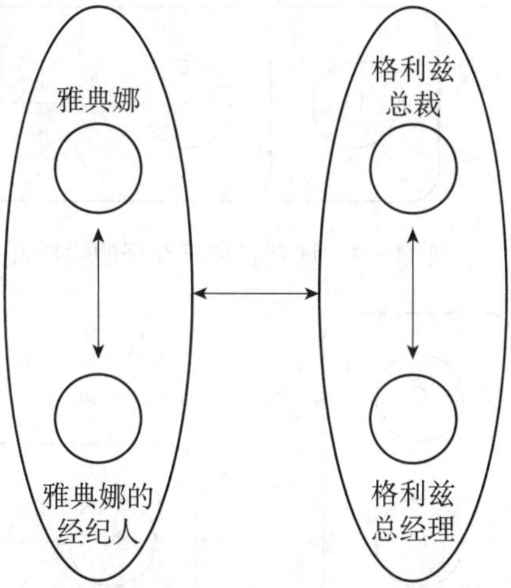

图 11—2　雅典娜及经理与格利兹传媒公司的总裁及总经理

师或者顾客来说，他们的委托人就是他们的客户。这种谈判的社会结构可见图 11—3、图 11—4 和图 11—5。在图 11—3 中，谈判者（经纪人）的委托人也是团队成员（摇滚明星雅典娜），并且出席了谈判。图 11—4 中，谈判者代表了在谈判背景之外的一个委托人（例如，雅典娜没有参与到谈判中，但需要授权这项协议）。在图 11—5 中，谈判者代表了一组委托人（雅典娜的九人乐队——希腊之神——外加媒体推广者、设备管理人、保镖等）。

正如图中所示，有委托人的谈判者经常处于两种完全不同的关系中并且处于两个单独的不同的谈判中。第一种谈判关系是代理人与委托人的关系（有时称作“后桌谈判”，见 Docherty and Campbell，2005）。双方必须要共同决定他们想在谈判中获得的东西（出场费、广告费和推广费等）以及如何获得他们想要的东西的战略和战术。这通常是一场很紧张的谈判，特别是当双方谈判目标以及应该使用的战略和战术存在较大差异时。一旦双方在目标上达成一致，委托人就下放给代理人一些权限和授权，通过谈判达成他们的利益，委托人希望代理人能够在商议中准确并且热忱地代表他们的利益，随后阶段性地汇报谈判进展，并且在谈判结束时汇报最终的

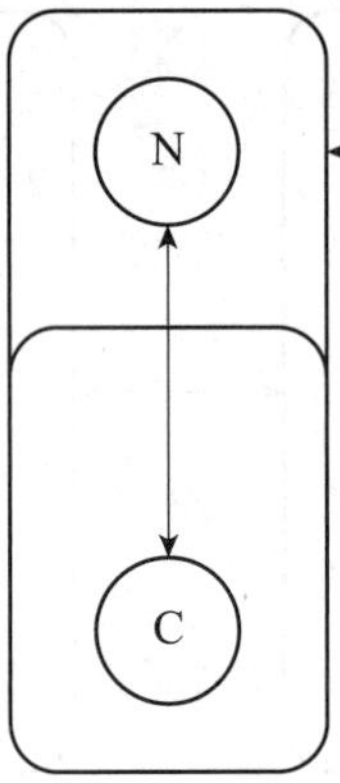

图 11—3 谈判者和在场的委托人与其他谈判者

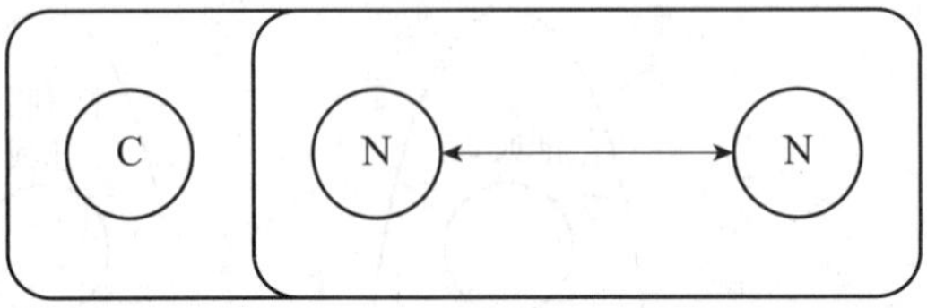

图 11—4 谈判者和不在场的委托人与其他谈判者

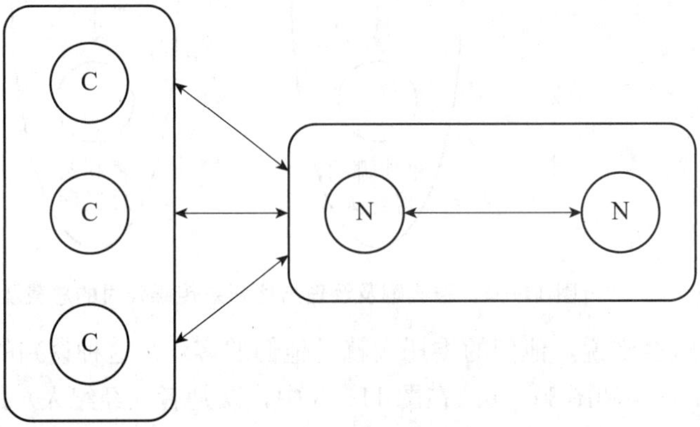

图 11—5 谈判者和多个委托人与其他谈判者

结果。因此，委托人希望从代理人的有效工作结果中获得利益（也可能是损失），并且他们经常根据代理人达到其目标的能力来选择合适的代理人（本章后面会继续讨论此话题）。

第二种谈判关系是与其他代理人（即反方谈判者）的关系，在这种关系中谈判者和另一方努力尝试达到一个可实施且有效的解决办法。这种谈判经常发生在“前桌”（Docherty and Campbell，2005）。达成一致的解决方法可能要求谈判者对于他的委托人订立的目标进行妥协，然后向其委托人解释并且证明妥协的合理性。因为代理人可能没法同时完全地满足委托人的要求并与另一方达成协议，这使得委托人给代理人制造了独特的压力和冲突。我们将在本章详细讨论这种压力和冲突。

第三种观众类型由外部的旁观者和观察者组成。要记住的是谈判团队成员本身也可以作为旁观者和观察者。此外也经常有许多旁观者，他们的利益并不直接在谈判中体现出来，但是他们会受到谈判结果的影响或者具有观察谈判的优势点，以及对过程和出现的结果进行评价的强烈需要。图 11—6 展现了谈判中最具社会复杂性的环境。在我们的例子中，这可能包括其他正在与格利兹传媒公司进行谈判的团体（如其他表演者、负责音质的团队、布景设计师、安保等），还有观察者和旁观者（如娱乐媒体、超级碗组织、负责转播的电视网络等）。这个谈判的公共性在于提供了许多谈判方观察并评价谈判的情景，而且为谈判者提供了利用观众来给另一方谈判者施加间接压力的许多方法。我们将在本章后面部分探讨一些最普通的战术。

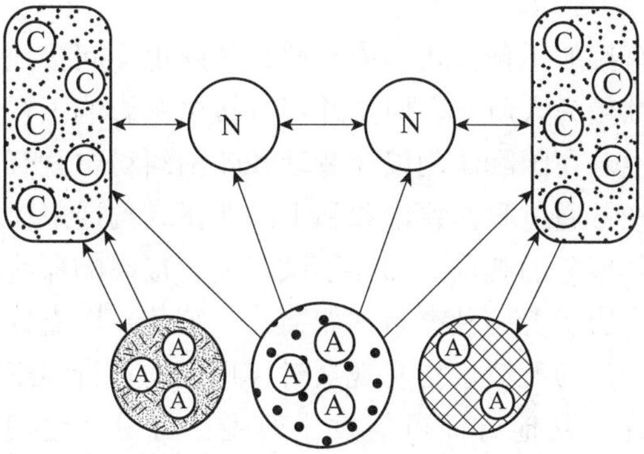

图 11—6　谈判者代表委托人，委托人吸纳了观众的意见

观众的特点

我们能够以几种方式来描述观众的主要特点（Rubin and Brown，1975）。第一，观众根据他们在谈判中是否出席或者缺席而不同。一些观察者（如团队成员）会在谈判期间出席谈判并直接见证事件的发生，其他观察者也许不会参加谈判，而仅仅是通过报告和记录来了解所发生的事情。观众出席还是缺席谈判会影响谈判者的表现，他也许会对出席的观众说一件事情，而对缺席的观众说另外一件事情。除此之外，当观众缺席谈判时，谈判者必须汇报谈判中所发生的事情。当观众没有独立了解发生事情的真相时，这些记录也许不是十分真实或者完整的。

第二，观众可能依赖或者独立于谈判者来获得在谈判过程中所得出的结果。具有结果依赖性的观众由于谈判者的行为和有效性的结果而获得他们的回报。在摇滚音乐会的例子中，与格利兹传媒公司商议的支付给其他团队（如暖场节目、音乐家等）的报酬可能会直接受到雅典娜与格利兹传媒公司签订协议的影响。相反，非依赖型观众就不会受到结果的影响。尽管大众会对雅典娜与格利兹公司之间签订的合同感兴趣，但是他们极少会受到解决方法的直接影响，除了可能受到他们必须支付的门票的影响。其他了解合同条款的乐队也可能会使用该合同作为基准来为自己谋得更好的报酬。

第三，观众影响谈判的主要方式取决于他们牵涉其中的程度，观众也许会直接牵涉到谈判过程中，如果是这样的话，相互影响的复杂性在许多方面就增加了，这取决于观众是谁，什么是紧要的，观众有多大的权力以及观众的选择起什么样的作用。在国际事务中，美国经常干涉其他国家或者地区的内部争端，例如，中东、东欧、前南斯拉夫共和国，以及正在崛起的非洲国家。美国的干涉有多种形式和变化，例如，从表达其对一个特定战术、过程或者结果的喜爱，到试图促进谈判并解决内部难题，再到军事干涉或者支持某一方或者使各方分离来取得一个和平的解决方法。

观众也会定期地给谈判者反馈意见，评价谈判者的效率，并让谈判者知道他们的进展。反馈可能是文字上的，以个人对话和意见、便条、信息或者信件的形式出现。反馈也可能是非文字的，以微笑、肯定地点头或者表示不同意的皱眉头的形式出现。反馈也可能会指向谈判者采取的立场、做出的让步、达成的协议或者在其商议期间的行为方式上。

与这种直接的干预方式形成对照，观众也会间接地牵涉到谈判中。当观众使自己的希望和欲望为人所知，但是并不直接试图影响正在进行的谈判过程时，间接的干预才会发生。在国际谈判以及劳动和政治纠纷中就有一些这样的例子。在一些情况下，美国经常通过政治评论和私下的非正式沟通来让别人了解它关于其他国家应该如何处理其事务的观点，却并不试图去直接影响那些举措。消费者经常受到鼓励去抵制一个商店或者一种产品（如葡萄、莴苣）以支持工会。间接的沟通也经常给另一方提供大量的反馈，指明观众对代理人的言行同意或者不同意的程度。

观众在许多其他方面可能发生改变：身份（他们是谁和他们代表谁）、构成（其所代表不同观点的数量和种类）、大小（什么会影响他们所能获得权力的大小）与谈判者的关系（感情纽带、他们能够对谈判实施非正式控制的能力）以及在谈判环境中的作用（准备好试图直接影响谈判者的行为、风格或者沟通的内容）。简而言之，谈判一旦扩大到三方或者更多方，他们相互影响的本质和复杂性就会增加。观众起到了几种不同的作用并试图用不同方式来塑造谈判的过程。除此之外，随着谈判方之间的关系类型由市场交易转变到一些其他的形式（参见第10章），谈判问题、策略和过程也会随之发生改变。

在我们更为详细地讨论观众之前，我们先对观众以及他们影响代理人行为的主要方式的最重要原则进行总结。

观众使谈判者更加努力、更加强硬

研究表明，观众（委托人）的出席会增加谈判者的热情，也就是说当谈判者知道他们正在被监督时，他们就会更加努力。仅仅意识到他们正处于监督之下，就能够激励谈判者不畏困难地行动。在一项实验中，卡内瓦莱、普鲁伊特和布里顿（Carnevale，Pruitt and Britton，1979）告诉在实验谈判情况下的一些对象他们正在被其委托人通过单面镜观察，而其他人认为他们没有被观察。相信自己正在受到监督的谈判者更可能以分配式的谈判方式来处理他们的谈判，并使用威胁、承诺战术和令其对手难堪的方式来取得优势（详见第2章）。他们不太可能使用整合式的谈判战术，并且他们要比不受监督的谈判者取得更少的共同成果。德鲁克曼（1994）在分析了大量对委托人影响的研究之后，指出公开谈判之所以缺乏灵活性大部分是由于对谈判代表施加了过大的压力，使得谈判者采取了强硬姿态。时间的压力也会极大地影响这种灵活性。莫斯特德和鲁特（Mosterd and Rutte，2000）发现，当谈判者为其自身谈判时，时间的压力会使谈判者表现得更不具竞争性，从而使得更多的谈判得以达成协议。相反，当谈判者为其委托人谈判时，时间的压力会导致沟通更具竞争性，谈判更容易陷入僵局。

谈判者从观众那里寻找肯定的反应

观众的出现不仅激励谈判者更加努力，而且激励他们从观众那里寻找肯定的评价并避免否定的评价。这样，由于谈判者试图给观众留下印象来获得有益的评价，观众的热情就增加了。乔斯沃德（Tjosvold，1977）指出，从委托人那里得到强烈肯定的谈判者不愿意迁就其他谈判者的立场，以维护他们对委托人的竞争性形象。因此，经常会有积极的自我形象和与另一方达成协议之间的权衡，对谈判者来说积极的自我形象可能会占支配地位。

来自观众的压力会迫使谈判者采取“不合理的”行为

除了纯粹的观众在场之外，重要观众（因其观点和支持性的评论而被重视）的在场对谈判者的影响更大。由布朗（1968）进行的一项经典研究揭示了来自重要观众的反馈对于谈判者后续行为的影响。在布朗的实验中，高中学生与他们认为的另外某个学生进行了一场竞争型谈判，事实上，这个人是实验者的同盟，并在实验中使用设计好的战略。在所有的情况中，事先计划好的战略具有侵略性和利用性，因此，学生们在谈判开始处于劣势，然后学生们从他们的同伴（他们认为观察了第一轮谈判的人）中获得了反馈信息。他们告诉这些学生由于在第一轮谈判中他们看上去很脆弱而且很愚蠢，或告诉他们由于他们公平地参与第一轮谈判，看上去很优秀而且很强大。然后，学生们开始了谈判的第二轮。在这一轮谈判期间，他们有两种选择：使用报复性的策略来报复利用他们的对手（这一策略操作起来会花费他们大量的金钱）或使用第二个不会牵涉到报复的策略，以避免从观众那里得来的否定信息给他们的自尊心带来挑战。这项实验要求研究对象在使用能够赚钱但会在观众面前丢脸（形象和自尊受损）的策略和使用报复手段以恢复颜面但会造成重大钱财损失的策略之间进行选择。正如布朗总结的：

> 结果是引人注意的：在公众面前出丑的主体（收到了轻蔑反馈意见的人）更可能会报复，并且伴随着很严重和强烈的自我牺牲（与收到令主人满意的反馈意见的主体相比较）。特别有趣的是，当被问及他们为什么选择使用严厉的报复手段时，使用了报复策略75%的主体说他们不想因为被人利用而看上去愚蠢和脆弱，并且他们报复的目的是重新证明他们的能力和长处（Rubin and Brown，1975，p. 45）。

在后来的研究中，布朗探讨了主体是否了解报复行为的代价对他们是否采取报复行为起很大作用。在一种情况中，观众知道为了报复主体要忍受多大的个人损失。在另一种情况中，观众不知道这种损失。这两种情况的结果清楚地证明当观众告诉主体他看上去很愚蠢，并且观众不知道主体的报复行为会付出多大的代价时，报复是很严重的。布朗的研究指出了谈判者经常陷于“保住面子”的两难境地：保留在观众面前的形象，但经常要付出不为观众所知的代价；或者丢失面子，但要保留住资源。这项研究清楚地表明当非常需要重新获得在观众面前的正面形象，而且观众不知道谈判者这样做会付出多大的代价时，谈判者最具进攻性。

布朗的研究对于理解观众对谈判者的影响力有几个很重要的含义：第一，研究中的学生对象不知道观众中任何人的身份，仅仅知道他们来自于同一所高中。学生谈判者永远看不到被模糊地定义为一个重要团体的观众，因此，仅被看作要取悦别人的有点重要的观众可能仅通过告诉谈判者他们看上既脆弱又愚蠢就能对谈判者的行为施加有力的影响。第二，即使没有观众在场，一些学生也会对另一方施以报复。这表明谈判对手也会像观众一样做出反应。那些认为谈判对手使他们看上去愚蠢或者认为其行为无力并且无效的谈判者会尽力重新赢得来自其他人甚至是其对手的肯定评价，如“坚强”。专栏11.1展示了两个谈判团队间的一个简单谈判。曾经与一些富有竞争性的朋友进行过“友好”的网球、高尔夫球、篮球或者足球比赛的人会意识到，发生的大多数嘲弄、戏谑和言语上的困扰都是为了削弱对手的自信心，或者刺激他打得更好。所有这些通常是善意的，然而如果评论过于尖刻或者不当的话，嘲弄会马上变得很严重，会使对手感到极其不安并伤害双方的关系。人们能够想象来自于另一方谈判者的关于他很容易“被打败”的信息会产生的巨大影响。谈判者不仅会受到失败的困窘，而且这种困窘会被扩大。这样的评论助长了报复和长期深存的仇恨。

专栏 11.1

代理人争抢球员的压力转化为道德伦理压力

一篇2001年的新闻对以俄亥俄州哥伦布市的运动员代理人进行了特写。这里为代理人的萌芽提供了充分的土壤，这些代理人试图代表俄亥俄州的运动员并将其推向职业运动的舞台，也包括职业的曲棍球运动员、教练、广播员、音乐家。在他们的视角中：

- 成为顶级运动员的竞争非常激烈。在任何一个赛季内，潜在代理人（注册和没有注册的）的数量远远超过运动员的数量。
- 很多代理人选择不为首轮的足球新秀代理。“竞争的唯一途径就是作弊”，代理人兼律师布雷特·亚当斯（Bret Adams）说道，“如果不作弊，你就得不到首轮的新秀代理权。你只能做一些通常不会做的事情，要么打破常规，要么出卖灵魂”。“作弊”包括与已是专业水准的球员签约，给球员们一些福利（现金、车、投资基金）等。亚当为教练及广播员做代理，因为需求比较少，所以他能够坚守道德底线。
- 根据运动项目的不同，一些代理人并没有牵涉到工资谈判中。例如，在为职业女子高尔夫联盟的高尔夫球员代理时，代理人只对与高尔夫器械生产商、肥皂公司、制鞋公司签署的代言合同负责任。
- 许多代理人是律师，因此会受制于道德和法律条款，有些人将其代理行为定义为“神职”，并且会遵循宗教原则来指导其行为。
- 代理的客户不同，佣金的变化范围就很大。2001年，国际足球联盟的合同给了代理人球员合同金额的3%的佣金，但商业代言可至足球球员合同金额的15%、女子职业高尔夫球联盟合同的20%～25%不等。

● 现在很多州制定规范来限制代理人，例如，要求他们在州代理部注册；代理人与球员的合同要用明示语言说明球员违反规则的结果，包括大学生资格的丧失；如果代理人失职，为运动员及大学提供损害赔偿的安全性保障措施。

大量的对于教练、运动员、父母及家庭、代理人自身的教育是避免代理人滥用职权的最佳方式，但是每年都有几起影响很大的案件表明这种问题依然存在。

资料来源：Adapted from J. Caton, "Big Legue Agents," *Columbus Monthly*, June 2010, pp. 54-60.

布朗的研究表明挽回面子对于那些行为高度公开透明并要面对来自观众的大量反馈意见的谈判者来说有多么重要。例如，在关于代表当事人对薪水和合同进行谈判的运动员经纪人的研究中，惠勒（Wheeler，1999）研究了这种代表过程对于代理人声誉的影响。他发现感觉到他们的声誉作为谈判的一部分而受到威胁的代理人要比名誉不受威胁的代理人更可能冒较大的风险，确定更高的离开谈判的点，并可能经常陷入僵局当中（专栏 11.2 提供了不同的观点）。还有其他来自于国际关系、政治和劳动关系的例子。几十年前，林登·约翰逊总统将美国军队在越南南部的出现描述为“可悲无助的巨人”，美国迅速在亚洲东南部派遣了大量军队，为的是“赢得”战争，使得美国军队不至于在国内外丢脸（但最后还是丢脸了）。这种“解放”越南南部的努力不仅是不成功的（使约翰逊和其他人丢了脸），而且招致财政、军事设备和人员上的损失，这些损失的数量在战争结束很长时间后才向公众公开。更近一些，伊拉克总统萨达姆·侯赛因和美国总统乔治·W·布什之间在 1990 年使用了强烈的挑战面子的语言，导致老布什在伊拉克入侵科威特后的与伊拉克的战争升级。十年之后，在对纽约世贸中心和华盛顿特区五角大楼的恐怖袭击之后，美国总统小乔治·W·布什用“邪恶轴心”来形容恐怖主义，并主张应该消灭他们，以此为美国反对恐怖主义而采取的军事行动建立支持。这场战争成为 2004 年小布什和约翰·凯利之间选举的决定性因素，并且从伊拉克撤兵而不会“看起来向对方投降”是布什第二任期中持续辩论的源头，一直延续到 2008 年大选。

最后，当观众仅仅是间接地参与谈判时，这种为了挽回面子的事情也会发生。例如，在 20 世纪 90 年代中期，俄亥俄州的管教部门发言人对在监狱暴动中挟持监狱看守为人质并威胁其安全的犯人团伙的威胁的可信度提出了质疑。当新闻界问及犯人的威胁是否真实时，发言人否认了这种威胁，并称“犯人们一直都在威胁要杀死人质”。在这些评论之后不久，犯人真的杀死了一名警卫——也许要证明他们的威胁是可信的，并要在他们自己的监狱内外的委托人面前挽回面子。

专栏 11.2

“面子威胁的敏感性”被视为达成协议和实现共赢的障碍

一组研究人员最近证实并更新了关于爱面子的力量的布朗经典研究结果。这些研究员最近报告了几项有趣的发现：

1. 个体水平不同，对研究员称为“面子威胁”的敏感度也不同。对面子威胁越是敏感的个体更容易同意以下三点：

“我的情绪很容易受到影响。”

“我对直面的批评无法做出较好的回应。”

“我脸皮很薄。”

2. 在模拟的谈判实验中，当卖方对面子更加敏感时，买方与卖方很难达成对双方都有利的协议。

3. 在模拟的求职面试谈判中，若候选人对面子更加敏感的话，雇主与职位候选人所达成的劳工协议的联合增益就很少，而且这些对面子更敏感的候选人会把自己描述得更具竞争力，这种竞争力权衡了面子敏感性及低联合增益的关系。

显然，面子威胁敏感性在影响谈判结果时是一个很重要的因素。

资料来源：J. White，R. Tynan，A. Galinsky，and L. Thompson，“Face Threat Sensitivity in Negotiation：Roadblock to Agreement and Joint Gain，” *Organizational Behavior and Human Decision Processes* 94（2004）. pp. 102-124.

观众认为谈判者应负责任

观众通过坚持谈判者应该为他们的表现负责以及通过以其表现为基础的奖惩来维持对谈判者的控制。这种责任会在两种主要情况下发生：（1）当观众能看到谈判者的表现并对其表现做出判断时；（2）当观众要依靠谈判者获得他们的结果时。依赖于谈判者表现获得结果的观众通常坚持谈判者在为委托人取得最好的结果的努力中要表现强硬、坚定、苛刻、永不屈服。没能在观众面前表现出这些行为可能会导致对于谈判者的公开批评，希望这些批评能让他们感到难堪，从而以能给观众带来收益的方式表现。这一点在布雷夫和克里莫斯基（Breaugh and Klimoski，1977）的一份研究报告中得到证实。一些代理人成为谈判席位中的一员，而其他没做出帮助的人则成为局外人。谈判结束之后，代理人必须回去并且将谈判协议“卖”给他的委托人（桌后谈判）。谈判组的成员由于之前已参与到建立团队立场的过程中而更难“卖出”他们的协议。

谈判者脆弱或者软弱的特点，或有人出卖，会导致不幸及可预测的后果：（1）谈判者会变得越来越不灵活或者越来越具报复性，来向委托人证明他能够保护他们的利益；（2）谈判者会努力成为一个更加忠诚、尽责，更有奉献精神的提倡者，来主张委托人更喜欢的结果和优先权，以重新获得支持和好评；（3）谈判者会被迫辞职，如果被断定自己不能代表委托人的最佳利益的话。显然，代理人的地位水平似乎并不会影响压力。人们可能希望地位较高的代理人能够相信他们有更多的灵活性和自主性去决定什么对他们的委托人是最好的。地位较高的团队成员（如高层经理或者正式委任的领导）似乎不会比地位较低的成员谈判来得更加迅速，在谈判过程中并没有更少地陷入僵局或者取得更好的解决办法（Klimoski and Ash，1974；Kogan，Lamm and Trommsdorf，1972）。结果，责任压力要比不存在这种压力时更能导致更为长期、更加费时的谈判。[1]

然而，责任对委托人的影响不一定都是不好的。委托人能够使谈判者不会做出极端的或者可能使其以后陷入困境的离谱承诺。例如，柯比与戴维斯（Kirby and Davis，1998）让委托人在模拟生产实验中监督经理的投资决定。实验结果表明受到监督的谈判者比不受监督的谈判者更不可能增加他们对无效益行为的承诺，并且更不可能追求高风险的投资策略。责任感能够使个体决定不使用那些长期看会具有破坏性的冒险决定。法西纳（Fassina，2004）指出委托人可以与其代理人起草至少两份不同的合同。第一份是行为或有合同，在这份合同中代理人基本以其谈判中的表现来决定其报酬。相反，另一份结果或有合同中，代理人以其所得结果来决定其报酬。混合合同既强调行为也强调结果。法西纳指出，谈判的各部分——技能、情感压力、达成一致的可能空间和其他问题——都可能决定合同采取哪种形式，这些不同的合同可能导致代理人的不同谈判行为。

社会结构形态的策略性含义：谈判者的两难处境

观众，尤其是有结果依赖型的观众的在场，会由于两组压力而给谈判者制造矛盾。一组压力来源于委托方与团队，他们希望代理人要强硬、坚定、不屈服并且支持委托方的要求。另外一组压力来源于谈判对手，要求谈判者应该灵活、有调节能力，并愿意参与到“给予和索取”中（图11—6描述了这些同时从相反的方向推动谈判者的压力）。格申菲尔德与沃特金斯（Gershenfeld and Watkins，1999）指出，这些压力制造了信任困境。[2]代理人需要代表其委托人的利益（后桌谈判中树立的目标）而进入到谈判之中，但也需表达其自身利益。谈判者在多大程度上实现自身利益与委托人利益之间有一个度，谈判者必须控制好这个度。两难困境就是委托人越是信任其代理人，代理人就会觉得有更多的自主性和自由去和其他谈判者一起创造价值。代理人更多地参与到价值创造中，就更难以回头说服委托人其新的解决方案与委托人的初始利益是一致的（要注意代理人与委托人签订合同的形式，如结果型或行为型，可能有助于解决这种紧张状态）。

基本的困境是谈判者如何能够既满足委托人对坚定的要求（和有利于他们利益的解决方法），又满足另一方对让步的要求（和有利于另一方或者他们共同利益的解决方法）。答案就是谈判者必须与委托人和另一方都建立关系。一方面，与委托人的关系必须在完全支持他们的要求并愿意在谈判中主张这些要求的基础上得以发展；另一方面，与另一方关系的发展必须通过强调双方的共同目标或者命运的相似点，以及强调建立并维持一种富有成效的工作关系以取得积极结果的愿望来得到实现。然而，每一种关系必须秘密发展，不让其他团队看到。秘密确保了谈判者能够没有责任压力地与另一方进行协商。保守这种秘密要求谈判者具有一定的欺骗行为，因为他必须在不被他人看到的情况下向每一方承诺忠诚和奉献。这是可能通过描述每一组谈判者的期望来实现的。

通常谈判者与委托人在初次见面时就限定了他们共有的利益和目标（后桌谈判）。然后他们与谈判对手私下见面，以使他们能够坦率地陈述委托人的希望，但是也会做出必要的让步，并不会被委托人看作懦弱或者愚蠢的。最后谈判者回到委托人处告知其这种让步，并使其相信已取得的解决方案在这种情况下是可能的解决方案中最好的。因此，对委托方的成功管理就要求谈判者控制委托人和观众对其谈判行为的可见度。没有这种控制的谈判者总是将其行为呈现在观众面前。每一个陈述、论据、让步和错误都在观众的注视之下，他们会遭到批评并且质疑他们可能是不忠诚的。这种潜在的压力是很不受欢迎的，并且正如我们前面所讨论的，可能会导致谈判者提请委托人注意而不是寻求达成协议。

管理委托人是一个非常重要但相当细致的过程。在接下来的一节中，我们试图通过提供两种规范建议来讨论这个过程：（1）给面临委托管理问题的谈判者的建议；（2）给必须管理代理人的委托人的建议。

11.3 给代理人用来管理他们的委托人与观众的建议

弄清角色预期与业绩合同

正如早前所指出的那样，法西纳（2004）已经证明，委托人可与其代理人达成行为合同或结果合同。行为合同只要求代理人具备一些行为（如对一个律师来说，充分地陈述法律事项），而结果合同则要求代理人达到确定的结果（如让对手撤诉）。如果委托人没有详细说明如何对代理人进行评估及给予报酬，那么代理人就应该直接问，这样他就知道应该做些什么并消除误会。博顿等人（Bottom et al.，2006）强调，创立一份具说服力又明确的结果合同可以使得谈判主体（即代理人）得到很大的鼓舞。

劳和法伊诺尔（Rau and Feinauer，2006）指出，在某些场合中，代理人的角色更加复杂。例如，当考虑一名专业人力资源师（代理人）在帮助一名新员工与一家公司争取丰厚的起薪时，代理人可能会表现出以下几种身份：

- 一名讨价还价者（支持公司与新员工议价）；
- 一名倡导者（为新员工代理以使其得到最佳的起薪）；
- 一名中介者（更像一个在公司与新雇员之间的中间人，以确保能达成满意的协议）；
- 一名实情调查者（纯粹为了确保信息在公司与新雇员之间清晰地流动，以期他们能够自行达成协议）。

毫无疑问，这些身份选择显示作为代理人的人力资源专家能够相当程度地改变自己的角色，根据他们与雇主的协议，根据他们自身认为什么是对自己、对新雇员和公司最有利的。在一些情况中，代理人变得更像第三方而不是倡导者（详见第19章）。

阐明达成协议的授权

除了明确角色和绩效期望之外，代理人还应该明确他们有多少授权在没有咨询委托人的情况下来接受对方谈判者的提议。萨布拉马尼安（Subramanian，2006）指出，谈判者应该提前确定其权力以便不与委托人的期望冲突，并且不将他的委托人与之后可能会被认为是不可接受的交易捆绑在一起。代理人还应该明确对方谈判者拿到多少授权。

管理委托人的能见度和沟通

代理人可以同时控制他们行为的能见度和与委托人、观众与第三方的沟通过程。这种控制是通过采用一种让他们显得对谈判更为投入的战术来实现的。这里描述了一些最常见的战术。

1. 通过使谈判让委托人可见来限制自身的让步。因为完全按委托人要求来谈判的谈判者相对于私下商议的谈判者更不可能做出让步，所以谈判者通过增加他们与委托人的能见度来加强他们的立场。典型地，当谈判者想要保持立场坚定时会把谈判公开。例如，一个谈判者可能会坚持让委托人出席所有的谈判，并知晓大部分的让步是在私下商议时做出的。结果，看得见的谈判将会限制代理人寻找解决方法并很可能增加僵局的频率。也可能会导致根据问题的不同而改变优先排序，更注重短期目标而不是长期利益（King and Zeckhauer，1999；Kurtzberg，Moor，Valley and Bazerman ，1999）。

2. 用委托人来表现好战性。另一个从战术上使用委托人的方法是让委托人参加并让他们展示他们相对于代理人更极端、更激进、更坚定和更不灵活。想要激励政府官员进行变化的社区小组经常会坚持官员们来开公开会议。在会议上，社区发言人让官员们直面他们的担心和抱怨。那些被邀请到会议上发言的人经常是最苛刻和好战的。可能故意邀请来好斗者以便让另一方知晓让步不会很容易得到，并且唯一达成协议的方法是对方做出重要让步。除了胁迫另一方外，这一战术对代理人来说具有其他的利益。难以控制的好战的委托人不仅胁迫了另一方而且也使代理人看上去像是一个善良、令人感到愉快而且通情达理的人。

胡椒…和盐

《华尔街日报》

“好吧，我去假装与经理谈话。”

很自然，人们喜欢与善良且令人愉快的谈判者，而不是生气好战的谈判者打交道。通过这种对比效果，谈判者能够比失控的委托人看上去更冷静、沉着、合乎情理。如果谈判者说“你要么和我打交道并考虑我的要求，要么你就和来自我的委托方的远比我缺乏理性的其他人一起工作”，这样谈判者更容易在与对手的谈判中取得重大进展。这是在本书第 2 章中讨论过的典型的红脸/白脸谈判战术的一个变体。

3. 利用委托人来限制自己的权力。谈判者能够巧妙地利用委托人的第三个方法就是通过向另一方表明委托人已经限制了谈判者做出特定让步的权力。这种战术可以用作虚张声势或者是处于对权力的真正限制。作为一种虚张声势的手段，谈判者会使另一方相信所有的让步都必须得到委托人同意。作为一种真正的战术，谈判者的委托人真的对谈判者能够做出什么样的决定进行了限制。例如，银行的新任贷款人员几乎不能以他们自己的签名批准贷款，而银行的高级贷款人员则具备更为宽泛的自主权。然而，虽然高级贷款人员能够很容易地凭他们自己的权力来批准一些贷款，但是他们也会利用委托人（银行的贷款委员会）来取得保护（确保不是愚蠢地批准了贷款），同时要求借款人需满足某些特定条款和条件。

谈判者在解释他们有多大的权力与自主权时必须谨慎。一方面，似乎限制权力会给一方带来明显的优势。远离最初陈述立场的每一个小偏差都要得到批准，这个过程是冗长乏味且耗时的。如果另一方很着急，他会选择做出让步来避免这种拖延。另一方面，这种战术可能会招致相反的效果，当每一个小变化和让步都要得到确认和批准的时候，不但会使另一方受挫，而且会使代理人受挫，使他们因为感到毫无权力而窘迫。这种挫折最终会导致谈判中完全的崩溃。因为谈判被认为是互相协议做出让步的过程，如果遇到一个不能够自由地做出任何让步的谈判者的话，期望就会被打破并使对方恼火。这会导致另一方要求委托人派一个拥有签订协议授权的代理人。杰克逊和金（Jackson and King，1983）论证了如果委托人真的想要得到一个协议，他们应该会派出他们的最高地位成员（如首席执行官或主席），或者给予谈判者更多的权力。

4. 在超越权限时要万分谨慎。过分地扩展授权或者超越由委托人赋予的权限的谈判者会无法使委托人相信已取得的解决方案是优秀的。这在工会与管理层关系中经常是一个普遍的问题，尤其是当工会组织态度强硬，并且有很高的期望时。经过长期困难的谈判，工会谈判组与管理层达成暂时的解决方案，但是有更夸张期望的工会成员会拒绝接受后桌谈判中提出的协议。这种拒绝方式与谈判者在谈判中拒绝结果是一样的。有时候处于这种情况的谈判者会辞职，有时候他们会以更强的好战性返回谈判桌，来向他们的委托人证明他们的强硬态度。这就损害了与另一方达成任何有效协议的可能性。在这种极端情况下，谈判者会愿意忍受极高的个人代价（如长期的罢工、个人罚款、进监狱以及负面的公众观点），以恢复他们在委托人心目中的形象。

例如，在1981年的职业空运管理组织（Professional Air Traffic Controllers Organization，PATCO）反对联邦航空署（Federal Aviation Authority，FAA）的罢工中，职业空运管理组织的领导罗伯特·波利（Robert Poli）花费几个月的时间代表他们的组织来协商新的合同。当这种处理最终被提到工会面前来时，90%的工会成员由于该合同利益的不充分性而拒绝接受这个暂时的协议。因此，波利返回联邦航空署并试图取得更大的合同利益，但是联邦航空署没有改变立场。经过了两周并不成功的争论之后，职业空运管理组织开始了罢工。这次罢工（在政府与每一位工会成员的协议条款下是非法的）使联邦航空署与里根总统实施了以下措施：（1）解雇了所有的罢工指挥者；（2）获得联邦许可并对工会和领导层施加每天几百万美元的罚款；（3）将包括波利在内的一些工会成员和官员关入监狱；（4）没收工会罢工基金；(5) 禁止所有罢工的组织者以管理人员或者其他联邦工作人员的形式受雇于美国政府。在这次对抗的前几天，90%的工会成员支持波利领导他们参加罢工而被关入监狱。波利被置于艰难的境地：在工会强硬的要求下继续领导工会（并成为为他们而入狱的英烈）或者断定他与联邦航空署达成的处理方法很高明，却被他的工会拒之门外。结果这场争端的怨恨延续了很长一段时间。直到12年后，也就是在比尔·克林顿总统上台之前才最终宣布被解雇的空中交通管理者可以重新受聘。

5. 通过减少对委托人的可见度来增加对另一方做出让步的可能性。如果增加观众的可见度，提高谈判者采取更为强硬的立场、更不易屈服，并且做出更少让步的可能性，那么，那些希望更灵活一些并且更有调节性的谈判者就会想使谈判变得不太可见。达到这个目的有以下三种方法：

(1) 在谈判开始之前建立起“秘密性”的关系。在真正的谈判开始之前建立起谈判的基本规则是很重要的。必须考虑的一条规则就是要使谈判秘密地进行，不允许有媒体和公开的采访，并且与另一方委托人的合同和对观众的可见性应受到严格控制。为了保证谈判的秘密进行，双方会选择在一个中立地区或者一个偏僻的地方。在那里，会议不会太明显或者被人们看到。当到了宣布进展或者成果的时候，双方能够联合起来，协调他们的言论。毋庸置疑的是，如果另一方希望谈判在公开的环境下进行（在那种环境下与委托人的交流要容易，并且委托人会有直接的感觉），为谈判的可见性确立规则和条件必须作为谈判日程的第一项内容。人们现在能够用许多方式交流（如电话、短信、传真、电子邮件等），在谈判中找到并维持真正的秘密状态很困难，但还是能做到的。

(2) 在谈判期间遮蔽视线。如果谈判者事先没有对于秘密且安全的地点达成一致意见，有其他的选择来隔开不受欢迎的观察者对谈判进行敏感的讨论。最简单的方法之一就是在严格的非官方的基础上与非正式出现的代理人进行一些讨论。可以在喝咖啡时，绕大楼散步时，甚至在健身房或者旅店的酒吧进行讨论。主要的代理人会同意在开始一天正式的协商前，在早餐时见面或者在协商之后一起喝酒。在这样的会面期间，双方会更坦率地在记录之外进行交流，或者能够暗示他们的底线或者他们做出某些让步的意愿，“你知道，我们在那个房间里坐了那么长时间，如果你们一方愿意做例如以下的（在此处填入特殊的细节）事情的话，我的人会愿意一起做的。”德鲁克曼和德鲁克曼（Druckman and Druckman，1996）指出站在对立立场的谈判者在媒体报道被限制时或者当谈话在进程没那么正式时，以及对观众和委托人的可见性较低的“周边位置”举行时，会表现得更具灵活性。

国家领导人在进行重要的和平条约、武器限制会谈、贸易协定的谈判时经常会被拍到出现在晚宴、接待会或者在花园散步中。虽然这样做大部分是公开的、出于礼仪性的，但是私人的时间也经常占一部分[3]，每一次国家领导和组织领导人的聚会也为大量的非正式接触提供了机会。

在一些情况下，会议是计划好但是秘密进行的。例如，在一个工厂中，每两年有一次劳动谈判。在正式的谈判开始之前，工会主席和公司首席执行官在另外一个很远的城市一起进餐，他们会广泛地讨论将在谈判中提出的关键问题。虽然如果工会的普通成员知道了这次会面会使工会主席失去工作，但是两位领导人都认为在他们之间保持一种非正式的沟通渠道，并允许他们在接下来的几个月的谈判对抗期间保持私人联系是十分宝贵的。

其他种类的信息也能够在这些非正式的场合私下进行交换。谈判者会抱怨并吹嘘他们的委托人及其获得的支持，甚至让另一方无意中听到他们与自己的委托人之间的对话。所有这些战术给另一方提供了附带信息，使其了解到在正式谈判期间没有直接说出来，但实际上很有可能的事情。

（3）明了时间压力。毫不夸张地说，谈判中的时间压力也会增加竞争性的行为，尤其是当谈判者要对委托人负责时。研究表明，当谈判者不代表委托人的观点时，时间压力使谈判者表现得不那么具有竞争性（Mosted and Rutte，2000）。然而，当谈判者作为其他人的代理人时，时间压力就会导致更具竞争性的情形和僵局的频繁出现。

6. 建立合作的声誉。最后，代理人可以建立起具有合作性的良好声誉，无论是与其代表的人还是与其他代理人。例如，吉尔森和努克恩（Gilson and Mnookin，1994）认为，律师既能够有效地代表他们的当事人，又能与其他律师建立良好的关系：

> 我们想要说的是，与对方律师的关系和建立可信的合作愿意的声誉对于争端解决具有深远的意义。如果这种奖惩结构将合作作为最佳策略并且存在支持性的制度结构时，律师就能够避免冲突，减少交易成本并促进争端的解决（p. 564）。

然而，声誉问题也可能为代理人制造出一个问题，那些感觉到他们的声誉处于险境的代理人更有可能冒险，表现出更多引起争议的行为，制定更高的离开谈判桌的价格，陷入谈判僵局的比例更高，并陷入更多的僵局当中，而感觉不到名誉处于险境的代理人则不然（King and Zeckhauser，1999；Kurtzberg，Moore，Valley and Bazerman，1999）。

与观众和委托人进行间接的沟通

谈判者经常可以通过间接沟通来创造之前所描述的可见性及责任性的情形。间接的沟通指谈判者将其委托人和观众的意见引入谈判中以对另一方施加压力所作出的努力。间接的沟通通过以下几种方式发生：

1. 通过上司进行沟通。通过上司进行沟通的技巧经常在谈判者代表层级结构组织（如公司和工会，或者有生意往来的两家公司），以及当一方或双方谈判者对另一方的行为或者谈判过程感到不满时使用。为了管理他们遭遇的挫折和不满，他们会求助于上司并要求联系对方组织中的对手。图 11—7 描述了这种情况。销售员A（作为他公司的代理人）在与买方就主要销售合同进行谈判的过程中受到了挫折，买方D由于要购买大量产品而希望对方做出较大的价格让步，销售员没有被授权减价，因此他最后和他的上司销售部门副总裁B谈话，然后B接触了买方的高级采购经理C，这位高级采购经理用几个小时的时间描述了其公司从其他卖方获得竞争性报价的细节（他们的BATNA），并解释了为什么卖方必须降低价格，否则就会失去这笔生意。这位售货员最终被授权以相当低的价格出售了商品，而没有失去完成这笔买卖的激励奖金。

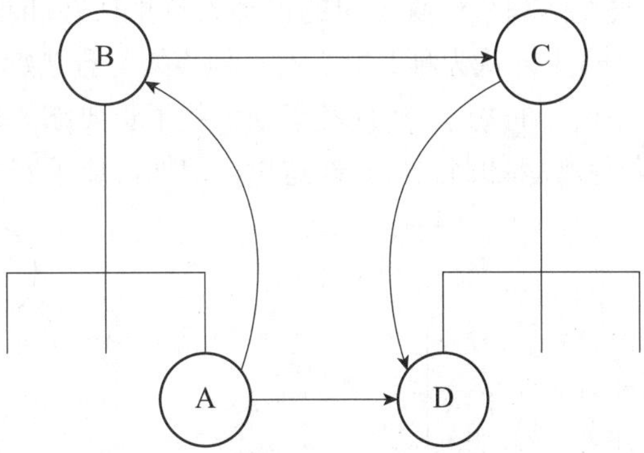

图 11—7　通过老板的谈判者之间的间接沟通

这种间接的沟通在以下几种情况中起作用：第一，这个战术的有效性取决于一种社会结构，在这种社会结构中，谈判者代表了一些具有正式权力层级制度的组织或者团队，并且另一方具有类似的组织结构（参考我们在第 10 章中关于权力等级关系的讨论），在代表正式的组织的代理人之间的谈判属于这种情况。第二，主要的谈判者不能是有最大权力的人，如总统、主席或者销售副总裁（在这个例子中）。主要领导不参与谈判并不一定是因为他们忙于做其他的事情，而是因为通过一个不是最高级人员的代理人进行谈判，使组织通过限制谈判者做决定的权力来限制其所做出的让步。只有当谈判极为精细、重要或者对于组织的利益和与其他组织的关系具有十分重要的意义时，高级行政人员才会进入谈判（在我们的例子中，如果销售副总裁认为买家要求降价是在吓唬人，他可以简单地让销售员告诉公司，但是他可能冒着将在竞争对手前失去生意的风险）。通常许多初级的基本工作是由下属和主要谈判者完成的。例如，在国家关系中，国家之间的联系发生在几种外交层次上：外交助手，首席外交官，秘书职位等。国家元首只会直接参与到最精细、最具象征性或者具有重要政治意义的谈判中。

这种战术的有效性取决于同另一方所信任的人或者不太防御的某个人的间接沟通。当间接的沟通来自领导时，由于沟通者具有较高的地位、声誉和可见度，这个战术会更加有效。在前面的说明中，高级采购经理不得不制造一种强迫性的情况来寻求减价，如果情况不是很好，或者销售副总裁认为他是在吓唬人，这种战术将不会奏效。在这个案例中，如果高级采购经理（实际上一个代理人）不被看作一个"讨价还价者"，而被看作一个"实况调查者"（提供关于买家选择方案和影响因素的中立信息），那么销售副总裁更可能去接受和相信财务信息而不是在谈判中买方所提供的信息。

2. 通过中间人的沟通。当谈判者需要与另一方、谈判对手或者委托人进行非正式的接触时，谈判者会通过中间人进行沟通（参见图 11—8）。这种方法通过中间人或者沟通媒介的外部联系进行。选择该方法通常出于一些正当的原因，如过去一起工作的经验、私人的友谊或者关系、个人的可信度、可信赖性以及公平和正直的声誉。这种战术经常在两种主要的情况下使用，即当谈判者想要摸清谈判对手以试图获取真正需要的信息，当谈判陷入僵局需要得到缓解时。在我们的超级碗比赛中场秀谈判中，假设格利兹传媒公司的代理人莫里斯在和雅典娜的代理人的谈判中感到很挫败，那么莫里斯认为雅典娜只有在他直接与雅典娜谈判时才会同意交易，但是雅典娜的代理人不准许这点，因此莫里斯去找了雅典娜的现任男友贾斯汀，并要求贾斯汀直接接受给雅典娜的新出价。在这里，贾斯汀成了安排交易的重要中间人（I）。

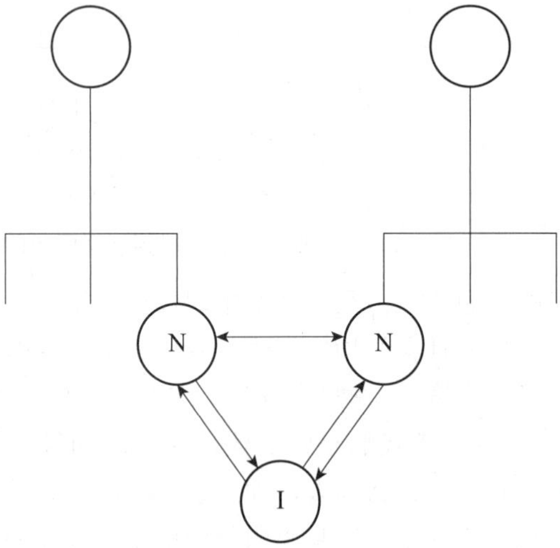

图 11—8　通过中间人的间接沟通

普鲁伊特（Pruitt，1994，1995；也可参见 Salucuse，1999）提出了一个组织之间谈判的分支链模型。这个模型使用了影响力网络这一概念（见本书第7章我们关于影响力网络的讨论），并认为组织之间的谈判发生在组织成员、跨越组织界限和组织界限之内的感兴趣的中间人之间。分支链末端是主要的股份持有者，而这个链的其他成员是以另一种形式存在的中间人（如外交官、前任和现任的领导、朋友以及每个关键团队的同盟者），他们试图协调不同股份持有者的需要和价值观。在检验了从美国国家部门中得到的几个谈判案例后，普鲁伊特提供了一些有趣的关于支链可以被动员以获得无法由股份持有者自己获得的目标的方式。

政治科学家授予了这个过程“幕后外交”的称号。圣威尼斯·约翰（Wanis-St. John，2002）进行了一个详尽的关于1991—1998年以色列与巴勒斯坦和平谈判中幕后外交的研究。他特别研究了谈判问题的处理、保密的角色、由于保密而没有出现在谈判中的关键方、第三方的角色以及其他形态。主要的结论是，决策者运用幕后外交来控制很多影响谈判的不确定性，尤其是在对于暴力的国际冲突谈判中。这些不确定问题包括进入谈判的成本，和平进程中的破坏效应，在决定如何谈判时可能需要的关于对方利益和偏好的关键信息的缺失，以及谈判结果对决策者的影响。在短期内，幕后外交通过实现初期的突破来帮助管理这些不确定性问题，而正面的渠道通常无法做到。然而，因为幕后外交是秘密的，所以可能排除了某些当事人，在短期内成功的因素可能在长期反过来破坏协定，而且那些在早期商议中没有加入进来的当事人可能最终会反对或破坏协定。

与通过领导进行沟通的战术相类似，非正式接触的有效性取决于是否有适当的个体参与，这些个体不被那些束缚正式团体代表的责任压力制约，因此，这些个体能通过非正式的沟通渠道最终清除掉在正式沟通中出现的障碍。

直接与另一方的委托人进行沟通

间接沟通的第三种形式是代理人试图绕过其他代理人并直接与其委托人进行沟通，来劝服相关的人改变立场或者给代理人指示（参见图 11—9）。通常当代理人认为谈判陷入僵局，另一方谈判者不能有效地与其委托人进行沟通，或者另一方代理人不能清晰地代表其委托人的利益，代理人本人就会采取这种战术。代理人试图跨过另一方的代理人而与另一方的委托人直接沟通。例如，在劳动力管理谈判中，管理方的代理人经常喜欢直接对工会普通成员讲话或者写信，而不是通过工会的领导。这确保管理层的立场得到完全的倾听和理解，但这种行为可能在某种程度上破坏了工会领导的可信度和有效性。在国际关系中，一个国家的政治信息可能会在另一个国家的新闻媒体播出，可能包括食物、医疗保障等类似的馈赠等。当然，这种战术也可能由另一方谈判者首先使用，通常是因为他认为对方的可信度或者正直性正受到质疑，从而希望能够直接从对方的委托人那里得到这种信息。在摇滚演唱会的例子中，莫里斯没有去找贾斯汀，而是在乐队的一次彩排中，尝试直接与雅典娜和她的作曲家讨论出场费。

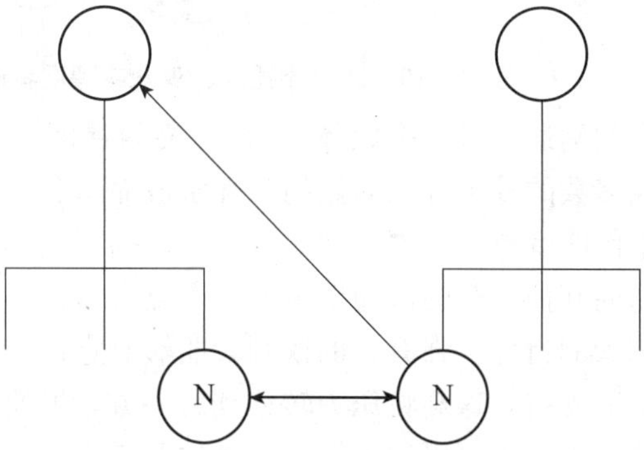

图 11—9　通过委托人的间接沟通

然而，应该清楚的是与另一方委托人的直接沟通（尤其是在没有另一方谈判者支持的情况下）可能被看作颇具煽动性的战术。以这种方式受到对手破坏的谈判者会变得更具防御性且更加刻板。然而，对谈判者委托人的直接影响并不是很清楚，他们会把这种战术看成是对他们领导效力的故意破坏，并通过更牢固地加强他们的领导力来做出回应。在其他情况下，尤其是当委托方怀疑代理人的效率时，来自另一方谈判者的直接的、公开的、准确的沟通会在更大程度上削弱他们对自己代理人的信心。

直接与旁观者进行沟通

代理人会试图操纵旁观者的观点并试图调动他们的支持，来加强他自己的立场或者破坏另一方的立场（参见图 11—10）。通过旁观者的沟通可能发生在以下的情形中：（1）作为明确有意识的战术来对另一方施加影响，但是以迂回渠道进行；（2）希望建立同盟并寻求对己方观点的支持；（3）作为冲突升级的自然趋势的结果。在所有的情况中，代理人公开自己的要求。他们会告诉任何一个会聆听的人他们的立场是多么公正、合法、公平且适当，而另一方的立场是多么不公正、不公平、不合法以及不适当。代理人希望旁观者会公开支持他们，为他们的论据提供力量和信任，并对另一方表达他们的不满和不悦（这样可以破坏另一方论据的力度和可信度）。在我们的摇滚乐队例子中，莫里斯可能会直接去找娱乐新闻媒体，声明雅典娜和“希腊之神”乐队在超级碗比赛中场休息秀中演出的传言正处于危险境地，并指明雅典娜的粉丝应该发信息给雅典娜，让其接受格列兹传媒公司“非常合理”的报价（参见专栏 11.3 关于相关委托人）。

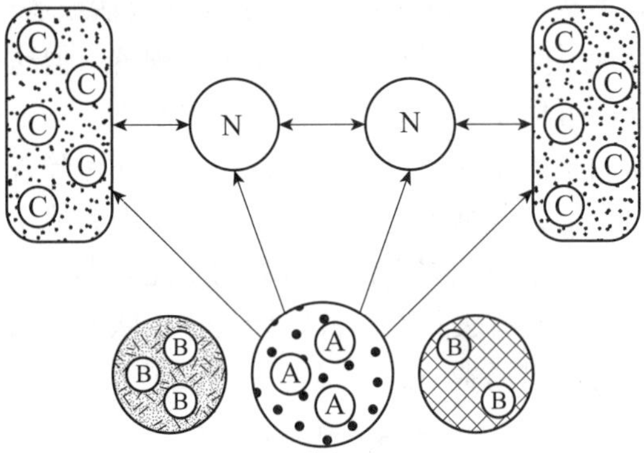

图 11—10　通过委托人、观众或旁观者进行谈判

通过观众的沟通（尤其是媒体），在主要的社区、环境和政府间的谈判中是极其常见的。大多数的冲突都以初始的公开阶段而出名，在此阶段谈判者向观众而不是他们的对手阐明观点。在这期间，媒体（广播、电视和报纸）扮演了一个本身既是观众也是通向其他观众的沟通渠道的一个复合角色。媒体关系和公众形象管理经常是这些谈判者的目标。强有力的谈判者能够有意识地在无线话筒和电视镜头前亮相以赢得舆论的支持，这会将压力转移到另一方，迫使其做出让步。

通过媒体的沟通也可以用来接近自己的委托人。让自己的委托人知晓自己谈判的态度和实现目标的决心的最快、最有效的方法就是在媒体上申明这一立场——尽管许多代理人知道媒体也许无法了解实际情况。当代理人想在一种立场上表现坚定强硬时就会使用这种方法，但代理人打算在沟通中做出一定让步或者采用比较灵活的策略时，不大可能用这种方法。很多有关环境问题的争论使用了这种方法。当无法在一个问题上适当地影响政府代理或者公司时，愤愤不平的团体就会通过报纸和电视报道把这些问题摆到公众面前。

专栏 11.3

在解决社区纠纷问题时引入委托人的重要性

当一个加拿大地方政府委员会计划通过出售公园土地来解决预算问题时，受到影响的居民害怕他们的露天场所会落到开发商的手中，他们举行了一次全体出动的游行来阻止公园出售。

政府官员间的闭门谈判很快产生了一个解决方案。这个方案似乎避免了居民们的极度恐慌，也完成了委员会减少支出的目标。然而，在形成解决办案中排除了公众的参与。这些幕后安排引起了公众对这个过程的不满，以至于当地委员会发现要为未来的规划而获得支持变得更加困难。

被目前的成功掩盖的将来的失败给公共纠纷协调者上了一课，让他们了解让公众参与到达成一致解决方案的过程中是很有必要的。

资料来源："From a description of a parkland dispute in Ottawa, Canada, Richard Jackman, "Back Room Politics Solve Today's Problem—but Create Tomorrow's?" *Consensus*, April 1996, pp. 1, 12.

沟通也可能是为调动和说服那些感兴趣的观众而设的，这些观众可能与对方直接沟通。我们可以在很多国家的政府首脑的演讲中找到这样的例子。一旦国家首脑发表了演讲，受到演讲中的关键问题影响的各类政治领袖和各种形式的特殊利益团体，便会开始对演讲进行评论，并将其定性为积极的或消极的。

通过观众进行沟通的有效性由几个因素决定。首先，战术的成功与否取决于观众的结论与谈判者效力直接相连的程度，后果可能的严重程度。这种程度和影响的严重性从直接的以引人注目的方式影响观众变化到仅最低限度和间接地影响观众。如果我居住在加拿大，美国的农场工人罢工不会对我造成严重的影响，尤其是如果我可以购买当地种植的水果和蔬菜或者我基本不吃水果和蔬菜时。如果我有学龄的孩子，本地校车司机的罢工就会直接影响到我和我的家人。

通过观众进行沟通的有效性的第二个影响因素是，观众在何种程度上能被组织成一个具有凝聚力的整体。观众也许会受到特定谈判结果直接且严重的影响，但是不能对谈判施加重大影响，因为他们无法决定集体的情绪或者在他们团体的内部做决策。如果他们的反馈无法施加到谈判者本身，即使是一大群人也不大可能对谈判有显著的影响。对校车司机罢工带来的不便感到反感的许多家庭无法轻易组织起来，为所有人提供替代的交通工具，他们也不能对罢工者施加压力。十分有趣的是，媒体为这样的"无组织的大多数人"提供了越来越多的发言机会。在过去的十年中，广播、电视脱口秀节目、博客都有巨大的增长，主持人和作家激起人们对政治问题的争辩，为听众提供发言的机会。打入电话的脱口秀被认为是普通市民参与到政府和公众事件的一个方法，并且在许多情况中，他们为关键的政治问题激起了巨大的公众支持或反对浪潮。网络聊天室、博客和媒体民意调查也已成为流行的公共意见载体。

我们已经阐述了在缺少某种形式的沟通影响力下，观众是无法对谈判造成影响的，但必须要注意相反的情况也是如此：组织良好的观众对谈判结果有巨大的影响，即使他们的总人数很少。有着政治游说倾向和特殊利益导向的联邦和州政府的一些政治游说团体和特殊利益群体的影响力是组织力量的来源。例如，虽然很多民意投票支持这些政府决策，如枪支控制、限制财政支出或者环境保护立法，但是游说人员成功地反对了这些决策，并不是由于其数量大，而是由于他们通过在主要的立法官员那里或者在官司中设置阻碍，制造因程序和技术问题而引起的延期，策略性地阻碍这些改变的发生。

最后，呼吁观众能否奏效取决于谈判者熟练使用媒体关系的程度。对于不善于使用媒体作为一种有效但是间接的谈判工具的人来说，媒体关系对他们而言可能仅仅是出现在镜头中、在麦克风前，并且都是一些准备好的内容。然而，正如我们在本书第8章中提到的，一个人所传递的信息的内容，尤其是在电视上，经常远不如视觉冲击和表现那样重要。树立一个自信、有控制力和坚决的形象是很关键的，谈判者要穿着得当，善于言谈并且能够控制住局面。进一步地，他必须能够对怀有敌意的或者过分的问题做出有效的回应。最后，代理人会希望被他的委托人环绕（如普通成员、支持者、关系密切的提议者），他们会公开证明他们的团结以及支持。不论出自什么行业和背景，有影响力的政治家学会了如何使用媒体使他们的信息为人所了解，并赢得主要观众的心来支持他们的立场。

与观众、委托人和其他的代理人建立关系

在本章的开始，我们认为试图与另一方建立关系或加强与另一方关系的谈判者的谈判应该与简单的一次性的市场交易不同。同样的原则也适用于谈判者如何管理与观众、委托人和其他的代理人的关系。与破坏另一方的支持相比，谈判者应该努力发展与另一方的个人关系。潜在的假设应该是与一位友好的对手工作并且说服他们，要比与不友好的人一起工作容易得多（并且也一定更让人开心）。认为自己与对方相似，对彼此有吸引力或者也许经历过相同命运的个体更有可能改变对彼此的态度（参见本书第8章关于影响力来源和接收者因素的讨论）。除此之外，建立起私人的关系，允许代理人将其信息让不太防御、不太敌对的对手了解，这样，委托人和其他委托人之间的关系越好，最终的协议就越会代表长期的利益，而不是短期的盈利（Kurtzberg，Moore，Valley and Bazerman，1999；McKersie，1999）。总之，代理人尝试将关系从更多以市场交易为背景转变为以共同利益为背景（参见第10章）。

本章之前描述的许多战术都能够应用于这个背景之下。一些谈判者在正式的谈判之外又有非正式的会面，喝酒、吃饭，甚至喝咖啡都是显而易见的可以增进双方友谊、进行轻松的谈话和表达热诚的机会。当双方抛开正式的谈判者角色，作为个体会面时，他们能够发现彼此的共同点，并加深对彼此的喜爱。在这种场合下通常不进行正式的协商，而是开诚布公地彼此交流、建立互信，缓解正式谈判中的紧张气氛和固有的冲突，避免以无法达成协议结束谈判甚至是谈判者中途恼怒离席的情况。即便在这些非正式会谈中，各方依旧在不停地谈判。

除了发展建立在分享个人利益或者真正喜爱基础之上的关系外，代理人也会强调他们的共同命运。也就是说，他们的委托人对他们施加了责任压力。如果两个代理人都感到委托人施加的压力巨大，他们可能会强调他们的共同命运，并将其作为建立关系的一种途径。“你和我是一样的”、“我们都要对付我们的委托人”、“我们想为所有人赢得最好的结果”以及“我们要以相互尊重为基础发展一项协议，并能够在未来依然认为该协议很成功”，这些都是代理谈判公开阶段的陈述（参见我们在第4章关于阶段的讨论）。许多有经验的谈判者把共同命运的表达当作“和谐且轻松”的演讲，他们相信另一方使用这样的表达仅仅是作为一种战术，在提出强硬的要求之前软化他们。虽然这些断言可能是正确的，所有的这些作为正式谈判的开篇的奉承、乐观、愉快的对话确实对谈判起到了关键的作用。即使发言是仪式性的，它也表明另一方有兴趣建立个人关系，而且缺少这样的发言可能表明双方在立场上是如此强硬或者他们对彼此相当恼火。这可能成为一个明确的信号，表明谈判会很紧张，并且很有可能陷入僵局。

非正式会面的深层目的是使每一方了解对方的目标。在许多谈判中，主要谈判者在正式的协商之前会面，就像我们前面描述的公司和工会领导一样。这种会面的目的有两层：察觉另一方的主要需求，并建立一种不论谈判如何紧张都能使用的关系和开放的沟通渠道。这样的会面通常是秘密进行的，因为公开会面会使其他管理者或者工会成员将这次会面看成是串通。然而，一些谈判者会选择公开这一事件来证明合作精神。

最后，代理人之间的牢固关系使得谈判者在向他们的委托人报告谈判解决方案时能够更好地协调他们的行为。关系越好，越有能力的代理人就越能够更好地以看上去能够满足双方利益的方式向委托人陈述他们的协议，即使事实并非如此(Kurtzberg，Moore，Valley and Bazerman，1999；McKersie 1999)。

11.4　何时使用代理人

这章包含了很多给予谈判者的建议，介绍了当更多人加入到谈判中和当代理人、委托人、观众和旁观者开始在谈判中扮演他们的角色时，谈判会如何发生变化。在表11—1中，我们总结了在哪些情况下谈判者可能会希望雇用一位代理人，在哪些情况下谈判者会自己进行谈判。

表11—1　何时使用代理人以及何时自己谈判

何时使用代理人
1. 当代理人在处理某些问题或在谈判环境中具有独特或唯一的知识或技能时（如一位律师或会计师），代理人对于达成协议是必要的。

续前表

2. 当代理人有比你更好的谈判技能（这个判断需要你有清楚的自我认知以便识别相对竞争力）！
3. 当你只强烈地在乎结果而不是关系时。专家也持有这样的观点，即当我们亲自谈判时，我们通常会更快地屈服。
4. 当代理人拥有特殊的朋友、人际关系，或者他能够用来联系到正确的人以接近关键决策者使交易完成时（这个途径或联系是我们在第7章中讨论过的关系力的类型）。这些特殊的朋友或关系可能会用来使谈判者不必自己去获取信息，或者他们可能会用来接近和说服无法通过直接联系接近的其他人。
5. 当你在一个问题上非常情绪化，并需要某个不那么情绪化的人来代表你去跟对方谈判时。
6. 当你希望使用一个更为灵活的谈判策略，而这种策略需要多方参与时，如第2章中列举的红脸/白脸策略或者有限权力策略，这些策略在分配式谈判中更常见。
7. 当你本能的冲突管理风格倾向于妥协、适应或逃避。即使代理人与你有相同的冲突管理风格，他们作为你的代理人也会比他们为自己谈判更强硬。
8. 在你做得好时能得到更高回报，且/或你做得不好时会面临更高成本的谈判情形中。
何时自己谈判
1. 当你想要建立或重建与另一谈判者较为牢固的个人关系，并且/或者你希望他们与你建立这种关系时。信任最好在没有代理人的一对一情况下建立和培养。例如，当事人在诉讼中解雇律师而尝试自己进行辩护的情况很常见。
2. 当你需要修复一段受损的关系。为过去的行为解释和道歉，并许诺未来的表现，由自己来传达比通过代理人更好。
3. 当你在起草一份协议之前，想要通过非正式会议、对话和谈话等了解对方更多的信息时。
4. 当你的谈判技能比可利用的代理人强很多时。再次强调，谦逊和无偏见的自我认知在做出这个判断时是必要的。
5. 当雇用一个代理人成本太高或者太费时间时，斯科特、曾和斯耐德（Schotter，Zeng and Snyder，2000）相当令人信服地论证了当通过代理人讨价还价时，效率有显著的下降。
6. 当被代理人代表的形象可能会让另一方怀疑，更具防御性或减少同意的可能性时。绝大部分人基本不用代理人来和老板谈判加薪。
7. 当代理人太过感情投入，太具防备性，太固执，受困于他自身的局限中，并且由于他自己的情绪投入和贡献而危及协议时。例如，律师可能因为太过重视法律细节或类似的东西而不能对案子的特定方面做出有价值的发言。

资料来源：Adapted and extended from J. Rubin and F. Sander，"When Should We Use Agents? Direct vs. Representative Negotiation，" *Negotiation Journal* 4（1988），pp. 395-401.

11.5 管理代理人

我们大多数的规范性建议是对谈判者在管理观众和委托人中提出的，我们也应该花费一些时间来对委托人如何能够有效地管理其代理人做一定阐述。许多建议能够从我们前面对观众和代理人的影响的讨论中提取出来，如互相竞争的利益的影

“看，我不是指今天，
但某天你们将会很开心你们带着一个律师。”

响、责任的压力和挽回面子、最后期限等。我们也利用了费希尔和戴维斯（Fisher and Davis，1999）以及他们对委托人管理代理人的特殊建议，尤其是那些试图取得整合式结果的建议。

1. 检验代理人的证书和资格。对他们进行面试，发现他们的经验，检查介绍信并决定你和代理人是否相合。

2. 花一些时间了解代理人。确保你和代理人的合同还有你的期望清晰明确。

3. 在开始时，不要授予代理人对任何一个独立的问题做出承诺的权力。

4. 在开始时，代理人应该有自由设计和确定行之有效的全局性谈判进程的权力。

5. 委托人应该将与代理人的沟通主要集中在利益、优先权和备选方案上，而不是特定的解决点上。

6. 委托人应该对其做汇报的频率和质量提出明确的要求。

7. 随着代理人和委托人通过谈判获得对另一方的认识，代理人的权力应该扩展。

8. 委托人对代理人的特定的直接指导原则应该以书面形式表示出来，必要时能够给另一方看。

9. 委托人应该对代理人明确说明什么是在谈判中可以公开的，如利益、可接受的解决方案的范围、关键事实、当事人的身份（有时候在商业或者不动产交易中要保密）等。制作一份双方都清楚的行为或结果合同并且准备好在出现错误传达或错误理解时进行阐明。

本章小结

有时候，谈判是双方之间的私事。在另一些时候会有观众参与到谈判中，并且观众出席谈判对谈判有微妙而直接的冲击。

谈判中会遇到三种类型的观众。首先，当几组人（而不是个体）谈判时，主要的谈判者占用了谈判中绝大部分的实际对话。虽然他们通常彼此直接对话，但也会利用赞同自己或者反对对方观点的人作为观众。我们将在下一章中广泛讨论这些情况。

第二种观众类型是谈判者所代表的委托人。为一栋新房子进行谈判的丈夫或者妻子代表了一个家庭，公司的预算委员会领导谈判，明年的资金来源、销售份额采购人员为他们的公司谈判，外交官为他们的国家谈判。每一种情况中的观众与谈判结果之间都存在利害关系，并且根据他们代表人的能力获利或蒙受损失。

第三种观众类型是旁观者。旁观者在谈判中或看或听，形成对解决方案和谈判双方的满意或者不满意的意见。旁观者也许会（也许不会）受到谈判过程和结果的间接影响。

观众通过两种不同的途径影响谈判者：其一就是谈判者希望从观察他们行为的那些人那里得到肯定的评价；其二就是观众认为谈判者对谈判的结果负责任。他们能够通过公开表扬他们并且通过解雇来惩罚谈判者。他们能够干预并且改变谈判过程，因为当观众在某些纠纷中要求强制性仲裁或者进行实况调查时，他们将喜好公之于众，例如，通过媒体公布，从而通过公众的意见和支持的影响对一方或者双方施加压力。

观众对谈判可以产生有利和不利的影响。当他们试图强迫另一方采取更为灵活且更受欢迎的立场时，谈判者会努力利用观众来取得优势。当他们认为那些影响对他们的立场来说是不受欢迎的时候，他们也会试图阻止观众对谈判造成影响。虽然影响观众有许多不同的方式，但是所有的方式都涉及控制谈判可见度以及与观众进行沟通。在本节中，我们提出了影响观众作用的4个基本策略：

1. 通过让谈判者的行为能为观众所见来限制其做出让步。

2. 通过切断谈判对观众的可见性来增加双方做出让步的可能性。

3. 通过观众与另一方的观众进行间接沟通。

4. 通过减少可见性和与双方观众的沟通来促进与另一方谈判者建立关系。

最后，我们也为委托人提供了几条用于在谈判中管理其代理人的建议。这些建议包括管理代理人权限，帮助代理人理解委托人的主要利益和选择，赋予代理人管理谈判过程的自由权以及建立代理人和委托人之间的频繁汇报的程序。

当谈判从秘密状态转为公开时，谈判就变得更加复杂且更加正式。在情境策略中，谈判者需要考虑谈判是否应该秘密地进行或者以各种各样的方式包含观众。忽略了这一社会背景就忽略了决定谈判结果的一个强有力的因素。

关键术语

第三方（third parties）：为了协助达到谈判目的而被引入谈判的旁观者。第三方常常可以缓和极端化的情况并促成协议的达成。

观众效应（audience effects）：在一组谈判中，经常有些个体并不积极地参与到整个谈判，这是因为有人代表他们参与，有代理人代表他们的利益；代理谈判的结果会影响到他们的利益，或者他们会观察代理人的表现并提供建议、评论或对过程及结果提出评价。若处于这种情况，谈判者必须将其注意力由其他谈判者转向这些个体。我们通常把放在这些额外的团体（不管他们是谁）上的注意力称为“观众效应”。

代理人（agents）：代表一个或更多的谈判方的利益、要求或者偏好。由谈判桌上的核心谈判者来代表。

委托人（constituency）：委托人是指委

托他人为自己办理事务的人。

两难困境（dilemma）：委托人越是信任其代理人，代理人就越容易感到价值创造的自主和自由，也就越可能去创造价值，但也越有可能偏离委托人的初衷，代理人就会试图说服委托人新的解决方案与其原始利益是一致的。

基本困境（basic dilemma）：谈判者既要满足委托人对坚定立场的要求，又要满足另一方对让步的要求。

注释

[1] See Benton (1972); Breaugh and Klimoski (1977); Haccoun and Klimoski (1975); and Klimoski (1972).

[2] In Chapter 1, we noted a dilemma of trust that most negotiators face: how much to trust and believe what the other says (Kelley, 1966). To trust and believe everything the other says puts the negotiator under the other's control, but to trust and believe nothing the other says precludes any agreement. A comparable dilemma of trust exists between agents and constituents.

[3] Blessing's 1988 play, *A Walk in the Woods,* is an interesting re-creation of the way President Jimmy Carter shaped the Camp David accords between Israel and Egypt through a number of informal discussions with Prime Minister Menachem Begin and President Anwar Sadat.

第12章 联盟

学习目标

1. 理解联盟的含义，联盟在谈判中起重要作用的原因；
2. 探究联盟的形成和发展方式，是什么使联盟坚固或脆弱；
3. 思考联盟组织和成员如何针对谈判问题做出决定；
4. 获取在建立和维系联盟方面切实可行的建议。

在第10章和第11章中，我们着重讨论了谈判的社会环境，形成了两个重要的主题：(1) 当各方当事人之间存在某种持续性关系时，谈判的动态情况就会变得更加复杂；(2) 当谈判者代表其他当事人时，谈判的动态情况也会变得更加复杂。我们认为谈判者作为代理人代表他人利益，同时代表代理人和其委托人之间的互动。在本章以及下一章中，我们将对包括多方当事人的三种情况进行研究。现在我们着重研究多方（两个以上）当事人互相进行谈判，且谈判中的各方都想努力地完成各自目标的情况。在本章中，我们考察了当事人是如何通过结成联盟来实现他们的既定目标的。在第13章，我们研究那些由多方当事人组成的谈判以及由多人组成的各方当事人的谈判。

在本章中，我们对联盟的含义做出了一个概述，同时描述了联盟可能存在的不同形式。接下来我们分析联盟是如何形成和发展的，以及为什么会这样形成和发展，联盟做出决策的特性，以及谈判力和影响力在联盟中的作用。在本章结束的时候对建立和保持联盟提出了一些可行建议。一旦成功地建立联盟，它就不只是通过与有益伙伴进行短期结盟来追求个人利益的便利工具，而且能为谈判桌上的每一方当事人以及联盟政治所存在的更大的社会系统（如组织、社会团体）带来互利且持久的收益。我们希望可以通过这一章使你更加深谙建立和保持有益联盟的艺术和科学，使你成为在包围你的多方谈判和争端解决的情形中广泛存在的联盟政治更优秀的“消费者”。

让我们从一个例子开始本章，该例子阐明了当多方当事人参与谈判时，情况就会变得相当复杂。

12.1　多于两方当事人的情况

当更多的谈判者加入时（见图12—1），谈判情况就会变得更复杂。例如：假设有一个学生，他想卖一个二手立体声音响。他在学生会公告栏上张贴了一则通知，标明了立体声音响的详细信息以及参考价格。两个感兴趣的同学都给他打了电话。现在让我们来设想一下在这种情况下可能出现的三种情形。

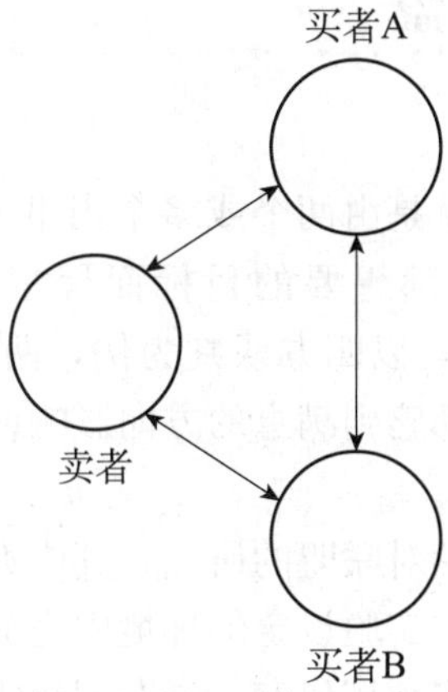

图12—1　一个卖者与两个买者的情况

- 第一种情形，两个潜在的买主是室友。一个室友已经同意由自己来进行谈判并尽量谈成最优价格，而另一个则保持沉默，但会一同前来给予精神支持。
- 第二种情形，两个买主彼此不认识。卖者可以卖给第一个打电话的人，或者卖给第一个出现在他公寓门口的人，或者让两个人同时来谈并试图使他们彼此竞价。在这种情况下，每一个买主对立体声音响的报价都成为卖主卖音响可选择的价格（假设这些可选择的报价都是可以接受的），而且实际上卖主可以将音响卖给出价最高者。
- 第三种情形，两个卖主同时出现在门口，互相问好后发现他们住在同一栋宿舍楼里，而且他们还发现卖主通知他们来的时间是一样的，因此他们断定卖主很有可能试图让他们相互竞价。因此，他们达成一致约定对立体声音响虚报一个低价并且只小幅度提高报价。他们希望如果他们努力地将价格压低并且当场付现金的话，卖主会立即将立体声音响卖给他们。

以上三种情形代表了三方谈判中的三种情况。第一种情况类似于我们在第11章中描述的典型的代理关系。一个买者代表另外一个买者，在整个谈判过程中实际上发生了两个谈判：一个是在卖者和买者之间，另一个是在买者和其室友之间。第二种情况，卖者进行了一系列一对一的交易，他让一个人先行报价，然后拿着这一报价找到另一个人，让其提高价格。因此当卖主努力地使他们参加到竞拍中时，他将每一个潜在的买主都作为他的可选项。这一情况下卖主的成功很大程度上依赖于买者之间不愿意或者不可能进行沟通。在第三种情况中，卖者的利益会不知不觉中受到买者达成一致的损害。发现卖主试图让他们相互竞争之后，为了压低价格并且惩罚卖主（因为他想将这次交易设计成拍卖的形式），买者就有动力而且有能力彼此合谋。如果买者成功了，那么他们能够以一个便宜价格买到这台立体声音响（尽管他们之间仍可能要面临一场关于谁能真正拥有这台立体声音响以及如何使用它的条款的谈判）。在本章中我们着重分析第三种情况——当谈判当事人为巩固其谈判地位通过集体行动形成了联盟或者小组织时，会发生什么情况。

12.2 什么是联盟

简单地说，联盟就是由两个或多个当事人在一个大的社会背景下的一个集合，这些当事人为了彼此都想要的目标而聚集在一起（Guo and Lim，2007；Murnighan，1986）。因此，以四方谈判为例，两方也许会聚集成一个联盟，并试图向使己方的两方当事人都感到满意的方向影响谈判结果，即使这样做会使另外两方的利益受到损害。

目前已经有大量针对联盟的研究。其中大部分研究以实验性质的讨价还价或者模拟投票行为的形式在实验设定的环境中完成，但是其中也有一些是包含在现实世界中分析联盟形成的应用型研究。复杂的组织是其中一个特别吸引人的对于联盟的研究背景，因为在复杂的组织中决策经常是构成联盟的一些人做出的。被广泛接受的组织治理和管理理论[1]将指导和管理组织的那些人称为“主导的联盟”。通常主导的联盟包括那些级别最高的人，如总裁或者首席执行官，但也可能还包含了幕僚、高级顾问、律师，或者其他可能没有主要头衔但在组织的目标和发展方向的决定方面有着显著影响力的人。

皮尔斯、斯蒂文森和波特（Pearce，Stevenson and Porter，1986）提出联盟有以下特征：

● 联盟是内部相互作用的个体形成的集体。这个观点将具有相同目标但彼此之间没有相互作用的个体组成的集体（如第二个立体声音响的例子）排除在联盟之外。联盟成员应就相关问题进行沟通。通常，联盟中大部分的人都知道谁属于联盟而谁不属于。

● 联盟的建立是有意识的并且以问题为导向。在联盟中，各方当事人为实现某些有利于他们的特定目标而有意地加入。一旦与这些问题有关的成员间的互动不复存在，联盟也随之消失。

● 联盟的存在不一定要有正式的结构。一个联盟不一定是一个正规的组织，例如，一个部门、团队或者专项工作组（这些组织的成员被组织架构的设计联结在一起），尽管一个部门或者团队也可以是围绕共同的目标以非正式的方式结合到一起。在这种情况下，联盟起初建立的模式为基于各方利益的非正式组织，而非基于组织架构的正式组织。

● 联盟缺乏正式的结构。因为联盟组织不具备正式的组织架构，不是法律实体，而且缺少一些内部等级制度和正式合法的权威性。然而，伴随着联盟的存续和演进，非正式的领导关系和联盟中的角色地位也许会随之发展。

● 联盟专注于联盟外部的目标。很大程度上联盟的建立是为了对联盟外部的个人或组织施加影响。这一外部的作用对象可能是组织内部（但不属于联盟）的另一个人或者团队，也可能是组织外的一个人或团队。

● 联盟要求成员统一行动。联盟要求其成员朝着一个共同的目标采取集体的行动。联盟成员可能会一起采取某些行动或者致力于共同避免采取某些行动（如一些形式的有组织的抗议），不论是哪种情况，联盟的目标都应是实现个体无法实现的集体目标。

联盟的本质是其成员都努力去获得那些可以满足联盟整体利益的结果，而不是去满足联盟所处的更大的组织的目标，尽管有时这两者是可以相容，可以同时得到满足的（Polzer，Mannix and Neale，1998）。

联盟的类型

联盟可以采取很多种形式。我们在这里引用科布斯（Cobb's，1986）对联盟存在的不同类型的归纳总结。

1. 潜在联盟，是一个可以通过采取共同行动形成联盟，但现在还没有实现联盟的新兴利益集团。潜在联盟有两种形式，即潜在形式和休眠形式。

● 潜在形式的联盟就是一个尚未启动的新兴利益集团。

● 休眠形式的联盟就是之前已经建立，但现在没有运行的利益集团。

潜在联盟对联盟成员和联盟所反对的人来说都是有利的。如果一个人可以确定是什么使得一个支持的或者反对的联盟可以形成（或者是什么触发一个休眠的联盟），那么这个人就可以据此选择行动的方向，以使联盟启动或者失效。

2. 一个正在运行的联盟，是目前在运行、处于活跃状态并发挥作用的联盟。常见的有两种形式，即已成立的和临时的联盟。

● 已成立的联盟相对持久，更加活跃并且不断超过无限的时间跨度。已成立的联盟会持续运行下去，是因为其成员代表了相当广泛的利益，或者是因为有些问题很难彻底解决，或者是因为他们持续地反对另外一个已经建立起来并持续活跃的联盟。例如，在大多数政府系统中，存在着由自由主义者、保守主义者、中立主义者组成的联盟，他们不断参与到关于一系列问题的辩论中，这样的联盟甚至还牵涉到大量的演员和特工人员。

● 临时的联盟运行的时间很短而且通常针对一个单一事件或问题而建立。这些团队的形成是为了快速实现集体行动的目标，当他们的目标实现时，也就是他们解体之时。然而，通常临时联盟中的成员会发现他们有着其他更为持久和长期的共同利益，因此，临时的联盟经常会转变成稳定联盟。

3. 反复存在的联盟，这种联盟可能起始于一种暂时性的联盟，但是后来发现其针对的事情和问题仍会不时发生，因此未来每次需要成员们共同行动时，联盟成员就需要再次聚集到一起。例如，一个市民组织已经在某个市区里成功地就一家快餐店的位置提出了反对意见，该组织可能会发现其中的问题并没有彻底解决，而且当一个大型的便利商店随后在同一地点寻求建筑许可时，他们需要再次形成联盟。

12.3 联盟是怎样和为什么形成和发展的

联盟什么时候形成

联盟在任何时候都可以形成。在家庭中，父母通常站在同一阵线，给希望延长玩的时间或是减轻家务分担的孩子设置障碍。父母中的一方也可能会与他们的一个或者多个孩子结成联盟以向另一方施加压力，爸爸对最小的儿子说，"去告诉你妈妈，订泰国菜很好"（不想在那天晚上做晚饭）。同样地，政治组织中的联盟也经常形成，这些政治组织中的人形成联盟以集合力量支持或者反对一些立法议程的进行。同样的事情也发生在商业组织中，各方聚集在一起支持或者反对由组织的正式领导制定的决策。在每种情况下，基本的联盟形态是一样的：各方当事人聚集在一起，倾尽他们所有的努力和资源，为了追求共同或者部分重合的目标。

可以用多种方式分析联盟的形成

很多社会科学都对联盟进行了研究，其中包括经济学、社会学、心理学和政治科学（以及其他学科）。社会学家试图在现实中寻找到集体组织和社会运动来作为样本研究联盟的建立。例如，内塔·范戴克（Netta Van Dyke，2003）使用历史档案来检验联盟形成的条件，这些条件可能属于社会运动的边界范畴或者跨越了这一边界。范戴克检查了1960—1990年间在大学校园里发生的2 644起抗议事件。调查结果显示当资源可以获得以及存在受威胁情况时一次性的运动联盟更容易形成。相比之下，心理学家和经济学家经常通过实验的方法来研究联盟。在实验中，每个人拥有一些资源，但只有当这些资源加在一起时才能取得期望的结果。研究的焦点经常放在个体行动者是如何形成最不可能"赢"的联盟以及每一个参与者通过参与这一联盟获得多少收益（Murnighan，1982）。控制资源是联盟形成过程中两个重要步骤的基础：每个成员给联盟带来了哪些资源以及如果联盟成立每个成员可以从中获得什么。

一个经典的联盟模型

为了理解何时会形成联盟以及联盟形成的原因，我们研究了一个经典的联盟问题，即4—3—2模型（Murnigham，1978，1982）。在这一模型中，为了募集到奖品（如一大笔钱），三个参与者被给予了不同的选票数。安德鲁（A）拥有4张选票，芭芭拉（B）拥有3张选票，塞西尔（C）拥有2张选票。为了得到奖品，他们必须至少有5张选票，因此，若不与其他参与者形成联盟，任何参与者都不能获得奖品，而且每一个参与者必须一次性使用他所有的选票。参与者之间可以进行沟通

(有时通过谈话的方式，有时只发送文字信息)；他们的任务就是决定与谁联盟以及之后他们如何分配奖金。毫无疑问，决定谁与谁联盟的最重要因素就是他们如何决定奖金的分配。基于一系列的研究，莫宁汉等（Murnighan，1986，1991；Murnighan and Brass，1991）发表了以下的发现：

- 3—2（芭芭拉—塞西尔）联盟是最常见的情况。这一结果经常发生，因为安德鲁（拥有 4 张选票）认为他对联盟贡献最大，因此应该获得最大的份额。或者是因为安德鲁的要求被认为太过分（可能是这样），又或者是因为芭芭拉和塞西尔感觉安德鲁对他们很糟糕，又或者是因为芭芭拉和塞西尔认为他们可以聚集他们为数不多的选票来获得整个奖金，因此更多的情况是芭芭拉和塞西尔倾向于彼此形成联盟。
- 3—2 联盟一旦形成，它看起来就是个稳定的联盟。换句话说就是在大量的重复实验中，芭芭拉—塞西尔的联盟将会始终占据主导。芭芭拉和塞西尔将会一直选择对方而将安德鲁一直排斥在联盟外。资金最常见的分配方式就是对半分，或者给芭芭拉（拥有 3 票）稍微多一些。
- 有时，稳定的联盟也会破裂。如果安德鲁对芭芭拉或者塞西尔提出一个非常吸引人的条件，就可能诱使他们中的一个脱离芭芭拉—塞西尔模型，这时这种稳定的联盟就很有可能破裂。有趣的是，研究结果表明如果安德鲁想要打破芭芭拉—塞西尔模型，他就需要对芭芭拉或者塞西尔提出一个非常诱人的条件（如一九分成），但事实上，安德鲁几乎不会这样做。他可能会提出一个相对之前略好的条件，但通常情况下，安德鲁给出的条件只是将分配比例稍微提高一点点，但这并不足以诱使芭芭拉和塞西尔背叛他们之前达成的联盟协议。

当安德鲁成功时，他更可能会使得芭芭拉背叛联盟而不是塞西尔（Murnighan，1986）。莫宁汉猜测这可能是由于芭芭拉膨胀的自我意识——他认为“我得到了一个更有利的分配方式，大概是因为这是我应得的，而且为什么我不能得到一个更好的分配方式呢?”（Murnighan，1991，pp. 131－132）。这一结果也可以归因于塞西尔对这一分配方式忠诚度的增加。在这一分配方式中，他得到的一直都比其他人少，他需要给继续参与这样的交易一个合理的理由，因此他更不可能背叛联盟。

一旦背叛出现，随之而来的会是什么呢？背叛者（假设是芭芭拉）很可能受到了相当大的诱惑（如给他较大份额奖金的承诺）才选择背叛。他现在可能坚持这部分多出来的奖金应该一直属于他。这一行为通常在安德鲁看来是贪婪的，尽管一开始是他提出了这一丰厚的奖金条件才使得芭芭拉变得这么贪婪。因而，在今后的分配中安德鲁可能因为芭芭拉的贪婪而拒绝给予他丰厚的奖金。此外，塞西尔仍然对芭芭拉背叛了他们之间稳定的 B—C 联盟而感到愤怒。因此，被诱惑并最终背叛了 B—C 联盟的芭芭拉现在可能被两边同时拒绝。同时 A 和 C 双方会联合成为安德鲁—塞西尔联盟。这一联盟可能会持续很长时间，除非芭芭拉能在谈判中提出一个足以打破安德鲁—塞西尔联盟的非常诱人的条件。

一个现实世界的例子

在现实生活中，存在着大量的与 4—3—2 模型联盟类似的情况。例如，在 1957

年，欧洲经济共同体（EEC）最初成立时，联盟成员包括其创办国德国、法国、意大利、荷兰、比利时和卢森堡公国。德国、法国和意大利国土面积大而且经济实力雄厚，而比利时和荷兰要比这“三巨头”弱但其经济实力又强于卢森堡公国。在EEC的首批条约中，每一个政府的表决权是与其自身的经济和国土面积成正比的（德国、法国和意大利每个国家有4票，比利时和荷兰有2票，卢森堡公国有1票）。有些决议需要全体一致投赞同票方能通过，其他则只需多数赞同票通过（占全部的2/3）。这些要求促使大量联合行为产生。当需要全体一致通过时，则最小的国家也可以对决议产生很大影响，因为它可以对提出的任何政策投出反对票。相反，当只需要多数投票就可以通过时，小一些的国家就可能会寻求与大一些的国家联盟。当三巨头决定自身联合时，所有的小国家都很可能被排斥在外。直到1973年EEC扩大了其成员国，这样的状况才被彻底改变。当丹麦、爱尔兰和英国加入EEC时，各方当事人所持的选票占总票数的比例发生变化，需要多数赞同票通过的决议所需的总票数也随之改变（Murnighan，1991）。

联盟资源的本质

一般而言，人们形成联盟是为了保存或者增加他们的资源。正如莫宁汉（1986）指出，存在着几种不同的资源类型，如资金、信息、自然资源、判断力（不咨询别人独立做出决定的能力）等。在我们已经讨论过的情况中——4—3—2模型和20世纪50年代的EEC模式的现实例子，资源就是每一方所带到决策过程的可能的选票数量。早期对于联盟的实验研究往往是将资源定义为选票（Gamson，1961），但是当选票不能转化成任何可以控制事态发展的真实的谈判力时，对投票行为的研究很难形成概念。

作为联盟投入的资源可以有很多种形式，这取决于联盟形成的特定背景，记住这一点非常重要。例如，在组织中，联盟会很现实地围绕着主要资源而形成，如信息、资金或者是对团体和组织未来发展方向的控制权。联盟的投入也可能包括其他种类的资源，例如，非常努力工作的人，拥有完成任务或解决问题能力或技术的人，或者拥有专业知识的人。努力、能力和技能对联盟来说与控制特定资源同样重要。例如，在合资企业建立时，能力、技术和专业技能通常与资金、工厂生产能力和原材料处于同样重要的地位。

在两方或者更多方认为他们属同一个社会类别时，联盟可以围绕一个共同的社会身份而形成。这些类别可能包括本来就作为群体身份的基础或者社会分类（如性别、人种、国籍等）的大规模社会群体。联盟也可以是个体熟识之后进而产生群体内部的互动而形成的社会类别（例如，贡献较大的人相比贡献较小的人，或者个人在团队任务中担当的角色。Swaab，Postmes and Spears，2008）。当联盟只是围绕着社会身份形成时，联盟成员并不是真的“理性”。换句话说，这样的联盟并不是基于谈判内容而形成的，即基于联盟成员各自的通过共同资源控制来影响结果的能力形成的，因此联盟未必能够帮助他们实现谈判目标。然而，谈判者也是人，人往往倾向于跟自己相似的人结成联盟，这就使得多方互动中不可避免地出现基于身份的联盟。

有个关于联盟不同寻常的投入的有趣例子，见专栏12.1关于弦乐四重奏乐团中联盟的角色的描述。

专栏 12.1

弦乐四重奏乐团联盟

两位研究人员基思·莫宁汉（Keith Murnighan）和唐纳德·康伦（Donald Conlon）对在弦乐四重奏乐团中出现的团队协作和联盟政治做了研究。他们的分析是基于与英格兰和苏格兰地区的80个弦乐四重奏乐团的会谈展开的。

在一个弦乐四重奏乐团中，有四个音乐家——两个小提琴手，一个中提琴手以及一个大提琴手，他们必须要一起演出，这样才会使乐曲听上去是一个整体弹奏的。由于组织内各成员的个人天赋有所不同，他们必须合作才能完成工作，因而每一个弦乐四重奏乐队都形成了自身独特的风格。因此，两个四重奏乐队即使演奏的是同一首曲子，演奏效果听起来也是有差别的。演奏者之间会因为在乐队中所起的作用以及其自身的声誉而产生很多争论、讨论和谈判。

- 首席小提琴手总是最重要的演奏者以及乐团背后的驱动力。他总是为整个乐团奠定曲调，而且很明显，很多优秀的音乐作品都是为这一角色而写的。因此，首席小提琴手变得狂妄自大是较为普遍的事情。
- 第二顺位小提琴手总是要附和首席小提琴手，因此总是被视为弱一些的演奏者。他们的工作就是充当“副手”，同时还要配合首席小提琴手。
- 中提琴演奏者经常被视为最古怪和最不按惯例行事的人。他们中的许多人很小就开始练习小提琴手，但很难在与其他顶级小提琴手的激烈竞争中脱颖而出，因此转而选择演奏对专业水平要求不那么高的中提琴。
- 最后，大提琴手被视为演奏背景音乐的角色。他们经常演奏的是低音，起到为乐团里其余的演奏者奠定基调的作用。
- 与首席小提琴手相比，其余的三个乐团成员经常被视为四重奏乐队的“底层”，他们的工作就是补充和突出首席小提琴手。

基于与这些音乐家的面谈，莫宁汉和康伦认为四重奏乐团的背景演奏家和中间层次的演奏家最容易结成联盟。首席和第二把小提琴经常会结盟，因为他们演奏的乐器是相同的。相反地，研究者认为人们几乎不会将大提琴手排斥在联盟组织之外，即便他们演奏的乐器体积更大，不能像小提琴一样夹在下巴上演奏。此外，在联盟中的其他差异也会促使该联盟发生一些动态变化（例如，如果一个成员是女性而其余是男性的话，或者如果三个成员同时住在该城市的一个地方，又或者如果一个人的能力或者其对乐团的投入水平对其他三个成员造成了严重的影响）。

将联盟的这些行为准则应用到这些专业化的团队中，就为我们阐释了如何就内部固有冲突谈判，如何与那些被掩藏在所有类型的团队表面下的联盟谈判。

资料来源：Adapted from J. K. Murnighan and D. E. Conlon, “The Dynamics of Intense Work Groups: A Study of British String Quartets,” *Administrative Science Quarterly* 36 (1991), pp. 165 - 186.

“公地悲剧”

我们以上讨论的例子都是通过建立联盟来实现成员的共同目标。除此之外，联盟也可以是为了避免出现个人采取利己主义行为而导致不好结果而建立的。对这种问题（称为社会困境或者公地困境）的一个经典阐述就是由加勒特·哈丁（Garrett Hardin，1968）提出的“公地悲剧”。这是17世纪英国乡村生活的写照。莫宁汉（1991）讲述了这个故事。

> 在镇中心附近的地方，有一片公共土地，城镇中的任何人都可以使用这块公共土地。野餐、县农产品交易会和夏季婚礼往往都在这块公地上举行。一开始对于这块地方没有制定任何的使用规则，城镇上所有人都可以采用他们喜欢的任何方式来使用这片地。不幸的是，有一个牧人住在城镇的另一端，他认为如果可以在这片公地上放牧的话，他就能在不多买土地的情况下扩大他放牧牛群的数量。采取这种方式，他就可以充分地利用自己的农场并且获得更大的牛群。一旦一个牧人这样行动，城镇中的其他牧人也明白了这是一个对自己十分有利的方案，于是他们也到公地上放牧。当然了，没过多久，富饶的公地沦为荒地，没有了草，失去吸引力的同时人们也不会在公地上举办任何社会活动了。下雨的时候，公地就变成了一片泥塘。再也没有人想过要在这里举办婚礼了。正如哈丁提出的：“所有人一拥而去的地方就是废墟的目的地，每一个人都追求其自身在社会中的最大利益，他们相信自由使用的公共资源可以给他们带来最大的利益。公共资源的自由使用会毁掉所有东西。”（pp. 141 - 142）

读者会发现社会困境这一术语可以用在很多现实问题上，如空气和水污染、自然资源的使用、慈善捐款、选举投票（或者不投票）。在每一种情况下，如果很多人认为他们的举动或者选举行为不会对结果造成很大影响时，那么就会出现严重的社会问题。例如，一个新英格兰捕龙虾的渔夫可能希望持续打鱼来养家糊口，然而，如果所有在同一片水域（“公共用地”）捕鱼的渔夫数量没有减少的话，到子孙后代，龙虾基本上就所剩无几了。只有大家一起承担从自身做起不去无限地占用公共资源，公地困境才有可能避免，而今后其他人也可以共享这些资源。

不幸的是，公地困境经常会螺旋式不断恶化。然而研究表明相关个体之间的沟通交流（Orbell Van de Kragt and Dawes，1988），对合理使用相关资源的教育（Roch and Samuelson，1997），以及公开地让个人承担节约资源的责任（Dickerson，Thibodeau，Aronson and Miller，1992）都可以使得人们对于公地悲剧的反应更加体现出亲社会性。另外，那些感觉到团队归属感的或者被团队重视的人所做的行为会更有益于整个团队的利益（De Cremer，2002）。这些战略有可能会使得人们更加倾向于彼此合作，并且强调联盟可以在团队发生冲突时起到重要的作用。

联盟是怎样发展的呢

通过一系列的调查研究，莫宁汉和他的同事（Murnighan，1986；Murnighan and Brass，1991）提供了对联盟过程详尽的评估。研究结果显示以下的步骤和行为在这个过程中至关重要。

联盟开始于一个创始人

联盟的创始人就是发起联盟的人。在典型的情况中，创始人就是发现了他们自己不能通过现有渠道得到其想要的东西的人。联盟的创始人通常会列出实现目标所必须完成的日程表和必须采取的一系列行动。从影响力的角度看（见第 7 章和第 8 章），创始人制定出某些形式的行动日程、愿景或承诺，并且劝说其他人加入他的联盟中来实现目标。

创始人与其他人进行的讨论经常会采用谈判的形式。在某些情况下，只对其他人进行劝说也可能会成功——即简单地描述想要实现的目标，或者用溢美和热情的词语来描述它，创始人可能就可以获得其他人的支持。在其他情况下，只努力劝说是不够的，而且创始人可能不得不提供一些奖励或者好处来吸引其他人加入。实际上，谈判就发生在这一过程中。莫宁汉和布拉斯（Murnighan and Brass，1991）提出在联盟过程的早期，创立者可能要给潜在的加入伙伴提供份额不等的利润或好处。换句话说，创立者可能会按不平等或者不公正的份额比列分配给早期加入的人。这样做是因为在没有明显利益的刺激下，人们可能不愿意承担风险并加入联盟。因此，创始人就会面对一个显然的悖论，那就是在联盟过程的早期，他可能需要为了一点点好处而做出很大让步。但是，这一过程不可能无限期地持续下去。当联盟建立起来并且变得牢固时，其他潜在的合伙人会更有兴趣，也会想要加入，这时创始人的地位就会由弱（不得不为了获得盟友而做出很大让步）变强（能够对希望加入联盟的新成员提出条件）。

莫宁汉和布拉斯（1991）表示有两个关键的因素会影响创始人建立联盟的能力。

- 成功的创始人拥有广泛的交际网。在第 7 章中，我们讨论了拥有一个交际网以及在交际网中处于关键位置的能力。成功的创始人通常都拥有强大的交际网，而且当他们因为某件事情需要其他人帮助和支持时，他们就可以联系到那些他们认识并且可以接近的人。正如我们在第 11 章中提到的，多方谈判经常看起来像分支链，而且谈判者经常最终通过这些链条与其他方当事人建立联系并且为更加正式的会谈或者讨论建立基础（Pruitt，1994，1995）。

- 联盟的创立者在早期获利总是很小。因为其他人往往对支持联盟持怀疑态度，一个创立者需要给予早期加入的伙伴足够多的优惠，使其觉得加入联盟是值得的。因此像我们之前说明的那样，联盟的创始者不会立即从早期的支持中获益。事实上，在有其他的人加入联盟，联盟建立起一定的驱动力之前创立者的情况实际上会很糟糕。

建立联盟在激进的社会运动的背景下格外重要。专栏 12.2 从社会变革过程中联盟领导者的视角考察了联盟成功的含义。

专栏 12.2

联盟成功的含义

联盟的领导者是怎样把联盟定义为成功的呢？领导者什么样的品质被认为有助于成

功建立联盟呢？为了回答上述问题，研究人员特里·米泽拉什和贝思·罗森塔尔（Terry Mizrahi and Beth Rosenthal，2001）与70位来自40个不同联盟的现任和前任联盟领导者进行了会谈。这些联盟在纽约/新泽西地区动员人们采取行动改变社会形态。参加者被问及他们建立联盟的目标、策略、组织构建和管理技能以及做决策的过程等问题。

结果显示联盟的领导者定义成功的方式有很多种。大多数被访问的领导者认为成功是实现个人目标以及在改变世界中起作用。其他人将成功定义为“对问题获得了新感悟”、“建立了持久的交际网”或者“寿命很长”。

不管这些领导者是怎样定义成功的，绝大部分都认为努力实现联盟目标以及优秀的领导力是成功最重要的两个因素。由参与者提出的影响联盟成功的其他重要因素可以分为两大类：

- 内部因素（在联盟的控制之内）：进程、结构、策略和可利用的资源。
- 外部因素（在联盟的控制之外）：政治环境、联盟想要影响的目标以及时机。

采访中联盟内部资源交换的重要性被多次提起。许多领导者都认为让成员从联盟中获得一些东西这一点很重要，这样他们才能对联盟进行回馈。“成员们付出和从联盟获得的资源越多，他们就越会对联盟忠心”（p. 73）。因此，回馈机制被看做成功的关键。

当参与者被问到什么个人特质能使联盟领导者有效地领导一个联盟时，他们给出以下答案：坚持不懈、说服力、谈判技巧和引导技巧最为重要。

资料来源：Adapted from R. Mizrahi and B. B. Rosenthal，“Com-plexities of Coalition Building Leader'Successes，Strategies，Struggles，and Solutions，” *Social Work* 46（2001），pp. 63—78.

通过一次增加一个成员建立的联盟

这样的联盟不因为一个单独的确定的事情就集合而成，而是通过一次一个个体逐步地加入而形成。创立者或者早期的联盟者在这一过程中起到了至关重要的作用。联盟成员可能只是通过朋友或者那些创立者定期见面的熟人来接触。亲近度和见面的便利程度影响了创立者会接近谁，但这两项都不起决定性作用。这时就需要另外一个关键的谈判原则——如果建立者知道其他人的利益诉求那么他就会在建立联盟中获益匪浅。一个建立者如果可以知道其他人想要什么或者需要什么，同时能够向联盟成员说明会如何满足他们的需求，那么他就拥有吸引新成员加入的强有力武器。其他人的这些需求、需要以及拥有或者可以利用的资源可以很复杂多面。创立者与其他人进行的探讨可能只是尝试性的，创立者希望通过交流来搞清楚其他人的诉求而不是直接去向他们做出明确的加入联盟的邀请。之后他可能会基于一个或多个条件去邀请他们来加入联盟，开始建立联盟的过程。

- 非联盟成员可以将一些可以增强联盟实力的重要资源带入到联盟中。
- 非联盟成员为了成为联盟成员而比其他人提出更少的要求（非联盟成员的要求越少，他在成为联盟成员之后，想得到的就越多，但是一个要求很少的人也不会被认为很有价值或者在联盟中起重要作用）。
- 创立者可能会对非联盟成员做出某些形式的许诺或者承诺，这些承诺是关于未来的奖励或未来可以分配的利益。有时，这些承诺是清晰明确的甚至是书面形式的，在其他情况下，它们可能是模糊的和不确定的。做出不明确承诺而糊弄过去的创立者显然比做出清晰明确且高代价承诺的创立者对联盟有着更多的控制力。

联盟的建立也需要机会，如在多边谈判中到一边进行交流的机会。当聚在一起谈判的各方当事人在谈判前彼此之间（或者对彼此的利益诉求）都不是很了解，那么除非有机会可以参加在谈判桌之外进行的核心小组会议，否则是很难找到并巩固联盟成员的。最近的研究表明小团队的单独交谈机会促进联盟的形成并会赋予少数派更大的发言权（Swaab，Phillips，Diermeier and Medvec，2008）。这些研究人员认为团队领导者会缜密地思量是否允许或者鼓励单方会谈，控制多方谈判过程的人也应该这样做。

联盟成员的关键数量

联盟通过两人一组的讨论和匹配过程不断发展。联盟能有多少人由许多因素决定，但是在某种程度上他们都需要达到一个“入盟门槛”，即联盟最少的人数标准——其他人开始加入，因为他们意识到朋友和熟人都已经是联盟的成员了。创立者和他们早期的盟友与很多人接触，他们试图使那些可能对加入联盟感兴趣的人加入到他们的队伍中并决定他们的入盟“代价”。当联盟人数达到某个关键数量（Schelling，1978）时，联盟的扩大会越来越容易，但同时也会更加没必要再扩大了（Murnighan and Bass，1991）。从这个数量开始，可能还会继续有更多的成员加入到联盟中，“尤其是在严重政治化的动乱的环境下”（Murnighan and Brass，1991，p. 292）。

联盟对成员的排斥

联盟不只是一味地增加成员，他们也会排斥成员。范比斯特、威尔克和范迪克（van Beest，Wilke and van Dijk，2003）对联盟建立的过程中被排除在外的当事人进行了研究。被排斥出联盟的人的境况可能会变得糟糕。范比斯特和同事引用了一个在两个公司合并时，被排斥在联盟外的竞争者的利益受到损害的例子，以及自由贸易组织的建立损害非参与国利益的例子。但是在某些情况下，被排除在外的人的情况也可能因此变得更好。例如，当两个公司建立联盟，共同在市场上推出一种产品，处在相同领域的其他公司会从这一兼并事件的公开化所引起的关注中获益。在他们的实验中，范比斯特和同事预测并证实个体不仅会出于个人利益而建立联盟，也会为了维护私人关系以及将可能对被排斥的个体造成的损害降到最低而建立联盟。当被联盟排斥的人可能因此受到伤害时，实验的参与者更不会去排斥某个个体而去结成更小的联盟。

从联盟中排除成员部分取决于多方谈判和联盟政治展开的交流渠道。由斯瓦布（Swaab）、克恩（Kern）、迪麦尔（Diermeier）和梅德韦（Medvec）做的新研究是关于在一个三人团队中，其中的两个人也可以实现交易，进而出现把一个人排斥在联盟外的情况。面对面交流的团队相比于使用在线系统交流的团队更不可能将一方当事人排除在外。交流的公开性也很重要。即使当团队是在线进行交流，在不允许单方交流的情况下，排斥现象就不大可能发生了。这些研究人员总结，如果以电脑为基础的交流方式是唯一的交流渠道，并且希望促成合作而不是某一方或几方被排斥的情况，那么控制这一过程的人就应该将交流控制在公开环境下并且不鼓励或者不允许参与者私下进行交流。

不紧密的联系也可能是优势

我们之前讨论了联盟中较弱的资源拥有者反而拥有加入联盟的优势的情况——联盟的创立者会拉拢那些较弱的人加入联盟，这通常是因为较弱的人最需要加入联盟同时要求更少。一个相关的情况涉及创立者的人际关系网。创立者通常拥有一个庞大且多样化的潜在的为了联盟可以联系的由初次接触和较为熟识的人组成的人际网。研究表明，在建立联盟上那些拥有一个联系不太紧密的庞杂的人际网的创立者通常要比那些拥有一个小而亲密的牢固人际网的创立者更有优势（Granovetter，1973；Kadushin，1968）。[2]然而自相矛盾的是，拥有一些牢固联系的人，与有广泛人际网的人通常已经组成了小型联盟。在组织的架构里拥有否决权的参与者（高级经理人或者那些处于正式的权威位置上的人）可能不会成为创立者，因为他们有太多东西不愿意放弃而且也很难说服其他人加入联盟。相反，他们更有可能会等到其他人主动接近他们并提出一些刺激条件，这时拥有否决权的人才可能不再等待，并且“直到开出的条件足以诱惑其加入时，他们才会采取行动加入联盟，否则他们会一直等待下去”（Murnighan and Brass，1991 ，p. 293）。创立者可能在早期会使用这种方法，但只是试探性地采取这种行为，因为在某一时刻，创立者可能想要让拥有否决权的人进入董事会。换句话说，与一些人具有广泛而松散的交际的创立者，通常会将那些自身就有广泛交际网的人拉入伙（因此扩大了潜在成员的“交际网的边界”），并利用这些关系建立联系和获得支持。

许多成功的联盟都是悄悄建立，迅速解散

有效的联盟不一定要持久、庞大，或者公开。事实上，如果联盟是持久而公开的，那么联盟成员经常会被看做反对者、唱反调的人，或者被认为质疑正式领导人或现有体制的人。正相反，成功的联盟经常是围绕着关键问题迅速聚集，为了支持或反对一系列特定行为而建立的。这种联盟很少正式地见面，相反，两人小组和小团体可能会不正式地接触（如在午餐期间，通过邮件的方式），通过这种见面方式来交流观点、交换信息和传闻，很可能还会就正在发生的事以及如何发生的达成一种相同的想法。当要迎来一个关键行为或决定时，他们就会动员大家齐心协力，然后当目标实现或者关键时刻过去后就各自回到从前。请大家记住，沟通渠道可能也会影响联盟能否有效地建立和解散。在第6章，我们讨论了不同的沟通渠道（如面对面、电话或者远程电话会议、邮件等）是如何影响谈判过程的。尽管联盟的形成和沟通可以通过任何媒介发生，但研究指出一些在线媒介，如邮件，作为多方谈判的渠道时可能存在挑战（Kurtzbert，Dunn-Jensen and Matsibekker，2005）。在联盟建立时机成熟的情况下，加入的成员越多，使用诸如基于文字的信息或者邮件这样互动感较弱的社交媒体进行沟通的联盟，就越难以识别出成员的共同利益和潜在的联盟成员。

莫宁汉和布拉斯（1991）指出，对联盟来说成功解决其所针对的问题之后仍然保持完整存在一定风险，有如下几点原因。

● 来自被征服者的报复。如果一个联盟胜利了并且能够被识别出来，那么非赢家最终可能会想要得到补偿。报复的行为会使得联盟之间彼此相斗，以至于使得每一个联盟的唯一目标都变成了阻止其他联盟成功。在全世界的立法机构中这种情况非常普遍，自由派和保守派都试图阻碍对方获得主动权和推进议程。

- 联盟内的动荡。联盟的公开可能会导致内部的动荡，这种动荡可能会对联盟未来的活动造成影响。例如，如果联盟全部是由有着强烈自我优越感的人组成的，那么大多数人会想要得到多于他们对联盟成功所做的贡献的声望。如果联盟是非正式的，那么所有人都可以受到嘉奖并且自我感觉良好；如果联盟的行为变得公开，就可以知道哪些成员实际做出了贡献，而哪些成员实际上贡献非常小。这就可能导致联盟内部的斗争并且会威胁到联盟继续存活的能力。
- 匿名的愿望。一些联盟的成员可能更想要匿名。联盟成员的身份越公开，那么更多的人就会认为他们未来的行为是出于联盟成员的身份而不是自身利益驱动。他们可能会失去加入其他联盟的机会，而且可能会失去个人的威信，因为他们会被认为是联盟领导者的傀儡。出于这一原因，许多联盟成员都不想让大家知道他们与其他联盟成员有政治上或公开的联系，而且他们当然希望在未来利益需要时仍可以组建其他联盟。

12.4 联盟的决策标准

联盟的决策规则强调了确定各方当事人将会从联盟行为取得的成果中得到多少回报的标准的重要性。决策规则主要关注受联盟成员支持的用于分配产出和成果的标准。决策规则往往有三个公平的标准，即公正、平等和需求。主张公正标准的人认为能者多得，得到的应与贡献的重要性成比例。那些主张平等标准的人认为每一个人应该得到一样多，而那些主张需求标准的人则认为那些申明对结果有更大需求的当事人应得到更多（见第10章）。

一般说来，当事人倾向于支持最有可能满足他们个人需要的决策标准。例如，回到我们之前引用的4—3—2模型，安德鲁拥有4张选票，他可能就会主张公平这一标准。按照这一标准，他应该得到更大份额的资金，因为他贡献的票数更多。塞西尔只拥有2张选票，他可能就会主张平等这一标准，因为他与安德鲁和芭芭拉中的任何一人平等分摊资金时所得到的都要比她从按照公平的分摊原则所得到的要多。芭芭拉会表现得摇摆不定。如果他试图与安德鲁结盟的话，他就可能会主张平等这一标准。但是如果她与塞西尔结盟时，她就会主张公平这一标准。要是一个参加者有着强烈的需求，例如，他需要钱修车，所以需要工作，如果他可以使其他两个人相信与他们要求公平或平等分配的需求相比他这一需求的优越性和正确性，那么大家就可能会接受这一观点。

联盟中的谈判力和影响力

第7章和第8章对谈判中谈判力和影响力的一般特征进行了阐述。谈判力和影响力的动态变化是联盟成立和保持稳定的重要因素，因为联盟倾向于在多方行为人的利益相互冲突但又部分重叠的情况下出现。我们接下来从两个角度对联盟的影响力问题进行讨论，即联盟中的优势和劣势以及联盟形成背后的谈判力类型。

在联盟中的优势在哪里

一方当事人拥有或控制的资源越多，他就越可能成为联盟至关重要的一分子，这样的人就会在促进联盟成员齐心协力、申明战略和影响资源分配上起到关键的作用。这就是优势就是力量的理论。这一核心作用与我们在第7章中讨论的核心作用的类型很相似：由一个人在等级体系和人际关系网络中的位置带来的正式和非正式的权力。有优势的联盟参与者在联盟形成和资源分配的过程中经常会处于交际网络中心位置（Murnighan and Volrath，1984）。

然而，有时创立者追求的目标就是建立一个最不可能获得胜利的联盟，在这样的情况下那些在联盟中拥有相对更少资源的人就可能更具优势。事实确实是这样，他们在资源上相对较弱势的地位使得他们要求分得的利益更少，因此他们在加入联盟时更加抢手（Murnighan，1978）。当获胜的联盟得到相同的回报，贡献最少的资源、更小的权力或者影响最小的参与者将更有优势。这一结果通常称为弱势即优势理论（Murnighan，1986）。正如莫宁汉指出，"当任何一个人都可以做到时，可替代性更倾向于选择较弱的一方。因此，在提出一个新的组织战略时需要一些支持声音的管理者几乎一定会选择去说服最弱者，因为他们是最容易赞成其意见的成员"（p. 161）。然而莫宁汉也特别指出，尽管这样的情况会导致联盟领导人采取选择弱者的战略，但因为弱者缺少对战略热忱的支持，由弱势成员组成的联盟可能会损害该战略的实施。

谈判力是如何影响联盟形成的呢

波泽、曼尼克斯和尼尔（Polzer，Mannix and Neale，1995，1998）定义了三种关键的多方谈判中的谈判力类型，即战略的、标准的、以关系为基础的。对于这几种谈判力类型的讨论可以较为简洁地对联盟成立的过程进行一个总结。

- 战略谈判力来源于有可以替换的备选成员。如果谈判者有很好的备选方案，他就可以从那些让人难以接受的交易中走开，然后接近那些有可能且有意愿与其达成更好交易的人。一个潜在加入者带给联盟的资源越多，或者资源和投入的种类越多，就越能增强联盟实力，他就更能够对联盟做出贡献并且对联盟具有更大的决定权。

- 定夺标准的谈判力来源于各方当事人认为谈判者提出的建议是对联盟取得成果的一种公平公正的分配方式的意见。本质上，那些对结果的公平分配的规则和原则提出建议的人拥有更大的定夺标准的权力。一方当事人可能会主张一种平等的分配方式，而其他当事人则可能主张公平的分配方式，而第三个人可能会主张基于需求的分配方式。最终被团队采纳的分配规则的提出者拥有最大的标准谈判力。

- 基于关系的谈判力是兼容两方或者多方当事人的偏好而形成的。正如我们在第10章中指出的，具有相同或兼容的利益的当事人之间更容易与彼此建立和维系关系。各方之间的兼容性可能是基于共享或互补的利益（共赢）、共同的理念或者仅仅是喜欢彼此，愿意彼此在一起。

在考察这三种谈判力来源的研究中（Polzer，Mannix and Neale，1995，

1998)，作为一个研发公司三个分区副总裁的谈判者被要求从两个资源池中分配资金。第一个资源池的资金价值不固定，其取决于资源库最终一致的解决方案中包括的是三方当事人中的哪两个。他们的谈判力大小与他们所代表分区的规模有关。因此，战略谈判力被那些能够联合另一方取得资源池控制权的人所掌握。标准谈判力归属于一旦获得资源池的控制权，能够为公司总体使命贡献最大的分区副总裁。关系谈判力是通过第二个资源池被控制的，这里各方当事人在所谈判的问题上的偏好或多或少可以兼容。结果表明，来自兼容利益的关系谈判力是最重要的谈判力来源。正如作者指出：

> 拥有兼容利益的成员能够从任务的每个部分获得更大的个人收益。即使没有形成排他的两方联盟也是这样。这些发现证明了合得来的成员会形成内部联盟，并且以联盟的形式共同对抗合不来的第三方——不是一定不让第三方参与到最终决定中，但是要强制他接受其在两个资源池中均分得更少的份额这一现实（Polzer，Mannix and Neale，1995，p. 128）。

波泽及同事也指出了关系的动态变化会在很大程度上影响联盟的建立和稳定性。有关系的当事人倾向于认为他们在未来的某个时刻会结盟，因此他们会将现在的关系看成暂时的，并且认为即使他们现在的利益并不吻合，也一定会在未来的某个时刻吻合。结果是，他们齐心协力却不要求立即得到回报。另外，他们认为他们有相容的偏好，这种相容的偏好意味着他们都希望彼此能够实现各自的目标。基于此，有关系的各方建立了互信，更加相信另外一方的行为和目的是对他们有利的，会更倾向于把握双方合作的机会。对于参与多方谈判的当事人来说，应该记住与其他谈判者的私人关系可能很有用，有时甚至比只确定战略重点的重叠部分更有用。

如何建立联盟：一些实用建议

现在让我们来用彼得·布洛克（Peter Block，1987）提出的一个实际的研究联盟的方法来总结本章。他提出了一个在组织内部授予权力和发展积极政治的策略。布洛克表示，“授权许可来自于基于自身利益的行为。政治就是追求自身利益，而积极的政治就是追求开明的自身利益”（p. 105）。布洛克指出，追求开明的自身利益的行为会在下列情况出现时发生：

- 联盟成员追求那些对他们自己和他人有意义的活动。
- 被需要。
- 单纯地希望对组织和其目标做出贡献。
- 行为正直并对所见实话实说。
- 友好地对待其他人，并对他们产生积极的影响。
- 在他们所做的事情上，尽最大努力做到最好和最有成效。

追求开明的自身利益的当事人可能会与其他人一起使用诚实的策略。诚实的策略就是符合上文列出的开明的自身利益的原则的策略行为。与诚实策略相对应的就是只为自身利益，不考虑他人需求和感受的权宜的、不甚合乎道德的行为（如在第9章中所探讨的行为）。

布洛克认为诚实策略需要当事人做到以下事情：

1. 直陈立场。与不表明立场，拒绝作出承诺，坐观成败，或者没有原则地对每个人好相比，当事人更应该让其他谈判参与者知道他们的立场。

2. 尽可能多地分享信息。诚实策略需要各方当事人对他们所了解的信息全盘托出，这样他们就可以最大化地了解别人所掌握的信息，从而最大化公共信息池，增强各方达成一个既符合个人利益又符合集体利益的解决方案的能力。正如布洛克指出的：这也许意味着大家要共享全部的预算，而不只是一小部分；共享完整的财务数据；让人们广泛参与到预计会发生的改变中并且在这一环节的早期就让他们了解改变即将发生；让人们提早了解可能的失败以便让他们能够避免或最小化其影响；以及让人们知道他们的立场和对工作表现排序的方式，这样组织中的成员就可以在信息充分的情况下对他们的生活和未来做出相应的决策。

3. 使用能够描述真实情况的语言。当事人应当使用直截了当和清晰明了的表述方法，而不是使用那些会混淆、隐瞒或者掩饰真正发生的事情的表述方法。政治家们经常会因没有清楚全面地回答问题或者没能给出对发生的事件全面准确的描述而遭受指责。政治家巧妙地使用扭曲、模糊和具有误导性或将指责转移到别处的语言，而非那些能够描述真实情况的语言（Kurtz，1998)。

4. 避免为了被接纳而改变立场。谈判的各方仅仅为了被接纳，为讨他人欢心，或为了与最"火"或最流行的东西保持一致而改变立场、认可和支持的方向。这种立场的转换经常被嘲笑是迎合"最受欢迎"的做法，在员工关系上所作的廉价努力，或者是努力包装陈旧腐朽的观点把它们当做新的展示出来。例如，公司经常会因换汤不换药地把相同的基础管理程序换个时髦的名字和宣传语，如企业文化、品质、产出效率、领导力等重新推出而受到谴责。政治家互相指责对方提出的是老的计划，但给它们起一个新的名字和流行语。这越经常发生和被人察觉，就越会引起人们对于真正的改变是不是需要的和合理的冷嘲热讽。

布洛克（1987）认为联盟的核心驱动力是人们对未来的愿景——使人们团结起来朝着建设一个其他人渴望加入的伟大的团队和组织而努力。然而，回想一下，关系、共同利益或者标准的规则也能够为联盟建设提供组织上的原则。当各方从表达观点转向实施观点时政治行为就开始了。政治行为开始时人们会与别人谈论他们的观点和需求并以此来测试他们的反应。布洛克认为，当这样的情况出现时你可以从以下两个方面去考察其他的潜在成员：

- 他们的目标与你是高度还是低度符合？
- 他们对你的信任是高度还是低度？

在图12—2中，这两方面被加入到对5种可能的联盟角色的定义和阐述中，即盟友、反对者、关系亲密的伙伴、中立者以及对手。对每个角色的描述均引自布洛克（1987）。

盟友

盟友就是那些与谈判者的目标一致，谈判者信任的人。对盟友采取的最好策略就是把他们当朋友对待，让他们确切地知道己方的设想和计划，并且盟友可以帮助谈判者弥补他最弱的地方，以共担弱点和疑虑。另外，一个谈判者信任他的盟友，

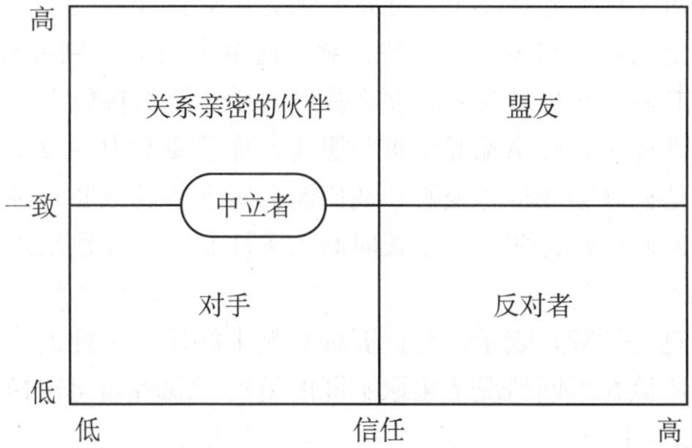

图12—2　信任/一致矩阵

资料来源：Peter Block. *The Empowered Manager*：*Positive Political Skills at Work*（San Francisco：Jossey-Bass，1987）. Used with permission of the author.

相信他会说实话并且以他的利益为出发点行事。

反对者

反对者是目标与谈判者有所冲突的人，但同时他们又能够在自己的立场上坚持原则、坦率直言。他们提出质疑，抛出尖锐问题，不接受草率的回答，并且不断促使谈判者在倡导一系列特定行为上变得更好、更强。谈判者认为他们的反对者会按照规矩办事并希望取得胜利。正如布洛克指出的，当人们与其他人玩游戏时，他们希望其他人表现好，以使自己表现得更好；当他们胜出时，他们希望感觉到对手已经竭尽全力，因此他们是当之无愧的胜利者。

关系亲密的伙伴

关系亲密的伙伴就是在预期和目标上与谈判者具有高度的一致性，但是谈判者对其信任程度处于中低水平的人。信任水平较低的原因是双方中的一方或两方不相互分享信息，不讲出全部事实，小心谨慎，只讲他们认为别人想听的而非事实。需要指出，关系亲密的伙伴可以由其他方当事人的行为或者自身行为促成。如果谈判者对其他方当事人不那么坦白和诚实，或者认为其他方当事人反过来也会不坦白和不诚实，那么信任水平就会下降。

中立者

中立者就是那些在某一问题上不会采取某一特定立场的人。他们害怕表明立场，担心一旦表明立场就会困在其中，陷入政治风险，与那些没有结盟的人变成敌人或者使得他们陷入危险。他们也有可能是真的自己都不清楚想要做什么。结果就是谈判者对于中立者没有太多的信任，因为他们的立场不明并且他们很有可能主动地想要保持这种模棱两可的状态。

对手

对手也是与谈判者的意见较为不一致的人，但与反对者不同，谈判者不能像信任反对者那样相信他们也会采取有尊严的行为。虽然谈判者可能会努力尝试与对手进行对话，但通常会发现无法达成一致意见和建立信任，反而会加深对立的状态。

很多人被对手搞的心神不宁，通常是因为与对手谈判的失败揭露了他们在经营关系这一能力上的弱点和缺陷。另外，对手通常会采取谈判者难以接受的方式来行动。因此，谈判者的目标就会变成要么战胜对手，要么摧毁对手。不幸的是，正如布洛克指出的那样，实际情况通常事与愿违。你越要努力地改变其他人或者对其他人施加压力，他们就会变得越强硬，他们越会对你造成威胁，你就越会被他们困扰。克雷默（2002）已经证明对对手长时间的关注是如何导致组织内部的无端猜疑和功能障碍的。

布洛克（1987）表示，与这五种类型中的任何一种人建立联盟都是可能的，但是谈判者应该在不同情况下采取不同的策略。现将如何选择盟友的规范性建议总结在专栏12.3中。

专栏12.3

在联盟中建立关系的行动策略

彼得·布洛克对于何时与他所定义的五种类型的人建立联盟提出了规范性建议。主要建议总结如下：

和盟友：

- 确认你和大家共同的期望或目标相一致。
- 再次确认关系是否牢固。
- 大方地承认你对能否实现你们的期望和集体的目标有所疑虑和担忧。
- 寻求建议和支持。

和反对者：

- 再次确认你们的关系是建立在信任的基础上。
- 表明你的观点或立场。
- 从一种中立角度，表明你是怎么理解他们的立场或观点的。
- 参与解决某种问题。

和关系亲密的伙伴：

- 再次确认意见一致。
- 认识到需要小心。
- 要清楚地知道你想从他们的支持中得到什么。
- 询问关系亲密的伙伴想从你这里得到什么。
- 试图在两方当事人如何齐心协力工作的问题上达成一致。

和中立者：

- 表达你对于这一问题所持的立场。
- 询问他们的立场。
- 施加温和的压力。
- 鼓励他们对这一问题进行思考，并且告诉你要给予他们什么才能获得他们的支持。

和对手：

- 表达你的期望或目标。
- 采取一种中立的方式来表达你对他们立场的看法。
- 让对方了解你对于改善你和对方之间不太理想的关系所作的努力。
- 会议结束时，再阐述一下你的计划，但是不要提出任何要求。

资料来源：Peter Block，*The Empowered Manager*：*Positive Political Skills at Work*（San Francisco：Jossey-Bass，1987）.

本章小结

在本章中，我们对联盟的特点以及联盟建立、领导、维系和最终解散的过程进行了阐释。我们认为联盟在多于两方当事人参与谈判的情况下形成，且在谈判者需要获得资源或其他人的支持或者帮助他们实现自己的目标时联盟更易形成。我们讨论了联盟何时会形成，形成的原因和方式；探讨了一旦联盟形成，它是如何运转的（或者停止运转的）；考量了谈判力和影响力在联盟政治中的作用。最后，我们给那些正在建立联盟的人提出了一些建议，特别是关于谈判者应该如何看待潜在伙伴以及与这些伙伴进行谈判时应采用怎样的议程。

在本章的结尾我们再次提醒，谈判各方之间的私下关系对导致分歧会起一定作用，这与联盟的建立有关。正如莫宁汉（1991）指出，联盟很多的早期工作都忽略了一个重要的因素：

> 事实上一起建立联盟的人是否可以彼此之间有效地合作……你选择合作的伙伴决定了你可以从合作关系中获得多少潜在回报。这些回报包括你从合作关系中得到的人际上的好处。更普遍地，你可能会从谈判中得到最大化的金钱收益，但是如果你在攫取利益的同时把所有人际关系都恶化了，那么你最终将会以富有但孤独的结局收场。很多时候有比赢得谈判更值得讨价还价的事情（生活也远远不只有谈判这一个主题），尤其是如果你承担了孤立他人的代价时。毁掉了人际关系，谈判的最佳时机也会离你而去（p. 137）。

关于谈判各方之间关系的问题——过去，现在和将来——显然是如何选择联盟伙伴，这些伙伴关系能否持久以及是否会随着利益刺激的改变而发生转变，都会产生影响。

讨论

1. 在有可能形成联盟的多方谈判的情况下，你会为相互作用做出怎样的选择呢？你更想建立一个所有的交谈都必须在全部当事人都在场的情况下发生的规则还是允许单方交谈以及非全部成员参与的核心会议？在什么样的情况下你会选择其中的一种而不是另外一种方式？这两种方式的优缺点又是什么呢？

2. 考虑一个三方当事人谈判的情况，交易只需其中两方达成协议即可，不过，在达成协议之后，需要三方当事人都来参与拟定补充协议。如果你是将第三方排除在外的"获胜"的两方联盟中的一方，你可以做什么来确保被排斥的当事人也可以接受其余两方达成的这一协议呢？是否存在一些你可以采取或者应该采取的一系列举措，能够增加第三方在后期合作的概率？

关键术语

联盟（coalition）：由两个或多个当事人在一个大的社会环境中组成的一个集体，并且这些当事人聚集到一起是为了追求共同的目标。

公地悲剧（tragedy of the commons）：当资源或财产有众多拥有者，他们每一个人都有权使用资源，但没有人有权阻止他人使用，由此导致资源的过度使用，即为“公地悲剧”。如草场过度放牧，见本章关于公地悲剧的故事。

创始人（founder）：发起联盟的人。在典型情况下，创始人认为他们自己不能通过现有渠道得到想要的东西，因此希望建立联盟。联盟的创始人通常能制定出一份能够完成和实现其中事项的日程表和行动过程。

优势就是力量理论（strength-is-strength）：一方当事人持有或控制的资源越多，他就越可能成为联盟中至关重要的一员。这样的人会在使联盟成员齐心协力，采取战略，以及在影响资源分配上起到至关重要的作用。

弱势是优势理论（strength-is-weekness）：在追求建立最小获胜可能性的联盟的情况下，那些在联盟中拥有相对更少资源的当事人就可能更有优势。因为他们处于资源的相对弱势地位，这就导致他们从获得的公共资金中只能获得较少的一部分（Murnighan，1978）。当所有获胜的联盟都得到相同回报，同时假定有两个参与者可以相互替代（每一个都可以对联盟起到相同的贡献作用）时，拥有较少资源、谈判力和带来影响最小的当事人就会有优势。这一结果通常称为弱势是优势（Murnighan，1986）。

盟友（allies）：与谈判者的目标和观点相一致并且谈判者信任的人。

反对者（opponents）：其目标和目的与谈判者相冲突，但是人们认为他们的反对是有原则的并且是坦诚的。

关系亲密的伙伴（bedfellows）：在预期和目标上与谈判者具有高度的一致性，但是谈判者对其信任程度处于中低水平的人。

中立者（fence sitters）：在某一问题上不会采取某一特定立场的人。

对手（adversaries）：与谈判者的意见较为不一致的人，但与反对者不同，谈判者不能像信任反对者那样相信他们也会采取有尊严的行为。虽然谈判者可能会努力尝试与他们的对手进行对话，但通常会发现无法达成一致意见和建立信任，反而会加深对立的状态。

注释

[1] See Cyert and March (1963); March (1962); and Thompson (1967).

[2] In this context, the strength of ties is determined by the frequency and multiplexity of interaction that founders have with members of their network. *Interaction* frequency means the number of times that two parties interact. *Uniplexity/multiplexity* means the number of different ways that the parties interact with each other. If parties only work on a single project together, the relationship is uniplex; if parties work together on different projects, see each other socially, and often eat lunch together, the relationship is multiplex.

第13章 多方谈判与团队谈判

学习目标

1. 理解当谈判桌上有两个以上谈判方参与时，谈判方式如何变得更为复杂；
2. 在多方谈判过程中，描述构成一个高效谈判团队的关键要素；
3. 明确进行一场高效多方谈判的几个关键阶段。

在前两章中，我们研究了在有其他方加入时谈判是如何发生改变的。在第 11 章中，我们讨论了当谈判人员是代表其他人利益进行谈判时谈判如何发生了改变。在第 12 章中，我们探讨了在三方或多方谈判中联盟是如何形成的，以及联盟对其他谈判者如何产生影响。在这一章中，我们分析多方谈判的以下两种情形：

1. 多个谈判方互相进行谈判从而尝试达成一致共识，我们将这种群体决策视为多方谈判；

2. 多个个体分别站在谈判的对立面上，换言之，谈判是在团队间进行，而不是在个体间进行。

13.1 多方谈判的本质

多方谈判是指两个以上的谈判方为达成共识而进行的谈判。下面我们沿用第 12 章中的例子来说明多方谈判的本质。现在我们假设出售音响的人不是一名同学，而是四名同学共同拥有并出售一套音响。一年前，每人投入了 200 美元购买音响，现在他们对如何处理这个音响有不同意见。艾伦（A）想要把音响卖掉然后把钱平分，因为他想为自己买一辆新的自行车；比尔（B）想要把音响卖掉然后买一个相对便宜的新音响；查克（C）想要把音响卖掉然后买一套高级音响，这当然需要每个人再出很多钱；丹（D）根本不想卖掉音响，并认为这是件很愚蠢的事。每个人都有自己的偏好和优先选择，然而他们必须统一决定是否卖掉音响以及何时卖掉它。他们可能会对下一步如何做达成统一意见，或者也许会在小组内集资，或者按照各自的方式行事。当各方同意开会讨论各种选择并做出统一决定时，这就是一个具有独特的动态集体决策过程的多方谈判。

多方谈判的一般模型如图 13—1 所示。谈判各方（可能是三个或更多）分别代表各自的利益。在另一种不同的情形下（例如，谈判各方可能代表不同部门为完成共同任务进行谈判），他们可能是代表其他人的利益（见图 13—2）。随着更多谈判方、委托方以及观众的加入，这种谈判的复杂性也会呈指数增长或者线性增长。

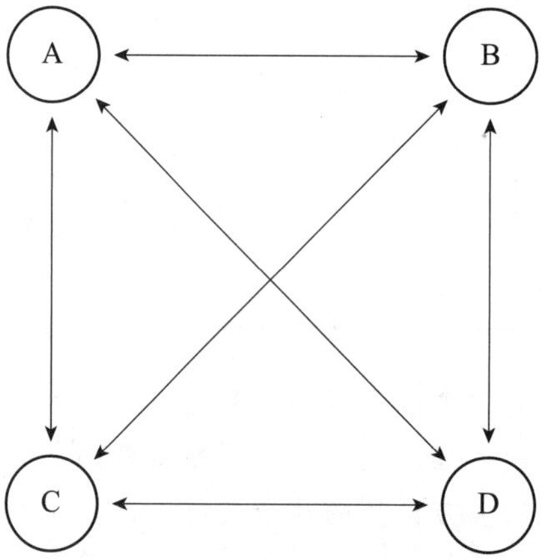

图 13—1　多方谈判

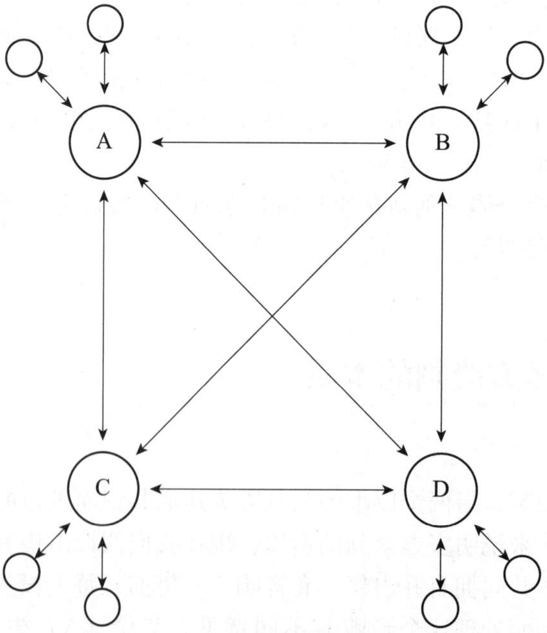

图 13—2　带有委托方的多方谈判

在本章中，我们将关注那些使多方谈判复杂于一对一谈判的各种因素。我们还会对多方谈判中的一些关键时期和阶段加以评论。在各个阶段，我们考虑了多种促成高效多方谈判的策略。我们展示了多方谈判是如何复杂和易于破裂的，同时也体现了为达成有效的共识需要谈判各方有意识的投入以及促进者的参与。[1]

双边谈判与多方谈判的区别

多方谈判不同于双边谈判体现在以下几个重要方面。这些差异使得多方谈判变得更加复杂、更具挑战性，也更难以应对。

参与方的数量

这第一个区别是最为明显的：多方谈判中有更多的参与者参与谈判。这样一来，谈判的规模变得更大了，这样就使掌控几种不同观点和确保各方有足够的时间来表达与倾听变得更加困难。每一方都可能扮演当事人来代表他们自己的利益（见图 13—1），或者是代理人来代表至少另外一方的利益（支持者；见图 13—2）（回到我们第 11 章讨论过的角色）。另外，各方在谈判之外也许都有不同的社会角色（例如，主席、副主席、主任、董事长），这些角色会导致谈判中的权力与地位的差异（参见第 7 章）。如果各方的地位是平等的（例如，全部都是副主席），谈判中的交流就会比如果一方有更高的权力和地位进行得更加开放。例如，如果一方是主席，其他方都是副主席，我们就可以想象到主席会对谈判过程有更多的控制和主导。

信息和计算的复杂性

第二个区别就在于多方谈判引入了更多的问题，关于这些问题有更多的观点和更多的信息（事实、数据、立场、观点、支持材料等）。“谈判者数量的增加带来的最基本的结果之一就是谈判变得更不明晰、更复杂，因此导致在某些方面谈判变得更加苛求。随着谈判规模的扩大，会有更多的价值、利益和观点被融合或采纳”（Midgaard and Underal，1977，p. 332，引自 Kramer，1991）。对于谈判者来讲，实时了解所有的信息、各方的观点，以及每一种情况所适合的参数，将是一个很大的挑战。因此，相比在谈判过程中跟踪信息、权衡利弊，在谈判之前做好更充分的准备更加重要。

社交的复杂性

第三个区别是随着谈判方数量的增加，社交环境就从一对一的对话变成了小组内的讨论，结果导致组内所有的力量都开始影响谈判者的行为。

第一，谈判过程的发展也许会由谈判者互相之间的动机倾向决定。一项研究表明具有合作动机倾向的谈判方会（比个人倾向者）更有可能获得高质量的谈判成果，而且更容易彼此信任、减少争论（Weingart，Bennett and Brett，1993）。这种倾向似乎也会影响谈判方讨论问题的方式（稍后会讨论到）。

第二，社交压力也许会使小组的行为团结一致，但是除非成员找到了一个可以接受的解决方案，否则他们仍然会相互冲突而无法团结一致。成员们之间相互比较、相互评估，并不断尝试用各种影响策略劝说他人同意自己的观点（关于这些策略的阐述参见第 8 章）。成员之间互相施压来达成一致观点、对问题的一致认识或者同意一个解决方案，这一过程也促使顺从的压力不断增大。另外，小组内也可能产生不良的小组力量。例如，如果企图维持小组一致的力量过强，小组则可能为了减少冲突而采取忽视或者不全面解决差异性问题，只为得到一个相对有效的解决方案。贾尼斯（Janis，1982，1989）关于政策制定和决策制定小组的研究表明，这些为了减少或者避免冲突的行为经常会带来灾难性结果。像肯尼迪政府时期美国入侵古巴猪湾（Janis，1982）和美国航空航天局对发射“挑战者号”的决议（Tompkins，1993），这些错误都是由于关键决策层中存在这样的不良影响力，使得一些成员为避免冲突而不愿意表达对计划实施的不同意见（见专栏13.1）。这种犹豫导致一种团队一致的假象，使得每个成员都认为自己是在这个即将达成一致的讨论中唯一持不同观点的人。因为害怕表达不同意见会显得弱势或愚蠢（需要注意这种顾全自己脸面的动力——参见第11章），小组成员便自我抑制了他们的不同意见和顾虑，从而更加强了表面上意见一致的假象，并最终导致灾难性决策的形成。

专栏13.1

“挑战者号”事件

1986年1月28日，“挑战者号”太空飞船在飞行了73秒后发生爆炸，机上所有人员包括为此次飞行专门招募的平民乘客在内，无一幸免。随后的调查将事故的部分责任归咎于美国航空航天局（NASA）的领导，因为他们未能创造一个开放的交流环境让下属可以自由讨论潜在的技术问题。如果沟通交流更加开放，也许就不会失去“挑战者号”。

菲利普·汤普金斯（Philip Tompkins）在其1993年关于“挑战者号”事故的长篇报告中，指出美国航空航天局的工作人员知道他们的领导不愿听到坏消息。领导有“杀死信差”的倾向，尤其是对于那些可能导致延迟发射的技术性问题。结果，他的下属们都以消极的、间接的方式与领导沟通。就在“挑战者号”发射的前几天，工程师们集体讨论了在非寻常低温状态下飞行的潜在技术性问题。这些技术专家得出结论，在寒冷天气条件下发射“挑战者号”也许是很危险的行为。然而，由于美国航空航天局的会议通常不提倡公开地交流想法和辩论，专家们的间接警告就被忽略了。一些专家事后坦言，他们惧怕美国航空航天局的管理者并且觉得他们不能把问题提出来公开讨论。相反，他们只能在不惹怒上司的情况下用暗示和技术备忘录的方式表达意见。

汤普金斯指出，他写报告的目的之一就是要指出沟通交流的重要性，逃避和不情愿面对公开评价的危险性（p.110）。“挑战者号”事故证明了如果一个团队的成员不能在会议和谈判中公开地表达自己的意见，就很容易导致悲剧的发生。很多研究过这次灾难的人也指出汤普金斯所说的不良力量与“集体决策”的特点十分相似（Janis，1982）。

资料来源：Adapted from P. K. Tompkins，*Organizational Communication Imperatives：Lessons of the Space Program*（Los Angeles：Roxbury Publishing Company，1993）.

程序的复杂性

多方谈判比一对一谈判更加复杂的第四个区别在于谈判者要履行更加复杂的程序流程。在一对一的谈判中，谈判方只是按顺序表达自己的问题和观点，反驳对方的观点，或者按照从谈判前期到后期的顺序逐步进行。当有更多谈判方加入时，谈判的流程规则就变得模糊复杂。该轮到谁去做什么了？谈判各方如何协调（例如，开场陈述、表达立场、逐步达成一致意见)？这种程序上的复杂性会导致以下几种结果：第一，谈判时间会变得更长（Sebenius，1983)；第二，谈判方数量越多，谈判进程就会变得更复杂、更难以控制，尤其是当一些谈判方采取强硬的态度讨价还价并且企图通过主导谈判进程来使自己的观点得到认可时（Bazerman，Mannix and Thompson，1988)；第三，鉴于前两个因素的存在，谈判者们不得不投入更多的时间来讨论谈判流程将如何进行以达到各方想要的解决方案或一致意见；最后，谈判者们必须决定如何同时处理多个问题。温加特、贝内特和布雷特（Weingart，Bennett and Brett，1993）称同时讨论多个问题并在问题之间权衡利弊的谈判者相比逐个讨论问题（一个接一个按照固定或事先议定的顺序）的谈判者更易达到高质量的谈判结果。同时处理多个问题的谈判小组也获得了更多的信息交流，并能更清晰地了解其他方的偏好与优先选择。

策略的复杂性

第五个区别，多方谈判在策略上比一对一谈判更加复杂。在一对一谈判中，谈判者只需关注对方的行为，因此谈判策略便根据谈判者的目的、对方的行动以及战术来制定。在第 3、4、5 章中我们讨论过两方谈判的策略与技术选择。

在多方谈判中，复杂性明显增加。谈判者必须考虑所有其他方的策略并决定是与之单独谈判还是作为群体谈判。与他们单独谈判包括一系列的一对一谈判过程，而且是在其他谈判者的关注下进行的。在这种情况下，这一系列的一对一谈判会导致以下几种结果：

第一，这些交流受制于第 11 章中所说的监督和观众力量。在这种情境下，谈判者会变得很敏感，并且会以强硬的态度展示坚定和决心（不仅是对谈判对方还是对旁观者和观众)。结果是，这样的交流环境会导致谈判者采取分配式战略和战术，即使他们并没有打算这么做，但这是为了向他人展示强硬和决心。短期的结果就是团队中的谈判者会处于很强大的地位，除非采取专门措施防止团队竞争升级。一旦对方强硬地坚持自己的立场，谈判者便不得不调整自己的立场做出妥协，并以一个令人满意又不丢面子的方式向自己的委托方作出解释。即使没有委托方，谈判者也不想在其他人面前丢面子。当有支持者时，像图 13—2 中描述的情境，这种情况尤为如此。

第二，那些有办法控制谈判桌前（甚至是整个屋子里）谈判者人数的人，从一开始就采取策略利用这种控制来达到他们的目的。所采用的策略是由战略利益决定的，而战略利益又可以通过增加其他方来实现。新的加入者也许是被请来增加对谈判者的立场支持或者信任、提供对某些观点独立的证明或支持，或者仅仅是为了展示实力。例如，当社区正在争辩是否应该新建一所学校或购物中心、变更当地法律，或者宣布一个新的税收方案时，不难遇到一些代理人在公开场合谈论这些问题，并安排很多支持者时不时地表现出激动来支持或反对一种立场（可以回顾第 11 章中对于寻求观众的支持来对反对者施压的讨论)。这样一来，谈判者可以策略性地增加谈判方的数量，要么是为了凭借数量来增强已有势力或支持者的青睐，要么是为了展示一些有力的威胁以警示对手如果不按照他们的方式做事可能引起的后果。

第三，谈判者可以公开地加入联盟来获得更多支持。在第12章中我们阐述过联盟力量。谈判方也许会公开或暗中地相互支持对方立场，从而增强他们共有观点的分量，并利用联盟掌控谈判进程达成想要的协议。联盟可以在谈判之前或谈判间歇期形成，也可以在谈判过程中形成。两个或更多的谈判方意识到他们也许有相容的观点，从而互相帮助并在小组共同目的达到时实现各自的目标。

在多方谈判中联盟成员可以用很多方式发挥他们的力量：相互一致的表述，同意互相帮助对方实现共同或个人的目标，控制谈判时间以及在出现特定方案或协议时给予支持。莫宁汉（1986）指出决策团体中一致性的出现就像一个“滚雪球联盟”。正如之前所说的，联盟是通过每次一个谈判方加入而形成的。这样一来，在小组讨论中，各方共享信息提出解决方案，就会有一部分人因拥有一致观点而默认或公开地支持对方的观点。其他的个体则会跟这个新生的联盟谈判从而加入他们的观点。那些也许不愿意商议或调整自己观点的人最终会被拒绝并排除在决策团队之外。

对于处于有影响力的联盟之外的那些人来讲，他们冒的风险便是无法成为讨论中积极的一员，这些讨论中有些甚至是远离谈判桌的核心会议。一项由金（Kim，1997）领导的研究表明，多方谈判中被排除在外的谈判方比始终在场的人收到的成果要少。金的研究结果表明，如果被排除的一方错过了后半程的讨论，造成的损失则会更大。经验就是，在关键的讨论中仅仅在场就非常重要，在谈判后期各方即将达成最终协议时更是如此。

波泽、曼尼克斯和尼尔（1995，1998）指出在多方谈判中，关系是决定哪一方加入联盟的决定性力量。当关系合适时，谈判者们就会更多地把时间维度考虑在内，然后选择盟友。这样一来，谈判者们过去为彼此做了什么、将来能为彼此做什么就对当前的讨论有很大影响。另外，正如我们第10章讨论的，关系会使得各方产生相似的偏好，为对方着想并且希望帮助对方达成目标，各方在这个过程中建立并维持稳固的互信关系。

小结

当三方或多方同时参与谈判，谈判的复杂性随之增加，主要体现在五个方面：第一，更多的参与者加入谈判，增加了发言人的数量，延长了谈判时间，使各谈判方扮演的角色变得更多；第二，更多的谈判者带来了更多的问题和更多的立场，这样一来就要提出并讨论更多的观点和角度；第三，谈判在人际关系上变得更加复杂，社交准则会影响谈判成员，会对成员施加更大的压力来让他们顺从或压制异议；第四，谈判从程序上变得更加复杂，各方不得不商议新的谈判流程来保证行动效率；第五，谈判从策略上讲也变得更加复杂，因为谈判者必须观察其他方的行动来决定自己的策略。另外，联盟的形成增加了谈判结果受制于谈判联盟而不是全体谈判者的可能性，因为联盟能够掌控讨论和决策过程。

何为高效的谈判团队

多方谈判更像是群体决策过程，因为它是一个在各方偏好有所不同的情况下寻找共同解决方案的过程。因此，在某种程度上，理解多方谈判就要了解高效团队的特征。施瓦茨（1994）指出高效的团队和成员应当遵循以下几个原则：

1. 验证假设和推理。在一个高效的团队中，每个成员都应该清晰地表达自己的假设和推理，并与其他成员商议，因为被忽略的假设和推理容易导致结论缺失。

2. 尽可能多地共享相关信息。在一个竞争性的谈判中，谈判方可能会策略性地使用信息，努力获取他人的信息却不愿分享自己的信息。然而，高效的谈判团队需要一种高度整合的谈判，将其拥有的信息分享，这样才能使各方信息量最大化，从而找到解决方案并达到集体利益最大化。因此，各方应该坐下来讨论彼此的利益，而不是公开离场或者提出最佳替代方案（BATNA）。

3. 更多地考虑利益，而不是立场。在多方谈判中，成员应更多地考虑成员间内在的利益，而不是各方声明的立场；应该更多地分享信息，提出问题，考虑内在利益和需求。

4. 对于言论、问题和回答都要给出明确的理由。公开利益要求我们要互相清楚各自最重视的问题及其原因。

5. 表述要详细，多使用例子。各方应该讨论关于直观的行为、人物、地点和事件的具体项目，因为表述过于笼统会导致误解和模糊，而使问题的解决脱离正轨。

6. 各方对于关键词的理解要一致。参与者要注意清楚地解释协议中可能涉及的关键词或语言。例如，如果团队成员同意按照“共识”做决定，那么所有成员必须对“共识”有统一的定义，是投票流程、多数原则，还是要所有人都同意才通过的原则。

7. 有不同意见要公开表明。如果有谈判方不表明自己的异议，冲突被掩藏，这样就容易导致团队意见无法达成一致或者无法得出大家都同意的方案。非冒犯性地提出异议有助于提高效率。

8. 发表意见后要欢迎大家提问和评论。不同观点不仅要向他人表达，也要主动向他人询问，并且鼓励其他方表达他们对你方利益和需求的理解。

9. 共同设计检验异议和解决方案的方法。设计一个确认事实、明确事件解释、表明异议理由的流程，这样才能一步步地解决问题。这个流程可以由任何与谈判团队无直接利益关系的人制定。这部分在本章还会有后续讨论。

10. 讨论看起来无法讨论的问题。谈判者有很多他们认为无法讨论的问题：有成员表现令人失望或者很糟糕，或者对场上老板的权威性挑战。把这些问题拿出来讨论，对谈判效率至关重要。一种方法是公开讨论一些标准、规则，如果问题不能公开讨论，要阐明公开讨论会导致什么结果。正如施瓦茨所说，“如果成员们确定他们的顾虑不会发生的话，他们会更愿意将之前不能讨论的问题公开讨论”（p. 82）。

11. 保证讨论中心不偏移。团队领导要确保交流按正轨进行，直到每个人都发表了意见。制定一个谈判流程表，让主席保证讨论正常进行而不脱离正轨。

12. 不要使用小把戏分散团队注意力。讽刺、无关的故事、故作幽默等都会使团队分散注意力，脱离讨论核心内容。尽管这些行为在互相喜欢的团队或者冲突明显的团队中可能无法避免，但是高效团队还是要尽量使分散注意力的事情最少。

13. 尽量保证所有成员参与整个谈判的所有阶段。所有成员必须愿意参与所有谈判进程，分享相关信息，积极帮助团队寻找方案，保证流程正常进行。

14. 与团队外人员交流相关信息。如果有外部人员作为专家或者信息提供者被邀请的话，应该向他们解释清楚谈判的程序规则并请他们遵守。

15. 通过一致意见决策。尽管让团队达成一致意见不容易，但成员都应该努力促成共识。我们后面会阐述小组讨论的规则。

16. 开展自我审查。最后，在进行重大决策或考虑时，团队应该花些时间反思谈判流程和谈判效率。矛盾的是，合作不顺利的团队反而很少反思谈判流程，这也许是因为他们希望避免在讨论团队的低效性时很可能产生的冲突。毫无疑问，不讨论低效性只会让团队更加低效。

总的来讲，很多高效团队决策的原则都适用于多方谈判。接下来我们讨论使多方谈判更具效率的技巧。

13.2 管理多方谈判

在多方谈判中，复杂性也随之增加，什么才是最有效的应对方式？图瓦（Touval，1988）研究了很多国际外交中多方谈判和条约谈判，他指出多方谈判中有三个关键阶段：谈判前阶段、实际谈判阶段、达成协议阶段。在应对这些阶段时我们应明确一个谈判者在以下几种情形中可以做什么：

1. 当该谈判者只是多方谈判中的一方，只希望能在最终协议中使自己的利益得到保障时；

2. 当谈判者希望谈判团队得到最高质量的结果、达成最好的协议时；

3. 当谈判者负责管理整个谈判流程，从而确保复杂的程序和策略都能高效地进行时。

谈判前阶段

这个阶段的特点是各方会进行很多非正式的沟通。在这个阶段，各方主要关注以下几个问题：谈判参与者都有谁，是否可以形成联盟，各成员将会扮演什么角色，无法达成一致的后果是什么，以及制定谈判议程。

参与者

谈判各方必须对谁将被邀请参与谈判达成一致意见。对于谈判小组已经是一个完整的，那么这就很容易。然而，很多复杂的国际谈判都会花很多时间讨论哪些人被认可并可以代表他们发言。关于参与者的问题可以归结为以下几个方面：

- 要达成协议谁必须参加（主要联盟成员）？
- 哪些成员如果被排除将会严重影响谈判（潜在否决者）？
- 谁的存在会帮助各方实现目标（令人满意的联盟成员）？

● 谁的存在会阻止各方达到目标（主要的联盟阻击者）？

● 哪位成员的地位会在谈判桌上得以提升？（这在中东巴以和谈以及为终止越战而召开的巴黎和谈中经常是关键问题。在巴黎和谈中越南共产党成为被完全认可的成员被邀请到谈判桌上。）

联盟

我们在第 12 章中详细研究过联盟。在谈判或者所有方都见面之前就会形成联盟是很正常的。显而易见，谈判联盟的形成是为了促成或阻止某个议程。

确定成员角色

如果谈判小组已经有了框架，那么就要决定诸如领导者、调停者、记录者等角色。如果谈判小组成员之前没见过面，那么谈判者就会使用手段来获得关键角色。有些人可能想成为领导，积极参与并且推进某个特定议程；有些人希望保持沉默、自我隐藏；有些人想要扮演像调停员或使谈判更加容易的第三方角色（见第 19 章）。小组成员可以在组内扮演很多角色。表 13—1 描述了成员可以扮演的三种角色：任务型角色，促使小组做出决策或得出结论；关系型角色，建立和维护成员之间良好的关系；自我型角色，总希望把注意力拉向个别成员，这样经常会降低团队效率。

表 13—1　　团队成员通常扮演的角色

任务型角色	关系型角色	自我型角色
发起、提出——提出新想法	鼓励——支持他人的评论、贡献	阻碍——消极表现，经常表示不同意
寻求信息——询问他人观点	协调——缓和冲突，增强团结感	寻求认可——吸引团队注意，寻求他人认可
寻求观点——询问他人意见、判断	折中——改变自己的立场，找到各方的折中点	支配者——经常发言，控制对话，控制团队达到其预期结果
阐释——阐明、延伸主题	场面控制——鼓励沉默者发言，控制频繁发言者	逃避者——保持沉默，不参与涉及任务或关系的问题
评估——提出对话题的评断	设置标准——要求或提出评估团队效率的标准	
协调——统一各方观点		
激励——激发讨论话题的兴趣		

资料来源：Based on K. D. Benne and P. Sheats. "Functional Roles of Group Members," *Journal of Social issues* 4（1948），41－49.

清楚没有达成协议的后果和代价

布雷特（1991）提出谈判者需要清楚小组无法达成一致会产生的后果和代价。之前在讨论最佳替代方案时（参见第 2、3、4 章）我们曾经为一对一谈判提供过建议。例如，假设一家电脑公司的副总裁们正要决定明年该使用哪种个人电脑新生产线及其数量。为了能有效地做出选择，他们必须考虑到如果不能达成一致意见，将会发生什么。会有别人（如总裁）介入来替他们决定吗？如果他们不能达成一致总裁会怎样想？僵局对每个人的代价都是一样的吗？通常不是，不同谈判方在不能达成协议时的代价是不同的。例如，如果副总裁不能达成一致，总裁就会决定生产线和数量，这样一来对技术和生产部门带来的成本（也许需要全盘改变）就要比市场和销售部门小（需要重新制定市场和营销策略）。受僵局影响相对小的成员在谈判中会更有力量，因为他们并不是非常在意团队能否达成一致、找到解决方案。最后，成员能否清晰地认识意见一致与不一致的选择吗？事实证明，谈判者更易产生认识偏差，从而认为他们比其他人好（参见第5章），他们的选择比其他人明智，他们得到的结果比其他人好，他们比其他人对结果有更大的控制力（Taylor and Brown，1988；Tyler and Hastie，1991）。在多方谈判中，这些认识偏差使得谈判者过高估计他们的力量与获胜的能力，导致他们会过度乐观地对待无法达成一致意见的后果。与其他方核对实际情况是控制偏差的重要方法：成员们真的愿意接受未达成一致意见的代价吗？团队在什么情况下会认可这种可能呢？

理解问题并制定议程

最后，各方应该花时间熟悉涉及的问题，获取相关信息，相互了解各自的利益，同时也应该共同制定议程。谈判议程有益于提高决策效率有以下原因。

- 它确定了要讨论的问题。
- 根据问题的表述，它确定了每个问题的立场和框架组成（见第5章讨论过的框架问题）。
- 它确定了讨论问题的顺序。
- 它既可以引入程序性问题（决策原则、讨论标准、成员角色、讨论动力），又可以引入实质性问题。
- 它可以为不同项目设定时间限制，从而表明不同问题的不同重要性。

除了制定议程之外，各方也应该一致遵守一系列“底线原则”，这样能保证谈判有秩序地进行。洛法斯托和拉尔森（LoFasto and Larson，2001）提出了建立高效团队行之有效的方法：关系模型。表13—2概述了这一模型中的四个关键需求和步骤。

表13—2　建立关系的模型和需求

四种需求	程序模式
1. 我们是否同意进行建设性的对话？	建立关系——表明你决定去解决问题，并确信这是值得做的事情 优化安全感——你将尽最大努力去确保他人没有抵触感，并且尊重他人提出的观点
2. 我们的对话能否有效地产生足够的影响？	将讨论的问题简化为一个问题——以非胁迫的方式每次只确定一个问题 消除抵触——尽量避免使用能使他人产生抵触的话、术语和描述

续前表

四种需求	程序模式
3. 我们能否理解和尊重彼此的观点？	理解并积极响应每一个观点——告诉他们你所注意到的、你的感觉以及长期结果
4. 我们能否致力于做出改进？	改变行为——想要达成协议，每个人都要改变自己的行为 跟踪了解——制定监控过程的方式

资料来源：From. F. LoFasto and C. Larson，*When Teams Work Best*（Thousand Oaks，CA：Sage Publications，2001），p. 51.

正式谈判阶段——管理谈判流程和结果

多数的多方谈判流程是由前面讨论过的群体决策、双边谈判、联盟建立等活动共同组成的。谈判同样也包括我们所了解的如何构建小组讨论来达到高效的各方认可的结果。下面的几个方法可能会有助于进行高效率的群体决策。

指定一位合适的领导者

当参与的每个人都十分清楚团队中由谁来指导和推动进程时，多方谈判会进行得更加顺利。通常这一角色会由其中一个存在利益相关的谈判方扮演，多方谈判可以由一位中立的领导者来带领，这位领导者可以使得这里所描述的许多策略得以实行。要使指定一位领导者可行，这个人必须与特定谈判结果没有利害关系，但是对确保谈判中各方朝同一方向努力以达到最好结果这一过程很有兴趣。实际上，领导者通常会在利益相关方中选出。务必记住，如果领导者也支持某一特定立场或者偏好某种谈判结果，那么他很难被看作独立行为人或者中立行为人，因为他所希望的协议可能会威胁（或者说被认为会危害到）进程的中立性及客观性。专栏 13.2 介绍了多方谈判中的领导者可以采取的有益方式。

专栏 13.2

担任一场多方谈判的主席

多方谈判的领导者必须要牢牢控制团队进程，同时不会直接影响团队谈判结果。当团队想要取得一致意见时，领导者的任务就是时刻关注谈判进程。对于多方谈判的领导者应当如何有效地管理谈判进程，有如下几个建议：

1. 清楚地解释你作为领导者的职责，明确你仅仅是管理程序，结果由团队决定。

2. 提出议事日程或者根据团队关注的话题、优先考虑的问题制定议事日程。确保在谈判开始前，团队有机会对议事日程进行讨论、修订或者提出异议。

3. 合理安排进程，这样有利于谈判的进行。考虑会议室的布局是否会为建设性的讨论提供最好的环境。安排挂图、黑板或投影仪，以显示要讨论的问题。许多谈判者发现，在谈判中对问题、提议和其他信息的直接观察是有益的。

4. 提出基本规章或者由谈判者提出规章。会议会持续多久？最终的结果和协议是什么？用时多久？休会多久？谈判地点在哪里？团队成员何时、如何进行他们各自的商议？这些都是领导者需要考虑的问题。

5. 制定复审决策标准、规章。制定一个谈判双方都认可的公平标准。该方案是不是公平、合理、有效？团队最终如何达成协议？

6. 确保个体成员在谈判中能公开陈述自己的观点或以其他方式提出自己所关心的问题。要明白，谈判者一旦熟悉了某些问题，同时进行几个问题的讨论将会成为可能。这是在问题中的权衡而不是在每个问题上的折中。

7. 做一个主动的协调者。确保每个人都有机会发言，以防口齿伶俐的人占据主导地位，而使话少的人保持沉默甚至退出谈判。要求口齿伶俐的人暂停，明确邀请话少的人发表评论和提出建议。通常当团队趋于达成某种形式的协议时，有些人很少参与。确保他们是自己选择不参与，而不是因为他们认为自己的观点没有价值或者不重要而中途退出。

8. 听取各方的利益点所在并找出其共性。鼓励各方表达自己的利益点，并告知他们不但需要表明自己想要什么，而且要知道自己为什么想要。听取人们优先考虑的问题以及关心的问题，一旦问题和利益点确定了，就留出时间来讨论。运用头脑风暴法和其他团队决策技巧来产生备选方案并进行评估。

9. 引入可以帮助解释问题的外部信息（如学习、报告、统计数据、事实、专家证词）。要求硬性数据来支持论断（但要避免卷入有损你的中立性，并带有进攻性的“互相责问”中）。

10. 经常总结，特别是当谈判中止、混乱或者紧张时。陈述一下你认为团队进展到了什么地步，已经完成了什么，下一步要做什么。通过阐述和总结将团队带回到现实任务中。

应用和重新制定议事日程

控制谈判流程和方向的关键方式是制定议事日程。领导者或谈判方都可以引入和协商日程。议事日程会大大增强谈判的结构性、组织性和对问题的协商性。如果这些问题都在议事日程中，那么弱势和处于不利地位的团体将会被提供阐述和解决自己问题的媒介。然而，议事日程由谁来制定（在谈判之前协商一致通过，还是由一个人来制定）可能会对谈判的流程有很大影响。除非团队成员能够从容地反驳那个首先制定日程的人，否则它将会无异议地通过，并且它所包含的隐含谈判结构和形式也会占据上风。当参与多方谈判的谈判者得到一个预先设定的日程（未被接受）时，他们会考虑让其他谈判方提前知道日程，并做公开的讨论和修订。换言之，需要确定议事日程中可能会修订的部分是议事日程中的。

虽然议事日程增加了多方谈判的条理性，但它的缺点是，可能会人为地分割相关的问题，结果可能导致问题被单独讨论，而不是一起讨论或者综合权衡考虑。使用议事日程的谈判者必须对议事日程所隐含的结构敏感，并且如果修订议事日程会对一致性协议的产生有利，那么谈判者应该乐于去挑战和修订议事日程。

确保信息和观点的多样性

第三种有利于谈判的方式是确保团队能够广泛获得有关谈判任务的不同观点和信息来源。因为信息性质的变化取决于团队的任务（例如，规划和实施一项改革，找到问题的最佳解决方案，或者只是找到一个政治上的赞助者可以接受的方案），所以预知什么信息是最重要的和确保团队能够获取它是很困难的，确保每位参与者的意见都能被陈述也是一个值得关注的地方（关于为何有些团队成员在商议中变得沉默，请见专栏13.3）。在一个针对交叉功能团队的研究中，洛夫莱斯、夏皮罗和温加特（Lovelace，Shapiro and Weingart，2001）发现对于任务表现的不同意见的影响取决于：(1) 任务的不同意见是如何交流的——合作或者争吵；(2) 团队成员是否可以自由表达与任务有关的疑虑；(3) 团队领导者被认为有多有效。更多合作性的交流可能带来更大的创新，然而，如果交流缺乏争议性，这也是因为团队成员不能自由表达疑虑。因此，对分享不同意见的过程进行有效安排，对于多样性观点的有效交流起到十分关键的作用。

专栏13.3

为何团队成员会放弃

研究人员玛尔维、维加和埃尔萨斯（Mulvey，Veiga and Elsass，1996）认为团队成员太过看不惯团队的决策制定，并且许多人认为团队的决策制定太过令人沮丧和冗长，因此他们经常举起白旗并私自退出讨论而不是努力帮助大家做出一个很好的决定。这里列举了一些团队成员进行“自我限制行为”（悄悄地放弃而不是继续参与团队讨论）最常见的原因：

- 认为存在专家。当他们认为团队中的其他人有很多专业知识——并且，最大的问题是，这些团队成员努力炫耀自己的专业知识——他们就会强烈地限制自己加入，通常是由于担心自己在这些专家面前显得愚蠢。
- 强迫性争论的存在。当一个或多个人表现得很强势，有说服力，并且进行争论——特别是当发生了很多毫无结果的讨论之后——其他人就会自我限制。
- 对自己的贡献能力缺乏信心。如果有些人对自己的观点没有信心，并且不愿意冒风险，他就会选择自我限制。
- 一个不重要的或毫无意义的决定。当人们认为做出的决定对于他们几乎没有或者根本没有影响时，他们会更少地努力。
- 迫于压力去承认团队决定。强大的压力迫使某些成员承认团队的决定或加入联盟，或者是害怕报复，可以使得人们加入其中。
- 有障碍的决策气氛。当人们看到其他团队成员沮丧、混乱或低迷时，他们可能会自我限制。无力的领导和决策过程初期都可能导致这种判断。

作者建议团队领导者可以采取几种策略（其中一些会在本节后面提到），来确保团队成员不会过早地放弃讨论，以致产生一个错误的一致意见。

资料来源：Adapted from P. W. Mulvey，J. F. Veiga，and P. M. Elsass，“When Team Members Raise a White Flag，” *Academy of Management Review* 10，no. 1（1996），pp. 40-49.

安科纳和考德威尔（Ancona and Caldwell，1988）认为在信息管理的过程中有四种有用的团队角色，即侦查员、大使、协调人以及守卫人。侦查员对环境进行侦查并带来相关的外部信息，如报告、数据、发现以及他人的经验。大使代表了与一些重要赞助者（如高级管理人员）的正式联系纽带，他们帮助获取团队需要的资源并提供有限的信息，这些信息有关于团队针对支持者的活动（足够给支持者一个关于事件的想法但不足以暴露私人的或者机密的讨论）。协调人连接团队成员和他们所代表的赞助者——经常地，协商者自己就是将赞助者信息投入团队商议的协调人。最后，守卫人被指定用来使一些信息留存在团队内部，并且确保不存在不成熟的关键信息的泄露。显然，团队成员可以身兼多个角色，并且可以在多方谈判进行过程中转换角色。

领导者要确保团队接受来自每个人的信息，确保许多赞助者有机会提供信息（通过写评论或者在会前公开陈述），确保相关的报告、文件或同级分析资料能够被传阅和讨论。曼茨、奈克、曼库索和曼茨（Manz，Neck，Mancuso and Manz，1997）为谈判领导者建议了五个关键步骤，以确保有效、友善异议的存在：

1. 说话前要镇定，理清思路。避免情绪性的鲁莽行事，要以理服人。

2. 尝试理解他人的立场。在第6章和第10章中，我们讨论了一些技巧，如倾听技巧、反馈技巧以及换位思考。

3. 试着寻找双赢的方式。

4. 考虑一下这个问题对你来说有多么重要。在谈判中，你的问题是最重要的吗？你能否在这一问题上牺牲你的全部或部分立场，以换取在其他问题上的胜利？

5. 记住，将来你可能不得不和其他人一起工作。即使由于愤怒和挫折，也不要使用让你将来后悔的手段。

确保对所有可利用的信息都加以考虑

确保团队能够讨论所有可利用信息的一种方式就是监测讨论规范。讨论规范反映了团队分享和评估已知信息的方式（Brett，1991）。

尽管这样做很值得，但团队很少预先考虑他们会遵循什么样的讨论规范。在许多案例中，失败可能是由于缺乏对遵守讨论规范和规则的审议意见的理解所造成的。以下几种团队规范可能会破坏有效的谈判：

- 不愿忍受有冲突的观点和看法。有许多原因可能会导致这种现象，例如，一位或多位成员不喜欢冲突，害怕冲突难以控制，或者认为冲突会破坏团队的凝聚力。但是正如我们前面所提到的，缺乏冲突将会导致灾难性决策的产生。

- 单独交谈。一个团队中的两三名成员之间的单独交谈有时是有益的，但有时是有害的。当人们与两三个人的对话比与整个团队的对话更加舒适时，单独交谈可能会破坏团队的整体感和决策的能力，尤其是需要一致通过的关键时刻。当一项决策会产生独特的利益前景和创造性的价值时，单独交谈是有益的。然而，当团队必须保持一致的结论时，单独交谈可能会制造更多危害并降低达成协议的可能性（Swaab，Phillips，Diermeier and Medvec，2008）。

- 无法平息讨论中的冲动情绪。除非有一种方式可以释放这种冲动情绪，否则生气、挫折或者怨恨将会与大量实质性的问题搅和在一起，影响团队的效率。虽然大量的著作提出，谈判者应保持沉着和理智，但很少有人能做到这一点。越多的人关注某个特定问题，就越可能产生情绪。因此，必须有一种媒介来使所有的谈判者有效地发泄情绪。

- 无准备地参加会议。很不应该的是，对会议根本没有准备或仅仅准备自己的个人立场。关注他人的立场，对潜在利益和优先选择进行评价都需要做充分的准备。

有几种策略可以应对谈判规范可能遭到的潜在破坏。谈判者必须以充分了解的方式提出和交换观点，并允许每个人都能发言，从而避免一些破坏性冲突和情绪的产生。贝泽曼、曼尼克斯和汤普森（1988）提出了常用的几个团队决策和头脑风暴技巧来达到这个目的。

1. 德尔菲技术

调解员制定一份最初的调查问卷，发放给每位谈判者，要求其填写信息。谈判者填写自己的意见并反馈给调解员，调解员总结信息再反馈给谈判者。谈判者对信息做评估报告，进一步进行信息输入，并交给调解员。经过几个循环后，调解员对问题和需求进行总结。这样谈判者之间就能交换大量的信息并共享一些不同的观点。这样做的优点是团队几乎没有面对面的交流，不会陷入含有敌意和无效交流的困境中，而且可以经过几轮的交流。这样做的局限性则是成员真正的优先和偏好可能无法表达，而且进程初期问题被定义和定型的方式会很大程度上决定结果。各方可能会错过扩大资源、重新定义问题或真正评估重要权衡的机会。因此，德尔菲技术可能会趋向于产生妥协的结果而不是真正有创造性和整合式的解决方案。

2. 头脑风暴法

在头脑风暴法中，谈判者们被要求确定问题，然后尽可能多地提出解决方案，当然，不要批评任何人的观点，这个问题我们在第3章中讨论过。专栏13.4也列出了用于头脑风暴法的几条关键规则。

专栏 13.4

头脑风暴法的规则

- 不允许批评。其他成员不可以评论某种观点的好坏。
- 提问题仅仅是为了澄清观点。
- 鼓励无拘束。疯狂的想法是受欢迎的，而且事实上这些想法还可能激发团队其他成员的想法。不要考虑你的想法是好还是坏、愚蠢还是现实，尽管说出来。
- 努力获取想法。从团队中得到的想法越多，对团队的成果越有利。
- 将观点结合并进行改进。在某人观点的基础上提出更好的。

资料来源：C. C. Manz，Christopher P. Neck，James Mancuso，and K. P. Manz，*For Team Members Only*（New York：AMACOM，1997），p. 135.

3. 名义团队法

名义团队法往往用于头脑风暴法之后。一旦头脑风暴法列出了可供选择的方案清单，团队成员就可以对方案进行排列、评价和评估，以决定哪个方案可以解决问题。领导者收集、公布和记录成员们的评价，以使所有团队成员都能正式地评估方案并投票支持他们认为最有效的一个。

有效控制冲突

正如在本部分中所提建议的隐含意思一样，团队必须产生许多观点和解决问题的方法——尽管这样可能会产生冲突，但不允许冲突造成信息流动中断或产生个人恩怨。当一切都进展良好时，冲突是团队生活中很自然的一部分，它能提高团队成员完成任务、协作和维持关系的能力。如果在这方面做得不好，冲突将会不断破坏进程。耶恩和曼尼克斯（Jehn and Mannix，2001）在一项研究中对高绩效工作团队中冲突的发展和管理进行了调查。他们研究了工作团队的三种不同类型冲突：关系冲突（人与人之间关系不和睦，团队成员之间厌恶，关系紧张、摩擦、烦恼、挫折和厌恶感等），任务冲突（对团队任务的不同看法）和过程冲突（对任务如何完成——谁将做什么，每人将分配到多少报酬等的争论）。高绩效团队具有低的却不断增长的过程冲突，关系冲突保持在最低水平，任务冲突处在中等水平。想要建立理想冲突的团队，就要预先制定与工作相关的价值体系，包括高水平的信任和尊重，在谈判中间阶段围绕冲突进行公开讨论。有效团队都会预期到他们不得不处理冲突，而且当这些冲突出现时，必须寻求多种处理策略。

本法、彼得森、曼尼克斯和特罗希莫（Benfar，Peterson，Mannix and Trochim，2008）研究了有效团队和无效团队对冲突的解决过程。他们发现那些随时间保持或提升业绩的团队都具有三个冲突解决的策略：（1）他们专注于与其他团体的交流内容而不是交流风格；（2）他们明确地讨论接受和分配任务的决定背后的原因；（3）他们将工作安排给有相关任务经验的成员而不是根据方便程度和自愿报名来进行分配。有效的团队在预期到他们不得不处理冲突的同时也发展了多种策略，当冲突产生时进行处理。[2]

检查和管理决策规则

除了有效检测讨论规范和管理冲突过程之外，谈判者也要管理制定决策的规则，即团队决定用什么方式来做什么（Brett，1991）。在制定决策的团队中，主流的观点是采取少数服从多数的原则，但有时是由全体成员投票，赞成票超过50%的选项就是所要的方案。很明显，选择不止一个，团队可以通过独裁（一个人决定）、寡头集团（占主导地位的少数联盟决定）、简单多数（过半的人决定）、2/3多数、类似一致通过（团队多数人赞同，而且那些有不同意见的人并不抗议或提出反对意见）、一致同意或全体通过（每个人都同意）来制定决策。在谈判前所决定的团队规则还会对谈判过程产生重大影响。例如，如果在一个5人团队中通过简单多数制定决策，那么仅仅需要3个人同意。因此，在谈判期间，甚至是谈判前，任何3个人都能聚在一起形成联盟。相反，假如决策规则是需要全体通过，那么团队需要一起努力工作以确保所有谈判者的利益点都能被提出、讨论并整合到团队决议中。无论是决定采用建立联盟的策略还是采用完全共享立场、利益和方案的策略，都需要应用不同的方法。

表 13—3 总结了三种不同的协商策略以及相关的战略决策规则、目标导向以及决策辅助。三个策略中的每一个，即最大化个人收益、达成联盟或追求共赢（一致性决定原则），都按照策略、决策规则、目标导向以及决策辅助来概述。正如表中所揭示的，任何一套元素都可以推动其他元素——决策规则或目标可以推动决策辅助，反之亦然。因此，协商者将会在选择一个策略或一套策略前仔细理解决策规则和目标导向。与此相同，协商者必须理解选择与决策规则和目标导向不相符的方案（策略）的后果，因为错配可能会导致失败、团队进程缺陷以及可能的次优结果。

表 13—3　　共赢、联盟和个人的策略、决策规则、目标导向以及决策辅助

共赢	联盟	个人
策略		
1. 分享自己和他人的利益点 2. 考虑很多备选方案；有创造性；为可用资源寻找途径 3. 不要仅仅妥协，要做权衡 4. 鼓励积极的关系	1. 寻求同类并建立符合自己利益的备选方案 2. 吸纳刚好足够的成员以操控团队决策 3. 联盟中鼓励人际责任	1. 以一个较高但又不是太高的需求开始 2. 为你的优点据理力争；不要暴露自己的利益点 3. 表现出不能或不愿让步 4. 鼓励积极的关系 5. 如果必要的话，运用威胁、截止日期以及承诺等方法
决策规则		
一致性	寡头	独裁者
全体通过	大多数原则	
目标导向		
合作性	合作性或个人	个人
决策辅助		
包装	包装	
寻找模型	寻找模型	

资料来源：From J. Brett, "Negotiating Group Decisions," *Negotiation Journal*, July 1991, pp. 291 - 310. Used with permission of Plenum Publishing Corporation.

努力达成初步协议

如果目标是达成一致协议或者最好的解决方案，谈判者不用努力追求谈判的一气呵成，相反，他们应该努力达成初步协议，并对其进行修正、提升和改善。正如我们所讨论的，多方谈判的复杂性增加了问题的复杂性、谈判对话中断的可能性和谈判者更坚定自己立场的可能性（或者是因为竞争力的影响，也或者是因为观众和其他成员的影响）。考虑到这些条件，即使存在能被通过的解决方案，要想在谈判者中取得真正的一致通过也会变得更加困难。因此，通常来说，为这些谈判者设置更加适度的目标会更好，达成初步协议或者临时的一致协议，然后在“二次谈判”

中系统地改善，即把初步协议作为一个能够在下次谈判中加以修订、改造、调整和改进的平台。

当然，这样做的缺点是团队可能对初次协议就很满意了，因为它已经包含了他们的观点或者因为达成协议花费了太多时间和精力，使他们精疲力竭。初次协议反映了团队大多数成员的立场或者少数掌权者的观点（Brett，1991；Nemeth，1986，1989），这些人可能不愿意再去接受不同的观点，而这些观点往往可能刺激更多的替代选择的产生。正如布雷特（Brett，1991）指出：

> 大多数人和掌权的个体，常常无法容忍不同意见。毕竟，他们为什么要冒失去控制团队决策的风险来允许不同意见的存在呢？第二次协议解决的就是这样一种问题。它保持掌权者一方的控制权——如果没有更好的协议被提出，第一个协议就得以持续。同时，通过让所有人在不害怕会被团队攻击的前提下，表露有关于他们的问题和隐藏的议程信息，既保护了多数人的利益，又保护了少数人的利益。第二次的协议商议过程鼓励了共享少数人的观点、对于假设的疑问、对决策分歧的讨论、对更优方案的寻找以及对共识的研究（p. 294）。

那些乐于接受初次协议的谈判者，对进一步改善的反对意见可能会被初次协议达成后的中断所消除，鼓励团队批评和评估初次协议，并明确地计划进行二次谈判（再谈判）。此外，如果团队是通过大量的分歧和冲突而达成协议的，那么再次谈判必须致力于改变和管理冲突程序。正如布雷特（1991）所陈述的，这个过程中的有效参与可能会使得一个团队在他们初次谈判的努力中达到一个高质量的结果。最终，初次谈判可能会成为一个锚点（参见第5章），它将会使一个团队在初次协议谈妥后继续前进到非常不同的解决方案中。

管理问题成员

团队成员的个人行为是团队谈判障碍的源泉。有的成员可能会开会迟到，对会议未做充分的准备，讲不着边际的话分散团队注意力，或者忽略了他们的分内之事。然而不幸的是，许多团队都有一种趋势，即他们会忽略个体行为而不是正视个人行为并改正它。曼茨等（Manz et al.，1997）提出了以下应对问题成员的策略：

1. 明确问题行为——给出清晰、具体的例子。

2. 指出影响的可能是团队而不仅仅是个人。用“我们”代替“你们”，“你们”听起来有更多的职责，并且可能使其产生防御。

3. 关注他人的可控行为。目的并不是批评他人或使他人尴尬，而是强调个人能够控制和改正行为。

4. 给出建设性评论，直至个人能真正听懂并接受。私下里与问题成员沟通，并且在他没有任何压力的情况下再执行或处理主要问题。

5. 保持反馈的专业性。用礼貌的语气来描述有冒犯的行为和其产生的影响。进行一次成人与成人的对话，而不是父母对子女。

6. 确信他人已经听懂和理解了你的观点。要求他重复或再次描述观点，这样你就知道自己的观点是否已被听懂。

在第 17 章中，我们还将讨论如何应对称作“难以对付”的谈判者。

“会议到了这个时候，我希望可以把大家对我的责难转移到其他人身上。”

达成协议阶段

管理多方谈判的第三个阶段，也就是最后一个阶段，是达成协议阶段。在该阶段中，谈判者必须在谈判的所有可选择方案中做出选择。他们可能会遇到几个问题，如最后期限的压力、之前未讨论过的新问题的出现、对有关特定问题和关注点的更多信息的需求，以及一些谈判者存在威胁行使否决权的倾向以企图说服最终协议中包含他们的观点或方案。在该阶段中，有四个解决问题的关键步骤（Schwartz，1994）：

- 选择最好的方案。团队必须权衡他们已经考虑过的选择，可以进行单一选择也可以几项一起选择，尽可能地使大多数成员满意。
- 制定行动计划。这会增加方案被全面、有效、及时实施的可能性。例如，一项好的行动计划可能包含以下几个关键步骤：每一步要取得什么目标，每一步何时开始和结束，完成每一步需要什么资源以及谁负责该步的执行。按这种计划进行工作也可能会使那些模糊的或者疏忽的问题浮出水面，这样可以避免方案实施后产生更大的冲突。
- 实施行动计划。这会在团队解散之后或团队范围之外进行，但需要依照团队所确立的方针进行。如果没有一项有效的行动计划，那么之前已经认识到的问题就会在这个过程中发生。
- 评估结果和过程。谈判结果和过程的评估，对衡量团队工作的有效性来说是至关重要的。该过程不需要与谈判同时进行，也不需要作为会议决议来安排，但它不应该被推迟或遗漏。如果团队的成员不想引起公众的批评，那么可以做一些总结性的调查问卷，然后由领导者或中立的调解人反馈给团队，再由团队分析出应该需要特别注意的问题。例如，在人质谈判中，警方的人质小组在每次事件后专门听取报告，以便发现能从中学习到的东西以及在将来如何更有效地实施行动（见专栏13.5）。

专栏 13.5

警方人质小组如何运用报告提升有效性

在一次联合谈判的应用中，巴恩和劳登（Bahn and Louden，1999）指出人质谈判经常被错误地看成是劫匪和谈判专家之间的意见交流，实际上，谈判专家代表了一个小组的努力，包括多个个体之间精妙的组合，这个组合中每个人都有自己特定的角色，他们全部为确保人质的安全而努力。

他们展示了一个在城区医院里持续了两天的人质事件。在48小时的僵持中，部署了250名警方人员，从交警到警察局长，此外，政府雇员和25个战术小组成员以及8位训练有素的谈判专家也到了现场。他们将这种努力称之为高度的互相依赖，每个个体都依赖于他人来完成自己的任务。

在人质事件结束后，小组成员聚集到一起讨论谈判结果。讨论必须是建设性的，着眼于哪些本来可以做得更好以及哪些在以后的人质事件中需要改进。在经历了这次紧张的事件之后，小组会议同样可以成为一个减压并发泄情绪的讨论会。

资料来源：C. Bahn and R. J. Louden，"Hostage Negotiation as a Team Enterprise，" *Group* 23（2）（1999），pp. 77 - 85.

领导者所起的作用

除了专栏13.2中列出的领导者的职责外，这里还有几点做法能够使团队领导者带领团队走向成功：

● 督促团队选择一项或更多项决议。使用我们之前讨论过的程序规则，还有第3章所述的取得整合式协议的技巧。注意关键成员之间"滚雪球式"联盟的出现（参见第12章）。允许和鼓励对多个问题同时进行讨论并交换观点，或对初期达成的协议、临时协议进行修订。如果决议是在冲突的基础上制定的，那么达成初次协议后中断会议，过些时间再开始二次谈判。

● 制定和起草临时协议。记录临时协议，以文字的形式写在黑板上、挂图上，或用投影仪展示给整个团队。这样，所有人都能看到并对其进行修正。确定所有的谈判者都理解该协议以及它的实施结果。此外，要明确书写协议的人比其他人拥有更大的权力，因为他是用自己的话来进行书写，而且这里面可能会带有偏差或者选择性地记下一些观点而遗漏另一些观点。

● 讨论何时实施以及下一步要做什么。确保谈判中每个起作用的人都能了解他们要做什么。分配给每个人任务，以确保对关键步骤进行设定和执行。写出下次会议的安排，并计划以后何时对协议效果进行评估。

● 感谢团队成员的参与、辛苦工作以及卓越成效。如果讨论过程很困难或者花费了很长时间和精力，那么组织一场小型的庆祝晚会或给大家发送正式的感谢信或小礼物是必需的。举行一场聚会来庆祝所有艰苦工作的完成。

● 组织和设置事后研究。组织团队成员讨论该次谈判的过程和结果，并讨论在下次谈判中哪里可能做得更好或不同，这将使团队和领导者都有收获。

"好的。解决问题的方法是，因为上周的委员会上没有人做记录，也没有人能记得发生了什么，那么我们上周做了什么可能就无关紧要了。所有人都赞成。"

Used by permission of Vivian Scott Hixson.

13.3　组间协商

在本章最后的这个部分，我们将研究那些以小组进行而不是个人进行的协商。我们用组间协商这个术语来形容这些情况：会议桌一边是两个或更多的有共同利益和优先偏好的合作协商者，会议桌另一边则是两个或多个拥有各自利益和优先偏好的协商者，两方进行谈判（Shapiro and Von Glinow，1999）。在第 11 章中我们讨论了在谈判中附加的团队成员如何提供"观众"的角色，而这一角色将影响个体在谈判中所扮演的角色。这里我们列举了一系列更为广泛的团队协商问题：

● 团队行为会与个人行为有差异吗？

● 两个人或两个人以上的团队是如何改变一个团队和另一个团队的互动并提高它自己的利益的？

● 团队成员是更加容易表现得有竞争性还是更倾向于寻求能够带来整合式结果的合作策略？

对于这些问题，仅有很少的学术研究进行过调查，我们从这些研究的发现中总结出四条广泛性的结论。

当团队参与时更加容易达成整合式协议

汤普森、彼得森和布罗德特(1996) 比较了团队之间的谈判、个人之间的谈判以及团队和个人之间的谈判。他们发现，当至少有一方是团队时双方的共同获益会更大。部分解释是团队会比谈判者孤军奋战交换更多信息，这样增加了整合式协议的潜质被发掘的可能性。即使当一个团队与个人谈判者进行谈判时，团队协商的积极之处也能够体现出来。波泽（1996）表明团队达成整合式协议的好处取决于经验：当谈判者是新手时，降低了结果的整合性，然而，当谈判者是训练有素的，团队的存在将会带来更为整合性的结果。一般来说，至少一个团队的存在看起来能够激发提高整合性的行为。正如汤普森和他的同事们（1996，p.75）所说："团队协商开启了使所有谈判方互惠互利的信息交流过程。"

团队有时比个人更加有竞争性且更有价值

一份有关博弈论的实质性研究已经表明，团队在处理与其他团队事务上更具有竞争性（例如，McCallum et al.，1985）。这是否也可以拓展到谈判领域呢？这方面的研究成果有形形色色的发现。在一个关于谈判团队在竞争、合作和信任的影响研究中，波泽（1996）发现当团队参与谈判时，各方之间会有更多的争议以及更少的信任。然而，其他研究没能发现谈判中团队和个人在竞争性方面的差别（O'Connor，1997；Thompson et al.，1996）。

撇开竞争性不谈，团队会比个人在协商的分配（各方所声称创造的价值）上更优吗？迄今为止的研究指出了团队的优势所在。在我们最近讨论过的一个着眼于团队协商的关键性研究中（Thompson et al.，1996），参与试验的团队相比于个人要求更多的价值，但在另一个协商的任务中却没有。波泽（1996）发现在针对混合谈判者（团队与个人）时，团队比个人做得更好。他认为部分原因是谈判团队的力量更加强大。这些研究向我们揭示了个人在面对谈判团队时的两种反应：（1）留意团队可能会在追求自身利益和获取价值上表现得有进攻性；（2）避免这样一个陷阱——仅仅由于对方是一个团队进行谈判就认为双方实力失衡。

与个人相比，团队的责任压力是不同的

正如我们在第11章中所讨论的那样，对比不存在责任压力的情况，当需要对委托人负责时，个人谈判者更有可能表现得求胜心切。至少是部分时候，这种现象的发生是因为当谈判者所代表的委托人可以了解到他的表现时，他认为有必要表现出强势的一面。然而，奥康纳（1997）的研究揭示了团队在面对委托人的监督时并不会如此表现。在她的实验中，责任增加了个人谈判者的求胜心，这在很大程度上超过了对团队谈判者的影响。奥康纳的发现说明了由责任所带来的压力被分散给了团队中的每个成员，因而每个谈判者从谈判的结果中感受到了更少的责任。

团队成员之间的关系影响谈判进程和结果

彼得森和汤普森（1997）研究了朋友组成的团队与陌生人组成的团队谈判时会发生什么。不出所料，他们发现，与那些陌生人组成的团队相比，朋友组成的团队更有凝聚力，并且更加着眼于维护他们的关系。对于陌生人组成的团队来说，越有凝聚力，越能够有好的表现。彼得森和汤普森发现团队成员之间的关系会影响在达成谈判结果的过程中信息是如何使用的。特别是当团队中的个人有与团队利益和偏好有关的独一无二的信息时，陌生人组成的团队能在谈判桌上要求比朋友组成的团队更多的联合利益。责任的话题同样也在彼得森和汤普森的研究中占有一席之地。

若陌生人组成的团队为他们的谈判表现（向监督人）负责的话，他们会比同样承担责任的朋友组成的团队做得更好（要求更大的联合利益）。总的来讲，这些发现表明成员间的关系使得团队使用信息和策略的方式变得更加复杂。普遍来说，彼得森和汤普森发现由陌生人构成的团队在某些情况下比由朋友组成的团队表现得好，而后者却从来不会比前者表现得好。我们并没有定性地得出结论说团队成员不能成为朋友，但是对于有已存朋友关系的团队成员应该格外注意不让各方的朋友关系影响到团队的最佳结果。由陌生人组成的团队通过谈判前花些时间组成一个更紧密的团队是很有助于提高谈判质量的。

本章小结

大多数谈判理论都是基于双边谈判的假设得出的，即只有两个谈判者或谈判团队相互对抗。然而有很多谈判是多边谈判或团队谈判，即不只有两个谈判方参与，各方都持有自己的立场和利益，整个团队必须对计划、决策或行动达成一致意见。在本章中，我们研究了两种多方谈判的特点：一种是当谈判各方必须共同努力达成一致决策和共识时；另一种是当谈判各方在谈判中处于相互对立的位置时。

所有形式的多方谈判共有的特点是都需要积极地关注和管理这种比一对一谈判更为复杂的流程。在这里我们提出几个涉及联盟、多个谈判方或分组谈判者应该注意的问题：

- 如果各方由于谈判的复杂化而无法达成共识，其后果是什么？如果没有一致意见会发生什么？
- 各方通过什么方式做出选择？也就是说，决策的规则是什么？为什么这些是最好的规则？
- 各方如何通过多轮谈判达到目标？（这一点非常适合当决策规则是一致性原则或者最优性协议的情况，因为通过单轮谈判很难达成共识。）
- 我们是否需要安排负责人或者调解者？他应该是一个中立的外人还是由一方的成员担任？一个调解者可以用哪些策略管理谈判流程从而保证得到最好的方案？（这些策略包括确保团队拥有充足的信息来源、保证所有团队成员充分考虑所有可利用的信息，以及用心制定团队议程等。）

如果这些问题都能被提出并充分考虑，谈判各方将会对谈判流程更加满意，并且相比忽视这些问题更易得到有效的谈判结果。

关键术语

德尔菲技术（Delphi technique）：一种团队决策技术，由指定的仲裁人制定调查问卷，发放给每位谈判者，之后仲裁人再将总结后的问卷信息反馈给谈判者。经过几次循环后，谈判者之间完成信息和观点的交换，并最终达成一致观点或决策。

名义团队法（nominal group technique）：一种团队决策技术，往往用于头脑风暴法之后。一旦头脑风暴法列出了可供选择的方案清单，团队成员就可以对方案进行排列、评价和评估，以决定哪个方案可以解决问题。领导者收集、公布和记录成员们的评价，以使所有团队成员都能正式地评估方案并投票支持他们认为最有效的一个。

注释

[1] These sections draw heavily on the work of Bazerman, Mannix, and Thompson (1988); Brett (1991); and Kramer (1991), who provide excellent overviews of the problems and challenges of multiparty negotiation.

[2] For additional ideas on managing conflict in groups, see Cloke and Goldsmith (2005).

第14章 个体差异Ⅰ：性别与谈判

学习目标

1. 理解性别和社会性别之间的区别；
2. 探索有关社会性别和社会互动的替代概念方法；
3. 研究男性和女性谈判的区别，以及他们在谈判中是如何被他人对待的；
4. 寻找克服因社会性别差异和刻板印象所导致的谈判劣势的方法。

一些人的谈判能力比其他人强。在谈判中能发挥作用的个人特征是什么？优秀的谈判家的做法、想法以及感觉是如何使得他们同普通谈判者区别开来的？多年来，研究者们一直在研究个体差异对谈判过程和结果的影响，接下来的两章，我们将研究这些差异。我们承认在一开始，这个领域的一些研究结果支离破碎、相互矛盾，或者很难应用到实践中。不过，这一课题的研究也产生了一些重要的观点，我们会在这一章和下一章讨论一些新的研究发现，这些研究发现可能在这一领域很有前景。

本章中，我们只关注获得了谈判研究人员更多关注的个体差异：社会性别差异。在第15章，我们研究一系列其他的个体差异因素，包括人格特质和能力。所有的这些，如性别、人格特质、自身能力等，心理学家都将其定义为“稳定的”个体差异，这意味着如果这些差异发生改变，那么它们的属性是随着时间的推移慢慢改变的。如果个体的这些方面是稳定的、不可改变的，那么还值得担心吗？一些研究学者，比如贝泽曼、科汉、穆尔和瓦勒（Bazerman，Curhan，Moore，Valler，2000）质疑探索谈判中个体差异的价值，这是因为：（1）个体差异不像谈判情境那样可以预测谈判过程和谈判结果；（2）任何情况下，稳定的个体差异通常不能为个体谈判者所控制。

这两种观点都是正确的，但是他们没有必要认为研究谈判中的个体差异没有价值。我们从以下三个方面说明了解个体差异的重要性，可以使谈判人员获益。第一，尽管谈判人员或许并不能够选择自己的特质和能力，但是在很多种情况下（比如，商业或者工作中），管理者有机会从众多的候选人中选择具有不同特质属性的谈判人员。第二，如同我们在这两章中所示，我们可以把一些个体差异同谈判人员的责任或者缺点结合起来，以便察觉和通过协调一致的努力进行补偿。第三，抓住相关个体差异的优点和缺点，能够帮助谈判人员识别对方的才能、势头及局限性，并相应地调整战略和战术。

本章中，我们对个体差异的研究，某种程度上可以称为社会性别差异，通过区分性别和社会性别来展开的。然后我们开始研究谈判中的个体差异。首先，我们回顾一下关于人们之间存在差异方面的理论观点。然后，我们会看一下实证研究的证据。在过去的几年里，这个领域里出现了令人兴奋的新的研究进展，从而使我们能够更清晰地理解关于谈判中社会性别的基础心理学。一些研究指出，社会性别差异会使谈判人员处于劣势。最后，我们将提出克服谈判中社会性别差异劣势的建议。

14.1 性别和社会性别的定义

科学界之外常将性别和社会性别视为同义词，但是它们之间的区别对于生物学家、心理学家和其他科学家来说非常重要，因此，本章中，我们借此机会将二者进行明确的区分，并且说明我们采用此种用法的理由。

性别是指男性和女性的生物学分类。如同英语标准词典中解释的，性别是指“根据其生殖器官和功能的属性和品质，将生物体分类为男性或者女性”。[1]社会性别是指两性的文化和心理标记——在特定的文化或者社会中，能够使男性与女性进行区分的角色或者身份（不是生物学上的），这不仅仅是语义上的区别。研究性别差异的人相信，这种差异主要植根于生物学上的差异，而研究社会性别差异的人则倾向于行为差异的社会解释（Deaux，1985）。几乎没有研究者赞同关于行为的单纯的生物学（性质）或者单纯的社会学（性质）解释；相反，这种差异的重点在于或者为了平衡基础研究中隐含的假设。

谈判中关于男性/女性差异的大部分实证研究已经研究了性别差异（也就是说，比较了男性和女性），但是用社会性别的理论来解释所发现的差异。例如，一个典型的实验或许会对比男性和女性在交互性谈判中是如何讨价还价的。如果发现了不同点，他们就可以解释为与社会性别相关（比如，在儿童和青少年时期，男性和女性的社会化程度不同，这解释了成年人谈判行为的一个方面）。

与这种模式相一致，谈判的研究人员似乎主要依赖于社会性别一词。比如说，我们综合性地回顾了这一领域中两个具有领先地位的学者克雷和巴布科克（2006），关于性别/社会性别的谈判研究，发现他们无论在描述现存的研究结果，还是在描述基础概念和意义时，几乎只指社会性别。其中一位作者解释说，在此背景下，大部分是研究社会差异，而不是研究能够追溯到生物学原因或者标记的差异，因此，社会性别这个词是恰当的、首选的词。[2]我们同意这个观点，鉴于所讨论的内容基本上用社会性别理论来解释，因此整章内容我们都在强调社会性别这个词语及其概念。

14.2　谈判中的社会性别差异研究

社会性别差异是谈判中个体差异话题中最主要的研究。直到最近，这项研究倾向于产生一些矛盾性的研究结果。一些研究表明，男性谈判人员和女性谈判人员之间有很少的差异或者没有任何差异[3]，而其他的研究则表明男性谈判人员和女性谈判人员之间的差异非常显著。[4]有关谈判中的社会性别差异的两个较大的分析评论文献[5]得出以下结论：谈判中，女性比男性的合作性更强（Walters，Stuhlmacher and Meyer，1998），而男性比女性的谈判结果更好（Stuhlmacher and Meyer，1999）。对于这两个结论，尽管统计显著，但是区别很小。

对于社会性别是如何影响谈判的这个问题，答案或许并不简单，最近的研究揭示了这种差异确实是存在的，而且揭示了一刀切地比较男性和女性谈判人员很难找到这种差异的原因。概括地说，这种差异与以下情况有关：在给定的特定情境下，社会性别差异会显现出来；在其他情境下，社会性别差异则不明显。对于这一研究结果，我们首先对之前关于谈判中性别和社会性别研究的理论批判地讨论，然后回顾最近的实证研究发现。

男性谈判人员与女性谈判人员：理论视角

尽管一直以来，社会性别差异是交易研究和其他形式的人际交往研究的关注点，到 20 世纪 90 年代，随着女权主义理论在谈判中的应用，这一问题被注入了新的生命。[6]这项工作将谈判清楚地描述为一项性别心理活动（Kolb and Putnam，1997），然而大多数的谈判理论的重点在于为获取有益结果而工作的独立人群（Gray，1994）。理论学家发现了谈判中的一些关键性的方面，而这几个关键性的方面未受到谈判理论和研究的重视（见哈丁（Harding，1986）一般性的讨论）。例如，直到最近，人们把重点放在谈判的工具性价值方面，而忽略了谈判中关系的重要性。因为谈判关系可能会影响谈判人员的感知、构架和执行，研究人员忽视关系，可能会低估它们在影响谈判动态中的重要性（Gray，1994）。

在研究人员中得到共识的观点是，男性和女性在谈判中是有差异的，但是这些差异很难察觉出来（Kolb and Coolidge，1991）。除此之外，研究人员最近才开始研究社会性别是如何影响谈判的。社会性别影响了谈判者偏好吗？或者是战略和战术？让步？结果？情境因素与社会性别结合起来，以复杂的方式影响这些变量，从而使得社会性别很难产生预计的广泛影响。

如果现在的观点是男性谈判人员和女性谈判人员不同，那么理论上假设存在的区别是什么？研究这个问题的学者们进行了争论，得出影响男性和女性谈判者的重要因素有以下几个：

他人的相关观点

女性比男性更想知道谈判中各方之间的完整关系，并且更有可能把谈判看做使更大谈判发生的部分背景，而不会只注意到所讨论问题的内容（Kolb and Coolidge，1999）。因此，女性会把重点放在互动目标上（谈判中的人际关系方面），而男性更倾向于完成特定任务这一目标（Kray and Babcock，2006）。这显然暗示了男性与女性在与谈判对方的关系和谈判的问题中的不同表现。我们在第3章中讲过，了解对方是如何看待该情况的，与在谈判期间所讨论的需要和利益同等重要。

使行为铭记于心的方法

科尔布和库利奇（Kolb and Coolidge，1991）表示，女性倾向于不在谈判和谈判关系的其他方面之间划出严格的界限，相反，当谈判开始和结束时，她们将谈判看做发生在很大关系内的一种行为。与此相反，男性倾向于将谈判与发生在谈判关系内的行为分开，并且将谈判的开始和结束用行动做出区分标记。由于女性更倾向于将谈判看成是谈判关系很自然的流程，她们不太会认为“除非将谈判和谈判发生的背景区分开来，谈判才会发生”（Kolb and Coolidge，1991，p. 265）。

关于能力和价值的信念

个人期望和自我价值影响谈判人员的做法。薪酬谈判结果中关于社会性别差异的一种可能的解释是：女性更倾向于关注雇主付给她们的工资所体现的价值（Barron，2003）。这同样表明，事业方面，男性希望比女性赚得更多（Major and Konar，1984）。除此之外，一般女性在谈判的社会情境中，可能会感到那么一点点的不舒服（Small，Gelfand，Babcock and Gettman，1997），这反过来会削弱自信，影响好的谈判成果的实现。

通过授权管理

女性和男性对权力的看法和使用是不同的。当“谈判关系中各方的相互影响可以建立联系、提高每个人的权力”时，女性更愿意寻求授权（Kolb and Coolidge，1991，p. 265），而男性则通过使用权力达到个人目标，或者强迫另一方屈服于自己的观点。虽然女性的权力意识能够使她们在整合式谈判中而不是分配式谈判中比男性更适合，但是这种适合并不完美 。

通过对话解决问题

男性和女性使用对话的方式不同，这在他们还是小孩子的时候就出现了这种现象（Sheldon and Johnson，1994）。女性“尝试将另一方置于方法的共同探索中，并且通过相互影响达到更进一步的理解”；她们倾听并参与，导致“通过对话对彼此有了新的理解”（Kolb and Coolidge，1991，p. 266）。男性使用对话的目的是：（1）使另一方确信他们的立场才是正确的；（2）支持在讨论期间能够赢的战术和对策。

认知和刻板印象

谈判者是如何感知以及“构筑”谈判过程的，这可能对谈判行为有很重要的影响。第5章我们讨论了感知的框架和模式，以及它们对谈判过程的影响。克雷和巴布科克（2006）指出，由于“占主导地位的文化定型”，男性在谈判中占有优势。对于女性谈判人员而言，声誉对她们至关重要。男女双方谈判时对女性谈判人员消极的刻板印象，会影响其期望和行为。

关于谈判中社会性别差异的实证发现

之前我们提到很多大规模的研究得出这样的结论：女性比男性的合作性更强，而男性能取得更好的谈判结果。但是我们注意到这些影响并不明显，在此我们抛开这些广泛影响，把重点放在特定的认知和行为过程上，我们发现了关于社会性别差异的更为引人注目、更为有用的视角。本部分我们研究5个过程：（1）男性和女性是如何看待谈判的；（2）他们在谈判中是如何沟通的；（3）他们在谈判中是如何被对待的；（4）他们对战术是如何做出反应的；（5）他们是怎样受刻板印象影响的。

男性和女性理解谈判的方式不同

越来越多的证据表明，男性谈判人员和女性谈判人员对谈判概念以及谈判过程的理解是非常不同的。我们在这里讨论一些可能会发生的方式。

1. 冲突是如何形成的：关系与任务取向

罗宾·平克利（Robin Pinkley，1990，1992）探索了争论者是如何解释或者“构筑”冲突局势的。[7]在她的研究中，人们回忆并且描述了最近发生在他们身上的冲突。平克利发现争论者一般从三个方面来理解冲突：关系与任务、情感与智慧、折中与取胜。女性更倾向于从关系的角度理解冲突事件，而男性倾向于从任务特征的角度看待冲突事件。关系和任务特征也分别与较好的关系结果和任务结果有关（男性和女性对冲突的理解在其他两个方面没有区别）。

2. 冲突是如何形成的：竞争与合作

琳达·巴布科克和萨拉·拉契伍（Linda Babcock and Sara Laschever，2003），在处理谈判中的性别鸿沟时指出，从出生开始，男性就被教导要秉承竞争和优越性的阳刚规范。“……优越性是我们对男性社会定义的核心”（p.103）。她们说，女性在很早期就学习同男性竞争，战胜男性，这会威胁到社会所定义的男性的阳刚之气。同样地，女性被培养成维护社会和谐，并且经常会因为自我推销或者竞争行为被看成缺乏女人味，从而会受到惩罚（Rudman，1998；Rudman and Glick，1999）。回顾谈判中关于社会性别的研究时，克雷和巴布科克（2006）说，当把谈判描述为一项竞争活动而不是协同努力的活动时，社会性别差异最为明显。迪尔（Deal，2000）的研究表明，在一个竞争性的谈判情境中，男性比女性更能刻意地利用信息使得他们处于有利的谈判地位，而使另一方处于不利的谈判地位，但是在一个合作性的谈判情境中，这种社会性别差异就不复存在了。在一个相关研究中，鲍尔斯、巴布科克和麦克金（Bowles，Babcock and McGinn，2005）的研究表明，当以自己的名义进行谈判时，女性取得的谈判结果要比男性差，而当以另外一个人的名义进行谈判时，女性的表现要比男性更好。这些结果表明，当人们期望女性是一个恭敬的、合作性的女性时，她们不能好好地表现，而当这些压力解除时，她们就能够得到蓬勃发展。这里很有必要指出的一点是，这两个研究中，男性谈判人员不会受到情境的影响。

3. 感知到的情况能否作为一次谈判机会

在一个可以谈判但并非必须要谈判的情况下，谈判人员会把这当成一次谈判机会来进行感知和行动吗？研究表明，在是否倾向于谈判方面，男性和女性之间存在明显的差异。黛博拉·斯莫尔与同事（Deborah Small，2007）在一项最近的研究中发现了关于是否倾向于谈判方面的显著性的社会性别差异。他们告诉参与者，在一项任务中，每个人会因个人表现获得3～10美元的报酬。完成任务后，他们会问所有的参与者："这是给你的3美元。3美元够吗？"大部分参与者会说够了，但是男性要远远（多出8倍！）比女性想获得更多的报酬。当谈判中没有社会线索时，就能发现这种差异（比如说，没有告知参与者可以把谈判作为一种选择），不过当在后续试验中明确告知参与者可以谈判时，这种差异仍然存在。有趣的是，在一个变化的实验中，一些参与者被告知"可以要求更多的薪酬"，而其他人被告知他们"可以通过谈判获得更多的薪酬"，意欲进行谈判的那组在"可以要求"的条件下，其社会性别鸿沟消失了。这些结果表明，女性通过谈判的方式来获得某种东西要比直接要求得到某种东西更为消极被动，即她们不擅长通过谈判获得某种东西。于是斯莫尔与同事得出这样的结论："相比于直接要求的不同框架前景而言，谈判的前景可能会更多地抑制女性进行谈判"（p. 610）。巴布科克、盖尔劳德、斯莫尔和斯坦（2006）做了更进一步的调查，调查中他们要求在职人士回想一下他们最近一次与人发生谈判的时间，研究表明，女性不太容易进行谈判。报告指出，男性从上次谈判到现在，平均间隔为两周，而女性的平均间隔是男性的两倍以上。

无理推断 by WILEY

4. 结果预期

有证据表明，女性除了比男性更倾向于忽视谈判的潜力之外，她们还会比男性预期取得更低的谈判结果。鲍尔斯与同事（2005）做了一个实验，在这个实验中，参与者扮演制造商的角色，谈判供应商品的价格。研究人员将大量对谈判人员有用的信息做了分类。一些参与者在"低模糊度"的情况下，被告知其上司的意见，研究人员认为他们会取得理想的谈判结果。其他谈判人员在"高模糊度"的情况下，并没有收到这种信息。结果表明，当期望含糊不清时，男性买主比女性买主会更期望少支付10%的价格且开价比女性买主低19%。最终的交易价格显示，男性谈判人员的交易价格平均比女性谈判人员的交易价格低了27%。当模糊度低时（提供买方关于业绩预期的特定信息），提供的关于预期结果的信息足够克服社会性别差异，在这种情况下，男性谈判人员与女性谈判人员的谈判结果并没有太大区别。

男性和女性在谈判中的沟通方式不同

沃森和卡斯顿（Watson and Kasten，1988）研究了男性和女性是如何看待谈判期间发生的沟通行为的。在一个管理者作为参与者的模拟谈判研究中，沃森和卡斯顿发现，女性认为男性更武断，而男性则不以为然。这里很重要的一个暗示就是，根据对方谈判人员行为感知者的性别不同，同样的行为可能会引起显著不同的看法和反应。同样情况下，进取性的、有竞争性的策略被女性运用时和被男性运用时有所不同（Bowles，Babcock and Lai，2007；Dreher，Dougherty and Whitely，1989）。关于这些发现的一种解释是，社会（不管怎样，至少美国社会）促进了男性之间的竞争，而阻碍了女性之间的竞争。

谈判时，对沟通看法的不同或许可以分为行为风格和策略的不同。例如，一个研究表明，谈判时男性和女性会讨论不同的事情。哈尔彭和帕克斯（Halpern and Parks，1996）用一个低冲突讨论模拟研究了几组同性别的男女谈判人员是如何进行谈判的。他们发现，男性比女性更倾向于讨论立场，而女性比男性更倾向于披露个人信息和个人感受。除此之外，谈判中，男性和女性会选择不同的例子来支持他们的论点。

沟通中的社会性别差异随谈判情况中的语境变化而变化。这里我们将指出两点。首先，有证据表明，男性与女性的差异取决于谈判中使用的沟通渠道。在最新的研究成果汇编中，斯图马赫尔、赛特拉和威利斯（Stuhlmacher，Citera and Willis，2007）得出这样的结论：女性在虚拟谈判中（比如说，通过电子邮件谈判）要比在面对面的谈判中比男性更有可能产生争议或者敌对，而男性谈判人员在这两种沟通渠道上并没有什么区别。斯图马赫尔和同事们从社会角色角度以及这些是如何通过沟通方式来突出或者淡化的角度对此作了解释。他们说，谈判人员的角色，从根本上来说是男性化的角色，因为其重点在于竞争性及获胜性。虚拟谈判“使得谈判人员的性别没有那么突出（与面对面的谈判相比），因为这里面涉及的地位和社会因素很少”（p. 333），这减少了女性谈判人员对其对手地位的注意力，增加了其对互动的实质内容的注意。

其次，产生社会性别差异的另外一个情境因素是监督：谁在监督谈判人员的谈判行为。我们在第11章也讨论过，监督的影响非常重要，因为在很多情况下，谈判人员会受组员或者其他人的监督，要为自己的行为和结果负责。有关监督方面的研究指出其对社会性别会产生影响（遗憾的是并未得到明确肯定）。一个研究发现，当监督员是女性时，男性会提出更多的要求，并且会赋予更多的主导性（Cantrell and Butler，1997），而另一个研究发现，当监督员是男性时，谈判人员的行为会更有争议性（Pruitt，Carnevale，Forcey and Van Slyck，1986）。性别似乎能影响自信或者合作性行为的外在社会感知，但是如何影响以及什么时候影响还需要进一步的研究。

男性和女性在谈判中受到的待遇不同

女性和男性不仅看待谈判的方式不同，而且有研究表明，谈判期间女性通常比男性受到的待遇更差（Whittemore，1996）。我们将从两个不同的领域分析这些研究发现：购买汽车的谈判和薪酬的谈判。参见专栏14.1，一个有趣的实验例子。

汽车谈判

埃尔斯和司格曼（Ayres and Siegelman，1995；也可参见Ayres，1991）做了一个密谋的实验，记录了在购买新车的谈判中，男性和女性是如何受到不同的待遇的。他们将不同的谈判人员组合（黑人女性/白人男性，黑人男性/白人男性，白人女性/白人男性）分配到芝加哥区153号汽车经销店购买一辆新车。一位白人男性谈判人员参与到所有的谈判组合当中。组合中的每一位谈判人员在不同时间分别走访了同一家车行，并就一辆新车进行讨价还价（谈判人员从列表中为每一次谈判选择一辆特定的车，事实上没有购买任何一辆车）。谈判人员在去第一家车行之前接受了两天培训，他们在谈判期间遵循同一套固定的说辞，并且其年龄、所受教育程度、着装、经济阶层、职业和魅力都很相似。研究中关键的利益结果是一开始对经销商利润的估计与谈判人员最终接受的价格相比较的结果。经销商的利润通过公布的汽车价格表与谈判人员接受的出价之间的差额来计算（在研究中忽略了经销商的固定成本）。

埃尔斯和司格曼（1995）发现，由于谈判人员的性别和种族不同，谈判人员从汽车商那里得到的信息存在显著差异（见专栏14.1）。白人男性获得最优惠的信息，以下依次是白人女性、黑人女性、黑人男性。当研究讨价还价过程时（出价与还价次数），埃尔斯发现开价的不同在绝大部分情况下决定了谈判人员最终接受价的差别。让步率和谈判时间并没有因为谈判人员的性别和种族的不同而有很大区别。最后，销售人员的性别和种族对埃尔斯和司格曼的研究结果没有影响，这就是说，女性和黑人（与白人男性相比）在与女销售员或者黑人销售员进行交易时，并没有取得任何优势。

专栏14.1

最后谈判中社会性别的差异

索尼克（Solnick，2001）公布了研究的结果，这一研究对比了男性和女性在2人模拟谈判（又称“最后谈判”）中的行为。索尼克实验是这样进行的：

每一对谈判人员用真正的10美元来进行谈判。第一个参与者（出价方）建议在两者之间如何分配这10美元。第二个参与者（接受方）单独设定了他所能接受的最小份额。如果由第一个参与者提出的10美元的分配方案超过了接受者所能接受的最小份额，那么双方会接受这种分配方式，并且两个参与者会得到他们应得的份额。如果没有超过接受方所能接受的最小份额，那么双方什么都不会得到。出价方会尽其所能地计划出恰好超出接受者最小期望的分配比例。

参与各方知道与他同一组的另一方的性别。不管出价方是男性还是女性，他们在提出分配比例的大小上不会有区别，但是这种提议随着接受方的性别不同而发生改变。平均来说，出价方会为男性出价4.89美元，但是只为女性出价4.37美元。按照索尼克的说法，这表明出价方预期，女性会比男性要求更少的报酬。

不过有趣的是，与接受方所能接受的最小份额的对比显示，女性会比男性要求更高的最低接受价。索尼克还发现，不管是男性接受方还是女性接受方，当他们与女性出价方组合时，都会要求更高的可接受的最小份额。索尼克解释说，这意味着人们期望从女性那里而不是从男性那里获取更高的慷慨或者公正。

这个研究的寓意似乎是，谈判人员经常怀有这种可疑的假设（并且也会这样做），那就是女性会提出较少的要求并且会做出更大的让步。根据索尼克的观察，这或许可以帮助解释这一发现，那就是：在新车谈判中，提供给女性的价格要比提供给男性的价格高（Ayers and Siegelman，1995），并且在薪酬谈判中，男性得到的要比女性的高（Gerhart and Rynes，1991）。谈判人员——尤其是女性谈判人员——必须要小心，不要让可疑的假设影响了谈判中对渴望结果的成功追求。

资料来源：S. J. Solnick，"Gender Differences in the Ultimatum Game，" *Economic Inquiry* 39（2001），pp. 189－200.

埃尔斯和司格曼（1995）的研究结果表明，人们购买新车时会受到不同的待遇（见表14—1）——女性和黑人要比白人男性的谈判地位低下。为什么女性和黑人会受到这样的待遇，这一点并不清楚——可能是汽车经销商有种族歧视、性别歧视或者机会主义行为（他们可能坚信对于同一种产品，女性和黑人愿意比白人男性支付更多的价钱）。值得注意的是，并没有证据表明，女性和黑人与白人男性的谈判过程不同，最终交易的差别体现在对不同的谈判人员的最初开价，这一差别一直延伸至最后的价格。想想在埃尔斯和司格曼的研究中，这对特定的谈判人员意味着什么吧。谈判期间，谈判人员从汽车经销商那里获得相同的让步，因此，他们确信自己谈了一笔好生意。只有当把这些结果在组内进行比较时（一般不会发生，因为大部分人不会知道很多同一时间购买同一辆车的其他人），因为性别和种族造成的差异才会变得明显。

表14—1　　汽车销售商的平均利润

实验者	开始出价		最终出价	
	利润（美元）	涨价（%）	利润（美元）	涨价（%）
白人男性	1 019	9.2	564	5.2
白人女性	1 127	10.3	657	6.0
黑人男性	1 954	17.3	1 665	14.6
黑人女性	1 337	12.2	975	7.2

注：利润值是埃尔斯和司格曼根据发布的新车价格表计算所得的估计值。

资料来源：Adapted from I. Ayres and P. Siegelman，"Race and Gender Discrimination in Bargaining for a New Car，" *American Economic Review* 85（1995），pp. 304－321.

薪酬谈判

由求职者进行的薪酬谈判研究说明谈判期间女性和男性是如何受到不同待遇以及取得不同结果的。一些结果的差异是由于谈判人员希望得到更好的薪酬的意愿不同造成的。先前我们就发现在是否要进行谈判方面存在社会性别差异，研究表明这种是否要进行谈判的差异，对于找工作以及薪酬谈判可以产生巨大的影响。在一项对应届硕士生的调查中，研究员琳达·巴布科克发现，只有7%的女性毕业生提出想要得到比雇主提供的初始工资更高的薪酬，相比而言，有57%的男性毕业生提出了想要更高的薪酬（Babcock and Laschever，2003）。尽管学校职业培训服务的专业人士已经向学生建议进行薪酬谈判，但是这种情况仍然会发生。进行了谈判的学生，其起薪平均增加了7.4%，这与男性和女性之间整体的起薪差距（7.6%）差不多。巴布科克和拉契夫（Babcock and Laschever，2003）在他们一本名为*Women Don't Ask*的书中指出，忽略谈判，甚至是一次薪资谈判，都会对整个职业生涯造成严重的财务损失。他们这样解释道：如果一位22岁的女性接受了一个目前工资为25 000美元的工作，而一个相同年纪的男性进行了谈判，将工资提高到30 000美元。如果他们两个在余下的职业生涯中，会得到相同的3%的加薪，那么65岁时，这个男性38年的收入将比女性多出36万多美元。如果以3%的利息进行储蓄和投资，那么60岁时，男性在银行的额外收入要比女性多出56.8万美元。如同巴布科克和拉契夫所说，这是“一次谈判所带来的巨大回报”（p.5）。

尽管男性和女性都会就薪酬进行谈判，然而有证据表明，女性的谈判不如男性。在对MBA毕业生的研究中，格哈特和瑞因（Gerhart and Rynes，1991）发现，尽管男性和女性同样进行谈判，但是通过谈判，男性会比女性获得更高的薪酬。为了排除其他的可能，格哈特和瑞因统计了行业、专业、平均学分（GPA）以及工作经验对薪酬的影响。薪酬谈判中的社会性别差异导致谈判人员对议价区的定义不同，这就不可避免地影响了一个人提出以及接受的薪酬。一个研究表明，进行假设性的薪酬谈判时，相比男性而言，女性对薪酬有更低的期望，而且设定了较低的目标点和阻力点（Kaman and Hartel，1994）。

男性和女性使用相似的策略时产生的效果不同

谈判中一个非常引人注目的社会性别差异并不是男性和女性在谈判中是如何表现的，而是当男性和女性使用相同的策略时，他们是如何被视为不同的。对以下两个研究的简单描述，有力地证明了这一观点（或许会令人不安）。

交换策略

德勒埃、多尔蒂和惠特利（Dreher，Dougherty and Whitele，1989）的研究结果表明，薪酬谈判中，男性和女性不仅谈判结果不同，而且使用相同的策略可能会对薪酬谈判结果产生相反的影响，这取决于使用该战术的是男性雇员还是女性雇员。德勒埃和他的同事发现，使用交换策略（提醒上司以前的恩惠，并肯做出牺牲）对男性雇员的薪酬谈判结果会产生积极影响，而对女性雇员的薪酬谈判结果则会产生消极影响。这就是说，女性和男性使用相同的谈判策略时，女性不如男性那么成功。德勒埃和他的同事推测，女性使用交换策略时，“可能会违反女性恰当行为的固有期望”（1989，p.547），并且会因使用这种策略而受到惩罚。

进攻策略

鲍尔斯、巴布科克和莱（Bowles，Babcock and Lai，2007）调查了人们对于积极谈判人员的反应。研究中的参与者阅读了求职者的简历和面试记录。求职者的性别不同，而且求职者对于具体的工作福利是否试图谈判这点也不同。除了这两点不同外，参与者所了解的信息是相同的。结果显示，不管是男性求职者还是女性求职者，当他们主动讨价还价时，都不太可能被雇用。但是，主动讨价还价时，女性不被雇用的可能性是男性的 3.5 倍。简单地说，当采取相同的行动时，女性要远远比男性受到的惩罚更为严重。

社会性别刻板印象影响谈判人员的表现

在一系列的重要研究中，克雷、汤普森和格林斯基（Kary，Thompson and Galinsky，2001）研究了男性谈判人员和女性谈判人员的行为是如何随着特定情形下的性别—角色的刻板印象而变化的。他们在典型的社会性别刻板印象之间建立了理论连接。这些社会性别刻板印象是关于男性和女性如何应用相关资源以及如何感知男性和女性在谈判中的表现的。他们根据“刻板印象威胁”（Steele，1997）的社会心理学理论进行分析。刻板印象威胁是指在一定的社会范畴内（比如，种族、性别），折磨个体并使其产生焦虑的行为，这些个体担心他们的表现会验证为一种消极的刻板印象。克雷和他的同事（2001）认为，刻意理解某些社会性别刻板印象的人，在谈判中会以证实这种刻板印象的行为进行谈判。他们对这种现象进行研究得出了几个关键性的发现。

刻板印象破坏了女性谈判人员的表现

当刻板印象威胁被激活时——通过告诉谈判人员交易任务是他们能力的体现，由于存在消极的刻板印象，女性会表现得更差，而男性则会因为积极的刻板印象而在谈判中表现得更好（Kary，Thompson，Galinsky，2001）。与此相反，当明确告知研究中的谈判人员，谈判任务不是个人能力的体现时，男性和女性谈判人员的表现就不会存在差异。由此，男性在谈判中做得比女性好（比如，Stuhlmacher and Walters，1999），凯瑞和他的同事证明了刻板印象——或者有事实依据，或许没有任何事实依据——是影响表现的原因之一。

关于社会性别差异的刻板印象的负面影响是可以克服的

尽管刻板印象会破坏女性谈判人员的表现，但是同样有证据表明，谈判桌上女性消极的刻板印象有时也能够改进她们的表现。在上面所描述的同一个研究的另一个部分，克雷和同事（2001）发现，明确提醒大家男性能够表现得更好后，在男女混合谈判中，女性的表现要比男性好。在这个实验中，女性同这种刻板印象的负面影响进行抗衡，而且更积极地进行谈判。

激活的刻板印象可能比谈判人员的实际社会性别更为重要

抛开谈判人员的社会性别不谈，克雷、乐伯、格林斯基和汤普森（Kray，Reb，Galinsky and Thompson，2004）的研究发现，当明确激活男性化的刻板印象时，更强大的谈判人员（那些拥有更好的最佳替代方案（BATNA）的人员）能取得更好的谈判结果，这种男性化的刻板印象强调对于谈判人员来说，积极和自我利益对其谈判成功至关重要。当女性化的刻板印象被激活时，男性和女性谈判人员都取得了更加整合式的谈判结果。这可能是因为，当明确激活刻板印象时，谈判人员会用这种信息来评估自己的优点和缺点，因此，在刻板印象的作用下，他们会表现得更加一致，即便意味着这是一种违背自己社会性别刻板印象的行为。

克服社会性别差异的不足之处

本章中我们所描述的大部分研究都将女性谈判人员置于一种劣势的谈判地位，这说明选择和风格的不同，加上刻板印象的恶性影响，使得女性在谈判中更加糟糕。下面我们会提到三种干预措施，能够帮助谈判领域的女性克服性别歧视或者其他竞争的环境的影响。最终，克服这些问题的关键，比如说克服判断和感知中棘手或者有害的倾向（第15章对此进行了讨论），主要是培养一种意识，即这些倾向是存在的，谈判人员要警惕，以免落入这样的陷阱。

激励式干预措施

很多人，甚至是有成就的专业人士，一直认为男性和女性的谈判能力不同，并且在判断他人行为时采用双重衡量标准。比如说，女性比男性更容易因看起来像是自我推销的行为而受到惩罚，于是，为了获得一个好的谈判结果，女性谈判人员比男性更要努力地去给别人留下好印象。试图留下好印象，其后果就是，女性可能会接受比男性更低的成果。克雷和巴布科克（2006）提出了打破这种模式的一种方法，那就是强调谈判关系中谈判双方相互依赖，也就是说，削弱双重标准，以使谈判与自我推销的关系较少；重新构建谈判，使它成为一个双方可以走到一起共同解决问题的机会。

已经发现，谈判能力中的性别差异来自于对男性和女性的能力和行为的社会性别刻板印象。克服谈判能力中社会性别刻板印象的影响的一种方法就是，明确地将刻板印象同谈判结果连接起来。例如，克雷、乐伯、格林斯基和汤普森（2004）发现，激活男性化的刻板印象——仅仅提醒谈判人员男性有性别优势（男性的典型特征是有主见、自我利益为主），导致谈判人员的行为更具有竞争力。在第二个实验中，克雷和同事（2004）换成了激活女性化刻板印象，并且告诉参与者娴熟的谈判人员“有敏锐的口头表达自己想法的能力、良好的倾听技巧，并能深入了解其他谈判人员的谈判结果”（p. 406），这使得谈判人员能够更好地做好开发综合潜力、实现共同回报的工作。问题在于激活刻板印象——使人们有意识地了解他们以及假定他们对结果的影响——能够激励谈判人员在谈判中采取克服社会性别差异的方式进行谈判，甚至有时候会使女性表现得比男性好（Kray，Thompson and Galinsky，2001）。简而言之，激活消极的刻板印象可能会激励一个人驳斥这种印象。

认知式干预措施

强大的思维定式是谈判的重要工具。强大的思维定式是指能够意识到谈判力在谈判中的地位，以及它与战术和结果之间的联系。格林斯基、格鲁菲尔德和马基（Galinsky，Gruenfeld and Magee，2003）指出，思维定式能够对行为造成很大的影响：谈判力会变成行动。谈判中，如果用一种强大的心态进行谈判，那么这将能够使女性谈判人员取得更好的成果，否则她们就可能会处于一种谈判劣势状况。斯莫尔与同事（2007）的研究表明，尽管女性比男性更担心谈判的前景，但是如果引导女性去想到谈判力，那么就可以克服女性的恐惧心理（在他们的实验中，让参与者描述“他们曾经控制并且对他人产生影响的一种状况”）。研究者们得出这样的结论：“当女性被引导体验谈判力时，她们对谈判的厌恶减少了，而且她们能像男性一样进行谈判”（p. 609）。根据克雷和巴布科克（2006）的研究，改变女性谈判人员思维定式的其他方法包括把精力集中在男女谈判人员共同的事情上，比如说他们共同的目标、共同的特征；重新定义对于一个好的谈判人员而言，能够包含女性特征的刻板印象，这意味着通过有组织的训练，可以增加对控制力的感知。

情景式干预措施

谈判力差异可能可以解释我们所观察到的男性谈判人员和女性谈判人员之间的很多不同（Watson，1994）。但是根据克雷和巴布科克（2006）的研究，在某种意义上，谈判力是谈判中的平衡因素，男性和女性倾向于使用同等的谈判力并且获得同等的利益。当他们被赋予了相同的谈判力时，他们就能够表现的同样出色。这样看来，克服社会性别差异或许需要消除谈判中的谈判力的结构性失衡。做到这一点的一种方法就是改变谈判中女性承当的社会角色，以“减小女性因其性别而造成的各种限制的程度”（p. 36）。

如同我们在第 7 章所讨论的，我们应该记住，谈判力是谈判中对解决方案有选择权的一种能力：在其他条件相同的情况下，谈判时拥有更好选择的一方，就是拥有更多谈判力的一方。克雷、乐伯和汤普森（2004）指出，社会性别刻板印象的不利影响可以通过提醒谈判各方注意来进行克服，但是他们的发现同样也显示了，如果谈判各方之间的谈判力非常不平衡，刻板印象可能还会继续存在。这就是说，谈判人员只了解有害的刻板印象，并且在谈判中以抗衡这种刻板印象的行为进行谈判，未必是足够的；谈判人员还需要做一些关于重要的强化谈判力方面的工作。积累能够巩固你的立场和论点的信息，拓展、改善谈判方案的替代方案，并且利用这些资源来说服对方，你们的实力强大。

假设当谈判人员表现出刻板的男性态度和行为（独断、有竞争性以及类似的行为）时，他们就能获益，但是这种假设是建立在一个根本错误的前提之上，谈判并不是一个谈判方能够从独断的或者有争议的行为中获益的活动，相反，一些谈判中存在竞争性是合理的，另外一些谈判中则需要合作性，还有一些谈判（我们认为是大部分的谈判）同时需要竞争性和合作性的冲动和动机。关于社会性别刻板印象和简单的假设阻碍了对有效的谈判来说最为重要的东西：正确地了解谈判状况和对手的能力，以及做出战术选择的能力，这种战术选择不应受到无根据的刻板印象和不相关的假设的影响。考虑到有研究表明女性谈判人员会处于不利的谈判地位，尤其在商业谈判和其他专业谈判中，社会性别角色假设和刻板印象仍然存在。专栏 14.2 为这些情境中的谈判管理提出了一些实用性的建议。

专栏 14.2

关于在有性别区分的工作场所进行谈判的实用性建议

最近，一本针对商务人士的贸易刊物为当今工作涉及谈判的女性提出了一些有用的建议——或许这些建议有时对所有人都有用。我们在这里列出了他们的一些建议，还有我们自己提出的建议（结果表明，大部分的建议对男女谈判人员来说都是好建议）。

- 依靠调研。确定对谈判中的其他人来说什么是重要的，"用信息武装自己"。
- 准备一个商业案例来支持你的论点，尤其是为自己的薪酬进行谈判时，确定你为公司带来了利润并提高了商业价值。你的案例越具体、越具有针对性，别人就越不会以刻板印象回击你的观点。
- 通过共同的努力来提高你们的谈判技能和实践能力。在重要的谈判到来之前，邀请一个信任的同事或者朋友来模拟谈判。
- 在与他人的交易中与刻板印象做斗争。研究表明，女性和男性都有刻板印象，这将使女性处于不利的谈判地位。
- 在谈判中，不要试图模仿刻板的男性风格。可能存在双重标准。实际上，富有进取心的女性仍然可能会获得消极的回应，即使这些特性在男性中是受到欣赏的。
- 不要过于脱离刻板的女性角色，应该利用刻板女性角色的本质。利用与生俱来的才智和优势力求获得一个合理的中间立场，而非发挥刻板印象或者过度补偿刻板印象。倾向于合作和建立关系的女性（还有男性！）可以利用这些作为自己的优势，尤其是在鼓励合作多于竞争的情况下。

资料来源：Adapted from E. Agnvall, "Women and Negotiation," *HR Magazine* 52 (December 2007), pp. 69-73.

本章小结

越来越多的证据表明，男性和女性在谈判中的表现不同，而且谈判之前以及谈判过程中受到的待遇也不同。从表面看来，这些发现表明女性在谈判中会处于劣势地位，仅仅因为她们是女性。这种劣势会在谈判过程中的几个要素中体现出来，其中包括抱负、初始报价、进攻性的互动、让步、结果。了解了这些潜在的劣势后，同样应该记住，研究人员分析表明，在统计量上，男性谈判人员和女性谈判人员之间的粗略差异相当小。

更为重要的发现是关于谈判中的社会性别差异的基本理论依据。本章中出现了几个理论，包括强调谈判关系的不同、在更广泛的社会背景下谈判的嵌入点、关于能力和价值的信念、如何使用权力，以及设计谈判的方式。谈判中关于社会性别差异的实证研究提出了一些重要的原则：男性和女性以不同的方式理解谈判，在谈判中进行不同的交流，并且在谈判中会受到不同的待遇；男性所使用的技巧以及女性所使用的技巧，有非常不同的影响；感性的刻板印象会对男性和女性如何进行谈判产生重要的影响。

我们所讨论的很多社会性别差异都有许多不同的解释。关于谈判中社会性别研究的当下发展趋势前景广阔，因为人们对这一课题再次产生了兴趣，并且对其理论解释重新引发了关注。我们将会从研究中对社会性别差异有更深的理解，这些研究是跨越了简单的实证的文献，来探索一种根本的社会机制和心理机制，而这可以用来解释男性和女性如何去体验谈判。

最后一点，本章首先区分了性别和社会性别这两个词语，我们发现，在描述现今的研究结果以及讨论概念上的依据和含义时，我们把谈判研究的重点放在了社会性别而非性别上，但是这项研究完全依赖于生物学上的性别（也就是男性与女性）来检测和衡量差异，而不是评估作为预测变量的社会性别角色（例如，关于男性或女性性别角色的认同）。我们并不知悉直接对比个人性别角色的谈判文献研究。这是这个领域中的一个缺陷，以致有人相信性别角色认同是理解谈判中个人差异的一个理论上的重要因素。

当然，社会性别因素仅仅是谈判过程和结果中，很多可能的个人差异中的其中一个因素。我们会在下一章讨论一些其他的因素。

关键术语

"稳定的"个体差异（"stable" individual differences）：一系列的个体差异因素（包括性别、人体特质、自身能力），如果这些差异会发生改变，那么他们的属性是随着时间的推移慢慢改变的。

性别（sex）：男性和女性的生物学分类。按照英语标准词典的解释，性别是指"根据其生殖器官和功能的属性和品质，将生物体分类为男性或者女性"。

社会性别（gender）：两性的文化和心理标记——在特定的文化或者社会中，能够使男性与女性进行区分的角色或者身份（不是生物学上的）。

低模糊度情况（low-ambiguity condition）：进行研究时，研究人员告知参与者有关其上司的一些意见，使其能够取得良好的谈判结果。

高模糊度情况（high-ambiguity condition）：进行研究时，研究人员不告知参与者有关上司方面的一些意见。

虚拟谈判（virtual negotiation）：和面对面谈判（face-to-face negotiations）相对的一种谈判方式，比如通过电子邮件进行谈判。

刻板印象威胁（stereotype threat）：在一定的社会范畴内（比如，种族、性别），折磨个体并使其产生焦虑的行为，这些个体担心他们的表现会验证为一种消极的刻板印象。

强大的思维定式（powerful mind-set）：能够意识到谈判力在谈判中的地位，以及它与战术和结果之间的联系。格林斯基、格鲁菲尔德和马基（2003）指出，这种思维定式能够对行为造成很大的影响：谈判力会变成行动。

谈判力（power）：在其他条件相同的情况下，谈判时拥有更好选择的一方，就是拥有更多谈判力的一方（见第7章）。

注释

[1] *The American Heritage Dictionary of the English Language,* 3rd edition, 1992, © Houghton Mifflin.

[2] Personal communication with L. Kray, June 29, 2004.

[3] See, for example, Carnevale and Lawler (1987); Pruitt, Carnevale, Forcey, and Van Slyck (1986); and Putnam and Jones (1982).

[4] See, for example, Kimmel, Pruitt, Magenau, Konar-Goldband, and Carnevale (1980); Neu, Graham, and Gilly (1988); Pruitt and Syna (1985); Stuhlmacher and Walters (1999); Walters, Stuhlmacher, and Meyer (1998); and Watson and Kasten (1988).

[5] In a meta-analytic literature review, empirical results from many studies on the same subject are combined in order to create a broad statistical estimate of the effect or relationship that the underlying studies investigated. Meta-analysis is a way to capitalize statistically on the fact that the studies being reviewed together provide a much more robust sample than any one of them does individually.

[6] For examples, see Gray (1994); Kolb and Coolidge (1991); Kolb and Putnam (1997); Northrup (1995); and Watson (1994a).

[7] See also Pinkley and Northcraft (1994).

第15章 个体差异Ⅱ：个性与能力

学习目标

1. 理解为什么难以发现人们在谈判中的个性和能力上的差异；
2. 探究影响谈判行为及其进程的特定的个性特征；
3. 考虑在谈判中自我认识和情感控制能力的作用；
4. 了解富有经验的与缺乏经验的谈判者行为间的区别。

在上一章中，我们深入分析了一个特殊的个体差异：性别。在本章中，我们扩大了研究范围，对其他与谈判有关的个体差异也进行了分析。首先我们简单回顾了早期关于个体差异的研究，然后重点关注了近期对个体差异和谈判的研究，并将其分为两种主要类型进行讨论：(1) 个性维度，似乎对谈判会产生影响；(2) 自身能力，在谈判中所起的作用，其中包括认知能力以及情商的相对新的领域。在本章结束时，还提出了另一种研究谈判者特质的方法，即检验优秀谈判者的行为与普通谈判者之间有怎样的差别。

15.1 关于个体差异和谈判的早期研究

早在20世纪50年代，就有研究者对个体差异如何影响谈判进行了研究。在20世纪60—70年代，人们分别对人自身的特征如年龄、性别、种族、文化、社会经济地位等；个性因素如风险偏好、控制点、认知的复杂性、对模糊情况的容忍程度，以及社会性动机；态度，如人与人之间的信任和合作进行了检验研究。遗憾的是，许多结果都是完全不相干的，或者得不出结论的，有时甚至是完全矛盾的(Rubin and Brown，1975)。[1]许多人直观地认为，个体特性在谈判中是相当重要的，那么为什么进行的研究却得不到确定的结果呢？在这里我们简单地做出4种解释。

1. 个体差异所造成的影响很细微且不易察觉

尽管由于个体存在差异，谈判者会倾向于表现某种行为，但是关键的环境因素例如谈判问题的特性，谈判者之间的相对谈判力，委托人施加的压力，或者仅仅是其他谈判者的行为，这些都会造成更大影响。换句话说，不是个体差异不具有潜在的重要性，而是环境因素决定了是否会出现个体差异以及是否会对谈判过程产生重大影响。例如，设想一下谈判问题的类型，证据显示，某类人能够成功地应对整合式谈判，其他类型的人可能会在分配式谈判中表现很好（Barry and Friedman，1998）。或者再想象一下谈判力动态变化造成的影响，研究表明相比谈判力弱的谈判方，谈判力强的谈判方的个性特点对谈判结果影响更大，因为“有谈判力的人可以自由地按照其预期来‘做决断’，因此他们的特性能够影响其自身行为以及社会环境”（Anderson and Thompson，2004，p. 137）。

2. 调查的任务类型有误

早期很多研究都采用了简单的囚徒困境模型，该模型的典型特点就是实验对象彼此不能见面也不能谈话，并且他们的“谈判”内容就只是在合作或竞争的决策中做出简单的选择。这种受限以及被迫的互动很难与在面对面谈判中复杂的语言和非语言的交流方式相比。研究环境必须要足够丰富，以使个性及其他个体差异造成的影响能够显现。

3. 调查的个体差异有误

早在20世纪70年代，人们就对社会心理学领域的个体差异进行了研究，并且一直延续至今。早期研究的结果是不一致的，这可能反映出当时研究者对在谈判中起重要作用的品质和特性的理解过于简单了。例如，关于个性，现在人们更注重将特点归于更广泛的基本的性情维度，而且这些覆盖面更广的特征集对于预测行为是有帮助的。现在心理学家也可以更好地理解在心理和情感能力以及行为之间的联系，正如我们接下来在本章中讨论的。

4. 研究方法存在缺陷，且不一致

在早期关于谈判个体差异的研究中，对不同的研究，研究者所使用的研究方法大不相同。由于研究理念、方法和实验的谈判问题存在差异，因此可能会造成相互矛盾的结果。一个相当重要的问题就是取样问题——研究对象的问题。如果研究对象都限定在同质的总体中，该人群不具备某种个性或者其水平特别接近时，研究者就可能很难发现某种特定人格倾向的影响。大多数实验性谈判的研究对象都是大学生志愿者，通常都是主修心理学或者管理学的。这一特殊人群可能在年龄、社会经济背景，以及其他人口特征或者特性方面相类似，因此谈判方式上的真实差异就不容易确定。

我们对早期研究遗留下来的不明确结果进行了探讨，因为这些结果为现在进行该课题的研究奠定了基础。现在对个体差异研究的理论方法更加成熟，研究方法更好、更多样化，而且心理学家也掌握了更多有关个性结构及个人能力特点的信息。尽管如此，早在20世纪50年代、60年代以及70年代间进行研究的结果起着一个警示作用。我们的方法和理论可能会更好，但个体差异所产生的影响仍可能是微乎其微并且很难察觉的，甚至有时这些影响只能在与谈判情景相联系的情况下才解释得通。这些早期研究的经验仍然很重要，正如我们在本章的两个主要小节中讨论的关于个性和个人能力的研究经验。

15.2　个性和谈判

个性特点是以特定方式思考、感受或者表现所呈现的一种稳定的趋势，而且这些特定方式都是可以确定和衡量的。例如，思考一下外向型个性（相对于内向型）。你可能认识一些外向型的人——这些人总是爱交际并且常常很自信，你也可能认识一些内向的人——这些人典型的特点就是很安静、寡言少语并且不那么爱交际。人们因各自的特性不同而不同。例如，在任何给定时间下，一个人可能是高兴的，而另一个人可能是生气的。但是，那些描述符号不能等同于个人特点，除非像外向型的人，他们的标记是以不变的方式进行思考或者采取行动，这些不变的方式可以用于预测个人或社会行为的其他方面。个性特点有时称为“性情”，在本章中我们将会交替地使用这些术语。

尽管从直觉上可以明显地感觉到每个人的个性是不同的，并且不同的个性会对特定情况下事情发展的走向造成影响，但是过去的几十年间研究心理学和组织行为学的学者在个性的重要程度问题上存在相当大的争议。我们将这一争论情况简化，即一方面，有人认为没有足够的理论支撑个性研究，而且与可以用来预测态度和行为的情境相比，性格产生的影响更小（e. g. Davis-Blake and Pfeffer，1989）；另一方面，有人虽然承认情境的重要性，但他们认为自身性格也可以很好地预测相关行为（e. g. House，Shane and Herold，1996）。许多心理学家都一致认为该争论是一种“错误二分法”（Funder，2001，p. 200）：研究提供了充足的证据证明个人特性是稳定不变的，而且跟情境一样可以进行重要行为的预测。简而言之，性格和情境都很重要。

在这一部分中，我们回顾了研究个性的 8 种方法，其中被研究的个性都是会影响谈判行为的。8 种方法分别是：（1）处理冲突的方式；（2）社会价值取向；（3）人际信任；（4）自我效能和控制点；（5）自我监控；（6）马基雅维利主义；（7）面子威胁的敏感度；（8）五大个性因素。

处理冲突的方式

处理冲突是谈判过程的一个重要部分。在第 1 章中，我们确定了 5 种常用的处理冲突的行为模式：竞争、问题解决、不作为、让步以及妥协。我们还检验了选择一种处理方式而不选择其他处理方式对结果的影响，但是我们没有探究选此处理方式而不选其他处理方式的原因。

一个谈判者可能会理智地做决定，例如选择自认为最可能会产生期望结果的模式。然而人们可能会不断地使用这种模式，因为他们有这么做的性格倾向。正如第 1

章中讨论的，存在两种程度的关心，并且其内容构成了5种处理冲突的类型。一种是一方当事人所表现出对他自身结果的关心程度；另一种是当事人对其他人结果的关心程度。托马斯（Thomas，1976）建议用两种性格维度代表这两种关心程度：

1．一方当事人坚持使用他偏好的解决方法或结果的武断程度。

2．一方当事人与其他方当事人合作完成共同目标的合作程度。

将这两个方面放在一起（见图15—1），托马斯确定了5种主要的冲突处理方式：

- 竞争性方式——高武断，低合作。
- 调节性方式——低武断，高合作。
- 避免性方式——低武断，低合作。
- 合作性方式——高武断，高合作。
- 妥协性方式——适度武断，适度合作。

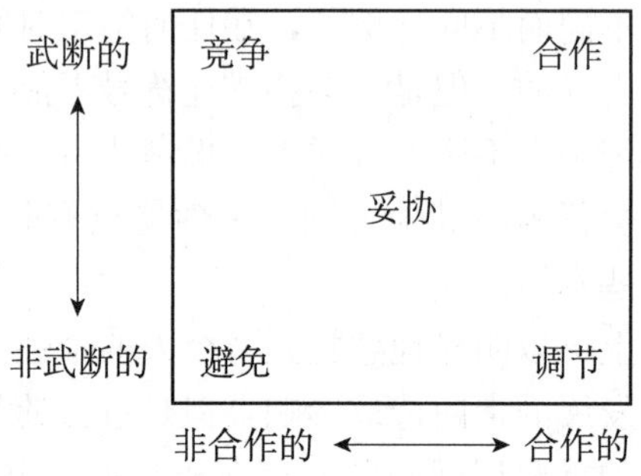

图15—1　托马斯—基尔曼冲突处理方式

资料来源：Adapted from K. Thomas and R. H. Kimann（1974）. *Thomas Kilmann Conflict Mode Survey*. Tuxedo Junction，NY：Xicom. Used with permission.

由托马斯及其同事（Kilmann and Thomas，1977；Thomas，1976，1977）所做的研究证明了这一假设，即在特定条件下个人做出的战略选择以及个人不考虑情况地使用某种方式的倾向都可能导致不同的冲突处理方式。对这一模式的两个维度（武断和合作）的研究已经得到广泛认可。[2]尽管很少有人对谈判者采取不同的冲突处理方式对实际谈判行为能造成怎样的影响进行研究（见Butler，1994），但是采取实验方法对冲突处理方式进行的研究往往都支持这一模式。[3]一般来说，托马斯-基尔曼模型是简单且条理分明的，该模型揭示了个人性格对谈判和冲突处理行为产生的影响。

在某些冲突情况下，特殊的冲突模式倾向可能如何导致特殊的行为，关于这一点很容易推测。如果盈利风险很高，并且结果取决于个人努力，那么拥有强烈竞争心态的人应该会在这一情况中起主导作用；如果结果取决于共同努力，那么拥有强烈合作心态的人就会起主导作用。相反地，如果对于个人来说风险很低，那么个人可能会忽视冲突（采取避免模式）或者采取允许其他人得到不可获得的资源的冲突处理模式（可调节模式）。人们从自身的角度看待这些冲突类型的价值和效用。对处理假定冲突情况的战略方法进行检验研究（Gross and Guerrero，2000）发现，个人将竞争方式看做不适合其他人使用的方法，但是适合他们自己使用而且还是有效的。

个体在冲突管理方式中存在的差异与其他性格是相互关联的。例如，托马斯（1976）认为喜欢竞争的人风险承受能力较低，更有内控能力，对谈判力和控制力有更高的需求，对与他人的联系的需求较低。相类似地，有很强合作意识的人被认为更能以任务为重，更富有创造力，以及更具有处理复杂问题的能力。尽管专栏15.1的确展示了这样一个有趣的例子，但是目前很少有将冲突方式与其他稳定的性格特点相联系进行的直接的经验研究。

专栏 15.1

亲自处理冲突——个体差异

研究人员达林格和汉普勒（Dallinger and Hample，1995）发现每个人亲自处理冲突的程度不同，即他们是如何经历对特定冲突事件处理所产生的强烈的负面情感。那些可以亲自处理某种冲突的人可能更易感觉受威胁、焦虑、受伤、被贬低和/或受到特殊冲突事件的侮辱。这些研究人员认为亲自处理冲突既是一种状态（与一特殊事件有关的临时感受），也是一种特性（个体间长期存在的不同的品性）。研究结果表明：

- 那些更可能亲自处理冲突的人，在处理冲突方面更易采取非对抗（避免和调和）的处理方式。
- 那些更可能亲自处理冲突的人，会更喜欢妥协处理冲突的上司。
- 主管如果采取强迫（竞争）的冲突方式，那么那些更可能亲自处理冲突的人，就更易感觉到困扰，且有更大程度的压力管理反应，因此这些人对这一类主管非常不满意。

资料来源：J. M. Dallinger and B. D. Hample，"Personalizing and Managing Conflict，" *International Journal of Conflict Management* 6，no. 3（1995），pp. 273 - 289.

社会价值取向

社会价值取向就是一种人们的偏好倾向，即一种关于人们在需要与他人相互依赖的社会环境中出现的结果偏好（McLintock and Liebrand，1988）。一些人有着一种先利己或者以自我为中心的取向，这就意味着他们会首先关心自身结果，而不关心其他人能得到的结果；有些人有着先社会或者合作的取向，这就意味着其倾向于对自己以及那些彼此互相帮助的人都有利的结果（de Dreu，Weingart and Kwon，2000）。从本质上说，先社会取向是采取合作性冲突处理方式的一种趋势（回顾图15—1）。

谈判是一个很明显的社会依赖性例子，这些社会价值取向会在谈判中起到重要作用。关于这一问题的研究表明利己主义者都是分开行动的，并且采取一种相当难执行且富有争议的方式，相对于探究增加双方收益的潜在利益点来说，利己主义者更加注重对立场的谈判（Steinel and de Dreu，2004）。[4]先社会主义者更加关心其他人的福利水平，而且更倾向于解决问题以及互惠合作。结果，先社会主义的谈判者比那些利己主义的谈判者能得到更多的综合结果（更高的共同利益）（de Dreu et al.，2000)。这并不表示利己主义的谈判者不能达成整合的解决方案，只是他们达成的可能性低（尤其是当在谈判中双方谈判者都是利己主义者时），而且他们可能使用不同的手段来达成整合性解决方案（Olekalns and Smith，2003)。

有证据显示，利己主义谈判者对其达成的协议更为满意。吉莱斯皮、布雷特和温加特（Gillespie，Brett and Weingart，2000）发现，先社会主义谈判者谈判后的满意度高于利己主义者。他们用以下方式解释了该发现："那些重视自己及其所在团队的先社会主义谈判者，可以从两个方面获得满足感，因此他们可能比利己主义谈判者更容易满足。利己主义者可能只关注自己，因此他们就只能从一方面获得满足感"（p.792)。吉莱斯皮和同事们也猜测，如果先社会主义者为自身在谈判中设定的目标低，那么他们可能相比设定更难目标的其他人更容易满足（例如，利己主义谈判者)。

社会价值取向的不同会引起谈判行为和结果很明显的差异，但是可以通过讨价还价情境的许多方面来缩小这些差异。与之前的研究结果一样，一份近期的研究（Giebels，De Dreu and van de Vliert，2003）显示，先社会主义者进行谈判时要比利己主义者表现得更为合作。然而，当双方当事人在谈判中都有退出的选择时（例如，双方对谈判协议都有一个好选择），先社会主义者会做出更多威胁，交换更少信息，从而达成的共同结果更低。因此，有更好的选择时，在先社会主义谈判者和利己主义谈判者之间的差异就趋向消失。

谈判中的先社会主义相对于利己主义的动机要么源于稳定的个体差异（以某种方式行动的一种可靠倾向，例如个性），要么源于特殊情境（例如，当谈判者被引导或者被鼓励表现得自私或者合作）中的因素。大多数情况下，如果不考虑这些动机是源于个人性格还是源于环境需要，这些社会动机对谈判行为的影响大体上是相同的（de Dreu et al.，2000)。[5]

人际信任

正如我们在第1章中讨论的，谈判的一个根本困境就是谈判者对其他方当事人的信任程度。谈判者必须收集信息并且辨别出在多大程度上其他方当事人可能骗人或者说谎——用错误代表正确的立场，曲解相关事实，或者介绍虚假信息和立场。另外，其他方当事人的可信度也可能随时改变，这取决于谈判是刚开始还是接近尾声了，还取决于谈判是合作性还是竞争性的。

我们可能将信任概括为一种态度，这种态度是会随着关系和环境的变化而发生转变的。人际信任起作用的方式与个性起作用的方式相同，即在社会关系中起重要作用。根据朱利安·罗特（Julian Rotter，1980）的研究，每个人在人际信任水平上是不同的，人际信任被定义为"个人所持有的一种广泛的期望，即其他人或组织的文字、承诺、口头或书面声明是可以信赖的"（p.1)。据罗特说，人际信任是由与其他人交往的经历决定的。如果人们已经有了相信其他人的经历，并且这种信任得到了相互信任和有成效关系的回报，那么人际信任就会变得更广泛。相反，如果人们的信任得到的是其他人的压榨剥削、欺骗和不诚实的惩罚，那么人际信任水平就可能很低。[6]

“迪克·威尔逊抨击了我的价值观。”

信任他人的性格倾向对谈判影响很大。[7]高信任度的人认为其他人是可信任的，他们自己也必须是可信的，因此，他们更可能对自身设定高的道德标准，并且做出合乎道德规范的行为。相反，低信任度的人认为其他人是不可信任的，不认为其他人可以做到遵守规则，因此他们自己可能不会有讲真话的压力。有趣的是，尽管高信任度的人不一定比低信任度的人更容易上当受骗，但人们可能认为，高信任度的人可能更容易相信其他人的言论，不怀疑他们的可信性，但是由罗特（1980）总结的研究表明高信任度的人比低信任度的人更不容易轻信他人。

这就存在一个关于“自我实现诺言”的信任倾向问题。拥有高人际信任度的人可能在态度和方式上，以及代表信任的方式上都与其他人很接近（Chaudhuri，Khan，Lakshmiratan，Py and Shah，2003)。其他方当事人会寻找在这一情况下采取恰当行为的线索，并且在实质上可能以可信任的行为来回应，从而形成各方当事人之间的合作关系。相反地，一个以怀疑和欺骗的心态与别人进行交流的低信任度的人，可能会使得其他当事人以不表露自己的信息、不诚实和不信任的方式来做出回应，这就导致了一种倾向，即人们更不相信彼此并且双方之间出现低合作关系。然而，不能认为低信任度的人总是在表面上表现令人不信任；昌德赫里和同事（Chaudhuri，2003）发现低信任度的人有时会表现得令人信任，借此压榨其他方当事人以实现自身利益的最大化。

自我效能和控制点

自我效能就是对在特定情况下有效表现的个人能力的一种判定（Gist，Stevens and Bavetta，1991)。将任务做好的能力取决于有效做事的动力和高执行力。对自我效能的一个更加规范的定义概括了这些因素：自我效能即“人们相信其有能力动员大家的积极性，凝聚大家的认知资源，以及采取一系列行为以控制他们生活中出现的事情”（Wood and Bandura，1989，p. 364)。人们发现，可以通过设定更高的目标和采取分析性更强的策略来影响自我效能的发挥。

自我效能在包括谈判在内的复杂的人际行为中起到了重要的作用。例如，一个谈判者的自我效能预示着他选择谈判而不是接受调解的可能性（Arnold and O'Connor，2006）。在研究中，吉斯特及其同事（Gist，1991）模拟了有关薪水的谈判，结果他们发现具有高水平自我效能的人在模拟中会获得更高的薪水。[8] 在谈判中自我效能所致的较好的结果是由于具有高水平自我效能的人在谈判前更有可能设置较高的目标（可见 Brett，Pinkley and Jacofsky，1996）。同样有证据证明，一个人对谈判能力的认知水平可能会增加以合作方式解决问题的可能性。亚历山大、舒尔和麦科克尔（Alexander，Schul and McCorkle，1994）在对参与模拟销售谈判的经理人的研究发现，对某一特定任务具有高自尊心（一个人对执行任务能力的认知程度）的人，其参加谈判的行为更具合作性，也更有利于解决问题。这就扩展到了对在谈判中使用分配式或者整合式谈判策略的认知效能。那些认为自身在使用分配式或整合式谈判策略上能力更强的人更会经常地使用这些策略，并且他们可以在分配式或整合式的问题中分别得到更有利的结果（Sullivan，O'Connor and Burris，2006）。

一个在观念上与自我效能相关的概念就是控制点，即人们认为他们对已经发生的事件的控制程度（Rotter，1966）。将事情发生的原因归结为外在原因（例如，运气）的人的外部控制点很高，那些将事情的原因归结为内在原因（例如，能力）的人的内部控制点很高。在分配式谈判任务中，福特（Ford，1983）认为内在因素比外在因素有更高的阻力点。另外，福特发现了一种趋势，即由内在控制点高的人组成的团队在谈判中更容易陷入僵局。格林哈尔希和内斯林（Greenhalgh and Neslin，1983）认为外在因素控制点高的人更容易造成僵局而不是达成双方都同意的方案。尽管没有研究表明控制点对谈判结果具有直接影响，但是斯托尔特（Stolte，1983）所做的以女大学生为样本的关于一个四人网络公司的分配式谈判的研究表明，内在控制点高的人可能比外在控制点高的人更能达成好结果，尤其是当他们不处于该网络公司的中心位置时。将这些发现综合起来，控制点似乎影响了谈判者的愿望、偏好以及谈判结果。

自我监控

自我监控是指人们对来自于社会环境中的社会线索的反应程度（Snyder，1974，1987）。具有高度自我监控力的人密切关心发生在社会环境中的外部的、人际的信息，更倾向于将这些信息作为线索来指导他们的行为。具有较低自我监控力的人对外部信息就不那么关心了，尽管这些信息可以指导他们的行为，但他们更多的是通过个人内心的感受来指导他们的行为选择。可我们认为自我监控是人们为获得指导他们如何行为的线索而对外在社会环境进行监控的程度。

乔丹和罗尔洛夫（Jordan and Roloff，1997）检验了自我监控力对计划谈判所起的作用。在他们的整合式谈判模拟中，具有高自我监控力的人更可能会谋划他们想要在其他谈判者中留下的印象（例如，表现出友好），计划在谈判中使用互投赞成票的策略（见第3章），以及考虑更多的策略。自我监控也会对谈判结果造成影响，即与高自我监控力的人进行谈判与低自我监控力的人进行谈判相比，自我监控可以帮助他们实现大部分的目标。

这些发现表明自我监控是影响谈判结果的一个重要个体差异。人们可能会认为自我监控是一个并不那么吸引人的趋势。有一个例子是，没有安全感的人不断地调整他的自身行为以符合他所认为的该情况下的恰当行为。但是有动力去监控社会环境、准确看懂并适应社会环境的动力似乎才是谈判的真正所需。自我监控似乎在计划中是很重要的，但是可能会与其他因素相互作用，例如其他方当事人行为，从而影响谈判进程和结果（见 Ohbuchi and Fukushima，1997）。

马基雅维利主义

另一流派的研究是将个性与谈判行为联系在一起进行研究。该研究是由克里斯蒂（Christie）、盖斯（Geis）及其同事们对马基雅维利主义（Machiavellianism）的概念进行的研究。在对尼可罗·马基雅维利（Niccolo Machiavelli）和类似的政治哲学家们的著作进行广泛研究后，克里斯蒂和盖斯（1970）基于马基雅维利的经典著作形成了一种态度量表。在马基雅维利主义中得分很高的人往往会怀疑他人的动机，更加可能自私地以及没有同情心地对待他人，并且在社会压力下不愿意改变他们的主张。高马基雅维利主义的人被认为更可能容忍那些违反社会准则的行为并且更倾向于主张人与人之间使用欺骗手段。

在大量的研究中，克里斯蒂和盖斯探究了在不同情况下马基雅维利主义导向和行为之间的关系。由于在谈判进程中的适用性，在这里我们仅描述了这些实验的一部分（参见 Christie and Geis，1970，以了解关于这些研究及马基雅维利主义的其他研究的详细阐述）。

- 第一个实验允许实验对象阻止其他人欺骗、告知实验者谁是欺骗者、不使用从不合乎规范的途径得到的信息、向实验者坦白其自身恶劣行为，以及谎报自己的行为。高马基雅维利主义的人一开始就努力地劝说其他人不要欺骗，并且一开始就拒绝在实验任务中使用从不合乎规范的途径得到的信息，但是高马基雅维利主义的人与低的人在被直接控告之前，其说谎频率没有什么区别。一旦被控告，高马基雅维利主义的人仍有能力说出具有相当高可信度的谎话。与低马基雅维利主义的人相比，高马基雅维利主义的人坦白更少，也更能在说谎时与实验者保持更直接、更令人相信的眼神交流。

- 第二个实验研究了当实验对象处于一个高权力位置时，他们操控他人的意愿。无论在总体数量还是种类上，高马基雅维利主义的人明显比低马基雅维利主义的人更希望控制他人的行为。高马基雅维利主义的人说更大的谎话，更加口不对心，采用的控制技巧也更具有创新性。最后，高马基雅维利主义的人更享受他们对其他人的控制以及他们的更大权力。

- 第三个实验描述了在游戏中可以允许参与者为了获胜而结盟的一种行为。与其他方当事人相比，高马基雅维利主义的人对于组建或解散联盟的时间把握上表现出了更大的投机性，而且他们可以更明确地控制投标的主动性以及联盟谈判的结构。高马基雅维利主义的人发出了更多的报价，但当他们不再有优势且被其他要加入联盟的人追随时，他们就果断地解散联盟。结果，高马基雅维利主义的人所在的联盟通常是获胜的，而且很少会输掉比赛或者被排斥。

在克里斯蒂和盖斯的实验后的一些研究则是直接探讨马基雅维利主义对谈判形成的影响。弗赖伊（Fry，1985）所做的实验发现，在分配式谈判中，高马基雅维利主义的人确实比低马基雅维利主义的人做得好。[9]有趣的是，弗赖伊发现低马基雅维利主义的人会根据其他谈判者的马基雅维利主义而改变其谈判方式：与跟低马基雅维利主义的人谈判相比，当与具有高的人进行谈判时，低马基雅维利主义的人会给出更少的报价且其行为更没有效用。高马基雅维利主义谈判者的谈判方式不会随其他方当事人的马基雅维利主义的变化而变化。最后，巴里、富尔莫和朗（Barry，Fulmer and Long，2000）在他们对人们使用伦理上存在疑问的谈判技巧的态度的研究中对马基雅维利主义也进行了研究。巴里和他的同事发现高马基雅维利主义的人更可能赞成在谈判中使用欺骗伎俩（做出虚假承诺，代表错误利益）。将这些结论综合在一起，表明高马基雅维利主义的人愿意使用伎俩来追求他们的目标，但是这样做可能会威胁其他方当事人调整其策略，而这种调整策略的方式会使得后者的境况更糟糕。

面子威胁的敏感度

“面子”的概念就是人们对他们的公众形象和名誉的重视程度。日常说的“丢面子”和“顾全面子”描述一个人担心自己声誉下降或遇到了避免声誉下降的机会的情形。最近，研究者开始探究一种概念，即面子威胁的敏感度是个体个性中的一个稳定的方面。换句话说，由于个性的不同，一些人更容易以消极的方式对面子威胁做出反应，也可以说，脸皮更薄。在怀特及其同事（White，Tynan，Galinsky and Thompson，2004）所做的研究中，探究了这种特性——我们称之为面子威胁敏感度（FTS）——可能作为谈判者个性的其中一个因素起作用。他们认为面子在谈判中很重要，因为对一个人形象造成威胁可能使得谈判者采取斗争方式，相反，人们在这种情况下采取合作行为，则可以从中受益。在这两个研究中，怀特及同事们发现在谈判双方中至少有一个谈判者具有高的FTS（对面子威胁的敏感度的分数很高）的谈判中，更不可能创造出双方受益的价值，而且更不可能达成合作性的解决方案。尽管这些研究没有明确指出高的FTS是如何以及为什么会阻碍合作的可能性，但作者提出了一些合理的解释。一个原因就是，高FTS的谈判者更可能将其他方当事人的行为看成一种潜在的威胁，导致消极感受、对其他方不信任，以及采取更有竞争性的行为。另一个就是高FTS的谈判者的对手可能会将他们看做是“难伺候的人”，需要给予更多关照且会制造更多麻烦的人（p. 118）。对威胁自我形象的反应倾向的研究是对谈判中个体差异研究中一个值得注意的方向。因为正如怀特和同事们指出的那样，“在意面子会给谈判者施加一种牵引力，其强有力、不可阻挡、无形”（p. 120）。

五大个性因素

为了从更加统一和一致的角度对个性进行研究，而不是针对大量不相关的特性进行研究，应该侧重于对一些非常重要的个性类型或因素进行研究，且应包括大多数的个性特点。这是研究个性的心理学家在建立个性的五大因素模型（例如，

Goldberg，1993，也称为“大五”）时所考虑的。五大个性因素为（Barrick and Mount，1991，pp. 3－5）：

- 外向型——爱交际的、自信的、健谈的。
- 随和型——灵活的、合作的、令人信任的。
- 责任型——有责任感的、有组织的、追求成就的。
- 情绪稳定型——有把握的、自信的、不焦虑。
- 开放型——富有想象力、思维开阔、富有好奇心。

巴里和弗里德曼（1998）研究了五大个性因素与谈判者行为以及谈判结果的关系。他们研究了分配式和整合式谈判的情况，对列举出的五大因素中的前三个进行了重点考察。谈到分配式谈判（一个价格的模拟谈判）时，巴里和弗里德曼发现更外向和更随和的谈判者可能使自己变得更糟，其中一个原因就是这些谈判者更易受到“锚定”陷阱的影响，当一方的极端报价使得另一方对形势的看法存在很大偏见时，这种情况就会发生。例如，假设杰克提出了一个极端的初始报价，吉尔在知道杰克的报价后，就会重新审视对自身愿望和成功可能性的看法，并做出更多让步，可以说他是被杰克开出的条件给“锚定”了。巴里和弗里德曼认为“锚定”对外向型和随和型的谈判者来说风险更大，因为他们更强调维护社会关系。然而，重要的是研究结果表明当谈判者特别看重自己的表现时，个性所起的作用就变小了。换句话说，特别想把事情做好的动力会比谈判中人们的某些个性更重要。

巴里和弗里德曼发现在包含更复杂的分配式模拟谈判的单独试验中，这些个性因素对谈判者的表现并没有影响。在这种情况下，谈判者的认知能力（智力）比个性更为重要（本章随后将会讨论能力的作用）。出人意料的是，他们发现谈判者的责任心无论是在分配式或整合式谈判中都不起作用。大多数人认为，成功的谈判者是更优秀的计划者，更有专注力，更有组织性以及有更高远的志向——这些特性都可以从具有高度责任心的人身上找到，对于这一点我们也表示赞同。然而，我们还没有见到将责任心与谈判行为或结果联系起来的研究。

小结

本节中，我们对个性在谈判中所起的作用进行了讨论，其中涉及了各种各样的个性，包括处理冲突的方式、社会价值取向、人际信任、自我效能、控制点、自我监控、马基雅维利主义以及面子威胁的敏感度。最近，许多研究个性的心理学家对五大因素模式（“大五”）进行了融合，并着重探讨了应该将个性特点分开看待还是将其看做相关特性聚集所成。五大因素模型是一种分析个性的很奏效的方法，因为它将很多个性集中在一个种类广泛、有限的并且易于管理的集合中。有限的个性可能比那些宽泛的个性因素更有利于预测谈判行为，因为将许多特性集合在一起会掩盖掉具体特性和具体策略之间的重要关系（Moberg，1998）。似乎未来有关谈判中特性的研究仍然要在特殊和一般个性的紧张关系之间挣扎进行。

个性在谈判中也具有潜在重要性，因为人们可以通过个性来观察其他方当事人的行为。莫里斯、拉里克和苏（Morris，Larrick and Su，1999）所做的研究发现，尽管谈判中会发生什么事情大部分是由双方的利益和立场决定的，但是谈判者往往会用个性来解释其谈判对手的行为。例如，对其他方当事人情况缺乏充分信息的谈判者可能会借助对另一方随和性或合作性谈判的推断来理解发生的事情。结果就是误解。尽管事实上个性因素对这一情况的发生确实起了一定作用，但是谈判者不恰当地根据个性来解释其他人的行为。很明显，全面理解个性对谈判的作用不仅需要重视人们的个性是如何影响其行为的，还要重视我们是如何正确使用或者滥用个性去解释谈判对手的行为的。此外，环境也是一个值得关注的关键因素。例如，思考一下，国家文化：个性特点可能在不同国家的文化中起不同作用。刘、弗里德曼和齐（Liu，Friedman and Chi，2005）表明了“大五”特性，例如随和性和外向性，会影响美国谈判者，但不会影响中国谈判者，而对于其他特性，例如和谐性，会影响中国谈判者而不影响美国谈判者。伴随着全球一体化的扩张，国际谈判的作用日渐重要，因此还存在很多个性与文化在谈判中的交叉部分有待研究。

15.3 谈判能力

更聪明的人或者那些在某些认知或情感领域中更有能力的人就一定是更优秀的谈判者吗？“聪明”意味着什么？在这一部分中，我们检验三种能力和谈判行为之间的关系：（1）认知能力，即对智力的传统认识；（2）情商，最近出现的概念；（3）换位思考能力。

认知能力

认知能力指的是“很常见的心理素质，包括推理、计划、问题解决、抽象思维能力、理解复杂想法、学习迅速以及从经验中学习的能力”（Gottfredson，1997，p. 13）。认知能力与广义的智力概念同义，而且认知能力会对推理、决策、信息处理能力、学习能力以及适应能力造成影响，尤其在异常或复杂的情况下。[10]思考和心理过程的这些方面明显地与谈判中的认知（与心理相反）相关。某种程度上，需要引导谈判朝解决复杂问题任务的方向发展。期望用个人的认知能力来预测谈判进程和结果（Fulmer and Barry，2004）是合理的。

只有个别研究注意到了认知能力对谈判的重要性。一些早期的研究涉及实验性的讨价还价博弈，例如囚徒困境，其结果复杂且不确定。然而，在检验更加复杂的整合式谈判环境下的认知能力的研究中，出现了不同的情景。巴里和弗里德曼（1998）发现谈判者的认知能力和解决方案一体性中存在很强的联系，这些解决方案是参与者在一个复杂的对商业实物资产谈判的模拟环境下达成的。同样地，库尔特伯格（Kurtzberg，1998）发现认知能力预测了谈判者在关于电视节目的联合合同的虚拟谈判中达成整合解决方案的能力。更加聪明的谈判者在引领当事人认知和寻求共赢上似乎更具有优势。

真正的分配式谈判情况怎么样？拥有高认知能力的谈判者会做得更好吗？巴里和弗里德曼（1998）使用分配式谈判任务对这一问题进行了探究，在该任务中生产商和供应商对一种成分的价格进行谈判。他们发现智力和表现力之间没有任何联系。然而，我们应该慎重看待这一发现，因为研究的任务涉及的是一个非常基础的、单一问题的谈判。但是仍然没有探究出谈判者的智力在更复杂的分配式谈判情况下可能起到的作用。专栏 15.2 提供了一个有关谈判中智力所起作用的相关应用。

专栏 15.2

整合复杂性和冲突解决办法

整合复杂性是心理学家使用的术语，用来指人们处理信息时的认知规律的复杂性。那些具有高度整合复杂性的人能够区分一个问题的不同方面，并且可以理解这些方面彼此之间的联系。此方面能力欠缺的人往往认为世界是“非黑即白的”，而且常常表现出更加独断的个性特点（Tibon，2000）。

研究者将整合复杂性看做一个与政治危机和国际外交有效性有关的因素。下面将阐述一些研究结果：

- 整合复杂性低是与更具竞争性的冲突解决策略相联系的，而整合复杂性高是与更具合作性的策略以及更综合的协议相联系的（Walker and Watson，1994）。
- 休德菲尔德和布卢克（Suedfeld and Bluck，1998）对 20 世纪的九个国际危机的文献进行了分析，结果表明在实施突然袭击的 3 个月前领导者的整合复杂性下降了，而在达成和平协议之前没有发现这样的下降。
- 在一项对 1991 年波斯湾战争之前及战争期间的美国国会文字记录进行的分析中发现，支持对伊拉克使用武力的国会成员要比那些投票反对战争的人缺乏认知复杂性（Wallance，Suedfeld and Thachuk，1993）。

情商

近几年，心理学家提出了超出普通的认知能力范畴的作为一种稳定的能力的其他智力形式。自 20 世纪 90 年代早期以来尤其吸引人们注意的一种智力类型就是情商（EI）。研究者认为情商包含了一系列分离的但相互联系的能力：（1）准确察觉和表达情感的能力；（2）使用情感以促进思考的能力；（3）理解和分析情感的能力；（4）恰当地管理自身以及他人情感的能力（Mayer and Salovey，1997）。一个记者在 20 世纪 90 年代中期写了一本书（Goleman，1995），他在书中强烈表达了情商在广泛社会领域中的作用，该书得到了大众媒体的广泛关注。一些学者批评这些言论具有误导性，并且被夸大了（Mayer，Salovey and Caruso，2000），其他学者对这些言论背后的研究方法提出了质疑（Landy，2005），还有人对 EI 这一特别概念是否有科学依据支撑存在质疑（Locke，2005）。然而，一些学者认为 EI 源于对人们情感的科学分析，并且他们对 EI 越来越感兴趣（Ashkanasy and Daus，2005）。作为一个普遍的问题，情商这一概念已经在研究者和广大普通群众中产生了共鸣，并且将其作为一种能捕捉在社会生活中人们如何分析和使用情感的变化的方式。

“是的，我想我有很好的人际关系技能。
要问什么傻瓜问题？”

正如我们在第5章中讨论的，谈判学者们对于谈判问题的情感方面的研究兴趣在最近几年有所上升。在某种程度上，EI概念抓住了稳定且可衡量的趋势，该趋势涉及洞察力、理解力以及情感管理等，这可能是谈判研究的一个重要的个体差异（Ogilvie and Carsky，2002）。这种情况下，富尔莫和巴里（2004）认为一个情商高的谈判者在领会和管理情感方面的能力可能存在以下几种优势：能够更好地收集其他方当事人感兴趣的相关信息；更准确的风险评估；对自身情感更有效的管理以及更有效地使另一方当事人出现预期的情感。高EI的谈判者可能更会利用情感来影响谈判结果——被汤普森、纳德勒和金（1999）称为情感调节过程中的一部分。

至今，只有一小部分研究是基于实验来探求EI在谈判中的作用。已有的研究结果明显地表明具有高EI的人往往会创造出对自身和另一方都更加积极正面的谈判经历（Foo，Elfenbein，Tan and Aik，2004；Mueller and Curhan，2006）。然而，在EI和谈判结果之间的联系——EI高的谈判者就是“更优秀的”谈判者吗——并不那么明确。已有的两个研究检验了个人EI在双方谈判中对个人以及联合结果的影响（Elfenbein，Foo，White，Tan and Aik，2007；Foo et al.，2004）。这两个研究结果表明高EI的谈判者在谈判中更善于创造价值，这表明EI可能是达成整合式交易的一种资产。然而，这两个研究对EI是否有助于个体谈判者为自己（换句话说，达成更好的协议）获得更多的价值这一问题得出了相互冲突的结论。需要更多的研究来全面理解EI在谈判中的作用以及解决如何用最恰当的方式来衡量EI这一持续存在的问题（Conte，2005，；Van Rooy and Viswesvaran，2004）。

换位思考的能力

谈判者需要察觉、理解以及对其他方当事人在谈判中提出的论据做出回应。换位思考的能力，尤其是在计划谈判阶段，有利于谈判者更好地准备和回应其他方当事人的言论。换位思考能力被定义为“谈判者在谈判中能理解另一方的看法，并由此预测另一方的战略和战术的能力”（Neale and Northcraft，1991，p. 174）。作为一个基础例子，那些能更好地了解另一方抵抗点的分配式谈判者在谈判中将拥有战略优势（Walton and McKersie，1965，在他们关于谈判的经典专著中首次提出）。了解另一方观点的谈判者更可能提出令对方信服的论据，也更可能找到使另一方当事人也满意的协议。能够了解其他方观点的能力在整合式谈判中尤其重要，谈判者努力去了解其他方的需求和利益并且努力去形成可以满足双方利益的协议。

尼尔和贝泽曼（1983）在关于武断性会对分配式谈判产生什么作用的研究中探究了换位思考能力的重要性。他们发现与具有低的换位思考能力的谈判者相比，拥有更高的换位思考能力的谈判者达成的合同价值更高。他们发现在换位思考能力和让步程度之间存在联系：拥有更高的换位思考能力的谈判者似乎能扩大其他方愿意做出的让步。由于换位思考者能够了解另一方的目标和利益，因此换位思考者更有能力去发现双方共享的潜在利益以及达成更有创造性的解决方案（Galinsky，Maddux，Gilin and White，2008）。这对于达成一致的解决方案是十分重要的。人们发现换位思考能力既可以预测个人结果，也可以预测谈判双方的共同结果。事实上，在整合式谈判之前考虑换位思考可以带来更好的共同结果（Kemp and Smith，1994）。

谈判基本上是通过独立和沟通的方式来解决冲突，鉴于这一点，似乎可以合理地认为换位思考能力在社会交际中是一种重要的个体差异，这在谈判和其他涉及冲突解决的情况下是有益的。然而，在一系列引人注目的研究中，埃普利、卡罗索以及贝泽曼（Epley，Caruso and Bazerman，2006）指出换位思考能力是一把双刃剑。在几个有关组内分配有限资源的任务中，他们发现那些花费时间去思考其他人认为公平事情的人，更倾向于认为公平对他们来说就是占用了更小份额的资源。换句话说，换位思考能力可以减少人们自私自利地判断什么是公平的可能性。这似乎足够合理，但是仍存在阻碍：换位思考者可能以不那么自私自利的方式来判断公平，但是当真正开始做分配决定时，他们就会表现得更加自私——他们会为自己占用更多的可利用资源！如何解释这一令人吃惊的悖论呢？研究者认为，这一情况的发生是因为考虑其他人想法的行为使得他们会考虑其他人会表现得更加自私的可能性，这就导致了换位思考者反过来做出自私的决定（他们称这个为“反应自私主义”）。这会使换位思考变成一件糟糕的事情吗？不会的，埃普利及其同事认为，明确指出双方的共同利益以及他们合作的需要是一种充分利用换位思考的好处而不产生负面（自私）行为的方式。他们得出结论：“有时考虑其他人的想法会增加非常自私的行为，在这种情况下应减少换位思考。当要求要超越自己的视角看待问题时，就应当注意了，因为那些了解其他人想法的人可能不像大家所看到的那样”（p. 887）。

可能会隐藏或者降低人们首先理解其他人想法的能力的前提条件是人们是否拥有权力或者感觉有权力（参见专栏15.3的实验说明）。

专栏 15.3

权力腐化的人会换位思考吗

有权力的人就是以自我为中心，只重视自己的需求和目标，不理解其他人的需求吗？研究员亚当·格林斯基（Adam Galinsky）、乔·麦基（Joe Magee）、埃娜·伊尼斯（Ena Inesi）和德博拉·格伦费尔德（Deborah Gruenfeld）认为这个回答是：是的——拥有权力或者感到有权力的人的行为不可能超出他们的经验范围，并且不会去想象其他人的动机、需求以及情感。为了对这一假设进行探究，他们对某些实验对象引入权力因素，然后对他们理解其他人情感的能力进行了研究。

在他们的实验中，一半的参加者（高权力情况）被告知回忆并写下一件过去他们比其他人有更大权力的事情。其他的研究表明在实验对象中引入权力概念是可靠的。另一半的参与者（控制组）被告知回忆并且描述他们昨天的生活是什么样子的。然后所有的参加者都执行了一个寻找脸部图片的任务，其中每一张脸部图片都表达了一种情感，并且表明了其表达的是4种情感（开心、忧虑、生气和伤心）中的哪一种。

研究者预料到拥有高权力的参加者可能在搞清脸部图片所表达的情感上表现更为糟糕，因为这些高权力的参加者不太关注其他人如何体验世界以及如何感受事物。这样的结果确实发生了，那些被诱导认为自己很有权力的人，在判断图片中的面部表情上明显比控制组的人犯的错误多得多。

因为研究中的参加者并不知道权力（引发一半的研究对象感觉到拥有权力）和后来的任务之间有联系，所以研究者推理出与权力有关的换位思考的缺失至少部分是一种无意识过程。他们得出结论，“我们相信权力并不会导致一个有意识地忽略其他人想法的决定，相反地，会导致一种更不可能进行换位思考的心理状态”(p. 1072)。

资料来源：Adapted from A. D. Galinsky，J. C. Magee，M. N. Inesi，and D. H. Gruenfeld，“Power and Perspectives Not Taken，” *Psychological Science* 17（2006），pp. 1068 - 1074.

15.4 另一种方法：对成功谈判者的研究

一些研究者试图通过对成功的谈判者的实际行为进行分析来探究谈判效果，而不是通过探讨他们的个性特点或者天生能力。这一研究的隐含假设是那些可以理解并采用成功谈判者行为的人将会成为更优秀的谈判者。反过来，这些假设依赖于一个更基础的前提：谈判是一种可以提高的技能，而不是一种你要么有要么没有的天生能力。换句话说，优秀的谈判者是天生的还是后天培养的呢？作为有关谈判书籍的作者，很明显地，我们支持谈判是一种可以后天培养的技能的观点。

人们对这一问题——谈判者是天生的还是后天养成的——的立场不只是两种观点而已。最近由克雷和哈兹霍恩（Kray and Haselhuhn，2007）所做的研究表明人们对这一问题的看法明显与谈判结果有关。在一系列的实验中，克雷和哈兹霍恩把那些认为谈判能力是与生俱来的（研究者称这些人为"实体理论家"）的人的谈判行为和表现与那些认为谈判能力是可以改变以及提高的（研究者称这些人为"增量理论家"）的人的行为和表现做了比较。在一些研究中，他们通过让实验参与者阅读专家对优秀谈判者是天生还是后天培养这一问题的看法的方式，对这些观点进行了处理。在其他研究中，他们只是衡量一下这些看法，引导参加者表达真实想法。在所有情况下，他们发现增量理论家——认为谈判是一种可塑技能的人——比实体理论家表现突出得多。这一优势在价值申明（分配式谈判）和价值创造（整合式谈判）中同时存在。为什么这些有关谈判能力的观点这么重要呢？克雷和哈兹霍恩认为，答案就是，增量理论家从中获利，即"在面临挑战时，即使成功的机会很渺茫，他们也愿意付诸努力。增量理论家有学习和掌握谈判领域知识的目标，他们愿意直视失败的可能性并且愿意不断地为实现目标而努力"（p. 62）。

如果认为谈判是一种可以培养的技能，那么试图理解那些擅长谈判的人的行为也是有意义的。有三种方法用来研究成功谈判者的行为：（1）比较实际谈判中优秀谈判者和普通谈判者的表现；（2）比较模拟谈判中资深谈判者与业余谈判者的表现；（3）比较模拟谈判中有经验的谈判者和无经验的谈判者的表现。每一种方法都存在优缺点，没有一种方法是完美的。然而，这一研究确实提供了一些关于优秀谈判者如何表现的有趣看法。

拉克姆（Rackham，1980）展开了一项全面的研究，对优秀和普通的谈判者在实际谈判中的行为进行比较，并且比较了 102 次实际谈判中关于劳工关系谈判的谈判者行为。他发现在谈判前计划、面对面谈判以及谈判后回顾时，优秀谈判者和普通谈判者之间出现了重要差别。表 15—1 总结了该研究结果。尽管拉克姆的研究结果未必能完全应用于劳动关系外的谈判，但还是给所有的谈判者提供了合理的建议。

表 15—1　　拉克姆（1980）总结的优秀谈判者的行为

在前期的谈判计划中
考虑正在讨论的问题的更多选择结果。
利用更多的时间来寻找共同点。
再三思考不同问题的长期结果。
预计他们的目标范围而不是确定目标。
不将他们的计划排成一个严格的序列单。
面对面谈判期间
尽量不要立即提出反对意见。
尽量不要用热情洋溢的积极的语言来描述他们的报价。
避免反复出现守—攻循环情况。
使用肢体语言，除了不同意时。
询问更多问题，特别是检验对方是否明白时。
仔细对谈判中取得的进步进行总结。
当他们试图说服其他方时，不用没有支撑力的理由削弱他们的论点。
谈判完成后回顾期间
预留部分时间来回顾一下他们从谈判中学到了什么。

资料来源：Adapted from N. Rackham（1980），"The Behavior of Successful Negotiators，" Huthwaite Research Group. Reprinted in R. J. Lewicki，D. M. Saunders，and J. W. Minton（eds.），*Negotiation：Readings，Exercises，and Cases*，3rd ed.（New York：McGraw-Hill，1999）.

尼尔和诺斯克拉夫特（Neale and Nothcraft，1986）对模拟谈判中的专业和业余谈判者的行为进行了比较。这一任务给买者和卖者提供了与其他市场上的买者和卖者进行谈判的机会，但是每一对卖者和买者只能做一笔交易。在市场模拟中，要使所有可能的每对买者和卖者达成交易，时间明显是不够用的。研究中的专业谈判者平均都具有 10 年以上的正规谈判经验，而业余谈判者都是研究生或者本科生。尼尔和诺斯克拉夫特发现专业和业余的谈判者在谈判进程中更可能达成一致的解决方案，但是专业谈判者在谈判一开始时会比业余谈判者更能达成统一。专业谈判者往往比业余谈判者获得更高的平均结果，尽管两者的差异不是很大。

研究者做了若干研究来探究经验对谈判结果造成的影响。奥康纳、阿诺德和伯里斯（O'Connor，Arnold and Burris，2005）探究了应对谈判冲突时，经验是如何影响随后的谈判结果的。他们探究的结果是明确的：那些在第一次谈判中就陷入僵局的人（无交易）在他们下一次谈判时陷入僵局的可能性更大，而且相比那些第一次就成功达成协议的人来说，那些第一次陷入僵局但第二次达成协议的人所达成的协议质量更低。不管第二次谈判的对手是否相同，不管谈判方式是面对面还是网上，也不管两次谈判时间间隔短（15 分钟）还是长（一个星期），这些结论都是成立的。

汤普森（Thompson，1990a）检验了一种特殊经验——优先加入整合式谈判的机会——对谈判中的判断、行为和结果造成的影响。汤普森将谈判者分为两组。在有经验的谈判者组中，谈判者通过在 7 次不同的整合式谈判模拟中与不同的谈判者进行谈判来增加谈判经验。在无经验谈判者组中，谈判者要么只有一点或者完全没有整合式谈判的经验，而且在研究中只有一次增加经验的机会。汤普森发现有经验的谈判者可以对其他方的优先权作出准确的判断，因为他们有经验，并且经验越丰富越有利于达成一致协议，尤其是与那些之前对模拟谈判没有任何经验的谈判者进行谈判时。

总的来说，探究成功谈判者的研究表明，专业的、有经验的以及优秀的谈判者与普通的谈判者在很多方面具有不同的表现。然而，对于研究者来说，研究谈判中的专业知识和经验是很困难的，因为他们很难获得实际谈判的情况（Rackham，1980，是很罕见的一个例子）。当研究者确实可以在实际中研究专业的谈判者时，观察的行为就会出现问题，因为观察方法很容易改变研究的进程（经常被观察的人发现很难不注意有人观察他们，因此他们的行为很可能会偏离没有被观察时）。尽管研究者可以在更精确以及更多控制条件的实验室模拟中研究谈判者的经验，但是这些研究方法缺乏实际谈判的丰富性，最恰当的方法可能就是将实验研究和现场工作联合起来进行分析。

15.5 结论

最后，我们希望重新审视和充实我们在 14 章（有关个体差异的两章中的第一章）开头所做的关于理解个体差异如何影响谈判进程和结果的观察。正如我们在第

14 章中提到的，一般情况下个人特性与环境的特征都没法预测出谈判进程和结果，同样地，稳定的个体差异的大部分是不能被个人谈判者控制或者改变的。然而，我们认为，个体差异能起重要作用是由于以下几个原因：一个原因是尽管谈判者不能选择自己的能力或特性，但是领导或者管理者可以选择谈判者，并做出决定，获得候选者相关的个人特性的信息；另一个原因是一些个体差异的劣势是可以被谈判老手补救的——可能通过知道劣势以及共同努力克服劣势，又或者通过组建谈判小组的方式来克服劣势。谈判小组是利用其他人的优势来弥补自身的不足。理解个体差异是如何使得谈判者更优秀或者更糟糕，可以帮助我们提高对另一方行为和策略的理解、诠释、回应和采取行动的能力。

本章小结

在本章中，我们回顾了有关个体差异——个性和能力——对谈判造成影响的早期和近期的研究。早期的研究没有找到简单明了的结果。在很多情况下，研究方法不足以使个性差异表现出来；在有些情况下，个性差异被谈判中的主要结构差异掩盖（谈判问题的本质、谈判者的谈判力、来自委托人的压力等），或者相互作用而产生复杂影响的个性和结构。

近期研究解决了这些问题。我们从几个方面探讨了能够描述谈判者之间差异的个性，其中包括管理冲突方式、社会价值取向、人际信任、自我效能、控制点、马基雅维利主义、面对威胁的敏感度以及五因素模型。然后我们又检验了能力在谈判中所起的作用，包括认知能力、情商、换位思考能力。有证据表明更聪明的谈判者（有更高认知能力）更有能力发现并利用整合式谈判。关于情商在谈判中作用的经验证据正在不断增加，有理由相信情商高的谈判者具有某些策略优势。研究将换位思考能力和整合式结果联系在一起，尽管导致这种情况发生的基础进程还没有被明确地阐述出来。

我们还探讨了研究个体差异的行为方法。这种方法着重描述了专业或有经验的谈判者是如何表现的，以及将其和缺乏经验或者表现欠佳的谈判者的行为进行比较，而不是对基本的个性方面进行研究。采取这种方法进行的研究可以在关于人们如何学会更有效地谈判上提供独特的信息。

尽管对个体差异的研究仍然存在着巨大挑战，但是我们看到了对这个领域进行研究的希望。然而，研究者必须要认真仔细地研究个体差异并且仔细地分析不同谈判情况下的个体行为。对个体差异的研究呈现一种积极的趋势，包括关注个性作用如何因环境因素变化而变化（也称为相互作用方法；例如 Cantrell and Butler，1997；Ohbuchi and Fukushima，1997），以及由研究简单的分配式谈判转移到考虑更复杂的整合式谈判的情形中（例如，Barry and Friedman，1998；Kray，Thompson，Galinsky，2001）。

我们在第 14 章的开头（关于性别和谈判）及本章中，都指出了一些研究者对个体差异的重要性持怀疑态度。尽管这种担心是合理的，但是我们仍会认为有一些人，对关于个体差异对谈判造成的影响以及个体差异可以对谈判进程和结果造成重要影响的看法过早地盖棺论定。谈判者不能“改变”他们的个性或者其他固有的个体差异，但是他们可以尝试弥补自身特点造成的限制，并且学习利用其他人特性来弥补自身缺点，而且委托人和组织经常会选择能代表他们利益的谈判者进行谈判，在这些情况下，个体差异可以在谈判者选择方面起重要作用。

关键术语

个性（personality）：以特定方式思考，感受或者行为所呈现的一种稳定的趋势，而且这些特定方式都是可以确定和衡量的。

社会价值取向（social value orientation）：一种人们的偏好倾向，即一种关于人们在需要与他人相互依赖的社会环境中出现的结果的偏好。

人际信任（interpersonal trust）：一种被广泛认可的期望，即其他人或组织的文字、承诺、口头或书面声明是可以信赖的（p. 1）。

自我效能（self-efficacy）：人们对动员大家积极性，凝聚大家的认知资源，以及采取一系列行为的自身能力的相信，其中这些行为是用来控制他们生命中出现的事情的。

控制点（locus of control）：人们认为他们对已经发生的事件的控制程度。

自我监控（self-monitoring）：人们对来自于社会环境中的社会线索的反应程度。具有高度自我监控力的人密切关心发生在社会环境中的人际信息，而且更倾向于将这些信息作为线索来指导他们的行为。具有较低自我监控力的人对外部信息就不那么关心了，尽管这些信息可以指导他们的行为，以及通过个人内心的感受来更多地指导他们的行为选择。

认知能力（cognitive ability）：大脑的一个非常常用的能力，包括推理、计划、问题解决、抽象思维能力、包容性的复杂想法、学习迅速以及从经验中学习的能力。

换位思考能力（perspective-taking ability）：谈判者在谈判中能理解另一方的看法，并由此预测另一方的战略和战术的能力。

注释

[1] Rubin and Brown (1975) reviewed 200 empirical studies of background, demographic, and personality factors that might contribute to differences in bargaining outcomes. Other detailed reviews of early research include Hermann and Kogan (1977) and Terhune (1970).

[2] See, for example, Kabanoff, (1987); Pruitt and Rubin (1986); Rahim (1983); Ruble and Thomas (1976); van de Vliert and Kabanoff (1988); and van de Vliert and Prein (1989).

[3] See Ben-Yoav and Pruitt (1984a, 1984b); Carnevale and Keenan (1990); O'Connor (1997); O'Connor and Carnevale (1997); and Pruitt, Carnevale, Ben-Yoav, Nochajski, and Van Slyck (1983).

[4] See also de Dreu and van Lange (1995); Olekalns and Smith (1999); and Olekalns, Smith, and Kibby (1996).

[5] An exception to the idea that trait motives and state motives have similar effects is the satisfaction with outcomes that negotiators experience after a deal is reached. In the study of satisfaction mentioned earlier (Gillespie, Brett, and Weingart, 2000), the finding that pro-self negotiators were less satisfied afterward held for measured (stable-trait) motives, but there was no effect for induced motives (instructing the negotiator to be pro-self or pro-social).

[6] Rotter and his colleagues developed a test for diagnosing an individual's level of interpersonal trust and used the scores to measure levels of interpersonal trustworthiness. More detailed description of these and other studies of interpersonal trust can be found in Rotter (1967, 1971, 1980).

[7] See Ross and LaCroix (1996), for a review of research on trust and negotiation.

[8] See also Stevens, Bavetta, and Gist (1993); Stevens and Gist (1997).

[9] There is one study, Greenhalgh and Neslin (1983), that reported a contrary finding—that high Machs tended to negotiate inferior outcomes compared with low Machs.

[10] See, for example, Gottfredson (1997); Lepine, Colquitt, and Erez (2000); Ree and Earles (1991); and Schmidt and Hunter (1998).

第16章 国际谈判及跨文化谈判

学习目标

1. 掌握国际谈判和跨文化谈判与国内谈判或同文化谈判间的差异；
2. 理解文化的不同定义和内涵；
3. 思考文化如何影响谈判的动态发展；
4. 掌握适应对方文化风格的谈判策略。

尽管几个世纪以来，人们对国际谈判饶有兴趣，但也只是在近 20 年，国际谈判的频率才迅速增加（Hopmann，1995；Weiss，2006）。现在人们比以往旅游更频繁且路途更遥远，商务活动也比以往更加国际化。对于许多人和组织而言，国际谈判已习以为常，已不再是偶尔发生的新鲜事。许多书籍和文章从学术和实践的角度出发，阐述了跨境谈判，即与来自不同的国家、不同的文化或地区的人进行谈判的复杂性。虽然“文化”这个词有许多释义，但是我们认为文化指的是一群人所共享的价值观、信仰和行为。一个国家可以拥有不止一种文化，文化也可以跨越国界。正如我们在第 1 章和第 10 章谈论的，谈判是在更广泛的情境下发生的一种社交过程。这种情境随着更多文化或国家的涉入而变得更加复杂，这也使得国际谈判变成高度复杂的过程（Sebenius，2002a）。

关于这个话题已有不少论著，我们不能在一章中全部概述，如果你想多了解一些关于跨国谈判和跨文化谈判的知识，可以参考一些重要的文献。[1]关于这一领域近期的主题包括新兴经济体的谈判研究[2]，不同国家的谈判者的文化对比[3]，中国的谈判（不少研究者在研究）[4]，以及国际外交和贸易谈判。[5]本章的目的是全面回顾跨国谈判和跨文化谈判，重点讨论该领域近期有趣的研究。

值得注意的是，本书是从北美学者的角度写的，它反映了文化渗透是如何影响我们对谈判所持的看法，在谈判中什么是重要的因素以及关于我们如何成为一名更出色的谈判者的建议（Brett and Gelfand，2004）。本章同时反映了我们自身的文化渗透力，它存在于我们选择谈论什么以及我们把美国人视为与其他文化比较的基准。[6]并不是说所有的美国人都持有相同的文化（参见专栏16.1）。实际上，有证据表明，来自于与美国和加拿大相似的国家的人，谈判风格却不一样（见Adler and Graham，1987；Adler，Graham and Schwartz，1987）。在美国和加拿大，有地区和文化体系差异（例如，英系和法系的加拿大人、西班牙裔人、非裔美国人、美国南方人、纽约人和其他地方的人群）。然而在某些方面，美国人确实（或多或少）共享与其他国家不同的普通文化。尽管我们承认美国国内的这些差异，但是在阐述国际谈判和跨文化谈判时我们仍会列举美国文化的一些共同点。

专栏16.1

在美国的跨文化谈判

我有个买家在西弗吉尼亚，我们合作了多年。他和他的祖父在一个小镇上创立了家族生意，现在已经成为该镇上一家大企业。我们关系密切，每隔几个月，我会从北卡罗来纳飞去看他，我把行程以几个月间隔，见面他就给我下订单。每当我们聚在一起，我们先是除了生意无所不谈，相互更新信息。我会问他的生活、生意、家庭、小镇等，他则问我在北卡罗来纳的工作、公司和大城市的生活。一旦我们聊得差不多了，就开始谈生意，通常都是在午饭后。每次都会花几个小时，我总是能带着订单离开，我一直都忙忙碌碌的，因此这一直是个愉快的休息，至少对我来说是这样的。

一天我准备出发前打电话给他确认他是否在，哪天有空，他告诉我等我到时，想领我与他的一个朋友见面。他说，他的朋友对我公司卖的一些产品十分感兴趣，他觉得我应该见见他。我当然很高兴，我们安排了一天三个人会面。

当我抵达他的办公室时，他的朋友卡尔已经到了。我们随意地互相介绍，他开始介绍卡尔的工作，他认为我的公司卖的产品对他是多么的有用。然后卡尔接过话题简单讲述了一下他做的事，过了一会儿我认为我们快要直入主题谈生意了，然而我们的话题回到了北卡罗来纳和小镇的生活、我们各自的家庭和个人兴趣上。结果是卡尔喜欢狩猎，他和我的客户开始畅谈他们的狩猎经历。我也有过几次打猎经历，我把我的经历和他们分享。一件事接着一件事，很快我们又讨论假期、经济、棒球，凡是你能说得出来的，我们都聊到了。

我们偶尔会从闲聊中回到生意上来，但是生意的话题总是伴随着闲聊，就像我们生产的工具如同我们狩猎用的枪的机械装置一样，时而精准时而不精准。我意识到虽然我们之间从来没有直接谈生意，但是在此期间，许多关于我们彼此的工作、我的公司、他们的需要和他们的工作的信息也得到了交换。我记起我和我的客户多年前刚开始的几次会面，那时也是用这种方式互相了解的。我顿时感觉这是多么有趣，它与我平常卖东西的方式多么的不一样，然而我很喜欢这样工作。

早上余下的时间里我们的谈论就这样一直进行下去，大量的非正式的、生活上的闲聊交织着生意上的事情。临近午饭的时候，我的客户靠过来开始近乎随意地总结了我是什么样的人，在做些什么，我所做的正是他和卡尔及他的公司所需要的。卡尔表示赞同，我的客户几乎是代表我问他想订购多少，卡尔考虑了一会儿，向我下了一个来自西弗吉尼亚最大的订单。我的客户说："好了，事情办好了，一起去吃午饭如何？"我们一起去了以往我在西弗吉尼亚经常去的一个地方，继续谈论生活和生意。到了下午三点左右，我说要回家了，我们都同意保持联系。此后，我们一直联系，现在每次我去西弗吉尼亚，我都有两个客户要拜访。

资料来源：D. A. Foster，*Bargaining across Borders：How to Negotiate Business Successfully Anywhere in the World*（New York：McGraw-Hill，1992），pp. 108－109. Reproduced with the permission of The McGraw-Hill Companies.

本章的结构如下：首先，我们阐述跨文化谈判的科学和艺术。其次，我们分析使国际谈判发生差异的因素，包括环境因素（宏观政治因素）和直接因素（微观战略因素）。接着我们转入国际谈判中被频繁研究的方面：文化的作用，涵盖国家、地区及组织三个层面。我们还研究了如何对文化这一概念下定义，并讨论了学者和实践者在解决与文化相关问题时所采取的四种方法。接下来，我们从管理和研究的角度分析文化对谈判的影响。本章最后总结国际谈判者可运用的文化元素应对策略。本章中各专栏阐述了与文化背景不同的人谈判时要考虑的因素。[7]

16.1　国际谈判：科学与艺术

谈判既是艺术又是科学的概念在跨文化或国际领域中尤为有效。谈判的科学性为支持谈判中经常但不是一直存在的趋势提供了研究的证据。谈判的艺术性决定了什么时候运用什么策略，应选择哪种模式和观点以加深跨文化理解。因为跨文化国际谈判比同文化谈判要复杂得多，特别有挑战性。本章中关于这种复杂程度有两层含义：

首先，我们提出跨文化谈判的不同模式和观点。不同场景下细节和有效性会随之改变。没有一种模式可以解释每一种跨文化谈判场景——并不简单的是知识的缺乏不能创造这样的模式，而是可能永远没法办成。这种复杂度是许多跨文化谈判者面临挫折的原因，当跨境谈判时他们会希望更清晰的技术指导。

简单明了的万能书是不存在的。本章中我们提出的模式和方法可以为跨文化谈判者提供一套有效的工具。通过实践、阅读和研究这些工具，谈判者可以在跨文化谈判领域里磨炼他们的技巧。

跨文化复杂度的第二层含义是谈判者会倾向于低估文化内变异的存在性。重要的是要记住谈判结果，无论是国内或是国际的，都由不同的因素决定。虽然文化差异至关重要，但是谈判者必须避免把太多的注意力放在这上面（Rubin and Sander，1991；Sebenius，2002b；Weiss，2003）。戴尔丁等（Dialdin et al.，1999）将这种倾向标志为在偏好文化释义，即文化属性失误（亦见 Huang and van de Vliert，2004；Matsumoto and Yoo，2006）的同时忽视了情景因素的重要性。看看专栏16.2中的情景。任何一种潜在的原因或这些原因综合起来是有可能解释谈判者的行为的。同样值得注意的是，即使文化描述了群体层面上的特点，在文化差异的基础上预测个人的行为是很困难的（Avruch，2000；Sebenius，2002b；Weiss，2006）。实际上，同文化内的行为差异与不同文化间的行为差异是同样广泛的（Rubin and Sander，1991）。虽然了解对方的文化可以为谈判桌上的预期提供最初的线索，谈判者还是需要敏捷地随着新信息的汇总调整他们的观点（Adler，2002）。

专栏 16.2

文化、谈判和旁观者视角

通过大量例证，考虑如下情景：你对面坐着一位与你文化背景不同的男性谈判者，在谈判中，他出乎意料地做出较大的让步，你很满意这种行为，你可能希望解释和理解它。以下有几种可能性：

第一，对方可能因为性格问题让步了。即他的性格让他这么做了，在许多其他情况下他也会这么做。第二，可能你们两个人遇到了某种冲突，你们商讨的问题可能会带来较大的让步。第三，或许与你们两个人一起工作时独特的互动有关，因而，如果你的对手坐在其他人的对面，或许他的谈判行为会发生变化。最后，可能是文化因素，或许来自那种文化背景的人倾向于在谈判中采取缓和的态度。

毋庸置疑，每种可能性都可以解释为什么对手会采取特殊的行为，但是我们怀疑文化比其他可能性更有说服力（至少在国际情境下是这样的），是主要的原因。当我们怀疑时，一开始我们倾向于认为文化或国籍是这些行为的起因，但是在现实中，我们却发现上述所有的原因都牵涉其中。

资料来源：Jeffrey Z. Rubin and Frank E. A. Sander，"Culture，Negotiation and the Eye of the Beholder，" *Negotiation Journal*（1991），pp. 249 - 250.

总之，跨文化谈判和国际谈判要比国内谈判复杂。当跨境谈判时，这种复杂性亦成为能量、兴奋、挫折的源头，挑战谈判者发展谈判艺术的同时理解谈判科学。

16.2 什么使得国际谈判如此不同

费塔科和哈比卜（Phatak and Habib，1996）认为两种综合情境对国际谈判有影响：环境情境和直接情境（见图16—1）。环境情境包括影响谈判但任何一方的谈判者都无法加以控制的环境因素。直接情境包括谈判者可以加以控制的一些因素。

掌握环境情境和直接情境下的因素的作用对理解国际谈判进程和结果的复杂性十分重要。

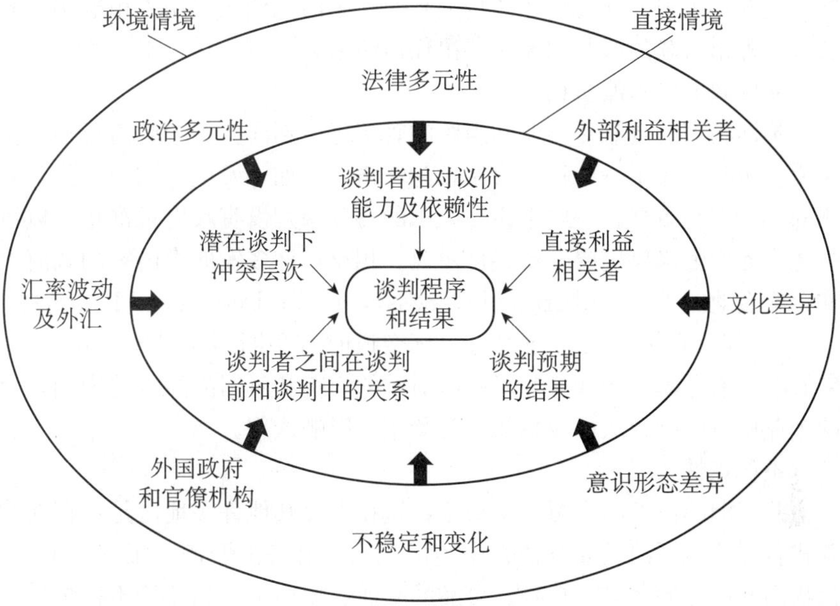

图 16—1　国际谈判的情境

资料来源：Adapted from A. V. Phatak and M. H. Habib, "The Dynamics of International Business Negotiations," *Business Horizons* 39 (1996), pp. 30 - 38; and J. W. Salacuse, "Making Deals in Strange Places: A Beginner's Guide to Interntional Business Negotiations," *Negotiation Journal* 4 (1988), pp. 5 - 13.

环境情境

萨拉库斯（Salacuse，1988）认定了使得国际谈判比国内谈判更加困难的环境情境中的六个要素：政治和法律多元性、国际经济、外国政府和官僚机构、不稳定性、意识形态及文化（文化是目前国际谈判分析中备受关注的因素，本章后面会有单独一节进行阐述）。费塔科和哈比卜（1996）提出了一个新的要素：外部利益相关者。这些因素限制了跨国经营组织的发展，谈判者理解并领会这些因素的影响是十分重要的。

政治和法律多元性

跨国公司通常与不同的法律和政治体制打交道。一家企业面临不同的税制、劳工法或劳工标准、不同的合同法和执行标准（例如，判例法、普通法还是无效的法律体系）。此外，在不同国家、不同时期，政治方面的考虑可能会增强或减弱商务谈判的效果。例如，20 世纪 90 年代苏联的开放商务环境与 20 世纪 60 年代封闭的环境截然不同，而在当今的中国做生意也与 10 年前完全不同。

国际经济

国际货币汇率的波动，在不同国家谈判时必须考虑这一因素。达成协议的时候用哪种货币？对于必须用对方货币支付的一方来说，其承担的风险更大（Salacuse，1988）。货币越不稳定，双方担负的风险也就越大。此外，汇率的变化（升值或贬值）会严重地影响双方协议的价值，会使得双方互利的生意变成一方大发横财，而另一方却损失惨重。许多国家也都严控货币的跨境流动。通常在这些国家必须用国外谈判方带进来的硬通货才能购买东西，国内机构无法用外币购买国外产品，或在要求以外币付款的谈判中无法谈出任何结果。

外国政府和官僚机构

不同国家的政府对产业和组织的管制程度不同。关于政府干预，美国企业相对来说自由些，除了一些行业管制较为严格（例如，发电、国防）外，有些州比其他州的环境管制更严。一般来说，美国的商务谈判没有政府批准也可以进行，谈判方只凭商务原因来决定要不要签订协议。相反，许多发展中国家的政府严密监督进口和合资企业（见 Brouthers and Bamossy，1997；Derong and Faure，1995；Pfouts，1994），其政府机构在与外国组织打交道时有垄断地位（Salacuse，1988），此外，它们的政治考虑，例如谈判对政府财政的影响和对国内经济的影响，会比发达国家的企业所考虑的合法商业目的更为严重地影响谈判。

不稳定性

北美洲的商务谈判习惯于稳定，这在世界其他许多地区是不存在的。不稳定性各式各样，包括缺乏商务谈判中美国人认为必备的资源（纸张、电、计算机），其他物品和服务的匮乏（食物、可靠的交通、饮用水）和政治不稳定性（政变、政府政策的突然改变、重大的货币再估价）。国际谈判者面临的挑战是要准确地预测变化，有足够的时间提前做出相应调整。萨拉库斯（1988）认为面临不稳定性的谈判者应该在合同中签订条款，能够让他们容易撤销合同或者采取中立仲裁和考虑购买保险来保障合同条款。这些建议的前提是合同会得到执行，且具体的合同条款在文化上是可以被另一方接受的。

意识形态

美国的谈判者通常共享一种意识形态，即关于个人主义和资本主义的利益。美国人坚信个人权利，私人投资的至高无上和商务盈利的重要性（Salacuse，1988）。其他国家的谈判者却不是共有这一意识。例如，某些国家的谈判者（如中国、法国）则相反，更为注重集体权利，而不是个人权利，公共投资会比私人投资获得更好的资源配置。他们对赚钱和利润分摊有不同的方案。从最广泛的意义来说，意识形态冲突增加了国际商务谈判中的沟通障碍，因为谈判方可能对正在谈判的问题在最基本的层次上产生分歧。

文化

一个人不必离开美国去看文化对谈判的影响（见专栏 16.1）。当有关谈判是什么和谈判如何发生的一些基本观点不同时，这是很大的一个挑战。文化在国际谈判和其他跨文化谈判中起的关键作用在本章稍后会大篇幅提及，这里我们先略微提一些要点。

不同文化背景的人谈判风格迥异（例如，Graham and Mintu Wimsat，1997；Metcalf，Bird，Shankarmahesh，Aycan，Larimo and Valdelamar，2006；Metcalf，Bird，Peterson，Shankarmahesh and Lituchy，2007）。不同文化背景的人除了行为表现不同外，他们对谈判的基本过程的理解也不同（例如，可协商的内容以及谈判

的目的）。根据萨拉库斯（1988）的见解，某些文化背景的人在谈判中喜欢采用演绎的方式（即从一般到个别），而有些文化背景的人更喜欢运用归纳的方式（即从一系列个别的问题着手最终达成普遍性的协议；见 Palich，Carini and Livingstone，2002；Xing，1995）。在某些文化中，谈判方关注实质性问题的协商，而不太重视双方的关系；然而，在其他文化里，关系却是谈判的核心，生意上的实质问题变成次要的（见 Tinsley，1997）。大量证据表明，冲突解决的模式偏好也随着文化不同而有所差异（Tinsley，1997，1998，2001）。

外部利益相关者

费塔科和哈比卜定义外部利益相关者为“能够获得谈判结果中的利益的不同人群和组织”（1996，p. 34）。这些利益相关者包括企业协会、工会、大使馆、行业协会等（见 Sebenius，2002a）。例如，工会可能会因为害怕国内失业而反对与外国企业谈判，国际谈判者可能会通过大使馆的贸易部门从政府那里，或通过行业协会（例如，谈判所在国的商会）从其他商界人士那里得到大量的支持和指导。

直接情境

本书中我们讨论了谈判中与直接情境要素有关的许多观点，而没有考虑它们的国际含义。本节中，我们要阐述费塔科和哈比卜（1996）国际谈判模式中所涉及的概念，强调直接情境对谈判也会产生重要的影响（Lin and Miller，2003）。

相对的议价能力

国际谈判领域获得大量研究关注的一个方面是双方相对的议价能力。合资企业是国际谈判中大量研究的对象，因此相对议价能力常常被看作由谈判各方愿意为这一合资企业投资（资金和其他投资）多少来决定的（见 Yan and Gray，1994）。一般认为谁的股份多，在谈判中就更有地位，对谈判的过程和结果影响力也越大。然而，杨和格雷（Yan and Gray，1994）的研究却质疑这一观点，并指出相对议价能力并不简单地与股份有关，而是归因于项目的管理控制能力，这是通过谈判获得的。此外，其他一些要素也能够影响相对议价能力，包括有特权的市场准入、分销体系（例如，在亚洲，建立一个新的销售体系非常昂贵，以至于成为进入市场的壁垒），或者协调和政府关系（例如，在那些语言和文化迥异的国家）。

冲突的层次

跨文化谈判的双方之间的依赖度和冲突的层次也会影响谈判过程和结果。高冲突的情境——比如与种族、身份或边界有关的冲突，很难解决。[8]津巴布韦、中东和苏丹发生的冲突就是其中的几个例子。历史证据表明结束战争可以通过签订综合的、制度化的协议，禁止使用强制力以及促进资源和政治权力的公平分配，来获得更加稳定的解决方案（Hartzell，1999）。谈判者如何制定不同的谈判方案或者诠释谈判所关心的是什么也同样重要（有关框架的详细讨论见第4章和第5章），与谈判者应对冲突的方式一样（参见 Ohbuchi and Takahashi，1994；Tinsley，1998；Weldon and Jehn，1995 的评价），这些会随着文化的不同而不同（Abu-Nimer，1996）。例如，费希尔、尤里和巴顿（1991）阐述了中东冲突之所以多年来难以调停是因为各方对争端（例如，安全、主权和历史权利）理解不同。秘密进行中的

“背后通道”的外交谈判也许能帮助解决高冲突情境，但是不能保证成功（Wanis-St. John，2006）。

谈判者之间的关系

费塔科和哈比卜（1996）表明主谈判方在实际谈判开始之前建立起来的关系也会对谈判过程和结果有重要影响。谈判是双方建立更广泛关系的一部分。谈判方原先建立的关系会影响当前的谈判（例如，谈判方如何构建谈判架构），就如当前的谈判会成为双方日后谈判的一部分一样（详见第10章）。

预期结果

有形和无形因素对国际谈判的结果也会起较大的作用。国家通常利用国际谈判来实现国内和国际的政治目的。例如，巴黎和谈期间，北越结束越战的其中一个主要目标是要得到谈判方的正式承认。同样，最近在世界各地发生的种族冲突中，许多谈判方都威胁说，如果他们在正式谈判中不被认可，他们就中断执行达成的冲突解决方案（例如，北爱尔兰）。当前谈判一方的短期目标及其对各方长期关系的影响存在一个制约关系。在美日之间的贸易谈判中，双方经常由于长期关系的重要性而不对希望取得的近期结果设置太高的要求（见 Phatak and Habib，1996）。

直接利益相关者

谈判中的直接利益相关者包括谈判者自身，直接代表，例如经理、雇主和董事会（Phatak and Habib，1996）。利益相关者会多方面地影响谈判者（见第10章）。谈判者自身的技巧、能力和国际经验能对国际谈判的过程和结果产生重大的影响。此外，主谈判者与其他直接利益相关者的个人动机对谈判的过程和结果的影响亦重大。在谈判中，人们可能也受一些无形因素的影响，包括谈判进程或结果如何影响他们在谈判对手和主管眼中的形象，还有其他无形因素如个人职位的晋升（Phatak and Habib，1996）。

小结

总而言之，费塔科和哈比卜（1996）的模式为我们进行国际谈判提供了很好的指导。重要的是要记住，谈判过程和结果受到许多因素的影响，这些因素的影响力随着时间跨度而改变（见 Stark，Fam，Wller and Tian，2005；Yan and Gray，1994）。每个国际谈判者面临的挑战是了解多种因素对谈判过程和结果产生的同时发生的、多重的影响，并且要随着环境的变化定期更新这一理解。这也意味着国际谈判的准备工作特别重要，正如要根据监测的环境和直接因素获取的新信息进行调整一样重要。

16.3 定义文化和谈判

国际谈判中，文化常常是研究的重点，关于文化对谈判的影响研究在过去的20

年间越来越多。[9]关于文化的定义也各式各样（见 Avruch，2000），但是所有的定义都包含两个重要的方面：第一，文化是群体现象，即一群特定的人共享信念、价值观和行为期望；第二，文化信仰、价值观和行为期望是后天学习的，并传承给群体的新成员。

亚诺希克（Janosik，1987）阐述了国际谈判中定义文化的四种方式：后天的行为、共享的价值、辩证法和情境。这四种方法有所异同，但是每种都强调了理解文化如何影响谈判的重要性。

文化是一种后天行为

理解文化影响的方法之一是归纳不同文化的人员的谈判行为。这一实用的、具体的方法不是关注某一特定文化的人们为什么有特定的行事方式，而主要是创立外国谈判者接触东道国文化时所需的行为目录表（Janosik，1987）。许多关于国际谈判的畅销书和文章视文化为后天习得的行为，列举了一系列与不同文化的人谈判时可以做和不可以做的事项。例如，所罗门（Solomon，1987）认为国际谈判者应当意识到中国的谈判者会以寻求广泛的原则和建立关系为开局。接踵而来的是长时期的关系进展的评价，决定是否最终成交还是不成交某个协议，且这个协议将成为日后让步和修改的基础。与此相关的研究调查了文化对谈判中情绪表露的影响（George，Jones and Gonzalez，1998）和对顾全面子行为的影响（Ogawa，1999；Ting-Toomey and Kurogi，1998）。

文化是一种共享的价值观

第二种定义文化的方法侧重于理解中心价值和标准，并构建一种模型来反映这些价值和标准是如何影响同一文化内部的谈判的（Faure，1999；Sebenius，2002a）。通过找出区分不同文化的重要的标准和价值，以及理解这些差异如何影响国际谈判，可以实现跨文化比较。

霍夫斯泰德的文化维度模式

霍夫斯泰德（Hofstede，1980a，1980b，1989，1991）进行了关于国际商务活动中文化维度的广泛的研究。霍夫斯泰德调查了全球100 000多名IBM员工，收集并分析了其价值观数据，初期研究中包含了50多种文化。数据统计分析表明四个维度可以说明文化的主要差异：个人主义/集体主义、权力距离、职业成就/生活质量和不确定性规避。[10]在这些维度上排名前十位的国家和地区见表16—1，下文将对每个维度进行阐述。

表16—1　霍夫斯泰德（1991）列出的文化维度上排名前十的国家和地区

个人主义	权力距离	生活质量	不确定性规避
1. 美国	1. 马来西亚	1. 瑞典	1. 希腊
2. 澳大利亚	2. 危地马拉	2. 挪威	2. 葡萄牙
3. 英国	巴拿马	3. 荷兰	3. 危地马拉
4. 加拿大	4. 菲律宾	4. 丹麦	4. 乌拉圭
荷兰	5. 墨西哥	5. 哥斯达黎加	5. 比利时

续前表

个人主义	权力距离	生活质量	不确定性规避
6. 新西兰	委内瑞拉	南斯拉夫	萨尔瓦多
7. 意大利	7. 阿拉伯国家	7. 芬兰	7. 日本
8. 比利时	8. 厄瓜多尔 印度尼西亚	8. 智利	8. 南斯拉夫
9. 丹麦		9. 葡萄牙	9. 秘鲁
10. 法国 瑞典	10. 印度 西非	10. 泰国	10. 阿根廷 智利 哥斯达黎加 巴拿马 西班牙

资料来源：Based on G. Hofstede. *Culture and Organizations*：*Software of the Mind*（London：McGraw-Hill，1991）. Reproduced with permission of The McGraw-Hill Companies.

1. 个人主义/集体主义。个人主义/集体主义维度描述了一个社会围绕个人或群体组织的程度。个人主义的社会鼓励年轻人独立自主并照顾好自己。集体主义的社会把个人团结起来成为紧密结合的团体，团体负责每个人的福利。霍夫斯泰德表示集体主义的社会对关系的看重在谈判中起着至关重要的作用——与同一方的谈判可能会持续数年，更换谈判者会改变已经建立起来的关系，而要重新建立关系又需要很长的时间。与此相反，个人主义的社会中，谈判者是可以调换的，能力（而不是关系）才是选择谈判者的重要因素。这意味着来自集体主义文化的谈判者非常依赖于培养和保持一种长期关系，而来自个人主义文化的谈判者更有可能替换谈判者，只要短期内符合标准就行。

2. 权力距离。权力距离维度描述了“组织和机构（如家庭）中权力较弱的成员对不平等分配的接受和期望程度”（Hofstede，1989，p. 195）。根据霍夫斯泰德的观点，权力距离大的文化更有可能是上层决策，所有重要的决定都由领导者拍板。较低的权力距离更有可能由组织来决策，尊重领导的同时也有可能质疑他们的决策。这对国际谈判带来的影响是来自权力距离相对较高的谈判者需要频频地在更多的事务上得到上级的首肯，谈判过程也更为缓慢。

3. 职业成就/生活质量。霍夫斯泰德发现文化的不同还体现在人们的价值观是崇尚职业成就还是生活质量的程度。崇尚职业成就的文化的特点是“追求金钱和实物，不关心他人、生活质量或人民”（Hofstede，1980a，p. 46）。改善生活质量的文化的特点是在意关系和培育。根据霍夫斯泰德（1989）的观点，当来自崇尚职业成就文化背景的谈判者碰面时，这一维度通过增加竞争力来影响谈判；来自崇尚生活质量文化背景的谈判者更有可能对另一方产生同情，并做出让步。

4. 不确定性规避。不确定性规避意指“某种文化的成员在面对非结构性的情境时感到舒适或者不舒适的程度”（Hofstede，1989，p. 196）。非结构性情境的特点是变化快和不断有新事物产生，结构性情境的特点是稳定和安全。强不确定性规避文化的谈判者面对含糊的情境时较不舒适，谈判时更有可能寻找稳定的规则和程序。弱不确定性规避文化的谈判者倾向于适应瞬间变化的形势，且当谈判的规则含糊多变时，谈判者不会感到那么不舒服。

霍夫斯泰德的模型在国际商务跨文化研究中成为主流，虽然该模型并非无懈可击（见 Kale and Barnes，1992；Schwartz，1994；Triandis，1982）。该模型受到的主要抨击是研究中的调查样本并不是不同文化真正的代表，因为样本中有太多的男性，中产阶层的比例过多，教育水平也高于平均水平，调查对象都是来自一家公司（IBM）。换言之，有人担心霍夫斯泰德的模型低估了文化价值差异的真正内涵。

霍尔的文化价值观模式

文化人类学家埃德温·霍尔（Edwin Hall，1959；1976；Hall and Hall，1990）的著作在定义文化价值观方面有很深的影响。霍尔详细阐述了有限的几类文化价值观，用于理解文化差异，其中两种应用于国际谈判中：交流语境、时间和空间。霍尔认为人们是以低语境交流还是高语境交流决定了文化的差异。低语境文化倾向于直接交流，透过单词本身来清楚表意。相反，高语境文化倾向于间接交流，通过周围的语境来揣测语意。霍尔的第二个维度——时间和空间，指的是人们协调事件、管理事件和计划事件的文化差异。霍尔表示有些文化是历时性的，即更愿意按顺序组织和规划事件，而有些文化是共时性的，特点是不同事件同时发生。对时间理解不同的谈判者会发现如果不了解对方的传统，那么彼此之间的谈判是令人泄气的。

施瓦茨的 10 种文化价值观

谢洛姆·施瓦茨（Shalom Schwartz）和他的同事提出了文化是一种价值观这一观点（见图 16—2）。[11]施瓦茨重点确定了隐藏在文化价值观背后的激励目标，并

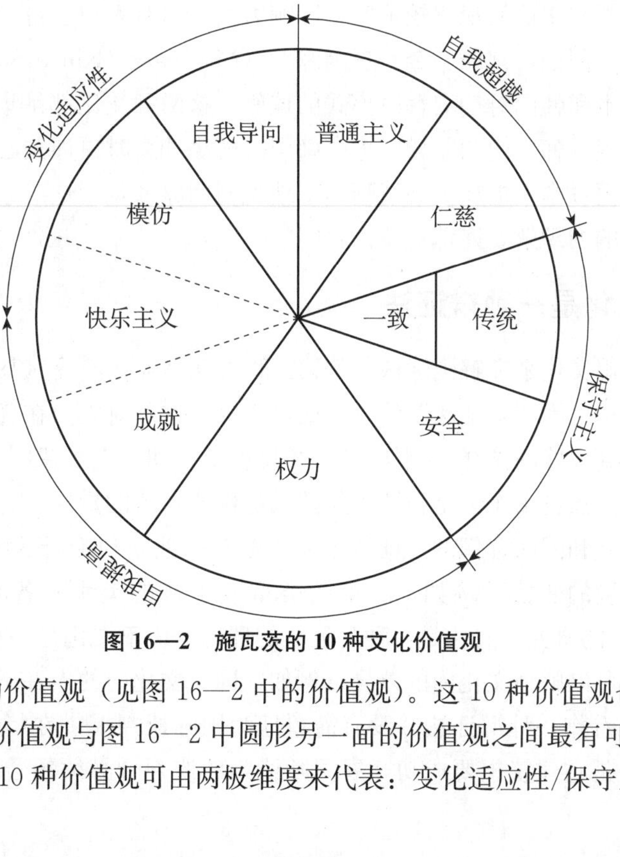

图 16—2　施瓦茨的 10 种文化价值观

发现 10 种基本的价值观（见图 16—2 中的价值观）。这 10 种价值观也许会相互冲突或一致，某一价值观与图 16—2 中圆形另一面的价值观之间最有可能发生冲突。施瓦茨也提出这 10 种价值观可由两极维度来代表：变化适应性/保守主义和自我超

越/自我提高（见图16—2的外圈）。施瓦茨的文化价值观和两极维度是迄今对文化价值观进行的最为全面的探讨，并且得到了广泛的研究证实。虽然该项研究在跨文化谈判领域中进展一直很缓慢，但已经有人开始对此展开研究（见 Gelfand and Dyer，2000；Kozan and Ergin，1999）。施瓦茨的10个价值观的好处是较为丰富地描述了文化，不好的地方在于虽然加深了人们对文化的理解，但无法提供跨文化谈判的清晰的管理建议。该理论假定，谈判者如果更熟悉对方文化，那么谈判会更成功。

小结

文化是一种共享的价值观。这一观点解释了为什么跨文化谈判较难且容易中止。例如，美国的核心价值观是个人主义。美国人一般个人决策，坚持自己的观点，在他们认为重要的事项上立场坚定。相比之下，中国的核心价值观是集体主义（有关文化对中国式谈判风格的影响的系统分析见 Faure，1999）。中国谈判者一般集体决策，集体观点高于个人观点，在集体认为重要的事项上立场坚定。当美国人和中国人谈判时，个人主义/集体主义文化价值观的差异会通过多种途径影响谈判。例如：(1) 中国人谈判时耗时较长，因为他们在生意拍板前必须取得全体的一致同意；(2) 中国人对各级权威的运用会导致集体真实需求的信号混乱，没有哪个单一个体能够了解所有的需求；(3) 因为不同的人和机构共享权力，外国人很难在中国政府机构中找到合适的谈判对象（Pye，1992）。

尽管文化价值观比较重要，影响力大，但有人担心对文化价值观维度的差异认识不足。例如，宫原、金、夏因和尹（Miyahara，Kim，Shin and Yoon，1998）研究了日本和韩国对冲突解决模式的偏好，这两种文化都是集体主义文化。宫原和其同事发现日韩之间的差异较大，韩国人解决冲突时更加关心避免强迫和表示出厌恶情绪，而日本人更加关心清晰明了地说明问题。基于这些原因，关于文化价值观对谈判影响的理解要谨慎对待。

文化是一种辩证法

运用文化来理解国际谈判的第三种方法是亚诺希克（1987）认定的所有文化都包含了称之为“辩证法”的维度或对立面。这些对立面在犹太教与基督教的传统寓言中得到很好的诠释。例如，“人多反误事”和“人多智广”。这些警言为那些考虑是要一人独自工作还是团队工作的人提供了矛盾的指导。它反映了犹太教与基督教关于独立和团队合作的辩证或矛盾。绝对的独立和绝对的团队合作不会一直奏效，随着环境的变换（例如，决策的类型或工作的类别）各有利弊。根据亚诺希克（1987）的研究，文化是一种辩证法的理论更优于文化是一种共享的价值观的理论，因为它可以解释文化内的差异（例如，同一文化内的人并不都拥有相同的价值观）。把文化看作一种辩证法并没有简单地为国际谈判提供在特定谈判中如何行动的意见，但是它建议想要成功开展国际谈判的谈判者必须领会对方文化的丰富内涵。

盖尔芬德和麦卡斯克的理论著作类似地分析了文化对谈判的影响，不过是通过分析谈判隐喻而不是辩证法。他们定义谈判隐喻为“连贯的、整体的意义系统，在特殊的社会文化环境下演化和逐渐形成，具有解释、构造和组织谈判的社会行为的功能”（Gelfand and McCusker，2002）。文化谈判隐喻帮助人们理解谈判中发生的事情并“领会”它们。盖尔芬德和麦卡斯克表示“谈判就像一场体育运动”，这是了解美国谈判的主要隐喻，在美国，谈判者关注自身的表现和胜利，谈判只是插曲片段而已。与日本相比较，传统家庭式谈判是主要的谈判隐喻。家庭的基本挑战是持久和连续，谈判者关注关系和团队的生存，谈判是更大整体的一个连续部分。文化谈判隐喻的差异越大，谈判者越有可能不理解对方，产生良好的谈判结果的难度也就增加。

辩证的文化始于对文化的深层次了解，并运用这种理解来创造谈判隐喻去全面了解谈判在某一文化中是如何展开的。如果谈判者能更深地理解某一文化的谈判隐喻，则更有可能在谈判中获胜。

情境中的文化

有人意识到人类行为不是由单一因素决定的，相反，所有的行为在不同层次上都可被理解，与谈判同样复杂的某一社会行为是由众多不同因素决定的，其中之一就是文化。谈判行为的其他重要决定因素包括性格、社会场景和环境因素（Rubin and Sander，1991）。情境中的文化的提议者意识到谈判行为是多重因素决定的，将文化作为行为的唯一解释是把复杂的社会过程过度简单化。库马尔和沃姆（Kumar and Worm，2004）简要地指出：“虽然谈判总是现在时的，但是它们被过去时的事情影响，并受到将来时的阴影制约”（p. 305）。

国际谈判近期的理论和研究采用了情境文化方法。例如，廷斯利、布雷特、夏皮罗和奥库穆拉（Tinsley，Brett，Shapiro and Okumura，2004）提出文化复杂度理论，他们认为文化价值观对某种环境下的谈判有直接的影响，对其他环境下的谈判有适度的影响。当价值观在不同的情景下（如，美国人的个性）有很强的影响时，那么价值观就有直接的影响。例如，法国有君主和民主的传统，两种传统都会影响基于情境的谈判行为（Brett et al.，1998）。方（2006）认为毛泽东、孔子和孙子的传统对中国谈判者有多重影响，而且这些影响随着情境而变化。阿代尔和布雷特（2003）举出了情境中文化方法的另一例子，他们发现沟通模式在谈判的不同阶段对于来自高和低情境文化的谈判者是不同的。

为了解释跨文化谈判中的细微差别，情境中的文化模式变得越来越复杂。随着复杂度加深，它对于跨文化谈判的实践者而言实施起来不那么有用（Janosik，1987），但在更深入地了解跨文化谈判是如何运作的，以及运用这种理解来更有效地开展国际谈判，它还是有一定的优势的。

16.4 文化对谈判的影响：从管理角度来看

文化差异在多种不同的方面会影响谈判。表16—2总结了文化影响谈判的10种不同的方式。[12]每种方式将依次阐述。

表16—2　　文化影响谈判的10种方式

谈判要素	文化反应的范围		
谈判的定义	合同	⟷	关系
谈判机会	分配式的	⟷	整合式的
谈判者的选择	专家	⟷	可信的伙伴
礼仪	非正式	⟷	正式
沟通	直接	⟷	间接
时间敏感性	高	⟷	低
风险偏好	高	⟷	低
群体与个人	集体主义	⟷	个人主义
协议的性质	具体	⟷	一般
情感	高	⟷	低

资料来源：Based on Foster (1992), Hendon and Hendon (1990), Moran and Stripp (1991) and Salacuse (1998).

谈判的定义

谈判的根本定义——什么可以谈判和谈判时会发生什么，会因文化而大相径庭（见Ohanyan，1999；Yook and Albert，1998）。例如，“美国人视谈判为报价与还价的竞争过程，而日本人视谈判为信息共享的过程”（Foster，1992，p. 272）。

谈判机会

文化影响谈判者将机会理解为分配式的还是整合式的。北美的谈判者倾向于视谈判基本上是分配式的（Thompson and Hastie，1990b）。北美以外的谈判者却不是这样，哪种谈判机会被视为分配式或整合式的程度在不同文化里差异是相当大的（Salacuse，1998）。不同文化的谈判者关于谈判机会是分配式的还是整合式的赞同或否定的程度影响跨文化谈判。

谈判者的选择

参加谈判的人选标准也具有文化差异。这些标准包括对谈判主题的了解、资历、家庭关系、性别、年龄、经验和地位。不同的文化赋予这些标准的权重不同，导致在不同谈判类型中关于什么是合适的预期也不同。例如，在中国，在谈判初期建立关系是重要的，选择合适的谈判者对此很有帮助（见Zhu，McKenna and Sun，2007）。

礼仪

文化影响谈判方之间的礼仪或关系的正式程度。美国文化在全世界位于最不正式的文化之列。随意的沟通方式十分普遍，例如，直呼其名，连头衔都省略。与此对照，许多欧洲的国家（如法国、德国和英国）却十分正式，称呼某人时如果不加头衔（例如，先生、博士、教授、主）则被视为侮辱人（见 Braganti and Devine，1992）。太平洋一带的许多国家（如中国和日本）所使用的正式名片是相互介绍时的必需品。忘带名片或在名片上写字的谈判者经常被认为不遵守礼仪和羞辱对方（Foster，1992），甚至递名片的方式、握手的方式和着装也被谈判者关注，成为分析一个人背景和性格的基础。

沟通

文化影响人们进行口头和非口头沟通的方式。不同文化的肢体语言也不同，一种行为在某一文化里或许是高度的无礼，但在另一文化里是完全无伤大雅的（Axtell，1990，1991，1993）。为了避免在谈判中冒犯对方，国际谈判者需要认真遵守沟通中的文化规则。例如，在美国把脚架在桌上是权力或放松的表现；在泰国，这被视为非常粗鲁（详见专栏 16.3 和专栏 16.4）。很明显的是，为了在谈判中不侮辱、激怒对方或使对方窘迫，国际谈判者必须牢记大量的沟通技巧。有关文化的书籍和文章为国际谈判者关于如何在不同文化中进行交流提供了许多良策，搜寻这些良言是国际谈判准备工作中基本的一环。[13]

专栏 16.3

国际谈判者的沟通规则范例

不要摸马来人的头顶，因为马来人的头顶上有神灵。你的鞋底不要让阿拉伯人看到，因为那很脏，代表了一个人身体的底部。在穆斯林文化中不要用你的左手，因为左手是不洁的。在意大利，摸鼻子两边是不信任的表现。阐述重要观点时要一直专注地盯着你的法国伙伴的眼睛。但是，在东南亚，目光直视必须是在关系牢固建立之后才可以。如果你的日本伙伴深吸了口气，表示你有真正的麻烦。漫长和成功谈判结束之际，你的墨西哥对手会想拥抱你，中东欧对手亦是如此，他们会紧紧地拥抱你，并在你的两颊交替地亲三次。美国人通常比拉丁美洲人和阿拉伯人站的距离要更远一些，但是比亚洲人要近一些。在美国，人们握手有力持久；在欧洲，握手通常快速且抓住要点；在亚洲，握手相当软弱无力。在西印度群岛，开怀大笑和咯咯地笑意味着幽默，而在亚洲，却经常被认为是尴尬和谦虚的表现。此外，公开表达情感在太平洋一带的大部分国家被视为无礼；个人的自我和公众的自我之间泾渭分明。然而，在拉丁美洲，抑制感情却经常被视为是不信任。

资料来源：D. A. Foster，*Bargaining across Borders：How to Negotiate Business Successfully Anywhere in the World*（New York：McGraw-Hill，1992），p. 281. Reproduced with the permission of The McGraw-Hill Companies.

专栏 16.4

跨文化交流的失误

虽然许多跨国组织在国外市场经验丰富，但有些问题仍旧存在。语言和文化差异造成广告语和观念在新的环境下难以有效地传达。例如：

- 在中国台湾地区，百事可乐的广告语“百事新一代产品带给你活力”被翻译成“百事把你的祖先从坟墓里带出来”。
- 在日本，沙龙牌香烟的广告，“沙龙——自由的感觉”成了“抽沙龙牌香烟，你会感觉神清气爽，全身心自由和放空”。
- 在南美洲，当雪佛兰引进新星牌（Nova）汽车时，他们明显不知道西班牙语的“No va”意思是“不会动”。
- 当派克笔厂准备在墨西哥卖它的圆珠笔时，广告语原本是为了告知消费者派克笔“不会在你口袋里漏墨，不会惹你麻烦（embarrass you）”。但是，公司使用了单词embarazar（等价于embarrass）。结果，这条广告语在墨西哥的消费者眼里被理解成“派克笔不会在你口袋里漏墨，它会令你怀孕”（embarazar在墨西哥语里的意思是“怀孕”）。
- 在意大利，吉百利史威士公司的开胃水的产品名称被译成“史威士花露水。”

资料来源：Anonymous.

时间敏感性

文化很大程度上决定了时间意味着什么和时间如何影响谈判（见Macduff，2006；Mayfield，Mayfield，Martin and Herbig，1997）。在美国，人们遵守时间，通常在约定时间出席会议，不浪费他人的时间，并且通常认为“快”比“慢”好，因为这象征着高效率。其他文化对时间则有不同的看法。在更加传统的社会里，特别是气候炎热的地方，节奏要比美国慢，这导致至少在短期而言，对时间的关注度不够。伊斯兰文化显得更加关注事件时间而不是钟表时间，在“钟表时间文化里，人们根据时钟来安排计划事件；在事件时间里，事件左右人们”（Alon and Brett，2007，p. 58）。其他文化认为美国人是时间的奴隶，因为他们认真地看时间，把遵守时间作为宝贵的资源。在某些文化中，如拉丁美洲，时间就其本身而言并不重要。谈判的重点是任务，不管它要花多长时间。在跨文化谈判中，因为对时间不同的观念造成误会是常有的事。美国人给人的感觉总是急匆匆的，一个任务接着一个任务，而拉丁美洲的谈判者在美国人眼里显得无所作为，在浪费时间。艾莱·阿朗（Ilai Alon）和伊坎内·布雷特（Icanne Brett）为处理时间敏感性的差异提出了五条策略（见专栏16.5）。

专栏 16.5

处理时间敏感性差异的五大策略

1. 多花些时间了解文化差异。
2. 花时间建立和维系关系。
3. 按照钟表制定行动计划，但是预留足够的时间来调整项目时间。
4. 借用先例、模式和历史来预先准备论证。
5. 尽量避免使用能体现出双方对未来事件有完全掌控力的语言。

资料来源：I. Alon and J. M. Brett, "Perceptions of time and their impact on negotiations in the Arabic-speaking Islamic world." *Negotiation Journal*, 23, (2007), pp. 55 - 73.

风险偏好

人们愿意冒险的程度在不同文化中表现也不同。有些文化孕育出官僚保守的决策者，他们在决策之前需要大量的信息。有些文化孕育出更具企业精神的谈判者，他们愿意在信息不充分的情况下行动并冒险（例如，"不入虎穴，焉得虎子"）。按照福斯特（Foster，1992）的观点，美国人更喜欢冒险，有些亚洲文化亦是如此，然而一些欧洲文化却相当保守（例如，希腊）。一种文化对风险的偏好对谈判内容和谈判结果有很大的影响。在风险导向的文化里，谈判者更愿意较早地谈生意，并愿意冒险。那些风险规避型文化下的谈判者更愿意收集更多的信息，然后抱着等等看的态度。

群体与个人

不同的文化在强调个人还是群体上也不一样。美国是个非常强调个人主义文化的国家，在其文化中，独立和自信值得褒扬和尊重。与此相反，集体导向的文化支持集体利益至高无上，并且个人利益要服从集体利益。集体导向的文化重视融入团体，并且奖励忠诚的团队成员。那些胆敢持异议的人会被社会排斥——在集体导向的社会里这是个巨大的代价。这种文化差异对谈判会产生各种影响。美国人更有可能让一个人负责最终决策，而像日本这样的集体导向文化更有可能让团队负责最终决策。集体导向的文化中做决策需要全体意见一致，比美国的谈判者所习惯的决策时间要长得多。此外，因为许多人参与谈判，他们的参与是相继的，而不是同时的，美国谈判者可能会面临就同一问题和材料与不同的人进行一系列讨论的情形。在中国的谈判，本书的一位作者接连几天会见了不下六个人，与不同的谈判者和翻译就同一问题进行谈判，直到最终达成协议。

协议的性质

文化还对最终协议的达成和协议的形式产生影响。在美国，通常是按照某种逻辑来达成协议的（例如，低成本的生产商得到生意，价低者达成协议），而且协议通常是正式的，如果没有标准的要求就依照法律规范执行。然而，在其他文化里，赢得生意也许是因为你是谁（例如，你的家庭关系或政治关系），而不是因为你能做些什么。此外，不同的文化里协议的含义不同。福斯特（1992）注意到中国人经常使用协议备忘录来确立关系，并示意谈判的开始（互惠和让步）。然而，美国人却常常将协议备忘录理解为谈判的结束，在法庭上是有法律效力的。此外，如何达成协议以及协议的确切含义上存在的文化差异会产生困惑和误解。

情感

文化会影响谈判者情感流露的程度（Salacuse，1998）。情感可以作为谈判技巧，或者是谈判中面对积极和消极的环境做出的一种自然反应（见 Kumar，2004）。尽管个性也可能在情感的表达中起重要作用，但似乎也存在着相当大的跨文化差异，文化中控制一般情感表露的规则很有可能会在谈判中出现（Salacuse，1998）。

概括而言，关于国际谈判中文化的重要性，人们已经提出了许多实用的建议。虽然文化这个词一直被用来意指不同的事情，但文化很显然是国际谈判中一个重要的方面，能对国际谈判的进程和结果的许多方面产生广泛的影响。现在，我们开始从研究角度来了解文化是如何影响谈判的。

16.5 文化对谈判的影响：研究角度

布雷特（Brett，2001）提出了文化在哪些方面会影响谈判的概念模式（见图16—3）。布雷特的模式确定了谈判双方的文化会影响优先权和策略的设定、达成整合式协议的可能和谈判者之间互动的模式。布雷特指出文化价值观应该对谈判利益和优先权产生较强的影响，文化标准则影响谈判策略和互动交流的模式（Brett，

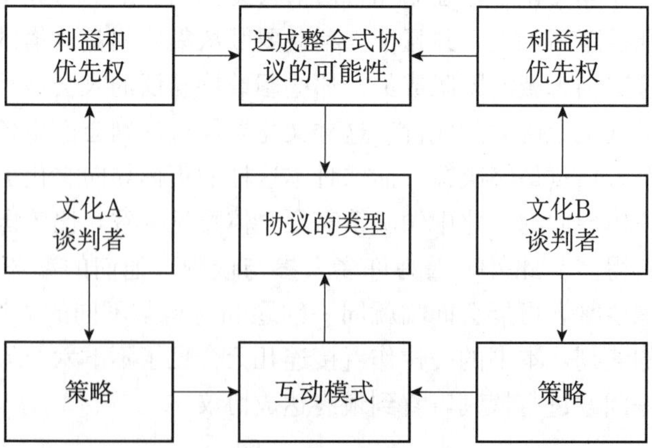

图 16—3 文化如何影响谈判

资料来源：J. M. Brett，*Negotiating Globally*（San Francisco：Jossey-Bass，2011）.

2001)。谈判策略和谈判者之间的互动模式也会受到谈判者心理过程的影响，而文化对这些心理过程也有影响。

文化对谈判结果的影响

学者起初研究文化如何影响谈判结果的基础问题，并采用了两种方法。第一种方法是学者比较了来自不同文化背景的谈判者在与本文化的其他谈判者模拟谈判时的结果。这些文化内的研究目标是看一看不同文化背景的谈判者如果面对同样的材料是否会达成同样的谈判结果。另一种方法是比较文化内和跨文化的谈判结果，看看它们是否相同。研究人员比较了本文化内的谈判结果和不同文化之间的谈判结果以对此进行研究。例如，日本谈判者与其他日本谈判者谈判的结果是否会与他们和美国人谈判的结果一样？

约翰·格雷厄姆（John Graham）和他的同事通过模拟非常简单的买家和卖家之间的谈判——谈判者必须决定三种产品的价格（电视机、打字机和空调），做了一系列关于不同文化的文化内谈判的研究调查（详细的调查见 Graham，1993)。他们调查了不同文化之间的谈判，包括美国与日本（Graham，1983，1984)，美国与中国（Adler，Brahm and Graham，1992)，美国与加拿大（Adler and Graham，1987；Adler，Graham and Schwartz，1987)，美国与巴西（Graham，1983）以及美国与墨西哥（Adler，Graham and Schwartz，1987)，发现不同文化的谈判者在盈利水平上没有什么差异。

不过研究还发现，集体主义文化的谈判者比个人主义文化的谈判者更有可能达成双赢的结果。例如，利塔奇（Lituchy，1997）报告称来自集体主义文化（日本）的谈判者比来自个人主义文化（美国）的谈判者会达成更多的双赢方案。阿鲁纳查拉姆、沃和钱（Arunachalam，Wall and Chan）（1998）发现来自集体主义文化（中国香港）的谈判者比来自个人主义文化（美国）的谈判者在整合式谈判中更容易达成高联合性的结果。

布雷特和她的同事模拟了更加复杂的谈判，也确定了不同文化的谈判者谈判结果之间的差异。例如，布雷特、阿代尔、伦珀厄尔、奥库穆拉、希霍基耶夫、廷斯利和莱特尔（1998）对比了同文化谈判者在六种不同文化（法国、俄罗斯、日本、中国香港、巴西和美国）中的表现，发现了共赢方面的差异。此外，戴尔丁、科佩尔曼、阿代尔、布雷特、奥库穆拉和莱特尔（1999）报告了来自五种不同文化（美国、中国香港、德国、以色列和日本）的谈判者在个体盈利上的差异。这两项研究表明文化确实对谈判结果有影响，但是存在跨文化的复杂模式。有可能的情况是，跨文化之间的谈判进程的差异，而不是文化本身，导致了不同的谈判结果（后文将继续探讨)。

研究文化对谈判结果的影响的另一种方法是比较同文化和跨文化谈判的谈判结果。阿德勒和格雷厄姆（1989）发现日本和英裔加拿大谈判者在跨文化谈判时获利程度要比同文化谈判低；美国和法裔加拿大的谈判者无论是在跨文化还是同文化谈判中的结果都平均相似。这些结果验证了阿德勒和格雷厄姆的假设，即跨文化谈判与同文化谈判相比，结果会更差，至少在某些时候是这样。此外，阿德勒和格雷厄姆发现跨文化谈判过程中的一些差异。例如，法裔加拿大的谈判者在跨文化谈判中要比同文化谈判使用更多的合作策略，美国的谈判者在跨文化谈判中比同文化谈判有更高的满意程度。

纳特兰德斯麦尔和罗根斯（Natlandsmyr and Rognes，1995）、利塔奇（1997）以及布雷特和奥库穆拉（1998）的研究丰富了阿德勒和格雷厄姆的结果。纳特兰德斯麦尔和罗根斯发现挪威谈判者在进行同文化谈判时，比墨西哥的谈判者取得更多的合作结果。然而，在跨文化谈判中，墨西哥与挪威方达成的协议更加接近同文化的墨西哥方的协议，而与同文化的挪威方的协议有些不同。纳特兰德斯麦尔和罗根斯指出墨西哥和挪威谈判者的报价进度是不同的，他们认为文化可能对谈判进程有重要的影响。利塔奇（1997）发现日本同文化谈判者比日美跨文化谈判者会取得更加双赢的方案。布雷特和奥库穆拉（1998）发现来自于相同文化的谈判双方（日本与日本或者美国与美国）比跨文化的谈判双方（日本与美国）容易达成更高的联合利益。

总而言之，研究表明文化确实对谈判结果有影响，虽然不一定是直接的影响，但文化有可能通过不同文化下的谈判进程之间的差异产生影响。此外，有证据表明，跨文化谈判比同文化谈判产生更差的结果。学者做了大量研究来找寻其中的原因。接下来，我们将回顾两种宽泛的方法来检验这个问题。第一，大量的研究使用了文化价值观的维度（霍尔、霍夫斯泰德、施瓦茨）来比较发生在不同文化下的谈判。最近，研究人员已经开始思考文化对谈判者的心理状态的影响，包括文化是如何影响谈判中判断的偏颇和暗含的谈判理论。

文化对谈判进程和信息交换的影响

格雷厄姆和他的同事发现了他们所研究的文化中谈判策略和谈判技巧的重要差异（见 Graham，Evenko and Rajan，1992）。例如，格雷厄姆（1983）总结出“美国式的谈判通过令对手不自在来获得更大的利益，而日本式的谈判则是令对手舒适来争取更大的利益”（p. 63）。此外，格雷厄姆（1983）指出，巴西的谈判者运用有力的和欺骗的策略，更有可能争取更大的利益，这些策略与美国谈判者所取得的结果不存在联系。另外，阿德勒、格雷厄姆和施瓦茨（1987）发现，代理型谈判策略（仅限于收集信息）与墨西哥和法裔加拿大谈判者所获得的利益负相关，而这些策略与美国谈判者所取得的利益毫无关系。最后，阿德勒、布拉姆和格雷厄姆（1992）发现中国和美国谈判者运用相似的谈判策略，但是他们的沟通模式大不相同，中国人常喜欢提更多的问题，很少说“不”，而美国谈判者更频繁地打断谈话。阿代尔、温波特和布雷特（2007）也发现了谈判中报价所运用的不同沟通模式，日本谈判者较早地报价获得信息，而美国谈判者则较晚地报价以整合所得到的信息。

蔡（Cai，1998）阐述了个人主义/集体主义是如何影响谈判计划的：来自于集体主义氛围浓厚的文化（中国台湾）的谈判者在制定长期目标上花费更多的时间，而来自于个人主义氛围更浓厚的文化的谈判者（美国）在制定短期目标上花费更多的时间。盖尔芬德和克里斯特科波卢（Gelfand and Christakopoulou，1999）发现，来自于个人主义文化（美国）的谈判者比来自于集体主义文化（希腊）的谈判者会做出更加极端的出价。

阿代尔和其同事（2004）发现在直接的信息共享方面也存在较大的差异，来自美国的谈判者最有可能直接分享信息。此外，他们发现美国和日本的谈判者都会最大化他们的联合利益，但是他们采用不同的方法来实现。美国谈判者运用直接信息交换策略来了解对方的偏好和优先考虑的问题，并且指出双方的异同来实现联合利益。日本谈判者运用间接的信息交换策略，通过对比不同的开价和还价以推测出另一方的偏好，并且他们会用说服性的言论证明他们的交易是正当的。值得注意的是，俄罗斯和中国香港谈判者因为不同的原因没有取得高联合性的收益："中国香港的谈判者没有交换足够的信息，俄罗斯的谈判者太过注重权势"（Adair et al.，2004，p. 105）。

阿代尔、科佩尔曼、吉莱斯皮、布雷特和奥库穆拉（1998）考察了跨文化背景下，谈判中分享信息对取得共同收益的影响，发现文化背景相似（美国和以色列）的谈判者比文化背景相似度较弱（美国和日本）的谈判者更有可能在谈判期间分享信息，信息的差异导致文化相似的谈判者取得更高的联合收益。

阿代尔、奥库穆拉和布雷特（2001）审视了同文化（美国国内和日本国内）与跨文化（美国—日本）谈判中谈判的结果和信息分享，他们发现美国和日本同文化谈判者比跨文化谈判者取得更高的联合收益。同文化谈判者取得收益的方式与美国和日本跨文化谈判者的方式不同。同文化美国谈判者更有可能直接分享信息，比同文化日本谈判者更不可能间接地分享信息。在跨文化谈判中，日本谈判者能适应美国的规范行为，日本跨文化谈判者比日本同文化谈判者更有可能分享信息，但是在跨文化谈判中，日本谈判者增加了直接信息共享并没有带来更高的合作收益。

阿代尔（2002，2003）通过对比来自高和低语境文化下同文化谈判中整合式行为序列，以及来自两种综合语境文化的跨文化谈判，拓展了关于谈判中文化对信息共享的重要性的研究。[14]阿代尔（2003）发现文化导致同文化谈判中不同的沟通模式，低语境文化的谈判者倾向于用直接沟通的方式，而高语境文化的谈判者则用更加间接的沟通方式。在跨文化谈判中，信息交换的直接整合序列导致更高的合作结果，这表明谈判双方为了使跨文化谈判圆满成功需要全面地交换信息。

罗塞特、布雷特、巴斯内斯和莱特尔（Rosette，Brett，Barsness and Lytle，2004）研究了文化如何影响与来自高语境文化（中国香港）和低语境文化（美国）的谈判者进行同文化和跨文化的电子邮件的谈判。他们发现中国香港谈判者在电子邮件谈判中取得的合作收益要比面对面谈判高，但是美国谈判者并未显示出任何差异。更高的合作收益似乎是因为中国香港谈判者在电子邮件谈判中运用了更高的开价和更多的一揽子开价。在跨文化的电子邮件谈判中，中国香港谈判者比美国谈判者取得更高的个人收益，很明显是与采取更加积极的公开开价有关。在跨文化谈判中，中国香港和美国谈判者之间一揽子开价的数量上并没有差异，这可能是由于谈判者在谈判中相互出价的原因。罗塞特等（2004）的研究表明文化对电子邮件谈判的过程有影响，相应地影响谈判结果。

总之，人们发现文化对谈判过程的多个方面都有重要的影响，包括谈判者如何计划、谈判中的开价、沟通过程以及谈判中信息如何分享。

文化对谈判者认知的影响

研究人员最近将目光转向探究文化如何影响谈判者的心理过程（Gelfand and Dyer，2000；Morris and Gelfand，2004）。研究人员正致力于了解文化如何影响谈判中谈判者加工信息的方式，从而又是如何影响谈判过程和结果的。

盖尔芬德和里洛（Gelfand and Realo，1999）发现对委托人的责任感对来自个人主义文化和集体主义文化的谈判者产生的影响是不同的。他们发现责任感增加了个人主义者之间的竞争，但是在集体主义者之间则产生更高的合作水平。此外，谈判者的认知方面也有差异：个人主义者在谈判前有更加竞争性的行为意图和想法，谈判期间合作较少，谈判后对对方的看法也较为负面。

盖尔芬德、一夫、霍尔库姆、戴尔、大渊和福库诺（Gelfand，Nishii，Holcombe，Dyer，Ohbuchi and Fukuno，2001）研究了来自集体主义文化（日本）的人和来自个人主义文化（美国）的人是如何理解同样的冲突的。他们发现日本人比美国人更有可能视冲突中包括妥协。盖尔芬德和其同事还发现日本人和美国人使用不同的思维方式来理解某些冲突。例如，日本人将冲突视为“义理的违背”（即社会地位的违背），而美国人从未这样认为。盖尔芬德等人的研究表明，有些看待冲突的方式是普遍存在的（如让步—胜利），但是也存在一些独具文化特色的方式（如义理的违背）。

研究文化对谈判者认知的影响的另一种方法是调查西方文化中一些熟悉的认知影响在其他文化里发生的程度。盖尔芬德和克里斯特科波卢（1999）发现来自个人主义文化（美国）的谈判者比来自集体主义文化（希腊）的谈判者更容易受“固定蛋糕”错误的影响（见第5章）。在一系列调查其他文化下对公平的自私偏见的研究中[15]，盖尔芬德和其同事发现自私偏见在个人主义文化（美国）下要比集体主义文化（日本）下强烈得多。韦德-本佐尼、奥库穆拉、布雷特、穆尔、坦布伦斯尔和贝泽曼（Wede-Benzoni，Okumura，Brett，Moore，Tenbrunsel and Bazerman，2002）在研究美国和日本在应对非对称性社会难题时所表现出的文化差异时也有类似发现。研究揭示美国人比日本人提供的方案合作性较低，且对他人合作的期望也不高。最后，巴伦苏埃垃、斯里瓦斯塔瓦和李（Valenzuela，Srivastala and Lee，2005）指出，与个人主义文化（美国）的成员相比，集体文化（韩国）的成员在谈判中更不倾向于犯基本归因错误。

总之，谈判者认知的很多方面都深受文化的影响，并且谈判者应该明白关于西方谈判者认知的发现并不能普遍适用于其他文化（Wade-Benzoni and Okumura et al.，2002）。

文化对谈判者伦理和技巧的影响

研究人员近期的研究方向是通过研究不同文化的谈判者在谈判技巧方面是否有相同的道德评价这一广泛的问题来考察跨文化谈判中伦理和谈判技巧（见 Rivers and Lytle，2007）。例如，扎尔科达-弗雷泽和弗雷泽（Zarkada-Fraser and Fraser，

2001）调查了六个不同文化背景的谈判者对列维奇和鲁滨逊（1998）的谈判技巧（见本书第9章）的理解。他们发现不同文化下对不同谈判技巧的容忍度有明显的差异，日本谈判者要比澳大利亚、美国、英国、俄罗斯和希腊更加不能容忍使用误释技巧。沃克玛和弗勒里（Volkema and Fleury，2002）考察了巴西人和美国人对列维奇和鲁滨逊关于伦理的调查问卷的回答，发现巴西人和美国人对谈判技巧的接受程度有相似的评价，但是美国谈判者声称他们更有可能比巴西对手运用那些技巧，特别是夸大他们的出价。伊拉希和其同事（Elahee and Brooks，2004；Elahee，Kirby and Nasif，2002）分析了信任对美国人、墨西哥人和加拿大谈判者运用列维奇和鲁滨逊的谈判技巧的影响，他们发现信任对手的谈判者不太可能运用可疑的谈判技巧。伊拉希等人还发现了墨西哥谈判者最不可能信任外国谈判者，并且在跨文化谈判中比同文化谈判中要更趋向于使用像虚张声势和误释的技巧。加拿大和美国谈判者在跨文化和同文化谈判中使用这些技巧的可能性不存在差异。

文化对冲突解决的影响

金和木谷（Kim and Kitani，1998）阐述了个人主义/集体主义是如何在理想的谈判关系中影响冲突解决风格的。他们指出，来自于集体主义文化的谈判者（亚裔美国人）更愿意选择亲切的、避免矛盾的以及合作的冲突管理方式。然而，来自于个人主义文化的谈判者（美国白人）更趋向于选择一种独断的冲突管理方式。同样地，皮尔森和斯蒂芬（Pearson and Stephan，1998）也发现，来自于集体主义文化（巴西）的谈判者更喜欢和解、协作、退让的风格，而来自于个人主义文化（美国）的谈判者更趋向于选择竞争型的风格（可参考Ma，2007；Mintu-Wimsatt，2002；Oetzel and Ting-Tomey，2003）。史密斯、杜根、彼得森与梁（Smith，Dugan，Peterson and Leung，1998）发现，在集体主义国家，矛盾主要靠规则来解决，而在个人主义国家冲突倾向于通过个人经验和训练来解决。此外，史密斯和其同事（1998）发现“集体外部”的矛盾在高权力距离的文化里比在低权力距离的文化里更不可能发生。

明蒂-威姆萨特和加森海默（Mintu-Wimsatt and Gassenheimer，2000）的一项研究提供了更多的证据，以说明个人主义/集体主义对谈判冲突解决风格的影响。他们发现，菲律宾（更偏好集体主义的高语境文化）出口商比美国（更偏好个人主义的低语境文化）出口商更乐于选择正面冲突较少的解决方案。吉尔（Gire，1997）发现，来自个人主义文化（加拿大）的谈判者和来自集体主义文化（尼日利亚）的谈判者都更愿意选择谈判而不是仲裁来作为冲突解决方案。来自集体主义文化的谈判者更愿意选择谈判，而来自个人主义文化的谈判者更乐于选择仲裁，因为他们认为仲裁更具接受性。另外，阿姆纳恰拉姆、沃尔和陈（Arunachalam，Wall and Chan，1998）发现，调解对来自个人主义文化（美国）的谈判者的谈判结果比来自集体主义文化（中国香港）的谈判者的谈判结果有更加重要的影响。

小结

在过去的十年里，大量的研究探讨了文化对谈判的影响，结果显示文化对谈判的多个方面都产生重要的影响，包括谈判结果、谈判进程、信息交换、谈判者认知、谈判者对道德行为的理解和冲突解决方式的选择。但是，很难对这些研究进行总结概括，因为研究调查了不同的文化、样本和话题，并且研究结果有时是相矛盾的。

现在有些人认为相似的谈判模式可能会比原先认为的更加泛文化（Ma，2006；Ma and Jaegar，2005；Metcalf，Bird and Dewar，2008），同时还认为文化可能像经济体发展和国家现代化一样也转换了其谈判模式（Wang，Jing and Klossek，2007）。将来还需要更多的研究去证实这个明显的模式是不是受到全球化、更好的谈判变量的测量或者忽视实际存在的差异而造成的谈判模式错误设定的影响（Metcalf et al.，2008）。

16.6 文化反应谈判策略

虽然有大量的著作讨论国际和跨文化谈判的挑战，但是鲜有人关注谈判者面对来自另一文化的谈判对手时应该做些什么。在这一领域里，许多理论家的建议，不管是明确还是隐晦的，一直是“入乡随俗”（要了解该建议的简述，可参考 Francis，1991；Weiss，1994）。换言之，谈判者应当清楚文化差异对谈判的影响并且在谈判时应考虑这一点。许多理论家会含蓄地认为管理跨文化谈判的最佳办法是对对手的文化标准要敏感，并且要调整自己的策略与对手的文化导致的行为保持一致。

几个因素表明谈判者在跨文化谈判时不应该较大地调整他们的方法：

1. 谈判者或许不能有效地调整他们的方法。想深刻地理解对方文化要花数年的时间，谈判者在谈判之前通常不会有足够的时间去了解这些。虽然对对方文化一知半解比一无所知要好，但是也许不足以使谈判者对他们的谈判策略做出有效的调整。试图去配合对方的策略和技巧是项艰巨的任务，这需要流利的语言并深刻地了解对方的文化，甚至是简单的词语也会被译成有细微差别的含义，使得用不同的语言交流相当困难（见 Adachi，1998）。

2. 即使谈判者能够有效地调整他们的方法，也并不意味着这就能够自动地得到较好的谈判结果。很有可能另一方也会调整他的方法。这种情形下的结果可能是灾难性的，各方都努力模仿另一方的行为，双方并没有真正了解另一方到底在做什么。以下是一个比较美日典型的谈判风格的案例（亦见专栏16.6）。美国人更有可能以极端的要价开始谈判，目的是给让步留点余地。日本人更喜欢谈判开始先收集信息，目的是掌握打交道的对象是谁，未来的关系会怎样。假设双方都了解自己和对方的文化倾向（这是个夸大的假设，通常是无法满足的条件），现在假设各方行事以尊重对方为先，决定“入乡随俗”，并且采纳另一方的方法。这样会造成无穷无尽的混乱。美国人收集日本人的信息时，他们真的感兴趣或者只是装腔作势？显然这不是美国人通常的行为方式，但是他们使用的策略并不是那么容易被识别。美国人会如何诠释日本人的行为呢？美国人为谈判做了充分的准备，明白日本人在谈判初期不会表明极端的立场。如果日本人在谈判初期确实表明了极端的立场（目的是适应美国的谈判风格），美国人应该如何理解这种行为呢？美国人或许会想，“那一定是他们真正想要的东西，因为他们平常不会开出极端的要价。”采用另一方的方法不会保证成功，事实上与采用自己的方法相比（至少你的行为在自己的文化背景下是可以理解的）要容易造成混乱。

3. 研究表明谈判者在与本文化的对手谈判时自然而然会采取与其他文化的对手谈判时不同的谈判策略（Adler and Graham，1989；Natlandsmyr and Rognes，1995）。这项研究的含义是要深刻了解其他文化的人是如何谈判的，例如哥斯达黎加人之间的谈判，是不会有助于美国人与哥斯达黎加人的谈判的（见 Drake，1995；Weldon and Jehn，1995）。

4. 弗朗西斯（Francis，1991）的研究反映了适度的调整会比“入乡随俗”更加有效。弗朗西斯模拟了美国人对来自其他国家的谈判对手做出的反应，发现来自熟悉的文化（日本）的谈判者对美国的方法做了适当的调整，要比那些没有做任何调整或者做出巨大调整的人得到更多的肯定。虽然这些发现并没有出现在较为陌生的文化（韩国）的谈判者身上，但是需要更多的研究去理解为什么会这样。这项研究的结果起码解释了国际谈判者做出很大调整并不总是有效的。

专栏 16.6

简单的“嗨”没有用

一位电视节目主持人（在美国）（曾报道过比尔·克林顿对鲍里斯·叶利钦的评论）称：当日本人说“是”的时候其实常常表示的是“不”，他认为这是轻微的不信任的表达。我花了一生周旋在东西方，我同情那些人，他们发现日本人说“是”的时候深不可测，但是有时不能准确地以西方式的“是”来应答并不一定意味着蓄意的欺骗。这可能是为什么主持人看上去很迷茫，因为存在着文化鸿沟。

我曾认识一位在东京工作的美国人。他很友善，但是他神经衰弱，回到美国后撕扯头发并咆哮，“所有的日本商人都是骗子。”我希望这不是事实。如果是的话，那么所有的日本商人都会发疯的，而事实似乎不是这样的。然而，因为悲剧经常由误解而发生，试图得到解释也许是应当的。

在大部分场合下日本人说“是”只是简单地意味着他听见了你的话，并且正在思考回答，如果让对方等半天才回话那是粗俗无礼的。

例如，一位封建军阀把妹妹嫁给另一位军阀，然后他决定击败他的妹夫围攻其城堡。他尚有人性，还想着他的妹妹，因此派了个间谍去刺探。间谍回来后，军阀急切地问他，“她安全吗?”间谍鞠躬并回答，“嗨”，意思是“是”。我们舒了一口气，想着“啊，漂亮的女士还活着!”但是接下来间谍说，“很遗憾她和她丈夫都自刎了。”

“嗨”也是我们愿意遵从你的意图的一种表达，即使你的请求是否定的。这会使事情变得复杂。当我还在读书时，我们的英语老师是一位英国嬷嬷，她总是说：“孩子们，你们别忘了做作业，好吗?”我们会异口同声地回答，“是，嬷嬷。”这让她惊慌失措。

“嗨”的另一含义是：“我知道你的愿望，我想让你开心，但不幸的是……”日语是门隐晦的语言，有价值的后半部分常常是话到嘴边不说。

那么，日本人的“是”在西方有没有对应的词呢？我想是有的，特别是当“是”后面跟着词组如“是这样的”和“我会这样做的”。

谨防“我会考虑一下”这句话。在东京，这可能表示愿意认真思考某人的提议，而在日本另一个商业中心大阪，意思却是肯定的“不”。这个态度可能是因为日本人认为直截了当地说“不”让人感觉太粗鲁了。

和日本人谈话一定要记住，他嘴上说英语，但是在用日语思维。如果他说“我会考虑一下”，你应该在继续谈判之前先问一问他来自日本哪个区。

资料来源：This article by Reiko Hatsumi first appeared in *The New York Times*, Apirl 15, 1993. Copyright © 1995 by The New York Times Company. Reprinted by permission.

最新的研究发现为如何进行跨文化谈判提供了一些详细的建议。鲁宾和桑德尔（Rubin and Sander，1991）建议，谈判准备期间，谈判者应当重点掌握三件事：（1）他们自身的偏好和优劣势；（2）谈判对手的个人情况；（3）谈判对手的文化背景。布雷特和她的同事（1998）建议跨文化谈判者应当思考更多的问题，比如文化如何影响信息共享和谈判进程（例如，该文化是喜欢直接还是间接交流信息？文化是历时性的还是共时性的?），了解对方文化是如何交流信息和安排谈判进程可以帮助谈判者更加战略性地规划谈判（Adair et al.，2004）。最后，阿代尔、奥库穆拉和布雷特（2001）建议要想增大谈判成功的机会，那么跨文化谈判需要双方采纳对方文化偏好的直接或间接的沟通方式来交流。

韦斯（Weiss，1994）提出了一个有用的办法，可用于在与其他文化的人员进行谈判时，更好地考虑我们已有的选择方案。韦斯观察到，谈判者跨文化谈判时，会从八种不同的文化应对策略中做出选择。这些策略可以单独运用，也可以接连使用，并且随着谈判的进度来更换。谈判者在选择策略时应当大致清楚自己和对方的文化，了解当前关系中具体的因素，并预测或者设法影响对方的方法（Weiss，1994）。韦斯的文化应对策略根据谈判者对对方文化的熟悉程度（低、中、高）可分为三组，每一组中有些策略谈判者可以单独运用（单方策略），有些需要对方的合作参与（联合策略）。

低熟悉度

聘请代理商或顾问（单方策略）

如果谈判者对对方的文化非常陌生，可以雇用熟知双方文化的代理商或顾问。可以让代理商在监督下开展谈判，也可以通过顾问在谈判时获得定期或偶尔的咨询意见。虽然代理商或顾问会带来其他的问题（见本书第 11 章），但是他们对那些不了解对方文化并且又没时间去了解的谈判者还是相当有用的。

聘请中介人（联合策略）

跨文化谈判可以聘请各种各样的中介人，有的专门负责引荐，然后撤退离开；有的是整个谈判过程都在场，负责管理整个谈判进程（见本书第 19 章）。通常翻译会担此角色。翻译不仅负责谈判的翻译，还为双方提供其他信息。中介人可以鼓励一方或另一方依照一方文化中采用的办法或者采纳第三方文化的方法（中介人家乡的文化）。

让另一方使用你的方法（联合策略）

另一种办法是说服对方采纳你的办法。这有很多途径，比如从礼貌地请求到粗暴地声称你的方法是最好的。更加巧妙的方法是，谈判者可以使用自己的母语应答对方的请求，因为他们用别人的语言“不能很好地表达自己的意思”。虽然这个策略对文化熟悉度低的谈判者益处不少，但也存在一些弊端，例如，日方也许会生气或者感觉受到侮辱，因为他们要花更多的时间去站在加拿大文化的立场与其谈判者打交道。此外，谈判对手还会利用战略优势，因为他们现在可以尝试更加极端的技巧，并且以“不了解对方文化”为借口来使用该技巧（毕竟谈判者不能期望另一方对他们谈判的方式万事皆知）。

中熟悉度

适应对方谈判的方式（单方策略）

该策略要求谈判者有意识地调整自身的谈判方式，以更加吸引对方。谈判者不是要照搬对方的方式，而是用该策略牢牢地坚持自己的方式，只不过要做些改变来融洽双方的关系，这些改变包括采取不那么极端的方式，摒弃某些行为或者采用对方的某些行为。运用该策略的难处在于要知道该修正、摒弃或采用哪些行为。此外，我们不清楚对方是否会像我们预想的那样来解读这些变化。

协调调整（联合策略）

该策略需要双方共同协调以寻求共同的谈判方法。虽然该策略可能运用起来较为隐蔽，但更有可能会直接使用（“您想怎样谈判?”）。这可被视为关于谈判方式的谈判特例。该策略要求对对手的文化有一定程度的了解，至少要掌握一定水平的对方语言（不一定会说，但能够理解）。协调调整策略在北美的说双语人数最多的城市蒙特利尔每天都可见（85%的人既懂英语又懂法语）。蒙特利尔的商人常见的做法是在实质性的商讨开始之前先协商谈判进程。协商的结果根据谈判用英语还是法语而不一样，一般的结果是双方可以使用英语或法语谈生意。谈判经常会使用双语，因此，对第二语言较为熟练的谈判者不停地转换语言以使谈判更为顺畅。另一种结果是有时双方使用第二语言进行谈判以示尊重（即说法语的人用英语谈判，而说英语的人用法语谈判）。另一种类型的协调调整通常发生在谈判双方采用第三方文化的某些方面以推进谈判开展时。例如，本书的一名作者去拉美出差时，与一位能说西班牙语和法语，但不会说英语的拉美籍同事用法语聊天。后来去中国出差时，谈判则用法语、英语和中文，因为参加谈判的六个人都会说其中两种语言。

高熟悉度

采纳对方的方法（单方策略）

该策略完全是采纳另一方的谈判方法。要想运用得当，谈判者需要完全会双语且深谙两者文化。从本质上来看，用此法的谈判者并不是入乡随俗，他就是本地人。该策略需要花较多的时间准备，费用也较高，因为在两种文化之间迅速地转换是件难事，所以谈判者在运用该策略时压力相当大。不过，因为运用这种策略可以较好地接近对手并且完全理解他的立场，所以获益不少。

临时制定一种方法（联合策略）

该策略是指为谈判场合、谈判对手和环境临时提出一种特定的策略。为了运用这种方法，双方需要对对方的文化高度熟悉，并且深刻地理解对手的个人特征。运用此法，谈判可以采纳对双方文化都有用的方法。这种方法是八种策略中最为灵活的方法，尽管也有缺点。灵活性是它的优点，因为该方法可以根据当时环境适度调整，但缺点是很少有约定俗成的方法去指导我们如何使用该策略。

多种方式混用（联合策略）

该策略允许谈判者设计出新的方法，包括遵守某一方家乡的文化惯例或者采纳第三方的文化惯例。职业外交官会使用此法，因为他们面对的风俗、习惯和语言常跨越国界并形成自己的文化（外交文化）。这种方法较为麻烦，而且耗费大量的时间和精力。如果双方相互了解并熟悉彼此的文化，并且有共同的谈判程序（像职业的外交官一样），那么该策略就能发挥较好的作用。该策略的使用风险是容易引起混乱、浪费时间以及需要花费大量精力以使其起作用。

本章小结

本章对越来越常见的谈判所涉及的各个方面进行了阐述，探讨了国际谈判和跨文化谈判的复杂性。本章首先讨论了谈判的艺术和科学，随后分析了导致国际谈判差异的因素。费塔科和哈比卜（1996）指出环境情境和直接情境都会对国际谈判产生重要的影响。随后，本章又讨论了萨拉库斯（1998）关于影响国际谈判的环境因素的描述：（1）政治和法律多元性；（2）国际经济；（3）外国政府和官僚机构；（4）不稳定因素；（5）意识形态；（6）文化。本章还增加了另一个环境因素——外部利益相关者（Phatak and Habib，1996）。费塔科和哈比卜的五个直接情境因素包括：（1）相对议价能力；（2）冲突层次；（3）谈判者之间的关系；（4）预期结果；（5）直接利益相关者。每个环境因素和直接因素都使得国际谈判变得更为艰难，高效的国际谈判者需要知道如何应对这些因素。

其次，本章讨论了文化的概念。罗伯特·亚诺希克（1987）提出研究人员和谈判实践者至少用四种方式来定义文化：（1）后天的行为；（2）共享的价值；（3）辩证法；（4）情境。随后本章从两个视角分析了文化差异如何影响谈判。从管理的角度，我们研究了文化影响谈判的10种方法：（1）谈判的定义；（2）谈判机会；（3）谈判者的选择；（4）礼仪；（5）沟通；（6）时间敏感性；（7）风险偏好；（8）群体与个人；（9）协议的性质；（10）情感。从研究的角度，我们阐述了文化对谈判结果、谈判进程和信息交换、谈判者认知、谈判者道德和冲突解决的影响。

最后，本章总结了如何处理谈判中的文化差异。韦斯提出八种不同的文化应对策略供跨文化谈判者使用。有些策略可以单独使用，有些策略需要对方联合使用。韦斯指出特定谈判情景下选择正确策略的关键取决于对对方文化的熟悉度（低、中、高）。但是，即使深谙对方文化的谈判者如果想要完全改变他们的策略仍旧会面临十分艰巨的任务。

关键术语

环境情境（environmental context）：包括谈判者无法控制的环境因素。

直接情境（immediate context）：包括谈判者有操控能力的一些因素。

外部利益相关者（external stakeholders）：谈判结果中拥有相同利益的不同人群和组织。这些利益相关者包括企业协会、工会、大使馆、行业协会等。

高冲突场景（high-conflict situations）：比如道德、认同感或地理方面无法协调（调和）的冲突。

直接利益相关者（immediate stakeholders）：谈判中的直接利益相关者包括谈判者自身、直接代表的人员，例如经理、雇员和董事会。

个人主义/集体主义（individualism/collectivism）：个人主义/集体主义层面描述了一个社会围绕个人或群体组织的程度。

权力距离（power distance）：权力距离尺度描述了组织和机构（如家庭）权力较弱的成员对不平等分配的接受和期望程度。

职业成就/生活质量（career success/quality of life）：文化的不同体现在人们的价值观是崇尚职业成就还是生活质量的程度。崇尚职业成就的文化的特点是“追求金钱和实物，不关心他人、生活质量或人民”。改善生活质量的文化的特点是在意关系和培育。

不确定性规避（uncertainty avoidance）：某种文化的成员在面对非结构性的情境时感到舒适的程度。

隐喻（metaphor）：连贯的、整体的意义系统，在特殊的社会文化环境下逐渐演化形成，具有解释、组织和构造谈判社会行为的功能。

时间敏感性（time sensitivity）：文化很大程度上决定了时间意味着什么和时间如何影响谈判。

文化反应谈判策略（culturally responsive negotiation strategy）：针对对方的文化作出反应，由此采用的策略。

单方策略（unilateral strategy）：谈判单方采取的策略。

联合策略（joint strategy）：谈判双方采取的策略。

注释

[1] For example see Binnendijk (1987); Brett (2001); Fisher, Schneider, Borgwardt, and Ganson (1997); Foster (1992); Gelfand and Dyer (2000); Habeeb (1988); Hendon and Hendon (1990); Kremenyuk (1991); Lukov (1985); Mautner-Markhof (1989); Reynolds, Siminitiras, and Vlachou (2002); and Weiss (1996, 2004). For earlier work, see Fayerweather and Kapoor (1976), Hall (1960), and Van Zandt (1970).

[2] For example see Arino, Abramov, Rykounina, and Vila (1997); Brouthers and Bamossy (1997); and Pfouts (1994).

[3] For example see Husted (1996), Natlandsmyr and Rognes (1995), and Zarkada-Fraser and Fraser (2001).

[4] For instance see Drake (1995); Fan (2002); Ghauri and Fang (2001); Kumar and Worm (2003); Leung and Yeung (1995); Lin and Miller (2003); Palich, Carini, and Livingstone (2002); Shi and Wright (2001); Tjosvold and Sun (2001); and Tse, Francis, and Walls (1994).

[5] For example see Druckman (2001), Bush (2003), and Martinez and Susskind (2002).

[6] Descriptions of the American negotiation style may be found in Druckman (1996), Koh (1996), LePoole (1989), and McDonald (1996).

[7] For more examples see Acuff (1993), Hendon and Hendon (1990), and Kennedy (1985).

[8] See Agha and Malloy (2002), Isajiw (2000), Ross (2000), Rubinstein (2003), Stein (1999), and Zartman (1997).

[9] For reviews of this work see Brett (2001) and Gelfand and Dyer (2000).

[10] Hofstede labeled career success/quality of life as masculine–feminine, but we have adopted gender neutral labels for this dimension (Adler, 2002). Subsequent research by Hofstede and Bond (1988) suggested that a fifth dimension, labeled Confucian Dynamism, be added. Confucian Dynamism contains three elements: work ethic, time, and commitment to traditional Confucian values. The dimension has received little attention in the negotiation literature (cf., Chan, 1998).

[11] See Schwartz (1992, 1994), Schwartz and Bilsky (1990), and Smith and Schwartz (1997).

[12] This box and the discussion that follows is based on the work of Foster (1992), Hendon and Hendon (1990), Moran and Stripp (1991), Salacuse (1998), and Weiss and Stripp (1985).

[13] For example see Binnendijk (1987), Graham and Sano (1989), Pye (1992), and Tung (1991).

[14] The low-context cultures included in the study were the United States, Sweden, Germany, and Israel; the high-context cultures were Japan, Hong Kong, Thailand, and Russia; and the mixed-context cultures were United States–Japan and United States–Hong Kong.

[15] Negotiator definitions of fairness are influenced by what would benefit themselves (see Chapter 5).

第17章 处理谈判僵局

学习目标

1. 了解某些冲突难以解决和谈判难以成功的原因；
2. 探究可能导致谈判僵局的谈判者的基本失误所在；
3. 考量谈判者打破僵局可采用的主要方法和手段。

油气行业的谈判双方就合资企业谈判数月之后，一方突然离开谈判桌中止谈判，原因不明，另一方多次要求重开会议都遭到拒绝。在一家电脑咨询公司同一楼层工作的两个同事不再和对方说话，随之，客户关于公司服务水平下滑、电话没人接等相关投诉接踵而来。国际谈判陷入困境的例子屡见不鲜。有些冲突被化解，谈判人员重回谈判桌，而有些谈判却一直保持僵持状态（参见专栏 17.1）。

专栏 17.1

历史上和现代的国际谈判僵局

案例	历史性的僵局	现代僵局
回弹至有结果	波斯尼亚 北爱尔兰 马里 莫桑比克	塞浦路斯 以色列—巴勒斯坦 斯里兰卡 哥伦比亚
维持死局或转入战争	纳卡地区（纳戈尔诺—卡拉巴赫） 安哥拉 卢旺达	

资料来源：B. I. Spector，"Resiliency in negotiation：Bouncing back from impasse，" *International Negotiation*，11，(2006)，pp. 273 - 286.

谈判会因多种原因破裂或陷入僵局。本章重点分析谈判陷入困境或僵局的情形。一旦谈判陷入僵局，当事人容易变得愤怒而失去冷静，因而丧失合理的判断能力。谈判各方之间的有效沟通受阻，充满对彼此的怨恨情绪。谈判一方与另一方表现出不同的冲突管理模式。各自观点差异之大以致难以达成共识和妥协。那么在这种情形之下，谈判中充斥着破坏性的冲突，使得谈判无法继续进行下去。

本章主要分三部分。首先讨论棘手和难以达成的此类谈判的特点。从谈判所涉及的问题、谈判当事人、谈判氛围和谈判场景四个方面对谈判僵局的性质进行讨论。第二部分主要涉及导致谈判陷入僵局的谈判人员的基本失误表现。最后一部分讨论谈判者解决困境及使谈判重回正轨可采用的策略。

17.1 难以达成的谈判的特点及其发生原因

对于分配式谈判而言，冲突直至破裂并不少见。有时，冲突升级，造成人际关系紧张甚至破裂。难以成功的谈判到底有什么特点呢？有好几种可能出问题的情况。我们这部分先讨论棘手的谈判僵局，探究是什么原因使谈判变得棘手并陷入僵局。

谈判僵局的特点

我们把难以达成的谈判统称为谈判僵局。谈判僵局是指无法快速或轻易得以缓解的冲突状态。一旦冲突存在，谈判各方就难以达成令人满意的结果和期望（Ross and Stillinger，1991）。僵局的特点如下：

● 僵局不一定是一件坏事也不一定具有毁灭性（虽然有可能）。谈判陷入僵局有各种原因，谈判各方有理由在找到可行的解决方案前选择僵局状态（Mayer，2000）。

● 僵局也不一定是永久性的。僵局是谈判的一种状态，意味着以现有的内容、环境、进程和谈判人员，难以解决冲突。因此，如果以上各因素有意识地发生变化，或者随时间推移和环境变化，谈判可以走出僵局，达到解决。

● 僵局可能是一种策略，也可能是真实存在的。当谈判各方故意拒绝将谈判继续下去，以争取更大影响力或者压迫对方做出让步时出现战术性僵局（Mayer，2000）。罗斯和斯蒂林格（Ross and Stillinger，1991）提出“处于冲突状态下的一方或双方，（相信）在交易中愿意放弃眼前利润（从而剥夺对手获得类似的利润），可以使自己在未来的谈判中获得更为有利的条款”（p. 391）。相反，善意的僵局发生在“当谈判各方感到不牺牲自己的一些重要利益，谈判就无法进行下去时……通常争执各方经历这种僵局超出他们的能力之外，深感不僵在这似乎别无选择”（Mayer，2000，p. 171）。战术性僵局可能变成善意的（Mayer，2000）。

● 僵局可能是一个设想而非现实。战术性僵局和善意的僵局的不同是被感知到的，而非现实。尽管这样，它真实地让谈判各方相信他们处在僵局。僵局是由拒不退让的谈判者期待从谈判对手获得让步而产生的。拒不退让可以被定义为一方不愿意通过让步或妥协而在谈判中退后。谈判中这种强硬做法如果达成协议则会取得短期收益，但硬碰硬时也可能无论如何都达不成协议，这使得这一战术成为谈判中“强有力但十分危险的牌”（Bram and Doherty，1993，p. 706）。

导致僵局和谈判棘手的原因

谈判会随着时间、谈判的议题、谈判当事人和谈判环境的变化而变化。谈判变得更易解决时容易驾驭，更难解决时难以驾驭。难以驾驭的谈判会持续很长一段时间，待没有进展时就陷入僵局。帕特南和旺德莱克（Putnam and Wondolleck，2003）指出棘手冲突的程度表现为四个维度：

1. 分歧性。即冲突造成双方当事人分歧以致各方被逼入死角难以全身而退的程度。

2. 强度。指冲突中当事人的参与程度、情感介入度和投入度。

3. 波及性。指冲突侵入人们社会生活和个人生活的程度。

4. 复杂性。指谈判议题的多少与复杂程度、参与谈判的当事人的多与寡、冲突中涉及社会体制的程度、一个问题的解决与其他多个问题的解决密切相关的程度。

专栏 17.2 中列出了增加和降低僵局可能性的一些特点。这些特点会导致营造一种愤怒、沮丧以及愤恨的氛围。之前用于交换信息的沟通渠道以及支持任何一方立场的争论变得非常接近或者受到限制。谈判者用沟通来批判或指责对方，同时也试图去限制来自对方的同种类型的沟通。原先很紧迫的问题变得模糊不清，同时又增加了新的问题。谈判者因对问题所持立场而被识别，冲突也变得更个性化。

谈判各方通常倾向于察觉到各自立场上的巨大差异。冲突强化了这些差异的程度，弱化了人们所感知的共同点和协议。随着愤怒和紧张程度的增加，谈判各方开始受困于他们最初的谈判立场。此时，他们不是寻找做出让步或者达成协议的方法，而是坚定地阐述他们最初的需求，并通过威胁、欺骗、扭曲的方式强迫另一方顺从他们。谈判的一方通常用反威胁或者报复的方式来应对威胁。站在同一边的谈判者通常能够善待彼此，他们能够看到自己人身上最好的品质，并将存在的差异最小化。他们需要保持团队成员的一致性，并且能够接受富有战斗性的、专制形式的领导。当团队里面存在分散现象时，他们通常会对另一方隐藏这一点。团队成员总是会尝试在另一方面前表现出团结的一面。[1]

专栏 17.2

增加和降低僵局可能性的特点

增加僵局可能性：

- 当事人自己缺乏组织性、结构松散。
- 谈判当事人所属社会制度定义不清，争端解决程序混乱和不确定，且没有明确的管理者。
- 在重要问题上有着不同的价值观。
- 冲突屡次升级：当事人数量增加、谈判问题增多、冲突解决的成本增加。双方当事人彼此严重对立，冲突不断升级。

降低僵局可能性：

相反，下列特点增加了谈判的可控性：

- 谈判当事人组织良好，成员之间交流通畅，且各自分工明确，有共同的目标和使命。
- 谈判当事人所属社会制度定义清晰，争端解决程序和规则明确，且有明确的立法机构。
- 除在资源配置方面有不同见解之外，其他方面具有基本一致的价值观。
- 冲突不断降级：谈判处于可控范围，谈判主题集中。谈判双方当事人努力寻求共同可接受的解决方案，冲突被和平和冷静的氛围化解。

资料来源：L. Putnam and J. Wondolleck "Intractability: Definitions, Dimensions and Distinctions." In R. J. Lewicki, B. Gray, and M. Elliott, *Making Sense of Intractable Environmental Disputes* (Washington, DC: Island Press, 2003).

接下来我们讨论一下导致谈判僵局的四个层面——谈判问题的特性、谈判当事人、谈判环境和谈判场景。

谈判问题的特性

谈判问题的特殊性会引起谈判陷入僵局，而价值观差异、高风险分配式的谈判以及人类健康和安全风险是三大影响因素。

- 价值观差异。很多陷入僵局的谈判可以追溯至基本的价值观差异。这种差异可小到喜爱和偏好的差异，大到意识形态、生活方式等的不同或者其他被认为神圣的、关键的事情。关键在于具有显著价值观差异的个人或团体如何处理这些分歧——或通过将自己的观点强加于他人或通过包容和理解的方式解决。丁沃尔（Dingwall，2002）认为社会上大多数难以解决的如民族、宗教、政治、经济、法律和环境等冲突的根源是核心价值观的差异。韦德-本佐尼、霍夫曼、汤普森、穆尔、吉莱斯皮以及贝泽曼（2002）认为意识形态的差异是核心价值观差异的产物，而这些差异是影响谈判的极大障碍。
- 高风险分配式谈判。分配式谈判意味着双方没有讨价还价的重叠区，因此也会使谈判陷入僵局。正如第2章和第7章所阐述的，谈判双方可能都过分夸大各自的谈判立场而致使彼此没有共识区间。解决冲突的成本看似又高于拖延争端解决的成本。谈判双方受困于他们不愿让步的情形中，并倾向于迫使另一方做出让步。这种僵局可以通过本章后面要谈到的策略得到解决。
- 危害人类健康和安全的风险。有些谈判，尤其是那些涉及健康和环境的谈判，陷入僵局的原因是人类的利益受到明显威胁，且这些谈判议题本身根植于复杂的科学之中，非门外汉所能理解，更不用说相信并盲目地信任。环境清洁、核能、有毒废物的处理、污染控制以及其他相关的问题都引起了激烈的讨论。[2]伯吉斯（Burgess，1995）指出谈判双方通常处于比那些对公共健康和安全有极大关注度的人胜人一筹的“竞购战”中。

谈判当事人的特点

导致谈判难以达成的另外一类因素是双方当事人本身的特性。谈判当事人的五大特点起着重大作用，具体包括：人们如何自我定位、如何比较自身与他人、对谈判力的理解、报复与愤怒以及冲突管理模式。

如何自我定位

许多谈判僵局的形成与当事人如何定位自己有关。身份定位问题是众多棘手谈判的中心问题，其实就是“我是谁”的问题（Hoare，1994，p. 25）。不同的人可能给出不同的答案，关键取决于他们所从属的群体和对自我的认知。[3]罗恩曼（Rothman，1997）指出，当人们的身份受到威胁时可能会出现冲突，因为这些威胁挑战人们最基本的归属感。关于这个有大量的国际和国内的事例（见专栏 17.1）。寻求民族自主权或领土要求，寻求对所受不公正歧视待遇的改变，呼吁普遍的人权和政治权利都是导致无法解决的冲突的因素。哈罗德·索德尔斯（Harold Sauders，2003）认为团队身份认定中所涉及的心理过程是导致僵局的重要原因之一。此外，正如第 5 章中所阐述的，当谈判方认为冲突的一个结果可能会强化或弱化他们的身份感时，他们通常会针对身份问题构建谈判框架（Gray，2003a）。自我定位的影响并不只限于国际事务中。谈判者通常会采取基于角色（例如，受压迫者的防卫人）或者与自身紧密相关的个人伦理的立场。

比较自身与他人

如果身份问题涉及“我是谁”的问题，那么社会比较的问题反映的则是个人定义“他们是谁”的方式（Gray，2003a）。一个人的社会身份往往离不开将自己与他人进行比较。当我们定义自己所属的群体时也在定义自己所不属于的群体。再者，处于冲突中的当事人往往会落入“基本归因错误”这样一个心理陷阱，即倾向于将差错归咎于他人，将功劳归功于自己；会把别人的成功看作运气，把别人的失败看作缺陷和不足所致（Ross，1997）。

巴布科克、王和洛温斯坦（Babcock，Wand and Loewenstein，1996）对谈判僵局发生时这种社会比较所带来的影响展开了研究，获得两个主要发现：第一，谈判者通过选择比较群体对比，来反映自己立场的支持性、自足的偏见，所选对比组的立场能使谈判者的要求看上去公平合理；第二，谈判的破裂或者僵局与被比较群体之间的差异正相关，也就是说，被比较群体之间的差异越大，谈判破裂的可能性就越大。第一个发现可能是基于故意的、策略性的选择，第二个发现则与我们之前关于极端立场、感知差异以及结果性僵局的评论是一致的。

在高度结构化或者部门化的组织中，与别人进行比较会很频繁地导致谈判僵局的发生。市场部门花费了大量的钱，而新产品的生产又很慢等。这些团体对事物的看法不同，而基于团体关系的沟通存在误解，使得在压力之下，谈判容易陷入僵局。

对谈判力的理解

谈判者可能认为他们可以采取高压手段来将成本转嫁到另一方身上或强迫对方接受一笔并不有利于他们的交易（在第 7 章中我们对谈判力进行了大篇幅的阐述）。

在短期内以及在没有考虑对长期关系影响的情况下，这一策略的有效性取决于另一方是否相信谈判者有这种力量并会使用这种力量（Brams and Doherty，1993；de Dreu，1995）。处于此类冲突中的谈判者趋向于将彼此看作极端的、偏颇的而且是自私自利的。如果对方被认为具有相反的政治信仰和理念，或者如果一方或双方又出于礼节避免表达彼此对问题的看法，那么谈判的难度就会增加。肯特纳和鲁滨逊（Keltner and Rubinson，1993）发现这类谈判往往具有旷日持久的特点，且达成的共识和合作也少。

史密斯（1994）认为僵局通常来自于必须同时对谈判力变化以及维持这种改变的可应用的合适体系进行谈判的需求。例如，当身份地位很强时，随之而来的群体内/群体外偏见通常会导致谈判一方或者谈判双方将对方妖魔化，或者对另一方谈判立场的有效性和接受性大打折扣，这会导致双方交易的极度不情愿。在第19章中将会讨论处理这种情况的第三方策略。团体间谈判具有这样的特点，即为了使谈判能够有效继续，任何一方的自我认同或其强力维护的强硬态度，必须相应地做一些调整（Ring and Van de Ven，1994）。简而言之，双方（尤其是高权势的一方）必须要有付出或者愿意去考虑另一方可能有合法利益以及正当的观点。

报复与愤怒

谈判僵局也可能源于恐惧与愤怒（Adler，Rosen and Silverstein，1998）或者想报复攻击方（Kim and Smith，1993）。因报复而使冲突升级的背后主要有三种驱动因素：通过报复获得公正结果的意图；维护和表达自我价值的需要；阻止今后不利行为发生的愿望（Kim and Smith，1993）。这些情绪和动机反过来会促使谈判冲突升级和谈判彻底破裂。普鲁伊特、帕克和米克利克（Pruitt，Parker and Mikolic，1997）认为谈判冲突的升级通常是由于一方被另一方持续激怒而发生的，然而琼斯和雷姆兰德（Jones and Remland，1993）则认为可以将冲突升级解释为“非语言化的地位展示”（p. 119）。这种展示旨在表达在面对面冲突中的谈判力、支配权，或者相对地位以弱化对方的物质或者知识的存在。例如，谈判者可以拒绝与另一方在同一房间会面（以弱化物质存在）或者拒绝回应谈判中对方提出的问题（以弱化知识存在）。

冲突管理模式

最后，谈判僵局也有可能源于对谈判过多或过少的干预。迈耶（Mayer，2000）发现谈判当事人倾向于采用多种新颖的方式来避免冲突：

- 攻击性避免（“别惹我，否则你会后悔”）——以威胁方式避开对方。
- 被动避免（“我不想跳舞”）——忽略对方。
- 被动式攻击性避免（“如果你向我发火，那是你的问题”）——将错归咎于对方然后离开。
- 以无奈为由避免（“……何用之有?”）。
- 通过中介避免（“让你与他争斗”）——将冲突转向一个中间人或代理人。
- 通过拒绝承认来避免（“如果我闭上眼睛，一切都会过去的”）——假装相信它不存在。
- 通过预先解决问题来避免（“没有冲突了，我已经把一切问题都解决了”）。
- 通过以退为进避免（“好，我按你的方式做，现在我们可以谈谈别的吗?”）。

这八种避免冲突的方法可以单独使用或者综合使用，主要是为了有效地避免介入冲突，但这些方法本身也可能会使僵局持续直至另一方或情势发生变化（Mayber，2000）。在第 1 章和第 15 章中我们分别讨论了将避免的方式作为一种策略以及个人风格的相关问题。

谈判环境的特点

谈判环境是可能导致谈判陷入僵局的第三类因素。谈判者应该清楚地知道他们要谈什么，因为双方当事人各自有不同的目的（Fortgang，Lax and Sebenius，2003）。如一方可能只对当下合同感兴趣，另一方却关注建立长期的战略伙伴关系。当谈判者知道他们各自对谈判的内容有不同的理解时，谈判陷入僵局的风险也就增加了。

另外一个导致僵局的环境因素是对现有协议的重新商议。萨拉库斯（2001）指出对现有协议的重新谈判经常发生，主要分三种情形：交易后谈判；交易内谈判；交易外谈判。（1）交易后谈判指在现有合同到期之后对新的协议谈判。例如，当买卖双方的合同快要执行完成时，双方有机会就新的协议展开谈判。（2）交易内谈判通常发生在协议中有表明谈判可以在特定的时间间隔内重新开启。如合资企业的双方同意每 12 个月就某些合同条款重新谈判以确保协议进展顺利。（3）交易外谈判指在有迹象表明可能出现违反合同的行为或在合同没有重新开启条款的情况下进行的谈判。例如，由于一方未履行付款条约而进行的谈判可称为交易外谈判。

虽然这三种情形都会导致谈判陷入僵局，交易外谈判陷入僵局的可能性最大。出现交易外谈判往往是环境的变化所致，如油价的突然上涨，政府政策的意外变化或政局不稳等，这些变动可能对一方产生的影响大于另一方。受到负面影响的一方当然期待重启谈判，而另一方可能会感觉到敌意，认为既然交易已然结束就无须再谈（Salacuse，2001）。

谈判场景的特点

致使谈判陷入僵局的第四类原因涉及谈判场景，包括当下要讨论的问题、相关的问题以及文化问题。第 16 章中我们已经讨论了谈判中文化的影响。已有研究中较少涉及谈判场景是如何导致谈判者陷入僵局的。然而，有经验的谈判者知道改变谈判的场景，如谈判地点，可能是使谈判重回正轨的重要策略。例如，从一个旅馆或城市换到别处可能象征着谈判的新起点，而且意味着之前所用的方法已经不再适用。另外，从正式的会议室换到客厅、休息室或餐馆这些非正式场合会使人感觉舒服，从而改变人际互动方式。更重要的是，临时或永久性地启用一名更具有合作精神的谈判人员来取代较具挑衅性的谈判成员可能向对方表明要改变谈判实质的意愿。拉克斯和西本尼厄斯（2003）进一步指出在错误的时间与错误的谈判对手就错误的问题按错误的程序谈判都将导致谈判僵局（p. 66）。最后，时机的选择也很重要（参见第 2 章）。过早的妥协可能会立刻被拒绝，但如果经过重新包装在合适的时间呈现出来，可能就能打破谈判的僵局（Eliasson，2002）。

小结

本节中，我们回顾了导致谈判难以解决的四个因素——谈判问题、谈判当事人、谈判环境以及谈判场景的特点。

17.2 导致谈判僵局的根本性失误

下面我们来探讨一下谈判者哪些失误可能会增加谈判僵局的可能性及这些失误如何对谈判产生破坏性作用。西本尼厄斯（2001）列举了谈判者所犯的会导致谈判脱离正轨并陷入僵局的六个根本性失误：

1. 忽略对方的问题。对谈判对手的需求目标缺乏了解会使谈判难以达成并增加谈判陷入僵局的风险。不能确保正在努力达成的协议能够满足双方需求的谈判者实际上正在犯使谈判脱离正轨的错误。

2. 过多地关注价格。过多关注价格也会使谈判进展艰难而可能导致僵局。谈判者还应关注价格以外的许多有形和无形的因素。

3. 在利益上的立场。价值创造和价值申明这两者都是谈判的目标所在，但是如果谈判者太早地过分表达价值申明或者以咄咄逼人的方式主张价值，那就不利于谈判的顺利进行，还可能导致僵局。如西本尼厄斯（2001）指出的那样，“蛋糕既要扩大也要分割”（p.91），否则，谈判可能会陷入僵局。

4. 过于强调共同点。谈判的一个重要方面是相互依存（参见第1章），即谈判者要达成交易需要有足够的共同点。然而，有时很难和与自己差异不大的伙伴达成协议，因为往往只有差异才有了谈判的理由，所以如若谈判者过多强调彼此之间的共同点而忽略差异可能会丧失一些好的成交机会。除非交易本身能够创造足以吸引人的价值，否则双方会缺乏达成协议的动力而使得谈判难以达成。

5. 忽视最佳替代方案（BATNA）。最佳替代方案是谈判中的重要工具之一，可增加谈判者的讨价还价能力从而有助于达成期望的结果（Sebenius，2001）。没有努力提高和完善其最佳替代方案的谈判者实际上正在犯错，因为忽视最佳替代方案会削弱谈判者的谈判力量，有可能致使谈判难以达成。

6. 调整谈判过程中的想法。谈判者需要保持应变力，根据谈判中所获取的信息随时调整对情势、潜在协议和对手的看法。那些不能准确调整其想法的谈判者正在犯错，使得谈判更难以达成。有些偏见可能是无意识形成的，但它们有力量使谈判陷入僵局，纠正这些偏见对谈判者是一个挑战（参见第5章）。

谈判者在谈判中容易犯的另一个错误就是不主动去管理谈判过程本身。科尔布和威廉姆斯（2000，2001）指出谈判者谈判不成功的一个主要原因是谈判者在实质性谈判过程中没有运作好影子谈判。影子谈判解决的不是谈什么而是如何谈的问题。影子谈判涉及到底哪些利益占主导、谈判的口吻是敌意还是合作的，哪方的观点更喜闻乐见，也就是谈判者彼此如何打交道（Kolb and Williams，2001，pp.89-90）。

无法管理好影子谈判的谈判者会发现谈判无法开始或者问题无法讨论，从而增加了谈判陷入僵局的可能性。例如谈一项企业并购协议的具体内容前，双方应该先讨论他们想怎样合作并制定好谈判的规则。

福特甘、拉克斯、西本尼厄斯（Fortgang，Lax and Sebeniuis，2003）指出谈判者除了谈经济利益外还需要兼顾社会契约，否则谈判也容易脱离正轨。社会契约包括两个方面。潜在社会契约回答“是什么”的问题（例如我们是要进行一系列的合同交易，还是要建立深层次的战略伙伴关系?）；进行性社会契约，回答的是“如何做”的问题（比如双方如何在实际工作中做出决策、应对突发事件、沟通以及解决争议）（Fortang et al.，2003，p.68）。忽略社会契约管理的谈判者也可能遭遇谈判困境。

最后，格雷（Gray，2003b）提到导致谈判陷入僵局的另一个原因是谈判者在应对谈判对手时让自己的情绪左右自己的决定，而不是以审慎的方式应对局面。与其“将人和事分开”（Fisher，Ury and Patton，1991），格雷认为很重要的一点是，谈判者应该认识到人的内在情绪对其行为的影响，当内在情绪极其强烈时，会影响他们对谈判对手的态度。例如，萨姆在谈判会议时总是迟到，而玛丽总是很准时，她可能会将萨姆的迟到看做不尊重对方的表现。萨姆迟到可能是因为他必须要经过几个城镇才能赶到会议场所，因此在紧迫的时间里无法按时到达。实际上，萨姆可能把会场太远而他总要经过较远距离才能到达看做不尊重他的表现。因此，玛丽的情绪更多地与其内在情绪反应有关，而与萨姆的行为没有太大的关系。例如，玛丽可能成长在一个对时间承诺要求严格的家庭中。谈判者如果不能理解他们的情绪会如何影响他们对另一方的反应，那么他们就在犯使谈判脱离正轨的错误。

避免僵局

格林和惠勒（Green and Wheeler，2004）认为在谈判开展前有几个重要的时刻。解决僵局的重要方式之一是避免僵局发生。对谈判进程中发生的变化有清醒的认识可以在最后一刻避免谈判僵局的发生。格林和惠勒（2004）指出要尤其注意可能预示僵局即将发生的七件事（见专栏17.3）。

专栏17.3

监控以下信号避免谈判僵局

1. 监控谈判过程的交互质量，注意每一个陈述和采取的行动与下一个陈述和行动是如何关联的。要意识到你所打算做的事永远都不会完全被读透。

2. 特别注意谈判的多层次级别，注意身份和角色以及实质内容是如何定位的，同时，也要注意情绪是如何被表达和抑制的。

3. 要理解对方语言或者非语言化的暗示。说话的音高、对话的速度、停顿、语言上的犹豫都是内部情绪的信号。身体行为的改变也是转变的标志。

4. 在理解对方行为时要特别小心。对正在发生什么要积极探寻多种解释。不要认为对方会按照你所想的做出反应。

5. 当你被困于无效率的循环中时，要面对现实，重新处理旧的争论并反思旧的解决方法。

6. 要认识到你的触痛点，特别是那些使你失去自我观点的事情。

7. 通过想象不同的情节来预测变化。要记住过去并不一定是现在的开始。

资料来源：G. M. Green and M. Wheeler，“Awareness and Action in Critical Moments.” *Negotiation Journal*，20（2），2004，pp. 349 - 364.

17.3 如何破解谈判僵局

前两节主要讲谈判僵局产生的原因，下面将从认知、情感和行为三个层面来讨论如何处理僵局（Mayer，2000）：

1. 认知解决方案。对解决方案的认知可以改变谈判方对情境的看法。对于要取得认知解决方案的谈判双方来说，“……让他们必须认为主要的谈判问题已经解决、已达成共识且冲突已经过去，不会阻碍未来的发展……”（Mayer，2000，p. 98.）。通过认知解决方案来解决谈判僵局通常不是那么容易的，因为在新的数据面前，人们一般都会固守自己已有的信仰和观点，然而新的信息和明确的认知重构是获得认知解决方案的关键。

2. 情感解决方案。这种方案旨在改变谈判方对僵局和对手的看法，并减少他们投入到谈判中的情感能量。当谈判双方通过情感解决僵局时，彼此不再抱有强烈的负面情绪，双方关系就变得不那么紧张，并且某种程度上从情感上终止了冲突。情感解决方案一般包括信任重建、谅解和道歉等。

3. 行为解决方案。此方案明确涉及即将做什么、将如何履行即将达成的协议。行为解决方案应明确谈判方阻止冲突的方法、补偿措施，以及促进冲突解决的行为机制。

破解僵局之道众多（见专栏17.4），关键在于找到重新启动谈判程序的方法（Spector，2006）。这并不容易，而且最初的尝试可能面临失败。

专栏17.4

如何破解僵局

- 获得或者分享更多的信息。问更多的问题并且在回答对手问题时承认其价值。
- 转变客观标准。例如，东道国买家可能将其辩护的点从关注东道国市场价值转变为卖家的利润。

● 要更多地强调需求和利益，列出一个清单以保持时刻关注。

● 对选择进行头脑风暴。寻求创造性的解决方案。

● 设定最后期限。设定最后期限增加了双方行动和继续的可能性。

● 暂时将问题放置一边。将问题放置一边，等待在次要问题达成一致并获得一些进展时再重新对其进行谈判。

● 休息。暂时离开谈判桌可以帮助双方更加沉着地应对问题，并对问题进行再评价。

● 转移到上级。如果你的对手不再有权力做出让步，可以要求与其老板谈话。

● 选择一个相对可供选择的程序。例如，通过一个独立的第三方进行仲裁或调解有利于谈判的进展。

● 让步。虽然做出让步可能是最后的选择，但是如果没有达成协议使得结果更糟糕时，做出让步仍然是有利可图的。

资料来源：M. Latz，*Gain the Edge*：*Negotiating to Get What You Want*（New York：St. Martins Press，2004）.

本节将描述六种用于破解僵局的策略。这些策略倾向于行为和认知解决方案，但也影响情感解决方案：

1. 在规则和程序上达成一致。
2. 缓解紧张局面、减少敌意。
3. 提高沟通的准确性、增进彼此了解。
4. 控制谈判议题的数量和规模。
5. 确立构成协议基础的共同点。
6. 增强彼此提供多种选择方案的意愿。

关于破解僵局并没有标准的处方，也没有适用于任何情况的通用方法。研究冲突性质和冲突解决的研究人员提出了一系列可应用于多个方面的不同的争端解决技巧。[4]我们认为按本章所建议的顺序实施这些策略来解决谈判僵局通常比较有效。即先就程序和规则达成一致，减少紧张和焦虑，然后努力提高沟通的准确性和将谈判议题控制在可控范围内，最后，双方应致力于确立共同点和增加彼此所提供选择方案的吸引力。当然这一套方法也不是一成不变的，许多僵局是按不同顺序采取这些步骤而成功破解的。不过我们这里呈现的步骤顺序是第三方为化解僵局通常使用的，因此我们相信如果谈判者自己采用这些程序应该也是最有效的。假如僵局不破解，那么就有必要由第三方来干预调解（参见第 19 章）。

就规则和程序达成一致

谈判者可以通过就谈判的规则取得共识来处理僵局。冲突一旦升级就可能违背初衷；谈判双方越沮丧，就越可能采取极端的策略来击败对方。有效地降低和控制冲突可能需要双方重新回到处理冲突的最基本规则的共识上。基本规则的建立一般包括以下步骤（见 Dukes，Pscolish and Stephens，2000）：

- 确定会议的场地（改变会议场所或找一个中立的会议场址）。
- 设定正式议程，将讨论和不讨论的问题列出，并就议程达成一致。
- 确定出席会议的人员（关键谈判手或者代表的改变预示着谈判方法的改变）。
- 为每场会议及整个谈判会期规定时限（谈判进程与时间相关，设定时限有利于取得谈判进展）。
- 设定某些程序规则，如谁发言、发言时间长短、如何进入议题、哪些事实要介绍、怎么做会议纪要、协议如何确认以及需要什么样的文书和支持性服务等。
- 明确具体的行为准则（什么该做、什么不该做，如不要攻击他人等）。

最后，双方可能在谈判中专门留出一些时间来进行评估，这种机制需要双方指定特定的时间用于评估自己的进展。这为他们提供了时间去重估基本的谈判原则、改变程序机制，甚至撤换谈判人员。这给予了谈判双方随时修正程序机制的机会，从而使他们在解决实质性分歧方面取得更大的进展（Walton，1987）。

缓解紧张局面、减少敌意

徒劳无效的谈判很容易变得高度情绪化。谈判双方感觉受挫、愤怒或沮丧。他们固执己见，竭力争取自己偏爱的选择方案，认为自己是坚定的、有原则或者应得的，而有同样做法的另一方却被视为是顽固不化的、冲动的、不灵活的、不讲理的。双方争执的时间越长，就越容易失去理智，让情绪占上风，辱骂和言语攻击就会取代理性思维。当谈判变得个人化并转变为个人间的输赢争执时，就失去了有效谈判的所有希望。下面有几种缓解情绪波动以解决僵局的方法：

将谈判双方暂时分开

降低冲突的最常见的办法就是中止会议。宣布中场休息或同意延期，等过后再回来，以便各自放松一下心情和有时间反思。双方应该明确地意识到休息的目的是使双方的怒气能够缓和下来，以使对话不那么情绪化。每一方都应该同意以全新的努力重回谈判从而使商议更有效率——可以简单通过冷静下来或者尝试以不同的方式阐述引起愤怒的问题。

双方分开的时间可能是几分钟、几个小时或几天、几周，时间的长短取决于敌意的程度和特定的情况。双方在这段时间内与委托人核实、收集新的信息、重估他们的谈判立场和任务。

冲突管理

冲突是谈判的自然产物。谈判者应该认识到紧张局面是不可避免的而且应该知道如何处理。有些谈判者对紧张局面极其敏感，会用一句睿智的话语或一个笑话化解紧张局面。有些谈判者认为让对方偶尔释放一下压抑的愤怒情绪是很重要的。老练的谈判者知道给对方一些情感宣泄的机会可以消除误会，使谈判重回冷静的局面。

了解对方的感受：积极倾听

当谈判一方陈述其观点时公然遭到对方反对，那么这一方听到的并不仅仅是对方的反对那么简单，他们可能听到的是挑衅、贬低、其阐述错误或不被接受的断

资料来源：© CartoonResource. com.

言、撒谎或扭曲事实的指控或另一种形式的人身攻击。无论对方的信息是否无关紧要，谈判者必须要处理接受该信息的方式。误解明显会使冲突升级。如前面提到的那样，谈判者需要知道谈判中他们自己的反应（Gray，2003b）。谈判中行为反应过度往往是某人内心深处的写照，因此应该好好管理自己的情绪，否则这可能成为谈判过程中的不利因素。

倾听对方的声音并不表示你赞同对方的观点。谈判者应该让对方知道你已经听到并了解了对方信息中包含的内容和情绪但并不表示赞同这一点。这一技巧称为积极倾听，并且被频繁用于鼓励他人更多地自由阐述的采访或者治疗场景中（Rogers，1961）。第 6 章中已经详细讨论了沟通步骤。与支持自己的观点和立场来挑战和面对其他谈判者的阐述的做法相反，谈判者可以让对方确认，要求进一步说明来做出回应。可以说："你是这样看待这个事实的"，"你对这个观点非常坚定"，以及"我明白如果你这样看待这件事，你会对我说的感到威胁和沮丧"。这些阐述并不表明谈判者同意另一方的观点，相反，显露出的是他们已经准确地听到和理解对方的观点。

使冲突降级

曾写过冷战和裁军方面文章的奥斯古德（Osgood，1962）提出过一个使冲突降级的单方面策略，即"主动采取的渐进互惠的缓解冲突之举"（GRIT）。一方主动做出较小的让步以表达缓解紧张局面的意愿，但让步又不能太小，应足以反映改善关系的意愿，也不能太大，否则，如果只有一方做出让步，这将会非常脆弱。随后当事方应该做公开声明，明确：

1. 具体的让步是什么。
2. 让步是为了减少冲突而特意做出的。
3. 表示希望对方也做出所期待的让步。
4. 让步是遵照时间表进行的。
5. 各自让步不是以对方做出对等让步为前提的。

发起冲突降级的一方随后会做出让步。明确的让步应该是明显的、不模糊的而且容易核实的。例如，工会可能会声明为了开始积极的谈判进程，他们愿意在下周重回谈判桌，但是希望对方能准备好，善意地管理谈判。此外，将让步公开并且标上标记同样是有帮助的。如果对方没有做出回应，主动让步方应该做出行动，重复原来的顺序，并选择简单的、低风险的让步以努力吸引对方加入到冲突降级中。如果对方做出反应了，主动让步方就提出第二套方案，比第一套方案风险略大些，并再一次启动原来的顺序。一旦冲突降级，双方就都有可能做出较大让步从而使他们重新回到互利的谈判关系上来。在冲突降级方法的变动中，谈判者会邀请对方做出较小的让步，为对方提供可选择的一系列方案。这样的建议伴随着会以同样方式做出回应的承诺，并愿意从对方提供的清单中选择让步方案（Ross and Stilligner, 1991）。

提高沟通的准确性

破解冲突的第三步就是确保双方完全了解对方的谈判立场（从第6章中可以进一步了解如何对待谈判中的沟通）。当冲突升温时，双方沟通的重点在于如何管理情绪及控制对另一方的下一个攻击。此时，有效的倾听减少了，双方都认为知道对方要说什么，所以根本就不去听。谈判陷入困境时，拒绝倾听可能会导致双方看不到彼此的共同点。拉波波特（1964）将这种现象称为“相容的无知”，导致彼此不信任和问题无法解决。下列几种办法可用于扭转局势（见专栏17.5）。

专栏 17.5

促进沟通的语言策略

语言学家德博拉·坦嫩（Deborah Tannen）指出美国人生活在争论的文化中，我们讨论问题时所使用的语言反映了对对抗关系的偏好。我们选择用来描述人际互动的词语塑造了我们的经验认知。结果，当我们提及一场争辩中的反对者时，我们把沟通塑造成对抗的，且我们更可能使冲突升级。

坦嫩认为以下几种方案有利于化解争论：

不应这样说	应该这样说
两性交战	男性和女性关系
批判	评论
打架	讨论
双方当事人	各方当事人
争论	讨论
对方	另一方
展开争论	提出论点
相反性别	另一性别
打赢毒品走私战争	解决毒品走私问题
起诉	调停
挑拨	发人深省的
最有争议的	最重要的
分化	统一
猎犬新闻工作	看门狗新闻工作

无意识的反对	真正的反对
关注差异	寻求共同点
赢得争论	理解其他观点
对立方	另一方
检举报告	调查报告
争论文化	对话文化

资料来源：From Deboran Tannen, "How to Turn Debate into Dialogue," *USA Weekend*, February 27-March 3, 1998, pp. 4 - 5.

角色互换

当人们处于局外人的角色时往往更容易看到谈判双方彼此逻辑的、理性的和潜在的共同点。然而，置身于冲突中的人就可能意识不到了。角色互换可以帮助谈判者设身处地站在对方的角度考虑。例如，一个管理者站在雇员的角度、销售人员站在客户的角度、采购员站在供应商的角度考虑问题等。谈判者可以通过想象的方式进行情节演示，找一个朋友或者同事来扮演另一方的角色并展开对话，或者更有效的是将角色互换作为单方面策略准备过程的一部分。尽管换位思考不一定能精确断定对方的真实想法和感受，但这一过程能使谈判者获得意想不到的有益的见解（例如，专栏 17.6 中列出了管理冒犯性评论的方法）。

专栏 17.6

你说了什么

当你处于谈判场景中冒犯性评论的接收方时，你可能会予以反击或者带着愤怒和不悦扬长而去。在重要的谈判中，这可能导致你（以及对方）面临舍弃从沟通中获得共赢的风险，也转移了你对谈判问题的注意力。施内德（Schneider，1994）认为在面临冒犯性评论时，你的基本选择包括先试图理解为什么会发生冒犯，然后决定应该做些什么。为了理解这一行为，她提出了四个步骤：

- 检验你的假设。
- 检验你的假设所基于的数据。
- 寻找和评估其他的数据，即使（尤其）那些数据倾向于否定你的假设。
- 评估和调整你的假设，使其尽量合理化。

一旦你的假设看起来正确且合理，就可以决定是否通过以下几种方式去处理这一行为：

- 忽视它（表现出就像没有发生一样）。
- 面对它（例如，进行反攻击："那是种族歧视"，或者"多么幼稚啊"）。
- 使之转向（例如，承认并继续谈判——此时幽默感经常会起作用）。
- 处理它（与对方谈论他们冒犯的目的是什么并告知你对冒犯的反应）。

资料来源：Adapted from A. K. Schneider, "Effective Responses to Offensive Comments," *Negotiation Journal* 10 (1994), pp. 107 - 115.

在谈判中，一方经常会试图鼓励另一方进行换位思考。他可能会辩护称："站在我们的角度看待这个问题，你所阐述的使我们置于这个立场，怎么还期待……"这个改变通常发生于一方告诉另一方："如果我站在你的立场，我会……"如果角色互换能使谈判者更好地了解对方的观点而且发现自己以前的观点是错误的，那么就等于给了一个谈判者纠正错误的机会。准确的沟通使谈判者对谈判有更广义、完整的看法。角色互换也给谈判者提供机会去探索一个计划好的行动是如何影响关系的。例如，一个站在员工角度的管理层成员会发现一些管理的争论或者策略可能造成无效或者不良影响，从而在问题出现前终止管理策略（Johnson and Dustin，1970）。

角色互换的目的之一在于强调共性和彼此谈判立场的交叉重合之处，然而，前提是他们之间确实存在相容性或者至少有一方通过提出想法的方式靠近对方，角色互换才得以实现。假如没有相容之处，角色互换也许会加剧彼此之间的分歧。有些谈判者认为彼此没有利益交融之处谈判就不可能达成，另一些人则认为如果谈判者意识到彼此没有相容利益但可寻求其他方法来打破僵局。为了实现整合式谈判，双方需要准确理解对方的目标。如果双方的目标全然不一致，那么整合式谈判就没有可能，越早发现这一点越好。正如第2章中所阐述的，消极解决方案的存在对分配式谈判进程会产生严重的后果，最好要认识到这一点。因此，角色互换是揭示双方真实目标及决定谈判将如何进行的强有力工具。

意象方法

意象方法也是一种深刻了解对方观点的方法。在这个过程中，可要求冲突双方分别参与如下活动：

1. 描述自己如何看待自己。
2. 描述对方在自己的眼中是什么样的。
3. 陈述对方会如何描述自己。
4. 陈述对方会如何看待对方自身。

然后双方交换意见，找出共性和差异。在双方阐述和证实他们所说的和听到的言论时，意象法通常能够产生生动的讨论。一个共同的结果是双方承认许多明显的差异以及冲突的区域并非真实存在，因此他们开始去理解那些真实存在的东西。奥尔德弗（Alderfer，1977）举了一个两家公司合并后高管就组织结构方面的谈判中使用意象法的例子。双方高管人员都特别担忧自己这一方被另一方掌控而失去操控力。一位咨询顾问建议他们在谈判之前先开一个意象会议。这次会议大大地转变了双方的观念，整合式谈判圆满成功。

成功使用角色互换和意象法可达到如下几个目的：首先它们可以澄清和消除误解。另外，双方的利益、目标、优先事项以及局限性都摆在桌面上，双方能更好地了解对方所需。最后，这些方法为谈判树立了积极的基调。谈判者发现他们的需求和关注点都会被倾听和理解，并且不会被妨碍，这减少了防卫并且鼓励人们学会倾听。大部分人在开始谈判前，对于要从对方获得什么东西都有相当清晰的想法，在这个阶段，他们也知道对方想从他们这边得到什么。共同解决问题由不可取得的理想化变成可实现的过程。

控制议题

冲突解决的第四步措施是控制谈判问题的数量。随着冲突升级，谈判问题的规模、数量和复杂性也随之升级。尽管小的冲突中问题可以一次性得到满意解决，而大的冲突就比较难以控制。处于谈判僵局中的谈判人员面对的挑战就是要防止问题扩散，将问题维持在可控范围之内。下面介绍几种策略：

分解谈判问题

是一种将冲突从大化小的问题控制方法（Fisher，1964）。根据费希尔的研究，分解谈判问题包括几个步骤：减少各方参与者的数量；控制实质性谈判议题的数量；用具体的条款取代原则性条款；无论在程序上还是实质性谈判上尽量控制涉及先例；大事化小；对事不对人。这些方法具体如下：

1. 减少各方参与者的数量。当谈判处于困境时，双方会努力建立联盟或者将支持者带入谈判中以增加自己的影响力。他们常常邀请律师、专家或权威人士等加入其谈判队伍以提供信息或者影响力（专栏 17.7 中列出了管理决斗型专家的 12 种方法）。参与人数越多，就越会从实质上增加谈判的复杂性，因为人多就意味着多种不同的看法、需要更多时间讨论，因而更有可能出现分歧。阻止谈判僵局恶化的途径之一就是削减谈判参与人员，限制出席的谈判人员数量，甚至只限两个人，以增加谈判成功的概率。

专栏 17.7

管理决斗型专家的 12 种方法

1. 试图使对方相信你们的专家更好。
2. 让专家们联合起来一起解释为什么他们有不同的建议。
3. 让每个专家回答一系列书面问题。
4. 让专家在联合意见上签字。
5. 共同选择出席谈判的第三方专家。
6. 让第三方专家写一份无约束力的决定。
7. 让第三方专家写一份有约束力的决定。
8. 通过引进新的或假设性的事实来制造疑问。
9. 分解专家间存在的差异。
10. 实现专家间的互赞。
11. 在专家间随意选择。
12. 将决定交予有约束力的第三方（仲裁、审判）

资料来源：J. H. Wade，"Dueling experts in mediation and negotiation：How to respond when eager expensive entrenched expert egos escalate enmity，" *Conflict Resolution Quarterly*，21（4），2004，pp. 419 - 436.

2. 控制实质性谈判议题的数量。化解冲突的第二个方法就是将谈判问题维持在可控范围之内。当冲突产生时，谈判问题的规模和数量也会随之增加。有些谈判冲突可能升级到使得问题太多而难以有效管理，但是要将谈判问题减少到很少的数量有时也会出麻烦。单一问题的谈判往往更难以处理，因为很容易出现胜负两极化结果。这时通常需要将问题分解以达到互利的谈判结果，或将一个问题结合其他问题一起考虑，这样每一方才能就至少一个问题取得可喜的解决方案（在第2，3，4章中我们讨论了如何定义谈判组合策略、问题捆绑以及创造选择）。

3. 用具体的条款取代原则性条款。当事件或问题被当作原则性问题看待时，谈判问题变得难以掌控。某些小冲突的解决一旦与大的政策或原则联系起来而不是被看作孤立事件的话，冲突就会变得很棘手。相比于就单一问题做出让步，大政策的改变更难以达成，因而谈判立刻变得更具挑战性。例如，一个员工在工作时间向公司请假，带孩子去看病。公司没有政策规定允许员工以这个理由请假，因此这个员工的主管告诉她必须请病假或者旅游假，经理声称“这是原则问题”。诉诸原则和政策问题的争论是高权势的谈判方在应对现状改变时常用的策略。关于政策或者原则问题的讨论持续时间越长，谈判成功的可能性越低。

当然，有时单一事件象征着新的原则或政策。这个情况出现时，谈判者应该明确地强调政策或原则。通常谈判者不愿意强调原则问题，因为他们知道关于原则性问题的谈判很难成功且持续时间较长。如果谈判是要解决原则性问题，却把它当作具体问题来谈也会导致挫败和徒劳。当这种情况发生时，明智的做法是面对这个基本问题直接提出。下面介绍两种可用策略：

- 首先询问这个问题是否必须要在原则或者政策层面上阐述。这个特殊问题和广义的原则或政策之间的联系是什么。如果不存在任何联系，而且一方想要从原则或政策层面去看待问题，这表明这个直接具体的问题应该与基本的原则或政策分开，进行处理和讨论。
- 确定所有的政策都可以有例外情况，即使在特殊情况下例外存在时，原则和政策仍可以继续维持，双方愿意同意个案为其中之一。

4. 无论在程序上还是实质性谈判上尽量控制涉及先例。当谈判者就单一问题做出的让步看做是创造实质性或者程序上的先例时，有必要进行分解谈判。当实质性先例出现时，谈判者可能会觉得此时做出的让步会导致其在未来容易就相同问题或类似问题做出让步。回到我们前面讲到的例子，经理可能会认为在不存在政策规定时，如果他同意员工以这个理由请假，他就要同意提出相同要求的其他员工的请假申请。人们坚信实质性先例的力量，但是这也有可能会限制谈判以至于其没有先例价值而且只适用于当前的情况。比较理想的是，当前情况的某些方面比较特殊，因此分解谈判就有可能出现。当双方同意按照之前没有过的程序行事时，程序性先例变得尤为重要。在雇员请假的例子中，经理可能不愿意批准员工的请假要求，因为员工并没有上交任何证明表明她真的是带孩子去看病，所以他可以让员工在回来时出示医生开具的就医证明。

先例问题和原则问题一样棘手。要使冲突降级，谈判者要避免将单一问题当作重大的先例问题来看。要关注对话中的关键问题并强调这次让步并不设任何程序上和实质性问题上的先例，这有助于削弱先例的力量并使谈判回到达成协议的轨道上来。

5. 大事化小。谈判者应善于将大问题分割成小问题，就是运用所谓的“切香肠战术”（salami tactics）（Fisher，1964）。可用数量计的问题很容易切分。例如，赔偿要求可以分割成美分/小时（每小时几美分）的增量或者租费率可以用美元/平方英尺（每平方英尺几美元）来报价。当涉及原则性或者先例问题分割时，可引入时间范围概念（如原则什么时候生效，有效期多长）。当解决性条款在未来的数月内才实施时，协议较容易达成。另外一种方法就是改变原则可能适用的数量。例如，公司可以设定一个家庭成员紧急情况的请假计划，以允许员工在直系亲属生病时能够离开公司一段时间，不长于三小时，不多于一个月一次。

6. 对事不对人。涉及立场的讨价还价可能会导致冲突并加剧谈判双方之间的紧张关系。有效谈判要求将人和事分开，不仅是为了建立彼此之间建设性的关系，也是为了以一种不一致的观点，独立于两者关系之外的中立和公正的方式来解决问题。费希尔、尤里和巴顿（1991）在这一点上进行了详细阐述，指出有效的整合式谈判对谈判问题特别苛刻，但是对人温和。我们希望这一点在谈判处于僵局时得到重视。

确立共同点

身处冲突升级中的谈判双方倾向于放大分歧而低估共同点（Pruitt and Rubin，1986）。谈判双方认为他们是不同的，共同点很少，但实际并非如此。谈判方可以采取的第五个冲突降级措施就是确立共同点、强调共同目标。方法包括：确定最高目标、团结起来共同对敌、建立共同愿望、管理时限、改变对方的观点、建立信任、寻求语义解、类比推理等。正如第 3 章所阐述的，这些方法可以重新构建冲突使其远离过度关注差异，从而更多地关注共同点。总而言之，随着冲突的降级，使分配式策略和整合式策略融合以及减少单纯分配式策略的使用。

最高目标

最高目标是双方所期望的共同目标，双方必须合作以达到这一目标（见专栏 17.8）。如一家公司里，人们从事不同的工作且有不同的目标（如营销、生产、配送等），但他们必须一起努力否则企业无法生存。当地市政府可能不同意社区成员将有限的资金用于社区发展的方法，然而，如果双方能写一份联合申请承诺以提供足够的钱满足他们的大部分目标，那么双方有可能会达成一致。两位企业家就如何解决新产品的设计问题而处于激烈的冲突中，但是如果他们能分享解决问题的共同目标，并将案例展示给可能投资其公司的风险投资人，那么他们就有可能提高找到解决方法的概率。

为了对谈判产生建设性的影响，双方要设立最高目标并且不能只对一方更有利。约翰逊和列维奇（1969）指出当一方提出了与冲突问题紧密相关的最高目标时，这会使其受困于冲突中，并且失去有效性。随意的事件或者由中立的第三方创造的事件会产生比当事方所寻求和计划的更好的最高目标。例如，洪水、暴风雨、断电以及火灾等使人们看到了2001年9月11日的世贸中心和五角大楼遭到袭击带来的影响，这给人们和社区带来生存的共同目标。在谈判中也可以看到同样的影响。

专栏17.8

试图取悦所有人：最高目标的使用

关于用水问题的争论在环保人士、水上娱乐项目爱好者和产业之间非常普遍。在1996年初，佛蒙特州的迪尔菲尔德河流水电项目仅是这场持久的多方战争中的一个战场。然而，最近的创造性谈判已经从关于迪尔菲尔德项目的激烈讨论转变为使参与方都受益的合作项目。

这场辩论中的每个利益相关者都将不同的优先权带到谈判桌上。漂流和划船公司希望电力公司能同意定期放水到迪尔菲尔德河以便于他们可以和客户进行娱乐活动。垂钓爱好者认为河流应该是持续稳定的以保证鱼类繁殖和迁移的周期不被打乱。当地的环保组织希望电力公司能留出一块保留地以抵消可能由于防水造成的损害。最后，当地城镇担心保留地的使用会减少他们的财产税收益。最终，电力公司被置于双输的情境中：想不出能够使所有人满意的方案。

电力公司的特有策略是各个击破法，它要求联邦政府或法院同意它提出的放水时间表议案仅是因为其他方都不同意。但是他们也注意到这场法院战争和申诉可能费时费钱，而且最终解决方案未必是他们想要的，因此另做重新谈判的努力。

最终，电力公司同意花费700万美元用于保护渔业和土地，同时同意与当地休闲娱乐企业协调放水问题。当地城镇对于随着娱乐活动增加而增加的营业收益感到特别兴奋。更重要的是，佛蒙特州的沟通渠道依旧保持畅通。这场争论的相关利益者意识到他们拥有一个共同的目标：保护迪尔菲尔德河。

资料来源：N. Ulman，"Unlikely Allies：Pact for River's Use Unites Conservationists and a Power Company，" *The Wall Street Journal*，May 20，1996，pp. A6，A9.

共同的敌人

一个共同的对手是种消极的最高目标。双方为了防止第三方的干预或者为了集合资源共同抗敌而有了新的解决彼此分歧的动力。所有派别的政治领导者强调外在敌人，比如其他政党，以将他们的支持者集合在一起。处于冲突中的经理们意识到如果他们自己不解决存在的差异，他们的老板将会替他们做决定。当面临有约束力的仲裁、下降的市场份额、来自外国的竞争或者政府干预的威胁时，工人和管理层可能会表现得更加合作。共同的敌人使冲突双方产生共同点，并最终努力解决冲突。

共同的期望

在本章的前面部分我们提到，谈判方可以通过设定基本规则来管理社会环境并最终支配冲突。当基本规则选择或者管理失误时，它们就变成冲突的一部分而不是有效管理冲突的一部分。例如，我们通常以直接的方式引入基本规则，这些基本规则是比较正式的、有限制性和禁止性的，试图防止人们犯错而不是鼓励人们去做正确的事情。基本规则并没有得到一致应用，且偏差通常被随意处理，也没有约定的修订程序。

一个有效的过程是通过创造共同的期望使得基础规则转变为杜克斯、皮斯科利斯和斯蒂芬斯所说的“更高境界”。这么做的行为，即谈判方如何向前进的过程，称为“创造团体契约”（Dukes，Piscolish and Stephens，2000）。团体契约强调差异、阐明期望并建立基础规则以使团体向前。这个过程有六大关键因素：

1. 建立共创期望的需求；
2. 教育并鼓励人们创造所有人同意遵守的新契约；
3. 想象未来希望的结果，然后创立团体能够达到的共同基本规则；
4. 通过在过程中给予每个人发言权以促进全民参与；
5. 通过遵守包含在新契约中的协议承担责任；
6. 在必要时评估、修正和重新讨论这些新的原则（Dukes，Piscolish and Stephens，2000，p. 83）。

管理时限

虽然时间可以是谈判中的力量源泉和杠杆（参见第7章），但也可能是阻碍。盖尔西克（Gersick，1988，1989）认为对于有效团队活动来说，时间和时机的选择非常关键。谈判方不仅应该尽力同意设定时间表以推进谈判进程，也应该意识到在接近最后期限的时间压力下，任何未解决的实质性问题都会浮出水面，使得一方或者双方处于更具竞争性，缺乏合作性的情境中。此外，虽然有些人可能认为在最后期限临近时人们变得更具创造力，而有研究表明恰恰相反（Amabile，Haelley and Kramer，2002）。研究发现谈判者有充分的时间的情况下就能达成较满意的协议（de Dreu，2003）。管理时限和最后期限以使冲突降级的补救方法是比较明确的，具体如下：

- 谈判双方应进行全面的公开的问题诊断以及确认问题以明确双方的动机。
- 在谈判刚开始时要提出并确认清楚分配式议题以避免在临近最后期限时这些议题让人大吃一惊。
- 在估计完成谈判需要的时间时尽量留出足够的时间以处理棘手或相关的问题。
- 认识到期限，并考虑在有限的时间内的标志性进步，使得双方能够重新考虑结束讨论前的暂时性的解决方案。
- 考虑延长谈判早期设定的最后期限的可能性。如果最后期限无法变动，应该额外关注时机、步调以及标志性的进步。

改变双方对彼此的看法

在第4章我们讨论了谈判双方一般对彼此、谈判问题和冲突管理过程有自己的固有看法。列维奇、格雷和埃利奥特（2003）提供了详细的案例用于解释条条框框是如何塑造和扭曲双方看待难以解决的争端以及解决过程的方式。在一项冲突可以通过多种方式重新构建的实验中，列维奇和他的同事认为谈判双方必须对争端有客观的看法。这要求谈判者有必要跳出谈判，从另一个视角去观察和思考问题，以使谈判者认识到有不止一种方式去看待彼此、去谈判和解决问题（见 Schon and Rein，1994）。本章中我们讨论的很多过程都假设谈判双方有可能自己参与到观点采集这个过程中。如果他们没有这么做，那么这些建议将很难应用，此时就需要第三方的介入（参见第 19 章）。

每个合同争议都是跳舞解决的吗？

建立互信

牢固且具有建设性的谈判关系一般是建立在高度信任（以希望、信念、自信、确信以及主动为特征）和最低不信任（以没有恐惧、怀疑和冷嘲热讽为特征）基础上的，而且双方对彼此抱有较低戒心以及较少的监视行为（Lewicki，McAllister and Bies，1998；Lewicki and Stevenson，1998）。以强烈信任或者较低不信任及对存在的不信任的有效管理为前提的良好的相互依存关系有利于双方互利目标的达成。有了信任，一方就会相信另一方会合作、具有可预见性，并会致力于解决问题（Ross and LaCroix，1996）。这种互信会使双方从谈判中创造价值，并避免谈判僵局的产生。双方通过彼此了解所达成的成功的合作中建立起来的信任经过多次重复不断得以巩固（例如，Lewicki and Stevenson，1998；Shapiro，Sheppard and Cheraskin，1992）。第 9 章中对信任有更全面的阐述。

寻求语义解方式

谈判双方讨论某些具体的词语和意思时可能会就某些关键字、词和表达有分歧而陷入僵局，如在合同措辞、政策制定或者协议备忘录等方面。有时这些讨论可能沦为不相关的语言上的吹毛求疵，然而对于参与的谈判方来说，词语的含义仍然是非常重要的。了解对方对词义理解的细微之处，探讨双方均可接受的语言表达方式，则可避免谈判僵局的产生。

类比推理

斯佩克特（Spector，1995）提出在谈判陷入困境或遇到棘手问题时应采取创造性的决策方式。[5]除了基本的头脑风暴法、角色扮演、角色互换等创造性启发法外，他认为类比推理的象征性手法（类推法的直观性使用）在化解难以解决的冲突方面起重要作用。类比推理是通过两个或多个事物的相似性类比推断出另一种谈判解决方案。[6]通过类比，可用另一种相似的说法来重述问题。通过比较和不同的视角，新的观点和方法就可能产生（Spector，1995，p. 87.）。

这可能是解决僵局问题的卓有成效的补救方法，因为"争端的形成方式会限制解决方案的选择"（p. 82）。以下列出了多种有用的类推法：

- 直接类推，此时问题被放在完全不同的信息领域进行检验（例如，"冲突就像整罐的蠕虫"）。
- 想象类推，此时问题会以一方想象或希望的方式进行重新阐述（例如，"我希望我可以像扫走一堆灰尘一样理清这件事情"）。
- 个人类推，此时一方将其自身置于问题情境中，试图去确认并使自己感同身受（"你必须让自己觉得是一个小相框中的一张大照片"）。
- 象征性类推，此时人们会想象出一个不同的形象以集中注意力，并为更开放式的讨论提供一个起点（"这个冲突提醒我在起落架无法放下时要尝试使飞机着陆"）（p. 88）。

当谈判方使用类比推理法使问题转向新的方向或者修正认知的方向时，新的想法和视角将可能出现。

增强彼此提供多种选择方案的意愿

谈判双方可用于缓解冲突的第六步措施是让自己的意愿和偏好看上去易于对方接受。当冲突升级时，双方坚守自己的立场，而且随着时间的推移，这个立场会被重新解读，而谈判者也会努力与原先的立场保持一致。如果另一方不遵从谈判者的立场，那么谈判者就会倾向于使其策略升级并增加不遵从威胁的程度，这些行动会使谈判更容易陷入僵局。

罗杰·费希尔（Roger Fisher，1969）指出最有影响力的情境可以概括为需求（你想要什么）和供给以及威胁（满足或不满足需求的后果）。费希尔认为谈判者倾向于强调需求和威胁，而这是不恰当的而且具有自我毁灭性。相反，谈判者应该想想以下问题：在出现利益分歧时，如何使对方做出有利于我们的选择？这个方法主要是关注对方而不是自身利益的问题。这么做的有力方式是关注对方为什么有这样的需求（Malhotra and Bazerman，2007）。试图去理解为什么对方会持有这样的立场和利益，就有可能找到新的破解僵局的方法。就如角色互换一样，这要求谈判者较少关注自身的立场，而是更多地去理解和强调对方的需求。此外，一旦这些需求被理解，谈判者应该主动靠近对方而不是试图使对方来靠近自己。在许多情况下，可以主动给予而不是索取和威胁。费希尔提出了几种选择性策略，具体如下：

提出一个能让对方说“是”的建议

谈判者应该努力了解对方的需求并制定一个满足对方所需的方案，而不是一味强调自己的立场、等待对方提出被接受或驳回的建议。费希尔称之为“是”的建议，即对这个建议只能回答“是的，可以接受”。为了取得成功，谈判者要了解对方的需求及可能同意的内容，而不是只考虑自身的目标和需求。

寻求不同的解决方案

谈判者应该尽力使需求明确而不是过于宽泛。要明确需求中的哪些特定因素是对方容易接受和不易接受的，然后提炼这些需求。费希尔（1969）宣称“要求做出不同的决定”。重新制定、重新包装、重组或重新措辞；分解、分割、分离或使需求具体化。将需求具体化并不是使其变得更加僵硬，相反，具体化的需求能够重新修订以满足对方的需求。费希尔、尤里和巴顿（1991）指出成功的谈判者应善于提供多种选择方案来达到互利的目的（参见第3章）。创造和改善使双方成功的方式，并且给对方提供多种选择方案这样可以大大提高双方最终选择理想方案的可能性。

增加条件的吸引力而不是威慑力

谈判者可以通过增加接受的吸引力使得方案更容易被接受。这是一个强调积极面而不是消极面的问题。在传统的激励工人的胡萝卜加大棒的策略中，这个方法应强调胡萝卜的吸引力而非大棒的威力。做出承诺或者报价可以通过以下几种方式增加其吸引力：将诱人的质量最大化并最小化消极的方面，展示你的报价是如何满足对方需求的，减少接受对方报价的劣势，使报价更具可信度（例如，你会按照承诺行事），或者为报价设定最后期限，如果对方没有迅速接受报价，报价将失效。很多人可能会认为这是与有时限的返利、优惠券、买一送二、“仅限今天”销售以及另加有吸引力的成分等销售技巧相类似。确实如此！谈判者可以而且应该在谈判中使用销售人员用于促销产品的技巧。在第8章中我们已经就其中的一些技巧进行了全面的阐述。

从合理性角度或用客观标准评估解决方案

最后，谈判者可能坚持所提供的解决方案应该用公正和合理的客观标准来评估。各方谈判代表应该能证明他们的需求是基于事实、估算和信息之上的，而提出的方案恰恰是这些事实和信息的反映。这个过程需要事实的披露和信息的共享而非掩盖和扭曲。“我们是这样形成这份报告的。这是我们所用的事实，这是我们用于估计的成本数据，这是我们所做的计算。你可以通过以下步骤进行核实”。公开核实的数据越多而且被证明是公平和合理的，就越有说服力，表明立场是独立的，双方在谈判中就越有可能达成一致。

小结

在本节里，我们主要回顾了谈判者可以用于使谈判重回正轨，回到更有效的流程的六大策略：就基本规则达成一致；缓解紧张局面；改善沟通；控制谈判议题；寻求共同点；增加共同解决方案的吸引力。综合运用这些策略可以创造一个较大的选择方案组合，谈判者可以用来管理脱轨的谈判，改善恶化的沟通并寻求能够创造可接受的解决方案的方法。这些技巧是双方可以共同努力以破解谈判僵局并且提高取得成功解决方案概率的方法。

本章小结

谈判会由于沟通不畅、愤怒和怀疑升级、立场对立、拒绝妥协、发出最后通牒甚至避免冲突等原因而陷入僵局。这时，有效的对话停止。尽管双方可能还在继续谈，但彼此交流的都是在努力推行自己的立场、谈论他人的不合理立场和不合作行为。一旦出现这一局面，双方只能休会、冷却，等到第二天再继续谈。然而，更经常的局面是，谈判双方停止谈判，愤怒且沮丧地离开谈判桌。尽管他们可能私下里希望有办法让他们重回谈判桌，但又不知如何重修旧好。

本章探讨了谈判冲突难以解决且很可能陷入僵局的各种原因。我们讨论了难以解决的冲突的基本特征及从四个层面探讨导致冲突难以解决的原因：谈判问题本身的特点、谈判当事人、谈判环境、谈判场景。接下来，还探究了导致谈判陷入僵局的谈判者容易犯的几个常见错误。最后，我们提出了谈判方解决争端可采用的六大策略：

- 就协议的基本规则达成一致。
- 通过将谈判方分开并以冷静期、发泄、情感表达或做出使冲突降级的努力来缓解紧张局面。
- 通过换位思考和增进了解来增加沟通的准确性。
- 将谈判议题限定在可控范围之内以达到对谈判问题的有效管理，避免无谓增加新的议题，做到将大的问题分解成小的问题。
- 通过探究最高目标、确定共同的对手、有效管理时间、达成共同的期望、建立信任、探寻语义解决方案以及类比推理等途径寻找彼此的共同点。
- 通过提出可接受的建议、搜寻不同的方案、改善交易条件、采用客观标准评估结果等增加可选择方案的可取性。

我们这里讨论的手段应用范围很广，是谈判者处理谈判僵局和问题的自救方法。这些方法和补救措施并非万能的灵丹妙药，需要结合具体情况和谈判者的具体需求来使用。要成功采用这些方法需要谈判者有相当高的人际沟通技能。极具冲突性的谈判破裂，尤其是涉及那些关系重大的协议，有时需要第三方的某个人或机构介入调停。第19章中将详细讨论第三方干预问题。

关键术语

分歧性（divisiveness）：冲突造成双方当事人分歧以致各方被逼入死角难以全身而退的程度。

强度（intensity）：冲突中当事人的参与程度、情感介入度和投入度。

波及性（pervasiveness）：冲突侵入人们社会生活和个人生活的程度。

复杂性（complexity）：谈判议题的多少与复杂程度、参与谈判的当事人的多寡、冲突中涉及社会体制的程度、一个问题的解决与其他多个问题的解决密切相关的程度。

基本归因错误（fundamental attribution error）："归因理论"即人们常常把他人的行为归因于人格或态度等内在特质上，而忽略他们所处情境的重要性。基本归因错误描绘人们在考察某些行为或后果的原因时高估倾向性因素（谴责或赞誉人）、低估情境性因素（谴责或赞誉环境）的双重倾向。

影子谈判（shadow negotiation）：与主谈判平行的谈判，为怎么谈判而进行的谈判。谈判者如何解决问题取决于影子谈判中采取的行动。解决的不是谈什么而是如何谈的问题。

社会契约（social contract）：社会契约最初作为一种社会规范是随着人类社会形态的发展而自然产生的。社会契约是非书面化、心理层面上的，而经济合同则是书面、具体的。然而，二者之间可以实现对接，将经济合同和社会契约中的因素联系起来。社会契约要对经济合同起到一定的补充作用，经济合同本身也可以实实在在地体现社会契约的精神本质。在谈判的语境下，久经沙场的专业人士，常常花费大量的时间琢磨交易条件的文字表述，却极少考虑合同的精神内容，即社会契约。尽管双方对书面条款并无异议，但对于合同在现实中如何执行，却可能持有完全不同的期待。如果双方无法在思想上达成一致，他们所签署的合同就有可能会变味。因此，谈判者不但需要正确面对谈判过程中涉及的经济因素，也要面对社会契约的问题，否则谈判有可能出现变数。

潜在社会契约（underlying social contract）：回答“是什么”（what）的问题。例如我们是要进行一系列的独立交易，还是要建立起真正的伙伴关系？我们达成的协议，其本质、范畴以及持续时间到底如何？

进行性社会契约（ongoing social contract）：回答“如何做”（how）的问题。比如双方如何在实际工作中做出决策、应对突发事件、沟通以及解决争议。

认知解决方案（cognitive resolution）：这种解决方案就是要改变谈判方的看法，让他们认为主要的谈判问题已经解决、已达成共识，且冲突已经过去，不会阻碍未来的发展。

情感解决方案（emotional resolution）：这种方案旨在改变谈判方对僵局和对手的看法。当谈判双方通过情感解决僵局时，彼此就不再抱有强烈的负面情绪，双方关系就变得不那么紧张，某种程度上从情感上终止了冲突。情感解决方案一般包括信任重建、谅解和道歉等。

行为解决方案（behavioral resolution）：此方案明确涉及即将做什么、将如何履行即将达成的协议。行为解决方案应明确谈判方阻止冲突的方法、补偿措施以及促进冲突解决的行为机制。

主动采取的渐进互惠的缓解冲突之举（graduated and reciprocated initiatives in tension reduction，GRIT）：一方主动做出较小的让步以表达缓解紧张局面的意愿，但让步又不能太小，应足以反映改善关系的意愿，也不能太大，否则，如果只有一方做出让步，这将会非常微弱。

相容的无知（blindness of involvement）：谈判陷入困境时，拒绝倾听可能会导致双方看不到彼此的共同点。

角色互换（role reversal）：当人们处于局外人的角色时往往能更清楚、更理性地看到谈判双方的潜在共同点。然而，置身于冲突中的人就可能意识不到了。角色互换可以帮助谈判者设身处地站在对方的角度考虑。

意象（imaging）：意象方法也是一种深刻了解对方观点的方法。在这个过程中，可以要求冲突双方描述自己如何看待自己；描述对方在自己的眼中是什么样的；陈述对方会如何描述自己；陈述对方会如何看待对方自身。然后双方交换意见，找出共性和差异。

注释

[1]Characteristics of the conflict resolution process are discussed in more detail in Adler, Rosen, and Silverstein (1998); Blake and Mouton (1961a, 1961b, 1961c); Corwin (1969); Harvey (1953); and Keltner and Robinson (1993).

[2]Environmental negotiations are discussed in detail in Sauer, Dvorak, Lisa, and Fiala (2003) and Wade-Benzoni, Hoffman, et al. (2002).

[3]See Gray (2003a); Hogg, Terry, and White (1995); and Smyth (1994).

[4]For more detailed discussion, see Deutsch (1973); Deutsch and Coleman (2000); Pruitt and Rubin (1986); Susskind, McKearnan, and Thomas-Larmer (1999); and Walton (1987).

[5]For a discussion of creative thinking see De Bono (1990), Sternberg (1988), Von Oech (1992), and Whiting (1958).

[6]Analogical reasoning and other aspects of negotiation have been examined by Loewenstein, Thompson, and Gentner (1999); and Loewenstein, Thompson, and Gentner (2002).

第18章 处理棘手谈判

学习目标

1. 了解如何管理社会契约；
2. 当对方提出分配式方案、有更强的谈判力或下最后通牒时，思考该如何回应；
3. 学习谈判者与棘手的谈判对手打交道时可使用的各种方法。

米歇尔与公寓里的邻居发生了激烈的争吵。刚刚搬进公寓大楼的邻居带来了一条大型德国牧羊犬，总是叫个不停。米歇尔是一位在家工作的作家，那条狗的叫声令她无法专心写作。米歇尔和邻居谈过好几次，邻居也表示抱歉但并没有采取停止狗叫的措施。自那以后，邻居就不再和她说话，也不回应信息，即使在家时，敲他的门也不开。米歇尔正考虑向警方以非法妨碍为由将邻居告上法庭。

约瑟和他的同事迈克斯之间也是没完没了。他们是一家营销公司的网站管理员。迈克斯每天早上都不能准时上班，约瑟经常不得不替他处理前一个晚上出现的网站问题。迈克斯总是比约瑟晚下班，但一般下午比早上要处理的问题要少些。约瑟和迈克斯为这事谈过，迈克斯承诺早点上班。可他好了几天，接下来又回到了他以前的习惯。约瑟真不想跟老板说这事，但似乎没有别的办法。

西蒙是一家机床制造业公司的代表。他发现由于客户的业务扩展而使得他进入另一个销售代表的区域。西蒙确信这个问题可以得到圆满的解决，但迄今为止另外那个销售人员似乎不愿意放弃他的“地盘”——事实上，他似乎把这当作一场竞争和博弈。

在本章里，我们将讨论谈判各方因对情势的诊断不同，各有不同的谈判技巧、或有不同的谈判策略偏好而采用不同的方式来引导他们的谈判。我们认为许多谈判者不太熟悉合作式谈判而很少使用这一应该使用的方式。谈判者的目标之一应该是在适宜的情况下尽量多用整合式谈判以达成满意的协议。本章主要讨论希望以合作方式谈判的一方却遭遇不愿意合作且试图达成分配式协议的另一方（即所谓的棘手难缠的对手）的情形，并提出如何应对的建议。

谈判者总有可能遇上很难对付的谈判对手。这种困难可能是对方出于策略、行为或理性选择等原因而故意设置的，也有可能是对方缺乏足够的谈判技能所致，这包括对谈判机会的错误诊断，也就是说对方没有从合作中看到价值或潜能，或者他们不知道如何去制造和寻求这样一种方法。在本章我们主要讨论谈判者如何应对故意犯难的谈判对手，然后解释应对棘手难缠的对手应具备怎样的技巧和采取什么样的行为来进行防卫，或者使他们转变而使用更有成效的谈判过程。简单地说，合作方要努力改变社会契约或事先处理好第 17 章中提到的“影子谈判”（见 Fortgang，Lax and Sebenius，2003；Kolb and Williams，2001）。本质上而言，目标就是为了说服另一方放弃分配式谈判转而采取整合式谈判。要做到这一点是具有一些挑战性的。我们首先讨论如何管理社会契约和影子谈判。然后讨论如何应对另一方的分配式谈判策略。接下来再谈一谈面对更强大的对手时可供选择的方法。最后，谈论针对难缠的谈判对手的应对策略，以及如何应对最后通牒和如何应对高难度对话。

18.1 管理影子谈判和社会契约

处理影子谈判和社会契约主要涉及谈判基础的确定和谈判者如何合作的问题（Fortgang，Lax and Sebenius，2003；Kolb and Williams，2001）。影子谈判和实质性谈判如影随形，关注的是谈判怎样进行，谁具有影响力和操控力，哪些行为是可接受的，谁参与谁不参与谈判。通常这些问题并不是公开的而是隐性的。影子谈判的结果就是社会契约，涉及谈判如何进行、谁具有影响力和操控力、谈判的界限是什么等。

社会契约和影子谈判关注谈判是关于什么的以及如何决策的问题。谈判者在自己的脑海里必须清楚地知道当前谈判的边界是什么以及应该在哪里。如果讨论的范围过于狭窄，或者过于广泛，那么就必须进行明确的解决和修正。当对方对谈判有含蓄的或明确的不同理解时，谈判者必须对此进行讨论并试图在社会契约中形成联盟。这种联盟可以通过说服对方同意你的观点、改变你的期望以与对方相匹配，或就社会契约中的某些因素达成一致而产生。换句话说，应该对社会契约进行讨论和谈判，而不是进行假设。

谈判者在与对方会面前就应该认真考虑影子谈判从而更清楚地了解谈判的范围和与对方合作的方式，这一点很重要。例如，弄清楚对方是倾向于合作还是不合作？时间压力的重要性有多大？这是一锤子买卖还是长期关系中的一环？同样重要的是，一旦实质性谈判开始，谈判者就应该注意影子谈判，如果忽略影子谈判，可能会导致谈判结果不尽如人意，甚至陷入僵局。

德博拉·科尔布和朱迪思·威廉姆斯（2001）就谈判经验尤其是影子谈判问题采访了成百上千位主管。科尔布和威廉姆斯认为谈判者在承担风险的情况下忽视了影子谈判，不被知悉的影子谈判会导致谈判受阻或停滞——会受到隐藏的假设、不切实际的预期或者个人历史的削弱（p. 90）。他们提出了三种帮助人们操纵影子谈判的策略：力量大回转法、程序变动法、价值赏识法（见专栏 18.1）。

力量大回转法

这一举措旨在将不情愿的谈判对手拉回到谈判桌上来。有三种具体方法：激励、施压和联盟。通过激励使对方注意到谈判的重要性并意识到谈判带给他们的利益。施压策略可迫使对方意识到现状的不可接受性以及离开谈判的成本。最后，赢得同盟者的支持有助于对方看清楚谈判的益处。

程序变动法

程序变动法旨在通过调整议程、排序、决议规则等来改变谈判程序。例如在竞争思维定式下那些说话最大声和最长时间的人和使用诈唬和搅乱战术的人往往更占优势。不习惯这种模式的谈判者可以重构模式，如将资源的竞争重新定义为基于需求的协作式资源配置。

价值赏识法

这种方法旨在打破可能导致沟通恶化、言语尖酸甚至沉默等分歧局面。这类策略包括给对方留面子、面临退出压力时保持对话和信息交流，或引入新的讨论视角，从而试图打破僵局或者阻止谈判陷入僵持状态。

专栏 18.1

影子战役

单一的策略举措几乎不会持续一整天，然而组合后这些举措会启动工作场所谈判，逐步找到解决方案。

想一下新任营运主管菲奥纳·斯威尼（Fiona Sweeney）的案例，她既没有权力也没有个人偏好去命令公司的销售和生产部门选择合作，相反地，她采用了一系列影响谈判进程的战略举措。

力量大回转法

斯威尼通过增加资金的周转时间来建立与销售人员的信任，她知道要维持现状必须加大赌注，这加大了生产的困难，也使消费者感到沮丧。对销售部门施加压力尤其重要，因为一些非正式的奖励机制以及许多正式的奖励机制当前都是使销售员为了自身利益而努力。为了打乱这种平衡，斯威尼开始在管理会议上讨论奖励机制，若承诺的销售多于能够实现的销售，销售部门就要受到惩罚。与立即采取行动相反，她建议成立一个跨部门的特别小组来探讨这个问题。不足为奇的是，销售人员支持这一机制，而且首席执行官让一些主要的人员知道他支持斯威尼关于奖金应该基于利润而不是收入分配的建议。

程序变动法

斯威尼接着对程序施行控制，并为她和首席执行官能预想到的改变建立一种支持。她和质量控制和生产部门的主管一起设立了经营小组，以动员最有可能直接受到销售部门影响的两个领域的盟友。不久，他们设立了普通的程序并开始一致性的工作以阻止销售部门对高级职员会议的影响。曾经，斯威尼建议对没有得到经营小组通过的命令给予较低的关注。质量控制和生产部门全面支持这一建议，不久后，这个建议就开始施行。通过这些程序举措，斯威尼建立了能够启动随后谈判的联盟。此外，她也做了很多其他的事情。

力量大回转法和程序变动法通常倡导对另一方的抗拒。斯威尼通过采取一系列举措来防止这种抗拒在销售人员中根深蒂固。

价值赏识法

为了加深对销售人员所面临的问题的理解，斯威尼自愿在部门的策划团队中分享其经营技能。通过帮助销售人员建立一个新的定价—利润模型，她不仅增加了谈判桌双方的理解和信任，而且为其他话题——尤其是关于公司决策过程改变的必要性的对话——铺平了道路。

最重要的是，斯威尼从来都不会将参与者逼至让他们丢面子的境地。通过策略和举措结合使用，她帮助销售部门意识到改变正在到来，而且相比于阻止这种改变，帮助去塑造这种改变是更明智的做法。最终，部门间改善的沟通和合作导致公司营业收入和利润增加。通过更好的产品质量和送货时间，销售人员实际上可以赚更多的钱，生产部门也不再承担由销售人员所做的不切实际的承诺所带来的负担。消费者和首席执行官都非常高兴。

资料来源：D. M. Kolb and J. Williams，"Breakthrough Bargaining," *Harvard Business Review* (2001)，pp. 89 - 97.

小结

影子谈判和社会契约的概念迫使人们考虑伴随立场争论和协议达成的谈判而发生的经常被隐藏但很重要的权力游戏。想要将谈判改变到更具合作性的进程中的谈判者应该积极管理影子谈判和社会契约。

18.2　应对谈判对手的强硬的分配式策略

所谓"硬策略"，我们指的是分配式策略，即谈判一方通过施压的手段强迫另一方接受并不有利的条件。硬策略是分配式策略中固有的一种手段：竭力获取信息，但不分享信息；侧重于劝服对方继续交易和强调停止交易的代价而不侧重于创造价值。在第 2 章中已讨论了分配式策略及应对这种策略的措施。作为管理谈判错配的一方，现将应对策略简要总结如下：提示、忽略、以牙还牙、要求采用更有效的方式。

提示

当对方使用硬策略时，谈判者应该通过明确策略并将其提升到开放讨论的方式来明示对方自己已经意识到其硬策略了。这种明示必须要有策略且坚定地进行。谈判者可能明确表达对这一策略的不满并解释其积极的谈判为什么会受到阻止和妨碍。有时，这种应对策略的价值在于能够使另一方否定并放弃硬策略。这种开诚布公的方式是使谈判取得双赢迈出的积极的第一步。

忽略

被忽略的策略本质上就是被击败的策略，即便后来被识别，也对谈判构不成威胁。很遗憾，有些谈判者会持续使用分配式策略，忽略策略不足以提醒他们采取合作谈判方式是可行的。亚马（Yama，2004）呈现了几个忽略买方强行讨价还价手段而强调卖方价值主张的应对案例（参见专栏18.2）。

以牙还牙

在第2章中讨论过用硬策略应对硬策略的以其人之道还治其人之身的方法。这种应对策略在某些情形下适用，还很有可能使冲突升级。这一策略不利于促使对方合作因而应慎用。

要求采取更有效的方式

谈判者可能公开表示已注意到对方的行为并建议更好的谈判方式。费希尔、尤里和巴顿（1991）提出了综合的应对方案：“认识到对方的策略，明确指出，质疑对方策略的合理性和可取性，然后就此协商”（p. 130）。这样做的理由在于：一旦强硬姿态的一方了解到：（1）自己的策略被识破；（2）坚持下去需要承担一定的成本（包括离开谈判的可能性），就有可能采纳整合式谈判的建议。

专栏18.2

如何应对攻击性谈判技巧

攻击性的谈判技巧	基于价值观的回应
尽早对报价提出要求	调查买方的需求，报出目录价或大范围报价
关注卖方成本和利润空间	商谈降低成本的方式，通过报价的独特元素来降低买方成本

续前表

攻击性的谈判技巧	基于价值观的回应
受买方预算限制	确定那些可以经过建议调整的或者与其他预算中心分享的项目
为赢得未来的生意而提供折扣	解释你关于未来生意是基于今天的价值传递的观点
基于过去服务失败的价格折扣	寻求理解这个话题及其影响的方法，然后以没有提供价格折扣的方式去修正它
要求零费用的额外项目	解释报价清单以及在协议范围外购买的物品

资料来源：E. Yama，"Buying hardball，playing price." *Business Horizons*，47（5），2004，pp. 62－66.

小结

总之，我们认为，当分配式讨价还价持续存在时，试图使对方改变强硬的分配式策略转而使用更具合作性方法的谈判者应该明示对方这种策略的存在，以及要求采取更为有效的方法做出回应。忽略这种策略可能暂时起作用，但是以牙还牙的方式在这种情境中是不可能有帮助的。

18.3 如何应对强大对手

相对谈判力是冲突如何发展的有力预测指标。在其他因素保持不变的情况下，力量不均等时，更强大的一方更易达到自己的目标。谈判力不对等可能会影响双方的需求满意度并妨碍互利合作。首先，强势方倾向于无视弱势方需求。弱势方要么需求得不到满足，要么就是采用破坏性的引人注目的行为，这使得合作难以进行（Donohue and Kolt，1992）。其次，弱势谈判方常常没有能力去发起整合式谈判。整合式谈判要求有足够的变通性，因而需要谈判者有所舍，而弱势方"能舍的很少，因此没有足够的变通条件来提供给对方"（Donohue and Kolt，1992，p. 107）。当遭遇强大对手时，谈判者应考虑以下四项策略：

- 保护自我；
- 准备最佳替代方案；
- 建立警报系统；
- 改变谈判力不对等局面。

谈判者应懂得保护自己，牢记自己的真正利益所在，谈判是获取这些利益的最佳途径，同时认识到过于迎合强势方从长远来说对自己并没有好处。换句话说，弱势一方应铭记自己的抵抗点，并坚持这一底线。虽然知道抵抗点可以对最低的接受度（最低价，最大的月付款额等）有清晰的衡量，不过，过于坚持抵抗点可能会使谈判者失去整合式谈判中最需要的创造性和灵活性，也有可能限制弱势方对交流中出现的信息的应用能力。因此，弱势方既要保护自己的底线，同时也应对其他创造性的具有异曲同工之妙的方式采取开放的态度。

处于谈判劣势的一方准备最佳替代方案非常重要。最佳替代方案指这场谈判外的其他最佳选择方案。许多谈判者讨价还价时没有明确的最佳替代方案。我们在第2章和第3章中指出，缺乏此种关键的参考点使谈判者在谈判中没有足够的底气且限制了他们在当前谈判中所能获得的东西（Fisher，Ury and Patton，1991）。即使在谈判开始之后，谈判者也应该继续努力改善最佳替代方案，尤其是在与较强势一方进行谈判时。比如，和特定的雇主讨论的条件一般的求职者应该通过寻找其他的就业机会来继续寻找各种替代方案。

应该牢记在心的是准备最佳替代方案同样具有感性的因素：对方是否觉得你的最佳替代方案是值得的？如果无法获得足够有利的谈判条款时，你是否可以接受它？处于弱势的谈判者的力量在其替代方案改善时得到了增强，但是通常无法较容易地获得改善的替代方案。另一方必须意识到替代方案的存在，并且承认其有足够的力量获得最佳结果。谈判者可以帮助对方看清楚其最佳替代方案并没有他所认为的那么好。此外，谈判者应该努力确认他们带到谈判情境中的独特的方面是什么，以至于他们比其他提供者更具有竞争优势。例如，也许你比其他竞争者更了解另一方的需求和程序，因此，另一方的最佳替代方案可能并不像他们所宣称的那么好。

一个清晰的、有力的最佳替代方案可能通过其他额外的措施得到加强。弱势方通常被建议要制定一套警报系统，在谈判即将进入中止或接近采取最佳替代方案的警戒区时发出预警信号（Fisher，Ury and Patton，1991）。这一系统会提醒谈判者当心，小心留意谈判的进展。当谈判氛围变得很紧张时，可能有必要有人专门留心警戒区，在必要时提醒参与谈判的人。

下一个方法涉及如何处理存在的谈判力不均等问题。应对强大对手的第四种方法就是改变谈判力不均等的局面。具体有三种方法：弱势方夺权、强势方让权、第三方操控使谈判力转换和平衡。第一种方法一般在谈判中不可取。用破坏性的或者引人注目的手段来夺权往往会导致分配式谈判结果，引发强势方的报复。然而，正如我们在第7章中指出的，谈判力是多层面的，而且谈判力可能通过不同于那些强势方当前持有的维度中获得。

第二种方法是势力强大的一方主动让权，包括资源共享、共同控制某些程序或结果（例如，影子谈判、议程或者决策）、强调共同利益而不只是强势方的利益，或者让弱势方知晓自己的实力和如何更有效地加以利用（Donohue and Kolt，1992）。人们可能质疑为什么强大的一方愿意让权，答案可能很复杂，但有充分理由去这么做。首先，实力共享便于整合式谈判的进行，而且容易促成一笔更好的交易。其次，当一方力量压倒对方时，强势方常常获得的最好结果就是顺从而不是积极合作。最后，势力不对等局面不是永远不变的。当弱势方获得谈判力或最佳替代方案时，他们可能中止谈判关系或采取某种形式的报复行为，而力量共享是防止这些结果发生的积极方式。

最后一种方法就是利用第三方介入实现力量转换。这种方法是可行的而且经常使用。在第19章中，我们将详细讨论利用中介人及第三方的相关问题。

18.4 应对最后通牒

分配式谈判者惯用的令人头疼的硬策略就是下最后通牒。最后通牒是诱导认定的反抗的对手服从或强迫其做出让步的一种尝试（Kramer，Shah and Woerner，1995，p. 285）。最后通牒一般包含三个方面：（1）提出一个要求；（2）制造紧迫感以使对方顺从的一种尝试；（3）威胁采取惩罚措施（George，1993）。例如，轰炸式发盘（exploding offer）就是一种典型的最后通牒，即一方给另一方设一个对方必败的"用之或废之"的两难境地。轰炸式发盘一般设定最后期限，迫使对方同意一个并不理想甚至可能到头来一无所获的条件（Robinson，1995）。这种发盘有多种构成，包括：

- 各方间明显的力量悬殊。
- 对接受方信任的引诱压力测试。
- 一整套受限制的方案。
- 缺乏对回应者发盘的考虑和尊重。
- 对发盘一方明显缺乏信任（Robinson，1995，pp. 278－279）。

这种类型的最后通牒的策略逻辑通常包括尝试去强迫谈判者达成不成熟的协议，从而早点结束可能最终产生对接受方来说更公平的结果的谈判。这可能带来的影响是，限制了谈判者在多样的竞争性报价中或者可能的最佳替代方案中进行比较的能力。轰炸式发盘在一些组织招聘大学毕业生中越来越受欢迎。这些组织可能提供给大学生具有竞争性的，甚至稍好点的薪资待遇，但是通常只允许他们在24小时或者48小时内做出决定，否则就会撤销这种提议。很典型的是，这些组织在招聘的早期就开始使用这种策略，他们的动机是要锁定他们喜欢的求职者，防止他们考虑其他的组织。虽然许多大学的就业中心积极避免轰炸式发盘行为的发生，但在实际中仍然存在。

虽然关于最后通牒的早期分析表明在有总比没有好的情况下（失败的谈判），这种要么接受要么放弃的策略可能是成功的，但是实证研究中并没有找到相关的分析（Guth，Schmittberger and Schwarze，1982；Guth and Tietz，1990）。正如在本章其他地方提到的，通过严厉的作用—反作用循环，涉及最后通牒的冲突通常成为问题升级的牺牲品。对使用最后通牒的反应似乎不是简单的违背公平原则问题，因为：

> 是受到不对等的道德指令的激励。大多数的提供方把这种情况定义为是为了获得利益的机会；他们倾向于表明自己是有策略的。许多回应者由于处于相对无力的处境，他们把这种情况定义为是道德上的问题……这种不对称性会导致协议无法达成，使得双方都不开心。提供方遭到了拒绝，或者回应方接受了一个他觉得不公平的报价（Murnighan and Pillutla，1995，p. 265）。

由于使用最后通牒而导致的普遍存在的不愉悦可能会影响双方间未来的交易，有时，这种影响是永久性的。

鲁滨逊（1995）提出应对最后通牒的策略，他称之为“远点开局让棋法”（farpoint gambit，以电影《星际迷航》中的一个策略命名）。这一应对策略的成功之处在于面对最后通牒时说“是的，但是……”鲁滨逊警告这是破釜沉舟的方法，不到万不得已时不要使用。当最后通牒被初次提到时，谈判者应该采取合理的方法：直截了当地指出最后通牒的存在；提出明智的、合理的还价，或尝试与对方共同解决问题。如果还是徒劳的话，鲁滨逊认为“轰炸式发盘可以通过接受它的方式而得到平息”（p. 282）。也就是说，可以暂时接受最后通牒，但要受限于一些有资格的事件或情况下。鲁滨逊认为，使用这种“远点开局让棋法”需要同时满足以下三个条件：

- 当最后通牒提出者的行为违反了道德而且不合乎常理时。
- 当回应者确实对最初的报盘感兴趣但需要时间考虑时。
- 当有与交易相关的核心问题确实需要澄清时。

18.5 应对棘手的谈判对手

当对手表现得很难对付时，会出现两种情况：一种情况可能是谈判者不知道还有别的谈判方式，听了他人的建议他会改；另一种可能性是，谈判对手的个性比较执拗，谈判和不谈判时都一个样。大多数情形下，我们对对方了解得不多，因此也不好区分他们是哪种。在本节，我们讨论几种应对棘手对手的方法。首先，按照尤里（1991）的建议，采用一套广泛通用的方法来对付棘手对手（包括那些采用强硬的分配式策略的人）。其次，参照布拉姆森（Bramson，1981）的观点，采用几种不同的策略来专门应对那些棘手难缠的对手。再次，威克斯（Weeks，2001）提出在有必要与他人进行高难度对话时，充分的准备和管理很重要。

“谈判进行得怎样了？随你怎么想都行。”

资料来源：©CartoonResource. com.

尤里的突破性方法

威廉·尤里（William Ury，1991）提出的五步突破法可用于应对谈判对手所设定的障碍和挑战。他提出建立一个良好的谈判氛围使己方谈判者有良好的精神状态和行为自控能力；也帮助对方保持良好的心态和行为；将分配式谈判策略转变为整合式谈判策略；通过与对方共同谋划一个互利的协议来消除对方对自己的怀疑；通过公平正当的谈判手段来达成一致协议。尤里认为他的方法要建立在反直觉表现的原则上，这就要求谈判者摒弃在棘手谈判中一般很容易出现的行为。当谈判对方攻击时，人们往往倾向于针锋相对，以牙还牙。当对方坚持自己的立场时，谈判者常常会拒绝对方而坚持自己的立场。当对方施加压力时，一方同样用压力去对抗对方。原本这些做法是想压制对方的对抗，结果却反而增加了他们的对抗。相反地，

> 突破性策略的实质在于它的间接作用。你试图去消减他的抵抗性。你不是强行地从外界灌输一个新的想法，而是鼓励他从内部获得。你不是告诉他应该做什么，而是让他自己去搞定它。你不是试图去破坏他的抵抗性，而是使他更容易自己去突破它。简而言之，突破性的谈判是一门使得其他人用你的方式行事的艺术（Ury，1991，p. 9）。

尤里为回应的反直觉模式提出了如下五步应对法（这些步骤的标题采用自尤里管理棘手谈判的策略中，见表 18—1）。

表 18—1　尤里管理棘手谈判的策略

步骤	合作的壁垒	挑战	策略
第一步	你对另一方竞争性行为的自然反应	别做出回应	走到阳台
第二步	其他人的消极情绪	使他们解除武装	走到一边
第三步	其他人的立场性行为	改变游戏	不拒绝，重新建构
第四步	其他人对达成协议获得利益的怀疑	让他们变得更容易说“是”	为他们建造一座金桥
第五步	其他人所认为的谈判力	让对方难以说“不”	使他们觉醒而不是屈服

资料来源：Adapted from “Strategy Table,” from *Getting Past No* by William Ury. Copyright © 1991 by William Ury. Used by permission of Bantam Books，a division of Random House，lnc.

第一步：不做反应 — 去阳台透透气

面对攻击性策略时人们一般不由自主的反应就是反击、屈服或停止谈判。这些做法对谈判者利益的实现一点好处都没有，整合式谈判的愿望就更难实现了。应对这一挑战的策略就是不做反应，从而避免了过激反应所带来的破坏性结果。尤里建议谈判者“去阳台”——也就是从心理上暂时置身事外，从第三者的角度观察他们之间的互动关系。好处在于：

- 避开冲突、避免自己情绪爆发。
- 制造喘息的空间，让谈判者冷静下来以使其行为更具理性。
- 让谈判者有机会站在更广的角度来看问题，提醒自己谈判的初衷到底是什么。

第二步：解除武装——走到他们那边去

谈判中的负面和攻击性行为一般换来的是对方同样的报复行为。这样，谈判氛围更加紧张，伤害性的交流倾向于升级。冲突和随时可能发生的谈判僵局引发双方负面的情绪。谈判者的挑战在于要采取反直觉行为，即转移和回避对方的负面行为，通过积极和建设性的沟通来解除对方的武装。"走到他们那边去"这一策略传达的是引人注目的印象，即主动走到桌边去听取对方的理由、需求和关注点。具体包括：

- 积极倾听。
- 确认对方的观点，不一定是对他们的真实和准确性做出退让。
- 认识到彼此共识和交叉之处，为达成随后的协议奠定基础。
- 从个人的层面上承认对方，认可和尊重对方的权威、睿智和能力。
- 清楚而周到地阐述自己的观点

第三步：改变游戏——不拒绝，重新建构

建构问题是任何谈判准备中重要的一步（见第4章）。在面对来自对方行为的障碍时，这个情形下的挑战是，要通过积极重构他们的策略来扭转谈判。重构策略包括如下积极的行为：

- 提出开放式的解决问题的方案。
- 重构对方的策略。如，在遭遇对方障碍时，忽略、检测或将这种障碍重新定义为良好的愿望。在被攻击时，忽略、转移或用强调共同的目标和利益的不具冲突性的语言予以重新诠释。
- 开诚布公地讨论谈判过程中的规则。

第四步：让他们变得更容易说"是"——给他们建造一座金桥

这是谈判中的劝说环节，谈判者所面对的挑战是如何让对方更容易接受你的条件，也就是怎么让他们说"是"（见 Fisher，1969）。尤里（1991，p.89）指出如下四个让对方对所提建议说"不"的情形：

- 这不是我的观点。
- 它们满足不了我的基本利益。
- 它们会让我在某些重要客户或其他重要群体面前丢面子或难堪。
- 它们对我的要求太高（例如，"你想要的太多、太快"）。

这里所提出的建议就是通过建造一座金色的大桥拉近谈判者之间的距离，从而吸引对方跨过大桥以达成共识：

- 让他实际参与兼顾各方利益和挑战的协议制定过程。
- 在不损害己方需求和合同基本框架的情况下尽量满足他还未得到满足的需求。
- 认识到对方的个人和组织需求以及他的期望，并感同身受。
- 帮他保全面子，提供合约的合理性——如情势变化了、第三方建议，或公平的客观标准支持这一结果等，以与支持者打交道。
- "慢即是快"（Ury，1991，p.105），从头到尾一步一步地和他一起讨论整个协议过程，不急于求成，等每个人都准备好了再达成最终合约。

第五步：让对方难以说“不”——使他们觉醒过来而不是屈服

在前面四个步骤里，对方是相信自己的优势和智慧的。在让对方容易说“是”之后，谈判者面临的另一个挑战，就是让对方难以说“不”。硬碰硬只会使谈判回到竞争状态。较好的策略是不要让他们屈服而是要他们觉醒。这一策略具体包括：

- 重视自己的最佳替代方案，加强它并让对方知道这一方案。
- 帮助对方意识到不达成协议的结果
- 如有必要，利用自己的最佳替代方案，但要留意对方的反应，可能对方会认为这是一种惩罚性行为，应及时化解。
- 不断强化对方的选择——重新回到使对方跨越金桥的具有吸引力的条款上，努力让对方把焦点放在达成交易的好处上。
- 制定一个持久性的协议，仔细斟酌并策划实施。

尤里的突破法是谈判人员应对棘手谈判对手时可采用的积极策略。在运用这些方法时也要小心，因为在一些充斥着极度抵触情绪的谈判中，如果应用不当，采用这些策略有时可能会适得其反。无论如何尤里的方法为我们提供了以非冲突方式处理棘手谈判对手的有效途径。

应对很难相处的人

有时谈判中的问题源于对方很难令人接受的行为方式。关于在工作场所中如何与很难相处的人打交道这一话题近年来越来越引起一些学者的关注（如 Bernstein and Rosen，1989；Bramson，1981，1992；Solomon，1990）。他们提出过一些重要的观点：首先，每个人都有可能在某些时候表现出难以相处的一面，但有些人总是很难相处，他们的行为有一种可预见和可识别的模式。其次，对某些人来说很难接受的行为对另一些人来说未必如此。要定义某一行为是不是“很难忍受”应把发出者和接受者结合在一起来考虑。某人可能感觉很难和一个极具攻击性的谈判者打交道，而另一个人和这样的谈判者相处却没有任何困难。再次，难相处的人之所以如此表现是因为他们这样能得到他们想要的结果。他们的行为给了他们一种掌控感，感觉到舒适，使得他们能按自己的方式行事。如果别人屈服于他们这一行为，谈判者就会增强这一行为，从而给难相处的人充分的理由去继续以过去起作用的方式行事。难相处的谈判者也可能因为不清楚那些必须与他们做斗争的人或组织的长期成本，而继续他们的行为。

应付总是很难相处的人是有可能实现的，可以以平等的行为条款来对付他们的行为，如反对做出让步；接受他们的行为或者使他们改变自己的价值观、信仰或态度。简而言之，谈判者必须有效抗衡这些行为及其潜在力量。专栏 18.3 提供给我们对付难相处的人的总体框架。对于谈判中难相处的人或者其他高度参与者，结果导向的沟通是一项至关重要的技能。希望在此基础上进行更深涉猎的读者，可以参考布拉姆森（1981），所罗门（1990）以及尤里（1991）的相关研究以增长在这个领域的技能和见解。

专栏 18.3

为什么你表现不好，不合作，口是心非……

情绪通常是使谈判难以进行并存在高风险的一个因素。一旦情绪失控，会危害谈判程序、扭曲观点、分散谈判者的注意力。阿德勒、罗森（Rosen）和西尔弗斯坦（Adler，Rosen and Silverstein，1998）观察了谈判中恐惧和愤怒的问题及其影响，并提出了管理这些情绪的一些策略。当关乎你自身的情绪时，谈判者可以：

- 确定哪些情形会引发不合适的愤怒；
- 生气的时候，要确定是否要表现出来；
- 采用一些行为技巧来减少愤怒的情绪（如休息一下，从一数到十）；
- 有效地表达你的愤怒和失望（如，公开地、不带任何指向地表达这种情绪）；
- 避免谈判者的偏见（“我是公平和合理的，而你不是……”）；
- 努力促进互信。

针对对方的情绪，谈判者可以：

- 以直接面对方式来平息对方的情绪积累（“你好像生气了，是吗?”）；
- 评估对方情绪化的真正意义（只是行为表现，还是分配式谈判伎俩?）；
- 直接指出对方的愤怒，对自己的话表示抱歉或指出糟糕情境可能带来的影响；
- 策略性地应对对方的愤怒情绪（提出中场休息、沉默或做出一个小的让步等）；
- 为对方留面子，尤其是在丢面子引起他愤怒的情况下；
- 当预感对方愤怒情绪上升时，考虑让中间人进行调停。

资料来源：R. S. Adler，B. Rosen，and E. M. Silverstein，“Emotions in Negotiation：How to Manage Fear and Anger，” *Negotiation Journal* 14，no. 2（1998），pp. 161-179.

与难相处的人进行对话

有很多话题都是很难和别人谈的，无论是批评一个员工表现欠佳的负面话题还是表扬员工表现良好的正面话题（Weeks，2001）。人们在不同场合可能感觉到不同的压力，但不管什么话题，如果对方是一个很难相处的人，那么对话就会变得更加困难。威克斯提出了两个应对紧张对话的基础步骤：准备和管理对话。

准备

准备高难度对话的第一步就是了解自己与他们打交道时的融洽点和舒适度（Weeks，2001；或者见 Gray，2003b；Stone，Patton and Heen，1999）。有些人能比别人更坦然地讨论一些消极的情形，如评价别人的工作表现不好，而另一些人能比其他人更自如地赞扬别人，因此，关键在于知道自己的舒适点以及如何对不同难度的对话做出回应。例如，如果有人在谈判中变得强势、提高声调、威胁你时，你的自然反应是退却还是分析局势？了解自己在困难情形中的自然反应很重要，可以避免被对方轻易利用（Weeks，2001）。斯通、巴顿和希恩（Stone，Patton and Heen，1999）的研究创立了在高难度对话中有用的五步骤清单，这可以用于对话开始前的准备（见专栏 18.4）。

一旦你确认了自己在面对即将到来的高难度对话的可能反应后，你至少要做三件事：第一，你可以想象一下对话会如何展开——想象对话的顺序、对方如何回答、你如何回答等。你应该多想几种应对方式，因为你的预测不一定准确。第二，你可以和中立方演练一下即将到来的高难度对话场景（Weeks，2001）。这个人的表现应该与你不同，才可能给你提供另外一些启示和思路。在练习中，可以涉及角色扮演“如果他或者她这么说会怎么样”，此外，练习中也应该包括中立方关于对方可能如何诠释你的反应的客观评价。最后，在准备中可以做的第三件事是将具有不同优劣势的人员组建成一个团队以应对难相处的对手。当然是在应对高难度复杂谈判时才这样做。在高难度对话中，通常谈判者会带上某些人，以提供情感支持并协助谈判后的分析。

管理高难度对话

威克斯提出了三个成功管理高难度对话的重要因素：表达清楚、口吻得当和措辞温和。接下来将对每一点进行详细讨论。

表达清楚

在处理高难度对话时要尽量用词准确。在传递坏消息时，人们一般倾向于采用委婉间接的语言（Weeks，2001）。因此清楚达意很重要，用恰如其分的词语表达内心的想法可使对话顺利展开并朝着积极的方向发展。以清楚简洁的语言传达信息易于人们理解信息。正如威克斯（2001）所阐述的，“没有什么东西天生就是野蛮的。是传递消息的方式而不是内容使得它看起来野蛮或者仁慈”（p. 117）。换句话说，在没有特别强调必须解释不清晰的信息时，我们难以接受坏信息。

专栏 18.4

高难度对话的清单

步骤 1：通过三个对话做好准备

1. 理清发生了什么

- 你的叙述源自哪里（信息、过去的经验，还是规则）？他们的叙述呢？
- 目前情形对你有什么影响？他们的意图可能是什么？
- 你们各方对产生的问题各出了多少力？

2. 了解情感

- 探索你的情感足迹，以及你所体验的各种情感。

3. 坚定你的身份

- 对于你什么是最重要的？你需要接受什么才是更好的？

步骤 2：核实你的目的并决定是否提出问题

- 目的：通过这次谈话，你希望完成什么？把你的立场转变到支持学习、分享和问题解决上。
- 决定：这是不是阐述这个问题并实现目的的最佳方式？这个问题是不是真的嵌

入在你的确认谈话中？你是否可以影响这个问题？如果你没有提出这个问题，你可以做些什么来帮助自己逃离这个话题？

步骤3：从故事讲起

1. 把问题描述成故事间存在的差异，包括对于合理部分讨论的双方观点。
2. 告知对方你的目的。
3. 邀请他们加入你，作为一起理清情境的伙伴。

步骤4：探索他们和你们的故事

● 倾听并理解他们关于发生什么的观点。问问题。承认在争论和指责背后的感受。换种方式重述对方讲话以确定你是否已经理解了。试着去了解双方是如何到达这一步的。

● 分享你自己的观点，过去的经验、意图以及感受。

● 再构建，再构建，再构建，以保持事情正常进行。从事实到感知，责备到贡献，指控到感受等。

步骤5：解决问题

● 创造能够满足任何一方的最重要的关注点和利益的选择。

● 注意应该发生什么的标准。要把双方关心的标准牢记于心。记住靠单方维系的关系很少能持久。

● 讨论进行中保持交流的开放性。

资料来源：D. Stone，B. Patton，and S. Heen，*Difficult Conversations：How to Discuss What Matters Most*. New York，Penguin Books，(1999).

口吻得当

语气口吻是对话中的非语言因素，包括“声调、面部表情、有意识和无意识的肢体语言”(Weeks，2001，p. 117)。在进行紧张对话时，尤其是在传递坏消息时，采取中性口吻比较合适。带着幸灾乐祸或挑战性口吻不仅干扰对方的理解，也可能使对话难以进行下去。另外，人们对说话语气非常敏感，传递坏消息时带消极口吻很有可能增加对方事后报复的动机。

措辞温和

措辞时尽量小心不要激怒对方。人们可以说“在我们转移到下一个话题前，我可以说完这句话吗?”而不是告诉对方“闭嘴，听着”。刺激性的语言在短期会使对话火上浇油，并使得一方伤害到另一方，而高难度对话的目的是确保另一方尽可能清晰地倾听并理解所传递的信息，温和措辞则是增加这个概率的重要方式。

本章小结

有时谈判者会面对采用不同谈判模式的谈判对手，因此需要进行有效的管理。本章探讨了采用整合式谈判的谈判者遇到竞争型或难相处的谈判对手时可采用的策略。本章一开始讨论了社会契约和影子谈判的管理，这是谈判者需要积极处理的两个重要且彼此相关的概念，它们涉及的是如何谈而不是谈什么。然后我们讨论了如何应对采用分配式谈判策略的对手以及如何应对更强大的谈判对手。本章最后讨论了应对棘手的谈判者、回应最后通牒和管理高难度对话的策略。

本章贯穿两大主题。首先，处理谈判冲突的准备工作至关重要。准备工作不仅包括全面彻底地了解不断变化的情势，也要求深入透彻地自我分析面对紧张的谈判局面时所可能采取的应对措施。另外，我们建议要悉心留意对方的行为并思考如何应对。第二大主题是随着谈判的展开积极处理信息的重要性。只一味地关注谈判的内容是不够的。在处理棘手难缠的谈判对手时，谈判者需要在谈判过程中保持更高的警惕性、积极地管理好影子谈判和社会契约，并注意谈判的语气和口吻。

要掌握本章中所提及的方法和手段需要大量的实践。对这些方法的应用既是一门科学也是一门艺术。即便是对于最好的谈判专家来说，应对棘手的谈判对手也是一个严峻的考验。不过，若能明智地并结合具体情况和谈判者的具体需求来使用这些方法，你就会受益匪浅。

关键术语

力量大回转法（power moves）：这一举措旨在将不情愿的谈判对手拉回到谈判桌上来。有三种具体方法：激励、施压和联盟。

程序变动法（process moves）：旨在通过调整议程、排序、决议规则等来改变谈判程序。

价值赏识法（appreciative moves）：旨在打破可能导致沟通恶化、言语尖酸甚至沉默等分歧局面。这类策略包括给对方留面子、面临压力时保持对话和信息交流，或引入新的讨论视角，从而阻止谈判陷入僵持状态。

远点开局让棋法（farpoint gambit）：这一应对策略的成功之处在于面对最后通牒时说“是的，但是……”这是破釜沉舟的方法，不到万不得已时不要使用。当最后通牒被初次提到时，谈判者应该采取合理的方法：直截了当地指出最后通牒的存在；提出明智的、合理的还价，或尝试与对方共同解决问题。如果还是徒劳的话，可以暂时接受最后通牒，但要受限于一些有资格的事件或情况。

第19章 第三方介入处理谈判中的困境

学习目标

1. 理解引入第三方处理谈判问题的益处和弊端；
2. 探索第三方的主要介入方式：仲裁、调解及过程咨询；
3. 考虑让第三方更多地利用非正式的方式解决争端；
4. 理解某些组织使用的替代性争端解决系统。

第三方帮助他人解决争端，或在他人无法做出决定时给予帮助，这种做法由来已久。第三方有可能是因为以下情况而介入：法律上的需要（例如，调解劳务纠纷或罢工），外交原因（阻止两国间的战争），作为合同义务的一部分（例如，商品延误交货引发的纠纷），或谈判双方请求帮助。有时则是第三方不得不介入，如谈判双方已经尝试了各种其他选择，仍无法取得进展，或双方的不信任和怀疑度很高，又或者在不信任和曲解产生的抵触中，双方如无第三方介入将无法平息。

在本章中我们将描述第三方的典型角色以及他们如何解决冲突。首先我们要讨论第三方加入后谈判过程会发生怎样的变化。接着对第三方干预的类型做出分析，这中间会特别关注三种正式的第三方角色：仲裁、调解及过程咨询。最后讨论非正式的第三方以及如何通过建立和贯彻替代性争端解决（ADR）系统以实现第三方介入过程的制度化。

19.1 给双方的谈判过程增加第三方

第三方可以通过几种不同的方式和工具帮助解决争端。通常第三方可以运用我们在第 17 章中介绍的争端处理方法，例如通过缓解紧张状态、控制待解决的议题数量、加强沟通、建立共同的基础、强调有决定选择权等方法使谈判双方变得更积极。正如我们讨论过的，在某些第三方介入的情况下，这些方法比两方谈判时应用得更多。[1]

本书中我们描述的谈判过程是假设两方或多方面对面的沟通，没有外人的直接参与。谈判双方或多方的亲身参与，使他们能够对议题有深入的了解，并以建设性的方式去协调差异。只要这种直接的谈判方式能够取得效果，最好顺其自然，不需要让其他方参与。但正如我们说过的，谈判过程常常充满紧张气氛并面临各种困难，而这些会让参与者焦虑和愤怒，因此在关键点上谈判可能会陷入僵局，使谈判者无法跨越这些特别困难的节点。如果谈判的热情还在，而且有时间限制，那么第三方干预是将谈判导回正轨的唯一选择。我们说过，谈判只要还能自主进行就应尽量避免第三方介入，但那是指有较充足的时间和其他资源保障的情况下，并且谈判过程正在进行或可能继续进行。当确实需要第三方介入时，采取的措施要及时、合理。

谈判者自己可能会寻求第三方介入，或受外部环境、风俗、法律法规影响而去这么做。另外，尽管非正式的第三方会用局外人的眼光来看待谈判，但他们对结果也很感兴趣。第三方可以是领导、朋友或与谈判者地位平等的人。有一个规律是，如果第三方的介入没有得到谈判者的允许，或第三方通过专家的身份、权威或凭借与谈判者的关系施压，那么第三方就将变得不受欢迎，而且效率不高（参见 Arnold and O'Connor，1999）。未受邀请的第三方会发现自己遭受来自一方或双方的敌视，并且谈判者会无视他的介入和动机。例如负责强制执行的执法者如果介入家庭纠纷，除非将双方分开，并使局面冷静下来，否则争吵的双方会转而联合起来，认为执法者是不受欢迎的外来者。在实践中，许多强制执行的法律机构会让执法者结伴去处理家庭纠纷，以分开纠纷当事人，并保证他们自身的安全。

第三方介入的好处和弊端

好处

第三方可以表现出稳定感和庄重感，并适时加强这种感觉，促使谈判者审视需要解决的问题，特别是那些谈判中关键的问题，而这些问题又阻碍讨论或使讨论离题。第三方介入还可取得以下好处：

- 制造喘息空间和冷静期；
- 重新建立或加强沟通；
- 重新关注实质性议题；
- 补救或修复紧张的关系；
- 建立或强调时间限制及截止期限；
- 抢救沉没成本；
- 通过争端解决的过程和结果提高谈判者的满意度。

如果谈判者的关系受到严重损害，未来的交流会变得非常困难，即便如此，第三方也可能会让谈判者减少敌意，并帮助他们克服情绪波动，从而在关键点上达成一致（Jones and Bodtker，2001）。另外，许多组织也接受和支持替代性争端解决（ADR）系统，并对他们的员工进行解决争端的技巧培训。这些措施会帮助营造一种建设性的、合作性的工作氛围，并能提高个人和组织的效率（Costantino and Merchant，1996）。

弊端和限制

第三方介入也有一些弊端和限制。第三方介入标志着谈判进程的停滞。第三方介入还可能标志着谈判者建立联系失败，或无法积极信赖对方。当谈判者求助于仲裁（见后面的讨论）时尤其明显，因为他们已经失去了对结果的控制。谈判各方承认无法达成一致，或交出了对结果的控制权，往往会申请仲裁。与此相对应的是，对于其他类型的第三方介入，例如调解和过程咨询（见后面的讨论），其主要目的是改进谈判各方的争端解决技巧。它们的目标是在第三方参与互动的过程中，让谈判者继续保持对结果的控制权。各种类型的第三方介入都有各自的优缺点，要依据具体情况来判断。

何时适合第三方介入

严肃的谈判者肯定会进行切实的努力来解决争端。比如在劳资谈判中，如果不能诚实地讨价还价，根据《美国劳工法》这就是不公平的（N. L. R. A.，第8（a）（5）和8（b）（3）部分）。普遍来说，如果谈判者认为他们已经失去控制场面的能力，这时就会引入第三方。如果只有一方认为需要第三方介入，他们必须劝说对方同意。某些在谈判中拥有优势或较高权威的谈判者也会引入第三方，特别是当谈判失败会给相关组织和个人带来巨大损失时。在表19—1中列出了谈判者寻求第三方介入时的情形。仲裁带有很多司法裁决的性质，而立法决策要受多方影响。关于仲裁与立法决策的进一步讨论，以及其他超出法律的裁决方式，超过了本书的讨论范围。

表19—1　　第三方介入可能起作用的情形

- 紧张的情绪可能会妨碍谈判者找出解决办法
- 缺乏沟通，而且谈判者没有能力改善这一状况
- 曲解和刻板印象掩盖了有效的交流
- 重复的负面行为（愤怒、直呼其名、责备他人等）构成了谈判者的障碍
- 在数据的重要性、收集和评价方面存在重大分歧
- 对争端议题的类型和数量存在分歧
- 实际利益或可预见的利益存在矛盾，而且谈判各方不可协调
- 不必要的（但谈判者认为必要的）价值观差异导致分歧
- 缺乏清晰的、各方都一致同意的程序或草案，或者程序（如高层会议或冷静期）没有发挥最好的作用
- 在谈判开始时或在僵局中讨价还价时面临重大困难

资料来源：Adapted from C. Moore，*The Mediation Process*：*Practical Strategies for Resolving Conflict*，2nd ed.（San Francisco：Jossey-Bass，1996），pp. 13－14. Also see Arnold and Carnevale（1997）.

哪种介入类型是合适的

有多种不同的第三方介入类型可供谈判者选择。穆尔（1996）认为介入争端和解决争端的方法可以被视为一个连续集（见表19—2），第三方需要说服谈判者接受

和认可其处理方法，说服的力度可以从低到高排列。需要较低的说服力度时，第三方不需要介入议题，或不直接讨论议题。在需要较高说服力度的情况下，第三方会利用合法的权威贯彻他们的解决办法，或者第三方超越了法律法规体系，用暴力或非暴力手段对其他人直接施加影响。

表 19—2　　争端处理与解决方法连续集

谈判者做出的决定				私人第三方做出的决定		法律（授权）第三方做出的决定		超出法律范围的决定	
避免冲突	讨论和解决问题	非正式谈判	调解	行政决定	仲裁	司法决定	立法决定	非暴力的直接行动	暴力
力度逐渐增加，达成非赢即输的结果的可能性越高→									

资料来源：Adapted from C. Moore, *The Mediation Process*: *Practical Strategies for Resolving Conflict*, 2nd ed. (San Francisco: Jossey-Bass, 1996), p. 7, Table 1. 1.

蒂博和沃克（Thibaut and Walker，1975）提出了一个重要框架，建议谈判者可以交出对争端过程和争端结果（见图 19—1）的控制权，也可以两者都不交，或只交其一。如本书其他章节提到的，谈判各方保持对过程和结果的控制（右下方格）。谈判各方放弃了对过程和结果的控制，完全撤出讨论（左上方格），表明他们愿意将争端处理交给其他不相干的人，这些人将会用他们觉得合适的方式处理争端并决定结果。两种混合的情形是仲裁和调解（在本章后面会讨论细节）。谈判者放弃对过程的控制，而保留对结果的控制时，调解是最普遍的第三方介入方式。调解在处理很多争端时都被认为是高效的[2]，并保留了谈判的优点：谈判者对实际结果有控制权，而且他们更愿意执行这个结果。规则是“除非必要，否则不让第三方参与”，但我们从中也可得到一个推论“如果必须要第三方参与，干预要尽可能小”（向表 19—2 中的左半部分靠拢），例如用调解的方式。

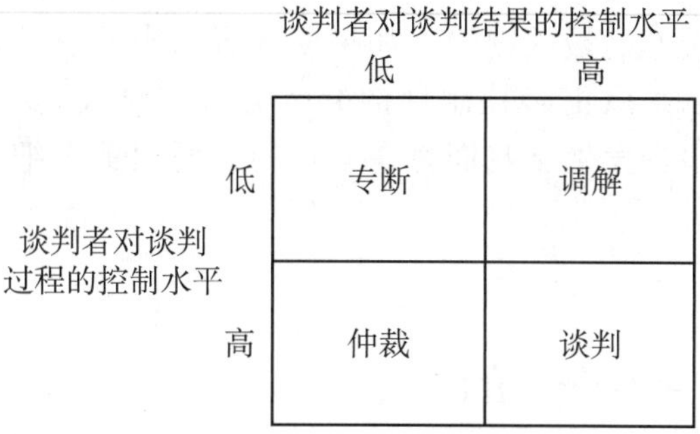

图 19—1　第三方介入的类型

资料来源：Adapted from B. H. Sheppard, “Third Party Conflict Intervention: A Procedural Framework,” in B. M. Staw and L. L. Cummings, eds., *Research in Organizational Behavior*, vol. 6 (Greenwich, CT: JAI Publishing, 1984), pp. 141 - 90; and J. Thibaut and L. Walker, *Procedural Justice*: *A Psychological Analysis* (Hillsdale, NJ: Lawrence Erlbaum Associates, 1975).

那些“只介入程序”的第三方，能给谈判者指导或只提供程序方面的帮助，会满足谈判者控制结果的愿望，而且这样谈判者更乐于执行结果。很多时候焦虑的谈判者感觉他们只是需要结束争端，但完全放弃控制权交给第三方也会带来一些不利结果（见本章后面对仲裁的讨论）。另外，谈判者可能不知道怎样审查潜在的第三方，并预知他们想做什么，或谈判者不知道哪些帮助才是最可行的。如果在错误的时机引入第三方，与采用了错误的介入手段（例如，谈判者无法长时间等待结果时，应采用仲裁而不是调解）一样，对谈判过程来说是一种浪费和损害。或者是手段正确，而时机不对（例如第17章中提到的，谈判者已经被这些无用的手段搞得筋疲力尽，或是愤怒及人身攻击在整个过程中已激怒了一方或双方，参见Conlon and Fasolo，1990）。

合适的手段和时机也同样适用于未受邀请的介入，例如当一位领导选择介入两个下属之间的争端时，领导作为第三方的优势是，他在选择是否介入和采用何种介入手段时比下属更客观。如果第三方比较幼稚，则不太可能保持客观和公正，因为他可能对这种情形下什么是对的有主观的认识，而不是对仅仅通过“调和谈判双方的对立利益”来帮助解决争端有直接的兴趣（Moore，1996，p.17）。另外，康伦和罗斯（Conlon and Ross，1993）也建议，有偏袒倾向的第三方会使谈判者对第三方的介入不满意。比如由于第三方与谈判一方或双方先前有某种关系而失去了公正，或带有明显的偏见，在处理争端时偏袒其中一方。第三方必须注意介入谈判可能会对谈判者未来更高效解决和管理争端的意愿和能力产生影响。

第三方介入，特别是仲裁，可能会产生较大的负面后果，例如，降低了谈判者有效谈判的能力，并增强对第三方的依赖（参见Beckhard，1978）。第三方在调解时，借用一句医学格言，“首先，要无害”；其次，只在必要时干预，并且干预到能使谈判者找到解决方法的程度就可以了。换句话说，不要让干预使事情变得更糟，需要时可以做手术，如果简单的急救就可以解决问题，则不需要手术。这个建议认为谈判者最重要的是形成有建设性的互动能力，而能否立即解决争端不是最关键的。如果谈判者未来没有互动或互动很少，且时间又较紧，则可以采取更多控制性的介入方式（见表19—2的中间部分），但通常这两种情况很少发生。我们将在本章的后面用更多细节来讨论这些不太激烈的情形。

19.2 第三方介入的类型

在接下来的章节中，我们会讨论第三方介入的不同类型。第三方介入可能是正式的，也可能是非正式的。正式的介入是被提前设计好的，它需要遵循一系列规则和标准。法官、劳动仲裁员、离婚调解员、裁判员和团体服务者（如心理医生或组织方面的从业人员）都经常使用这种方式。非正式的介入对谈判来说是偶然发生的，一位领导或一个对此感兴趣的朋友都可能卷入某个争端。

对第三方来说重要的是，他知道自己应该遵循一个清晰、公开、专门的程序还是“随心所欲”。但是，正式和非正式这两种争端解决方式已经渐渐交织在一起，传统的界限已经模糊。

19.3　正式的介入方式

正式的第三方介入有三种基本类型：仲裁、调解和过程咨询。[3]我们探讨每种类型的目标、形式和程序影响，并描述每种类型如何影响谈判。最后，我们将介绍两种混合式第三方介入类型：调解—仲裁和仲裁—调解。

仲裁

仲裁使谈判者对过程有较大的控制权，但对结果几乎没有或不存在控制权（见图19—1）。由于经常在劳动关系、职业运动员补偿及利益维护方面使用，因此这是最广为人知的第三方争端解决方式。谈判和仲裁的目的不同（Posthuma and Dworkin，2000）。双方谈判是为了达成一致，而仲裁则是由中立的第三方将决定施加给谈判者以解决意见不一致的问题。其过程也是十分直接的：争端中的谈判者陷入僵局，或者到截止期限仍然没有成功解决分歧，就将他们的情况提交给第三方，第三方听完双方的陈述后，决定争端的结果（Elkouri and Elkouri，1985；Prasow and Peters，1983）。仲裁也广泛用于组织之间的争端（Corley，Black and Reed，1977）及管理和工会方面的工作中（Elkouri and Elkouri，1985），并已被接受为国际商业争端的解决程序（Beechey，2000；Swacker，Redden and Wenger，2000）。

仲裁有几种不同的形式。首先，仲裁者可以聆听争端中的单独议题并做出裁决，或将多个议题放入整体解决框架中（Feigenbaum，1975）。其次，仲裁可以是自愿的或有约束性的。在自愿仲裁中，争端方将他们的理由递交给仲裁人，但他们不一定非要遵守仲裁人的决定。相反，有约束性的仲裁则要求争端方必须遵守裁决，裁决以法律或合约的形式体现。在劳资合同纠纷中，仲裁人的裁决一般会对现有合同进行修改或在合同的剩余期限内直接采纳执行。再次，是有关仲裁人的灵活性。一个极端是仲裁人可以随意做出他认为合适的任何裁决；另一个极端是裁决人的选择受到严格的限制，例如在最终报价仲裁中，裁决人必须在争端方的提案中做出选择，而不能更改（参见McAndrew，2003；Pecorino and Van Boening，2001）。在劳资纠纷中，通常资方控制形势的做法是，要求仲裁人不要增加或减少劳动合同的内容，也就是说，资方试图限制仲裁人的灵活性，避免其更改合同或偏离合同的严格解释来做出决断。我们详细讨论仲裁这种方式时，它的优缺点可以看得更明显。在专栏19.1中我们将讲述一个有关仲裁灵活性的有趣例子。

专栏 19.1

单向约束的仲裁

消费者投诉有关公司生产的车辆，并申请商业促进局（Better Business Bureaus）理事会做出仲裁。根据理事会关于汽车生产线的仲裁程序，由当地的商业促进局派出经过培训的志愿者做仲裁，并且结果是单向约束的：仲裁员做出的结果只约束生产商，而不约束消费者—投诉人，如果消费者认为该仲裁结果不能接受，他们还可以寻求其他救济途径（主要是通过诉讼）。

正式的仲裁广泛用于争端解决机制，例如劳动关系或违反法律的合同索赔。在大部分国家都有伪劣商品赔偿法——消费者如果购买的商品不能使用，但又无法修复，则应当受到该法律的保护，如汽车或家用电器，这样的索赔大部分都通过仲裁解决。仲裁也用于一些新领域——比如专栏 19.2 中提到的仲裁用于解决互联网上的问题。[4]一些新的合同，典型的如公共部门中的新合同如果无法通过谈判达成，也经常会提交给仲裁人。当一个新的合同提交给仲裁人裁决时，称为调整事项仲裁。申诉仲裁是指对现有合同的解释做出裁决。比如当工会认为资方没有遵守协商好的惩罚政策时，它可以阻止资方惩罚员工（比如，资方的做法是否公平、一致）。调整事项仲裁和申诉仲裁有很多相似之处，最基本的区别是做出裁决的类型。

专栏 19.2

互联网的仲裁

2000 年 5 名法学教授组成了首个互联网域名所有权（域名是指互联网上的地址或 e-mail 账户，如 yahoo. com）的仲裁组织。纠纷通常都是对某个地址的所有权有争议或某地址侵犯了某公司的名称或商标。

法学教授在网上对这些争端做出仲裁，像 Disputes. org 一样，他们有权停止使用某个域名，或将该域名转给合法的拥有者。

“这种新的仲裁机构对互联网世界是个积极的贡献”，伊桑·卡什（Ethan Katsch）教授说。他是马萨诸塞大学阿姆斯特校区的法律研究教授，也是这个组织的创立者之一。“在线解决域名纠纷比去法院更快、更便宜。”

资料来源：W. R. Leibowitz，“Law Professors Create Group to Arbitrate Disputes over Domain Names,” *Chronicle of Higher Education*，January 28，2000，p. A45.

仲裁作为一种争端解决程序有两个明显的优势：它对争端问题给出了清晰的解决办法，避免双方陷入冗长而无法摆脱的争议中。仲裁作为一种争端解决机制，不断地受到审视和批判，即使在劳动关系领域也是如此。[5]它也存在一些负面后果，我们在这里阐述五项。

冷却效果

当谈判者预感到他们不能达成一致而需要进行仲裁时，他们可能会停止为达成协议而继续努力。这种冷却效果的发生是因为“谈判者避免做出他们本可以做出的妥协，因为他们害怕调查人或仲裁人会调和他们之间现有的分歧”(Kochan，1980，p. 291)。如果谈判者估计仲裁人会调和现有的分歧，那么最符合利益的做法是处于一个极端的、强硬的位置，因为强硬者能够受益（Kritikos，2006)。研究表明，在僵局中谈判者希望加大分歧，并产生冷却效果，而对最终报价仲裁则是减轻冷却效果的办法。[6]在最终报价仲裁中，仲裁人只能选择一方的立场，而不能在两方中做出协调，也就是不调和分歧。受到这样的限制，谈判者会更积极地处理，或尽量缩小差异，以增加仲裁员选择己方的可能性。如果双方都这样做，即使仲裁员选择了另一方，自己也会将损失减到最小。如果至少有一方是规避风险的，那么有很大的可能性在最终报价仲裁前，双方就能达成一致（Hanamy，Kilgour and Gerchak，2007)。

研究表明，调和分歧并不是商业仲裁中常用的方式。基尔和纳依玛克（Keer and Naimark，2001）对仲裁案件样本进行了研究，发现2/3的仲裁人要么完全支持投诉方，要么完全不支持。他们进行的一个相关研究显示，在一个商业仲裁的大样本中，72%的仲裁人倾向于将少于20%或多于80%的赔偿付给申请者。这些研究结果表明，在商业环境中由仲裁人调和分歧的现象并不常见，这可能是由争端的基本性质决定的，或由于仲裁人都是富有经验的，认为有必要选择其中一个极端。

麻醉效果

当谈判者谈判失败，预计将要选择仲裁时，他们可能就会对谈判过程失去兴趣。因为讨价还价浪费时间和精力，尤其是在情况复杂时，况且还不一定保证可以达成协议。谈判者会变得被动，而且失去创新精神，这些都被认为是仲裁的麻醉效果。尤其当谈判者还要对支持者负有解释责任时，他们更容易采取强硬的立场，把妥协的后果归罪于仲裁人而不是自己，这时更可能产生麻醉效果。

半衰期效果

父母都很清楚，在几个孩子之间做仲裁的次数增多，需要做决定的数量就会增多，而这些决定不讨一方或双方喜欢的可能性也会增大，这就是半衰期效果。比如，一个作家周日下午在家工作，他不断地应孩子们的要求去对如何分配玩电子游戏的时间做仲裁。在对他自己的孩子和周围邻居的孩子做出一系列决定后，他的一个孩子会认为他的决定是蛮横的，并未同情自己的孩子，因此不再需要他的仲裁了。随着仲裁频率的提高，对仲裁的有效性和公平性的认识程度不断提高（Anderson and Kochan，1977)，谈判者可能会转而求助于其他手段来解决争端。

偏见效果

仲裁人必须谨慎地使他们的裁决不显著地偏向于任何一方，而且必须坚持公平公正，否则就可能产生偏见效果（参见Conlon and Ross，1993)。尽管每个单独的裁决在当时的情形下看都是公平的，但如果被认为总体上偏向某一方，也会在以后的争端中对争端者接受裁决产生不利影响。将要采取劳动仲裁的谈判者，通常会查看不同仲裁人的裁决，以找到有可能倾向自己这方的人，而避免请到可能给予对方支持的人。尽管仲裁人否认自己有偏见，但谈判者依然会寻找可能帮助他们仲裁成功的线索。

裁决接受效果

与其他争端解决机制相比，仲裁不一定会找到争端的解决办法，可能会带来是否接受裁决的问题，这就是裁决接受效果。对团体决策过程的动态研究表明，如果团体的成员都参与了解决方案的制定，那么对结果接受和执行的意愿就会显著高于由某个成员单独决定结果的情况（Vroom，1973）。争端解决办法需要及时有效地执行，“在有效执行中一个最有力的推动力是接受自己亲身参与做出的决定”（Leavitt and Bahrami，1988，p. 173）。因此，仲裁中争端方有可能不会完全遵从裁决结果，特别是当他们对仲裁人的裁决不满时。

小结

当谈判各方不能达成一致意见时，仲裁是解决争端的一个重要机制。作为争端解决机制它有很多优点，但也有一些缺点。最大的缺点就是从谈判者那里拿走了决策控制权。仲裁结束后，谈判者就必须执行，或忍受这些裁决，这就可能有非常负面的影响。我们接下来要讨论调解，这种方式将决定控制权留给了谈判者。

调解

与仲裁不同的是，调解获得了极大的关注和支持，学者们对它的研究的频率和强度都在不断增加。[7]布雷特、巴斯尼斯和戈德堡（Brett，Barsness and Goldberg，1996）发现调解比仲裁更能节省成本和时间，更能让争端方满意。尽管调解和仲裁的终极目标是一样的，都是解决争端，但主要的差别在于：调解试图让当事人通过自己的努力达成并接受协议。事实上调解也称为“被帮助的谈判”（Susskind and Cruikshank，1987，p. 136），“谈判过程的延伸和精细化”（Moore，1996，p. 8），“谈判的非正式伴奏者”（Wall and Blum，1991，p. 284）。调解可以帮助减少或消除争端解决中的障碍，为谈判过程增加价值，因为它能够产生和增强谈判者的期望，并增加谈判中的价值（Bush，1996；Esser and Marriott，1995a）。调解人可能从根源上帮助解决矛盾，而不是简单解决争端（Brown，1999），这是仲裁所不能取得的效果，而且调解可以深刻地改变关系。有改造能力的调解不断受到关注，并引起了关于调解的讨论，讨论的核心是调解应该更多关注目前的议题还是应该更多关注谈判者有改造潜力的方面，例如允许谈判者表达自己的想法，增强谈判者认识对方观点的能力（Bush and Folger，1994，2005；Folger and Bush，1996；Kuttorer，2006）。我们将在专栏19.3中介绍这种有改造能力的调解要遵守的10条规则。

专栏 19.3

有改造能力的调解需要遵循的10条规则

1. 在得到授权和承认的基础上描述调解人的角色和目标。
2. 让谈判各方承担对结果的责任。
3. 有意识地拒绝对谈判各方的观点和决定做出评判。
4. 对谈判各方的能力和动机持乐观态度。
5. 允许谈判各方表达感情，并对此做出回应。
6. 允许并发掘谈判各方的不确定性。
7. 对眼下的交互冲突保持关注。
8. 对谈判各方针对过往事件的陈述要有回应。
9. 将介入看作矛盾中双方互动产生的系列结果之一。
10. 当获得授权和承认时，即使程度很小，也要有成功感。

资料来源：J. P. Folger and R. A. Baruch Bush，"Transformative Mediation and Third-party Intervention：Ten Hallmarks of a Transformative Approach to Practice." *Mediation Quarterly*，13（4），2004，pp. 263－278

和仲裁一样，调解的现代起源是在劳动领域中，有时候是作为申诉仲裁与合同仲裁之前的步骤。调解也被描述成"第二个最古老的职业"，与矛盾本身的历史一样长（Kolb，1983a），而且经常用来代替法院——特别是当双方想要以低成本解决矛盾，而且让步的余地又比较大时（参见 Lovenheim，1989）。辛格（Singer，1994）记录了很多采用调解和其他方式解决争端的各种情况，比如玩忽职守、民事侵权、索取债务等，将酗酒和吸毒引发的案件在审判前转移到治疗中心而不走司法程序，用调解解决商业纠纷、消费者投诉、社区和政府纠纷等。另一个广泛运用调解的是离婚领域，因为双方一般都愿意遵守解决的结果，因此可以在条件上做出较大的让步（Donohue，1991；Kressel，1985）。调解在解决民事和社区纠纷时也是一种常用的方法（D'Alo，2003；Duffy，Grosch and Olczak，1991；Kessler，1978）。全美的社区调解中心基本都雇用受过培训的志愿者（Duffy，Grosch and Olczak，1991；Lovenheim，1989；Singer，1994）。调解也越来越多地用于避免高成本的商业诉讼中（Coulson，1987），并用来解决商业—政府争端，特别是在环境法规方面。[8]另外，调解也经常用来作为解决国际争端的机制（Bebchick，2002；Butler，2007；Chayes，2007）。罗宾（Rubin，1981）记录了亨利·基辛格（Henry Kissinger）作为一个相当有技巧的国际调解人如何获得了巨大的成功，詹特和佩德森（Jandt and Pedersen，1996）也展示了调解如何在世界范围内用来解决本地和跨境争端。

需要特别注意的一点是，正式调解或合同调解都是基于固定的规则和程序的。在本章后面将要介绍的非正式介入方式中，我们会讨论紧急调解，这种机制没有太多形式上的约束（Pruitt and Carnevale，1993）。调解人对于调解结果没有正式权力，他们也不能独自解决争端或将自己解决争端的方案强加进来，相反，这种方式的有效性在于调解人能够单独与争端各方会面，确保对争端议题的了解，发现各方立场之间可能存在让步的地方，并鼓励各方做出让步以达成最后的协议。

调解人可以是各式各样的，也可以使用不同的技巧和策略（Mareschal，2005）。成功调解人最重要的技巧是他们有能力与争端者建立融洽的关系（Goldberg，2005；Goldberg and Shaw，2007）。戈德堡将融洽定义为发展“与当事人有感情的、可信赖的关系”，这种关系比特殊的调解技巧更能让调解取得成功（Goldberg，2005，p. 372）。

很重要的一点是要认识到调解人并非无能为力。调解人有谈判者想要的资源，比如在国际争端中当事国家与调解国的贸易关系，在工作场所存在分歧时的工作分配权，这些都在调解过程中发挥重要作用。另外，调解人也可能给争端者“面子”，这在争端中也是强有力的力量（Van Ginkel，2004）。

何时使用调解

调解过程要想成功，两个因素必不可少：时机和对调解人的接受程度。如果当事人很乐于接受帮助，则调解成功的可能性很大，这里可以用成熟度作比喻。[9]成熟度是指谈判中的艰难困境即将得以解决的状态（Coleman，1997）。有很多关于成熟度的研究。成功解决艰难谈判的最好时机是有足够的痛苦去激发解决问题的主动性，但又没痛苦到引起仇视的地步。[10]

调解通常是一个自愿的过程，当事人不会被迫进入这一过程，而且如果当事人不配合的话，调解也不会有效果。如果当事人认为拖延争端可能取得胜利，那么调解也不会奏效。许多争端的当事人不寻求调解，是因为他们不真正明白这个过程。他们陷入争斗中，或为了争论而争论，或担心在第三方前失去优势（McEwen and Milburn，1993）。当调解人确定谈判者还未准备好接受介入时，通常会说“当你准备好时给我打电话”，然后离开，直到当事人有较高意愿参加调解时再进行。在某些场合中要强制实施正式的调解（例如，离婚、国际敌对或某些形式的有组织罢工），这么做是为了不让形势恶化到无可挽回的地步。这种强制调解一般由外部机构或官方授权有经验的调解人进行（Bercovitch，1989；Donohue，1991）。研究表明即使当事人是被强制或被要求接受调解的，他们在离开时一般也会觉得调解是公正而满意的（Brett，Barsness and Goldberg，1996；McEwen and Milburn，1993）。

影响调解成功的第二个因素是各方对调解人的接受程度。特别需要注意的是，调解人可能对争端轻描淡写，而且不同调解人的介入方式、风格和行为都有很大不同（Picard，2002）。传统观念中调解人都被看作中立的个人，当事人认为他是公正的、有经验的，而且能够提供帮助。有些人可能对此有异议，认为不可能找到完全中立的调解人，因为调解人的积极介入会影响过程和结果，在无意中会对其中一方产生好处（参见 Gibson，Thompson and Bazerman，1996）。调解人一般要取得第三方组织（例如美国劳工部调解和斡旋服务机构）、当地调解服务机构或争端解决中心的认证，增强他们的公信力。另外还要具备一些基本素质如解决争端的技巧、值得信任、诚实、公平以及处理相似争端的经验，这些都会让当事人接受调解人。然而，有时候调解人带有偏见未必是坏事。尽管人们通常认为，调解人的偏见会对调解的有效性产生不利影响（Young，1972），近期的研究却展示了在这一问题上更为复杂的观点。[11]卡内瓦莱和康伦（Carnevale and Conlon，1990）认为调解人的偏见有两种形式：一种是普通的结伙或在调解前就与当事人有关系；另一种是在调解中给某一方更大的支持。即使之前就有关系，只要当事人认为调解人能够公正调解，而且会公平对待双方，他们也会忽略这种偏见（Conlon and Ross，1993；Wall and Stark，1996）。

调解人模式、选择和行为

中立的个人在争议双方之间调解看起来很简单，但实际上这个过程中包括了大量的层面。[12]调解人可能选择其中任何一个层面去达到和完成他想要做的事情。埃瑟和马里奥特（Esser and Marriott，1995b）测验了三种不同类型的调解人介入方式：内容调解（帮助当事人权衡），确定议题（让双方对议题排出优先顺序），正面的议题框架（关注希望出现的、正面表述的结果）。研究证明内容调节是最有效的介入方式，而当事人认为这三种方式中的任何一种都比没有调解要好。罗宾（Rubin，1980）认为，调解人主要是“促成妥协且不让当事人丢脸，因此要快速有效地解决矛盾，避免生变”（p. 380 ）。

理解调解过程这一概念的一种有效方法是理解调解的关键阶段。这里给出了调解的几种阶段模型，在对调解人进行培训时经常用到这些模型。[13]图 19—2 是穆尔（1996）提出的模型。调解过程可以大致分为四部分：调解前的准备（阶段 1～5），调解的开始阶段（阶段 6 和 7），调解的中间阶段（阶段 8、9 和 10），调解的结束阶段（阶段 11 和 12）。在调解前的准备阶段，调解人尝试去了解当事人，帮助他们理解接下来的过程，并赢得他们的信任。调解人最关注的是争端的性质，并寻求当事人的接纳。调解人的策略可能包括将当事人分开，分别询问他们对问题的看法，并积极聆听双方的意见。调解人必须要能够区分哪些话言过其实，哪些话表达了真实的利益，从而确定各方的优先事项，通常他们会在调解前的准备阶段一直让当事人分开。

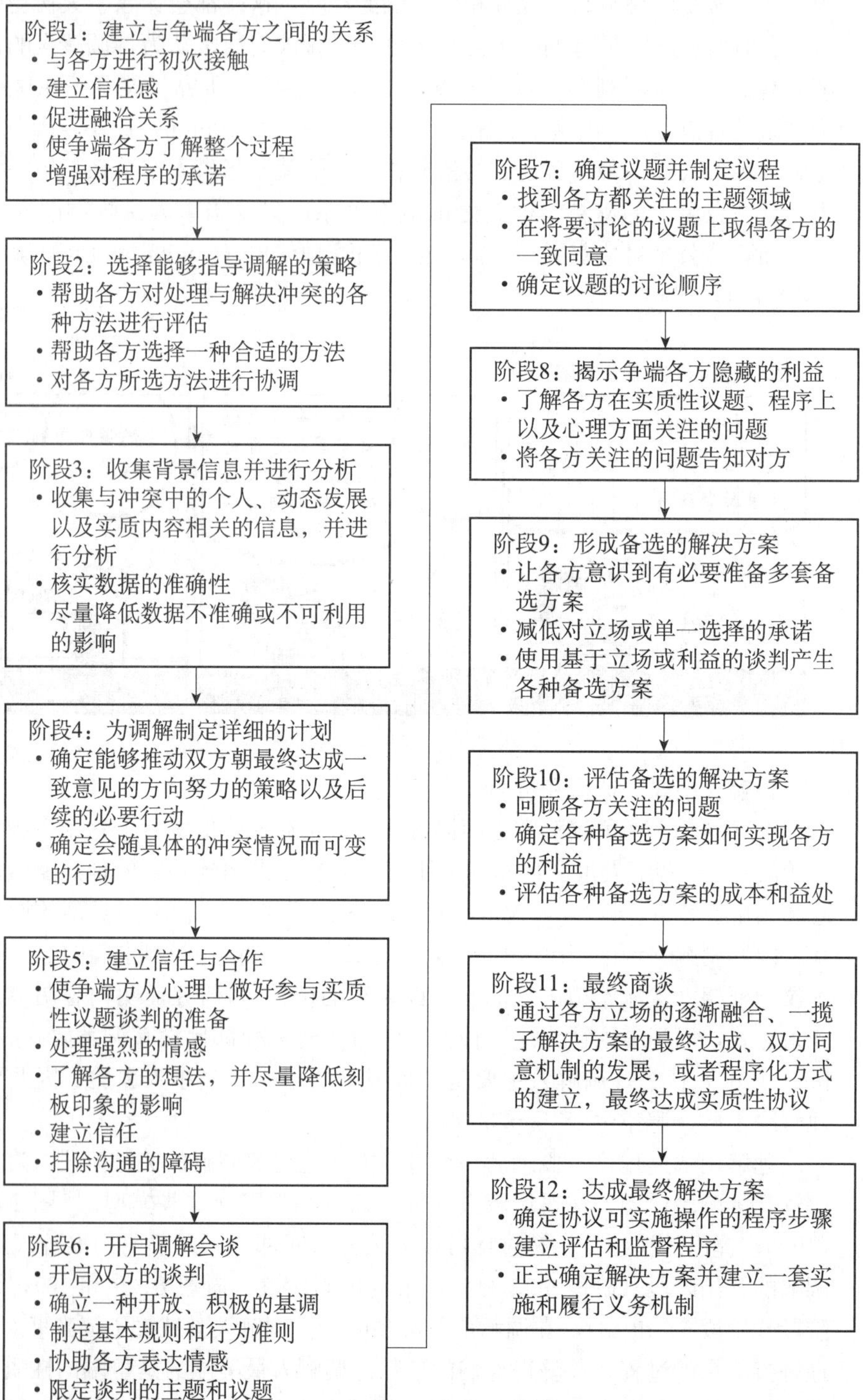

图 19—2　调解人行动的 12 个阶段

资料来源：C. Moore，*The Mediation Process*：*Practical Strategies for Resolving Conflict*，2nd ed.（San Francisco，CA：Jossey-Bass，1996），pp. 66 - 67.

在调解过程的早期，调解人的一项重要工作是鼓励处于僵局中的当事人进行对话或参加讨论。波伊特拉斯、鲍恩和伯恩（Poitras，Bowen and Byrne，2003）提出了一个两阶段策略来促进当事人之间进行谈判。[14] 第一阶段是改善当事人的关系，着重通过分析矛盾建立相互信任。第二阶段主要是了解参与讨论的益处，并将这些益处与当事人之间的关系联系起来。

过了谈判前的准备阶段，调解人就可以开始提出建议和反向建议，测试各方可以妥协的地方。随着调解的开展，调解人会变得更主动和强势。他们可能让当事人面对面，也可能继续让他们分开。调解人在他认为重要的地方，可能会对一方或多方施压，让他们做出妥协。在这个阶段，调解人会用到很多我们在第 17 章中提到的策略——从根本上说，这些都是为了当事人。调解人会设计出他们认为可能会被接受的提议和解决方式，在各方进行尝试，甚至是公开宣布。调解人还可以使用电子决策支持系统去分析当事人的需求和立场（Ehtamo，Kettunen and Hamalainen，2001；Mumpower and Rohrbaugh，1996）。一般调解人在公开宣布一些事情前，都愿意私下先取得各方同意，这样当事人可以和他的支持者进行必要的商量。如果调解成功，调解人最终会将各方带到一起达成一个协议，或当众宣布解决方案。科布（Cobb，1993）认为，高效的调解人可以平衡当事人力量、控制进程并且保持中立，还可以重塑当事人的能力，这样棘手的交易就不太会变成对抗性的长篇大论，可以"在不指责对方的情况下阐述责任"（p. 256）。

确定调解议题的先后顺序是调解人需要考虑的另一项策略选择。韦斯（2003）认为有三种基本顺序：（1）渐进顺序法，调解人先从简单的议题入手，随着讨论过程的开展再过渡到复杂的议题；（2）硬骨头顺序法，调解人先从最复杂的议题开始，以便确定矛盾是否到了可以解决的时机；（3）委员会策略，当事人被分成小组处理不同的议题。韦斯在考察一些棘手的公共冲突时，发现调解人成功地使用了三种顺序方法，渐进顺序法是最常使用的。

有很多关于调解人风格的研究（如 Bowling and Hoffman，2001）。在离婚和儿童监护调解领域，克雷塞尔和他的同事们确定了调解人的两个倾向：一个是处理矛盾的倾向，其标志是严格的中立，只关注矛盾的具体解决办法；另一个是解决问题的倾向，其标志是试图处理潜在的问题，并偏离了严格的中立。参与者们发现，解决问题的倾向更富有建设性，更能积极地解决矛盾，常常可以取得期望的效果，而且似乎可以让人对调解有更正面的态度（Kressel，Frontena，Forlenza，Butler and Fish，1994；也可见 Alberts，Heisterkamp and McPhee，2005）。随着调解人参与到当事人中解决更多的问题，争端各方之间的敌对，特别是一些有关的东西（如公平、维护脸面和骄傲）就减少了（Zubek，Pruitt，Pierce，McGillicuddy and Syna，1992）。

科尔布（1983a）的研究将调解人风格定义为两种主要类型：一种是协议制定者，他们的风格是对事件进行管理、整合，并对当事人之间的沟通进行协调；另一种是协调者，他们的风格是较少关注单个事件，而更多建立起当事人之间的对话。也有研究检验并扩展了科尔布的模型，认为两种调解人的风格是第三方对以下三个方面因素控制程度的一个函数：（1）过程；（2）结果；（3）当事人为何还要继续考虑。实政研究揭示了调解人的四种控制方法：当事人控制以上三个因素；只控制结果和动机；只控制过程和结果；什么也不控制（Baker and Ross，1992）。对调解人风格的研究揭示了调解人在对过程和结果的控制程度上有很大的差异，所有的类型和变化都取决于调解人所面对的个体和情景（Kolbet al.，1994）。博特斯和米切尔（Botes and Mitchell，1995）认为调解人的灵活性是其发挥作用的先决条件，在这一点上与谈判者是一致的。调解人的灵活性被定义为减少束缚，增强行动的自由度，提高自主性，更能接受创意性的想法（参见 Botes and Mitchell，1995；Druckman and Mitchell，1995；也可见 Balachandra，Barrett，Bellman，Fisher and Susskind，2005）。

调解人如何对待现状并选择什么样的行为方式是由他们所处的环境决定的。卡内瓦莱（1986）提出了调解人行为的策略选择模型。他提出两个变量的混合——调解人对当事人期望的判断和调解人对当事人“共同基础”（即达成协议的领域）的判断，能够组成四个基本的调解策略：解决问题、补偿、施加压力和不作为（见图19—3）。解决问题（调解人认为当事人期望高、共同基础强）会帮助当事人进行整合式谈判，找到可能达成的整合式解决方案（参见第3章）。补偿（调解人认为当事人期望高，而共同基础弱）包括调解人运用奖励诱使当事人做出让步、达成协议。施加压力（调解人认为当事人期望低，共同基础弱）包括尝试在达成整合式解决方案（双赢）时让当事人减少期望层次。最后，不作为（调解人认为当事人期望低，共同基础强）包括不介入争端，让当事人自己处理。随后的研究为这个模型提供了支持和证明。[15]卡内瓦莱（1986）的模型可能不完善，因为他没有考虑当事人或调解人期望之间的力量不平衡（Carnevale，1992；van de Vliert，1992）。调解人的期望和对当事人理解的偏好以及他们的行为可能产生影响，涉及调解人偏见的性质及灵活性问题（参见 Botes and Mitchell，1995）。一项研究结果表明，如果当事人认为调解人偏袒他方，即使调解人给出正面的建议，也无法得以当事人的信任，同样，如果当事人认为调解人偏袒己方，即使调解人给出负面的建议，也足可得以抵消（Wittmer，Carnevale and Walker，1991）。有较强洞察力的调解人被认为更可靠，而认为调解人可靠会带来更多对调解人的正面评价（Arnold，2000）。

调解人施加压力的方式与调解面临的情境是相互作用的。如果当事人的争端处于高度紧张的状况（如主要矛盾中包括很多议题，对主要议题有异议），或当事人之间的敌对性比较强时，积极有力的调解行为会取得良好效果。相反，如果当事人所处的情境是敌对性比较弱，则缓和及促进性的调解能更好地发挥作用。[16]如果敌对性强的同时，解决问题的行动力也比较强，调解人最好帮助提出问题，鼓励当事人解决问题，提出新的建议并要求当事人做出回应（Zubek，Pruitt，Pierce，McGillicuddy and Syna，1992）。这意味着当事人能够自己解决问题时，调解人有可能是

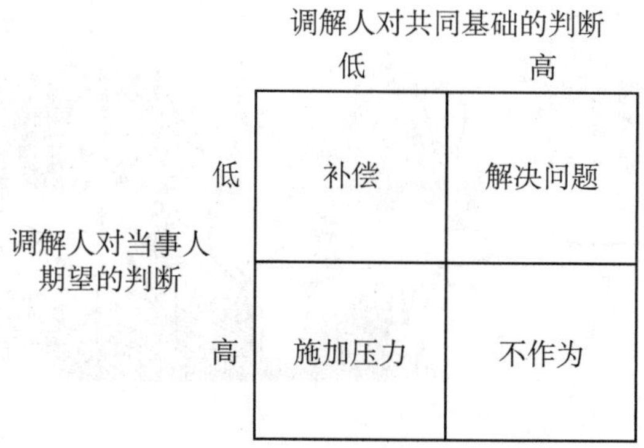

图 19—3　卡内瓦莱关于调解人行为的策略选择

资料来源：Adapted from P. J. D. Carnevale，“Strategic Choice in Negotiation，” *Negotiation Journal* 2 (1986)，pp. 41 - 56.

碍事的。当敌对性较强时调解人积极有力的介入是适合的，但当敌对性较弱，或敌对性强而行动力也强时，积极有力的介入反而达不到预期效果（参见 Hiltrip and Rubin，1982）。在这种情况下，过程咨询（后面会讨论到）可能是一种更好的介入方式。

调解何时有效

克雷塞尔和普鲁伊特（1989）在案例研究中发现 60％的调解都是有效的，效果从 20％到 80％不等。沃尔、斯塔克和斯坦迪佛（Wall，Stark，and Standifer，2001）也找到了关于调解效果的类似证据，提出了调解给当事人带来的各种好处，并改善了当事人之间的关系。卡内瓦莱和普鲁伊特（1992）认为调解的效果可以从很多角度来看，如调解人与当事人的关系、当事人之间的关系、矛盾议题和当事人本身（见表 19—3）。调解在适度冲突中更有效（参见 Glasl，1982；Hiltrop and Rubin，1982）。在适度冲突中，紧张气氛已经显现，且当事人已经开始出现情绪，但还未恶化到发生肢体冲突和无法挽回的威胁或行动。争端超过适度的程度是发生了激烈的行动和反应，双方的关系破坏到难以修复的地步。另外的研究认为当谈判者经历过一个痛苦的僵局后，调解会更有效（Touval and Zartman，1985）。一些其他的研究显示调解仅在某些类型的争端中有效（参见 Carnevale and Pruitt，1992；Posthuma，Dworkin and Swift，2002），例如科汉和吉克（Kochan and Jick，1978）在对公共部门的调解进行观察时发现，由于当事人没有经验或过于强调自己的立场而导致谈判停顿，这时候调解是最成功的。相反，当一方或双方当事人有内部矛盾时，调解不太会成功。比如，在己方成员之间存在不同需求，但由主谈判人决定将哪些放到桌面上谈时；当双方对主要经济问题或期望分歧较大时，调解也不太可能成功。

表 19—3　　调解的有效方面

● 调解人—当事人关系： 改善双方对调解的接受程度； 提高双方对调解人的信任。
● 争端双方之间的关系： 调整双方之间的交流； 与双方之间有单独的会面，以对他们施加影响。
● 议题： 揭示隐藏的利益和关切； 确立议程； 整合、排列议程项目，并确定优先考虑的议题； 解释并形成协议； 针对可能实现的解决方案提出建议。
● 争端当事人： 在当事人做出让步时帮助维护其颜面； 帮助当事人解决内部的异议； 帮助当事人解决委托方的问题； 积极鼓励达成一致意见或做出让步。

资料来源：Adapted from P. J. D. Carnevale and Dean G. Pruitt, “Negotiation and Mediation,” *Annual Review of Psychology* 43 (1992), pp. 531 - 542.

当双方的抵抗点不重叠时，调解人可能必须给当事人施加直接和间接的压力去创造一个积极的商谈范围（见第2章）。直接的压力是指调解人使用策略激励当事人软化立场。施加间接压力典型的方法是用时间来消耗当事人的精力，并增加他们抵制调解的成本。一些调解人之所以取得结果，是因为他们态度强硬，并对当事人施加压力，或者让他们考虑多个备选方案（Johnson，1993；Kolb，1983a，1983b）。用调解处理高度紧张的矛盾并不是很有效，例如在矛盾中有很多利益方面的议题或者当事人对议题的主次顺序无法达成一致时（Rubin，1980）。在这些条件下，调解策略可能无法使当事人达成一致意见。

祖贝克、普鲁伊特、皮尔斯、麦吉利卡迪和西娜（Zubek，Pruitt，Pierce，McGillicuddy and Syna，1992）研究了两个社区争端处理中心的73场听证会的程序和结果，他们发现一些调解人的行为被认为与调解成功存在正相关，另一些存在负相关，还有一些则不相关。例如，与调解成功存在正相关的调解人行为包括：显示出热情；用制定和控制日程来安排讨论；帮助当事人确定优先考虑的事项；保持冷静、友好的态度，但对调解过程严格控制。与调解成功存在负相关的调解人行为包括：炫耀专业技能，批评和提出令人尴尬的问题。与调解成功不相关的调解人行为包括：提供保证、维持秩序和调解人是否有经验。

吉布森、汤普森和贝泽曼（Gibson，Thompson，and Bazerman，1996）采用了不同的方法，通过分析调解人常见的认知错误来检验调解人的有效性。依据分析结果，他们对调解人提出了以下建议：

- 只有当存在正的议价区间时才去推动协议的达成（见第 2 章）。
- 寻求“足够有效的”协议（即“不存在其他任何结果使至少一方有利而另一方没有异议”，p. 74）。
- 帮助当事人全面考虑公平问题。
- 避免为了达成协议而去达成协议（持“达成协议才是最好的结果”这种偏见）。
- 避免接受第一个协议（第一个被接受的协议可能不是最好的）。
- 如果各打五十大板对双方都不公平，就不要这么做。

最近，研究者对调解人进行了调查，以了解他们对调解成功的看法（Goldberg，2005；Goldberg and Shaw，2007；Mareschal，2005）。研究表明，调解人相信他们的技术基础和能力、建立融洽气氛的能力，以及合作导向是调解成功的关键因素，而调解人的策略与调解成功并不相关。

小结

在过去 20 年中，大量的理论和研究都对调解进行了研究，提供了很多调解在争端解决中有效的证明。然而调解也有它的缺点，它可能花费大量时间和资源，却收不到效果。从这点上来说，仲裁和调解的优缺点是互补的，因此它们被结合在一起也就不奇怪了。在下一节中，我们将分析第三方介入的第三种类型——过程咨询，在之后的一节中我们分析调解—仲裁程序。

过程咨询

解决争端的第三种正式方法是过程咨询（Walton，1987）。过程咨询被认为是“咨询者的一系列活动，包括帮助当事人认识、理解并处理发生在他周围环境中的事件”（Schein，1987，p. 34）。过程咨询的目标是缓和矛盾的情绪方面，改善当事人的沟通：让他们重新获得或增强未来处理争端的能力。

调解和过程咨询的区别在于：调解人或多或少都会关心一些争端中的实质性议题，而过程咨询则只关注如何改善沟通和矛盾的解决程序（参见 Cross and Rosenthal，1999）。过程咨询顾问旨在教给当事人怎样更高效、更有成果地处理矛盾，以取得更好的结果。第三方介入的目的就是建立一个基础使对话在实质性议题上取得成果，并教给当事人未来怎样避免矛盾升级。

过程咨询行为

过程咨询顾问可以使用很多策略。他们的第一步通常是将当事人分开，通过访谈确定各方对对方的看法、各自立场以及双方关系的历史。顾问用诊断阶段所收集到的信息在双方之间构建一系列对话或对抗（Walton，1987）。设计这些会面是为了找到过去矛盾的原因，以及各方对另一方的想法。会面在中立的地方举行，议题要事先讨论过，参加会面的人选也要提前安排好。第三方的目的是鼓励当事人面对他们的差异和形成这些差异的原因。过程咨询顾问是这个过程的裁判员、计时员和看门人，使当事人始终不离正题，并确保矛盾不升级。过程咨询顾问会让所有方面都指向问题的解决并促进双方融合，向当事人假设如果他们能公开和面对彼此间的差异，在未来能找出解决实质性差异的方法，并且在使用这种方法时不会使矛盾再度升级。过程咨询顾问主要做的是改变处理矛盾的氛围，促进双方围绕差异开展有建设性的对话，并使当事人有能力自己来充当第三方。

过程咨询顾问应当具备与其他第三方相同的素质。首先，他们应当是技术方面的专家，对冲突及其动态发展很有研究，能够在感情上给当事人支持，并有技巧地对争端做出诊断。其次，他们应当是中立的，对一方或另一方没有偏见。再次，他们应该是权威的，也就是说，能够在过程中有力量让当事人顺从他们，以便他们能介入和控制这个过程。尽管他们的目的并不是要强加给当事人一个特定的解决方案或结果，但他们必须能够影响当事人的互动模式，将他们分开或把他们放在一起，并控制他们互动的进程（参见第18章影子谈判）。如果没有这样的控制，当事人就会重新回到他们早先的敌对状态。

过程咨询顾问关注的焦点是教会当事人如何自己解决实质性的差异，而不是为他们解决差异。过程咨询顾问将争端的议题放到当事人的手上。然而，过程咨询要想产生效果，当事人就必须能够自己应对他们潜在的破坏性矛盾，这样才能处理实质性的差异——这些对当事人来说经常是很困难的。

过程咨询经常用来改善当事人想要保持的长期关系。婚姻和家庭诊疗就是过程咨询的形式之一，组织发展和团队构建工作也属于过程咨询。它也被尝试用于协调劳资关系。在民族、政治和文化间的国际冲突，例如北爱尔兰的天主教徒和基督教徒之间、中东巴勒斯坦和以色列之间的冲突中过程咨询也得到了应用（Kelman，1996）。在这些情境中，过程咨询的许多早期努力其实是不完全成功的。[17]一些研究在以下方面对过程咨询提出了更好的理解：

1. 如果在一个争端中，当事人被一个或多个未解决的主要议题禁锢住，过程咨询作为一种介入手段将不会太有效，因为过程咨询是要改变当事人之间关系的本质，而只有在当事人处于一种公开的矛盾或在敌对的间隙中，过程咨询才可能起作用（Walton，1987）。

2. 处理短期关系时，过程咨询可能是没有效果的。当事人如果未来不可能合作，教给他们如何有效解决争端就是没有意义的。

3. 如果争端中的实质性议题是分配式的或零和的，过程咨询也可能是没有效果的。过程咨询的目的是提高整合式谈判的关系和技巧。如果争端的实质或支持者给予的压力不鼓励或不支持这一整合式过程，那么过程咨询也不可能有效果。如果议题是分开的，或当事人有压力并保持强硬的立场，将削弱过程咨询的效果。

4. 如果冲突程度很高，当事人更倾向于报复和惩罚而不是和解时，过程咨询可能是无效的。当持续的矛盾使当事人感到疲劳，他们不想再继续争斗，想要解决矛盾，或当事人想共存，但不知道怎样做时，过程咨询才可能奏效。如果当事人没有足够的动力共同工作，会削弱过程咨询的效果。任何一方如果做不到信任、合作和诚信，冲突会很快升级。

一些优秀的实践者已经有具体详尽的程序为构建当事人对话提供便利，推动他们解决问题，并重塑他们之间的关系。凯尔曼（Kelman，1996）在以色列人和巴勒斯坦人之间成立了很多互动型的问题解决工作室，并且证明了这些工作室不仅改善了当事人之间的关系，而且改善了这两个群体进行大型谈判的基础。米切尔和班克斯（Mitchell and Banks，1996）提供了一份有价值的线路图，指出应当如何利用这种工作室模式，并提供了一些能够将敌对的当事人撮合到一起的经验和行动。另外，班克和奥尔本（Bunker and Alban，1997）总结了不同情况下的大组别干预，这些干预的目标是将很多不同的小组、利益相关者或支持者放在一起，协调和推动整个体系的计划和变化。班克和奥尔本说明了这种推动和过程咨询能够用于组织发展，以加强大型组别和系统在单个计划活动中的应变能力。

正式介入方式的混合模式

很明显，调解和仲裁都有各自的优缺点，人们做了一些工作来弥补它们各自的缺点。

仲裁的缺点包括：

- 当事人预计会接受第三方介入时，可能会有负面的效果（如冷却和麻醉效果）。
- 从当事人那里拿走结果控制权。
- 当事人可能不愿承担执行结果的义务。

调解的缺点包括：

- 缺乏执行任何特定解决方案的动力，或者根本不想去解决问题。
- 争端可能永远持续或模糊不清。
- 争端有可能升级，产生更大的破坏性，付出更高的代价。

一些研究者提出，将调解和仲裁组合成两阶段争端处理模型可能会使它们各自的缺点最小化。[18]

调解—仲裁

斯塔克和诺茨（Starke and Notz，1981）提出，调解可以作为仲裁的初步阶段，即调解—仲裁，对争端的解决有补充和促进的作用，但只对最终报价的仲裁有效。这是因为在常规的仲裁中，当事人希望由仲裁人裁决再达成妥协，虽然调解希望做出一些妥协，但当事人宁愿等仲裁人裁决而不是在调解过程中再做让步。相反，在对最终报价的仲裁中，能够使当事人有动力对他们当前立场的合理性进行评估。因此，他们更愿意在仲裁前改变自己的立场，这样就可以提高仲裁者做出对己方有利裁决的概率。在一项关于仲裁与谈判的实验研究中，格里格斯比和比格尼斯（Grigsby and Bigoness，1982；也可见 Grigsby，1981）发现，加入调解减轻了最终报价单项仲裁产生的冷却效果，但在常规仲裁、最终报价整体仲裁或没有仲裁时，加入调解反而会增加冷却效果。

仲裁—调解

另外一个混合的方法是仲裁—调解，包括三个步骤。首先，仲裁人举行一个听证会，并做出决定，但这个决定是“被装在封口的信封里，而不告诉当事人”（Conlon，Moon and Ng，2002，p. 979）。调解是在第二阶段。如果没达成协议，到第三阶段再对当事人公布仲裁结果，并对双方形成约束力。在模拟研究中对仲裁—调解的有效性进行了检验，康伦等（Conlon et al.，2002）在一项模拟研究中发现，仲裁—调解解决争端的比例更高，与调解—仲裁相比整体效果更好（也可见 Ross and Conlon，2000）。

19.4 非正式的介入方式

在本章中我们分析了第三方解决争端常用的三种正式介入方式：仲裁、调解和过程咨询。如果是领导、父母、顾问或其他人作为第三方介入他人的争端则经常采用非正式的方式。谢波德（Sheppard，1984）提出了一个归类方法，普遍适用于第三方介入程序。谢波德的模型不是告诉领导们应该怎样介入矛盾，而是描述了他们在实际中是如何介入矛盾的。这个模型是对蒂博和沃克（Thibaut and Walker，1975）程序体系的扩展。正如我们在本章前面曾提到的，蒂博和沃克认为争端的解决可以分为两步：开始是程序或过程步骤，这一步中收集和展示证据或论据，然后是结果或裁决步骤，这一步评估证据，决定哪方占优势。他们将介入矛盾的方式分为第三方控制过程、控制结果或两个都控制。控制这两个方面被认为是介入矛盾的两个维度，第三方在处理争端时可以在不同程度上使用这两个维度。第三方对过程和结果控制的程度不同构成了一个矩阵（见图19—1）。谢波德（1983）让在职的领导描述他们上一次介入下属争端时的情况，并记录了他们作为第三方对过程控制和结果控制的程度。谢波德得出结论，领导在介入下属矛盾时使用了以下三种主要方式之一（见图19—4）：

1. 严格询问式介入。这是最普遍的一种介入方式。采用这种介入方式的领导，对过程和结果的控制度都很高。他让双方都说明各自的情况，问一些问题以探查各方的立场，并经常对谁发言和讨论什么话题加以控制。然后他提出一个他认为能够解决争端的方案，强加给双方接受。严格询问式介入是审判式处理矛盾的方法，这在欧洲法庭常用。

2. 对立式介入。采用对立式介入的领导对结果有高度的控制，对过程则没有。他们不对整个事件提问，也不控制当事人之间矛盾中具有破坏性的方面。相反，他可能会听各方选择告诉他的内容，然后在当事人陈述的基础上告诉他们应该怎样解决问题。这个方式与仲裁很相似，也是美国法庭经常采用的方式。

3. 激励式介入。采用这种介入方式的领导通常不控制结果，对过程控制也很少，他会很快地对矛盾做一个判断，然后告诉当事人如果不自己解决，那么他就给他们找一个解决方法。换句话说，领导首先问“发生了什么?”当他知道发生了什么，然后说，“你们最好解决这个问题，否则我就为你们解决，而你们中的任何一个可能都不喜欢这个解决办法!”

领导对过程的控制程度	领导对结果的控制程度：高	领导对结果的控制程度：低
高	严格询问式介入	调解式介入
低	对立式介入	激励式介入

图 19—4　领导的第三方介入方式

资料来源：Adapted from B. H. Sheppard，“Managers as Inquisitors：Some Lessons from the Law，” in M. Bazerman and R. J. Lewicki，Eds.，*Negotiating in Organizations*（Beverly Hills，CA：Sage Publications，1983）.

哪个方法更有效

谢波德的研究表明领导会很自然地表现得像一位严格询问的法官或仲裁人，又或者他威胁当事人，如果他们自己不解决争端，他就会采用一种不受欢迎的方式解决。图 19—4 中剩下的一格，我们称为“调解式介入”，它与正式调解一样，但它不是领导经常采用的方式。在这之后的一些针对领导行为的研究表明，领导声称他们更愿意作为第三方以调解的方式介入，但在他们未受过训练的情况下是否真的能做到还不清楚（Lewicki and Sheppard，1985）。当处理一个矛盾时，领导假设当事人无法自己解决争端，因此他必须决定结果（参见 Sheppard，Blumenfeld-Jones，Minton and Hyder，1994）。看上去领导是想调解，但在实际中观察到的情况是，他们远比调解人对结果有更多的控制，他们真实的行为更像是审问者而不是调解人。

谢波德的工作为研究领导层非正式争端介入方式创建了一个发展体系。伊兰格凡（Elangovan，1995a，1998）建立了一个说明性的模型，以引导领导如何选择介入策略（见图 19—5）。[19]这个模型提供了一个决策树，第三方会提出一系列针对争端的诊断性问题（见图 19—5 顶部）。根据每个问题，第三方会判断争端的程度，并在决策树的终点找到一个特定的模型。我们将这些方式分别称为：手段控制、终点控制、全部控制、部分控制以及低控制，与图 19—1 和图 19—4 中描述的方式相似，伊兰格凡没有选择用调解和仲裁这些普遍的概念描述这些方式（见表 19—4），他更倾向于描述对结果和过程的控制程度，为第三方如何行事提供更为精确的指导，并避免使用调解和仲裁这样带有价值色彩的概念，否则会因为它们众多的变化和形式而混淆。他还将思想扩展到了全球环境下，他对于文化在第三方干预过程中发挥的作用做了基础性的研究。伊兰格凡（1995b）的研究表明，第三方干预的偏好是文化差异的一个函数，文化的差异可以参见霍夫斯泰德对跨文化差异的分类（参见第 16 章）。

DI——该争端对组织的有效运行有多重要？

TP——尽可能快地解决这场争端有多重要？

ND——这场争端与现存规则、程序和安排的解释及其变化相关吗？

NR——当事人未来会以怎样的频率进行与工作相关的互动？

CP——如果你将解决方案强加给下属（争端方），他们能够接受的可能性有多大？

DO——当事人的定位是什么？也就是说，如果你让下属解决争端，他们有多大可能性取得组织上协调的结果？

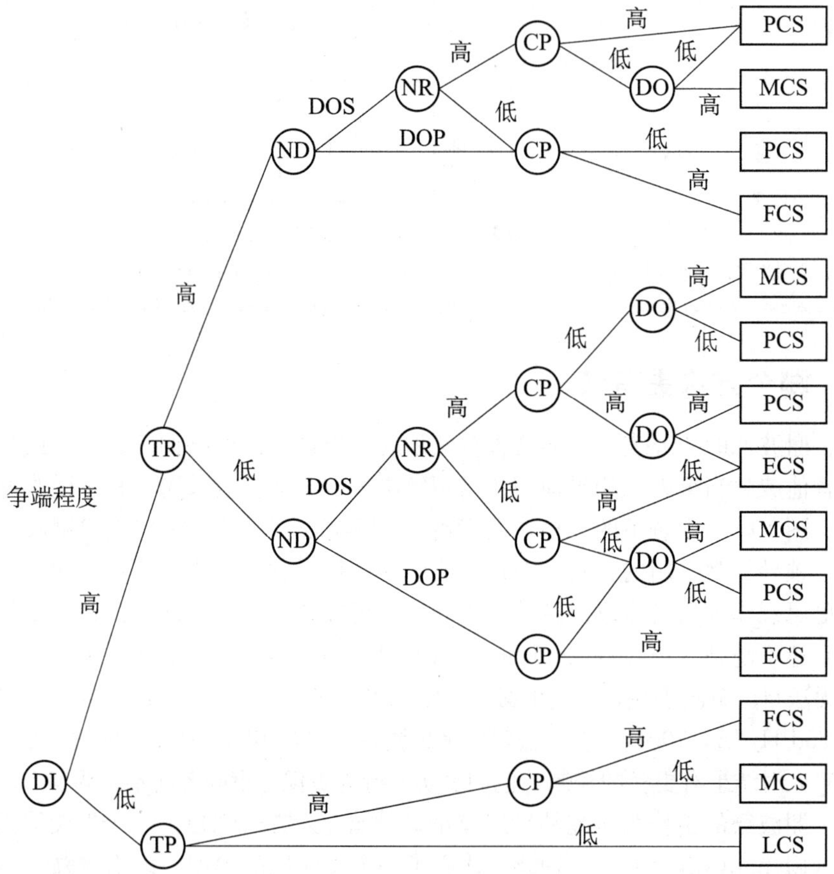

图例：

MCS＝手段控制策略

ECS＝终点控制策略

LCS＝低控制策略

FCS＝全部控制策略

PCS＝部分控制策略

图 19—5　领导介入争端的规范模型

资料来源：Reprinted with permission of Academy of Management，P. O. Box 3020，Briarcliff Manor，NY 10510-8020. From A. R. Elangovan，“Managerial Third-Party Dispute Intervention：A Prescriptive Model of Strategy Selection，” *Academy of Management Review* 20，no. 4（1995），p. 820. Reproduced by permission of the publisher via Copyright Clearance Center.

表 19—4　领导的争端干预策略

手段控制策略（MCS）	领导通过影响解决的过程来介入争端（即促进互动、帮助沟通、给当事人的一方解释另一方的观点、澄清议题、为处理争端设定规则、在对话中维持秩序），但并不施加解决办法（可以建议解决办法）；最后还是由当事人做出决策；对过程控制程度高，而对结果控制程度低（例如调解、安抚）。
终点控制策略（ECS）	领导通过影响结果来介入争端（即对最后的结果全权控制，做出最后的决策，并让当事人接受结果），但不设法影响过程；当事人决定他们提供什么信息以及用什么方式提供；对结果控制程度高，对过程控制程度低（如仲裁、判决、对立式介入）。
低控制策略（LCS）	领导不主动介入争端的解决；他催促当事人自己解决争端，或冷处理；对过程和结果的控制程度都低（如鼓励或督促当事人谈判，或让他们自己解决争端、提供激励）。
全部控制策略（FCS）	领导通过影响过程和结果来介入争端（如，决定哪些信息可以被提供或应当以怎样的方式提供，并决定最后的解决办法）；向当事人提出具体的问题来获得有关争端的信息，并要求他们接受一个解决办法；领导对争端的解决进行全面控制；对过程和结果的控制程度都高（如严格询问式介入、独裁式介入）。
部分控制策略（PCS）	领导通过与当事人共同控制过程和结果介入争端（即领导和当事人在过程上达成一致，并在结果方面追求一致）；他与当事人一起努力，并通过促进互动、加强沟通、讨论议题等方式帮助他们找到解决办法。另外，他们在评价可选方案、建议解决办法、劝说当事人接受解决办法、推动争端处理上扮演了积极角色；对过程和结果的控制程度中等（如团体问题解决、调解—仲裁）。

资料来源：Reprinted with permission of Academy of Management，P. O. Box 3020，Briarcliff Manor，NY 10510-8020. From A. R. Elangovan，"Managerial Third-Party Dispute Intervention：A Prescriptive Model of Strategy Selection，" *Academy of Management Review* 20，no. 4（1995），p. 807. Reproduced by permission of the publisher via Copyright Clearance Center.

平克利和他的同事还研究了影响第三方选择介入方式的关键因素（Pinkley，Brittain，Neale and Northcraft，1995）。他们发现了影响领导选择介入方式的五个维度：

1. 相对于潜在的问题，领导在多大程度上关注当事人对矛盾的陈述。
2. 对第三方提出的解决办法（与被迫相对）自愿接受的程度。
3. 第三方与当事人在结果控制方面的较量。
4. 第三方处理矛盾的个人方法。
5. 争端是公开处理还是私下处理。

很显然，领导和其他权威人士通常有权力介入争端。不仅因为他们对工作场合的争端和解决方案感兴趣，也因为他们有力量去介入。康伦、卡内瓦莱和莫宁汉（1994）发现，2/3 的领导作为第三方会选择将结果施加给当事人，当他们感觉到当事人无法合作时更会这么做。这与其他领导介入争端的实证研究是一致的（Sheppard et al.，1994），沃特金斯和温特斯（Watkins and Winters，1997）将该模型扩展，用来描述每种介入方式的两难处境。

在非正式的第三方介入中应该更多地使用调解，这已经得到了很好的证明。卡兰贝亚和布雷特（Karambayya and Brett，1989）通过对模拟课堂进行研究，根据领导判断情境的方式不同，领导也扮演了不同的角色。他们的研究还对谢波德（1983，1984）的模型提供了支持，而且发现比起其他争端解决方式，调解能达成更公平的结果。调解对当事人更公平，这对布雷特和洛涅斯（Brett and Rognes，1986）的说法也提供了支持，领导作为第三方应该充当调解人的角色。卡兰贝亚、布雷特和莱特尔（1992）还利用模拟课堂发现，领导最可能以专制或调解的方式介入，这与领导的权威和经验有关，取得的结果也不同。抛开经验不谈，有权威的第三方相较于没有权威的第三方更可能采用专制的方式，而平级的介入者表现得更像调解人。专制式介入可能会使结果“一边倒”并产生僵局，而调解式介入可能会产生妥协。领导很少使用调解方式，是出于对其自身角色的理解，他们倾向于将处理矛盾看作一种实践的机会，这会导致他们不采取调解的办法（Sheppard et al.，1994）。在研究中发现，有较多管理经验的介入者相比那些经验不多的介入者较少使用专制式介入方式，有较多权威和经验的第三方更倾向于使用调解行为。

最后，康伦和法索洛（Conlon and Fasolo，1990）认为，尽管调解式介入可能比专制式介入更好，但时机也很重要。调解人介入的时机把握（也就是说，不早也不晚）会影响当事人对程序公平性的感觉。快速的介入会使当事人感觉失去了控制和发言权，也就是说，当事人感觉他们失去了决定的能力，无法使事情达到自己满意的程度。由于违反了原本的程序，当事人会感觉不适，他们对第三方介入的满意度也不会高，也就是说，当事人感觉他们被拒绝采用正常的程序步骤和保护措施。

第三方在非正式争端解决和矛盾处理中所扮演的角色在尤里（2000）的书《第三方》（*The Third Side*）中有极详尽的阐述。尤里认为第三方可以从三个阶段影响矛盾：（1）阻止矛盾，这种介入可以阻止潜在矛盾的出现；（2）解决矛盾，使出现的矛盾得到处理；（3）抑制矛盾，要解决当前的矛盾是一项挑战，第三方要遏制这种矛盾。尤里描述了第三方帮助他人解决争端时扮演的10种角色（见表19—5）。每个阶段和第三方可能扮演的角色都有详细的讨论。

矛盾可能在阻止阶段升级的原因有：（1）需求迫切；（2）技术欠缺；（3）关系差（见表19—5）。人们有几个基本的需求（如安全、爱和认同），这些需求得不到满足就会引起矛盾。提供者的角色就是使人们的需要得到满足。例如，好的领导会经常表扬员工的优点，或晋升员工，保证他们在工作方面得到积极的认可，避免员工不满以及在工作中产生矛盾。矛盾的产生通常是源自缺乏处理矛盾的技巧，以及无法接受不同意见。教师的角色就是教会人们应对差异和冲突的技巧。关系差是产生矛盾的另一个原因，第三方可以帮助阻止矛盾升级。第三方在这里要发挥“桥梁建设者”的作用，找到办法改善双方的关系，避免矛盾升级。例如，领导可以让办公室中两派的成员到同一个项目组中工作，以便在办公室中建立起联系的纽带。

表 19—5　　第三方扮演的 10 种角色

矛盾升级的原因	矛盾改变的方法
阻止	
需要迫切 缺乏技巧 关系差	提供者 教师 “桥梁建设者”
解决	
利益间的冲突 权力有争议 力量不平等 关系受损	调解人 仲裁人 平衡者 治疗者
抑制	
缺乏注意力 缺乏限制 缺乏保护	证人 裁判 和平维护者

资料来源：From William Ury，*The Third Side*（New York：Penguin，2000），p. 190.

在解决阶段，矛盾可能会升级的原因有：（1）利益间的冲突；（2）权力有争议；（3）力量不平等；（4）关系受损（见表 19—5）。调解人的角色是通过打开当事人之间的沟通渠道，帮助他们调和不同意见，并帮助他们找到解决办法。仲裁人的角色是，当争端的当事人无法自己做出决定时，要在对立的立场中做出选择。例如，当下属分别支持两个市场营销计划时，领导要决定采用哪个。平衡者的角色是，在解决矛盾时保证弱势一方的意见会被听取。例如，在一个项目组中不太发言的成员，通常他们的影响也会很小，除非平衡者采取行动保证他们的意见会被听取。治疗者的角色是处理矛盾的情绪后果，避免其成为未来矛盾的源头。例如，在两个同事之间发生了令人生气的矛盾，虽然矛盾已经解决了，但治疗者依然要倾听双方当事人的感受，帮助他们处理残余的受伤情绪，避免将来再产生矛盾。

在抑制阶段，矛盾可能会升级的原因有：（1）缺乏注意力；（2）缺乏限制；（3）缺乏保护（见表 19—5）。证人的角色是通过观察和记忆他在场时发生的事件，抑制矛盾升级。一位中立的证人在场可以抑制矛盾，因为人们通常不太愿意当证人在场时让矛盾升级。裁判的角色是给行为设置界限，明确哪些行为是可接受的。例如，裁判可以允许在争论中使用激励尖锐的言辞，但不允许发生肢体冲突。和平维护者的角色是介入争端，以防止发生暴力冲突，或在发生时制止这种冲突。联合国在交战的国家间经常扮演这种角色，在敌对的个人之间人们也会扮演这种角色。

尤里的模型被认为是一个整体，而且为研究各种类型矛盾的正式与非正式介入开辟了一条新的途径，但这并不是一个阶段性模型，也就是说，第三方在处理矛盾时并不一定按照事先规定的顺序。相反，尤里认为，不同的争端需要不同的介入方式，根据所面临的情况不同，第三方应该选择不同的顺序使用不同的介入方式。尤里给出了一条清晰的建议，适用于所有第三方，即“必要的话抑制，可能的话解决，最好是全面阻止”（2000，p. 113）。

尽管研究结果表明应该多使用调解作为第三方介入的手段，但这点仍需要进一步的研究证明。要更多地关注领导如何更好地把握调解机会，如何学习更有效地调解，近来对领导的研究结果是否也适用于其他矛盾情形中的第三方（例如，在同级的人和朋友中）。比如，希斯托夫斯基（Shestowsky，2004）最近的研究发现，民事争端者更倾向于中立的第三方，相比于那些想要控制结果、过程或决策规则的第三方，他们更能帮助当事人找到自己的解决办法。另外，还需要更多的研究来确定在法律和非法律情况下哪种非正式的第三方是受欢迎的而且是有效的，并找到哪些环境因素导致了这一结果。

19.5 替代性争端解决系统

从组织的立场来看，争端似乎是不可避免的，而且一定类型和程度的争端是健康和适当的。我们相信，矛盾的解决最好让当事人自己完成。这章描述的一些环境已经偏离了这种情况，例如当事人无法自己解决矛盾或现有的矛盾得不到解决并已经开始造成危害。不同的组织可能会面临这一相似情况，如商业、法庭或是非营利组织。对于组织来说这些争端的后果包括：

- 浪费时间、金钱和感情，消耗资源，失去机会。
- 争端者的满意度低。
- 损害长期关系。
- 矛盾可能扩大或矛盾再次发生（Brett，Goldberg and Ury，1990）。

替代性争端解决（ADR）系统的灵感可以追溯到弗兰克·桑德1976年的一次演讲（Moffitt，2006）。作为庞德会谈（Pound Conference）的法律专家，桑德曾说过，对某些特定类型的争端，诉讼是唯一有效的方式，但也要考虑创立一些其他的机制以便在更大范围内解决争端（Moffitt，2006）。

从20世纪80年代开始，美国的许多大型组织引入了ADR系统，而且它应用的广泛程度不断提高（Bingham，1999）。从那时开始，ADR系统扩展到了其他国家（参见Jackson and Caligari，2007）并被用于解决在线矛盾（Miller-Moore and Jennings，2007）。我们在专栏19.4中提供了一个很有趣的例子。ADR系统被美国法院体系定义为解决争端时“不由法官主持判决的任何过程和程序”（28 U.S.C，651，1998）。我们在本节中对ADR系统的讨论仅限于组织处理争端时采用的正式ADR程序（formal ADR procedures）。人们已经发现，这些程序可以给组织带来一些好处，包括更快、更经济地解决争端。[20]

专栏19.4

同级别员工决定同事的命运

在红龙虾餐厅工作的一名女招待被投诉偷走了顾客的意见卡，意见卡就放在该餐厅的意见箱中。意见卡上抱怨了肋排没熟，而且侍者“不够合作”。这名女招待是海顿女士，她在该餐厅已经工作了 19 年。她说自己想把意见卡拿给她的老板看，并不是偷它，但当客人向老板口头抱怨时，老板发现卡片丢失了，因此她解雇了海顿女士。海顿女士说被解雇就好像"用刀刺穿了她"。

正常情况下，如果员工感觉受到了不公平的对待，会采取法律手段控告餐厅，但红龙虾餐厅允许被解雇或被处罚的员工向一个由同级别员工组成的小组求助。这个小组举行听证，可以推翻管理层的决定，甚至可以对造成的损害进行补偿。海顿女士也向一个这样的小组求助，该小组由一名总经理、一名助理经理、一名服务员、一名女侍者和一名酒吧服务员组成，他们决定海顿女士的命运。海顿女士选择同级别员工调查程序因为她觉得这个花费更少，而且这些人知道餐厅中的流程，能够更好地判断这件事情。小组访谈了当事人的经理、海顿女士和一名女侍者，重新梳理了发生的事件，以及双方当天说了什么、做了什么。在一个半小时的谨慎商议后，他们一致认为应该恢复海顿女士的工作。他们说海顿女士已经尽了最大努力安抚这位愤怒的客人，而且禁止阅读意见箱中的内容只是一条不成文的规定，并没有在餐厅中强制实行，但是因为违反了政策，他们决定惩罚海顿女士，她无法得到停工三周应得的报酬。海顿女士对这个决定很高兴，餐厅的法律顾问说这个小组做出了正确的选择，餐厅经理也很友善，当海顿女士返回工作岗位时，她给予了很多帮助。

达登工业集团（Darden Industries）是红龙虾连锁餐厅的所有者，1994 年建立了同级别员工访谈制度。在四年中，公司在解决员工纠纷方面节省了 100 万美元的法律费用。他们说每年大约有 100 件案子递交到评审小组。这个项目也减少了顾客和员工之间的紧张关系。

资料来源：Adapted from Margaret A. Jacobs, "Red Lobster Tale: Peers Decide Fired Waitress's Fate," *The Wall Street Journal*, January 20, 1998, pp. B1, B6.

康斯坦丁诺和默钱特（Costantino and Merchant，1996）认为 ADR 系统大致可以分为六大类（见图 19—6）：

1. 预防性的 ADR 系统，是指公司采取该系统防止争端的产生。比如，公司可以将条款写进合同中，任何争端都可以自动去寻求 ADR 解决；当争端发生时，公司也可以给当事人提供专门的渠道去见面和解决问题。

2. 谈判式的 ADR 系统，是允许当事人在没有第三方帮助下由自己解决争端的机制，使用我们前面讨论过的谈判程序。

3. 促进式的 ADR 系统，是提供一个中立的第三方（如督察员）帮助当事人进行解决问题的谈判。这个第三方像一个调解人，但经常要为弱势一方辩护，以确保他们的意见被听取。

4. 发现事实的 ADR 系统，是让第三方中的技术专家找到特定情况下的事实，以及如何解释这些事实。在是否遵从技术专家提供的信息和结论方面，当事人通常会提前达成一致。

5. 咨询式的 ADR 系统，是第三方用专业知识推断如果争端由仲裁、法庭或其他程序解决会有什么样的结果。每一方都对另一方的情况有一个现实的认识，知道仲裁人或法官会怎么做，不用真的为走到那个过程花费那么大代价或者忍受那个结果。

6. 强制式的ADR系统，是第三方的决定对双方都有约束，当事人必须接受。约束性仲裁是强制式ADR系统最常见的一种形式。

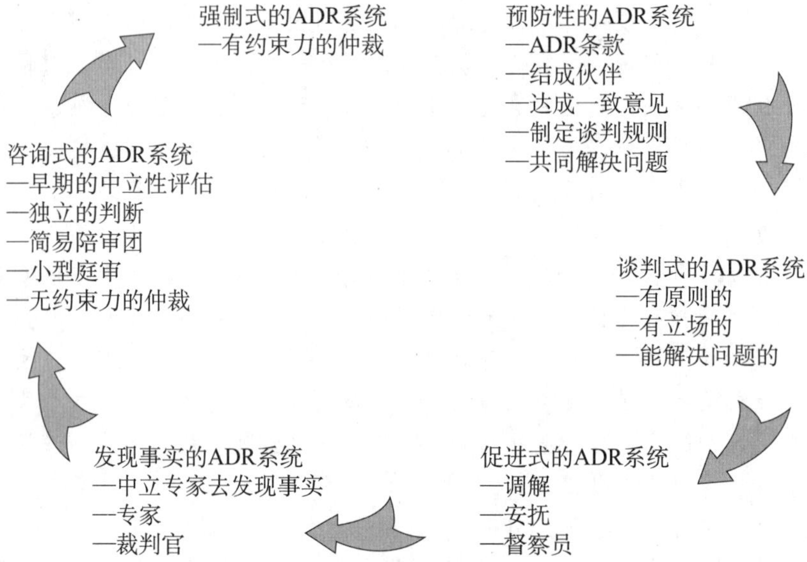

图 19—6　ADR 技术动态图

资料来源：From C. A. Costantino and C. S. Merchant, *Designing Conflict Management Systems* (San Francisco: Jossey-Bass, 1996), p. 38.

ADR系统在过去30年中发展非常迅速。好消息是，很多公司都已经开始学习有效地利用ADR系统，他们在这个过程中也受益匪浅：节省了大量的时间和金钱，关系没有被损坏，甚至在这个过程中还可能得到了提高（例如，参见Bourdeaux, O'Leary and Thorburgh, 2001）。公司与员工、客户、供应商和监管人员面临法律诉讼时，用它作为替代手段，使得ADR系统的效率较高。不足的方面是，许多系统的出发点是好的，但在处理员工矛盾时设计不足，运行较差，经常会演化为"私人的判决体系，形式与费用都与本想避免的法律诉讼一样"（p. 120）。

另外，一些专家也表达了担忧，如ADR系统的准入不平等，ADR专家缺乏多样性，ADR专家的能力不均（Hoffman, 2006）。很明显的一点是，ADR系统多种多样，系统的整体设计是能否有效发挥作用的关键（Bendersky, 2003, 2007）。

卡弗和冯德拉（Carver and Vondra, 1994）定义了下列可能削弱ADR系统作用的因素：

- 只关心能否赢，而不想如何解决矛盾（或相反，一些人使用ADR系统是因为他们认为在法庭上赢不了）。
- 将ADR作为诉讼的一种替代方式，而不是更好的争端解决方式。
- ADR系统不过是经过伪装的法律诉讼。

某些关键因素可以推动设计一个有效的争端解决系统。[21] 第一，保证当事人在开始使用专门程序前，明白他们的选择是什么。当事人要很好地理解他们选择的这种程序，并且要首先尝试低成本的选择。第二，使用者可能需要参与到争端解决系统的设计中，这样才能使系统有效（Carter，1999）。第三，任命、培训和支持相关人员在争端解决中对当事人提供建议和帮助（Gadlin，2000；Stieber，2000）。例如，一个监察官员舞弊情况的政府官员通常被认为是“掌握大量机密消息的非正式信息源、交流渠道，处理投诉或帮助组织改善、革新”的人（Rowe，1995，p. 103）。传统上这类人可以为当事人提供多种选择，在严格保密制度下工作，可以作为“调解人、法律顾问和第三方介入者”（Rowe，1995，p. 105）。最后，麦克尤恩（McEwen，1999）认为改善争端解决系统的途径是通过系统性研究，并提出这个研究应该考虑的几个方向。

布雷特、戈德堡和尤里（1990）建议，如果组织决定采取一些更广泛的途径，在设计和运行争端解决系统时应遵循以下几个原则：

1. 争端前咨询，争端后给出反馈（即尝试公开那些会引发矛盾的议题和决议，将处理争端时学到的教训记录下来并形成报告）。

2. 将兴趣集中在利益上，而不是立场或性格上（Fisher，Ury and Patton，1991）。

3. 通过“回放”教育当事人（即通过系统运行中得到的教训，告诉他们处理争端的过程）。

4. 建立和使用成本效率更高的全力保护机制，修复力量之间的不平衡。

5. 在成本效率机制下安排并做出救济措施，即在尝试高成本方法之前尽量先使用低成本的方法。

6. 向当事人提供必要的技能、资源和激励，让他们更容易、更有建设性地使用这个系统。

7. 与所有相关方共同努力，使这个系统的设计更可行并且更有价值。

林奇（Lynch，2001）认为ADR系统的评估方式应当与基于个案的冲突管理有所不同，因为要根据不同的情况用不同的方式处理矛盾。根据林奇的说法，一套健康的ADR系统在组织上应具备五个特征：（1）它们是全面的，这样对所有人和所有类型的问题都适用；（2）有解决矛盾的文化，能够在一个积极的环境中面对和处理矛盾；（3）有多条路径进入系统，有专家对系统进行支持；（4）有选择权，如果当事人希望同伴和调解人参与，允许当事人这么做；（5）有支持机制，如取得最高管理层和教育项目方面的支持，使ADR系统制度化，并提供安全措施。

本章小结

当谈判者不能达成一致意见或解决矛盾时，第三方介入可能会起作用。在本章中，我们介绍了三种正式的第三方介入类型：仲裁、调解和过程咨询。作为争端解决的介入方式，每个类型都有自己的优势和缺点。按照当事人向第三方交出谈判过程和结果的控制权程度的不同划分了不同的类型。仲裁是一个构造好的过程，当事人可以相对自由地表述他们的看法，仲裁人决定结果，并常常将结果强加于当事人。调解人则主要是控制当事人的互动模式，包括肢体表现和沟通方式。尽管调解人可能会通过建议和引导给当事人提出可能的结果，但他们一般不为当事人选择结果。过程咨询者与仲裁人和调解人相比，参与争端议题更少，他们更多的是帮助建立和扩大沟通，提高当事人现在和未来解决争端的技巧。

人们正在系统地研究其他第三方角色和类型，包括我们提到的三种由正式方式演化而来的非正式方式，去考察它们的应用和影响。组织为替代性争端解决（ADR）系统提供的支持，对于那些愿意投入必要的资源进行系统设计和运行的组织带来了很大好处。关于怎样掌握和适当运用非正式的第三方技术处理不同类型的矛盾，以及第三方从个体和组织上怎样能有效地帮助解决矛盾，还有很多工作要做。

最后我们简短综述了一些有关替代性争端解决（ADR）系统的最新研究，它包含了一系列技巧，雇主可以采用这些技巧处理工作场合的矛盾，避免与员工和组织外的人员发生诉讼。该系统不仅包括调解和仲裁，而且包括采用一些混合型的方法，去听取雇员的意见。它的目的是找到可以降低成本的争端解决过程，减少诉讼和庭审案件，让组织高效地、有效地处理员工矛盾。

关键术语

第三方（third parties）：谈判参与方以外的其他力量。

沉没成本（sunk costs）：由于过去的决策已经发生的，而不能由现在或将来的任何决策改变的成本。

仲裁（arbitration）：当事人根据他们之间订立的仲裁协议，自愿将其争议提交由非官方身份的仲裁员组成的仲裁庭进行裁决的一种制度。

整体解决框架（total settlement package）：在谈判中将多个议题放在同一个框架中解决。

自愿仲裁（voluntary arbitration）：当事人不一定要遵守仲裁人决定的仲裁方式。

约束性仲裁（binding arbitration）：当事人必须要遵守仲裁人决定的仲裁方式。

最终报价仲裁（final-offer arbitration）：裁决人必须在当事人的报价中做出选择，而不能进行折中的仲裁方式。

调整事项仲裁（interest arbitration）：一些新的合同如果无法通过谈判达成，也经常会被提交给仲裁人。当一个新的合同提交给仲裁人裁决时，称为调整事项仲裁。

申诉仲裁（grievance arbitration）：对现有合同的解释做出裁决的仲裁。

仲裁的冷却效果（chilling effect）：当谈判者预感到他们不能达成一致而需要进行仲裁时，他们可能会停止使用谈判中还能想到的其他解决方法。

仲裁的麻醉效果（narcotic effect）：当谈判者谈判失败，同意选择冲裁时，他们会失去协商的兴趣。

仲裁的半衰期效果（half-life effect）：随着仲裁次数的增多，所做的裁决不讨一方或双方喜欢的可能性也会增大。

仲裁的偏见效果（biasing effect）：尽管每个单独的仲裁在当时的情形下看是公平的，但如果被认为在总体上偏向某一方也会对争端者接受裁决产生不利影响。

裁决的接受效果（decision-acceptance effect）：争端方是否愿意遵从仲裁的裁决结果。

调解（mediation）：双方或多方当事人就争议的议题在第三方主持下，自愿进行协商，促成各方达成协议、解决争端的办法。

过程咨询（process consultation）：顾问的一系列活动，帮助当事人认识、理解并处理发生在他周围环境中的事件。过程咨询的目标是缓和矛盾的情绪方面，改善当事人的沟通有效性，让他们重新获得或增强未来处理争端的能力。

严格询问式介入（inquisitorial intervention）：最普遍的一种介入方式。介入者采用这种介入方式说明他对过程和结果的控制度都很高。严格询问式介入是审判式处理矛盾的方法，这在欧洲法庭常用。

对立式介入（adversarial intervention）：采用对立式介入的介入者对结果有高度的控制，对过程则没有。这个方式与仲裁很相似，是美国法庭经常采用的方式。

激励式介入（providing impetus）：采用这种介入方式的介入者通常不控制结果，对过程控制也很少。他会很快地对矛盾做一个判断，然后告诉当事人如果不自己解决，那么他就给他们找一个解决方法。

替代性争端解决系统（alternative dispute resolution system，ARD system）：对某些特定类型的争端，不采用诉讼，而创立一些其他的机制例如调解和仲裁，来解决争端。

注释

[1] For a broad treatment of these and related issues, see Lewicki, Weiss, and Lewin (1992); Mayer (2000); Singer (1990, 1994); and Ury (2000).

[2] See Bingham, Chesmore, Moon, and Napoli (2000); Carnevale and Pruitt (1992); Moore (1996); Nabatchi and Bingham (2001); Sulzner (2003); and Ury, Brett, and Goldberg (1988).

[3] We have described the three most frequent third-party roles, but several authors have suggested numerous other formal roles (for instance, see Diehl, Druckman, and Wall, 1998; and Ury, 2000). Interested readers should consult the references cited throughout this chapter to explore the research and practice on third parties in greater detail.

[4] Further discussion of dispute resolution and the Internet may be found in Clark (2003), Hagewood (2001), and Katsh and Rifkin (2001).

[5] For instance, see Brett and Goldberg (1983), Devinatz and Budd (1997), Kanowitz (1985), and Kochan (1980).

[6] See Grigsby and Bigoness (1982), Kritikos (2006), Long and Feuille (1974), Neale and Bazerman (1983), and Starke and Notz (1981).

[7] See Bush (1996); Carnevale and Pruitt (1992); Kochan (1980); Kochan and Jick (1978); Lewicki, Weiss, and Lewin (1992); Wall and Lynn (1993), and Wall, Stark, and Standifer (2001).

[8] See Drayton (1981), Reich (1981), and Susskind and Cruikshank (1987).

[9] See Kriesberg (1991), Rubin (1981), and Zartman (1989).

[10] Further discussion of ripeness can be found in Coleman (2000a), Eliasson (2002), and Greig (2001).

[11] See Carnevale and Conlon (1990), Conlon and Ross (1993), Kaufman and Duncan (1992), Smith (1985), Touval and Zartman (1985), and van de Vliert (1992).

[12] A complete framework for understanding mediation must take into consideration a very large number of factors, and a complete understanding of the role and impact of these factors is beyond the scope of this book. For more detail, see Barrett (1999); Herrman, Hollett, Gale, and Foster (2001); and Wall and Lynn (1993).

[13] See Folberg and Taylor (1984), Holaday (2002), Kochan (1980), Kressel (1972), Lovenheim (1989), Moore (1996), Poitras and Bowen (2002), Saunders (2003), and Wall (1981).

[14] Poitras, Bowen, and Byrne's (2002) model applies to negotiations that have reached impasse or that have yet to start; "prenegotiation" is similar to the early stages of mediation in Moore's model.

[15] See Carnevale and Conlon (1988), Chaudrhy and Ross (1989), and Harris and Carnevale (1990).

[16] See Donohue (1989), Hiltrop (1989), and Lim and Carnevale (1990).

[17] See Benjamin and Levi (1979); Boehringer, Zeruolis, Bayley and Boehringer (1974); Brown (1977); Cohen, Kelman, Miller, and Smith (1977); Hill (1982); and Lewicki and Alderfer (1973).

[18] See Grigsby (1981), Grigsby and Bigoness (1982), Ross and Conlon (2000), and Starke and Notz (1981).

[19] Elangovan's model is based on a model of managerial decision making developed by Vroom and Yetton (1973).

[20] For discussion of the benefits of ADR systems see Bingham (1999), Bingham and Napoli (2001), Loomis (2001), and Lynch (2001). For discussion about ADR design issues see Bordwin (1999) and Levy (1999).

[21] For further discussion see Brett, Goldberg, and Ury (1990); Costantino and Merchant (1996); Lynch (2001); Sheppard, Lewicki, and Minton (1992); and Ury, Brett, and Goldberg (1988).

第20章 谈判的最佳实践

学习目标

1. 了解谈判在多大程度上既是一门艺术，又是一门科学；
2. 研究所有谈判者成功完成谈判可以遵循的10条最佳实践。

谈判是日常生活中不可或缺的一部分，谈判的机会时刻存在于我们身边。有一些人可能是天生的谈判者，但谈判实际上是包含分析和沟通的一种技术，每个人都可以通过学习获得。本书的目的就是让读者对谈判领域有整体的了解，了解谈判中每个过程的广度和深度，并欣赏到谈判的艺术性和科学性。作为本书的最后一章，我们将在更广的层次上思考谈判，并且为谈判者提供10个最佳实践（参见表20—1），帮助人们继续提高自己的谈判技巧。

表20—1　　谈判者的10个最佳实践

1. 做好准备工作
2. 分析谈判的基本结构
3. 确定最佳替代方案
4. 愿意撤出谈判
5. 掌握谈判中的关键矛盾
6. 留意无形因素
7. 积极处理联盟关系
8. 珍惜并保护你的名誉
9. 记住合理性和公正性都是相对的
10. 不断地从经验中学习

20.1 做好准备工作

我们没有过分强调谈判准备工作的重要性，我们强烈建议所有的谈判者都要为谈判做适当的准备（参见第 4 章）。准备不一定要费时费力，但它应该是每个谈判者的最佳实践中最为重要的内容。做好充分准备的谈判者拥有很大的优势，包括及时有效地分析对方开出的条件、理解让步过程中的细微差别，以及实现他们谈判的目标。准备阶段应该在谈判开始之前进行，这样谈判花费的时间才能更富成效。良好的准备工作要求尽可能地了解己方的目标和利益，并能够有技巧地、清晰地表达给对方。它还包括理解对方的沟通方式，找出满足双方需要的解决方式。双方至少要在一些目标上达成一致，否则，谈判很少能够取得成功。前期做好扎实的工作，确定自身的需要并能理解对方的需要，是提高谈判成功率的关键步骤。

良好的准备工作还意味着要对谈判结果寄予期望，期望的程度要高，但也要能够实现。谈判者如果将眼光放得太低，则实际中不可能达到一个最优的结果；如果放得太高，又可能造成僵局，并使谈判在尴尬中结束。谈判者还要仔细规划自己的开场陈述和立场，这样他们就可以在谈判开始之时做好充分的准备。有一点比较重要，那就是不必对整个谈判过程都提前做准备，因为谈判不一定按照你所认为的步骤进行，它的节奏可能并不符合常规。谈判开始前对每个谈判步骤的策略做过度的规划，很多时候是浪费时间，而更好的办法是，谈判者要认识到自己的优势和弱点、需求和利益、所处的情况，同时也要弄清对方的这些情况，以便能够随着谈判的进行及时、有效地做出调整。

最后，意识到谈判的大环境所带来的后果，并为之做出准备也是十分重要的。例如现有关系的性质、观众的存在、各派结盟的机会、在组内和组间进行的谈判以及跨文化差异产生的后果（参见第 16 章）。谈判者需要认识到这些相关因素怎样影响谈判。

20.2　分析谈判的基本结构

谈判者需要清晰地判断他们面对的谈判是分配式的，还是整合式的，或两者兼有，并相应地选择他们的战略和战术。如果战略和战术使用不当，谈判将无法达到最优的结果。例如，如果在整合式谈判中过度使用了分配式的谈判战术，那么最终达成的协议就没有充分发挥整合的潜力，这是因为当采取分配式的谈判战术时，谈判者就不愿意共享信息，而这些信息正是整合式谈判取得成功所需要的。在这种情况下，金钱和机会白白浪费了。

与此类似，在分配式谈判中使用整合式战术，同样也可能达不到最优的结果。例如，本书的一位作者最近想买一辆新车，销售人员花费了很多时间和精力来询问他的家庭，并向作者保证会尽最大努力使作者获得尽可能高的价值。但是通过他不动声色的试探和转换话题，依然从销售人员那里搞清楚了车的底价及厂商近期的优惠信息。对于这位作者来说这就是一个纯粹的分配式谈判情景，他并没有被销售人员“整合式”的讨价还价迷惑。结果，这位作者从另一位经销商那里买了车，他以一种直接的方式提供了作者所需要的信息，并且同样的一款车在价格上比第一位经销商低了1 500美元。

谈判者还需要记住，许多谈判都是分配式和整合式两种元素的结合，而且谈判中会既有分配式阶段，也有整合式阶段。尤为重要的是，谈判者在这两个阶段之间转换时要小心谨慎，如果采取了错误的步骤将会使对方迷惑，并导致谈判陷入僵局。

最后需要注意的是，有些时候，和解、回避和妥协也可能是恰当的策略（参见第1章）。成熟的谈判者会识别这些情况并采取合适的战略和战术。

20.3 确定最佳替代方案

谈判中最重要的力量来源之一就是，谈判者在无法达成协议时能够拥有可替代的方案。谈判的最佳替代方案（BATNA）非常重要，因为在无法达成协议时，谈判者可能会用到这个选择。谈判者需要对自己的BATNA保持清醒。他们要知道BATNA与一个可能的协议有何关联，并有意识地改善BATNA从而改善该项交易。缺乏强有力BATNA的谈判者会发现自己很难达成好的协议，因为自己会受到对方的进攻性逼迫，最终被迫接受一个事后看起来并不满意的谈判结果。

例如，采购人员就非常清楚，从唯一的供应商那里采购，如果缺乏有效的BATNA就很难达成有利的谈判结果。即使在这种情况下，谈判者仍然可以在一个较长的时期内改善他们的BATNA。例如，处在这种单一供应商关系之中的公司通常会纵向整合生产过程，并由自己公司制造出相似的零部件，或者重新设计他们的产品，以减少独家供应商对自己的控制。当然这些都是长期的对策，不适用于当时的谈判。但是，在与单一供应商进行谈判时，谈判者可以通过提及这些生产计划来提醒对方，自己并不是永远都依赖他们。

谈判者还要清楚对方的BATNA，并与自己能提供的东西做比较。当谈判者达成协议的条件优于对方的BATNA时，在谈判时会更有利。当你的条件与对方BATNA差距不大时，谈判者没有太大的操作余地。涉及对方的BATNA，谈判者需要做好以下三件事情：(1) 密切关注对方的BATNA，以便弄清和保持你的竞争优势；(2) 提醒对方相对于他们的BATNA，你提供的东西有哪些优势；(3) 以一种微妙的方式暗示对方，他们的BATNA可能并不像其想象的那么好（可以用一种肯定的办法强调你的长处或者用一种否定的办法强调对方的弱点）。

20.4 愿意撤出谈判

大多数谈判的目的都是取得有价值的结果，而非达成协议本身。成熟的谈判者很清楚这一点，并且愿意离开谈判，前提是如果只能达成一个无用的协议，或者谈判的过程令人十分不快，已经不值得再为此费力。这个建议听上去似乎很容易去做，但在现实中，谈判者往往会过于关注能否达成协议，而忘记了自己真实的目标是取得好的结果（而不必是一个协议）。谈判者要时刻记得自己的谈判目标，经常与准备阶段所设立的目标进行比较，并将谈判过程中取得的进展与撤出谈判和 BATNA 这两个方案作对比，这样就保证不会偏离目标。尽管谈判者在开始时通常都对达成目标比较乐观，在谈判过程中他们可能需要重新评估这些目标。对谈判者来说重要的是，在当前的谈判过程中要不断将谈判过程与谈判目标、离开谈判和 BATNA 做比较，当离开或 BATNA 真的是更好的选择时，他们可能会愿意离开当前的谈判。

即使没有好的 BATNA，谈判者也要清楚离开的时间点，要知道应该在何处停止谈判。可以将离开作为一种选择写在谈判日程中，或提前告知对方，这样谈判者在谈判困难时可以得到提醒。如果是小组谈判，可以让一个成员负责监控离开的时点，并在最终的结果接近这一点时终止谈判。

20.5　掌握谈判中的关键矛盾

优秀的谈判者都知道谈判包含了一系列矛盾——那些矛盾的因素实际上经常会一起出现。我们将讨论谈判者通常会遇到的五个矛盾。在处理这些矛盾时，努力寻求一种平衡状态，这对谈判者来说是一个挑战。在矛盾中无论选择哪一面都必然会形成一种紧张关系，处理矛盾的最好办法是在各种相对的力量之间达到平衡。有经验的谈判者应该知道如何处理这种紧张关系。

价值申明与价值创造

所有谈判都有一个价值申明的阶段，在这个阶段各方决定自己能得到什么，得到多少。许多谈判也有一个价值创造的阶段，谈判各方一起努力扩大谈判中的资源。每个阶段所适用的策略和技巧都有很大的不同。一般来讲，价值申明阶段常会用到分配式策略，而价值创造阶段常用的是整合式策略。比较典型的情况是，价值创造阶段在价值申明阶段之前，谈判者面临的挑战是怎样平衡两个阶段的重点，并从价值创造阶段过渡到价值申明阶段。然而，这个过渡是没有任何标志的，需要谈判者智慧地进行处理，避免破坏价值创造阶段形成的集思广益的氛围。一种处理这种过渡的办法就是，对它进行公开的标注。例如谈判者可以说："我们已经在想法和设计选择上有了一个很好的基础。我们怎样才能过渡到对这些结果进行公平的分配呢?"另外，研究表明，绝大多数谈判者对价值申明和价值创造进行选择时都会倾向于前者，因此处理这个矛盾还需要特别强调价值创造的积极性。

坚持原则与顺水推舟

谈判的步调和流程可以从紧张的争论过渡到同样紧张的辩论，前者也许是财政议题，后者可能是关于对错或公平的深层次原则问题。这些过渡经常会给谈判者制造第二个矛盾。一方面，当新信息出现时，有效的谈判要求具备灵活的思维，要认识到可能需要重新评估现有情况；任何协议的达成可能都需要双方的让步。另一方面，在核心的原则问题上不能那么轻易让步。高效谈判者要考虑这些原则的区别，哪些是必须坚持的，而在哪些情况下，让步和调节是最好的办法，可以找到双方都能接受的结果。复杂的谈判可能同时碰到这两种情况。好的谈判者基于深层次的原则或价值观而在某个议题上不让步时，除了自己知道这一点外，还会将这个原则传递给对方，这样对方才不会误认为这种坚持原则是一种敌意或不让步。

坚持策略与相机而动

在谈判中新的信息会不断出现，谈判者需要处理的另一个矛盾就是坚持原有的策略还是追寻在此过程中出现的新机会。这对于谈判者来说是一个富有挑战性的矛盾，因为新的“机会”可能实际上是特洛伊木马，包含着不那么让人愉快的奇袭。如果情况确实发生了变化，达成协议的机会可能转瞬即逝。对谈判者的挑战是将这些假机会与真机会区别开来；对有经验的谈判者来说，要不断提高这种区别能力。

充分准备对于处理“策略与机会”这对矛盾是很重要的。谈判者如果对谈判准备较充分，并且能理解当前环境，就会在做出决断时处于有利地位。我们同时也建议谈判者密切关注自己的直觉。如果对达成的协议感觉不对劲，那么它可能实现不了，也不是一个可行的机会。如果谈判者对谈判的发展方向感觉不太对劲，那么最好暂停，并与相关人士咨询讨论。经常向同事、朋友和委托人讲述自己所遇到的“机会”，有助于分辨哪些是真正的机会，哪些是特洛伊木马。

我们并不是建议谈判者变得过分谨慎。在谈判过程中真的会经常出现好的机会，这些机会可能是由于商务策略的转变、市场机会、额外的库存或短期现金流带来的。做好准备的谈判者可以充分利用这些真正的机会，并减少特洛伊木马带来的风险。

诚实开放与封闭迟钝

谈判者面对的是诚实的两难困境：我应该在多大程度上坦白并诚实地对待对方？一方面，谈判者完全开放，告诉对方所有的事情，会让自己面临被对方利用的风险。实际上，研究表明过于清楚地了解对方需求并不会带来最好的结果。另一方面，完全的封闭不仅会对你的声誉造成损害（后面会讨论），而且由于你没有公开足够的信息来为谈判达成协议奠定基础，因此这也不是有效的谈判策略。这个矛盾的挑战就是从务实和道德的角度出发去决定公开多少信息，隐瞒多少信息。

有经验的谈判者会认识到这种矛盾的复杂局面，并知道处于区间中的哪个点更为合适，这个合适的点可能随着对方情况的变化而变化。谈判者应该记住谈判是一个正在进行的过程。双方应该建立起互信，并更自愿地向对方提供更多信息。尽管如此，随着谈判者不断取得积极的进展，有些信息也是不应该透露的（如分配式谈判中的底线）。

信任与不信任

与诚实的两难困境一样，谈判者还要面对信任的两难困境：对方告诉你的信息应该相信多少？一方面，如果谈判者完全相信对方告诉他的所有信息，则会被对方利用；另一方面，如果谈判者不相信对方告诉他的任何事，则很难达成协议。与诚实的两难困境一样，我们建议谈判者记住，谈判是一个随时间而变化的过程。可以通过诚实和分享信息建立信任，这也有希望换来对方的信任和可靠的信息。在建立信任方面也是因人而异的。一些谈判者开始时选择信任对方，一旦发现对方的信息不可靠时，就选择调低信任度。另外的一些谈判者则习惯于开始时多疑，随着谈判的不断进展再选择是否信任对方。在处理这个矛盾时，这两种方法无所谓对错。有经验的谈判者能够意识到这个矛盾，并小心选择处理这一矛盾的方法。

20.6　留意无形因素

谈判时，谈判者要留意无形因素，并注意它们产生的潜在效果。无形因素经常会对谈判产生负面影响，而且谈判者往往注意不到这些负面影响。正如我们在第 1 章提到的，无形因素是影响谈判者的深层心理因素，包括取得胜利、避免损失、比对方看起来更强势、不示弱、公平，等等。例如，如果对方在与他的主要对手竞争下一次晋升的机会，那么当着他老板的面与你谈判时就会很强硬，以此来让他的老板对他印象深刻。谈判对手不会告诉你他这么做的目的是什么，事实上他自己可能都没意识到。识别无形因素是否存在的最好方法就是发现背后的东西。换句话说，如果你经过了认真的准备，对情况也进行了周密的分析，仍然不能从有形因素角度解释对方的这种行为，比如强硬地鼓吹某一点、拒绝对他人让步、做无意义的行为，那么就要开始寻找这些行为背后的无形因素。

例如，几年前，本书作者的一位朋友买新车，销售商提供的价格比镇上其他销售商的价格少 2 000 美元，但必须在当天买车。表面上看这是一个骗局（见“策略与机会主义”），但是没有明显的有形因素能够解释这个特殊的价格。这个朋友以前并未从这个经销商那里买过车，这辆车是新的，而且担保手续齐全，他在几个经销商那里问过价格，知道这个价格确实便宜。当他们继续讨论购买事宜时，这个经销商越来越不安，脸上不停流汗。最后这个朋友决定买车，他一签约，这个商人马上松了一口气，变得很兴奋。这个商人随后说有事给妻子打电话。后来知道，这个商人刚刚得到了厂家提供的大礼包，包括一家四口两周的免费加勒比海旅行。这个奖励的大礼包要求经销商一个月内从 10 个系列车中各卖出一辆车。这个经销商主要经营卡车，他为了得到这个礼包，在运动款车上给了这个朋友很大的折扣，因此当朋友犹豫时他很不安。

在这个例子中经销商不安的无形因素是想赢得旅行。当经销商不再掩饰他的兴奋，和全家人一起分享这个喜讯时，买方才知道。通常如果对方不揭示这些无形条件，谈判者就不会知道这些无形因素给对方带来什么影响。谈判者可以通过观察对方在谈判中行为的变化并在谈判前收集对方的信息，找到这些无形条件。例如，你发现对方换了一个他不喜欢的新老板，而且他在谈判中处理问题很吃力，那么这个新老板可能就是问题所在。

至少有两种方法可以揭示影响对方的无形条件。一个方法是提问。这些问题是让对方说出他为什么强烈坚持某一观点。重要的是要记住很多无形条件的根源是强烈的情绪或利益，因此试探这些因素可能会导致对方恐惧或激动地争论。这种提问的方式应该是柔和的、非正式的。如果提问过于尖锐，会让对方的防卫性增强，给本就复杂、窒息的谈判增加另一个无形因素。另一个办法是带一个观察者或倾听者参加谈判，倾听者可以听出对方的情绪、语气或读出无声的行为，着重观察造成障碍的议题、尽力理解对方观点并还原到对方的立场中（角色对调）。谈判者和倾听者可以秘密讨论怎样试探这些无形因素，并制定出新的议题或报价。

谈判者还要记住无形因素会影响自己的行为（我们通常意识不到什么使我们生气、防卫或强烈地赞同某些观点）。当对方不尊重你时，你是否感觉和他沟通很困难？你是否想给下属一个教训？或者你想赢得这场谈判，这样你会比另外一位经理面上更有光？我们并不对这些目标做什么评价，但强烈建议谈判者弄清这些无形因素对自己情绪和行为的影响。谈判者可以经常与其他人聊聊，例如比较敏感的倾听者，这样有助于发现这些问题。有经验的谈判者会明白哪些是有形因素，哪些是无形因素，他在评估谈判结果时会比较这两种因素。

20.7 积极处理联盟关系

联盟对谈判的过程和结果有很大影响。谈判者应该认识到三种联盟形式和它们的潜在影响：（1）反对你的联盟；（2）支持你的联盟；（3）可能反对或支持你的，松散的、无法定义的联盟。有经验的谈判者会弄清是否存在联盟，以及它们的力量，并将这种力量为己所用。如果做不到，也要避免对方利用一个松散的联盟达到他们自己的目的。当谈判者是某派中的一个成员时，与本派沟通是很重要的，这能够确保本派的力量符合自己的目标。如果谈判者是一个联盟的代表，那么必须特别小心地处理这一谈判过程（参见第11章）。

当谈判者面对一个反对自己的联盟时，要想谈判成功就是一个很大的挑战。当这些联盟反对你时，要能够及时发现，而且谨慎地去面对它的影响。分化瓦解、逐个击破的策略比较有效，谈判者可以寻找办法制造一些不稳定因素，让联盟内部产生分歧。

联盟会出现在很多正式的谈判中，例如工业协会就环境问题和政策的谈判。联盟在非正式场合也会存在，例如工作小组或家庭中，不同的小集团可能有不同的利益。如果谈判者需要依靠其他人员达成一项协议，处理各派关系就十分重要。对于谈判者来说，即使协议对大多数相关人员没好处，也未必不能达成协议，但执行将会很困难。有经验的谈判者会积极地监控和处理联盟问题，这可能在谈判过程中要花费相当长的时间；如果不这样做，在执行阶段会有很大的麻烦。

20.8　珍惜并保护你的名誉

名誉就像鸡蛋一样易碎，建立名誉很重要，但名誉也很容易被损坏，而且一旦损坏就很难恢复。名誉传播速度很快，人们知道的通常会比你想象的多。好的名誉在开始谈判时非常重要，谈判者应该时刻警惕，保护自己的名誉。如果谈判者食言或者谈判时不诚实，那么在未来的谈判中，就会比那些诚实公正的人要面临更多困难。比较一下这两个名声，"强硬但公正"与"强硬且卑鄙"。对这两种不同名声的人，谈判者就要做不同的准备。与前者谈判意味着要做好谈判困难的心理准备，要清楚对方很坚持自己的观点，但在行为上是理性公正的。与后者谈判意味着谈判者要证实对方的话是否属实，警惕肮脏的交易，并在透露信息时小心谨慎。

作为一个谈判者，别人是如何看待你的？你现在的名声如何？你想有什么样的名声？想想你最尊敬的谈判者和他们的名声。他们的哪些行为是你欣赏的？也想一下那些声名狼藉的谈判者，他们的哪些行为改变了你对他们的印象？

名誉并不是凭运气得来的，谈判者可以通过一贯的、公正的方式塑造和提高他们的名誉。一贯性可以让对方清晰地预测你的行为，带来一个稳定的名誉。公正性传递的信息是你有原则而且讲道理。有经验的谈判者会定期从对方那里收集反馈意见，看自己采用的方式效果如何，并利用这些信息加强自己在市场上的可信性和可靠性。

20.9　记住合理性与公正性都是相对的

有关谈判者感知和认知的研究表明（第 5 章）：人们倾向于用自私的方式看待世界，并从自己的利益出发去定义什么是合理的事情、公正的结果和公平的程序。谈判者要清楚自己和对方都有这个倾向。谈判者可以做三件事情去积极处理这个倾向：首先，他们可以对自己认为的公平提出疑问，这些观点应建立在清晰的原则基础上；其次，他们可以从外部找公平的标准和例子；最后，谈判者可以阐明对方对公平的定义，并进行对话，就当时环境下的公平标准达成一致。

另外，作为谈判的一个阶段，谈判者经常在某种情况下共同定义什么是正确的或公平的。在大多数场合下，任何一方都不是绝对正确、合理和公平的。讲道理的人不一定愿意合作，谈判达成的最重要结果是一个普遍的、商定的观点，是对事实的定义，在看待问题的方式上达成了一致，或在确定公正结果或程序的标准上达成了一致。对这些原则的准备要与对议题的准备一样认真。

20.10 不断地从经验中学习

谈判可以说是终身学习。最好的谈判者也要不断地从经验中学习——他们知道有很多不同的变量和细微差别，没有两个谈判是完全相同的。这些差别意味着谈判者要保持敏锐，他们需要持续不断地实践谈判这门艺术和科学。另外，最好的谈判者会在每个谈判结束后分析总结发生了什么事，他们学到了什么。我们建议谈判者可以使用以下的步骤：

- 在每个谈判后安排一段个人反思时间；
- 定期去培训师或老师那里听课；
- 对强项和弱点记个人日记，并做出改进弱点的计划。

这个分析不用范围太广，也不用花费太多时间，但应该在每场重要的谈判后都有，并且应该集中在“是什么”和“为什么”的问题上：在这场谈判中发生了什么？它为什么发生？我能学到什么？花费时间反思谈判的人会发现，他们应该继续完善他们的技巧，并在未来的谈判中保持敏锐和专注。

另外，在几乎所有的体育项目上，即使最好的运动员也都有一个或几个教练，有必要的话他们会停下训练去上课。谈判者也要参加一些课程来提高自己的技巧，通过阅读书籍或老师的指导改善谈判技巧。这本书可以被看作磨炼和改善谈判技巧的一个指导。我们希望你能继续学习这门艺术和科学，也祝你在未来的谈判中好运！

关键术语

无形因素（intangibles）：谈判中影响 谈判者行为和情绪的潜在因素。

中国人民大学出版社工商管理类翻译版教材

序号	书名	作者	定价	出版年份	ISBN 978-7-300-

（一）工商管理经典译丛

序号	书名	作者	定价	出版年份	ISBN 978-7-300-
1	管理学（第11版）	罗宾斯（Stephen P. Robbins）	69	2012	15795-5
2	罗宾斯《管理学（第11版）》学习指导	罗宾斯（Stephen P. Robbins）	35	2013	17932-2
3	管理学（精要版第9版）	孔茨（Harold Koontz） 韦里克（Heinz Weihrich）	58	2014	18405-0
4	管理学（第3版）	贝特曼（Thomas S. Bateman）	58	2014	20098-9
5	商学精要（第8版）	埃伯特（Ronald J. Ebert）	55	2013	17581-2
6	管理经济学（第4版修订版）	彼得森（H. Craig Petersen）	69	2009	11367-8
7	管理经济学（第11版）	赫斯切（Mark Hirschey）	69	2008	09287-4
8	管理经济学（第7版）	基特（Paul G. Keat）	65	2015	20416-1
9	组织行为学（第14版）	罗宾斯（Stephen P. Robbins）	72	2012	16663-6
10	组织行为学（第2版）	麦克沙恩（Steven L. McShane）	52	2015	20492-5
11	组织行为学（第9版）	格林伯格（Jerald Greenberg）	75	2011	13603-5
12	战略管理：概念与案例（第10版）	希特（Michael A. Hitt）	59	2012	16621-6
13	战略管理：概念与案例（第13版·全球版）	戴维（Fred R. David）	68	2012	15855-6
14	战略过程：概念、情境、案例（第4版）	明茨伯格（Henry Mintzberg）	69	2012	16331-4
15	人力资源管理（第12版）	德斯勒（Gary Dessler）	79	2012	15723-8
16	会计学（第8版）	亨格瑞（Charles T. Horngren）	79	2010	12543-5
17	公司理财：核心原理与应用（第3版）	罗斯（Stephen A. Ross）	76	2013	18161-5
18	项目管理：管理新视角（第7版）	梅雷迪思（Jack R. Meredith）	78	2011	12977-8
19	MBA运营管理（第5版）	梅雷迪思（Jack R. Meredith）	56	2015	21627-7
20	运作管理（第10版）	海泽（Jay Heizer）	89	2012	14890-8
21	运作管理（精要版第3版）	蔡斯（Richard B. Chase）	59	2014	18408-1
22	供应链管理（第5版）	乔普拉（Sunil Chopra）	65	2013	16974-3
23	市场营销：原理与实践（第16版）	科特勒（Philip Kotler）	79	2015	21339-2
24	营销管理（第13版·中国版）	科特勒（Philip Kotler）	75	2009	10459-1
25	管理信息系统（精要版·第9版）	劳东（Kenneth C. Laudon）	59	2012	16254-6
26	质量管理与质量控制（第7版）	埃文斯（James R. Evans）	65	2010	12027-0
27	数据、模型与决策（第4版）	埃文斯（James R. Evans）	59	2011	13605-9
28	电子商务导论（第2版）	特伯恩（Efraim Turban）	59	2011	13747-6
29	电子商务——商务、技术、社会（第7版）	劳东（Kenneth C. Laudon）	72	2014	18478-4
30	商务与经济统计学（精编版第5版）	威廉斯（Thomas A. Williams）	69	2014	19503-2
31	商务统计学（第5版）	莱文（David M. Levine）	65	2010	12492-6
32	管理沟通——以案例分析为视角（第4版）	奥罗克（James S. O'Rourke）	49	2011	12920-4
33	商务谈判（第5版）	汤普森（Leigh L. Thompson）	55	2013	17837-0
34	管理思想史（第6版）	雷恩（Daniel A. Wren）	62	2012	14821-2
35	企业管理研究方法（第10版）	库珀（Donald Cooper）	79	2013	17645-1
36	商业伦理：概念与案例（第7版）	贝拉斯克斯（Manuel G. Velasquez）	52	2013	17376-4
37	企业伦理学——伦理决策与案例（第8版）	费雷尔（O. C. Ferrell）	49	2012	16016-0
38	职业生涯发展与规划（第3版）	里尔登（Robert C. Reardon）	39	2010	11843-7
39	商业法律环境（第4版）	库巴塞克（Nancy K. Kubasek）	69	2007	08187-8
40	基础统计学（第4版）	拉森（Ron Larson）	52	2013	18479-1
41	商法（第7版）	亚当斯（Alix Adams）	59	2014	20311-9

（二）工商管理经典译丛·市场营销系列

序号	书名	作者	定价	出版年份	ISBN 978-7-300-
1	市场营销学（第9版）	阿姆斯特朗（Gary Armstrong）	65	2010	12524-4
2	市场营销学基础（第18版）	佩罗（William D. Perreault, Jr.）	65	2012	15644-6
3	国际市场营销学（第10版）	钦科陶（Michael R. Czinkota）	69	2015	20986-9
4	营销管理（第5版·全球版）	科特勒（Philip Kotler）	39	2012	15367-4
5	营销管理（亚洲版·第5版）	科特勒（Philip Kotler）	75	2010	11369-2
6	营销管理：知识与技能（第10版）	彼得（J. Paul Peter）	65	2012	15751-1

7	战略营销：教程与案例（第 11 版）	凯琳（Roger A. Kerin）	65	2011	13868-8
8	战略品牌管理（第 3 版）	凯勒（Kevin Line Keller）	72	2009	10655-7
9	服务营销（第 6 版）	洛夫洛克（Christopher Lovelock）	68	2010	12155-0
10	消费者行为学（第 10 版）	所罗门（Michael R. Solomon）	68	2014	18249-0
11	消费者行为学（第 11 版）	希夫曼（Leon G. Schiffman）	69	2015	20402-4
12	消费者行为学案例与练习（第 2 版）	格雷厄姆（Judy Graham）	20	2011	14211-1
13	营销调研（第 6 版）	伯恩斯（Alvin C. Burns）	55	2011	13336-2
14	营销渠道（第 7 版）	科兰（Anne T. Coughlan）	59	2008	09525-7
15	营销渠道：管理的视野（第 8 版）	罗森布洛姆（Bert Rosenbloom）	68	2014	18654-2
16	网络营销（第 5 版）	斯特劳斯（Judy Strauss）	55	2010	12425-4
17	网络营销实务：工具与方法	米列茨基（Jason I. Miletsky）	45	2011	12687-6
18	广告学：原理与实务（第 9 版）	维尔斯（William Wells）	75	2013	17868-4
19	广告与促销：整合营销传播视角（第 9 版）	贝尔奇（George E. Belch）	78	2014	19002-0
20	组织间营销管理（第 10 版）	赫特（Michael D. Hutt）	59	2011	13027-9
21	零售管理（第 11 版）	伯曼（Barry Berman）	79	2011	13093-4
22	专业化销售：基于信任的方法（第 4 版）	英格拉姆（Thomas N. Ingram）	48	2009	11219-0
23	销售管理（第 9 版）	科恩（William L. Cron）	48	2010	11849-9
24	销售管理——塑造未来的销售领导者	坦纳（John F. Tanner Jr.）	48	2010	11767-6
25	营销战略与竞争定位（第 5 版）	胡利（Graham Hooley）	65	2014	18597-2
26	基于 Excel 的营销调研（第 3 版）	伯恩斯（Alwin C. Burns）	58	2014	18621-4
27	定价策略	史密斯（Tim J. Smith）	52	2015	21001-8
28	商务谈判（第 6 版）	列维奇（Roy J. Lewicki）	65	2015	22006-2

（三）工商管理经典译丛·会计与财务系列

1	会计学：管理会计分册（第 23 版）	里夫（James M. Reeve）	36	2011	13552-6
2	会计学：财务会计分册（第 23 版）	里夫（James M. Reeve）	65	2011	13783-4
3	会计学原理（第 19 版）	怀尔德（John J. Wild）	65	2012	14820-5
4	成本与管理会计（第 13 版）	亨格瑞（Charles T. Horngren）	79	2010	12594-7
5	中级会计学（上、下册）（第 12 版）	基索（Donald E. Kieso）	168	2008	09457-1
6	高级会计学（第 10 版）	比姆斯（Floyd A. Beams）	69.8	2011	14636-2
7	审计学：一种整合方法（第 14 版）	阿伦斯（Alvin A. Arens）	72	2013	16828-9
8	公司理财	伯克（Jonathan Berk）	89	2009	11220-6
9	中级财务管理（第 8 版）	布里格姆（Eugene F. Brigham）	69	2009	10427-0
10	财务报表分析（第 10 版）	苏布拉马尼亚姆(K. R. Subramanyam)	59	2009	10826-1
11	跨国公司财务管理基础（第 6 版）	夏皮罗（Alan C. Shapiro）	59	2010	11779-9

（四）工商管理经典译丛·运营管理系列

1	运营管理：创造供应链价值（第 6 版）	拉塞尔（Roberta S. Russell）	59	2010	11613-6
2	运营管理：供需匹配的视角（第 2 版）	卡桑（Gerard Cachon）	55	2013	17106-7
3	供应链设计与管理（第 3 版）	辛奇-利维（David Simchi-Levi）	55	2010	11614-3
4	物流学（第 11 版）	墨菲（Paul R. Murphy，Jr.）	49	2015	21056-8
5	物流管理与战略——通过供应链竞争（第 3 版）	哈里森（Alan Harrison）	39	2010	11612-9
6	项目管理：流程、方法与经济学（第 2 版）	施塔布（Avraham Shtub）	69	2007	08677-4
7	IT 项目管理（第 3 版）	马尔海夫卡（Jack T. Marchewka）	49	2011	13481-9
8	质量管理：整合供应链（第 4 版）	福斯特（S. Thomas Foster）	59	2013	17142-5
9	供应管理（第 8 版）	伯特（David Burt）	68	2012	15794-8

（五）人力资源管理译丛

1	人力资源管理：赢得竞争优势（第 7 版）	诺伊（Raymond A. Noe）	79	2013	17773-1
2	人力资源管理基础（第 2 版）	德斯勒（Gary Dessler）	65	2014	19505-6
3	薪酬管理（第 11 版）	米尔科维奇（George T. Milkovich）	69	2014	20048-4
4	战略性薪酬管理（第 7 版）	马尔托奇奥（Joseph J. Martocchio）	58	2015	21057-5
5	绩效管理（第 3 版）	阿吉斯（Herman Aguinis）	45	2013	18106-6
6	雇员培训与开发（第三版）	诺伊（Raymond A. Noe）	45	2007	08186-1
7	国际人力资源管理（第 5 版）	赵曙明 道林（Peter J. Dowling）	45	2012	14734-5

8	组织行为学（第六版）	克赖特纳（Robert Kreitner）	78	2007	08573-9
9	组织中的人际沟通技巧（第3版）	杰纳兹（Suzanne C. De Janasz）	49	2011	13824-4
10	谈判与冲突管理	科尔韦特（Barbara A. Budiac Corvette）	39.8	2009	10388-4

（六）国际商务经典译丛/工商管理经典译丛·国际化管理系列

1	国际贸易（第15版）	普格尔（Thomas A. Pugel）	49	2014	19001-3
2	国际金融（第15版）	普格尔（Thomas A. Pugel）	42	2014	19329-8
3	全球商务	彭维刚（Mike Peng）	65	2011	12819-1
4	国际商务（第9版）	希尔（Charles W. L. Hill）	75	2013	10660-1
5	国际管理（第8版）	德雷斯凯（Helen Deresky）	65	2015	20938-8
6	国际管理（第5版）	包铭心（Paul W. Beamish）	49.8	2006	07062-0
7	国际商务谈判	塞利奇（Claude Cellich）	42	2013	18404-3
8	全球营销（第6版）	基根（Warren J. Keegan）	72	2015	20471-0
9	国际企业伦理（第2版）	克兰（John M. Kline）	39	2013	18089-2
10	跨文化商务沟通（第6版）	钱尼（Lillian H. Chaney）	42	2014	19139-3

（七）管理科学与工程经典译丛

1	数据、模型与决策（第10版）	泰勒（Bernard W. Taylor Ⅲ）	78	2011	14005-6
2	管理科学（第2版）	劳伦斯（John A. Lawrence）	75	2009	10318-1
3	管理信息技术（第5版）	图尔班（Efrain Turban）	69	2009	10976-3
4	制造计划与控制（第5版）	沃尔曼（Thomas E. Vollmann）	69	2009	09952-1
5	创新管理（第4版）	蒂德（Joe Tidd）	59	2012	15657-6
6	工程经济学（第5版）	帕克（Chan S. Park）	75	2012	16014-6
7	管理信息系统（第15版）	奥布赖恩（James A. O'Brien）	65	2012	16779-4
8	管理信息系统案例（第4版）	米勒（M. Lisa Miller）	49	2013	18076-2
9	现代数据库管理（第10版）	霍弗（Jeffrey A. Hoffer）	68	2013	17076-3
10	知识管理：一种集成方法（第2版）	贾夏帕拉（Ashok Jashapara）	48	2013	17172-2
11	管理科学	史蒂文森（William J. Stevenson）	55	2013	17681-9
12	现代系统分析与设计（第6版）	霍弗（Jeffrey A. Hoffer）	69	2013	15844-0

（八）工商管理经典译丛·简明系列

1	创业学（亚洲版）	弗雷德里克（Howard H. Frederick）	55	2011	13506-9
2	战略管理	韦斯特三世（G. Page West Ⅲ）	45	2011	13607-3
3	战略管理精要（第5版）	亨格（J. David Hunger）	45	2012	15161-8
4	管理学（第8版）	舍默霍恩（John R. Schermerhorn）	50	2011	14220-3
5	管理学原理（第6版）	罗宾斯（Stephen P. Robbins）	62	2009	09989-7
6	创业学（第2版）	卡普兰（Jack M. Kaplan）	48	2009	09957-6
7	商务沟通——数字世界的沟通技能（第12版）	伦茨（Kathryn Rentz）	49	2012	15331-5

（九）工商管理经典译丛·旅游管理系列

1	旅游学（第10版）	格德纳（Charles R. Goeldner）	65	2008	09156-3
2	旅游服务业市场营销（第4版）	莫里森（Alastair M. Morrison）	54	2012	16351-2
3	饭店经营管理（第2版）	海斯（David K. Hayes）	52	2013	17035-0
4	饭店业战略管理（第3版）	奥尔森（Michael D. Olsen）	45	2013	18013-7
5	饭店前厅管理（第5版）	巴尔迪（James A. Bardi）	49	2014	18628-3
6	休闲与旅游研究方法（第3版）	维尔（A. J. Veal）	48	2008	09019-1

（十）工商管理经典译丛·创业与创新管理系列

1	中小企业创业管理（第3版）	卡茨（Jerome A. Katz）	75	2012	14271-5
2	创业学（第9版）	库拉特科（Donald F. Kuratko）	52	2014	20022-4

（十一）其他教材

1	战略管理	弗兰克·罗特尔梅尔(Frank Rothaermel)	69	2015	21002-5
2	战略管理（第12版）	约翰·皮尔斯二世(John A. Pearce Ⅱ)	65	2015	21111-4
3	组织变革管理（第5版）	科林·卡纳尔（Collin A. Carnall）	45	2015	21954-7
4	案例学习指南：阅读、分析、讨论案例和撰写案例报告	埃利特（William Ellet）	39	2009	10202-3

Roy J. Lewicki, Bruce Barry, David M. Saunders
Negotiation, 6th edition
0-07-338120-9

北京市版权局著作权合同登记号：01-2013-1843

McGraw Hill Education | Higher Education

麦格劳-希尔教育教师服务表

尊敬的老师：您好！

感谢您对麦格劳-希尔教育的关注和支持！我们将尽力为您提供高效、周到的服务。与此同时，为帮助您及时了解我们的优秀图书，便捷地选择适合您课程的教材并获得相应的免费教学课件，请您协助填写此表，并欢迎您对我们的工作提供宝贵的建议和意见！

麦格劳-希尔教育 教师服务中心

★ 基本信息					
姓		名		性别	
学校			院系		
职称			职务		
办公电话			家庭电话		
手机			电子邮箱		
省份		城市		邮编	
通信地址					
★ 课程信息					
主讲课程-1			课程性质		
学生年级			学生人数		
授课语言			学时数		
开课日期			学期数		
教材决策日期			教材决策者		
教材购买方式			共同授课教师		
现用教材 书名/作者/出版社					
主讲课程-2			课程性质		
学生年级			学生人数		
授课语言			学时数		
开课日期			学期数		
教材决策日期			教材决策者		
教材购买方式			共同授课教师		
现用教材 书名/作者/出版社					
★ 教师需求及建议					
提供配套教学课件 （请注明作者 / 书名 / 版次）					
推荐教材 （请注明感兴趣的领域或其他相关信息）					
其他需求					
意见和建议（图书和服务）					
是否需要最新图书信息	是/否	感兴趣领域			
是否有翻译意愿	是/否	感兴趣领域或意向图书			

填妥后请选择电邮或传真的方式将此表返回，谢谢！
地址：北京市东城区北三环东路36号环球贸易中心A座702室，教师服务中心，100013
电话：010-5799 7618/7600 传真：010-5957 5582
邮箱：instructorchina@mheducation.com
网址：www.mheducation.com, www.mhhe.com

欢迎关注我们的微信公众号：MHHE0102

教师教学服务说明

中国人民大学出版社工商管理分社以出版经典、高品质的工商管理、财务会计、统计、市场营销、人力资源管理、运营管理、物流管理、旅游管理等领域的各层次教材为宗旨。

为了更好地为一线教师服务，近年来工商管理分社着力建设了一批数字化、立体化的网络教学资源。教师可以通过以下方式获得免费下载教学资源的权限：

在中国人民大学出版社网站 www. crup. com. cn 进行注册，注册后进入“会员中心”，在左侧点击“我的教师认证”，填写相关信息，提交后等待审核。我们将在一个工作日内为您开通相关资源的下载权限。

如您急需教学资源或需要其他帮助，请在工作时间与我们联络：

中国人民大学出版社　工商管理分社

联系电话：010-62515735，82501048，62515782，62515987

电子邮箱：rdcbsjg@crup. com. cn

通讯地址：北京市海淀区中关村大街甲 59 号文化大厦 1501 室（100872）